长江经济带城市发展研究
（2014－2018）

曾　鹏　李洪涛　池　晓　等著

中国财经出版传媒集团

经济科学出版社
Economic Science Press
·北京·

图书在版编目（CIP）数据

长江经济带城市发展研究：2014 –2018/曾鹏等著
. – –北京：经济科学出版社，2024.1
ISBN 978 – 7 – 5218 – 5477 – 0

Ⅰ.①长⋯　Ⅱ.①曾⋯　Ⅲ.①长江经济带 – 城市经济
– 经济发展 – 研究报告 – 2014 – 2018　Ⅳ.①F299.275

中国国家版本馆 CIP 数据核字（2024）第 004579 号

责任编辑：李晓杰
责任校对：李　建　靳玉环
责任印制：张佳裕

长江经济带城市发展研究（2014 –2018）

曾　鹏　李洪涛　池　晓　等著

经济科学出版社出版、发行　新华书店经销

社址：北京市海淀区阜成路甲 28 号　邮编：100142

教材分社电话：010 – 88191645　发行部电话：010 – 88191522

网址：www. esp. com. cn

电子邮箱：lxj8623160@163. com

天猫网店：经济科学出版社旗舰店

网址：http：//jjkxcbs. tmall. com

北京季蜂印刷有限公司印装

880 × 1230　16 开　29 印张　980000 字

2024 年 1 月第 1 版　2024 年 1 月第 1 次印刷

ISBN 978 – 7 – 5218 – 5477 – 0　定价：116. 00 元

（图书出现印装问题，本社负责调换. 电话：010 – 88191545）

（版权所有　侵权必究　打击盗版　举报热线：010 – 88191661

QQ：2242791300　营销中心电话：010 – 88191537

电子邮箱：dbts@esp. com. cn）

本书作者

曾　鹏　　李洪涛　　池　晓　　杨莎莎　　刘　宵
黄丽露　　梁立颖　　秦慧玲　　李腾飞　　李佳泓
王家聪　　卢玉桂　　魏　旭　　邢梦昆　　唐婷婷
汪　玥　　王威峰　　黄晶秋　　吴　倩　　蒋晓昆
黄婉华　　陈　杨　　周小清　　李　昕　　闫康子
朱中艳　　姚航斌

序　一

长江经济带贯穿中国东中西部地区，是中国经济发展的重要支撑。发挥长江经济带的区位优势，以长江经济带为轴线推动中国区域重大发展战略、区域协调发展战略，是新时代下构建区域发展新格局的重要实践路径。研究长江经济带城市综合发展水平并构建具体的评估体系，有助于系统全面地认识长江经济带区域板块、城市群以及各城市发展过程中存在的短板和不足，以及各项政策实施的成果效果，为长江经济带后续发展以及制定差异化的发展政策措施提供可靠的参考与量化分析依据。

《长江经济带城市发展研究（2014－2018)》是一部关于长江经济带城市发展现状、问题和对策的综合性研究报告。高质量发展本质内涵是以满足人民日益增长的美好生活的需要为根本目标；是政治建设、经济建设、社会建设、文化建设、生态文明建设"五位一体"协调发展。实现高质量发展既要提高产品与服务的质量和标准，还要重点关注政治、经济、社会以及生态环境等全方位、多维度的协调发展。曾鹏教授等作者以长江经济带的发展战略为指导，以地级市为基本单元，以数据为支撑，突破单一层面研究的限制，从多个维度和角度分析了长江经济带城市群的发展特征、优势、挑战和机遇，从综合发展、人口就业、区域经济、农业生产、工业企业、基础设施、社会福利、居民生活、科教文卫、生态环境十个维度，提出了促进长江经济带城市高质量发展的政策建议和实施路径。研究成果对于指导新时代下长江经济带的高质量发展、推动中国的区域协调发展，具有重要的理论价值和现实意义。

该书在理论和实践上拓展了区域经济学的研究视野，对长江经济带城市发展问题展开研究并形成系统的理论体系，进一步丰富空间经济学、区域经济学等学科研究的理论内涵。通过对长江经济带城市发展的综合评估分析，为政府实现长江经济带战略发展目标，实现全面、协调、可持续高质量发展，制定相关政策、规划区域发展提供了理论支撑，具有十分重要的决策参考价值。

以长江经济带高质量发展为目标，围绕长江经济带的城市发展展开系统评估分析，提出立足现实的研究思路、实施方案和政策建议，定会为有关方面提供有益的借鉴和启示，引起活跃的讨论，促进长江经济带城市发展的研究。作为最先阅读这本书的读者，我很高兴将这本书推荐给广大读者，同时也对他今后的发展，表示诚挚的祝愿。

中国社会科学院学部委员、中国社会科学院大学首席教授、博士研究生导师

2023 年 12 月

序　二

　　长江经济带作为中国区域经济的中轴线，具有丰富的自然资源、人力资源、科技资源、市场资源，是支撑中国经济增长的重要引擎。长江经济带内部的 108 个城市不仅包含上海、重庆、武汉的超大特大城市，也包括资阳、安顺、丽江等西部地区的中小城市。推动长江经济带的高质量发展需要构建大中小城市协调发展的城镇格局，发挥长江三角洲、长江中游和成渝三大城市群的地级城市的支撑作用，以资源环境承载力为基础，不断完善城市功能，发展优势产业，建设特色城市，加强与中心城市的经济联系与互动，带动地区经济发展。长江经济带市场需求潜力和发展回旋空间巨大，对于协调我国东中西部发展、缩小我国东西部发展差距、深化改革开放具有重要意义。

　　曾鹏教授等作者开展长江经济带城市发展研究，以促进推动长江经济带科学发展、为实施区域协调发展、全面建成小康社会、实现中华民族伟大复兴的中国梦为指导思想，聚焦分析了长江经济带的整体发展水平和经济带内城市国民经济发展的各项指标，全面反映长江经济带在经济社会发展中各个方面的情况。该书对于长江经济带城市构建现代化产业体系、缓解生态环境状况、推动长江上中下游地区和沿江地区高质量发展，具有重要的理论意义和现实意义。

　　《长江经济带城市发展研究（2014 - 2018）》顺应了我国重大国家发展战略的趋势和要求，以综合发展水平的独特视角诠释长江经济带所包含的关乎国民生产生活的方方面面，把区域城市的协调发展从口号层面深化到具体化的绩效评价。我相信对于促进长江经济带高质量发展，进一步推动中国区域协调发展，具有重要参考价值和理论支持意义。

　　该书通过构建长江经济带城市发展水平评估体系及实证数据分析模型，运用计量与地理信息软件将评估结果进行直观展示，最后将评估结果进行对比分析，做到定量和定性、理论和实践的有机统一。该书观点鲜明，论证严密，既有学术价值，又有实践意义。著作的出版，凝结了曾鹏教授等作者的智慧和汗水，是一件值得庆贺的事情。

山东大学经济研究院院长、长江学者特聘教授、博士研究生导师

2023 年 12 月

序　　三

　　长江经济带连接我国东、中、西部不同经济层次区域，其涉及范围广、辐射区域大，是我国除沿海开放地区外，经济密度最大的经济地带，其经济增速持续超过全国平均水平，是我国经济重心和活力所在。但是，长江经济带仍面临着生态环境状况形势严峻、产业转型升级任务艰巨、区域合作机制和法律法规尚不健全等亟待解决的问题，长江经济带总体发展建设战略目标的实现依然任重道远。

　　推动长江经济带发展和建设对我国实现高质量发展而言具有至关重要的战略意义。目前长江经济带的建设与发展已经取得了一定的成果，但是存在的各种问题依然严峻，要想在我国经济由高速增长向高质量发展转变的大背景下，推动长江经济带高质量发展，发挥长江黄金水道的独特作用，进一步实现长江经济带战略发展目标，使长江经济带成为实施生态环境系统保护修复的创新示范带、培育新动能引领转型发展的创新驱动带、创新体制机制推动区域合作的协调发展带，成为引领中国经济高质量发展的排头兵，就必须明确现阶段存在的问题。研究长江经济带城市综合发展水平，系统全面地分析长江经济带城市群以及各城市发展过程中存在的不足，为长江经济带高质量发展提供政策措施的依据。

　　近年来，曾鹏教授等作者一直在关注着城市群与区域经济可持续发展问题。他们在广泛收集国内外有关国内外区域经济研究成果的基础上，从十个方面多视角、多维度深入探讨长江经济带综合发展现状评估，更加突出对长江经济带发展现状的深入探索，全方位展示长江经济带及其城市发展水平及差异。

　　《长江经济带城市发展研究（2014—2018）》体现了学术性、时代性和实践性的统一，反映了曾鹏教授等作者对现实深切关注、对学问孜孜以求的精神风貌。在本书出版之际，我欣然接受他们的请求，乐为此序。治学无止境。望曾教授等作者在既得成果的基础上，继续发扬虚心好学的精神，与时俱进，不断攀登，在治学上达到更高的水平，取得更多、更丰硕的成果。

哈尔滨工业大学经济与管理学院原院长、博士研究生导师

于渤

2023 年 12 月

前　　言

　　《长江经济带城市发展研究（2014－2018）》是2021年度教育部哲学社会科学研究后期资助重大项目"长江经济带城市发展研究（2014－2018）"（课题编号：21JHQ010）的核心成果，课题于2021年12月立项，2023年2月结项。本书由曾鹏、李洪涛、池晓、杨莎莎、刘宵、黄丽露、梁立颖、秦慧玲、李腾飞、李佳泓、王家聪、卢玉桂、魏旭、邢梦昆、唐婷婷、汪玥、王威峰、黄晶秋、吴倩、蒋晓昆、黄婉华、陈杨、周小清、李昕、闫康子、朱中艳、姚航斌等来自广西民族大学、大连理工大学、沈阳农业大学、桂林理工大学等不同高校的师生共同完成，并于2023年12月在经济科学出版社出版。在课题的研究期间，课题组多次深入长江经济带各城市展开实际调研，收集到极为丰富的一线材料和数据，为本书的撰写提供了坚实的写作基础。

　　本书聚焦长江经济带城市发展，对促进长三角城市群、长江中游城市群、川渝城市群的一体化发展，探索我国跨省区流域经济合作发展新模式有十分重要意义。本书通过构建长江经济带城市发展水平评价指标体系进行灰色关联度分析，运用计量与地理信息软件将评估结果进行直观展示，最后将评估结果进行对比分析，做到定量和定性、理论和实践的有机统一，在进行长江经济带城市综合水平发展评估的研究中具有一定的创新性。本书是将公开渠道发布的数据进行全方位收集和整理的书籍，也是全方位、多视角对长江经济带城市各方面发展水平进行综合评估的著作。

　　本书基于灰色理论，阐释长江经济带城市发展水平的基本特征、发展内涵，构建出长江经济带城市发展水平评估的研究路径及演化关系。基于理论分析框架，结合现有研究成果，将长江经济带内各城市关乎国民经济发展的各项指标有机结合起来，突破单一层面研究的局限，从十个方面多视角、多维度深入探讨各城市发展现状评估，进一步从长江经济带总体特征、长江经济带东中西部地区发展特征展开系统测算分析，动态化地分析长江经济带及其108个城市的经济社会发展的变化历程，判断长江经济带不同地区在经济社会发展水平各方面的突出优势、发展不足与潜在机遇。在此基础上，本书围绕长江经济带的基本发展状况、历史现实条件、政策变迁历程展开分析，形成对长江经济带及其内部城市的综合全面的现实研判与政策分析，给予提升城市经济社会发展水平的政策建议。本书为推进国家实施区域协调发展战略、城市群发展规划实施提供可资借鉴的区域发展素材。

　　本书凝聚了课题组的心血和努力，我们相信本书的出版能引起读者们对长江经济带发展现状有更深入的认识，也盼望能引起一些新的思考与启发。在国家推进区域协调发展战略背景下，长江经济带所面临的机遇和挑战是空前的。如果能引起更多学者重视当前时代背景下长江经济带发展问题，探悉发展机制，剖析发展现状，发挥长江经济带区位优势，促进长江经济带建设，则是我们热切盼望的。

2023年12月

目　录

第一章　绪　　论

一、研究背景与问题提出

（一）研究背景

长江经济带横跨我国东中西三大板块区域，覆盖上海、江苏、浙江、江西、安徽、湖南、湖北、四川、重庆、贵州、云南11个省份，地域面积约205万平方千米，人口和经济总量全国占比超过40%，是中国综合实力最强且战略支撑作用最大的区域之一，是中央重点实施的"三大战略"之一，是具有全球影响力的内河经济带、东中西互动合作的协调发展带、沿海沿江沿边全面推进的对内对外开放带，也是生态文明建设的先行示范带[①②]；长江经济带连接我国东部、中部、西部不同经济层次区域，其涉及范围广、辐射区域大，是我国除沿海开放地区外，经济密度最大的经济地带，其经济增速持续超过全国平均水平，是我国经济重心和活力所在；长江经济带东具长三角城市群，西为中部、西部广阔腹地，市场需求潜力和发展回旋空间巨大，对于协调我国东中西部发展、缩小我国东西部发展差距、深化改革开放具有重要意义。总之，长江经济带对我国经济发展的战略意义是其他经济带所无可比拟[③④]。

从长江经济带的发展历程上分析，可以分为三个阶段：

早期构想阶段（1980~1992年）：这一阶段长江经济带的思想主要由学术界提出，如陆大道的T形发展构想，孙尚清的长江产业密集带构想，马洪的"一线一轴"区域发展构想等。这些构想都强调了沿江地区的经济潜力和战略地位，为后来的政策制定提供了理论依据。政策层面上，长江经济带被确定为国家经济发展的重要轴线，并提出了"一线一轴"构想，即沿海一线、长江一轴，总体呈T形结构分布。

中期探索阶段（1993~2012年）：长江经济带第一次被纳入国家重大发展规划，并在国家层面提出了"发展长江三角洲及长江沿江地区经济"的构想。随后，上海浦东开放开发、三峡工程建设都给长江经济带发展带来了巨大契机。党的十四大报告提出，以上海浦东开发为龙头，进一步开放长江沿岸城市，尽快把上海建成国际经济、金融、贸易中心城市之一，带动长江三角洲和整个长江流域地区经济的新飞跃。《国民经济和社会发展"九五"计划和2010年远景目标纲要》强调，长江三角洲及沿江地区要"以浦东开放开发、三峡建设为契机，依托沿江大中城市，逐步形成一条贯穿东西、连接南北的综合经济带"。此外，我国还出台了一系列关于长江经济带产业发展和生态环境保护的指导意见。这一阶段，发展长江经济带由学术探讨层面上升到政策研究层面，突破行政壁垒成为下一步的实践方向。

全面推动阶段（2012年至今）：长江经济带再次被提高至国家重大发展规划的高度，地域范围扩展为11个省份。习近平总书记在武汉新港考察时提出"要把全流域打造成黄金水道"[⑤]；在重庆市主持召开的

---

① 国务院关于依托黄金水道 推动长江经济带发展的指导意见 [EB/OL]. 2014-09-25. 中国政府网，http：//www. gov. cn/zhengce/content/2014-09/25/content_9092. htm.

② 实施三大战略，促进区域协调发展 [EB/OL]. 2018-01-03. 中国共产党新闻网，http：//theory. people. com. cn/n1/2018/0103/c416126-29743050. html.

③ 习近平：在深入推动长江经济带发展座谈会上的讲话 [EB/OL]. 2019-08-31. 中国政府网，http：//www. gov. cn/xinwen/2019-08/31/content_5426136. htm.

④ 推动长江经济带发展战略基本情况 [EB/OL]. 2019-09-20. 推动长江经济带发展领导小组办公室，https：//cjjjd. ndrc. gov. cn/zoujinchangjiang/zhanlue/.

⑤ 习近平武汉考察要求把长江全流域打造成黄金水道 [EB/OL]. 2013-07-24. 中国新闻网，https：//www. chinanews. com. cn/gn/2013/07-24/5077997. shtml.

推动长江经济带发展座谈会上强调，"要把修复长江生态环境摆在压倒性位置，共抓大保护、不搞大开发"①；在武汉市召开的深入推动长江经济带发展座谈会上强调，要"正确把握生态环境保护和经济发展的关系，推动长江经济带绿色发展"②；在南京市召开的全面推动长江经济带发展座谈会上提出，要"使长江经济带成为引领经济高质量发展的主力军"③。实现长江经济带高质量发展成为关系国家发展全局的重大战略和行动指南。从此，长江经济带迈入全面发展阶段并取得显著成效。一是政策体系不断完善，国家层面出台实施了多个政策文件。2016 年《长江经济带发展规划纲要》确立了长江经济带"一轴、两翼、三极、多点"的新发展格局。二是生态环境显著改善，长江岸线的生态环境整治全面推进，非法码头得到彻底整治，长江"十年禁渔"计划全面实施。三是产业转型发展迅速，综合立体交通走廊加快建设，经济保持稳定增长。四是体制机制改革取得突破，不断推动流域共治，破解"九龙治水"难题。《中华人民共和国长江保护法》于 2021 年 3 月 1 日起施行，是新中国成立以来的第一部流域性立法，其涉及环境法、行政法、经济法等多个法律领域，是一部以解决"长江病"为导向，整合多类法律资源、综合多种法律机制的新型立法，为保护母亲河构建了硬约束机制。

从长江经济带城市发展现状上分析，长江经济带的城市发展主要呈现以下四方面的特征：

一是城市群的形成和发展。长江经济带拥有长三角、中部、成渝三大城市群，以及武汉、南京、重庆、成都等重要中心城市，是支撑和引领长江经济带高质量和一体化发展的重要引擎。近年来，三大城市群的区域经济增速总体都呈下行走势，但总体保持中高速增长，区域经济总量明显增加，对长江经济带和我国区域经济的贡献份额稳中有增，经济发展水平稳步提升，但地区差距较大。三大城市群的经济规模呈现"东大西小"，自东向西梯度递减的分布格局，经济增长态势呈现"西快东慢"的特点。三大城市群的核心城市对周边的辐射带动作用不够，次级城市发展相对缓慢，省际协商协作机制不健全，区域内部的要素流动和资源配置受到限制，城市群的整体竞争力和协同效应有待提高。

二是城市产业的转型和升级。长江经济带的产业结构存在一定的不平衡和不协调，下游地区以资本和技术密集型产业为主，中上游地区以劳动和资源密集型产业为主，产业同质化现象较为普遍，关键技术攻关和创新成果转化能力不强，具备核心竞争力的产业偏少，产业升级和转型的任务艰巨。长江经济带的城市在产业转型升级方面还存在一些不足，如营商环境有待优化，全方位开放格局尚未全面形成，与"一带一路"共建国家和地区的合作还不够深入，国际经济合作和竞争的新优势还未充分发挥，城市的国际影响力和吸引力还有待提升。

三是城市生态的保护和修复。长江经济带的城市发展过程中，对长江水资源的开发利用和污染排放造成了严重的生态环境破坏，长江水质下降，水生态系统退化，水安全风险增加，生态环境保护和修复的基础还不牢固，绿色低碳转型的任务繁重。长江经济带的城市在生态环境保护方面还面临一些挑战，如城市岸线的生态环境整治不够全面，非法码头得到彻底整治，长江"十年禁渔"计划全面实施，城市绿化和美化水平有待提高，城市生态文明建设的理念和方法有待创新。

四是城市社会的发展和进步。长江经济带的城市在社会发展方面也取得了一定的成就，如城镇化率不断提高，居民收入和消费水平不断增长，教育医疗和卫生服务水平不断提升，科技文化事业不断发展，就业养老和社会保障水平不断改善。但是，长江经济带的城市在社会发展方面还存在一些问题，如人口增长的疲乏、城乡差距的缩小、社会治理的创新、社会服务的均衡、社会公平的保障等。

从长江经济带的政策规划上分析，推动长江经济带发展是事关中国发展全局的重大战略，2014 年12 月，中共中央成立推动长江经济带发展领导小组，2014 年 9 月，国务院印发《关于依托黄金水道推动长江经济带发展的指导意见》（以下简称《意见》），将长江经济带建设成为具有全球影响力的内河经济带、东中西部互动合作的协调发展带、沿海沿江沿边全面推进的对内对外开放带和生态文明建设的先行示范带，建设上海经南京、合肥、武汉、重庆至成都的沿江高铁；2016 年 9 月，《长江经济带发展规划纲要》正式印发，从规划背景、总体要求、大力保护长江生态环境、加快构建综合立体交通走廊、

---

① 把修复长江生态环境摆在压倒性位置 ［EB/OL］. 2018 － 10 － 17. 中国政府网，https：// www. gov. cn/xinwen/2018 － 10/17/content_5331623. htm.

② 习近平在深入推动长江经济带发展座谈会上的讲话 ［EB/OL］. 2019 － 08 － 31. 中国政府网，https：// www. gov. cn/xinwen/2019 － 08/31/content_5426136. htm.

③ 习近平主持召开全面推动长江经济带发展座谈会并发表重要讲话 ［EB/OL］. 2020 － 11 － 15. 中国政府网，https：// www. gov. cn/xin-wen/2020 － 11/15/content_5561711. htm.

创新驱动产业转型升级、积极推进新型城镇化、努力构建全方位开放新格局、创新区域协调发展体制机制、保障措施等方面描绘了长江经济带发展的宏伟蓝图，提出了包括保护和修复长江生态环境、建设综合立体交通走廊、创新驱动产业转型、新型城镇化、构建东西双向、海陆统筹的对外开放新格局等多项主要任务；2018 年 4 月 26 日，习近平总书记在武汉主持召开深入推动长江经济带发展座谈会并发表重要讲话，强调指出新形势下推动长江经济带发展，关键是要正确把握整体推进和重点突破、生态环境保护和经济发展、总体谋划和久久为功、破除旧动能和培育新动能、自身发展和协同发展"5 个关系"，坚持新发展理念，坚持稳中求进工作总基调，坚持共抓大保护、不搞大开发，探索出一条生态优先、绿色发展新路子，使长江经济带成为引领我国经济高质量发展的生力军①；2020 年 11 月 14 日，习近平总书记在南京主持召开全面推动长江经济带发展座谈会并发表重要讲话，强调要贯彻落实党的十九大和十九届二中、三中、四中、五中全会精神，坚定不移贯彻新发展理念，推动长江经济带高质量发展，谱写生态优先绿色发展新篇章，打造区域协调发展新样板，构筑高水平对外开放新高地，塑造创新驱动发展新优势，绘就山水人城和谐相融新画卷，使长江经济带成为我国生态优先绿色发展主战场、畅通国内国际双循环主动脉、引领经济高质量发展主力军②。

我国对于长江经济带的发展建设目标进行了阶段性的规划和战略性的安排：到 2030 年，长江经济带水环境和水生态质量得到全面改善，生态系统功能显著增强，水脉畅通、功能完备的长江全流域黄金水道全面建成，创新型的现代产业体系全面建立，上中下游一体化发展的格局全面形成，经济发展更具活力、生态环境更加美好、人民生活更加殷实，在全国经济社会发展中发挥更加强大的示范引领作用与和战略支撑作用。③

"十三五"规划对长江经济带第一阶段的建设作出了战略性的具体安排：坚持生态优先、绿色发展的原则和导向，将长江生态环境修复放在工作的首要位置，着力推进长江上游与中下游统筹协调发展，促进长江经济带形成东中西部互动合作的发展模式，将其建设成为我国生态文明建设先行示范带、创新驱动带以及协调发展带。主要包括建设长江沿江绿色生态长廊，全面推进长江全流域的水资源保护与水污染治理工作；构建长江经济带高质量综合立体交通走廊，充分发挥长江黄金水道优势，统筹协调发展多种交通方式；全面优化长江经济带沿江城镇与产业布局，优化长三角和长江中游及成渝三大城市功能，强化上海"四个中心"的引领作用，充分发挥重庆作为连接点和战略支点的重要作用，构建中心城市为带动引擎、中小城市为战略支撑的组团式、网络化格局。

"十三五"规划实施的五年来，长江经济带沿江 11 个省份和有关部门深入学习和贯彻习近平总书记重要讲话与指示精神，按照领导小组决策和部署，坚持问题导向原则，强化系统性思维，以钉钉子精神持续推进长江经济带生态环境整治，促进经济社会发展全面绿色转型，其力度之大、规模之广、影响之深，前所未有，使得长江经济带生态环境保护发生了转折性的变化，经济社会发展取得了历史性的成就。截至 2020 年 11 月，已完成沿江 11 个省份 63 个城市入河排污口排查，排查出入河排污口 60292 个；长江经济带地级及以上城市 1372 个黑臭水体完成消除 96.7%；全面开展长江岸线清理整治工作，2441 个违法违规项目整改已完成 98.9%；累计完成新营造林 1165 万亩，退耕还湿 51 万亩。长江经济带累计搬改关转化工企业 8091 家，搬迁改造危险化学品企业 464 家；持续优化新兴产业布局，装备制造、电子信息等产业规模占全国比重均超 50%。④

在国家"十四五"规划中对长江经济带的未来发展目标与方向进行了清晰的规划。

一是生态文明建设的先行示范带。这是长江经济带发展的战略定位和导向，也是长江经济带发展的根本出发点和落脚点。要坚持生态优先、绿色发展，把保护修复长江生态环境摆在压倒性位置，实现生态环境质量持续改善，增强生态系统整体功能，推动生态环境保护实现由量变到质变的飞跃，使中华民族母亲

---

① 习近平：在深入推动长江经济带发展座谈会上的讲话［EB/OL］. 2019 – 08 – 31. 中国共产党新闻网，http：//cpc. people. com. cn/nl/2019/0831/c64094 – 31329527. html.

② 习近平：推动长江经济带高质量发展［EB/OL］. 2020 – 11 – 16. 人民网，http：//paper. people. com. cn/rmrbhwb/html/2020 – 11/16/content_2018424. htm.

③ 推动长江经济带发展领导小组办公室负责人就长江经济带发展有关问题答记者问［EB/OL］. 2016 – 09 – 11. 新华网，http：//www. xinhuanet. com/politics/2016 – 09/11/c_1119546883_3. htm.

④ 让一江清水绵延后世、惠泽人民——党的十八大以来推动长江经济带发展综述［EB/OL］. 2020 – 11 – 17. 新华网，http：//www. gov. cn/xinwen/2020 – 11/17/content_5562083. htm.

河永葆生机活力，真正使黄金水道产生黄金效益。

二是引领全国转型发展的创新驱动带。这是长江经济带发展的战略使命和动力源泉，也是长江经济带发展的核心内容和主攻方向。要发挥自主创新的核心驱动作用，推动人工智能、量子信息等前沿技术加快突破，全面推动制造业优化升级，推进产业基础高级化和产业链现代化，塑造创新驱动发展新优势，促进经济提质增效升级。

三是具有全球影响力的内河经济带。这是长江经济带发展的战略目标和价值追求，也是长江经济带发展的重要特征和优势所在。要依托长江黄金水道，完善综合立体交通网络，加强各种交通运输方式协调发展和有机衔接，提升智能化、绿色化、一体化发展水平，提高支撑畅通国内国际双循环的能力，统筹沿海沿江沿边和内陆开放，加快与共建"一带一路"融合发展，构筑高水平对外开放新高地，培育国际经济合作竞争新优势。

四是东中西部互动合作的协调发展带。这是长江经济带发展的战略需求和内在要求，也是长江经济带发展的重要途径和有效手段。要推动上中下游地区有机融合，以城市群、都市圈为依托促进大中小城市和小城镇协调联动、特色化发展，打造区域协调发展新样板，缩小东中西部发展差距，巩固拓展脱贫攻坚成果同乡村振兴有效衔接，支持革命老区和边境地区发展。

（二）问题提出

目前长江经济带仍面临着生态环境状况形势严峻、产业转型升级任务艰巨、区域合作机制和法律法规尚不健全等亟待解决的问题，长江经济带总体发展建设战略目标的实现依然任重道远。我们在肯定长江经济带发展建设成绩的同时，必须清醒地认识到所面临的困难挑战与突出问题。

（1）城镇化进程困难重重，推动高质量发展有待进一步努力。新城的发展与产业的发展往往存在一定程度脱节，产城联动效应不够明显，产城融合程度不够紧密。新城的信息基础设施建设仍然主要从满足居民基本生活需要角度出发，信息化建设和产业发展融合度有待加强；总体上缺少区域城镇空间布局的整体规划，存在盲目扩建现象，还未彻底摆脱依靠房屋建设、土地出让等拉动GDP增长的粗放型城镇发展模式。

（2）区域间产业结构布局不尽合理，资源环境面临严峻的负载挑战。长江经济带重化工业发展，不仅基础原材料和能源重化工产业占工业产值比重较大；而且长江经济带的产业布局与资源、市场也存在一定的脱节现象，如煤炭等能源基地主要集中在中西部地区，而钢铁、石化、建材等耗能型企业则多集中在东部地区，这都导致长江经济带生态环境保护难度加剧。

（3）资源消耗与污染排放强度高，资源供给存在巨大压力。一是水资源需求量日渐增长，导致水质性缺水问题严重。长江经济带人均占有水量仅为世界人均占有量的1/4[①]；同时，长江干线危险化学品运输量超1.6亿吨，作业品种超250种[②]，化学品泄漏与废水事故性排放等环境风险事件发生概率高[③]。二是人口、经济与土地城镇化矛盾明显。长江经济带土地面积占全国的21%，而人口与经济总量超过全国的40%，从上游到下游，经济、人口承载比重逐步增多，土地资源占比却逐步减少[④]。三是污染排放强度高，存在突出的环境风险隐患。长江经济带大部分区域水耗、能耗及污染排放强度是全国平均水平的1倍甚至以上，长三角地均污染物排放强度也高于全国平均排放水平[⑤]。

（4）协调机制尚不健全，未能有效解决生态补偿问题。一是虽然有较全的生态补偿指标理论，但未能明确选取具有代表性和操作性的指标。二是长江经济带范围广、涉及11个省份，由于地理位置等因素，一些省（市）间关系比较复杂，难以明确相关责任等归属问题。三是现有的生态补偿大都以资金补助为主，忽视市场化补偿的作用，所起到的效果也较有限。

（5）行政分割问题依旧严重。长江经济带各区域内部尚未形成协调发展良好氛围。从各省份出台

①　李群，于法隐. 生态治理蓝皮书：中国生态治理发展报告［M］. 北京：社会科学文献出版社，2019.
②　国务院办公厅关于印发推进长江危险化学品运输安全保障体系建设工作方案的通知［EB/OL］. 2014－06－23. 中国政府网，ht-tps：//www. gov. cn/zhengce/content/2014－06/23/content_8903. htm.
③　周正柱. 长江经济带高质量发展存在的主要问题与对策［J］. 科学发展，2018（12）：68－73.
④　曾永明，骆泽平，汪瑶瑶. 人口流迁对长江经济带区域经济差距的影响及空间溢出效应［J］. 热带地理，2021，41（8）：1258－1269.
⑤　李芸邑，刘利萍，刘元元. 长江经济带工业污染排放空间分布格局及其影响因素［J］. 环境科学，2021，42（8）：3820－3828.

的政策和创新举措来看，主要涉及自身经济、社会发展以及生态环境保护等内容。这些政策与举措的实施，有力地提升了长江经济带各省份城镇化水平、生态环境综合发展指数，在一定程度上也促进了区域的协调发展，但是省份间统筹协调发展的政策与举措较少，还远未形成整体区域协调发展的良好氛围。

长江经济带的城市群是区域发展的主体和引擎，包括长三角城市群、长江中游城市群和成渝城市群，共有超过 100 个地级以上城市，占全国城市总数的近 1/3。长江经济带的城市群在推动区域经济增长、优化产业结构、提升创新能力、扩大对外开放、改善民生福祉等方面发挥了重要作用，为我国经济社会发展做出了重大贡献。然而，长江经济带的城市群发展也面临着一系列的问题和挑战，针对长江经济带的城市发展，根据现有研究总结长江经济带城市发展所存在的问题主要包括以下四个方面：

一是区域协调发展不平衡。长江经济带的城市群发展水平存在较大的差异，长三角城市群作为全国最发达的城市群，经济总量和人均水平均居全国首位，但也面临着产业转型升级、创新驱动、生态环境保护等方面的压力。长江中游城市群作为全国最大的城市群，经济总量和人均水平位居全国第二，但也面临着经济增长放缓、产业结构不合理、城市化水平不高、生态环境恶化等方面的问题。成渝城市群作为全国最具发展潜力的城市群，经济总量和人均水平位居全国第三，但也面临着经济增长不稳定、产业基础薄弱、城市规模过大、生态环境脆弱等方面的困境。此外，长江经济带的城市群之间的合作机制不健全，区域内部的资源配置效率不高，区域间的协同发展不充分，导致区域发展的整体效益不高。

二是生态环境保护压力大。长江经济带的城市群是长江流域的主要污染源和生态破坏者，对长江水资源的开发利用和污染排放造成了严重的生态环境破坏，长江水质下降，水生态系统退化，水安全风险增加，生态环境保护和修复的基础还不牢固，绿色低碳转型的任务繁重。长江经济带的城市群需要在共抓大保护、不搞大开发的原则下，加强生态环境协同保护，建立健全生态补偿和生态约束机制，推进生态文明建设，实现经济发展与生态保护的协调统一。

三是产业转型升级困难。长江经济带的城市群的产业结构存在一定的不平衡和不协调，下游地区以资本和技术密集型产业为主，中上游地区以劳动和资源密集型产业为主，产业同质化现象较为普遍，关键技术攻关和创新成果转化能力不强，具备核心竞争力的产业偏少，产业升级和转型的任务艰巨。长江经济带的城市群需要根据自身的产业基础和优势，加快产业结构调整和优化，培育壮大新兴产业，提高产业附加值和创新能力，增强产业的国际竞争力和抗风险能力。

四是开放水平有待提高。长江经济带的城市群在对外开放方面还存在一些不足，如营商环境有待优化，全方位开放格局尚未全面形成，与"一带一路"共建国家和地区的合作还不够深入，国际经济合作和竞争的新优势还未充分发挥，城市的国际影响力和吸引力还有待提升。长江经济带的城市群需要借助长江黄金水道和立体交通网的优势，深化与沿江省市和沿海地区的合作，拓展与内陆地区和西部地区的联系，加强与国际市场和国际组织的对接，构建开放型经济新体制，提升开放型经济新水平。

研究长江经济带城市综合发展水平并构建具体的评估体系，有助于系统全面地认识长江经济带区域板块、城市群以及各城市发展过程中存在的短板和不足，以及各项政策实施的成果效果，为长江经济带后续发展以及制定差异化的发展政策措施提供可靠的参考与量化分析依据。其作用主要表现在两方面，一方面，引导和激励作用。通过对各区域、各城市群和各个城市的发展情况的量化比较，使得其能够更加客观、清晰、科学地了解和认识在自身发展过程中所存在的问题和短板，明确自身在建设发展过程中的优势和劣势，为下一步发展提供参考依据，引导和激励各区域、各城市群及各城市充分发挥自身比较优势，加强短板建设，强化与其他区域板块、城市间的交流与合作，促进生产要素合理有序流动，推动构建公共服务均等化、区域一体化发展的城市体系，形成互助发展、全面协调、全局统筹的发展模式，推动长江经济带全局优化、共同发展。另一方面，提供政策参考作用。通过对长江经济带综合发展水平的评价和研究，能够分析得出较优的城市发展路径、较好的城市布局以及适应各类型城市发展的差异化发展模式，为促进长江经济带进一步发展，缩小东中西部各城市间的发展差距，实现全面、协调、可持续高质量发展，为制定相关政策、规划区域发展提供政策参考。

二、研究目的和意义

（一）研究目的

长江经济带是引领中国经济高质量发展的排头兵，是实施生态环境系统保护修复的创新示范带、培育新动能引领转型发展的创新驱动带、创新体制机制推动区域合作的协调发展带。《长江经济带发展规划纲要》从规划背景、总体要求、大力保护长江生态环境、加快构建综合立体交通走廊、创新驱动产业转型升级、努力构建全方位开放新格局、创新区域协调发展体制机制、保障措施等方面做出详细部署，尤其强调，着重发挥三大城市群以外地级城市的支撑作用，以资源环境承载力为基础，不断完善城市功能，发展优势产业，建设特色城市，加强与中心城市的经济联系与互动，带动地区经济发展。本书将长江经济带建设过程中有关国民经济社会发展的各项指标有机结合起来，突破单一层面研究的限制，从综合发展、人口就业、区域经济、农业生产、工业企业、基础设施、社会福利、居民生活、科教文卫、生态环境十个方面多视角、多维度深入探讨长江经济带综合发展现状评估，更加突出对长江经济带发展现状的深入探索，全方位展示长江经济带及其城市发展水平及差异。可以说，开展长江经济带城市发展评估是对长江经济带建设、区域协调发展理论的进一步深化与提升。

本书以促进推动长江经济带科学发展、为实施区域协调发展、全面建成小康社会、实现中华民族伟大复兴的中国梦为指导思想，将理论和实践相结合，以长江经济带及其108个城市为研究对象，重点评估分析长江经济带发展情况。研究对上海、江苏、浙江、安徽、江西、湖北、湖南、重庆、四川、云南、贵州11个省份的数据资料进行收集、整理、分类，建立各地区多视角综合发展水平评估及评价指标体系。

本书以协同论、系统论等相关理论以及城市经济学、发展经济学、产业经济学等学科的最新前沿动态为基础，基于长江经济带及内部各城市的现实研判，构建由系统层、模块层、要素层等多元指标组成的城市发展综合评估体系及数学评价模型；采用灰色理论的灰色综合评价和灰色聚类分析，形成由1个一级指标、9个二级指标、25个三级指标、218个四级指标组成的评价体系；利用2014～2018年的发展数据验证综合评价模型，全面地阐述长江经济带城市发展在综合发展、人口就业、区域经济、农业生产、工业企业、基础设施、社会福利、居民生活、科教文卫、生态环境等方面的状况，以求真实地反映长江经济带城市发展评价的内在机理、发展特征及规律；为创新区域协调发展体制机制、优化区域空间开发格局，以及全面提高长江经济带城镇化质量提供理论依据和政策依据；为推进国家实施区域协调发展战略、城市群发展规划实施提供可资借鉴的区域发展素材。

（二）研究意义

1. 理论意义

第一，本书构建形成长江经济带城市发展水平评估体系及实证数据分析模型，在长江经济带城市研究方面具有一定的突破与创新。本书从十个方面建立形成长江经济带城市发展水平评估体系及实证数据分析模型，运用SPSS、ArcGIS等计量与地理信息软件将评估结果在地图上进行直观展示，最后将评估结果进行对比分析，做到定量和定性、理论和实践的有机统一。

第二，本书将长江经济带建设中国民经济社会发展各项指标有机地结合起来，突破单一层面研究的限制，多视角、多维度深入探讨长江经济带综合发展现状评估。

第三，本书开展长江经济带城市发展研究对长江经济带建设、区域协调发展理论的进一步深化与提升。本书是将公开渠道发布的数据进行全方位收集和整理的书籍；也是全方位、多视角对长江经济带城市发展水平进行综合评估的著作；著作中关于长江经济带城市发展水平评估指标体系构建的完整与全面也是目前国内外少有的。

2. 现实意义

第一，本书对长江经济带城市发展的系统全面评估，对研判长江经济带城市发展趋势、掌握长江经济带城市发展状况，具有重要的实践参考价值。

第二，本书构建综合发展水平的评价指标体系对长江经济带各项指标的发展进行评估，结合长江经济带的发展现状提出促进长江经济带综合发展水平的实现路径，对于新时代下实现长江经济带城市发展、推进区域协调发展战略具有重要的实践参考价值。

三、研究内容与方法

（一）研究内容

本书围绕长江经济带十多个维度展开全方位的评估，主要内容包括七章。

第一章 绪论。本章主要是对本书的研究背景、问题提出、研究目的和意义、研究内容及方法进行介绍。通过政策研判分析，寻找当前长江经济带城市发展研究中普遍存在的理论与应用的研究失衡问题；探讨目前长江经济带城市应用研究的发展趋势及核心方向，分析长江经济带城市发展水平评估的一系列突出问题产生的背景、原因和发展趋势。

第二章 长江经济带城市综合评估。本章主要是阐释长江经济带城市综合评估的内涵，建立长江经济带城市综合评估的指标体系与测算方法。基于灰色理论，阐释长江经济带城市发展水平的基本特征、发展内涵，构建长江经济带城市发展水平评估的研究路径及演化关系。结合现有研究成果，建立形成以综合发展为核心，包含人口就业、区域经济、农业生产、工业企业、基础设施、社会福利、居民生活、科教文卫、生态环境九个方面的长江经济带城市发展水平的评估体系。

第三章 长江经济带城市综合发展水平评估分析。本章主要是对 2014～2018 年长江经济带 108 个城市在综合发展、人口就业、区域经济、农业生产、工业企业、基础设施、社会福利、居民生活、科教文卫、生态环境十个方面的发展水平、变化趋势展开系统分析。

第四章 长江经济带东部地区城市综合发展水平评估分析。本章主要是对长江经济带东部地区 25 个城市在综合发展、人口就业、区域经济、农业生产、工业企业、基础设施、社会福利、居民生活、科教文卫、生态环境与全国水平展开横向比较工作，对城市综合发展水平的三级、四级指标的评价得分展开在时间序列、横截面尺度下的比较分析，动态分析了长江经济带东部地区城市的经济社会发展的变化历程，判断长江经济带东部地区城市在经济社会发展水平各方面的基本状况。

第五章 长江经济带中部地区城市综合发展水平评估分析。本章主要是对长江经济带中部地区 52 个城市在综合发展、人口就业、区域经济、农业生产、工业企业、基础设施、社会福利、居民生活、科教文卫、生态环境与全国水平展开横向比较工作，对城市综合发展水平的三级、四级指标评价得分展开在时间序列、横截面尺度下的比较分析，具体研判长江经济带中部地区城市加快发展过程中的突出优势、发展不足与潜在机遇。

第六章 长江经济带西部地区城市综合发展水平评估分析。本章主要是对长江经济带中部地区 31 个城市在综合发展、人口就业、区域经济、农业生产、工业企业、基础设施、社会福利、居民生活、科教文卫、生态环境与全国水平展开横向比较工作，对城市综合发展水平的三级、四级指标评价得分展开在时间序列、横截面尺度下的比较分析，具体分析长江经济带西部地区城市综合发展的主要问题与比较优势。

第七章 提升长江经济带城市综合发展水平的对策建议。本章主要是针对长江经济带的基本发展状况、历史现实条件、政策变迁历程展开分析，提出提升城市经济社会发展水平的政策建议。

（二）研究方法

根据研究目的以及定性和定量研究方法的适用条件，从实际出发，借鉴经济学、政治学、管理学、社会学等多个学科的研究成果，采用了理论研究与实证研究相结合的方法，在文献分析、理论分析、现实分析的研究基础上，建立形成长江经济带城市综合发展水平评估指标体系与评估方法。本书主要涉及以下几种研究方法。

第一，文献研究法。根据长江经济带城市发展的研究内容，查阅国内外相关文献获得充足的资料，通过对区域经济学、经济地理学、长江经济带城市发展等方面文献的总结梳理，提炼形成长江经济带城市综合发展水平的评估方法，进而为研究提供参考与借鉴。

　　第二，现实研判与理论分析。本书基于对长江经济带城市发展的现实研判，从理论分析的角度，运用灰色理论的多种研究方法，构建由系统层、板块层、结构层、要素层等多元指标组成的城市发展综合评估体系及数学评价模型，以求真实反映长江经济带城市发展评价的内在机理、发展特征及规律。

　　第三，实证分析法。本书构建了长江经济带综合发展评估指标体系与方法，采用灰色理论的灰色综合评价和灰色聚类分析，形成由 1 个一级指标、9 个二级指标、25 个三级指标、218 个四级指标组成的评价体系，为避免评价重叠性，选用灰色理论对 218 项四级指标进行灰色综合评价和灰色聚类分析，通过所构建的长江经济带综合发展评估指标体系与方法能够客观、准确、科学地反映城市综合发展水平各个方面及其内在结构特征的指标体系，并运用科学、合理的数学评价计量模型对指标体系进行评价、分析。

第二章 长江经济带城市综合评估

一、长江经济带城市综合评估内涵

（一）长江经济带城市综合发展评估内涵

长江经济带城市综合发展水平评估是指对长江经济带区域内各城市在一定时期内的经济、社会、人力资源、基础设施、生态环境等领域的发展水平和发展潜力的综合评价。从横向角度来看，综合发展水平能够体现当前城市所聚集的要素的总量和品质，综合发展水平评估能够在城市经济发展状况、城市社会发展程度以及城市经济发展质量与经济发展支撑体系等方面衡量城市发展现实状况。其中，城市经济发展状况是城市综合发展的基础，是构建城市其他相关领域实力的基石与重要支撑；城市社会发展程度是城市综合发展水平的非货币体现，也是城市经济发展所追求的目标，其发展以城市经济发展为基础，但二者之间会存在一定的不匹配现象，实现城市高质量发展要注重二者的共同进步，相互促进；城市经济发展质量与经济发展支撑体系包含城市基础设施和人力资源与城市生态环境承载能力两个方面，是城市经济与社会发展的支撑，实现城市高质量发展需要强化支撑体系，使之与城市经济和社会快速发展相适应。从纵向角度来看，城市综合发展水平则体现的是城市所聚集的要素当前的发展水平与未来的发展潜力：其一，城市当前的社会、经济、资源等方面的情况是城市综合发展水平的重要部分，它直观地反映出城市运行效率与城市各方面所能达到的先进程度，体现当前城市的综合发展水平；其二，城市发展的动态趋势展现城市未来的发展潜力，人口素质、资源环境压力、资本技术投入、基础设施支持能力以及发展趋势是城市发展的内在驱动力，要促进这些要素资源的完善、增强、保持可持续性为进一步提升城市综合发展水平而服务。总之，实现城市高质量发展要持续高效地发挥人力资源、基础设施、生态环境、经济社会基础等多方面的优势，保持发展的可持续性。

长江经济带综合发展水平评估是通过灰色关联度计算和目标值的差异来进行城市发展优劣程度的界定的。所得评价结果不仅能够体现出被评价城市自身的发展状况，还能够同时体现出该城市与区域内其他城市比较而言的发展水平，即在某些情况下一个城市与自身纵向比较某一或某些方面表现出不同程度进步，但是总体进步程度落后于横向比较的其他城市，那它依然处于相对落后的局势。本书在上述认识的基础上，设计研究方案，提出科学可行的研究方法，进而根据评估结果得出相应结论，同时针对结论提出一定的有建设性的政策建议。图 2-1 是长江经济带城市综合发展水平评估逻辑。

党的十九大报告明确指出，中国进入了"新时代"历史新起点，新的时代要求提出了经济发展由"高速度发展"向"高质量发展"的要求和使命，高质量发展也成为当下新时代中国特色社会主义建设的核心要求与根本目标（李梦欣、任保平，2019）。这意味着需要进一步探索高质量发展道路来推进我国高质量发展。高质量发展就是指能够更好地满足人民日益增长的美好生活的需要的发展，是能够体现新发展理念的发展，是将创新作为第一动力、以协调作为内生特点、以绿色为普遍形态、以开放为必由之路、以共享为根本目的的发展。

高质量发展本质内涵是以满足人民日益增长的美好生活的需要为根本目标的高效的、公平的、绿色的、可持续的发展；是政治建设、经济建设、社会建设、文化建设、生态文明建设"五位一体"协调发展。实现高质量发展既要完成提高产品与服务的质量和标准的基本要求，还要重点关注政治、经济、社会以及生态环境等全方位、多维度的协调发展。坚决摒弃以牺牲某一或某几方面的发展而换取其他方面高质量发展的做法。高质量发展是绝对与相对的统一，绝对是指在一定的发展阶段就必须达到一定的基本标准，否则就谈不上高质量发展，比如在某一阶段，产业在技术水平、能源利用率、生态效应、在国际价值链中的地位等各方面需要达到一定的门槛水平。相对是指高质量发展的标准必须与发展阶段相适应，不能出现过高要求，否则会产生各种发展扭曲，造成总体发展受到阻碍。高质量发展还是质量和数量的统一，质量与数量是相互依存的，而不是对立关系，量变是质变的基础条件，质变是量变积累的结果。高质量发展必须以数量为基础，否则质量就成了空中楼阁、无源之水。同样质量的改善能够为数量的可持续增长创造更好的条件，推动数量积累，从而形成上升的循环体系。高质量发展内涵丰富，但其集体体现具体体现在以下几个方面。第一，资源配置高效率，经济运行平稳有序。要素配置扭曲程度低，配置和利用效率高；供求关系宏观上保持动态平衡，尤其是国民经济主导产业供求大体平衡，不出现过大波动或产能的严重过剩或短缺。第二，工业农业的产品与服务质量不断提升，品质安全可靠，符合市场要求，且与市场标准的可接受程度相适应。第三，科技水平不断提升，产业升级。技术能够满足产业升级的需要，有相当一部分企业能够在国际上形成竞争优势。第四，没有明显阻碍人民群众生活质量提高的短板。第五，全方位、多维度均衡发展，在政治、经济、社会、文化、生态文明五大现代化建设领域内不存在明显不足。第六，区域、城乡间形成科学合理的分工格局和产业布局，多要素空间配置符合效率原则，区域和城乡之间基本实现生活水平与基本公共服务上的大体均等，资源开发利用与地区资源环境承载能力相适应。第七，实现发展成果公平分享，合理控制收入差距、贫富距离，提高社会阶层流动性，保障全体人民能够有实现自我发展、公平参与现代化进程的权利。第八，保障绿色可持续发展，人与自然间关系和谐。城市生产生活方式绿色低碳，生态持续修复更新，城乡人居环境良好（张军扩等，2019）。高质量发展内涵丰富，单一指标难以对其进行衡量，所以需要复合指标来对复杂的多维信息进行糅合，以此提高测度质量、简化决策过程（张涛，2020）。所以本书根据对高质量发展内涵的理解，构建科学合理的城市高质量发展综合评估体系。从系统、板块、结构、要素四层结构构建指标，指标之间相互独立又彼此依存，根据发展变化的周期长短、相互之间的影响和作用关系制成四级综合发展水平评估逻辑。

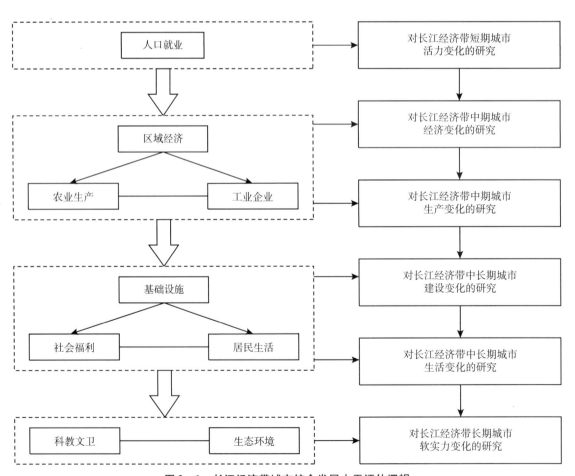

图 2－1　长江经济带城市综合发展水平评估逻辑

人口就业是对长江经济带城市综合发展水平评估的第一部分研究内容，是对长江经济带短期城市活力变化的分析。人口因素是一个包含人口数量、人口质量、人口构成、人口发展以及人口迁移等各种因素在内的综合范畴，在经济社会发展中占有重要地位，对社会发展有着制约和影响作用，是城市发展中最具活力的因素，人口因素既能够促进经济社会发展，也会产生阻碍作用。人口因素根据时间条件可以划分为静态人口因素与动态人口因素，静态人口因素包含人口规模和人口结构，动态人口因素由社会经济结构、自然结构、空间结构三方面组成，对其进行评价能够掌握当前整个长江经济带以及各个区域板块和城市所拥有的人力资源数量、质量以及结构布局，从动态和静态角度分析城市发展中所存在的问题以及推动城市高质量发展所需要做出的调整，由于人口是可调节的，且调节周期较短，所以其关系到城市发展短期活力能否被激发，而且丰富的人力资源能够为城市的发展和生产提供基本支撑。就业是人口参与社会物质生活的条件和结果，就业人口是指在一定年龄范围内、具备劳动能力、从事一定的社会劳动并获得劳动报酬或经营收入的人口，简单来说处于劳动年龄且能够直接创造财富的就是就业人口，由此可见就业人口的规模和结构以及地理分布与一个国家或地区经济发展水平和方式密切相关；人口就业结构既受到经济结构与经济增长模式的影响，也会反作用于经济的发展，就业的人数和构成会直接影响到城市工业、企业的发展规模与质量，同时也表明区域经济和城市产业的发展潜力①。所以，概括来看，短期内人口因素与就业的变化会直接对城市的工业企业发展和农业生产造成显著影响，进而在城市经济发展状况上有所体现，可以通过人口就业对长江经济带城市发展的短期活力进行研究，也可以在其上施策进一步影响城市产业和区域经济的发展进程和方向。

区域经济、农业生产和工业企业是对长江经济带城市综合发展水平评估的第二部分研究内容，是对长江经济带中期城市经济变化和生产变化的分析。首先，区域经济是指一定区域内经济发展内部因素和外部条件相互作用、彼此影响的生产综合体，区域经济的发展受自然条件、技术经济政策以及社会经济条件等因素的制约和影响。区域经济作为一种综合性经济发展地理概念，其发展水平能够反映某一区域的资源开发利用情况以及存在的问题和短板，尤其是在矿物资源、生物资源、土地资源以及人力资源的合理利用程度上，主要在区域生产力布局的科学性与地区经济效益上有所体现，同时区域经济的效果还反映在经济指标以外的社会总体经济效益与地区性生态效益上。区域经济能够最直观地对工业企业发展总体情况和农业生产发展程度做出反应。其次，农业生产以人为主导，以土地为基础，有机结合其他多种生产要素所进行生产实践活动，对于人类生存与区域经济发展具有至关重要的作用。农业作为我国的第一产业，其发展情况对区域经济的发展有重要影响，关系到整个国民经济的发展，农业生产技术与生产条件成为制约区域经济发展的主要因素之一，区域经济的发展能够提高农民的可支配收入比例，刺激消费需求，为农业生产的进一步发展提供动力支撑，由此可见，区域经济与农业生产之间存在相互影响、彼此制约的关系。最后，工业企业作为国民经济的主导部门，负担着为其他部门提供能源、设备和原材料以及各种人民生活必需品的重要任务，其发展进程加快会使得区域经济发展增速、水平提高，而其进程的加快主要是区域生产率提高和生产要素空间聚集而造成的，同时工业集聚也会使得区域空间格局发生变化，因此，工业企业的发展关系到区域空间格局的优化和区域整体的协调发展。概括来说，长江经济带区域经济的变化会在农业生产与工业企业变化上有直接的体现，区域经济的发展变化会进一步在城市基础设施建设和投入上有所体现，农业生产与工业企业的发展也会体现城市对农业方面基础设施的建设和投入以及工业基础设施的完善程度。

将基础设施与社会福利和居民生活作为长江经济带城市综合发展研究水平评估的第三部分研究内容，是对经济带中长期城市的建设发展和生活变化的分析。基础设施是指为满足公共目的而建立，用于为生产、生活提供公共服务且能够发挥促进社会经济活动、实现资源共享、改善生存环境等功能的各种物质、条件与技术的总和。城市公共基础设施是城市发展的客观要求与必然结果，同时也是衡量城市发展水平的重要指标。随着我国城市化不断取得新成果、进程不断加快，城市公共基础设施在城市发展中的作用越来越不容忽视，城市基础设施的建设情况能够直接反映社会福利建设供给状况与居民生活水平情况。社会福利是指面向广大社会成员，为改善其物质生活与文化生活而实施的一些措施，既包括物质支持也包含服务

---

① 国务院人口普查办公室、国家统计局人口和就业统计司编. 迈向小康社会的中国人口 全国卷 [M]. 北京：中国统计出版社，2014：176 - 184.

支持，是与人民生活幸福相关的概念，它与社会政治相联系，能够反映社会治理状态，是有效的社会关系调整手段。社会福利由国家依法为公民提供，以提高公民生活水平和生活质量，它具备调节社会矛盾、缓和突出社会矛盾的使命和作用，是公共服务社会保障体系的最高纲领；居民生活是指居民在某一社会发展阶段中，用于满足物质、文化生活需要的社会产品及劳务的消费程度，具体内容包括居民实际收入水平、实际消费水平及结构、劳动的社会条件及生产条件、社会服务发达程度、卫生保健与教育普及程度、居民线下时间占有量与结构等，能够体现出居民生活需求是否得到满足，反映城市发展程度，二者的变化受基础设施水平的影响，所以将其并列为城市综合发展水平评估第三级研究内容的底层研究内容。总的来说，城市基础设施中长期内的变化会直接影响社会福利发展水平以及居民生活发展程度，二者的变化又会联通基础设施建设共同影响科教文卫和城市生态环境等城市软实力的变化。

科教文卫是与生态环境是对城市长期软实力的反映，作为城市综合发展水平评估研究的第四部分研究内容。科教文卫是城市居民所能够享受到的科技、教育、文化、卫生医疗等公共服务，对其的投入不会在短期内显现，而是在长期发展过程中作为城市综合实力的重要组成部分，它关系到居民的生活质量和生活品质的提升；生态环境是对人类生存和发展具有重要影响作用的水资源、生物资源、土地资源及气候资源的数量和质量的总称，是关系到经济和社会持续发展的复合生态系统，生态环境是人类生存和发展的地基，人类谋求自身发展对自然做出利用和改造所导致的自然环境破坏与污染等生态环境问题会对人类生存产生各种负面反馈效应，长期下来会影响发展的可持续性，而高质量发展的内涵之一就是保持可持续发展，所以必须重视生态环境的研究。总的来说，科教文卫与生态环境受基础设施发展的影响，对城市的长期发展具有重大影响，是城市软实力的构成部分。

（二）长江经济带城市综合发展水平评估指标体系的内涵及构成要素

中国经济进入新常态后，经济增速持续稳定放缓，国家经济发展进入高质量发展阶段，加快构建科学、系统、全面、合理的高质量发展评价指标体系，对区域及区域内各城市的高质量发展水平进行量化评价和分析，有利于精准把握区域高质量发展状况以及各区域板块、各城市在高质量发展过程中拥有的优势以及存在的短板。有关高质量发展评价的相关研究在党的十九大之前其主要关注点集中在经济增长质量、可持续发展、绿色 GDP、区域竞争力等指标，且形成了较为完善的研究框架，但随着发展进程的不断推进，其评价体系也需要不断的进步（黄顺春、邓文德，2020）。高质量发展是一个十分复杂的、系统性的工程，高质量发展具有多维性的特征和评价标准，需要考虑多种主客观因素（刘志彪，2018）。与经济增长相比，高质量发展内涵更加丰富、所涉及的领域也更加广泛，要对其进行评价就必须综合考虑经济社会运行的综合过程指标与结果指标，兼顾宏微观、主客观、总量和结构、长期和短期、速度和质量等多个角度。为保障评估体系的科学性、评估结果的有效性，本书在分析已有高质量发展指标体系研究的基础上，结合我国发展现状，尤其是长江经济带发展状况，借鉴已有的指标体系，系统地构建了城市综合发展水平评估指标体系，从多个维度对长江经济带城市综合发展水平进行评估，以期为推动长江经济带高质量发展提供有价值的参考。

1. 人口就业

我国人口就业发展的内在动力和外部条件发生了显著改变，出现重要转折性变化。准确把握人口就业变化趋势性特征，深刻认识这些变化对人口就业和经济社会发展带来的挑战，对于谋划好人口就业长期发展具有重大意义。根据《国家人口发展规划（2016—2030 年）》，人口问题关系经济社会发展全局、关系国家和民族未来，是人类社会共同面对的基础性、全局性和战略性问题。中国人口政策强调将控制人口数量、提升人口质量、调整人口结构相结合，不同时期的政策有不同的调控指标。就业是最大的民生工程、民心工程、根基工程，《习近平新时代中国特色社会主义思想学习纲要》中指出，要把稳就业摆在突出位置，实施就业优先政策，实现更高质量和更充分的就业；《中共中央关于制定国民经济和社会发展第十四个五年规划和二〇三五远景目标的建议》中提出了实现更加充分更高质量就业的目标，并明确了强化就业政策的主要任务。

结构性失业主要是由于经济结构、体制、增长方式等的变动，导致劳动力供给质量不符合劳动力需求的要求，即劳动力的技能、经验、知识结构与可供应的职位空缺不相适应而导致失业。结构性失业可分为结构调整型失业、经济增长方式转变型失业和技术进步型失业等，这种失业影响劳动力市场的均衡，解决失业问题需要通过国家对经济的适度干预，扩大社会的有效需求，实现充分就业的目标。当前，城市人口和就业结构都发生了显著的变化，劳动力的供给需求也随之发生了变化。供给层面，城市人口出生率持续下降，人口老龄化程度加深，劳动力数量减少，进城农村劳动力规模增长趋缓，劳动力潜在供给和普遍供给都在减少；需求层面，我国经济增长开始减速，外部经济环境挑战增多，尤其是受到新冠疫情的冲击，就业增长下降，就业岗位需求减少。随着经济结构调整和产业转型，出现了新的就业困难问题，即劳动力供求结构性矛盾更突出，一方面，大学生毕业人数不断创新高，就业压力仍然存在；另一方面，一些行业对人力资本的要求提高，但劳动力质量不高，出现招工难、用工荒的局面。因此本书从人口变化、人口结构、就业结构、就业保障四个方面对长江经济带城市人口就业状况进行评估。

首先，人口变化是人口就业状况的基本要素。在现有的人口增长和城市发展情况下，长江经济带中西部地区的就业承载能力有限，根据人口迁移法则，人们进行流动变化的主要目的是改善自身的经济状况，人口变化受到社会、经济等因素的影响，人口变化流动倾向于长江经济带东部地区的大城市，大城市的就业机会以及工资报酬都会高于其他城市或地区。因此本书通过总人口相对增长率、城市蔓延指数、人口密度、人口承载力等指标内容说明城市的人口变化。

其次，人口结构是评估城市人口就业状况的基础条件。人口是一切社会活动的主体，人口结构与社会经济活动密切，人口结构的衡量标准有很多，例如从人口空间结构、人口自然结构以及社会经济结构等角度来衡量人口结构，但是这些都无法直接体现城市间的人口流动变化与就业情况。因此，本书从半城镇化率、城镇化率、平均抚养系数、户籍门槛、城镇人口扩张弹性系数和非农比率等指标来对人口结构进行刻画。

再次，就业结构是人口就业状况评估的重要体现。就业结构反映了城市经济各部门所占用的劳动力数量以及比例，表明了劳动力资源的配置状况。就业结构按产业划分为第一产业就业结构、第二产业就业结构、第三产业就业结构，就业结构的各层次、各要素是协调有序的，具有密切联系，保持着结构稳定。因此，本书通过 Moore 就业结构、就业贡献率、就业弧弹性、就业结构偏离系数、就业密度、就业强度等指标内容对城市人口就业进行评估分析。

最后，就业保障是城市人口就业状况的有力支撑。我国已建成较为完善的社会保障制度，但在就业保障上尚未建立起多层次的失业保障制度。就业保障制度有助于保护劳动者的权益以及失业人员的基本生活，但是大部分灵活就业者无法受益于失业保险制度，因此党的十九届五中全会提出健全灵活就业人员社保制度。本书通过社会保障与就业支出比重增量、失业保险平均增长指数、就业保障枢纽度、就业保障强度、就业保障职能规模等指标来说明就业保障与城市人口就业状况的关系。

2. 区域经济

党的十八大以来，中国经济已从高速增长阶段转向高质量发展阶段，区域是经济发展的空间载体，经济发展方式的转变势必要求与之相对应的高质量区域发展格局。当今世界正经历百年未有之大变局，国际形势日趋复杂，我国处于重要的战略转型期，面临的机遇和挑战都发生了新的变化。"十四五"时期，我国经济潜力足、韧性强、回旋空间大的基本特征并未发生改变，形成优势互补高质量发展的区域经济布局对实现经济高质量发展至关重要。

根据区域生命周期理论，区域经济的生命周期在现代化征程中必将经历起步阶段、成长阶段、成熟阶段、衰退阶段。在起步阶段，区域的区位优势未能得到重视，开发利用效率低，平均生活水平低，第一产业对地区生产总值的贡献最大；在成长阶段，区域积极规划区域发展，经济增长依赖于劳动力、资本和技术进步，城市化水平较高；在成熟阶段，区域经济发展战略的实施步入有序轨道，区域内城市群现代化程度高，面临产业结构升级和自主创新能力提高的压力；在衰退阶段，区域是指现有的技术、制度不能满足区域经济发展需要，产业结构趋同，经济结构单一，但随着经济主体在技术、制度等方面的创新可进入下一个生命周期。区域发展的四个阶段是连续递进的，相互渗透、相互关联，前一阶段的执行力度直接影响下一个阶段的实施。当前中国经济已经进入后工业化和服务业发展并存的时期，服务业对经济增速超过了工业，越来越多的城市经济结构呈现服务业化，但片面地追求产业结构服务业化会降低经济效率以及抑制区域发展的比较优势。长江流域作为横跨我国东西方向的经济带，一方面受到上海的辐射作用，另一方面与京津冀城市群、珠三角城市群紧密联动，长江经济带区域近年来受到长三角一体化战略和成渝经济区等国家战略的支持，创新输出能力在不断上升，政府要在区域经济发展中根据区域的生命周期制定合适的经济政策，促进区域经济可持续发展。因此本书从经济结构、经济发展、金融投资三个方面对长江经济带城市区域经济发展水平进行评估。

首先，经济结构是衡量一个区域经济发展水平的重要尺度。经济结构是一个由许多系统组成的多层次、多因素的复合体，按照生产关系角度，可以体现为各类所有制结构；按照产业结构角度，可划分产业聚集、产业专业化等内容。产业集聚是同一产业在一个区域范围内高度集中，产业集聚可以提高劳动生产率、促进创新、提高核心竞争力。产业专业化是在区域内特定产业的集中度，包括该区域内对产出或就业做出重大贡献的所有行业和部门。产业集聚与产业专业化水平的提高吸引外部资源，有利于促进产业进步和提高区域经济发展速度，但当产业集聚超过合理规模时，规模效益递减。

其次，经济发展是评估城市区域经济发展水平的基础条件。经济增长是经济发展的动因和手段，经济发展是经济增长的结果和目的，没有经济增长不可能有经济发展，但经济增长并不必然带来经济发展。因此，本书通过经济承载力、劳动生产率等内容对城市经济发展进行分析。城市经济承载力是城市健康可持续发展的重要反映，城市经济承载力反映出经济增长对城市经济社会发展的影响。劳动生产率是反映城市企业经济发展水平的核心指标，提高劳动生产率会促进城市社会发展和经济发展。

最后，金融投资是现代经济的核心，市场经济的不断发展促进了金融投资行为的增加，金融投资不仅是促进城市经济发展的需要，也是提高居民消费水平和生活质量的需要。因此，本书通过城市金融强度、投资强度、投资枢纽度等指标对城市金融投资进行评估分析。

3. 农业生产

农业作为国民经济与社会发展的基础性产业，直接关系到国家粮食安全和农村经济发展，在城市经济发展中占据重要的地位，农业发展水平是一个地区发展水平的重要标志。党的十九大报告中提出乡村振兴。2004～2020 年中央连续 17 年发布文件聚焦"三农"问题。《乡村振兴战略规划（2018—2022 年）》提出加快农业现代化是促进城乡融合和高质量发展的必由路径，是国家产业发展的目标。

改造传统农业理论提出了将传统农业转向现代化农业的理论框架，认为改造传统农业要引进新的生产要素和进行人力投资，传统的生产要素配置效率达到最优也无法带来新的农业经济的增长，要促进新的增长必须引进新的生产要素。新的生产要素无法自动产生，需要国家投资，充当新的生产要素的主要研究者和供给者。建立完善的市场机制，利用市场方式引导企业和科研机构生产新的生产要素，激励农民接受和使用新的生产要素。舒尔茨认为，人力资本投资是农业经济增长的主要源泉，迅速持续的增长主要依靠向农民进行投资，使他们获得必要的新技能和新知识，从而成功实现农业经济增长，但人力资本的积累是一个长期过程，这就决定了改造传统农业也是一个长期的过程。长期以来农业作为工业资本积累的无偿来源，农业剩余过度掠夺，严重影响农业可持续发展，而且在城市化、工业化水平不断提高的背景下，产生了农业资源浪费、区域发展不平衡等问题，对农业生产进行评价，探索推动农业现代化发展、可持续发展的建议对策具有重要的现实意义。因此，本书将围绕农业结构、农业发展、农业产出等维度对长江经济带城市农业发展水平展开系统评估。

首先，农业结构是农业发展水平的基本要素，城市的农业结构直接反映其农业发展水平的演化过程。农业结构是农业生产过程中形成的各产业、产品等的构成及比例，是农业资源的生产要素在农业领域的分配比例。因此，本书通过第一产业比重、第一产业不协调度、第一产业投资强度等指标内容对农业结构进行分析。

其次，农业发展是评估农业综合发展水平的重要部分。农业发展反映城市农业土地的发展情况、农业发展水平。因此，本书通过农业土地发展、农业发展强度等内容对城市农业发展进行分析。农业土地发展反映城市农业生产用地的使用和建设情况，平衡农业生产和农村建设用地之间的关系，提高土地的综合利用水平和耕地质量更利于促进农业生产发展。农业发展强度是对城市农业投入和产出的体现，加大科技、资金、人力投入将提高农业的产出。

最后，农业产出的增长可以分为外延式增长和内生式增长；外延式增长是通过生产要素投入的增加而导致产出的增加。因此，对农业生产要素的进一步改进，对于解决农业产出问题、促进农业可持续发展有着极其重要的意义。因此，本书通过城市农业枢纽度、农业生产流强度、农业生产职能规模等内容对农业产出进行评估分析。

4. 工业企业

工业作为国民经济的主导产业，是带动生产总值增长的主要力量。为了推动各区域产业结构调整，促进产业结构升级，提升地区产业带动能力，保障经济社会的长足发展提升区域总体经济水平，各地区都需大力培育地区支柱产业和主导产业，同时不同区域间也要综合统筹，考虑各区域、区域内各城市群、各城市的比较优势，培育有竞争力和带动力的产业优势。转变以依靠传统密集型产业为经济发展主要动力，而导致部分地区产业发展优势不突出、产业升级转型速度缓慢、产业结构层次不能够充分发挥地区优势和带动作用、产业竞争力弱等问题的产业结构和布局。在"十四五"时期，我国工业发展又将进入一个新的至关重要的发展阶段，在全面开启中国特色社会主义现代化强国建设新征程的重大机遇期和为"两个一百年"奋斗目标而努力的历史交汇期的新形势下，对我国工业现代化进程提出了新的要求[1]。

本书根据产业结构理论与产业布局理论确定工业企业研究指标及其下属二级指标。产业结构理论是指在社会的再生产过程中一个国家或者地区的产业组成，包括资源在产业间的配置状态、各产业的发展水平及其所占的比重、产业间在技术经济上的联系即产业间的相互依存关系。它是在产业结构不同导致收入水平与经济发展阶段差异的现象的基础上产生的研究。产业布局理论认为一国或地区的产业发展最终落实在经济区域，产业布局是国家或地区制定发展规划的基础，是区域经济发展战略的重要组成部分，良好的产业布局是国民经济实现持续稳定发展的必要前提条件。产业布局是生产力在空间范围内的分布和组合，在一定程度上反映该地区的产业结构和产业规模，而产业结构的调整必须与产业布局相适应，因此产业布局随着产业结构的调整而发生变化，产业结构的调整与演变又会对产业布局与地区经济产生重大影响，因此本书选取工业结构与企业发展作为二级指标对工业企业发展水平进行评价。

首先，工业结构是指工业部门的组成，以及其在再生产过程中所产生和形成的技术经济联系。工业结构具备区域性、时序性和层次性的特点，对其进行研究能够反映区域经济发展条件的差异、技术革新等对其的作用以及不同区域间的互补关系。地区的工业结构受社会经济制度、社会需求结构、要素供给结构、地区贸易、国际贸易以及经济地理位置等多维因素的影响，根据产业结构理论工业结构水平能够反映长江经济带各板块区域以及各城市群和城市要素资源在各工业部门间的配置情况，通过其与地区的资源禀赋条件以及发展定位的比对分析既能够表明城市工业发展水平，确定其产业结构发展是否合理，还能够发现各城市间的优点和短板，明确需要调整或进一步发展的重点。

其次，企业发展是城市工业企业发展水平提升的有力支撑，根据产业布局理论，企业是产业与劳动力在空间上分布和组合的载体，企业发展状况关系到城市人口就业、区域经济等多方面的发展，意义重大。较高的企业发展水平，即与产业结构相适应的企业布局，能够对城市经济、就业、福利、环境等多方面作出贡献。对其进行研究能够分析相关产业政策的实施是否有效、效果如何，以及现阶段工业企业发展存在哪些与计划有偏差的地方，其原因在哪里，从而对相关资金流动、政策措施做出科学的引导和调整。

5. 基础设施

城市基础设施是指城市中为企业生产、居民生活提供交通、能源、通信、给水排水、环境保护等特定服务的相关设施。基础设施是城市发展的结果，也是城市获得进一步发展的必要条件，城市基础设施是城市经济、社会、福利等多种内容的载体，保持基础设施承载力与城市生活生产规模和需求之间的动态平衡，是城市实现可持续发展的必要条件。

罗森斯坦—罗丹的大推进理论认为，以农业生产为主的发展中国家，要发展工业化，摆脱贫穷落后，就必须发展基础设施建设，并形成一定规模，其提出的社会资本分摊又进一步对基础设施进行了解释：社会资本分摊是以基础设施作为特点的国民经济各个部门所共同使用的社会资本，具体包括学校、水坝、电站、机场、港口、公路、铁路等，这些基础设施发挥作用需要以规模为前提，国家投资或社会筹资或个人投资建设而为全体社会成员使用。在城市层面上，其建设投资高、周期长、经济收益小于社会收益，所以基础设施的完备程度是评价区域经济发展水平和发展潜力的重要指标之一。

本书分析基础设施选取了城市面积、城市建设、城市物流三个指标作为城市基础设施发展水平评估的二级指标。因此，围绕这三个维度对长江经济带城市基础设施建设进行评估。

首先，城市面积是基础设施发展的载体，城市面积的变化能够直接反映城市基础设施的演化进程，基

---

① 中国社会科学院工业经济研究所课题组，史丹．"十四五"时期中国工业发展战略研究［J］．中国工业经济，2020（2）：5－27．

础设施的发展又会促进城市面积向更合理、更优化发展。城市面积包含城市蔓延度、城镇扩张控制、土地城镇化等多项内容，其中城市蔓延度关系到城市土地的可持续发展水平的评价。在城市化快速发展的过程中，城市的不断扩张导致城市蔓延，其又与土地的可持续发展紧密关联，合理地控制城市蔓延能够推动城市内涵式发展，提高资源利用效率。城镇扩张控制关系到城市化发展的稳健性，只有将城镇扩张控制在有序科学的进程下才能保证城镇化发挥正面效应而不至于损害区域的可持续发展。土地城镇化是对农用土地向城镇建设用地转化程度的评估，能够体现城镇化发展程度。

其次，城市建设是基础设施建设的基础条件，城市的经济发展使得城镇化水平快速提升，大量劳动力进入城市，推动城市产业发展和升级，进一步促进城市经济提升。城市建设为城市生产、产品流通及居民生活部门提供设施支持，是城市基础设施完善和发展的支撑条件，因此本书通过对城市设施建设情况和发展质量内容来反映城市基础设施发展水平，判定城市基础设施未来发展方向和调整重点。

最后，城市物流是城市基础设施发展的外在体现之一。在市场经济的背景下，以运输业为重点，以信息技术为支撑，与仓储现代化相融合的物流已经成为降低企业营运成本、提升社会经济效率的重要前提。通过对城市交通基础设施建设、城市物流发展水平等内容的评估分析能够在一定程度上体现城市资源的配置情况是否合理。同时根据区域物流的发展差异得出各地区的发展状况，以及优先改进、优先建设重点所在，为推动城市基础设施建设高质量发展提出符合现实情况的政策措施提供依据。

6. 社会福利

社会福利是指面向广大社会成员，为改善其物质生活与文化生活而实施的一些措施，既包括物质支持也包括服务支持，是与人民生活幸福相关的概念，它与社会政治相联系，能够反映社会治理状态，是有效的社会关系调整手段。社会福利由国家依法为公民提供，用以提高公民生活水平和生活质量，它具备调节社会矛盾、缓和突出社会矛盾的使命和作用。

根据2014～2018年长江经济带城市社会福利水平的相关数据分析，近年来长江经济带城市社会福利水平及城镇福利水平发展较不均衡，各项指标的极差在缩小但依然有较大缺口，整体水平也有较大的提高空间。同时，目前我国仍处于社会主义初级阶段，发展还不彻底、不均衡、不全面，结合长江经济带城市的具体情况和我国基本国情，有必要充分结合现实，在社会福利承载能力可支持的范围内，努力提高社会福利水平。

福利经济理论将社会福利定义为国家各种社会团体通过公共福利设施、社会服务、补助、津贴和各类集体福利事业来提高社会成员生活水平与生活质量的社会保障、社会救助以及社会保险共同组成的福利体系。福利经济学论证了社会福利的重要性，对社会福利进行评估能够充分掌握城市中长期的发展状况。因此本书选取城镇福利、农村福利以及财政能力三个指标作为城市社会福利发展水平的评估内容。

首先，城镇福利是指城市居民福利，是城镇居民的利益满足感与幸福感，其研究内容包含福利覆盖范围、福利承载能力等多方面的内容。社会福利的覆盖范围能够反映城市社会福利的保障程度，随着城镇化进程的不断加快，社会福利的保障程度和范围能否与城市规模的扩大进程相适应，关系到城市进一步发展是否会受到阻碍，与城市规模扩大相匹配的社会福利覆盖范围能够推动城市高质量发展速度。社会福利的承载能力能够反映社会福利载体对社会福利的支持程度，对其进行研究能够对城市社会福利的质量与城市居民的相关需求是否匹配进行评估，为进一步提高城市福利承载能力、推动城市社会福利水平高质量发展提供政策参考。

其次，农村福利是指农村居民福利，是农村居民的利益满足感与幸福感。农业农村问题是区域高质量发展的攻坚所在，通过对城乡收入和消费差距、农村生活状况的研究分析，能够体现出农村与城市的福利差距，进而发现农村生活环境、基础设施、就业环境的差距与改进重点，为推动农村经济发展、居民生活水平提高、解决养老、脱贫等问题提供政策参考。

最后，福利国家论认为面对贫困、失业、社会不平等矛盾，国家应该积极地承担相应的社会责任，福利国家制度有利于社会保障、社会和谐以及政治稳定的实现，能够普遍提高公民的生活水平、改善居民生活状况，减缓两极分化、避免社会矛盾进一步激化。而财政措施是政府部门履行社会责任的重要手段。财政能力是指政府进行各项建设、提供公共产品满足区域内居民公共需要、促进社会发展、经济增长以及社会资源合理再分配的能力的总和。因此对城市的财政汲取能力、财政支出水平、收入支出分权能力等进行研究能够准确地评估出城市提供公共产品、福利支持的能力，发现现阶段财政政策的不足和待完善之处，进而为财政政策、财政权责的调整提供参考。

7. 居民生活

提高居民生活水平成为衡量社会全面进步的重要标志，中国进入高质量发展和以人为本的发展阶段。居民生活作为衡量地区所有社会成员正常的物质需求与精神需求的重要指标，能够充分反映我国经济是否处于高质量发展阶段，测度居民生活这一指标对于城市发展研究具有重大的现实意义。

"伊斯特林悖论"认为短期内经济增长与幸福感正向相关，在长时间序列中这种正向相关关系消失。即短期内一国 GDP 的提高可以较大程度地提升人民生活的满意度，长期则向反方向变动，该悖论得到了多国的数据统计和较多学者的支持。经济发展可以使人们的物质欲望获得满足，从而进一步提升效用水平和居民生活的幸福感，但根据边际效用递减规律，经济发展至一定阶段时，物质欲望的满足所能给居民带来的效用水平的提升和幸福感的满足将逐步降低。衡量居民生活质量较为完善的方法是将居民的主观感受和客观状况分解为各种指标维度，将主观维度与客观维度指标相结合，并通过指标数值的静态表现和动态变化，展示居民生活的纵向比较和横向比较。由此可见，新时代下我国经济发展正处于由高速增长阶段转为高质量的发展阶段，应当从多个维度衡量居民生活质量水平，才能够充分地反映各城市经济发展的主要特征和现实困境，指明居民生活持续改进的路径和方向。国内外学者已从多层次和多角度将居民生活的内涵进行充分解读，本书选用居民生活水平和生活环境两个指标对长江经济带城市居民生活质量进行评估。

首先，居民生活水平可概括为居民用以满足生活需要的消费程度，包含一系列居民物质生活需要和精神生活需要。居民收入水平是满足生活需要的基础保障，居民收入水平的提高能满足消费者多样化、个性化和差异化的消费需求。因此，本书通过社会保障水平、总工资弧弹性、平均工资增长强度、城市人力资本等内容对城市生活水平进行评估分析。社会保障水平反映居民在城市生活中可获得的社会保障基本情况，是维持居民最低收入水平的调节器。社会保障水平的高低与城市居民受公共保障权益挂钩，水平越高说明城市居民得到的保障越好。总工资弧弹性、平均工资增长强度、城市人力资本等内容均反映城市居民日常工作所能获得的劳动报酬水平，以上指标越高越能体现城市居民日常生活水平和生活质量越高。

其次，生活环境是城市居民生活质量的有力支撑。城市是工业革命后人口集聚及经济社会发展的主要载体。工资收入已不仅仅是中国居民选择城市居住的最重要因素，城市宜居性对居民选择带来的影响不容小觑。本书由城镇公园用地动态变化，城市供水、供气、供电能力，通信职能规模等方面对生活环境进行评估。城镇公园用地动态变化是一定时间范围内用于建设城镇公园的土地数量变化情况，动态变化数值越高，说明城市新增加的公园数量越多，能满足居民锻炼、游玩等休闲需求的能力越强。城市供水、供气、供电能力是水务系统、燃气系统和电力系统对城市生产生活保障所提供的支撑力度，其质量和可靠性决定能否满足居民日常使用需求，其能力越高，说明城市所在地内各基础设施领域内服务质量高，可靠性强，能够满足城市日常的生活生产需求。通信职能规模是对通信产业所涵盖的各项基本职能的规模汇总，有效反映城市居民日常使用通信设备的便捷程度，通信职能规模更强的城市，其通信服务保障质量更强。良好的生活环境可以确保城市整体居民生活质量的稳定提升，是城市居民生活质量提升的重要保障。

8. 科教文卫

当前国际形势日趋严峻，逆全球化趋势愈演愈烈、出口严重受阻，我国出现经济增长率结构性减速现象。因此需要转变长期以来以要素投入和外需驱动为特征的传统经济增长模式。与此同时，国外实施技术封锁，制造业显现出处于全球产业链中下游的严峻问题，除对传统产业进行供给侧结构性改革、推进产业结构升级之外还亟待培育经济发展的新动能，需要激发城市发展的多维动力。目前我国已转向高质量发展阶段，应当以科技创新为突破口、以制度改革为切入点、以精神塑造为着眼点，通过转换与培育城市发展的新动力，推动城市产业体系现代化、治理能力现代化、文化形态现代化。基于以上对当前国内外形势的分析，本书从科教文卫这一维度对城市发展现状进行研判符合我国当下阶段的发展逻辑。

国家竞争优势理论认为，国家经济发展可分为四个阶段，即生产要素导向阶段、投资导向阶段、创新导向阶段和富裕导向阶段。当前我国正处于由投资导向向创新导向转变的关键时期，要实现这一转变过程的关键在于是否能在足够多的行业具备技术创新能力。科教文卫为科学技术的发展和创新提供知识积累和人才培养，为科学技术转化为生产力创造条件，进而提高相关行业竞争力。文化旅游和医疗卫生事业作为第三产业，既符合推进城市经济增长新动能的需求，又是实现我国"以人为本"高质量发展所必须改革的民生服务行业，制约着城市综合发展能力。综上所述，本书选用科技教育、文化旅游、医疗卫生三个指标对长江经济带城市科教文卫事业发展进行评估。

首先，生产力作为各类生产要素中最活跃的部分，各行各业对于科技教育的需求日益增加，对科技教育提出了更高层次的要求。科技教育包含教育强度、科技强度等内容。教育强度体现教育部门对教育事业的重视程度，科技发展离不开人力和物力的大量投入，教育强度影响日后科技发展能否取得有效产出。科技强度反映城市的科技竞争力，即对科学投入和产出、科学创新能力和科学贡献率的直观体现。以上指标均与科技教育正相关。

其次，文化旅游是评估城市科教文卫事业发展的基础要素。文化旅游反映城市文化发展和旅游业发展的耦合关系，随着城镇化比例上升，分析是否出现文化发展与旅游业发展背离的情况。本书从文化强度、旅游贡献率两方面对城市文化旅游进行分析，能够较为完整地体现城市发展质量。文化强度可体现文化部门在城市文化、历史文化等方面的宣传力度和重视力度，体现一个城市的文化发展水平。旅游贡献率衡量旅游产业对于城市经济发展具有多大的促进作用，体现一个城市旅游产业的发达程度。以上指标均与文化旅游正相关。

最后，医疗卫生是为全社会提供医疗卫生服务产品的要素、活动和关系的总和，由医疗卫生行业的各方参与者、医疗卫生产品和医疗服务市场构成。因此，本书通过医疗支出水平、医疗优势度、卫生枢纽度三个方面对医疗卫生体系进行评估分析。医疗支出水平的高低决定了城市所能提供的医疗资源。医疗优势度和医疗枢纽度说明了一个城市在医疗卫生资源方面所产生的吸引力。以上指标均与医疗卫生水平呈正相关。

9. 生态环境

当前，党和国家的经济发展战略已和生态环境建设紧密结合，将生态文明建设纳入"五位一体"建设的全过程。人口、资源、环境与经济四个要素之间相互作用和相互联系形成了一个复杂的体系，从系统论的观点出发，这个体系构成了人口、资源、环境与经济协调发展系统，简称为 PREE 系统。我国的高质量发展道路实际上就是探寻城市 PREE 系统的协调发展之路，即各城市所包含的这四个要素相互作用的平衡点。一定数量和质量的人口是经济发展不可或缺的重要条件和内在动力，但人口的过快增长会给资源与环境带来巨大压力。生态环境成为城市居民生存与城市经济发展的前提基础，是评估地区及城市生产力及发展潜力有力指标。本书从生态绿化、环境治理两个方面对长江经济带城市生态环境发展进行评估。

首先，生态绿化是运用生态学原理和技术，对城市绿地的布局和基础进行设计以及改善的过程。因此，本书通过城市绿化相对增长率、生态绿化强度、环境承载力三个方面对城市生态绿化情况进行评估分析。城市绿化相对增长率反映不同时期城市绿化面积的变动情况，可用于衡量居民城市生活所获得的绿地面积。绿化面积的扩大，体现城市居民生态绿化环境服务的需求得到不断满足。生态绿化强度衡量城市对于绿地事业发展的重视程度，强度越高，说明政府部门对于绿地建设的重视程度越高。环境承载力指的是当前环境对城市日常生产生活所能承受的能力，承载力越高体现城市环境可开发空间越大，具有更大的为居民日常服务的潜能。

其次，环境治理是政府部门从经济、行政、法律等层面采取手段对环境实施管理，将生产生活过程中对环境造成的污染进行防治，确保在可防可控的范围内，目的是将人类活动对环境的污染尽量降低。本书围绕地区环境相对损害指数（EVI）、单位 GDP 消耗能源（用水）、污染处理率比重增量三个方面对生态治理进行评估。地区环境相对损害指数（EVI）能够反映城市主体开展生产生活对生态环境造成的破坏程度，体现城市劳动力的分布情况以及产业的基本发展阶段，损害指数低说明城市主体对生态环境造成的不良影响较低，高污染高耗能的重工业产业较少。单位 GDP 消耗能源（用水）指的是每创造一单位 GDP 所需要消耗的用水，衡量了该城市集约和节约能力，用水耗能越低说明节能减排的效果越好。污染处理率比重增量则是完善城市建设的体现，污染处理比重增量越高意味着城市污染治理效越能得到有效提升。

二、长江经济带城市综合发展水平评估指标体系及测算方法构建

（一）长江经济带城市综合发展水平评估指标体系的构建

1. 长江经济带城市综合发展水平指标体系及其评估方法

为客观全面地评价长江经济带城市综合发展水平，科学合理地掌握长江经济带及内部各城市综合发展水平的各个方面及内在机理，需要对长江经济带城市综合发展水平展开综合评估。通过构建一整套能够客

观、准确、科学反映综合发展水平各个方面及其内在结构特征的指标体系，并能运用科学、合理的数学评价计量模型对指标体系进行分析。本书基于中国及长江经济带城市综合发展水平现状和内涵分析，努力探索构建内容丰富、符合发展实际需要的长江经济带城市综合发展水平评价指标体系及数学评价模型。

长江经济带城市综合发展水平评价指标体系由系统层、板块层、结构层、要素层 4 层指标构成，这 4 层指标分别对应为 1 个一级指标、9 个二级指标、25 个三级指标、218 个四级指标。而一级、二级、三级指标均是合成性指标，四级指标为通过直观指标直接计算得到，本书将在下文中对具体的测算方法进行阐述分析。

由于本书所构建的 4 层、9 个方面、218 个指标之间存在相互依存又相互独立的关系，指标之间既存在联系又具备区别，指标体系整体是一个完整的评估体系，由人口就业、区域经济、农业生产、工业企业、基础设施、社会福利、居民生活、科教文卫、生态环境 9 个方面对长江经济带城市综合发展水平进行全面、准确、科学的评估工作。

在确定评估权重和指标处理的过程中，本书首先对四级指标进行无量纲化处理，对个别并非正向、负向的指标取与最优值之差构成为负向指标的方式进行处理。

对于正向性指标，可以通过公式（2 - 1）计算：

$$X_{ik} = \frac{Y_{ik} - \min\limits_{i} Y_{ik}}{\max\limits_{i} Y_{ik} - \min\limits_{i} Y_{ik}} \times 100 \qquad (2-1)$$

对于负向性指标，可以通过公式（2 - 2）计算：

$$X_{ik} = \frac{\max\limits_{i} Y_{ik} - Y_{ik}}{\max\limits_{i} Y_{ik} - \min\limits_{i} Y_{ik}} \times 100 \qquad (2-2)$$

本书所构建的长江经济带城市综合发展水平评估指标体系形成一个 $Y_{11 \times 299}$ 的矩阵，由于本书总共有 218 个四级指标，数量较多，且指标之间联系密切，为避免评价重叠性，本书选用灰色理论对 218 项四层指标进行灰色综合评价和灰色聚类分析。

本书通过灰色理论对评估指标体系与相关参考因子之间的关系紧密程度，从而判断各项指标距离理想最优指标之间的距离。通过设立长江经济带城市综合发展水平评估指标理想最优指标作为参考数列 X_0 及各城市指标数列 $X_0(k)$，以长江经济带城市综合发展水平评估指标体系各项指标作为比较数列 X_i 及各城市指标数列 $X_i(k)$，继而求出各指标与理想最优指标之间的灰色关联度，灰色关联度越大说明该项指标与最优理想状态越为接近，该项指标的发展水平也就越高，而灰色关联度越弱则说明该项指标的综合发展水平越低。因此，本书通过对长江经济带城市人口就业状况指标体系的灰色关联度测算，可以得到各城市综合发展水平的强弱顺序。

本书在对各项四层指标进行无量纲化处理后将各项指标数据转化为 0 ~ 100 区间的标准值，因此选择理想最优指标数列的值为 100。本书通过公式（2 - 3）对灰色关联系数 $\zeta_i(k)$ 进行求解：

$$\zeta_i(k) = \frac{\min\limits_{i}\min\limits_{k} |X_0(k) - X_i(k)| + \delta\max\limits_{i}\max\limits_{k} |X_0(k) - X_i(k)|}{|X_0(k) - X_i(k)| + \delta\max\limits_{i}\max\limits_{k} |X_0(k) - X_i(k)|} \qquad (2-3)$$

其中，δ 为分辨系数，$\delta \in [0, 1]$，通常取 0.5。

通过公式（2 - 4）计算各项指标的灰色关联系数。

$$\bar{r}_i = \frac{1}{n}\sum_{i=1}^{n} \zeta_i(k), \ k = 1, 2, \cdots, m \qquad (2-4)$$

通过公式（2 - 5）计算各项指标在综合评价中的权重 r_i。

$$r_i = \frac{\bar{r}_i}{\sum\limits_{k=1}^{m} \bar{r}_i}, \ k = 1, 2, \cdots, m \qquad (2-5)$$

$$D_i = \sum_{k=1}^{m} r_i x_i(k), \ i = 1, 2, \cdots, n \qquad (2-6)$$

其中，D_i 数值越大说明长江经济带各城市该项指标与理想最优状态更为接近，因此通过对 D_i 数值的分析就可得到城市在综合发展水平上的综合水平排序情况。

　　根据公式（2－5）计算长江经济带城市综合发展水平四级指标的权重，表2－1为长江经济带城市指标体系及客观权重的具体信息。

表 2－1　　　　　　　　　　　　　长江经济带城市综合发展水平评估指标体系及权重

一级指标	综合发展						
二级指标 （9个）	三级指标 （25个）	四级指标 （218个）	权重				
			2014 年	2015 年	2016 年	2017 年	2018 年
人口就业	人口变化	总人口相对增长率	0.029	0.028	0.029	0.028	0.029
		总人口绝对增量加权指数	0.037	0.037	0.037	0.036	0.037
		城市蔓延指数	0.022	0.022	0.022	0.022	0.022
		城市适度人口容量	0.020	0.020	0.021	0.021	0.021
		人口弧弹性	0.039	0.039	0.040	0.039	0.039
		人口密度	0.026	0.025	0.024	0.024	0.024
		人口承载力	0.022	0.022	0.022	0.021	0.021
	人口结构	半城镇化率	0.029	0.029	0.027	0.027	0.026
		城镇化率	0.028	0.028	0.029	0.029	0.030
		平均抚养系数	0.026	0.025	0.025	0.025	0.025
		户籍门槛	0.042	0.042	0.042	0.042	0.042
		城镇人口扩张弹性系数	0.022	0.022	0.022	0.022	0.022
		非农比率	0.027	0.028	0.029	0.029	0.030
	就业结构	Moore 就业结构	0.041	0.041	0.041	0.041	0.041
		第一产业就业贡献率	0.051	0.051	0.050	0.050	0.050
		第二产业就业贡献率	0.055	0.055	0.055	0.055	0.055
		第三产业就业贡献率	0.020	0.020	0.020	0.020	0.020
		就业弧弹性	0.045	0.045	0.045	0.044	0.045
		第一产业就业结构偏离系数	0.052	0.052	0.052	0.054	0.051
		第二产业就业结构偏离系数	0.047	0.048	0.048	0.047	0.048
		第三产业就业结构偏离系数	0.044	0.045	0.045	0.048	0.047
		就业密度	0.026	0.025	0.024	0.024	0.024
		就业强度	0.021	0.021	0.020	0.020	0.020
		非农产业就业区位商	0.023	0.023	0.023	0.023	0.022
		就业人口集中指数	0.021	0.021	0.021	0.021	0.021
	就业保障	社会保障与就业支出比重增量	0.024	0.024	0.025	0.024	0.024
		失业保险平均增长指数	0.026	0.025	0.026	0.025	0.026
		就业保障枢纽度	0.022	0.021	0.021	0.025	0.021
		就业保障强度	0.021	0.021	0.021	0.021	0.021
		就业保障区位商	0.028	0.028	0.028	0.028	0.028
		就业保障职能规模	0.020	0.020	0.020	0.020	0.020
		就业保障职能地位	0.047	0.047	0.047	0.046	0.047
区域经济	经济结构	产业结构	0.034	0.033	0.033	0.036	0.036
		第一产业不协调指数	0.060	0.059	0.060	0.062	0.058
		第二产业不协调指数	0.046	0.046	0.046	0.047	0.046
		第三产业不协调指数	0.052	0.051	0.050	0.046	0.047
		产业多样化指数	0.023	0.023	0.024	0.024	0.023
		区域相对增长指数	0.065	0.065	0.065	0.064	0.064
		产业专业化	0.041	0.041	0.041	0.041	0.040
		第一产业聚集指数	0.025	0.026	0.025	0.025	0.025

续表

一级指标	综合发展						
二级指标 （9 个）	三级指标 （25 个）	四级指标 （218 个）	权重				
			2014 年	2015 年	2016 年	2017 年	2018 年
区域经济	经济结构	第二产业聚集指数	0.039	0.039	0.039	0.038	0.038
		第三产业聚集指数	0.030	0.030	0.029	0.029	0.030
		Herfindahl 指数	0.037	0.038	0.039	0.033	0.038
		劳动资本比	0.028	0.028	0.028	0.027	0.027
	经济发展	第一产业劳动生产率	0.023	0.023	0.023	0.023	0.024
		第二产业劳动生产率	0.027	0.027	0.027	0.027	0.027
		第三产业劳动生产率	0.026	0.026	0.026	0.027	0.026
		劳动产出弹性	0.035	0.035	0.035	0.035	0.034
		Balassa 指数	0.028	0.028	0.028	0.029	0.029
		GL 指数	0.035	0.034	0.034	0.036	0.035
		经济人口承载力 ES	0.024	0.024	0.024	0.023	0.024
		城市人均人力资本	0.031	0.034	0.031	0.035	0.036
		经济增长	0.031	0.031	0.031	0.029	0.033
	金融投资	金融强度	0.023	0.023	0.023	0.023	0.023
		投资弧弹性	0.044	0.044	0.044	0.043	0.043
		投资强度	0.023	0.023	0.023	0.026	0.023
		金融存款比重增量	0.030	0.030	0.030	0.030	0.029
		金融存款增长指数	0.031	0.033	0.034	0.031	0.029
		投资枢纽度	0.023	0.023	0.023	0.025	0.023
		投资相对增长率	0.032	0.031	0.032	0.031	0.034
		投资区位商	0.023	0.023	0.023	0.026	0.023
		投资增量加权指数	0.030	0.029	0.030	0.029	0.032
农业生产	农业结构	第一产业比重	0.061	0.061	0.061	0.065	0.064
		第一产业投资强度	0.030	0.030	0.030	0.033	0.030
		第一产业不协调度	0.031	0.031	0.031	0.030	0.032
		第一产业贡献率	0.030	0.030	0.031	0.030	0.030
		第一产业弧弹性	0.059	0.059	0.058	0.058	0.058
		第一产业结构偏离系数	0.031	0.031	0.031	0.030	0.032
		第一产业区位商	0.032	0.032	0.032	0.032	0.032
		第一产业劳动产出率	0.031	0.031	0.031	0.030	0.032
	农业发展	第一产业扩张弹性系数	0.036	0.035	0.035	0.035	0.035
		农业强度	0.033	0.033	0.033	0.033	0.033
		耕地密度	0.030	0.030	0.030	0.030	0.030
		农业指标动态变化	0.032	0.031	0.031	0.031	0.031
		农业土地扩张强度	0.052	0.052	0.052	0.052	0.052
		农业蔓延指数	0.051	0.051	0.051	0.050	0.051
		农业指标相对增长率	0.043	0.043	0.044	0.042	0.042
		农业指标绝对增量加权指数	0.062	0.063	0.063	0.063	0.063
	农业产出	食物生态足迹	0.085	0.085	0.085	0.084	0.084
		人均食物生态足迹	0.032	0.032	0.031	0.031	0.032
		农业生产比重增量	0.044	0.041	0.048	0.043	0.041
		农业生产平均增长指数	0.042	0.042	0.041	0.041	0.040
		农业枢纽度	0.033	0.032	0.031	0.036	0.031
		农业生产流强度	0.030	0.030	0.030	0.030	0.030

续表

一级指标			综合发展					
二级指标 （9个）	三级指标 （25个）	四级指标 （218个）	权重					
			2014年	2015年	2016年	2017年	2018年	
农业生产	农业产出	农业生产倾向度	0.030	0.031	0.030	0.030	0.032	
		农业生产职能规模	0.030	0.030	0.030	0.030	0.031	
		农业生产职能地位	0.031	0.031	0.031	0.031	0.031	
工业企业	工业发展	工业结构	0.100	0.099	0.094	0.094	0.094	
		企业扩张弹性系数	0.050	0.050	0.050	0.050	0.050	
		工业发展强度	0.118	0.118	0.117	0.117	0.118	
		工业密度	0.088	0.089	0.088	0.090	0.091	
		税收贡献率	0.107	0.110	0.110	0.112	0.113	
		工业弧弹性	0.059	0.059	0.059	0.060	0.060	
		工业企业绝对增量加权指数	0.079	0.077	0.082	0.079	0.079	
		工业企业相对增长率	0.070	0.069	0.071	0.070	0.070	
		工业企业区位商	0.047	0.047	0.047	0.047	0.047	
	企业发展	企业利润相对增长率	0.067	0.067	0.068	0.066	0.066	
		企业利润绝对增量加权指数	0.058	0.059	0.059	0.058	0.058	
		企业利润比重增量	0.067	0.067	0.068	0.066	0.066	
		企业利润枢纽度	0.042	0.042	0.041	0.043	0.041	
		企业利润平均增长指数	0.047	0.047	0.046	0.046	0.047	
基础设施	城市面积	城镇扩张强度	0.042	0.042	0.042	0.042	0.041	
		土地产出率	0.041	0.042	0.042	0.034	0.044	
		城镇用地动态变化	0.034	0.034	0.034	0.034	0.034	
		土地城镇化	0.037	0.037	0.036	0.036	0.036	
		城市蔓延紧凑度	0.048	0.047	0.047	0.046	0.046	
		城市破碎化度	0.035	0.035	0.034	0.034	0.034	
		城市用地强度	0.033	0.033	0.033	0.033	0.033	
	城市建设	基础设施投资强度	0.031	0.031	0.031	0.032	0.031	
		排水管道密度	0.038	0.039	0.039	0.040	0.040	
		城市基础建设水平	0.032	0.032	0.032	0.032	0.032	
		基础设施弧弹性	0.044	0.045	0.044	0.044	0.044	
		公路里程集中指数	0.034	0.034	0.034	0.034	0.034	
		城市道路相对增长率	0.045	0.044	0.044	0.046	0.043	
		城市道路绝对增量加权指数	0.051	0.050	0.051	0.053	0.050	
		城市基础设施承载力	0.033	0.033	0.034	0.034	0.034	
	城市物流	交通物流效率	0.031	0.032	0.032	0.032	0.031	
		物流区位商	0.031	0.031	0.031	0.031	0.030	
		城市路网长度比重增量	0.048	0.048	0.049	0.051	0.051	
		城市车辆平均增长指数	0.031	0.032	0.031	0.031	0.031	
		电信枢纽度	0.031	0.031	0.031	0.032	0.032	
		城市物流流强度（货运）	0.031	0.031	0.031	0.031	0.032	
		城市物流倾向度（货运）	0.031	0.031	0.031	0.032	0.032	
		城市物流流强度（客运）	0.031	0.031	0.032	0.031	0.030	
		城市物流倾向度（客运）	0.031	0.031	0.031	0.031	0.030	
		城市货运职能规模	0.031	0.031	0.031	0.031	0.031	
		城市客运职能规模	0.031	0.031	0.031	0.031	0.031	
		城市货运职能地位	0.031	0.031	0.031	0.031	0.031	
		城市客运职能地位	0.031	0.031	0.031	0.031	0.031	

一级指标	综合发展						
二级指标 （9 个）	三级指标 （25 个）	四级指标 （218 个）	权重				
			2014 年	2015 年	2016 年	2017 年	2018 年
社会福利	城镇福利	城乡收入差距	0.030	0.029	0.029	0.031	0.030
		消费强度	0.033	0.040	0.040	0.042	0.040
		收入弧弹性	0.027	0.027	0.027	0.028	0.026
		收入结构	0.027	0.027	0.028	0.029	0.028
		养老保险覆盖率	0.043	0.045	0.044	0.045	0.042
		城镇零售消费水平	0.051	0.050	0.050	0.043	0.049
		医疗保险覆盖率	0.039	0.047	0.047	0.049	0.047
		福利承载力	0.040	0.039	0.039	0.046	0.038
	农村福利	收入差距	0.030	0.029	0.029	0.031	0.030
		城乡消费差距	0.029	0.028	0.028	0.029	0.027
		农村纯收入相对增长率	0.026	0.025	0.025	0.026	0.025
		农村纯收入绝对增量加权指数	0.028	0.028	0.027	0.028	0.027
		农村支出比重增量	0.026	0.025	0.026	0.026	0.026
		农村支出平均增长指数	0.028	0.028	0.030	0.030	0.029
		农村收入枢纽度	0.053	0.053	0.053	0.049	0.052
		乡村户数密度	0.059	0.058	0.058	0.060	0.057
	财政能力	地方政府财政汲取能力	0.052	0.051	0.051	0.043	0.052
		地方财政收入分权能力	0.053	0.051	0.050	0.051	0.049
		地方财政支出分权能力	0.043	0.041	0.041	0.041	0.056
		地方政府财政自给能力	0.058	0.057	0.057	0.059	0.051
		政府财政支出结构	0.051	0.051	0.051	0.053	0.049
		政府财政收入相对增长率	0.036	0.035	0.035	0.036	0.035
		政府财政收入区位商	0.052	0.051	0.051	0.043	0.051
		政府财政收入绝对增长加权指数	0.028	0.027	0.028	0.029	0.028
		财政支出水平	0.057	0.056	0.056	0.054	0.055
居民生活	生活水平	社会保障水平	0.047	0.047	0.047	0.055	0.047
		总工资弧弹性	0.099	0.098	0.098	0.097	0.097
		平均工资增长强度	0.067	0.070	0.070	0.067	0.069
		城市人力资本	0.062	0.069	0.062	0.071	0.073
		职工工资相对增长率	0.055	0.055	0.054	0.054	0.054
		职工工资绝对增量加权指数	0.052	0.052	0.051	0.051	0.051
		职工工资比重增量	0.069	0.068	0.067	0.067	0.067
		职工工资强度	0.048	0.047	0.047	0.047	0.047
	生活环境	城镇公园用地动态变化	0.051	0.051	0.051	0.051	0.051
		供水能力延展指数	0.064	0.062	0.064	0.063	0.062
		城市供气能力	0.046	0.046	0.047	0.046	0.046
		城市供电强度	0.048	0.048	0.048	0.047	0.047
		城市供气密度	0.055	0.054	0.053	0.051	0.051
		城市用电承载力 ES	0.048	0.048	0.046	0.047	0.047
		城市通信流强度	0.046	0.046	0.047	0.046	0.049
		城市通信倾向度	0.050	0.049	0.053	0.049	0.050
		城市通信职能规模	0.046	0.045	0.045	0.045	0.046
		城市通信职能地位	0.047	0.046	0.048	0.046	0.046

续表

一级指标			综合发展					
二级指标 （9个）	三级指标 （25个）	四级指标 （218个）	权重					
			2014年	2015年	2016年	2017年	2018年	
科教文卫	科技教育	师生比（小学）	0.034	0.033	0.033	0.034	0.033	
		师生比（中学）	0.030	0.029	0.029	0.029	0.029	
		行业基本活动值	0.055	0.055	0.055	0.054	0.054	
		城市创新职能指数	0.024	0.024	0.024	0.024	0.024	
		学校密度	0.027	0.027	0.026	0.026	0.026	
		Moore学生结构	0.063	0.063	0.063	0.063	0.063	
		教育贡献率	0.031	0.031	0.032	0.031	0.031	
		教育弧弹性	0.031	0.031	0.031	0.031	0.031	
		教育强度	0.024	0.024	0.024	0.029	0.024	
		科技强度	0.024	0.024	0.025	0.027	0.025	
	文化旅游	城市文化蔓延指数	0.026	0.027	0.026	0.026	0.026	
		广播节目综合人口覆盖率	0.070	0.071	0.071	0.071	0.071	
		公共图书馆藏书量	0.056	0.056	0.056	0.054	0.054	
		公共图书拥有量	0.027	0.028	0.027	0.027	0.028	
		文化强度	0.024	0.024	0.024	0.026	0.024	
		公共图书馆藏书相对增长率	0.042	0.042	0.042	0.040	0.042	
		旅游业贡献率	0.053	0.053	0.053	0.052	0.053	
		旅行社密度	0.027	0.027	0.027	0.028	0.028	
	医疗卫生	医院绝对增量加权指数	0.052	0.052	0.052	0.051	0.052	
		病床比重增量	0.054	0.054	0.054	0.046	0.053	
		医疗支出水平	0.025	0.025	0.025	0.031	0.025	
		医疗优势度	0.026	0.025	0.024	0.025	0.026	
		医生平均增长指数	0.033	0.032	0.034	0.033	0.033	
		卫生枢纽度	0.026	0.027	0.026	0.026	0.026	
		卫生强度	0.026	0.026	0.026	0.026	0.026	
		卫生区位商	0.035	0.035	0.035	0.035	0.036	
		卫生职能规模	0.026	0.026	0.027	0.027	0.027	
		卫生职能地位	0.027	0.027	0.027	0.027	0.027	
生态环境	生态绿化	城镇绿化扩张弹性系数	0.048	0.048	0.048	0.047	0.048	
		生态绿化强度	0.047	0.047	0.047	0.046	0.047	
		城镇绿化动态变化	0.044	0.044	0.045	0.044	0.045	
		绿化扩张强度	0.065	0.065	0.065	0.064	0.065	
		城市绿化蔓延指数	0.046	0.047	0.047	0.046	0.047	
		环境承载力	0.045	0.045	0.046	0.045	0.047	
		城市绿化相对增长率	0.075	0.075	0.074	0.074	0.075	
		城市绿化绝对增量加权指数	0.097	0.097	0.097	0.095	0.098	
	环境治理	地区环境相对损害指数（EVI）	0.051	0.053	0.051	0.048	0.049	
		单位GDP消耗能源（用水）	0.048	0.048	0.048	0.056	0.047	
		环保支出水平	0.045	0.045	0.045	0.048	0.045	
		污染处理率比重增量	0.069	0.068	0.068	0.068	0.068	
		综合利用率平均增长指数	0.053	0.052	0.051	0.051	0.052	
		综合利用率枢纽度	0.047	0.046	0.046	0.049	0.046	
		环保支出规模强度	0.047	0.047	0.047	0.047	0.047	
		环保支出区位商	0.050	0.049	0.050	0.049	0.050	
		环保支出相对职能规模	0.060	0.060	0.060	0.059	0.060	
		环保支出职能地位	0.065	0.065	0.065	0.064	0.065	

2. 长江经济带城市综合发展水平指标体系评价方法

第一，长江经济带城市综合发展水平指标变化类型及界定。

本书通过分析长江经济带各城市四级指标的变化趋势，将指标体系中各项指标变化发展态势划分为6类形态。

一是持续上升型。这一类型的指标为在2014~2019年城市保持持续上升状态的指标。处于持续上升型的指标，不仅意味着城市在各项指标数据上的不断增长，更意味着城市在该项指标以及综合发展水平整体上的竞争力优势不断扩大。城市的持续上升型指标数量越多，意味着城市的综合发展水平越强。

二是波动上升型。这一类型的指标为在2014~2019年城市存在较多波动变化，总体趋势上为上升趋势，但在个别年份间出现下降的情况，指标并非连续性上升状态。波动上升型指标意味着在评价的时间段内，虽然指标数据存在较大的波动变化，但是其评价末期数据值要高于评价初期数据值。波动上升型指标数量的增加，说明城市综合发展水平并不稳定，但整体变化趋势良好。

三是持续保持型。这一类型的指标为在2014~2019年城市在该项指标数值上保持平稳，变化波动较少。持续保持型指标意味着城市在该项指标上保持平稳，其竞争力并未出现明显变化，一方面说明城市对已有优势具备保持实力；另一方面也说明城市在该项指标上的持续增长实力出现问题。持续保持型指标较多，说明城市在综合发展水平上未能实现进一步发展。

四是波动保持型。这一类型的指标为在2014~2019年城市在该项指标数值上虽然呈现波动变化状态，但总体数值情况保持一致。波动保持型指标意味着城市在该项指标上虽然呈现波动状态，但在评价末期和评价初期的数值基本保持一致。波动保持型指标较多，说明城市在综合发展水平上并不稳定，未能实现持续性的增长趋势。

五是波动下降型。这一类的指标为在2014~2019年城市在该项指标上总体呈现下降趋势，但在期间存在上下波动的情况，指标并非连续性下降状态。波动下降型指标意味着在评估的时间段内，虽然指标数据存在较大的波动变化，但是其评价末期数据值要低于评价初期数据值。波动下降型指标数量的增多，说明城市的综合发展水平呈现下降趋势，并且这一趋势伴随着不稳定特征。

六是持续下降型。这一类的指标为在2014~2019年城市在该指标上保持持续的下降状态。处于持续下降型的指标，意味着城市在该项指标上不断处在劣势状态，并且这一状况并未得到改善。城市的持续下降型指标数量越多，说明城市的综合发展水平越弱。

第二，指标的排位区段和优劣势的判定：按照中国地理分布将长江经济带也分为东中西地区，每个地区包含的具体城市如下：

（1）东部地区：上海市、南京市、无锡市、徐州市、常州市、苏州市、南通市、连云港市、淮安市、盐城市、扬州市、镇江市、泰州市、宿迁市、杭州市、宁波市、温州市、嘉兴市、湖州市、绍兴市、金华市、衢州市、舟山市、台州市、丽水市；

（2）中部地区：合肥市、芜湖市、蚌埠市、淮南市、马鞍山市、淮北市、铜陵市、安庆市、黄山市、滁州市、阜阳市、宿州市、六安市、亳州市、池州市、宣城市、南昌市、景德镇市、萍乡市、九江市、新余市、鹰潭市、赣州市、吉安市、宜春市、抚州市、上饶市、武汉市、黄石市、十堰市、宜昌市、襄阳市、鄂州市、荆门市、孝感市、荆州市、黄冈市、咸宁市、随州市、长沙市、株洲市、湘潭市、衡阳市、邵阳市、岳阳市、常德市、张家界市、益阳市、郴州市、永州市、怀化市、娄底市；

（3）西部地区：重庆市、成都市、自贡市、攀枝花市、泸州市、德阳市、绵阳市、广元市、遂宁市、内江市、乐山市、南充市、眉山市、宜宾市、广安市、达州市、雅安市、巴中市、资阳市、贵阳市、六盘水市、遵义市、安顺市、昆明市、曲靖市、玉溪市、保山市、昭通市、丽江市、普洱市、临沧市。

第三，优劣势的评价标准分为强势、优势、中势、劣势4个层次，在评价时段内处于前27名的指标，均属于强势指标；在评价时段内处于28~54名的，均属优势指标；在评价时段内处于55~81名的，均属中势指标；在评价时段内始终处于82~108名的指标，均属劣势指标。对各级指标的评价均采用这一标准（罗党、刘思峰，2005）。

（二）长江经济带城市综合发展水平评估指标体系的测算与评价

长江经济带城市综合发展水平各四级指标的测算方法参考曾鹏等（2017）[①] 的研究成果，并总结区域经济学、经济地理学相关学术期刊进而形成了长江经济带城市综合发展水平各四级指标的测算方法。

1. 长江经济带城市人口就业四级指标测算方法

第一，总人口相对增长率的测算公式：

$$NICH = \frac{Y_{i,t_2} - Y_{i,t_1}}{Y_2 - Y_1} \qquad (2-7)$$

其中，Y_{i,t_2}、Y_{i,t_1} 表示第 i 个城市末期和初期的总人口，Y_2、Y_1 表示全国在末期和初期的总人口。通过总人口相对增长率，可以对城市在一定时期内城市人口变化增长趋势与全国人口的变化增长趋势之间的关系展开分析。总人口相对增长率越高，说明城市的人口增长速率越快，呈现出地区人口集聚能力及活力的不断扩大。

第二，总人口绝对增量加权指数的测算公式：

$$I = \frac{\Delta X_i}{\Delta X} \times \frac{1}{S_i} \qquad (2-8)$$

其中，ΔX_i 表示 i 城市的总人口在一段评估时间内的变化量。ΔX 表示全国的总人口在一段评估时间内的变化量。S_i 为 i 城市的土地面积占全国土地面积的比重。通过总人口绝对增量加权指数可以对城市人口变化增长趋势与其土地面积之间的关系展开分析，总人口绝对增量加权指数越大，说明城市的人口要素集中度越高，城市人口变化增长趋向于密集型发展。

第三，城市蔓延指数的测算公式：

$$SI = \frac{(A_{t_2} - A_{t_1})/A_{t_1}}{(P_{t_2} - P_{t_1})/P_{t_1}} \qquad (2-9)$$

其中，A_{t_2}、A_{t_1} 为城市在一段评估时间内的末期和初期的建成区面积，P_{t_2}、P_{t_1} 为城市在一段时间内的末期和初期的总人口。城市蔓延指数超过 1，说明城市的建成区面积的增长要快于人口的增长水平，城市的发展呈现出蔓延的趋势。但城市的蔓延并非不限制扩大为理想状态，所以城市蔓延指数所在最优的取值范围，通常认为 $SI=1.12$ 为最优合理状态。

第四，城市适度人口容量的测算公式：

$$P = Den \times L_s \qquad (2-10)$$

其中，L_s 为城市建设用地面积，Den 为适度的城市人口密度，城市的人口容量与其土地面积之间直接联系。因此，通过城市建设用地面积可以对城市的适度人口容量进行判断，通常认为城市人口密度适宜区间是在低于 1 万人/平方千米的范围内，因此通过将城市人口密度和建设用地面积相结合，可以得到城市适度的人口容量范围。城市的适度人口容量范围越大，说明城市的人口承载力越高，其发展的潜力越大。

第五，人口弧弹性的测算公式：

$$弧弹性 = (\Delta Q/Q)/(\Delta P/P) \qquad (2-11)$$

其中，ΔQ 为在一段评估时间内城市总人口的变化量，Q 为城市在评估末期时的总人口。ΔP 为在一段评估时间内城市生产总值的变化量，P 为城市在评估末期时的生产总值。城市人口弧弹性越大，说明城市的人口变化增长速率要快于其经济的变化增长速率，城市呈现出人口的扩张发展趋势。

第六，城市人口密度的测算公式：

$$Den = POP/AREA \qquad (2-12)$$

其中，Den 为城市的人口密度，POP 为城市总人口，$AREA$ 为城市的建成区面积。城市的人口密度反映出城市人口的密集程度，城市人口密度越大，说明城市的人口承载力越大。

第七，城市人口承载力的测算公式：

$$ES = POP/Den \qquad (2-13)$$

其中，ES 为城市人口承载力，POP 为城市总人口，Den 为全国平均人口密度。通过人口承载力可以对城

① 曾鹏，钟学思，李洪涛，等. 珠江—西江经济带城市发展研究（2010—2015）[M]. 北京：经济科学出版社，2017：卷一至卷十.

市的人口变化增长情况与全国范围内平均容量范围之间的关系进行分析，城市的人口承载力越高，说明城市的整体密度、容量范围越高。

第八，半城镇化率的测算公式：

$$HURB = (Per - Cen)/POP \tag{2-14}$$

其中，$HURB$ 为城市的半城镇化率，Per 为城市的常住人口，Cen 为城市的户籍人口，POP 为城市的总人口。通过半城镇化率可以对城市非户籍人口的城镇化程度展开分析，城市的半城镇化率越高，说明城市处在不断城镇化发展的阶段中，潜在向城市进行转移的人口不断增多，城市的活力较高，其城镇化发展的潜力巨大。

第九，城镇化率的测算公式：

$$Urb = URB/Per \tag{2-15}$$

其中，Urb 为城市的城镇化率，URB 为城市的城镇人口，Per 为城市的常住人口。城市的城镇化率越高，说明城市的整体发展水平越高，城市内的人力资源处在不断丰富的状态，城市对外部各类资源要素的集聚吸引能力不断提升。

第十，平均抚养系数的测算公式：

$$Raise = nloc/Job \tag{2-16}$$

其中，$Raise$ 为城市的平均抚养比系数，$nloc$ 为城市的非就业人口数，Job 为城市的总就业人口数。通过城市的平均抚养系数可以对城市的劳动力结构进行分析，城市的平均抚养系数越高，说明城市所不能转换为劳动力的人口越多，城市的整体负担越大。同时城市的抚养系数过高意味着城市逐步进行老龄化社会，城市发展活力逐步降低。

第十一，户籍门槛的测算公式：

$$Thr = Flow/POP$$
$$Flow = Per - POP \tag{2-17}$$

其中，Thr 为城市的户籍门槛，$Flow$ 为城市的流动人口，POP 为城市的总人口，Per 为城市的常住人口。通过城市的户籍门槛可以对城市的流动性及城市活力进行判断，城市处在高速发展阶段其流动人口数量会不断增加，城市的劳动力资源丰富、人口集聚能力更强，而城市发展能力较弱，对人力资源吸引力较弱时，其户籍门槛相对较小。

第十二，城镇人口扩张弹性系数的测算公式：

$$E = \frac{(U_{t_2} - U_{t_1})/U_{t_1}}{(P_{t_2} - P_{t_1})/P_{t_1}} \tag{2-18}$$

其中，U_{t_2}、U_{t_1} 为城市在一段评估时间内末期和初期的城市用地面积，P_{t_2}、P_{t_1} 为在同一段评估时间内城市的城镇人口数量。城市的人口扩张弹性系数越大，说明城市的人口扩张幅度越小，城市城镇化与城市面积之间呈现协调发展的关系，城镇人口的增加并未导致城市的过度拥挤及承载力压力问题的出现。

第十三，非农比率的测算公式：

$$nfarm = NFarm/POP \tag{2-19}$$

其中，$nfarm$ 为城市的非农比率，$NFarm$ 为城市的非农业人口，POP 为城市的总人口。城市的非农比率越高，说明城市发展的经济结构越高，其进行非农发展的劳动力人口资源更为丰富，城市的经济社会发展活力更为充沛。

第十四，Moore 就业结构的测算公式：

$$e = \arccos \frac{\sum_{i=1}^{n} W_{i,t_1} W_{i,t_2}}{\sqrt{\sum_{i=1}^{n} W_{i,t_1}^2} \cdot \sqrt{\sum_{i=1}^{n} W_{i,t_2}^2}} \tag{2-20}$$

其中，W_{i,t_1}、W_{i,t_2} 为一段评估时间内初期和末期的 i 产业的从业人员比重。Moore 就业结构反映出不同产业就业结构的变化程度，Moore 就业结构指数越大，说明城市就业结构的变化程度越大。

第十五，产业就业贡献率的测算公式：

$$i \text{ 产业的就业贡献率} = \Delta L_i/\Delta L \tag{2-21}$$

其中，ΔL_i 为城市的 i 产业在一段评估时间内的就业人员变化量，ΔL 为在同一段评估时间内城市总就业人员的变化量。通过城市的产业就业贡献率可以对城市某一产业在评估时间段内为城市总体增加就业人员的占比进行评估，产业就业贡献率越高，说明城市的该产业所提供的就业机会、劳动力需求程度越高，产业发展活力更高。

第十六，就业弧弹性的测算公式：

$$弧弹性 = (\Delta Q / Q) / (\Delta P / P) \tag{2 - 22}$$

其中，ΔQ 为在一段评估时间内城市就业人员的变化量，Q 为城市在评估末期时的总就业人员。ΔP 为在一段评估时间内城市生产总值的变化量，P 为城市在评估末期时的生产总值。城市就业弧弹性越大，说明城市的劳动力人口变化增长速率要快于其经济的变化增长速率，城市劳动力发展呈现扩张发展趋势。

第十七，就业结构偏离系数的测算公式：

$$D_i = \left| \frac{V_i}{E_i} - 1 \right| \tag{2 - 23}$$

其中，D_i 为城市 i 产业的就业结构偏离程度，$\frac{V_i}{E_i}$ 为城市 i 产业比较劳动生产率。V_i 为城市 i 产业的产值比重，E_i 为城市 i 产业的就业比重。城市就业结构偏离系数越高，说明城市的就业结构偏离系数越小，说明城市的就业结构协调程度越高，城市的劳动生产率越高。城市的就业结构偏离系数越大，说明城市的就业结构、产业结构出现不协调、不稳定的状态。

第十八，就业密度的测算公式：

$$Job = LAB / AREA \tag{2 - 24}$$

其中，Job 为城市的就业密度，LAB 为城市总人口，$AREA$ 为城市的建成区面积。城市的就业密度反映城市劳动力人口的密集程度，城市就业密度越大，说明城市的人力资源丰富，城市的生产效率较高，生产成本较低。

第十九，就业强度的测算公式：

$$E = \frac{X_{it}}{\frac{1}{n} \sum_{j}^{n} X_{it}} \tag{2 - 25}$$

其中，E 为城市的就业强度，X_{it} 为 i 城市的总就业人口。通过城市的就业强度可以对城市的就业人口情况与地区整体平均水平之间的关系展开研究。城市就业强度超过 1，说明城市的劳动力资源要高于地区的平均水平。城市的就业强度越小，说明城市的劳动力资源不具备优势，城市活力较弱。

第二十，非农产业就业区位商的测算公式：

$$Q_{ij} = \frac{L_{ij} / L_i}{L_j / L} \tag{2 - 26}$$

其中，Q_{ij} 为非农产业就业区位商，L_{ij} 为城市非农产业就业人口，L_i 为城市的总人口，L_j 为全国的非农就业人口，L 为全国的总人口。城市的非农产业就业区位商大于 1，说明该城市的非农就业人口处于优势地位，城市的就业结构具备优势。城市的非农产业就业区位商越小，说明城市的非农产业就业程度越低，城市的就业结构、产业结构不具备优势。

第二十一，就业人口集中指数的测算公式：

$$\Delta OP = \frac{1}{2} \left| \frac{op_i}{op} - \frac{s_i}{s} \right| \tag{2 - 27}$$

其中，op_i 为 i 城市的就业人口，s_i 为 i 城市的建成区面积，op 为全国的就业人口，s 为全国的建成区面积。ΔOP 的取值范围在 $[0, 1]$，城市的就业人口密度指数越高说明城市的就业人口分布越不均衡，城市的就业人口发展趋向于集中化。

第二十二，社会保障与就业支出比重增量的测算公式：

$$P = \frac{X_{it_2}}{X_{t_2}} - \frac{X_{it_1}}{X_{t_1}} \tag{2 - 28}$$

其中，P 为 i 城市的社会保障与就业支出的比重增量。X_{it_2}、X_{it_1} 为 i 城市在一段评估时间内的末期和初期的社会保障与就业支出的总量。X_{t_2}、X_{t_1} 为在同一段评估时间内的末期和初期的全国社会保障与就业支出。城市的社会保障与就业支出比重增长越高，说明城市的财政投入于社会保障与就业支出的部分越高，城市整体就业保障水平更具备优势。

第二十三，失业保险平均增长指数的测算公式：

$$S = (X_{t_2} - X_{t_1})/X_{t_1}(t_2 - t_1) \times 100 \tag{2-29}$$

其中，S 为城市失业保险平均增长指数，X_{t_2}、X_{t_1} 为城市在一段评估时间内的末期和初期的失业保险数量。城市的失业保险平均增长指数越高，说明城市在评估时间段内的失业保险覆盖程度越高，整体城市就业保障水平得以提升。

第二十四，就业保障枢纽度的测算公式：

$$A_i = \frac{V_i}{P_i \cdot G_i} \tag{2-30}$$

其中，A_i 为城市的就业保障枢纽度，V_i 为城市的失业保险数量，P_i 为城市的常住人口，G_i 为城市的生产总值。通过城市的就业保障枢纽度可以对城市就业保障程度与其他经济社会发展指标之间的关系展开分析，城市的就业保障枢纽度越高，说明城市的就业保障能力越强，在经济社会发展中的地位越高。

第二十五，就业保障强度的测算公式：

$$N_{ij} = (X_{ij} - \overline{X_j})/Sd \tag{2-31}$$

其中，N_{ij} 为城市的就业保障强度，X_{ij} 为城市的失业保险参保人数，$\overline{X_j}$ 为长江经济带城市的平均失业保险参保人数。Sd 为城市的就业保障标准差。城市的就业保障强度越强，说明城市的就业保障水平越高。当 $N_{ij} < 0$，说明城市并不具备就业保障职能，当 $0 \leqslant N_{ij} \leqslant 0.5$，说明城市的就业保障职能规模处于中等水平，当 $0.5 \leqslant N_{ij} < 1$，说明城市具备较为显著的城市就业保障能力，当 $1 \leqslant N_{ij} < 2$，说明城市的就业保障强度在地区内处于主导地位，当 $N_{ij} \geqslant 2$，说明城市的就业保障是其优势职能。

第二十六，就业保障区位商的测算公式：

$$Q_{ij} = \frac{L_{ij}/L_i}{L_j/L} \tag{2-32}$$

其中，Q_{ij} 为城市失业保险区位商，L_{ij} 为 i 城市的失业保险人数，L_i 为城市的就业人口总数，L_j 为全国失业保险人数，L 为全国总就业人数。城市的就业保障区位商越强，说明城市的就业保障水平越高，城市所具备的就业保障能力更强。

第二十七，就业保障职能规模的测算公式：

$$Q_{ij} = \frac{L_{ij}/L_i}{L_j/L}$$
$$T_{ij} = |Q_{ij} - 1| \times L_{ij} \tag{2-33}$$

其中，Q_{ij} 为城市失业保险区位商，L_{ij} 为 i 城市的失业保险人数，L_i 为城市的就业人口总数，L_j 为全国失业保险人数，L 为全国总就业人数。T_{ij} 为城市就业保障的相对职能规模。城市的就业保障相对职能规模越强，说明城市的就业保障水平越高，城市所具备的就业保障能力更强。

第二十八，就业保障职能地位的测算公式：

$$F_{ij} = T_{ij}/\sum_{i=1}^{n} T_{ij} \tag{2-34}$$

其中，T_{ij} 为城市就业保障的相对职能规模。城市就业保障职能地位越强，说明城市的就业保障能力在地区内的水平更具备优势，城市对人力资源的吸引集聚能力扩大，城市发展具备就业及劳动力方面的潜力。

2. 长江经济带城市区域经济四级指标测算方法

第一，产业结构的测算公式：

$$e = \arccos \frac{\sum_{i=1}^{n} W_{i,t_1} W_{i,t_2}}{\sqrt{\sum_{i=1}^{n} W_{i,t_1}^2} \cdot \sqrt{\sum_{i=1}^{n} W_{i,t_2}^2}} \tag{2-35}$$

其中，W_{i,t_1}、W_{i,t_2} 为一段评估时间内初期和末期的产业比重。产业结构体现的是产业发展的变化程度，产业结构指数与城市产业结构变化程度呈正向变化趋势。

第二，产业不协调指数的测算公式：

$$\varphi_1 = \frac{GDP_i / GDP}{Y_i / Y} - 1 \qquad (2-36)$$

其中，GDP_i / GDP 表示城市某产业的产值与总产值的比重，Y_i / Y 表示某产业的就业人员与总就业人口的比重。通过不协调指数可以对城市产业产值增长趋势与其就业人员之间的关系展开分析，不协调指数越小，说明城市的产业要素集中度越高，城市产业产值变化增长趋向于高速发展。

第三，产业多样化指数的测算公式：

$$RV = \sum_{J=1}^{3} S_{IJ} \left(\sum_{j \in J} \frac{S_{ij}}{S_{IJ}} \log_2 \frac{S_{IJ}}{S_{ij}} \right) \qquad (2-37)$$

其中，RV 为产业多样化指数，S_{ij} 分别表示城市第一、二、三产业的就业比重，S_{IJ} 分别表示长江经济带的第一、二、三产业的就业比重。产业多样化指数越低，说明产业间的联系越少，越需要加强城市与城市之间、产业与产业之间的联系。

第四，区域相对增长指数的测算公式：

$$r_{ij} = \frac{b_{ij,t} - b_{ij,0}}{b_{ij,0}}$$

$$R_j = \frac{B_{j,t} - B_{j,0}}{B_{j,0}}$$

$$b'_{ij} = \frac{b_{i,0} \times B_{j,0}}{B_0}$$

$$N_{ij} = b'_{ij} \times R_j \qquad (2-38)$$

其中，N_{ij} 为区域相对增长指数，$b_{ij,0}$ 表示城市在一段时间内初期和末期某部门产业产值，并以 B_0，B_t 表示相应时期全国经济总规模，以 $B_{j,0}$，$B_{j,t}$（$j = 1$，2，3）表示相应时期全国 j 部门产业产值。偏离份额分析法为正向，则说明城市产业结构基础良好，存在结构优势效益。

第五，产业专业化的测算公式：

$$S_{ij} = \frac{L_{ij}}{L_i} \qquad (2-39)$$

$$SS_i = \frac{1}{2} \sum_{j=1}^{19} |S_{ij} - S_j|$$

其中，S_{ij} 为 j（$j = 1$，2，3，$\cdots$，19）产业在 i 区域中所占就业比重，L_{ij} 分别表示城市第 j 产业的就业人数，L_i 分别代表城市的第一、二、三产业总从业人口。SS_i 为 i 区域的产业专业化，取值范围在 $0 \sim 1$，SS_i 数值越大，表示区域的产业专业化程度越高。S_j 为 j 产业在全国所占的就业比重。城市产业专业化越强，说明城市的产业发展趋于密集、专业化，城市产业的产值对城市经济发展更强。

第六，产业聚集指数的测算公式：

$$D_{ij(0 \sim t)} = \frac{b_{ij(0 \sim t)}}{\sum_{j=1,2}^{n} b_{ij(0 \sim t)}} \qquad (2-40)$$

其中，$D_{ij(0 \sim t)}$ 表示在 $0 \sim t$ 这段时间内 j 产业在 i 地区的动态集聚指数，$b_{ij(0 \sim t)}$ 表示 $0 \sim t$ 时间内 j 产业在 i 地区的增长速度，$\sum_{j=1,2}^{n} b_{ij(0 \sim t)}$ 表示 i 产业在 $0 \sim t$ 时间内的长江经济带平均增长速度。经过产业集聚指数测算，可以对城市的产业产值增长情况与长江经济带范围内平均容量之间的关系进行分析；城市的产业集聚指数数值越大，说明城市产业的整体密度更大、容量更高。

第七，Herfindahl 指数的测算公式：

$$UE = 1 - \sum (N_{ij} / N_i)^2 \qquad (2-41)$$

其中，N_{ij} 为城市某产业的产值，N_i 为城市所有产业的总产值之和。城市的 Herfindahl 指数越高，说明城市经济发展越好，城市产业进出口数量越大，产业为城市经济的发展提供越多的动力。

第八，资本劳动比的测算公式：

$$v = z/l$$
$$z = z_s(1-\rho) + z_t \tag{2-42}$$

其中，V 表示资本劳动比，z 为固定资本形式总额，l 为所有从业人员。z_s 为上年固定资产累计值，z_t 为当年固定资产新增值。ρ 为固定资产折旧率。

第九，劳动生产率的测算公式：

$$R_i = \frac{G_i/G}{L_i/L} \tag{2-43}$$

其中，G 为行业总产值，G_i 为某行业产值，L_i 为某行业就业人员。L 为行业总就业人员。城市的劳动生产率越高，说明城市的整体发展水平越高，城市内的人力资源处在不断丰富的状态，城市对外部各类资源要素的集聚吸引能力不断提升。

第十，劳动产出弹性的测算公式：

$$E_L = \frac{\Delta Y}{Y} \bigg/ \frac{\Delta L}{L} = \frac{\partial f}{\partial L}\frac{L}{Y} \tag{2-44}$$

其中，ΔY 为城市地区生产总值的增量，Y 为城市地区生产总值，ΔL 是从事总从业人员的增量，L 为城市从业人员数。劳动产出弹性越大，说明经济发展越好，从业人员的工作效率越高。

第十一，Balassa 指数的测算公式：

$$A_i = \frac{|X_i - M_i|}{X_i + M_i}, \quad 0 \leqslant A_i \leqslant 1 \tag{2-45}$$

其中，i 表示产业，X、M 表示进出口。城市的 Balassa 指数越高，说明城市经济发展越好，城市产业进出口数量越大，产业为城市经济的发展提供越多的动力。

第十二，GL 指数的测算公式：

$$GL_i = 1 - \frac{|X_i - M_i|}{X_i + M_i} = 1 - A_i \tag{2-46}$$

其中，对于 Balassa 指数进行修正，i 表示产业，X、M 表示进出口。城市的 GL 指数越高，说明城市经济发展越好，城市产业进出口数量越大，产业为城市经济的发展提供越多的动力。

第十三，经济人口承载力 ES 的测算公式：

$$ES = \frac{经济发展指数}{一定标准下的人均经济占有指标} = \frac{该地区\ GDP\ 总量}{全国人均\ GDP} \tag{2-47}$$

其中，ES 为城市经济人口承载力。通过经济人口承载力可以对城市的经济人口变化增长情况与全国范围内平均容量范围之间的关系进行分析，城市的经济人口承载力越高，说明城市的整体经济人口密度、容量范围越高。

第十四，城市人均人力资本的测算公式：

$$劳动力人均人力资本 = (平均工资 - 最低工资标准)/最低工资标准 \tag{2-48}$$

城市的人均人力资本越强，说明城市的人均工资提高水平越高，城市的经济发展越好，城市发展的潜力越大。

第十五，经济增长的测算公式：

$$经济增长 = 一段时期末期地区生产总值 - 一段时期初期地区生产总值 \tag{2-49}$$

其中，经济增长反映一个城市在一段时间中经济发展的情况，经济增长越大，说明在这一段时间内城市经济发展越快，发展动力越强。

第十六，金融强度的测算公式：

$$E = \frac{X_{it}}{\frac{1}{n}\sum_j^n X_{it}} \tag{2-50}$$

其中，E 为金融强度，X_{it} 为城市年末金融机构各项存款余额。通过城市的金融强度可以对城市的年末金融机构各项存款余额与地区整体平均水平之间的关系展开研究。城市金融强度超过 1，说明城市的年末金融机构各项存款余额要高于地区的平均水平。城市的金融强度越小，说明城市的年末金融机构各项存款余额不具备优势，城市活力较弱。

第十七，投资弧弹性的测算公式：

$$投资弧弹性 = (\Delta Q/Q)/(\Delta P/P) \qquad (2-51)$$

其中，ΔQ 为在一段评估时间内城市投资增长的变化量，Q 为城市在评估末期时的总投资增长量。ΔP 为在一段评估时间内城市生产总值的变化量，P 为城市在评估末期时的生产总值。城市投资弧弹性越大，说明城市的金融投资变化增长速率要快于其经济的变化增长速率，城市劳动力发展呈现扩张发展趋势。

第十八，投资强度的测算公式：

$$投资强度 = 全社会固定生产投资/国内生产总值 \qquad (2-52)$$

其中，城市投资强度越强，说明城市的整体发展水平越高，城市内的金融投资资源处在不断丰富的状态，城市对外部各类资源要素的集聚吸引能力不断提升。

第十九，金融存款比重增量的测算公式：

$$P = \frac{X_{it_2}}{X_{t_2}} - \frac{X_{it_1}}{X_{t_1}} \qquad (2-53)$$

其中，P 为 i 地区的城市金融存款的变化量，X_{it_2}、X_{it_1} 分别为 t_2、t_1 时期地区的城市金融存款的总量。X_{t_2}、X_{t_1} 分别为 t_2、t_1 时期全国的城市金融存款比重增量。X_{t_2}、X_{t_1} 为在同一段评估时间内的末期和初期的全国金融存款。城市的金融存款比重增长越高，说明城市的财政投入于社会经济发展的部分越高，城市整体金融投资水平更具备优势。

第二十，金融存款增长指数的测算公式：

$$S = (X_{t_2} - X_{t_1})/X_{t_1}(t_2 - t_1) \times 100\% \qquad (2-54)$$

其中，S 为城市金融存款平均增长指数，X_{t_2}、X_{t_1} 为城市在一段评估时间内的末期和初期的金融存款量。城市的金融存款平均增长指数越高，说明城市在评估时间段内的金融存款覆盖程度越高，整体城市金融投资水平得以提升。

第二十一，投资枢纽度的测算公式：

$$A_i = \frac{V_i}{P_i \cdot G_i} \qquad (2-55)$$

其中，A_i 为城市的投资枢纽度，V_i 为城市的固定资产投资总额，P_i 为城市的常住人口，G_i 为城市的生产总值。通过城市的投资枢纽度可以对城市投资程度与其他经济社会发展指标之间的关系展开分析，城市的投资枢纽度越高，说明城市的投资能力越强，在经济社会发展中的地位越高。

第二十二，投资相对增长率的测算公式：

$$NICH = \frac{Y_{2i} - Y_{1i}}{Y_2 - Y_1} \qquad (2-56)$$

其中，$NICH$ 为投资相对增长率，Y_{2i}、Y_{1i} 表示 i 城市末期和初期的投资，Y_2 和 Y_1 表示整体在末期和初期的投资。经过投资相对增长率测算，可以对城市在一定时期内投资变化增长趋势与全国投资的变化增长趋势之间的关系展开分析。投资相对增长率系数越大，说明投资增长速率越快，呈现出社会资本活力的不断提升，城市产业生命力向好。

第二十三，投资倾向度的测算公式：

$$K_i = \frac{F_i}{P_i} \qquad (2-57)$$

其中，K_i 为 i 城市的投资倾向度，F_i 为 i 城市的投资流强度，P_i 为 i 城市的 GDP。城市投资倾向度系数越大，说明城市投资总功能量的外向强度越强。

第二十四，投资区位商的测算公式：

$$Q_{ij} = \frac{L_{ij}/L_i}{L_j/L} \qquad (2-58)$$

其中，Q_{ij} 为城市投资区位商，L_{ij} 为某产业的投资总量，L_i 为城市的总产业投资总量，L_j 为全国某产业的投资量，L 为全国总产业投资总量。城市的投资区位商越高，说明城市的投资水平越高，城市所具备的投资能力更强。

第二十五，投资增量加权指数的测算公式：

$$I = \frac{\Delta X_i}{\Delta X} \times \frac{1}{S_i} \tag{2-59}$$

其中，I 为投资增量加权指数，ΔX_i 为 i 城市的投资在一段时间内的增量，ΔX 为全国的投资在该段时间内的增量，S_i 为 i 城市面积占全国面积的比重。经过投资增量加权指数测算，可以对城市投资的变化增长趋势与其土地面积之间的关系展开分析。投资增量加权指数越大，说明城市的企业资本要素集中度越高，城市各项建设及产业变化增长趋向于高速发展。

3. 长江经济带城市农业生产四级指标测算方法

第一，第一产业比重的测算公式：

$$第一产业比重 = 第一产业产值/地区总产值 \tag{2-60}$$

通过第一产业比重，可以对城市第一产业与总产业增长趋势之间的关系展开分析。第一产业比重越高，说明城市的第一产业在城市整个产业中比例越大，第一产业对城市经济发展贡献越大。

第二，第一产业投资强度的测算公式：

$$第一产业投资强度 = 第一产业投资/国内生产总值 \tag{2-61}$$

通过城市的第一产业投资强度可以对城市的第一产业投资情况与地区整体经济发展水平之间的关系展开研究。第一产业投资强度越大，说明城市财政经济对于第一产业资金、技术、物质等方面的投资越多，城市第一产业的发展要高于地区的平均水平。城市的第一产业投资强度越小，说明城市第一产业发展不占优势，城市活力较弱。

第三，第一产业不协调度的测算公式：

$$\varphi_1 = \frac{GDP_i/GDP}{Y_i/Y} - 1 \tag{2-62}$$

其中，GDP_i/GDP 表示城市某产业的产值与城市总产值的比重，Y_i/Y 表示某产业的就业人员与城市总就业人口的比重。第一产业不协调度越小，说明城市第一产业在城市中的发展结构良好，第一产业对城市经济发展起促进作用。

第四，第一产业贡献率的测算公式：

$$i\ 产业的就业贡献率 = \Delta L_i/\Delta L \tag{2-63}$$

其中，ΔL_i 为城市的第一产业在一段评估时间内的产值变化量，ΔL 为在同一段评估时间内城市总就业人员的变化量。通过城市的第一产业贡献率可以对城市第一产业在评估时间段内为城市总体增加就业人员的占比进行评估，第一产业贡献率越高，说明城市的该产业所提供的就业机会、劳动力需求程度越高，产业发展活力更高。

第五，第一产业弧弹性的测算公式：

$$第一产业弧弹性 = (\Delta Q/Q)/(\Delta P/P) \tag{2-64}$$

其中 ΔQ 为在一段评估时间内农村非农户投资增长量，Q 为城市在评估末期时的总人口。ΔP 为在一段评估时间内城市生产总值的变化量，P 为城市在评估末期时的生产总值。城市第一产业弧弹性越大，说明城市的第一产业经济发展变化增长速率要快于其经济的变化增长速率，城市呈现出第一产业的扩张发展趋势。

第六，第一产业结构偏离系数的测算公式：

$$D_i = \left| \frac{V_i}{E_i} - 1 \right| \tag{2-65}$$

其中，D_i 为第一产业的就业结构偏离程度，$\frac{V_i}{E_i}$ 为第一产业比较劳动生产率。V_i 为第一产业的产值比重，E_i 为第一产业的就业比重。城市的第一产业结构偏离系数越小说明城市的第一产业就业结构协调程度越高，城市的劳动生产率越高。城市的就业结构偏离系数越大说明城市的就业结构、产业结构出现不协调、不稳定的状态。

第七，第一产业区位商的测算公式：

$$Q_{ij} = \frac{L_{ij}/L_i}{L_j/L} \tag{2-66}$$

其中，Q_{ij} 为第一产业就业区位商，L_{ij} 为城市第一产业就业人员，L_i 为城市的就业人员，L_j 为全国的第一产业就业人员，L 为全国的总就业人口。城市的第一产业区位商大于 1，说明该城市的第一产业就业人员处于优势地位，城市的就业结构具备优势。城市的第一产业区位商越小，说明城市的第一产业就业程度越低，城市的农业就业结构、产业结构不具备优势。

第八，第一产业劳动产出率的测算公式：

$$第一产业劳动产出率 = \frac{产值}{人员} \tag{2-67}$$

通过第一产业劳动产出率可以对城市第一产业的产值和第一产业从业人员的比重进行分析。第一产业劳动产出率越大，说明第一产业经济发展水平越高，第一产业对城市经济发展的贡献也越大。

第九，第一产业扩张弹性系数的测算公式：

$$E = \frac{(U_{t_2} - U_{t_1})/U_{t_1}}{(P_{t_2} - P_{t_1})/P_{t_1}} \tag{2-68}$$

其中，U_{t_2}、U_{t_1} 为城市在一段评估时间内末期和初期的城市用地面积，P_{t_2}、P_{t_1} 为在同一段评估时间内城市的城镇耕地面积。城市的第一产业扩张弹性系数越大，说明城市的耕地面积扩张幅度越小，城市城镇化与城市面积之间呈现协调发展的关系，城镇耕地面积的增加并未导致城市的过度拥挤及承载力压力问题的出现。

第十，农业强度的测算公式：

$$E = \frac{X_{it}}{\frac{1}{n}\sum_{j}^{n} X_{it}} \tag{2-69}$$

其中，E 为农业强度，X_{it} 为城市的粮食作物播种面积。通过城市的农业强度可以对城市的农业发展情况与地区整体平均水平之间的关系展开研究。城市农业强度超过 1，说明城市的粮食作物播种面积要高于地区的平均水平。城市的农业强度越小，说明城市的粮食作物播种面积不具备优势，城市活力较弱。

第十一，耕地密度的测算公式：

$$耕地密度 = 耕地面积/土地面积 \tag{2-70}$$

城市的耕地密度反映城市耕地面积的密集程度，城市耕地面积密度越大，说明城市的人力资源丰富，城市的农业生产效率较高，降低农业生产成本。

第十二，农业指标动态变化的测算公式：

$$U_v = (U_{t_2} - U_{t_1})(t_2 - t_1)/U_{t_1} \tag{2-71}$$

其中，U_{t_2} 为 t_2 时期城镇粮食作物播种面积。说明城市粮食作物播种面积一个时期内的增长变化。农业指标动态变化越大，说明城市的粮食作物播种面积增加变大，对应呈现出地区经济活力和城市规模的不断扩大。

第十三，农业土地扩张强度的测算公式：

$$P_i = \frac{\Delta U_i}{TLA} \times 100\% \tag{2-72}$$

其中，P_i 为农业扩张土地面积比例，ΔU_i 为农业土地扩张面积，TLA 为土地总面积。通过农业土地扩张强度，可以对农业土地的扩张面积的变化增长趋势之间的关系展开分析。农业土地扩张强度越大，说明城市的农业土地面积增长速率越快，呈现出农业生产集聚能力及活力的不断扩大。

第十四，农业蔓延指数的测算公式：

$$SI = \frac{(A_j - A_i)/A_i}{(P_j - P_i)/P_i} \tag{2-73}$$

其中，A_j、A_i 为城市在一段评估时间内的末期和初期的粮食总产量，P_j、P_i 为城市在一段时间内的末期和初期的非农业人口。农业蔓延指数超过 1，说明城市的粮食总产量的增长要快于非农业人口的增长水平，农业的发展呈现出蔓延的趋势。但农业的蔓延并非不限制扩大为理想状态，所以农业蔓延指数所在最优的取值范围，通常认为 $SI = 1.12$ 为最优合理状态。

第十五，农业指标相对增长率的测算公式：

$$NICH = \frac{Y_{2i} - Y_{1i}}{Y_2 - Y_1} \tag{2-74}$$

其中，Y_{2i}、Y_{1i} 表示城市末期和初期的粮食产量，Y_2、Y_1 表示全国在末期和初期的总粮食产量。通过农业指标相对增长率，可以对城市在一定时期内城市粮食产量变化增长趋势与全国总粮食产量的变化增长趋势之间的关系展开分析。总粮食产量相对增长率越高，说明城市的粮食产量增长速率越快，呈现出地区农业集聚能力及活力的不断扩大。

第十六，农业指标绝对增量加权指数的测算公式：

$$I = \frac{\Delta X_i}{\Delta X} \times \frac{1}{S_i} \qquad (2-75)$$

其中，ΔX_i 为城市的粮食产量在一段时间内的增量，ΔX 为全国的粮食产量在该段时间内的增量，S_i 为城市面积占全国面积的比重。通过粮食产量绝对增量加权指数可以对城市粮食产量增长趋势与其土地面积之间的关系展开分析，粮食产量绝对增量加权指数越大，说明城市的粮食产量集中度越高，城市粮食产量变化增长趋向于高速型发展。

第十七，食物生态足迹的测算公式：

$$FP_i = \sum_{j=1}^{m} \frac{C_e P_i C_{ij}}{M_{ij}(1-L_j)Y_{ij}} \qquad (2-76)$$

其中，FP_i 为城市的食物生态足迹，j 为城市多种类农产品的产量。P 为城市总人口，C 为人均消费量，L_j 为损耗系数。Y_{ij} 为标准产量，C_e 为耗粮系数，M_{ij} 为复种系数。食物生态足迹反映出城市对各类食物的消费变化程度，食物生态足迹越强，说明城市的发展水平越高，城市规模越大，城市居民对各类食物需求也越强。

第十八，人均食物生态足迹的测算公式：

$$FP_i = \sum_{j=1}^{m} \frac{C_e C_{ij}}{M_{ij}(1-L_j)Y_{ij}} \qquad (2-77)$$

其中，FP_i 为城市的食物生态足迹，j 为城市多种类农产品的产量。P 为城市总人口，C 为人均消费量，L_j 为损耗系数。Y_{ij} 为标准产量，C_e 为耗粮系数，M_{ij} 为复种系数。食物生态足迹反映出城市对各类食物的消费变化程度，食物生态足迹越强，说明城市的发展水平越高，城市规模越大，城市居民对各类食物需求也越强。

第十九，农业生产比重增量的测算公式：

$$P = \frac{X_{it_2}}{X_{t_2}} - \frac{X_{it_1}}{X_{t_1}} \qquad (2-78)$$

其中，P 为地区的城市农业生产的变化量，X_{it_2}、X_{it_1} 分别为 t_2、t_1 时期地区的城市农业生产的总量。X_{t_2}、X_{t_1} 分别为 t_2、t_1 时期全国的城市农业生产比重增量。X_{t_2}、X_{t_1} 为在同一段评估时间内的末期和初期的全国农业生产量。城市的农业生产比重增长越高，说明城市农业生产发展程度越高，城市整体粮食产量水平更具备优势。

第二十，农业生产平均增长指数的测算公式：

$$S = (X_{t_2} - X_{t_1})/X_{t_1}(t_2 - t_1) \times 100\% \qquad (2-79)$$

其中，S 为地区农业生产的平均增长指数，X_{t_2}、X_{t_1} 为城市在一段评估时间内的末期和初期的农村支出。城市的农业生产平均增长指数越高，说明城市在评估时间段内的农业生产能力越强，整体城市农业生产水平得以提升。

第二十一，农业枢纽度的测算公式：

$$A_i = \frac{V_i}{P_i \cdot G_i} \qquad (2-80)$$

其中，A_i 为城市的就业保障枢纽度，V_i 为城市的粮食作物产量，P_i 为城市的常住人口，G_i 为城市的生产总值。通过城市农业枢纽度可以对城市农业发展程度与其他经济社会发展指标之间的关系展开分析，城市的农业枢纽度越高，说明城市的农业发展越强，在经济社会发展中的地位越高。

第二十二，农业生产流强度的测算公式：

$$Q_{ij} = \frac{L_{ij}/L_i}{L_j/L}$$

$$E_{ij} = L_{ij} - L_i \, (L_j / L)$$
$$E_i = \sum_{j=1}^{m} E_{ij}$$
$$N_i = P_i / L_i$$
$$F_i = N_i \times E_i \qquad\qquad (2-81)$$

其中，Q_{ij} 为 i 城市 j 类农作物区位商，L_{ij} 为 i 城市 j 类农作物产量，L_i 为城市的农作物总产量，L_j 为全国 j 类农作物产量，L 为全国农作物总产量。E_{ij} 为 j 类农作物产量外向功能。E_i 为 i 城市的总体外向功能。N_i 为 i 城市的农业生产功能效益，P_i 为 i 城市的 GDP。F_i 为 i 城市的城市流强度。城市农业生产流强度越强，说明城市之间发生的经济集聚和扩散所产生的农业生产要素流动强度越强，城市经济影响力越强。

第二十三，农业生产倾向度的测算公式：

$$F_i = P_i \times K_i \qquad\qquad (2-82)$$

其中，F_i 为 i 城市的物流流强度，P_i 为 i 城市的 GDP，K_i 为城市倾向度。城市倾向度越高，说明城市的总功能能量的外向强度越强。

第二十四，农业生产职能规模的测算公式：

$$Q_{ij} = \frac{L_{ij}/L_i}{L_j/L} \qquad\qquad (2-83)$$
$$T_{ij} = |Q_{ij} - 1| \times L_{ij}$$

其中，Q_{ij} 为 i 城市 j 类农作物区位商，L_{ij} 为 i 城市 j 类农作物产量，L_i 为城市的农业生产总量，L_j 为全国 j 类农作物产量，L 为全国农业生产总量。T_{ij} 为城市农业生产职能规模。城市的农业生产职能规模越强，说明城市的农业生产水平越高，城市所具备的农业生产能力更强。

第二十五，农业生产职能地位的测算公式：

$$F_{ij} = T_{ij} / \sum_{i=1}^{n} T_{ij} \qquad\qquad (2-84)$$

其中，T_{ij} 为城市农业生产职能规模，F_{ij} 为城市农业生产职能地位。城市农业生产职能地位越强，说明城市的农业生产能力在地区内的水平更具备优势，城市对农业人力资源的吸引集聚能力扩大，城市发展具备的农业发展及农业劳动力发展上的潜力。

4. 长江经济带城市工业企业四级指标测算方法

第一，工业结构的测算公式：

$$\text{工业结构} = \text{内资／外资} \qquad\qquad (2-85)$$

通过城市的工业结构可以对城市工业发展的稳定性、可持续性进行分析，当工业结构较大程度地偏离 1 时，说明地区出现显著的工业结构不协调，对城市经济社会稳定发展会造成长远的影响，不利于城市的活力提升和发展的可持续性。

第二，企业扩张弹性系数的测算公式：

$$E = \frac{(U_{t_2} - U_{t_1})/U_{t_1}}{(P_{t_2} - P_{t_1})/P_{t_1}} \qquad\qquad (2-86)$$

其中，U_{t_2}、U_{t_1} 为城市在一段评估时间内末期和初期的城市用地面积，P_{t_2}、P_{t_1} 为在同一段评估时间内城市的城镇企业数量。城市的企业扩张弹性系数越大，说明城市的企业数量扩张幅度越小，城市城镇化与城市面积之间呈现协调发展的关系，城镇企业数量的增加并未导致城市的过度拥挤及承载力压力问题的出现。

第三，工业发展强度的测算公式：

$$E = \frac{X_{it}}{\frac{1}{n} \sum_{j}^{n} X_{it}} \qquad\qquad (2-87)$$

其中，E 为城市的工业发展强度，X_{it} 为城市的规模以上工业总产值。通过城市的工业发展强度可以对城市的工业产值发展情况与地区整体平均水平之间的关系展开研究。城市工业发展强度超过 1，说明城市的工业产值发展出要高于地区的平均水平。城市的工业发展强度越小，说明城市的工业产值发展能力不具备优势，城市活力较弱。

第四，工业密度的测算公式：

$$工业企业密度 = 工业企业数/建成区面积 \qquad (2-88)$$

城市的工业密度反映出城市工业的密集程度，城市工业密度越大，说明城市的工业承载力越大。

第五，税收贡献率的测算公式：

$$税收贡献率 = 税收/销售收入 \qquad (2-89)$$

通过城市的税收贡献率可以对城市税收在评估时间段内为城市总体增加销售收入的占比进行评估，税收贡献率越高，说明城市的经济发展越好，税收程度越高，市场发展活力更高。

第六，工业弧弹性的测算公式：

$$弧弹性 = (\Delta Q/Q)/(\Delta P/P) \qquad (2-90)$$

其中，ΔQ 为在一段评估时间内城市工业产值增量，Q 为城市在评估末期时的工业产值。ΔP 为在一段评估时间内城市生产总值的变化量，P 为城市在评估末期时的生产总值。城市工业弧弹性越大，说明城市的工业产值增长速率要快于其经济的变化增长速率，城市呈现出工业的扩张发展趋势。

第七，工业企业绝对增量加权指数的测算公式：

$$I = \frac{\Delta X_i}{\Delta X} \times \frac{1}{S_i} \qquad (2-91)$$

其中，ΔX_i 为 i 城市的工业企业数量在一段时间内的增量，ΔX 为全国的工业企业数量在该段时间内的增量，S_i 为 i 城市面积占全国面积的比重。I 越大，说明 i 城市工业企业要素越集中，城市的工业企业发展速度越高，城市工业更具生命力和竞争力。

第八，工业企业相对增长率的测算公式：

$$NICH = \frac{Y_{2i} - Y_{1i}}{Y_2 - Y_1} \qquad (2-92)$$

其中，$NICH$ 为工业企业相对增长率，Y_{2i}、Y_{1i} 表示 i 城市末期和初期的工业企业数量，Y_2 和 Y_1 表示整体在末期和初期的工业企业数量。经过工业企业相对增长率，可以对城市在一定时期内工业企业数量增长趋势与全国工业企业数量增长趋势之间的关系展开分析。城市工业企业相对增长率数值越大，说明城市的工业企业数量增长速率越快，呈现出地区产业集聚能力的增强。

第九，工业企业区位商的测算公式：

$$Q_{ij} = \frac{L_{ij}/L_i}{L_j/L} \qquad (2-93)$$

其中，Q_{ij} 为 i 城市的工业企业区位商，L_i 为 i 城市的工业企业总量，L_{ij} 为 i 城市的 j 类工业企业总量，L_j 为全国 j 类工业企业总量，L 为全国工业企业总量。城市的工业企业区位商数值越大，说明城市的工业企业发展水平越高，城市所集聚的生产要素种类和数量越多。

第十，企业利润相对增长率的测算公式：

$$NICH = \frac{Y_{2i} - Y_{1i}}{Y_2 - Y_1} \qquad (2-94)$$

其中，Y_{1i}、Y_{2i} 表示城市初期和末期的企业利润，Y_1 和 Y_2 表示整体在初期和末期的企业利润。通过企业利润相对增长率，可以对城市在一定时期内城市企业获取利润变化增长趋势与全国企业利润的变化增长趋势之间的关系展开分析。企业利润相对增长率越高，说明城市企业获取利润的增长速率越快，呈现出地区企业集聚能力及活力的不断扩大。

第十一，企业利润绝对增量加权指数的测算公式：

$$I = \frac{\Delta X_i}{\Delta X} \times \frac{1}{S_i} \qquad (2-95)$$

其中，ΔX_i 为城市的企业利润在一段时间内的增量，ΔX 为全国的企业利润在该段时间内的增量，S_i 为城市面积占全国面积的比重。通过企业利润绝对增量加权指数可以对城市企业获取利润的变化增长趋势与其土地面积之间的关系展开分析，企业利润绝对增量加权指数越大，说明城市的企业要素集中度越高，城市企业获取利润的变化增长趋向于高速发展。

第十二，企业利润比重增量的测算公式：

$$P = \frac{X_{it_2}}{X_{t_2}} - \frac{X_{it_1}}{X_{t_1}} \qquad (2-96)$$

其中，P 为地区的企业利润的变化量，X_{it_2}、X_{it_1} 分别为 t_2、t_1 时期地区的企业利润的总量。X_{t_2}、X_{t_1} 分别为 t_2、t_1 时期全国的企业利润。城市的企业利润比重增长越高，城市整体企业利润水平更具备优势。

第十三，企业利润枢纽度的测算公式：

$$A_i = \frac{V_i}{P_i \cdot G_i} \qquad (2-97)$$

其中，A_i 为城市的就业保障枢纽度，V_i 为城市的工业企业主营业务收入，P_i 为城市的常住人口，G_i 为城市的生产总值。通过城市的企业利润枢纽度可以对城市企业利润程度与其他经济社会发展指标之间的关系展开分析，城市的企业利润枢纽度越高，说明城市的企业利润能力越强，在经济社会发展中的地位越高。

第十四，企业利润平均增长指数的测算公式：

$$S = (X_{t_2} - X_{t_1})/X_{t_1}(t_2 - t_1) \times 100\% \qquad (2-98)$$

其中，S 为地区企业利润的平均增长指数，X_{t_2}、X_{t_1} 为城市在一段评估时间内的末期和初期的企业利润。城市的企业利润平均增长指数越高，说明城市在评估时间段内的企业获取利润越高，整体城市企业利润水平得以提升。

5. 长江经济带城市基础设施四级指标测算方法

第一，城镇扩张强度的测算公式：

$$P_i = \frac{\Delta U_i}{TLA} \times 100\% \qquad (2-99)$$

其中，P_i 为扩张土地面积比例，ΔU_i 为土地扩张面积，TLA 为土地总面积。通过城镇扩张强度，可以对城市建设用地土地的扩张面积的变化增长趋势之间的关系展开分析。城镇扩张强度越高，说明城市的建设用地面积增长速率越快，呈现出地区人口集聚能力及活力的不断扩大。

第二，土地产出率的测算公式：

$$\text{土地产出率} = \text{非农产业产值}/\text{土地面积} \qquad (2-100)$$

其中，土地产出率越高，表明城市单位土地面积上的第二、三产业的平均年产值越高，城市发展过程中的土地资源得到合理充分的利用，缓解城市土地资源紧缺而束缚经济发展的状况，实现社会经济的可持续发展。

第三，城镇用地动态变化的测算公式：

$$U_v = (U_{t_2} - U_{t_1})(t_2 - t_1)/U_{t_1} \qquad (2-101)$$

其中，U_{t_2} 为 t_2 时期城镇用地面积，说明城市行政区域土地面积一个时期内的增长变化。城镇用地动态变化越大，说明城市的行政区域土地面积增加变大，呈现出地区经济活力和城市规模的不断扩大。

第四，土地城镇化的测算公式：

$$U = \frac{S}{L} \qquad (2-102)$$

其中，S 为城镇用地面积，L 为区域土地面积，城市的土地城镇化与其行政区域土地面积之间直接联系。城市的土地城镇化程度越高，说明城市的城镇用地面积越大，城市的发展的潜力越大。

第五，城市蔓延紧凑度的测算公式：

$$C = 2\sqrt{\pi A}/P \qquad (2-103)$$

其中，P 为城镇建成区周长。Q 为城市在评估末期时的总人口。ΔP 为在一段评估时间内城市生产总值的变化量，P 为城市在评估末期时的生产总值。城市人口弧弹性越大，说明城市的人口变化增长速率要快于其经济的变化增长速率，城市呈现出人口的扩张发展趋势。

第六，城市破碎化度的测算公式：

$$F = PF/UA \qquad (2-104)$$

其中，F 为破碎化度，PF 为中心区除建成区外的建设用地面积，UA 为建成区面积。城市破碎化度反映出城市人口的密集程度，城市人口密度越大，说明城市的基础设施建设强度越大。

第七，城市用地强度：

$$E = \frac{X_{it}}{\frac{1}{n} \sum_{j}^{n} X_{it}} \tag{2-105}$$

其中，E 为城市用地强度，X_{it} 为城市建成区土地面积。城市用地强度超过1，说明城市的土地使用能力出要高于地区的平均水平。城市的用地强度越小，说明城市的土地使用能力不具备优势，土地利用率不高。

第八，基础设施投资强度的测算公式：

$$基础设施投资强度 = 基础设施投资/国内生产总值 \tag{2-106}$$

其中，基础设施投资强度越强，说明城市的整体发展水平越高，城市内的基础设施建设处在不断丰富的状态，城市用于基础设施建设的资金也越多，城市对外部各类资源要素的集聚吸引能力不断提升。

第九，基础设施密度的测算公式：

$$基础设施密度 = 基础设施里程/行政区面积 \tag{2-107}$$

其中，通过基础设施密度可以对城市基础设施建设程度展开分析，城市的基础设施密度越大，说明城市经济发展越强，城市规模越大，城市基础设施建设发展越好，城市的活力较高，其城镇化发展的潜力巨大。

第十，城市基础建设水平的测算公式：

$$城市基础建设水平 = 城市维护建设资金支出/财政支出 \tag{2-108}$$

其中，通过城市基础设施水平可以对城市财政维护建设资金支出与财政预算支出间的比重展开分析，城市的基础建设水平越高，说明城市的整体经济发展水平越高，城市能提供保障城市基础设施的维护建设资金的能力越强，城市对外部各类资源要素的集聚吸引能力不断提升。

第十一，基础设施弧弹性的测算公式：

$$弧弹性 = (\Delta Q/Q)/(\Delta P/P) \tag{2-109}$$

其中，ΔQ 为道路面积增量，ΔP 为 GDP 增长量。ΔQ 为在一段评估时间内城市道路面积的变化量，P 为城市在评估末期时的生产总值。城市基础设施弧弹性越大，说明城市的道路面积变化增长速率要快于其经济的变化增长速率，城市基础设施发展呈现扩张发展趋势。

第十二，公路里程集中指数的测算公式：

$$\Delta OP = \frac{1}{2} \left| \frac{op_i}{op} - \frac{s_i}{s} \right| \tag{2-110}$$

其中，op_i、s_i 表示 i 地区的公路里程和面积，s 表示全国的公路里程和面积。ΔOP 取值范围在 $[0.1]$，ΔOP 越大说明公路里程分布越不均衡。城市的就业人口发展趋向于集中化。

第十三，城市道路相对增长率的测算公式：

$$NICH = \frac{Y_{2i} - Y_{1i}}{Y_2 - Y_1} \tag{2-111}$$

其中，Y_{1i}、Y_{2i} 表示 i 城市初期和末期的城市道路面积，Y_1 和 Y_2 表示整体在初期和末期的城市道路面积。通过城市道路相对增长率，可以对城市在一定时期内城市道路面积增长趋势与全国城市道路面积增长趋势之间的关系展开分析。总城市道路相对增长率越高，说明城市的道路面积增长速率越快，呈现出地区人口集聚能力及活力的不断扩大。

第十四，城市道路绝对增量加权指数的测算公式：

$$I = \frac{\Delta X_i}{\Delta X} \times \frac{1}{S_i} \tag{2-112}$$

其中，ΔX_i 为 i 城市的城市道路面积在一段时间内的增量，ΔX 为全国的城市道路面积在该段时间内的增量，S_i 为 i 城市面积占全国面积的比重。I 越大，说明 i 城市道路要素越集中，城市的经济社会发展活力更为充沛。

第十五，城市基础设施承载力的测算公式：

$$承载力 ES = \frac{地区道路面积}{全国人均道路面积} \tag{2-113}$$

其中，ES 为城市基础设施承载力，通过基础设施承载力可以对城市的道路面积变化增长情况与全国范围内平均容量范围之间的关系进行分析，城市的基础设施承载力越高，说明城市的整体密度、容量范围越高。

第十六，交通物流效率的测算公式：

$$Q = \frac{N_{road}}{T_{road}} \tag{2-114}$$

其中，T_{road} 为公路的里程数，N_{road} 为公路的货运量。交通物流效率反映出不同城市交通运输量的变化程度，交通物流效率越大，说明城市物流的变化程度越大。

第十七，物流区位商的测算公式：

$$物流区位商 = 交仓储$$

$$运输贡献率 \ TGC = \frac{\Delta t}{\Delta T} \tag{2-115}$$

其中，Δt 为某种运输方式的货运增长量、ΔT 为所有交通运输的总变化量。通过城市的运输贡献率可以对城市运输行业在评估时间段内为城市总体货运增长量与交通运输总变化量的占比进行评估，运输贡献率越高，说明城市对于交通运输、物流需求程度越高，产业发展活力更高。

第十八，城市路网长度比重增量的测算公式：

$$P = \frac{X_{it_2}}{X_{t_2}} - \frac{X_{it_1}}{X_{t_1}} \tag{2-116}$$

其中，P 为 i 城市的路网长度的比重增量。X_{it_2}、X_{it_1} 为 i 城市在一段评估时间内的末期和初期的城市路网长度的总量。X_{t_2}、X_{t_1} 为在同一段评估时间内的末期和初期的全国城市路网长度。城市的路网长度比重增长越高，说明城市的财政投入于城市交通设施建设的部分越高，城市整体物流水平更具备优势。

第十九，城市车辆平均增长指数的测算公式：

$$S = (X_{t_2} - X_{t_1})/X_{t_1}(t_2 - t_1) \times 100\% \tag{2-117}$$

其中，S 为城市车辆平均增长指数，X_{t_2}、X_{t_1} 为城市在一段评估时间内的末期和初期的城市汽车数量。城市的车辆平均增长指数越高，说明城市在评估时间段内的城市汽车数量越多，整体城市物流水平得以提升。

第二十，电信枢纽度的测算公式：

$$A_i = \frac{V_i}{P_i \cdot G_i} \tag{2-118}$$

其中，V_i 为城市的流量指标，A_i 为城市枢纽度，P_i 为城市常住人口，G_i 为第 i 个城市的 GDP。城市的物流反映出城市路网的密集程度，城市路网密度越大，说明城市的物流发展完善，城市的生产效率较高，生产成本较低。

第二十一，城市物流流强度的测算公式：

$$Q_{ij} = \frac{L_{ij}/L_i}{L_j/L}$$

$$E_{ij} = L_{ij} - L_i(L_j/L)$$

$$E_i = \sum_{j=1}^{m} E_{ij} \tag{2-119}$$

$$N_i = P_i/L_i$$

$$F_i = N_i \times E_i$$

其中，Q_{ij} 为城市物流区位商，L_{ij} 为 i 城市的 j 类物流流量，L_i 为城市的物流流量，L_j 为全国 j 类物流流量，L 为全国物流流量。E_{ij} 为城市的外向功能。E_i 为 i 城市的总体外向功能。N_i 为 i 城市的物流功能效益，P_i 为 i 城市的 GDP。F_i 为 i 城市的城市流强度。城市物流流强度越强，说明城市之间发生的经济集聚和扩散所产生的物流要素流动强度越强，城市经济影响力越强。

第二十二，城市物流倾向度的测算公式：

$$F_i = P_i \times K_i \tag{2-120}$$

其中，F_i 为 i 城市的物流流强度，P_i 为 i 城市的 GDP，K_i 为城市倾向度。城市倾向度越高，说明城市的总功能量的外向强度越强。

第二十三，城市货运（客运）职能规模的测算公式：

$$Q_{ij} = \frac{L_{ij}/L_i}{L_j/L} \qquad (2-121)$$

$$T_{ij} = |Q_{ij} - 1| \times L_{ij}$$

其中，Q_{ij} 为城市物流区位商，L_{ij} 为 i 城市的 j 类物流流量，L_i 为城市的物流流量，L_j 为全国物流流量，L 为全国物流流量。T_{ij} 为城市就业保障的相对职能规模。城市的就业保障相对职能规模越强，说明城市的就业保障水平越高，城市所具备的就业保障能力更强。

第二十四，城市货运（客运）职能地位的测算公式：

$$F_{ij} = T_{ij} / \sum_{i=1}^{n} T_{ij} \qquad (2-122)$$

其中，T_{ij} 为城市物流职能规模，F_{ij} 为城市物流职能地位。城市物流职能地位越强，说明城市的物流能力在地区内的水平更具备优势，城市对人力资源的吸引集聚能力扩大，城市发展具备的物流及劳动力发展上的潜力。

6. 长江经济带城市社会福利四级指标测算方法

第一，城乡收入差距的测算公式：

$$IG = 1 - IR/IU \qquad (2-123)$$

其中，IR 为农民人均纯收入，IU 为城镇居民人均可支配收入。通过城乡消费差距可以对城镇居民以及农村居民的消费支出程度展开分析，城市的城乡消费差距越小，说明城市的整体经济发展水平越高，城市内城镇居民收入与农村居民消费能力水平趋于接近的状态，潜在向城市进行转移的人口不断增多，城市的活力较高，其城镇化发展的潜力巨大。

第二，消费强度的测算公式：

$$E = \frac{X_{it}}{\dfrac{1}{n} \sum_{j}^{n} X_{it}} \qquad (2-124)$$

其中，E 为城市的消费强度，X_{it} 为城市的城镇居民人均现金消费支出。通过城市的消费强度可以对城市的消费情况与地区整体平均水平之间的关系展开研究。城市消费强度超过 1，说明城市的居民消费支出要高于地区的平均水平。城市的消费强度越小，说明城市的居民消费支出能力不具备优势，城市活力较弱。

第三，收入弧弹性的测算公式：

$$弧弹性 = (\Delta Q/Q)/(\Delta P/P) \qquad (2-125)$$

其中，ΔQ 为在一段评估时间内城市居民收入增长量，Q 为城市居民收入，ΔP 为在一段评估时间内城市生产总值的变化量，P 为城市在评估末期时的生产总值。城市收入弧弹性越大，说明城市的居民收入增长速率要快于其经济的变化增长速率，城市呈现出居民收入的扩张发展趋势。

第四，收入结构的测算公式：

$$收入结构 = 城镇居民人均消费支出/城镇居民人均可支配收入 \qquad (2-126)$$

其中，通过收入结构可以对城镇居民人均消费支出与城镇居民人均可支配收入的比重展开分析，城市收入结构越强，说明城市的整体经济发展水平越高，城镇居民生活消费支出能力越强，城市对外部各类资源要素的集聚吸引能力不断提升。

第五，养老保险覆盖率的测算公式：

$$养老保险覆盖率 = 城镇基本养老保险参保人数/总人口 \qquad (2-127)$$

其中，通过养老保险覆盖率可以对城市的养老保险发展情况进行分析，城市的养老保险覆盖率越高，说明城市的经济发展越强，城市养老保险事业发展越好、容量范围更高，城市能享受养老保险保障的居民数量越多。

第六，城镇零售消费水平的测算公式：

$$S = \frac{S_a}{G} \qquad (2-128)$$

其中，S_a 为城镇消费品零售总额，G 为国内生产总值。城市的城镇零售消费水平反映出城市居民消费支出能力的程度，城市居民消费支出能力越强，说明城市的零售消费水平越高。

第七，医疗保险覆盖率的测算公式：

$$医疗保险覆盖率 = 城镇医疗保险参保人数/总人口 \tag{2-129}$$

其中，通过医疗保险覆盖率可以对城市的医疗保险发展情况进行分析，城市的医疗保险覆盖率越高，说明城市的经济发展越强，城市医疗保险事业发展越好、容量范围更高，城市能享受医疗保险保障的居民数量越多。

第八，福利承载力的测算公式：

$$ES = \frac{经济发展指数}{一定标准下的人均经济占有指标} = \frac{该地区城镇可支配收入}{全国人均 GDP} \tag{2-130}$$

其中，ES 为城市福利承载力。通过福利承载力可以对城市的公共保障事业变化增长情况与全国范围内平均容量范围之间的关系进行分析，城市的福利承载力越高，说明城市的整体经济发展越强、政府公共保障事业对居民的保障强度越强。

第九，收入差距的测算公式：

$$收入差距 = 城镇居民人均可支配收入/农村居民人均纯收入 \tag{2-131}$$

其中，城市的收入差距越小，说明城市的整体经济发展水平越高，城市内城镇居民收入与农村居民收入水平趋于接近的状态，城市对外部各类资源要素的集聚吸引能力不断提升。

第十，城乡消费差距的测算公式：

$$城乡消费差距 = 农村人均消费支出/城市人均消费支出 \tag{2-132}$$

其中，通过城乡消费差距可以对城镇居民以及农村居民的消费支出程度展开分析，城市的城乡消费差距越小，说明城市的整体经济发展水平越高，城市内城镇居民收入与农村居民消费能力水平趋于接近的状态，潜在向城市进行转移的人口不断增多，城市的活力较高，其城镇化发展的潜力巨大。

第十一，农村纯收入相对增长率的测算公式：

$$NICH = \frac{Y_{2i} - Y_{1i}}{Y_2 - Y_1} \tag{2-133}$$

其中，Y_{1i}、Y_{2i} 表示 i 城市初期和末期的农村纯收入，Y_1 和 Y_2 表示整体在初期和末期的农村纯收入。通过农村纯收入相对增长率，可以对城市在一定时期内农村居民收入变化增长趋势与全国农村居民收入的变化增长趋势之间的关系展开分析。农村纯收入相对增长率越高，说明城市的农村居民收入增长速率越快，呈现出农村人口劳动生产能力及活力的不断扩大。

第十二，农村纯收入绝对增量加权指数的测算公式：

$$I = \frac{\Delta X_i}{\Delta X} \times \frac{1}{S_i} \tag{2-134}$$

其中，ΔX_i 为城市的农村纯收入在一段时间内的增量，ΔX 为全国的农村纯收入在该段时间内的增量，S_i 为城市面积占全国面积的比重。通过农村纯收入绝对增量加权指数可以对城市的农村纯收入增长趋势与全国农村纯收入之间的关系展开分析，农村纯收入绝对增量加权指数越大，说明城市农村居民收入越高，地区农村发展较快。

第十三，农村支出比重增量的测算公式：

$$P = \frac{X_{it_2}}{X_{t_2}} - \frac{X_{it_1}}{X_{t_1}} \tag{2-135}$$

其中，P 为 i 地区的农村生活支出比重增量，X_{it_2}、X_{it_1} 为 i 城市在一段评估时间内的末期和初期的农村支出的总量。X_{t_2}、X_{t_1} 为在同一段评估时间内的末期和初期的全国的农村支出利润。城市的农村支出比重增量越大，说明城市的财政投入于农村支出的部分越高，农村整体发展水平更具备优势。

第十四，农村支出平均增长指数的测算公式：

$$S = (X_{t_2} - X_{t_1})/X_{t_1}(t_2 - t_1) \times 100\% \tag{2-136}$$

其中，S 为地区农村支出的平均增长指数，X_{t_2}、X_{t_1} 为城市在一段评估时间内的末期和初期的农村支出。城市的农村支出平均增长指数越高，说明城市在评估时间段内的农村支出能力越强，整体城市农村支出水平得以提升。

第十五，农村收入枢纽度的测算公式：

$$A_i = \frac{V_i}{P_i \cdot G_i} \tag{2-137}$$

其中，V_i 为城市的农村居民人均纯收入，A_i 为城市枢纽度，P_i 为城市常住人口，G_i 为第 i 个城市的 GDP。通过城市的农村收入枢纽度可以对城市农村福利程度与其他经济社会发展指标之间的关系展开分析，城市的农村收入枢纽度越高，说明城市的农村收入能力越强，在经济社会发展中的地位越高。

第十六，乡村户数密度的测算公式：

$$乡村户数密度 = 乡村户数/行政区域面积 \tag{2-138}$$

其中，城市的乡村户数密集度越高，说明农村地区的经济发展程度越高，城市农村发展的劳动力人口资源更为丰富，农村的经济社会发展活力更为充沛。

第十七，地方政府财政汲取能力的测算公式：

$$Z_i = \frac{a_i}{b_i}(i=1, 2, 3, \cdots, n) \tag{2-139}$$

其中，Z_i 为 i 地级市地方财政收入能力系数；a_i 为 i 地级市财政预算收入；b_i 为 i 地级市的 GDP。地方政府财政汲取能力反映出城市内的财政收入来源处在不断丰富的状态，城市对外部各类资源要素的集聚吸引能力不断提升。

第十八，地方财政收入分权能力的测算公式：

$$Y_i = \frac{C_i}{D_i} = \frac{a_i}{A_i} \cdot \frac{F_i}{f_i} \tag{2-140}$$

其中，Y_i 为各地级市预算人均财政收入在中央预算人均财政收入的系数比。其中，$C_i = a_i/A_i$（C_i 代表各地级市预算人均财政收入，a_i 是各地级市预算财政收入，A_i 为该地区内年末总人口数）。$D_i = f_i/F_i$（D_i 代表中央预算人均财政收入，f_i 是中央预算财政收入，F_i 是年末总人口总数）。城市地方政府财政支出分权能力越大，说明城市的财政能力越强，城市经济发展呈现扩张发展趋势。

第十九，地方财政支出分权能力的测算公式：

$$X_i = \frac{H_i}{G_i} = \frac{m_i}{A_i} \cdot \frac{F_i}{n_i} \tag{2-141}$$

其中，X_i 为各地级市预算人均财政支出在中央预算人均财政支出的系数比。$H_i = m_i/A_i$（H_i 代表各地级市预算人均财政支出，m_i 是各地级市财政预算财政支出）。$G_i = n_i/F_i$（G_i 代表中央预算人均财政支出，n_i 是中央预算财政支出）。城市地方政府财政支出分权能力越大，说明城市的财政能力越强，城市经济发展呈现扩张发展趋势。

第二十，地方政府财政自给能力的测算公式：

$$Q_i = \frac{a_i}{m_i} \tag{2-142}$$

其中，Q_i 为各地级市预算财政支出在中央预算财政支出的系数比，a_i 为地方财政一般预算内支出，m_i 为中央财政一般预算内支出。地方政府财政自给能力越强，说明城市的经济发展程度越高，城市的劳动生产率越高。

第二十一，政府财政支出结构的测算公式：

$$政府财政支出结构 = 财政一般性服务支出/地区财政预算支出 \tag{2-143}$$

其中，通过政府财政支出结构可以对城市财政一般性服务支出与财政预算支出间的比重展开分析，城市的政府财政支出结构越强，说明城市的整体经济发展水平越高，城市财政能提供保障城市正常运作和提升居民生活保障的财政资金能力越强，城市对外部各类资源要素的集聚吸引能力不断提升。

第二十二，地方政府财政收入相对增长率的测算公式：

$$NICH = \frac{Y_{2i} - Y_{1i}}{Y_2 - Y_1} \tag{2-144}$$

其中，$NICH$ 为地方政府财政收入相对增长率，Y_{2i}、Y_{1i} 表示 i 城市末期和初期的地方政府财政收入，Y_2 和 Y_1 表示整体在末期和初期的地方政府财政收入。使用地方政府财政收入相对增长率，可以对城市在一定时期内地方政府财政收入变化增长趋势与全国地方政府财政收入的变化增长趋势之间的关系展开分析。地方政府财政收入相对增长率系数越大，说明地方政府财政收入增长速率越快，城市经济发展速度越快，城市经济活力越强。

第二十三，地方政府财政收入区位商的测算公式：

$$Q_{ij} = \frac{L_{ij}/L_i}{L_j/L} \qquad (2-145)$$

其中，Q_{ij} 为地方政府财政收入区位商，L_{ij} 为 i 城市的 j 类政府财政收入，L_i 为城市的地方政府财政一般预算收入，L_j 为全国 j 类地方政府财政收入，L 为全国财政一般预算收入。地方政府财政收入区位商越强，说明城市的政府财政水平越高，城市所具备的政府财政能力更强。

第二十四，政府财政收入绝对增长加权指数的测算公式：

$$I = \frac{\Delta X_i}{\Delta X} \times \frac{1}{S_i} \qquad (2-146)$$

其中，I 为政府财政收入绝对增长加权指数，ΔX_i 为 i 地区政府的财政收入在一定时间内的增量。ΔX 为全国政府财政收入在该段时间内的增量，S_i 为 i 城市面积占全国面积的比重。政府财政收入绝对增长加权指数的数值越大，说明 i 地区政府财政支持能力越强，城市的政府财政能力越强。

第二十五，财政支出水平的测算公式：

$$S = \frac{S_a}{G} \qquad (2-147)$$

其中，S_a 为公共服务支出、G 为国内生产总值。城市的财政支出水平越高，说明其经济发展水平越高，政府财政用于提升和改善城市各项支出的能力越大。

7. 长江经济带城市居民生活四级指标测算方法

第一，社会保障水平的测算公式：

$$S = \frac{S_a}{G} \qquad (2-148)$$

其中，S_a 为社会保障支出总额、G 为国内生产总值。城市社会保障水平越强，说明城市经济发展越好，城市的公共保障事业发展水平越高，城市居民能够享受到更好的社会保障。

第二，总工资弧弹性的测算公式：

$$总工资弧弹性 = (\Delta Q/Q)/(\Delta P/P) \qquad (2-149)$$

其中，ΔQ 为总工资增长量，ΔP 为 GDP 增长量。城市总工资弧弹性越大，说明城市的总工资增长速率要快于其经济的变化增长速率，城市工资发展呈现上升趋势。

第三，平均工资增长强度的测算公式：

$$P_i = \frac{\Delta U_i}{TLA} \times 100\% \qquad (2-150)$$

其中，P_i 为平均工资增长强度，ΔU_i 为平均工资增长量，TLA 为人均 GDP。通过平均工资增长强度，可以对城市平均工资增长的变化增长趋势之间的关系展开分析。城镇平均工资增长强度越强，说明城市的平均工资增长速率越快，呈现出地区人口集聚能力及活力的不断扩大。

第四，城市人力资本的测算公式：

$$城市人力资本 = (平均工资 - 最低工资标准)/最低工资标准 \qquad (2-151)$$

其中，城市的人力资本越强，说明城市的工资提高水平越高，城市的经济发展越好，城市发展的潜力越大。

第五，职工工资相对增长率的测算公式：

$$NICH = \frac{Y_{2i} - Y_{1i}}{Y_2 - Y_1} \qquad (2-152)$$

其中，Y_{1i}、Y_{2i} 表示 i 城市初期和末期的职工工资，Y_1 和 Y_2 表示整体在初期和末期的职工工资。通过城市职工工资相对增长率，可以对城市在一定时期内城市职工工资增长趋势与全国职工工资的变化增长趋势之间的关系展开分析。城市职工工资相对增长率越高，说明城市的职工工资增长速率越快，城市职工工资不断增长。

第六，职工工资绝对增量加权指数的测算公式：

$$I = \frac{\Delta X_i}{\Delta X} \times \frac{1}{S_i} \tag{2-153}$$

其中，ΔX_i 为 i 城市的职工工资在一段时间内的增量，ΔX 为全国的职工工资在该段时间内的增量，S_i 为 i 城市面积占全国面积的比重。职工工资绝对增量加权指数越大，说明城市人口要素越集中。

第七，职工工资比重增量的测算公式：

$$P = \frac{X_{it_2}}{X_{t_2}} - \frac{X_{it_1}}{X_{t_1}} \tag{2-154}$$

其中，P 为 i 地区的城市职工工资的变化量，X_{it_2}、X_{it_1} 分别为 t_2、t_1 时期 i 地区的职工工资的总量。X_{t_2}、X_{t_1} 分别为 t_2、t_1 时期全国的城市职工工资比重增量。城市的职工工资比重增量越高，说明城市的职工工资增长与全国的职工工资增长的部分越高，城市整体职工工资水平更具备优势。

第八，职工工资强度的测算公式：

$$职工工资强度 = 职工工资总额/城市平均就业人口 \tag{2-155}$$

其中，职工工资强度越高，说明城市经济发展越好，职工工资越高，人民生活水平越高。

第九，城镇公园用地动态变化的测算公式：

$$U_v = (U_{t_2} - U_{t_1})(t_2 - t_1)/U_{t_1} \tag{2-156}$$

其中，U_{t_2} 为 t_2 时期城镇公园用地面积。说明城市公园用地面积一个时期内的增长变化。城镇公园用地动态变化越大，说明城市的公园用地增加变大，对应呈现出地区经济活力和城市规模的不断扩大。

第十，供水能力延展指数的测算公式：

$$SI = \frac{(A_j - A_i)/A_i}{(P_j - P_i)/P_i} \tag{2-157}$$

其中，A_i、A_j 为 i 和 j 时期的供水管道长度，P_i 和 P_j 为 i 和 j 时期的城市人口。城市供水能力延展指数超过 1，说明城市的供水管道长度的增长要快于人口的增长水平，城市的供水管道发展呈现出蔓延的趋势。但城市的供水管道延展并非不限制扩大为理想状态，所以城市供水管道长度延展指数所在最优的取值范围，通常认为 $SI = 1.12$ 为最优合理状态。

第十一，城市供气能力的测算公式：

$$T = \frac{N_{yehua}}{T_{yehua}} \tag{2-158}$$

其中，T_{yehua} 为用液化石油气的使用人口。N_{yehua} 为用液化石油气的使用量。通过城市的加权城市供气能力可以对城市的用液化石油气使用情况进行分析，城市的加权城市供气能力越强，说明城市经济发展越好，城市的规模越大，城市能够给居民提供更优质的基础设施服务。

第十二，城市供电强度的测算公式：

$$E = \frac{X_{it}}{\frac{1}{n}\sum_{j}^{n} X_{it}} \tag{2-159}$$

其中，E 为城市的供电强度，X_{it} 为城市的全年用电总量。城市供电强度超过 1，说明城市的供电能力出要高于地区的平均水平。城市的供电强度越小，说明城市的供电发展能力不具备优势，城市活力较弱。

第十三，城市供气密度的测算公式：

$$供气密度 = 用气总量/建成区面积 \tag{2-160}$$

其中，城市的供气密度反映出城市用气总量的密集程度，城市供气密度越大，说明城市的供气承载力越大。

第十四，城市用电承载力 ES 的测算公式：

$$ES = \frac{该地区用电总量}{全国人均用电量} \tag{2-161}$$

其中，ES 为城市用电承载力，通过城市用电承载力可以对城市的用电量变化增长情况与全国范围内平均容量范围之间的关系进行分析，城市的用电承载力越高，说明城市的整体密度、容量范围越高。

第十五，城市通信流强度的测算公式：

$$Q_{ij} = \frac{L_{ij}/L_i}{L_j/L}$$

$$E_{ij} = L_{ij} - L_i(L_j/L)$$

$$E_i = \sum_{j=1}^{m} E_{ij} \tag{2-162}$$

$$N_i = P_i/L_i$$

$$F_i = N_i \times E_i$$

其中，Q_{ij} 为城市物流区位商，L_{ij} 为 i 城市的 j 类通信业务总量，L_i 为城市的通信业务总量，L_j 为全国通信业务总量，L 为全国通信业务总量。E_{ij} 为城市的外向功能。E_i 为 i 城市的总体外向功能。N_i 为 i 城市的通信功能效益，P_i 为 i 城市的 GDP。F_i 为 i 城市的城市流强度。城市物流流强度越强，说明城市之间发生的经济集聚和扩散所产生的物流要素流动强度越强，城市经济影响力越强。

第十六，城市通信倾向度的测算公式：

$$F_i = P_i \times K_i \tag{2-163}$$

其中，F_i 为 i 城市的城市流强度，P_i 为 i 城市的 GDP，K_i 为城市倾向度。城市倾向度越高，说明城市的总功能量的外向强度越强。

第十七，城市通信职能规模的测算公式：

$$Q_{ij} = \frac{L_{ij}/L_i}{L_j/L} \tag{2-164}$$

$$T_{ij} = |Q_{ij} - 1| \times L_{ij}$$

其中，Q_{ij} 为城市通信区位商，L_{ij} 为 i 城市的 j 类邮政业务总量，L_i 为城市的城市通信总量，L_j 为全国邮政业务总量，L 为全国总通信总量。T_{ij} 为城市通信的相对职能规模。城市的通信相对职能规模越强，说明城市的通信水平越高，城市所具备的通信能力更强。

第十八，城市通信职能地位的测算公式：

$$F_{ij} = T_{ij} \Big/ \sum_{i=1}^{n} T_{ij} \tag{2-165}$$

其中，T_{ij} 为城市通信的相对职能规模。F_{ij} 为城市通信职能地位。城市通信职能地位越强，说明城市的通信能力在地区内的水平更具备优势，城市对人力资源的吸引集聚能力扩大，城市发展具备的就业及劳动力发展上的潜力。

8. 长江经济带城市科教文卫四级指标测算方法

第一，师生比（小学、中学）的测算公式：

$$师生比 = 教师数/学生数 \tag{2-166}$$

其中，师生比越大，说明城市的教育行业教师数量增长速率越快，学生能够享受到更丰富的教师教育资源，呈现地区教育集聚能力及活力的不断扩大。

第二，行业基本活动值的测算公式：

$$K_{st} = \left(e_{st} - \frac{E_{st}}{E_t} \times e_t \right) / e_{st} \tag{2-167}$$

其中，e_{st} 为城市科技行业人数（城市年鉴按行业分组人口科技人员），e_t 为城市总人口，E_{st} 为全国科技行业人数，E_t 为全国总就业人口。行业基本活动值越大，说明城市的科教行业人员要素集中度越高，城市科技行业人数变化增长趋向于密集型发展。

第三，城市创新职能指数的测算公式：

$$F = (P/MP) \times P \tag{2-168}$$

其中，P 为城市科技部门就业人口占总人口的比重，MP 为全国科技部门就业比重占总就业人口比重。城市创新职能指数越大，说明城市的创新活动能力越强，城市的科技创新职能属性越突出。

第四，学校密度的测算公式：

$$学校密度 = 学校数量/建成区面积 \tag{2-169}$$

其中，城市的学校密度反映出城市学校数量的密集程度，城市学校密度越大，说明城市的学校承载力越大。

第五，Moore 学生结构的测算公式：

$$e = \arccos \frac{\sum_{i=1}^{n} W_{i,t_1} W_{i,t_2}}{\sqrt{\sum_{i=1}^{n} W_{i,t_1}^2} \cdot \sqrt{\sum_{i=1}^{n} W_{i,t_2}^2}} \tag{2-170}$$

其中，W_{i,t_1}、W_{i,t_2} 为一段评估时间内初期和末期的各学校的学生比重。Moore 结构反映各学校学生结构的变化程度，Moore 结构指数越大，说明城市学生结构的变化程度越大。

第六，教育贡献率的测算公式：

$$i \text{ 类学校的教育贡献率} = \Delta L_i / \Delta L \tag{2-171}$$

其中，ΔL_i 为老师（学生）数量增长。通过城市的教育贡献率可以对城市学校教育在评估时间段内为教师（学生）数量增加的占比进行评估，教育就业贡献率越高，说明城市的教育事业所提供的就业机会、劳动力需求程度越高，教育业发展活力更高。

第七，教育弧弹性的测算公式：

$$教育弧弹性 = (\Delta Q / Q) / (\Delta P / P) \tag{2-172}$$

其中，ΔQ 为在一段评估时间内城市学生数增长量，Q 为城市学生数量，ΔP 为在一段评估时间内城市生产总值的变化量，P 为城市在评估末期时的生产总值。城市教育弧弹性越大，说明城市的学生数量增长速率要快于其经济的变化增长速率，城市呈现出学生数量的扩张发展趋势。

第八，教育强度的测算公式：

$$教育强度 = 教育支出 / 国内生产总值 \tag{2-173}$$

其中，通过教育强度可以对城市教育提升财政支付能力大小程度展开分析，城市教育强度越强，说明城市的整体发展水平越高，城市内的教育处在不断丰富的状态，城市对外部各类资源要素的集聚吸引能力不断提升。

第九，科技强度的测算公式：

$$科技强度 = 科技支出 / 国内生产总值 \tag{2-174}$$

其中，通过科技强度可以对城市科技提升财政支付能力大小程度展开分析，城市科技强度越强，说明城市的整体发展水平越高，城市内的科技处在不断丰富的状态，城市对外部各类资源要素的集聚吸引能力不断提升。

第十，城市文化蔓延指数的测算公式：

$$SI = \frac{(A_j - A_i) / A_i}{(P_j - P_i) / P_i} \tag{2-175}$$

其中，A_i、A_j 为 i 和 j 时期的图书馆个数，P_i 和 P_j 为 i 和 j 时期的城市人口。城市文化蔓延指数超过 1，说明城市的文化的增长要快于人口的增长水平，城市的文化发展呈现出蔓延的趋势。但城市的文化蔓延并非不限制扩大为理想状态，所以城市文化蔓延指数所在最优的取值范围，通常认为 $SI = 1.12$ 为最优合理状态。

第十一，广播节目综合人口覆盖率。城市的广播节目综合人口覆盖率越高，说明城市的经济发展越强，城市文化基础设施事业发展越好、容量范围更高，城市能享受丰富文化的居民数量越多。

第十二，公共图书馆藏书量。公共图书馆藏书量越多，说明城市图书馆为居民提供的公共图书数量越多，城市的经济发展越强，城市为居民提供的公共事业发展得越好。

第十三，公共图书拥有量。公共图书馆人均拥有量越多，说明城市居民享有的公共图书数量越多，城市的经济发展越强，城市为居民提供的公共事业发展得越好。

第十四，文化强度的测算公式：

$$文化强度 = 文化支出 / 国内生产总值 \tag{2-176}$$

其中，通过文化强度可以对城市文化提升财政支付能力大小程度展开分析，城市文化强度越强，说明城市的整体发展水平越高，城市内的文化处在不断丰富的状态，城市对外部各类资源要素的集聚吸引能力不断提升。

第十五，公共图书馆藏书相对增长率的测算公式：

$$NICH = \frac{Y_{2i} - Y_{1i}}{Y_2 - Y_1} \qquad (2-177)$$

其中，Y_{1i}、Y_{2i}表示城市初期和末期的城市图书馆藏书，Y_1和Y_2表示整体在初期和末期的全国城市图书馆藏书。通过公共图书馆藏书相对增长率，可以对城市在一定时期内公共图书馆藏书变化增长趋势与全国公共图书馆藏书变化增长趋势之间的关系展开分析。公共图书馆藏书相对增长率越高，说明城市的公共图书馆藏书增长速率越快，呈现出城市经济的发展，城市公共事业的改善及活力的不断扩大。

第十六，旅游业贡献率的测算公式：

$$贡献率 = \Delta L_i / \Delta L \qquad (2-178)$$

其中，ΔL_i为城市的旅游业总收入在一段评估时间内的增量。ΔL为在同一段评估时间内城市的地区生产总值变化量。通过城市的旅游就业贡献率可以对城市旅游业收入在评估时间段内为城市地区生产总值增加就业人员的占比进行评估，旅游业贡献率越高，说明城市的旅游业所提供的就业机会、劳动力需求程度越高，旅游业发展活力更高。

第十七，旅行社密度的测算公式：

$$旅行社密度 = 旅行社数 / 建成区面积 \qquad (2-179)$$

其中，城市的旅行社密度反映出城市旅行社的密集程度，城市旅行社密度越大，说明城市的旅行承载力越大。

第十八，医院绝对增量加权指数的测算公式：

$$I = \frac{\Delta X_i}{\Delta X} \times \frac{1}{S_i} \qquad (2-180)$$

其中，ΔX_i为i城市的医院在一段时间内的增量，ΔX为全国的医院在该段时间内的增量，S_i为i城市面积占全国面积的比重。通过医院绝对增量加权指数可以对医院增长趋势与其土地面积之间的关系展开分析，城市医院绝对增量加权指数越大，说明城市的医院要素集中度越高，城市医院变化增长趋向于密集型发展。

第十九，病床比重增量的测算公式：

$$P = \frac{X_{it_2}}{X_{t_2}} - \frac{X_{it_1}}{X_{t_1}} \qquad (2-181)$$

其中，P为i地区的城市病床的变化量，X_{it_2}、X_{it_1}分别为t_2、t_1时期i地区的病床的总量。X_{t_2}、X_{t_1}分别为t_2、t_1时期全国的城市病床比重增量。城市的病床比重增量越高，说明城市的病床数量与全国的病床数量的部分越高，城市整体医疗水平更具备优势。

第二十，医疗支出水平的测算公式：

$$医疗支出水平 = 卫生支出 / 国内生产总值 \qquad (2-182)$$

其中，医疗支出水平反映医疗卫生支出在城市地区生产总值的所占比重，医疗支出水平越高，说明城市的医疗卫生水平越高，越具备优势。

第二十一，医疗优势度的测算公式：

$$E = \frac{X_{it}}{\frac{1}{n}\sum_{j}^{n} X_{it}} \qquad (2-183)$$

其中，E为城市医疗优势度，X_{it}为城市的医疗卫生支出。城市医疗优势度超过1，说明城市的医疗卫生能力出现要高于地区的平均水平。城市的医疗优势度越小，说明城市的医疗卫生能力不具备优势，城市医疗水平较弱。

第二十二，医生平均增长指数的测算公式：

$$S = (X_{t_2} - X_{t_1}) / X_{t_1}(t_2 - t_1) \times 100\% \qquad (2-184)$$

其中，S为地区城市医生平均增长指数，X_{t_2}、X_{t_1}为t_2和t_1时期的城市医生数量。城市的医生平均增长指数越高，说明城市在评估时间段内的医生增长程度越高，整体城市卫生医疗水平得以提升。

第二十三，卫生枢纽度的测算公式：

$$A_i = \frac{V_i}{P_i \cdot G_i} \tag{2-185}$$

其中，V_i 为城市的医院数量，A_i 为城市枢纽度，P_i 为城市常住人口，G_i 为城市的 GDP。通过城市的卫生枢纽度可以对城市医疗卫生程度与其他经济社会发展指标之间的关系展开分析，城市的医疗卫生枢纽度越高，说明城市的医疗卫生能力越强，在经济社会发展中的地位越高。

第二十四，卫生强度的测算公式：

$$N_{ij} = (X_{ij} - \overline{X_j})/Sd \tag{2-186}$$

其中，N_{ij} 为城市的医疗卫生强度，X_{ij} 为城市的卫生行业从业人员数，$\overline{X_j}$ 为长江经济带城市的平均卫生行业从业人员数。Sd 为城市的医疗卫生标准差。城市的医疗卫生强度越强，说明城市的医疗卫生水平越高。当 $N_{ij}<0$，说明城市并不具备医疗卫生职能，当 $0 \leqslant N_{ij} \leqslant 0.5$，说明城市的医疗卫生职能规模处于中等水平，当 $0.5 \leqslant N_{ij} < 1$，说明城市具备较为显著的城市医疗卫生能力，当 $1 \leqslant N_{ij} < 2$，说明城市的医疗卫生强度在地区内处于主导地位，当 $N_{ij} \geqslant 2$，说明城市的医疗卫生是其优势职能。

第二十五，卫生区位商的测算公式：

$$Q_{ij} = \frac{L_{ij}/L_i}{L_j/L} \tag{2-187}$$

其中，Q_{ij} 为城市卫生区位商，L_{ij} 为 i 城市的卫生行业从业人员数，L_i 为城市的就业人口总数，L_j 为全国卫生行业从业人员数，L 为全国总就业人数。城市的卫生区位商越强，说明城市的医疗卫生水平越高，城市所具备的医疗卫生能力更强。

第二十六，卫生职能规模的测算公式：

$$Q_{ij} = \frac{L_{ij}/L_i}{L_j/L} \tag{2-188}$$

$$T_{ij} = |Q_{ij} - 1| \times L_{ij}$$

其中，Q_{ij} 为城市卫生区位商，L_{ij} 为 i 城市的卫生行业从业人员数，L_i 为城市的就业人口总数，L_j 为全国卫生行业从业人员数，L 为全国总就业人数。T_{ij} 为城市卫生职能规模。城市卫生相对职能规模越强，说明城市的医疗卫生水平越高，城市所具备的医疗卫生能力更强。

第二十七，卫生职能地位的测算公式：

$$F_{ij} = T_{ij}/\sum_{i=1}^{n} T_{ij} \tag{2-189}$$

其中，T_{ij} 为城市卫生的职能规模，F_{ij} 为城市卫生职能地位。城市卫生职能地位越强，说明城市的卫生能力在地区内的水平更具备优势，城市对人力资源的吸引集聚能力扩大，城市发展具备的医疗卫生保障及劳动力发展上的潜力。

9. 长江经济带城市生态环境四级指标测算方法

第一，城镇绿化扩张弹性系数的测算公式：

$$E = \frac{(U_{t_2} - U_{t_1})/U_{t_1}}{(P_{t_2} - P_{t_1})/P_{t_1}} \tag{2-190}$$

其中，U_{t_2}、U_{t_1} 为城市在一段评估时间内末期和初期的城市用地面积，P_{t_2}、P_{t_1} 为在同一段评估时间内城市的绿化面积。城市的绿化扩张弹性系数越大，说明城市的绿化扩张幅度越小，城市城镇化与城市面积之间呈现协调发展的关系，城镇绿化面积的增加并未导致城市用地面积的过度拥挤及承载力压力问题的出现。

第二，生态绿化强度的测算公式：

$$E = \frac{X_{it}}{\frac{1}{n}\sum_{j}^{n} X_{it}} \tag{2-191}$$

其中，E 为生态绿化强度，X_{it} 为城市公园绿地面积。通过城市的生态绿化强度可以对城市的公园绿地面积与地区整体平均水平之间的关系展开研究。城市生态绿化强度超过 1，说明城市的公园绿地要高于地区的平均水平。城市的生态绿化强度越小，说明城市的公园绿地不具备优势，城市活力较弱。

第三，城镇绿化动态变化的测算公式：

$$U_v = (U_{t_2} - U_{t_1})(t_2 - t_1)/U_{t_1} \qquad (2-192)$$

其中，U_{t_2} 为 t_2 时期城镇绿化面积。说明城市城镇绿化土地面积一个时期内的增长变化。城镇绿化动态变化越大，说明城市的绿化面积增加越大，对应呈现出地区经济活力和城市规模的不断扩大。

第四，绿化扩张强度的测算公式：

$$P_i = \frac{\Delta U_i}{TLA} \times 100\% \qquad (2-193)$$

其中，P_i 为绿化扩张土地面积比例，ΔU_i 为绿化扩张面积，TLA 为总绿化面积。通过绿化扩张强度，可以对城市绿化的扩张面积的变化增长趋势之间的关系展开分析。城镇扩张强度越高，说明城市的建设用地面积增长速率越快，呈现出地区人口集聚能力及活力的不断扩大。

第五，城市绿化蔓延指数的测算公式：

$$SI = \frac{(A_j - A_i)/A_i}{(P_j - P_i)/P_i} \qquad (2-194)$$

其中，A_j、A_i 为城市在一段评估时间内的末期和初期的绿化面积，P_j、P_i 为城市在一段时间内的末期和初期的总人口。城市绿化蔓延指数超过1，说明城市的绿化面积的增长要快于人口的增长水平，城市的绿化发展呈现出蔓延的趋势。但城市的绿化蔓延并非不限制扩大为理想状态，所以以城市绿化蔓延指数所在最优的取值范围，通常认为 $SI = 1.12$ 为最优合理状态。

第六，环境承载力的测算公式：

$$ES = \frac{城市绿化面积}{全国人均绿化面积} \qquad (2-195)$$

其中，通过环境承载力可以对城市的绿化面积增长情况与全国范围内平均容量范围之间的关系进行分析，城市的环境承载力越高，说明城市的绿化面积整体密度、容量范围更高。

第七，城市绿化相对增长率的测算公式：

$$NICH = \frac{Y_{2i} - Y_{1i}}{Y_2 - Y_1} \qquad (2-196)$$

其中，Y_{1i}、Y_{2i} 表示城市初期和末期的城市绿化面积，Y_1 和 Y_2 表示整体在初期和末期的全国城市绿化面积。通过城市绿化相对增长率，可以对城市在一定时期内城市绿化面积增长趋势与全国绿化面积的变化增长趋势之间的关系展开分析。城市绿化相对增长率越高，说明城市的绿化面积增长速率越快，城市绿化面积不断扩大。

第八，城市绿化绝对增量加权指数的测算公式：

$$I = \frac{\Delta X_i}{\Delta X} \times \frac{1}{S_i} \qquad (2-197)$$

其中，ΔX_i 为城市的城市绿化面积在一段时间内的增量，ΔX 为全国的绿化面积在该段时间内的增量，S_i 为城市面积占全国面积的比重。通过城市绿化绝对增量加权指数可以对城市绿化增长趋势与其土地面积之间的关系展开分析，城市绿化绝对增量加权指数越大，说明城市的绿化要素集中度越高，城市绿化变化增长趋向于密集型发展。

第九，地区环境相对损害指数（EVI）的测算公式：

$$EVI = (RD \div CD)/(RC \div CC) = (RD \div CD)/(RA \div CA) = RD_A/CD_A \qquad (2-198)$$

其中，RD 为地区污染排放量，CD 为全国污染排放量。RC 为地区环境承载量，CC 为全国环境承载量，RA 为地区面积，CA 为全国面积。RDA 为地区污染量，CDA 为全国地均污染量。城市的地区环境相对损害指数越小，说明城市注重整体经济发展的同时也注重对环境绿化的保护，城市整体环境状况较其他地区更有优势。

第十，单位 GDP 消耗能源的测算公式：

$$单位 GDP 消耗能源 = 城镇生活消费用水/地区生产总值 \qquad (2-199)$$

其中，通过单位 GDP 消耗能源（用水）可以对城市城镇生活消费用水与地区经济发展情况的关系展开分析，城市的单位 GDP 消耗能源越多，说明城市的整体发展水平越高，城市的活力较高，其城镇化发展的潜力巨大。

第十一，环保支出水平：

$$环保支出水平 = 环境保护支出/国内生产总值 \tag{2-200}$$

其中，通过环保支出水平可以对城市环境保护财政支付能力大小程度展开分析，城市环保支出水平越强，说明城市的整体发展水平越高，城市内的环保支出源处在不断丰富的状态，城市对外部各类资源要素的集聚吸引能力不断提升。

第十二，污染处理率比重增量的测算公式：

$$P = \frac{X_{it_2}}{X_{t_2}} - \frac{X_{it_1}}{X_{t_1}} \tag{2-201}$$

其中，P 为城市的污染处理率比重增量。X_{it_2}、X_{it_1} 为城市在一段评估时间内的末期和初期的污染处理率。X_{t_2}、X_{t_1} 为在同一段评估时间内的末期和初期的全国的污染处理率。城市的污染处理率比重增量越高，说明城市的污染处理率与全国的污染处理率的部分越高，城市整体污染处理率水平更具备优势。

第十三，综合利用率平均增长指数的测算公式：

$$S = (X_{t_2} - X_{t_1})/X_{t_1}(t_2 - t_1) \times 100\% \tag{2-202}$$

其中，S 为地区综合利用率的平均增长指数，X_{t_2}、X_{t_1} 为 t_2 和 t_1 时期工业固体废物综合利用率。城市的综合利用率平均增长指数越高，说明城市在评估时间段内的综合利用覆盖程度越高，整体城市综合利用水平得以提升。

第十四，综合利用率枢纽度的测算公式：

$$A_i = \frac{V_i}{P_i \cdot G_i} \tag{2-203}$$

其中，A_i 为城市的综合利用率枢纽度，V_i 为城市的工业固体废物综合利用率，P_i 为城市的常住人口，G_i 为城市的生产总值。通过城市的综合利用率枢纽度可以对城市综合利用程度与其他经济社会发展指标之间的关系展开分析，城市的综合利用率枢纽度越高，说明城市的综合利用率能力越强，在经济社会发展中的地位越高。

第十五，环保支出规模强度的测算公式：

$$N_{ij} = (X_{ij} - \overline{X}_j)/Sd \tag{2-204}$$

其中，N_{ij} 为城市的环保支出规模强度，X_{ij} 为城市的环保支出，$\overline{X}_j$ 为长江经济带城市的平均环保支出。Sd 为城市的环保支出标准差。城市的环保支出规模强度越强，说明城市的环保支出水平越高。当 $N_{ij} < 0$，说明城市并不具备环保支出职能，当 $0 \leqslant N_{ij} \leqslant 0.5$，说明城市的环保支出职能规模处于中等水平，当 $0.5 \leqslant N_{ij} < 1$，说明城市具备较为显著的城市环保支出能力，当 $1 \leqslant N_{ij} < 2$，说明城市的环保支出规模强度在地区内处于主导地位，当 $N_{ij} \geqslant 2$，说明城市的环保支出是其优势职能。

第十六，环保支出区位商的测算公式：

$$Q_{ij} = \frac{L_{ij}/L_i}{L_j/L} \tag{2-205}$$

其中，Q_{ij} 为城市失业保险区位商，L_{ij} 为 i 城市的环保支出，L_i 为城市的财政一般预算支出，L_j 为全国环保支出，L 为全国财政一般预算支出。城市的环保支出区位商越强，说明城市的环保支出水平越高，城市所具备的环保支出能力更强。

第十七，环保支出相对职能规模的测算公式：

$$Q_{ij} = \frac{L_{ij}/L_i}{L_j/L} \tag{2-206}$$

$$T_{ij} = |Q_{ij} - 1| \times L_{ij}$$

其中，Q_{ij} 为城市失业保险区位商，L_{ij} 为 i 城市的环保支出，L_i 为城市的财政一般预算支出，L_j 为全国环保支出，L 为全国财政一般预算支出，T_{ij} 为城市环保支出职能规模。城市的环保支出相对职能规模越强，说明城市的环保支出水平越高，城市所具备的环保支出能力更强。

第十八，环保支出职能地位的测算公式：

$$F_{ij} = T_{ij} \Big/ \sum_{i=1}^{n} T_{ij} \qquad\qquad (2-207)$$

其中，T_{ij} 为城市环保支出职能规模，F_{ij} 为城市环保支出职能地位。城市环保支出职能地位越强，说明城市的环保支出能力在地区内的水平更具备优势，城市对保护环境和对环境的治理能力增大，城市发展具备的绿化及环境治理发展上的潜力。

（三）长江经济带城市综合发展水平评估指标体系的数据来源

本书通过对客观性直接可测量指标的简单测算得到指标体系第三层要素层指标，在评价过程中研究所使用的数据为国家现行统计体系中公开发布的指标数据，主要来自《中国城市统计年鉴（2014—2019）》以及各省份统计年鉴、各城市年度国民经济发展统计公报数据。

本书对上海市、南京市、无锡市、徐州市、常州市、苏州市、南通市、连云港市、淮安市、盐城市、扬州市、镇江市、泰州市、宿迁市、杭州市、宁波市、温州市、嘉兴市、湖州市、绍兴市、金华市、衢州市、舟山市、台州市、丽水市、合肥市、芜湖市、蚌埠市、淮南市、马鞍山市、淮北市、铜陵市、安庆市、黄山市、滁州市、阜阳市、宿州市、六安市、亳州市、池州市、宣城市、南昌市、景德镇市、萍乡市、九江市、新余市、鹰潭市、赣州市、吉安市、宜春市、抚州市、上饶市、武汉市、黄石市、十堰市、宜昌市、襄阳市、鄂州市、荆门市、孝感市、荆州市、黄冈市、咸宁市、随州市、长沙市、株洲市、湘潭市、衡阳市、邵阳市、岳阳市、常德市、张家界市、益阳市、郴州市、永州市、怀化市、娄底市、重庆市、成都市、自贡市、攀枝花市、泸州市、德阳市、绵阳市、广元市、遂宁市、内江市、乐山市、南充市、眉山市、宜宾市、广安市、达州市、雅安市、巴中市、资阳市、贵阳市、六盘水市、遵义市、安顺市、昆明市、曲靖市、玉溪市、保山市、昭通市、丽江市、普洱市、临沧市 108 个城市进行评价。

第三章　长江经济带城市综合发展水平评估分析

一、2014 年长江经济带城市综合发展水平变化与比较分析

本书通过建立长江经济带的综合发展水平的指标与数学模型评估方法对长江经济带 2014～2018 年的综合发展水平展开评估分析。下面对 2014 年长江经济带 108 个城市的综合发展水平的排名序列及变化情况展开分析。

（一）2014 年长江经济带城市综合发展水平排序变化比较分析

1. 2014 年长江经济带城市综合发展水平排名及得分情况

根据表 3－1 对 2014 年长江经济带综合发展水平得分情况展开分析。将长江经济带内 108 个城市按照得分排名划分为强势区、优势区、中势区和劣势区，其中强势区城市（1～27 名）依次为：上海市、重庆市、临沧市、遵义市、成都市、武汉市、杭州市、普洱市、保山市、荆州市、南京市、滁州市、宿州市、苏州市、盐城市、益阳市、亳州市、长沙市、永州市、蚌埠市、黄冈市、达州市、赣州市、鄂州市、阜阳市、连云港市、怀化市；优势区城市（28～54 名）依次为：抚州市、池州市、衡阳市、六安市、绵阳市、吉安市、孝感市、随州市、合肥市、舟山市、常德市、宿迁市、资阳市、常州市、黄石市、贵阳市、淮安市、眉山市、宜春市、娄底市、广元市、遂宁市、无锡市、玉溪市、徐州市、十堰市、邵阳市；中势区城市（55～81 名）依次为：株洲市、上饶市、衢州市、南充市、襄阳市、马鞍山市、巴中市、黄山市、宁波市、安顺市、荆门市、咸宁市、宜昌市、淮南市、南通市、丽水市、宣城市、安庆市、昆明市、芜湖市、泰州市、南昌市、德阳市、昭通市、广安市、自贡市、湘潭市；劣势区城市（82～108 名）依次为：鹰潭市、六盘水市、郴州市、内江市、岳阳市、扬州市、曲靖市、铜陵市、淮北市、镇江市、乐山市、九江市、泸州市、宜宾市、湖州市、雅安市、台州市、新余市、嘉兴市、景德镇市、丽江市、温州市、张家界市、绍兴市、攀枝花市、金华市、萍乡市。对比分析表明长江经济带呈现出上海、江苏、安徽、湖北、湖南、重庆和四川地区综合发展水平较高，相较浙江、江西、云南和贵州地区更具备优势。长江经济带各城市综合发展水平得分区间为：370～479 分。其中综合发展水平得分最高为上海市（478.766 分），最低为萍乡市（371.047 分），长江经济带总体平均得分为 391.561 分，离散标准差为 13.335 分，表明在长江经济带各城市综合发展水平得分的差异性较大。

表 3－1 　　　　　　　　　2014 年长江经济带城市综合发展水平评价比较

排名	地区	得分	优劣度
1	上海市	478.766	强势
2	重庆市	431.769	强势
3	临沧市	417.076	强势
4	遵义市	416.016	强势
5	成都市	415.941	强势
6	武汉市	410.945	强势
7	杭州市	410.027	强势
8	普洱市	409.703	强势
9	保山市	409.017	强势

排名	地区	得分	优劣度
10	荆州市	407.768	强势
11	南京市	404.233	强势
12	滁州市	404.123	强势
13	宿州市	402.139	强势
14	苏州市	401.854	强势
15	盐城市	401.773	强势
16	益阳市	401.228	强势
17	亳州市	401.049	强势
18	长沙市	400.407	强势
19	永州市	398.243	强势
20	蚌埠市	397.958	强势
21	黄冈市	397.638	强势
22	达州市	397.595	强势
23	赣州市	397.151	强势
24	鄂州市	396.989	强势
25	阜阳市	396.859	强势
26	连云港市	396.317	强势
27	怀化市	396.195	强势
28	抚州市	396.091	优势
29	池州市	395.998	优势
30	衡阳市	395.678	优势
31	六安市	395.369	优势
32	绵阳市	395.232	优势
33	吉安市	395.001	优势
34	孝感市	394.887	优势
35	随州市	394.550	优势
36	合肥市	394.289	优势
37	舟山市	394.036	优势
38	常德市	393.454	优势
39	宿迁市	392.977	优势
40	资阳市	392.634	优势
41	常州市	392.452	优势
42	黄石市	391.921	优势
43	贵阳市	391.764	优势
44	淮安市	391.746	优势
45	眉山市	391.594	优势
46	宜春市	390.998	优势
47	娄底市	390.968	优势
48	广元市	390.698	优势
49	遂宁市	390.300	优势
50	无锡市	389.919	优势
51	玉溪市	389.278	优势
52	徐州市	389.144	优势
53	十堰市	388.897	优势
54	邵阳市	388.805	优势
55	株洲市	388.759	中势
56	上饶市	388.625	中势

续表

排名	地区	得分	优劣度
57	衢州市	388.337	中势
58	南充市	388.188	中势
59	襄阳市	387.989	中势
60	马鞍山市	387.898	中势
61	巴中市	387.861	中势
62	黄山市	387.768	中势
63	宁波市	387.729	中势
64	安顺市	387.563	中势
65	荆门市	387.546	中势
66	咸宁市	387.132	中势
67	宜昌市	386.984	中势
68	淮南市	386.819	中势
69	南通市	386.569	中势
70	丽水市	386.255	中势
71	宣城市	386.151	中势
72	安庆市	386.015	中势
73	昆明市	385.862	中势
74	芜湖市	385.820	中势
75	泰州市	385.647	中势
76	南昌市	385.628	中势
77	德阳市	385.324	中势
78	昭通市	385.065	中势
79	广安市	385.049	中势
80	自贡市	384.985	中势
81	湘潭市	384.911	中势
82	鹰潭市	384.817	劣势
83	六盘水市	384.607	劣势
84	郴州市	384.581	劣势
85	内江市	384.510	劣势
86	岳阳市	384.201	劣势
87	扬州市	383.625	劣势
88	曲靖市	383.302	劣势
89	铜陵市	382.828	劣势
90	淮北市	382.380	劣势
91	镇江市	382.360	劣势
92	乐山市	381.523	劣势
93	九江市	381.162	劣势
94	泸州市	380.456	劣势
95	宜宾市	379.116	劣势
96	湖州市	378.831	劣势
97	雅安市	378.631	劣势
98	台州市	378.589	劣势
99	新余市	378.568	劣势
100	嘉兴市	377.789	劣势
101	景德镇市	377.691	劣势
102	丽江市	377.265	劣势
103	温州市	377.005	劣势

续表

排名	地区	得分	优劣度
104	张家界市	376.229	劣势
105	绍兴市	373.306	劣势
106	攀枝花市	372.751	劣势
107	金华市	371.436	劣势
108	萍乡市	371.047	劣势
最高分		478.766	
最低分		371.047	
平均分		391.561	
标准差		13.335	

2. 2014 年长江经济带城市综合发展水平排序变化比较与评析

根据表 3-2 比较 2014~2015 年长江经济带各城市综合发展得分的变化浮动情况，其中排名处于上升趋势的城市共有 45 个，排名上升幅度最大的六盘水市上升 73 名，包括六盘水市在内共有 25 个城市排名上升幅度达到 2 位数，分别为无锡市、常州市、连云港市、扬州市、嘉兴市、绍兴市、衢州市、舟山市、丽水市、合肥市、铜陵市、上饶市、荆门市、湘潭市、郴州市、德阳市、南充市、眉山市、宜宾市、广安市、六盘水市、安顺市、曲靖市、昭通市和丽江市；排名上升幅度最小的襄阳市上升 1 名，包括襄阳市在内共有 20 个城市排名上升幅度为个位数，分别为南京市、苏州市、南通市、镇江市、杭州市、湖州市、淮南市、安庆市、亳州市、萍乡市、九江市、新余市、宜春市、襄阳市、鄂州市、咸宁市、衡阳市、岳阳市、永州市和普洱市。长江经济带中排名保持不变的城市共有 6 个，分别为上海市、金华市、鹰潭市、重庆市、保山市和临沧市。排名下降的城市共有 57 个，排名下降幅度最大的达州市下降 78 名，包括达州市在内共有 27 个城市排名下降幅度达到 2 位数，分别为徐州市、淮安市、泰州市、宁波市、马鞍山市、淮北市、黄山市、六安市、宣城市、吉安市、抚州市、黄石市、十堰市、宜昌市、孝感市、黄冈市、随州市、长沙市、株洲市、邵阳市、益阳市、怀化市、绵阳市、遂宁市、达州市、贵阳市和遵义市；排名下降幅度最小的武汉市下降 1 名，包括武汉市在内共有 30 个城市排名下降幅度为个位数，分别为盐城市、宿迁市、温州市、台州市、芜湖市、蚌埠市、滁州市、阜阳市、宿州市、池州市、南昌市、景德镇市、赣州市、武汉市、荆州市、常德市、张家界市、娄底市、成都市、自贡市、攀枝花市、泸州市、广元市、内江市、乐山市、雅安市、巴中市、资阳市、昆明市和玉溪市。

表 3-2 　　　　　　　　　2014 年长江经济带城市综合发展水平排名变化

排名变化	地区
73	六盘水市
61	曲靖市
57	昭通市
42	丽水市
35	安顺市
33	郴州市
33	丽江市
32	广安市
26	荆门市
24	衢州市
23	嘉兴市
21	舟山市
21	铜陵市
20	宜宾市

续表

排名变化	地区
19	上饶市
17	合肥市
16	绍兴市
16	南充市
15	眉山市
14	无锡市
14	连云港市
14	扬州市
10	常州市
10	湘潭市
10	德阳市
7	安庆市
7	咸宁市
6	南京市
6	淮南市
6	萍乡市
6	宜春市
6	衡阳市
5	镇江市
4	亳州市
3	苏州市
3	南通市
3	杭州市
3	新余市
3	岳阳市
2	湖州市
2	九江市
2	鄂州市
2	永州市
2	普洱市
1	襄阳市
0	上海市
0	金华市
0	鹰潭市
0	重庆市
0	保山市
0	临沧市
−1	武汉市
−2	广元市
−2	攀枝花市
−2	宿迁市
−2	温州市
−2	雅安市
−2	张家界市
−3	成都市
−3	滁州市
−3	赣州市

排名变化	地区
－3	景德镇市
－3	昆明市
－3	乐山市
－3	泸州市
－3	台州市
－4	荆州市
－4	南昌市
－5	蚌埠市
－5	内江市
－5	芜湖市
－7	宿州市
－7	自贡市
－8	常德市
－8	盐城市
－8	资阳市
－9	巴中市
－9	池州市
－9	阜阳市
－9	娄底市
－9	玉溪市
－10	淮安市
－10	黄石市
－10	孝感市
－10	宣城市
－11	宁波市
－11	徐州市
－13	淮北市
－14	六安市
－14	遵义市
－15	遂宁市
－16	益阳市
－17	长沙市
－17	绵阳市
－18	贵阳市
－18	邵阳市
－18	泰州市
－22	黄冈市
－22	黄山市
－22	吉安市
－25	马鞍山市
－25	十堰市
－26	怀化市
－29	抚州市
－31	宜昌市
－33	株洲市
－57	随州市
－78	达州市

（二）2014 年长江经济带城市综合发展水平分布情况

1. 2014 年长江经济带城市综合发展水平分布比较与评析

根据表 3 - 3、表 3 - 4 对 2014 ~ 2015 年长江经济带综合发展及各二级指标的城市平均得分情况展开分析。2014 ~ 2015 年，长江经济带强、优、中、劣势区综合发展平均得分分别上升了 1. 306 分、2. 333 分、3. 406 分、3. 097 分，表明长江经济带内部综合发展差距呈现缩小的态势。在二级指标中，长江经济带强、优、中、劣势区在区域经济、社会福利、居民生活的得分均呈现上升态势；在人口就业、工业企业的得分均呈现下降态势。其余部分中，强势区城市在基础设施、科教文卫、生态环境的平均得分上升，在农业生产的平均得分下降；优势区城市在科教文卫、生态环境的平均得分上升，在农业生产、基础设施的平均得分下降；中势区城市在农业生产、科教文卫的平均得分上升，在基础设施、生态环境的平均得分下降；劣势区城市在农业生产的平均得分上升，在基础设施、科教文卫、生态环境的平均得分下降。

表 3 - 3　　　　　　　　2014 ~ 2015 年长江经济带城市综合发展水平平均得分情况

优劣度 平均得分	2014 年				2015 年			
	强势区	优势区	中势区	劣势区	强势区	优势区	中势区	劣势区
综合发展	407. 362	392. 544	386. 759	379. 578	408. 668	394. 877	390. 165	382. 675
人口就业	53. 089	50. 942	50. 048	48. 256	52. 825	50. 839	49. 649	48. 002
区域经济	46. 544	44. 475	42. 688	41. 050	47. 392	44. 942	43. 047	41. 352
农业生产	46. 800	39. 350	32. 825	26. 276	46. 590	39. 114	33. 063	26. 477
工业企业	64. 934	62. 665	61. 219	58. 520	64. 611	62. 637	60. 979	58. 066
基础设施	23. 823	21. 526	20. 426	19. 379	24. 448	21. 521	20. 229	18. 676
社会福利	77. 613	75. 296	73. 542	70. 621	78. 518	76. 531	75. 193	72. 747
居民生活	31. 421	26. 507	25. 027	23. 566	32. 431	27. 644	26. 161	24. 552
科教文卫	52. 252	45. 204	43. 697	40. 582	52. 587	45. 294	43. 837	40. 575
生态环境	34. 942	31. 435	30. 330	29. 361	35. 284	31. 534	30. 233	28. 804

表 3 - 4　　　　　　　2014 ~ 2015 年长江经济带城市综合发展水平平均得分变化情况

优劣度 平均得分	2014 ~ 2015 年得分变化			
	强势区	优势区	中势区	劣势区
综合发展	1. 306	2. 333	3. 406	3. 097
人口就业	- 0. 264	- 0. 103	- 0. 399	- 0. 254
区域经济	0. 838	0. 467	0. 359	0. 302
农业生产	- 0. 210	- 0. 236	0. 238	0. 201
工业企业	- 0. 323	- 0. 028	- 0. 240	- 0. 454
基础设施	0. 625	- 0. 005	- 0. 197	- 0. 703
社会福利	0. 905	1. 235	1. 651	2. 126
居民生活	1. 010	1. 137	1. 134	0. 986
科教文卫	0. 335	0. 090	0. 140	- 0. 007
生态环境	0. 342	0. 099	- 0. 097	- 0. 557

2. 2014 年长江经济带城市综合发展水平分布情况

为进一步说明长江经济带各城市的综合发展水平差异变化及分布情况，本书通过图 3 - 1 对 2014 年长江经济带各城市综合发展水平得分情况分布进行统计分析。

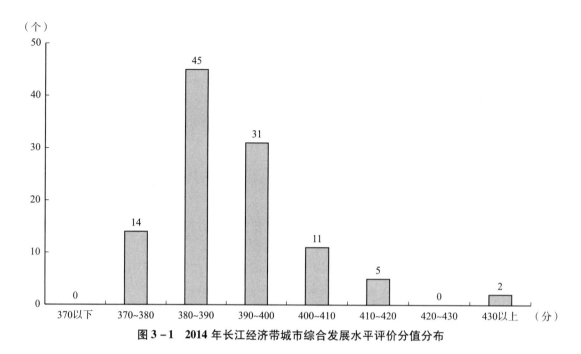

图 3-1 2014 年长江经济带城市综合发展水平评价分值分布

由图 3-1 可知，2014 年长江经济带各城市综合发展水平得分大部分城市分布在 380~400 分。高于 430 分的城市有 2 个，低于 380 分的城市有 14 个。这说明长江经济带大部分城市处于相似的发展阶段，小部分城市的综合发展水平落后。

3. 2014 年长江经济带城市综合发展水平分区段得分情况

根据图 3-2 对长江经济带综合发展水平强势区各项二级指标的平均得分情况展开分析。2014~2015 年，长江经济带强势区人口就业、区域经济、农业生产的平均得分与最高得分差距较小，得分水平也较为均衡；工业企业、社会福利的平均得分较高；基础设施的平均得分偏低；居民生活、科教文卫、生态环境的平均得分与最高分差距较大。

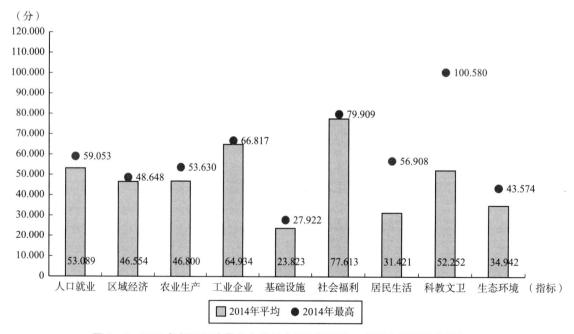

图 3-2 2014 年长江经济带综合发展水平强势区各二级指标的得分比较情况

根据图 3-3 对长江经济带综合发展水平优势区各项二级指标的平均得分情况展开分析。2014~2015 年，长江经济带优势区人口就业、区域经济、农业生产的平均得分与最高得分差距较小，得分水平也较为均衡；社会福利、工业企业的平均得分较高；基础设施的平均得分偏低；居民生活、科教文卫、生态环境的平均得分与最高分差距较大。

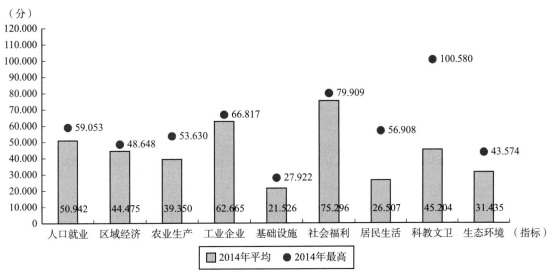

图 3 - 3　2014 年长江经济带综合发展水平优势区各二级指标的得分比较情况

根据图 3 - 4 对长江经济带综合发展水平中势区各项二级指标的平均得分情况展开分析。2014～2015 年，长江经济带中势区人口就业、区域经济的平均得分与最高得分差距较小，得分水平也较为均衡；社会福利、工业企业的平均得分较高；基础设施的平均得分偏低；农业生产、居民生活、科教文卫、生态环境的平均得分与最高分差距较大。

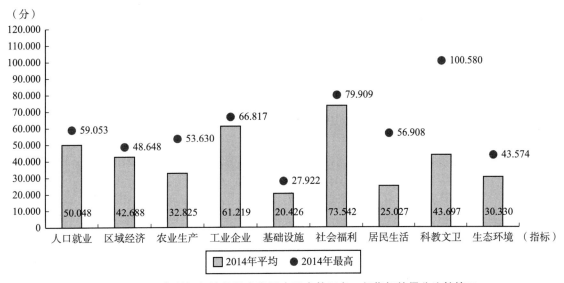

图 3 - 4　2014 年长江经济带综合发展水平中势区各二级指标的得分比较情况

根据图 3 - 5 对长江经济带综合发展水平劣势区各项二级指标的平均得分情况展开分析。2014～2015 年，长江经济带劣势区人口就业、区域经济、工业企业的平均得分与最高得分差距较小，得分水平也较为均衡；社会福利的平均得分较高；基础设施的平均得分偏低；农业生产、居民生活、科教文卫、生态环境的平均得分与最高分差距较大。

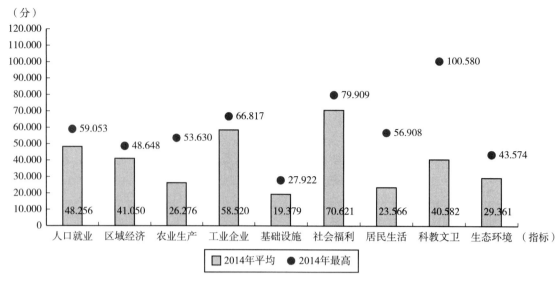

图 3 - 5　2014 年长江经济带综合发展水平劣势区各二级指标的得分比较情况

二、2015 年长江经济带城市综合发展水平变化与比较分析

本书通过建立长江经济带的综合发展水平的指标与数学模型评估方法对长江经济带 2014～2018 年的综合发展水平展开评估分析。下面对 2015 年长江经济带 108 个城市的综合发展水平的排名序列及变化情况展开分析。

（一）2015 年长江经济带城市综合发展水平排序变化比较分析

1. 2015 年长江经济带城市综合发展水平排名及得分情况

根据表 3 - 5 对 2015 年长江经济带综合发展水平得分情况展开分析。将长江经济带内 108 个城市按照得分排名划分为强势区、优势区、中势区和劣势区，其中，强势区城市（1～27 名）依次为：上海市、重庆市、临沧市、杭州市、南京市、普洱市、武汉市、成都市、保山市、六盘水市、苏州市、连云港市、亳州市、荆州市、滁州市、舟山市、永州市、遵义市、合肥市、宿州市、昭通市、鄂州市、盐城市、衡阳市、蚌埠市、赣州市、曲靖市；优势区城市（28～54 名）依次为：丽水市、安顺市、眉山市、常州市、益阳市、衢州市、阜阳市、长沙市、无锡市、上饶市、池州市、荆门市、宜春市、宿迁市、南充市、黄冈市、孝感市、六安市、常德市、广安市、资阳市、绵阳市、广元市、郴州市、黄石市、怀化市、淮安市；中势区城市（55～81 名）依次为：吉安市、娄底市、抚州市、襄阳市、咸宁市、玉溪市、贵阳市、淮南市、徐州市、遂宁市、安庆市、南通市、德阳市、铜陵市、丽江市、巴中市、湘潭市、邵阳市、扬州市、宁波市、宜宾市、昆明市、嘉兴市、十堰市、芜湖市、南昌市、宣城市；劣势区城市（82～108 名）依次为：鹰潭市、岳阳市、黄山市、马鞍山市、镇江市、自贡市、株洲市、绍兴市、内江市、九江市、随州市、泰州市、湖州市、乐山市、新余市、泸州市、宜昌市、雅安市、达州市、台州市、萍乡市、淮北市、景德镇市、温州市、张家界市、金华市、攀枝花市。对比分析表明长江经济带呈现出上海、江苏、安徽、湖北、湖南、重庆和四川地区综合发展水平较高，相较浙江、江西、云南和贵州地区更具备优势。长江经济带各城市综合发展水平得分区间为：364～468 分。其中，综合发展水平得分最高为上海市（467.529 分），最低为攀枝花市（364.970 分），长江经济带总体平均得分为 394.097 分，离散标准差为 12.369 分，表明在长江经济带各城市综合发展水平得分的差异性较大。

表 3-5 **2015 年长江经济带城市综合发展水平评价比较**

排名	地区	得分	优劣度
1	上海市	467.529	强势
2	重庆市	432.943	强势
3	临沧市	424.581	强势
4	杭州市	422.761	强势
5	南京市	420.640	强势
6	普洱市	416.818	强势
7	武汉市	412.881	强势
8	成都市	409.651	强势
9	保山市	408.252	强势
10	六盘水市	408.161	强势
11	苏州市	406.094	强势
12	连云港市	405.021	强势
13	亳州市	403.709	强势
14	荆州市	402.493	强势
15	滁州市	402.351	强势
16	舟山市	401.327	强势
17	永州市	400.502	强势
18	遵义市	400.165	强势
19	合肥市	400.045	强势
20	宿州市	399.932	强势
21	昭通市	399.126	强势
22	鄂州市	398.763	强势
23	盐城市	398.550	强势
24	衡阳市	398.198	强势
25	蚌埠市	397.927	强势
26	赣州市	397.924	强势
27	曲靖市	397.706	强势
28	丽水市	397.635	优势
29	安顺市	397.053	优势
30	眉山市	396.877	优势
31	常州市	396.584	优势
32	益阳市	396.546	优势
33	衢州市	396.473	优势
34	阜阳市	396.209	优势
35	长沙市	396.113	优势
36	无锡市	395.334	优势
37	上饶市	395.286	优势
38	池州市	395.188	优势
39	荆门市	395.062	优势
40	宜春市	394.817	优势
41	宿迁市	394.711	优势
42	南充市	394.552	优势
43	黄冈市	394.456	优势
44	孝感市	394.196	优势
45	六安市	394.137	优势
46	常德市	394.132	优势

排名	地区	得分	优劣度
47	广安市	393.879	优势
48	资阳市	393.730	优势
49	绵阳市	393.629	优势
50	广元市	393.320	优势
51	郴州市	393.311	优势
52	黄石市	393.020	优势
53	怀化市	392.873	优势
54	淮安市	392.555	优势
55	吉安市	392.255	中势
56	娄底市	392.202	中势
57	抚州市	392.197	中势
58	襄阳市	391.831	中势
59	咸宁市	391.830	中势
60	玉溪市	391.461	中势
61	贵阳市	391.338	中势
62	淮南市	391.056	中势
63	徐州市	390.829	中势
64	遂宁市	390.690	中势
65	安庆市	390.680	中势
66	南通市	390.558	中势
67	德阳市	390.429	中势
68	铜陵市	390.412	中势
69	丽江市	390.238	中势
70	巴中市	390.210	中势
71	湘潭市	389.664	中势
72	邵阳市	389.508	中势
73	扬州市	388.914	中势
74	宁波市	388.866	中势
75	宜宾市	388.825	中势
76	昆明市	388.799	中势
77	嘉兴市	388.639	中势
78	十堰市	388.584	中势
79	芜湖市	388.434	中势
80	南昌市	388.117	中势
81	宣城市	387.901	中势
82	鹰潭市	387.752	劣势
83	岳阳市	387.590	劣势
84	黄山市	387.016	劣势
85	马鞍山市	386.864	劣势
86	镇江市	386.268	劣势
87	自贡市	386.004	劣势
88	株洲市	385.835	劣势
89	绍兴市	385.630	劣势
90	内江市	385.193	劣势
91	九江市	384.574	劣势
92	随州市	384.066	劣势
93	泰州市	383.949	劣势

排名	地区	得分	优劣度
94	湖州市	383.945	劣势
95	乐山市	383.912	劣势
96	新余市	383.443	劣势
97	泸州市	383.309	劣势
98	宜昌市	383.265	劣势
99	雅安市	382.742	劣势
100	达州市	382.548	劣势
101	台州市	382.377	劣势
102	萍乡市	382.203	劣势
103	淮北市	380.443	劣势
104	景德镇市	380.427	劣势
105	温州市	378.486	劣势
106	张家界市	377.376	劣势
107	金华市	372.043	劣势
108	攀枝花市	364.970	劣势
最高分		467.529	
最低分		364.970	
平均分		394.097	
标准差		12.369	

2. 2015 年长江经济带城市综合发展水平排序变化比较与评析

根据表 3 - 6 比较 2015 ~ 2016 年长江经济带各城市综合发展得分的变化浮动情况，其中，排名处于上升趋势的城市共有 50 个，排名上升幅度最大的玉溪市上升 54 名，包括玉溪市在内共有 27 个城市排名上升幅度达到 2 位数，分别为徐州市、宁波市、铜陵市、九江市、赣州市、吉安市、抚州市、宜昌市、随州市、长沙市、株洲市、邵阳市、岳阳市、常德市、益阳市、怀化市、娄底市、泸州市、绵阳市、内江市、南充市、达州市、雅安市、贵阳市、昆明市。玉溪市、丽江市；金华市、淮北市、攀枝花市、乐山市、宜宾市和普洱市排名上升幅度最小，均上升 1 名，包括金华市等 6 个城市在内共有 23 个城市排名上升幅度为个位数，分别为泰州市、金华市、台州市、淮南市、淮北市、阜阳市、宣城市、景德镇市、十堰市、襄阳市、鄂州市、湘潭市、张家界市、永州市、成都市、攀枝花市、广元市、遂宁市、乐山市、宜宾市、广安市、遵义市、普洱市。长江经济带中排名保持不变的城市共有 7 个，分别为上海市、温州市、黄石市、重庆市、德阳市、保山市和临沧市。排名下降的城市共有 51 个，排名下降幅度最大的资阳市下降 60 名，包括资阳市在内共有 21 个城市排名下降幅度达到 2 位数，分别为无锡市、常州市、苏州市、南通市、扬州市、镇江市、宿迁市、衢州市、舟山市、丽水市、安庆市、宿州市、六安市、池州市、南昌市、上饶市、荆门市、孝感市、郴州市、资阳市、安顺市；盐城市、芜湖市、马鞍山市、萍乡市、新余市、鹰潭市、眉山市、巴中市和曲靖市排名下降幅度最小，均下降 1 名，包括盐城市等 9 个城市在内共有 30 个城市排名下降幅度为个位数，分别为南京市、连云港市、淮安市、盐城市、杭州市、嘉兴市、湖州市、绍兴市、合肥市、芜湖市、蚌埠市、马鞍山市、黄山市、滁州市、亳州市、萍乡市、新余市、鹰潭市、宜春市、武汉市、荆州市、黄冈市、咸宁市、衡阳市、自贡市、眉山市、巴中市、六盘水市、曲靖市、昭通市。

表 3 - 6	2015 年长江经济带城市综合发展水平排名变化
排名变化	地区
54	玉溪市
46	铜陵市
36	随州市

续表

排名变化	地区
35	昆明市
31	抚州市
30	内江市
29	邵阳市
28	达州市
25	岳阳市
21	南充市
19	泸州市
19	徐州市
18	长沙市
18	怀化市
18	益阳市
16	娄底市
16	宜昌市
15	丽江市
15	宁波市
14	赣州市
13	吉安市
12	株洲市
11	贵阳市
10	常德市
10	九江市
10	绵阳市
10	雅安市
9	广安市
9	淮南市
9	泰州市
7	阜阳市
7	湘潭市
7	襄阳市
7	遵义市
6	张家界市
5	广元市
5	景德镇市
5	十堰市
5	台州市
4	成都市
2	鄂州市
2	遂宁市
2	宣城市
2	永州市
1	淮北市
1	金华市
1	乐山市
1	攀枝花市
1	普洱市
1	宜宾市

续表

续表

排名变化	地区
0	保山市
0	德阳市
0	黄石市
0	临沧市
0	上海市
0	温州市
0	重庆市
−1	巴中市
−1	马鞍山市
−1	眉山市
−1	萍乡市
−1	曲靖市
−1	芜湖市
−1	新余市
−1	盐城市
−1	鹰潭市
−2	南京市
−2	咸宁市
−3	淮安市
−3	黄山市
−3	六盘水市
−3	武汉市
−4	杭州市
−4	湖州市
−4	连云港市
−5	亳州市
−5	荆州市
−6	合肥市
−6	黄冈市
−6	绍兴市
−6	自贡市
−7	宜春市
−8	蚌埠市
−8	滁州市
−8	衡阳市
−8	嘉兴市
−8	昭通市
−10	安庆市
−10	南昌市
−10	宿州市
−11	上饶市
−13	衢州市
−15	镇江市
−17	池州市
−18	扬州市
−21	舟山市
−23	苏州市

续表

续表

排名变化	地区
－24	孝感市
－25	宿迁市
－30	荆门市
－32	常州市
－36	安顺市
－37	郴州市
－38	南通市
－41	无锡市
－42	丽水市
－47	六安市
－60	资阳市

（二）2015 年长江经济带城市综合发展水平分布情况

1. 2015 年长江经济带城市综合发展水平分布比较与评析

根据表 3 - 7、表 3 - 8 对 2015 ~ 2016 年长江经济带综合发展及各二级指标的城市平均得分情况展开分析。2015 ~ 2016 年，长江经济带强、优、中、劣势区综合发展平均得分分别上升了 3.553 分、2.942 分、1.061 分、0.875 分，表明长江经济带内部综合发展差距呈现缩小的势态。在二级指标中，长江经济带强、优、中、劣势区在农业生产、工业企业、基础设施、教科文卫的得分均呈现上升势态；在居民生活的得分呈现下降势态。其余部分中，强势区城市在人口就业、社会福利、生态环境的平均得分上升，在区域经济的平均得分下降；优势区城市在人口就业、社会福利的平均得分上升，在生态环境的平均得分下降；中势区城市在区域经济、社会福利的平均得分上升，在生态环境的平均得分下降；劣势区城市在社会福利、人口就业的平均得分上升，在基础设施、科教文卫、生态环境的平均得分下降。

表 3 - 7 　　　　　2015 ~ 2016 年长江经济带城市综合发展水平平均得分情况

优劣度 平均得分	2015 年				2016 年			
	强势区	优势区	中势区	劣势区	强势区	优势区	中势区	劣势区
综合发展	408.668	394.877	390.165	382.675	412.221	397.819	391.226	383.550
人口就业	52.825	50.839	49.649	48.002	53.626	51.049	49.920	47.815
区域经济	47.392	44.942	43.047	41.352	46.790	45.093	43.070	41.596
农业生产	46.590	39.114	33.063	26.477	46.621	39.731	33.592	26.965
工业企业	64.611	62.637	60.979	58.066	66.097	63.780	61.972	58.793
基础设施	24.448	21.521	20.229	18.676	25.043	21.659	20.348	19.174
社会福利	78.518	76.531	75.193	72.747	78.767	77.024	75.961	72.681
居民生活	32.431	27.644	26.161	24.552	31.207	27.446	25.600	24.131
科教文卫	52.587	45.294	43.837	40.575	52.622	45.745	44.140	41.089
生态环境	35.284	31.534	30.233	28.804	35.469	31.134	30.051	29.015

表 3 - 8 　　　　　2015 ~ 2016 年长江经济带城市综合发展水平平均得分变化情况

优劣度 平均得分	2015 ~ 2016 年得分变化			
	强势区	优势区	中势区	劣势区
综合发展	3.553	2.942	1.061	0.875
人口就业	0.801	0.210	0.271	－ 0.187

续表

优劣度 平均得分	2015～2016 年得分变化			
	强势区	优势区	中势区	劣势区
区域经济	-0.602	0.151	0.023	0.244
农业生产	0.031	0.617	0.529	0.488
工业企业	1.486	1.143	0.993	0.727
基础设施	0.595	0.138	0.119	0.498
社会福利	0.249	0.493	0.768	-0.066
居民生活	-1.224	-0.198	-0.561	-0.421
科教文卫	0.035	0.451	0.303	0.514
生态环境	0.185	-0.400	-0.182	0.211

2. 2015 年长江经济带城市综合发展水平分布情况

为进一步说明长江经济带各城市的综合发展水平差异变化及分布情况，本书通过图 3 - 6 对 2015 年长江经济带各城市综合发展水平得分情况分布进行统计分析。

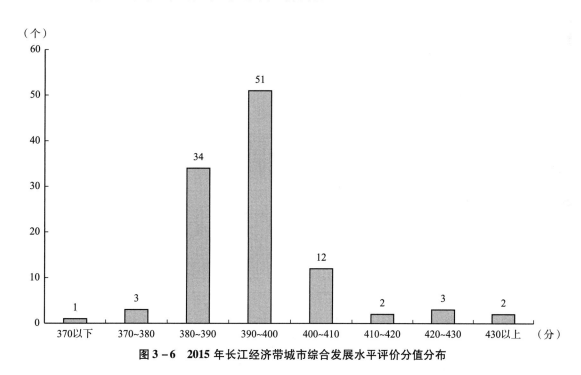

图 3 - 6　2015 年长江经济带城市综合发展水平评价分值分布

由图 3 - 6 可知，2015 年长江经济带各城市综合发展水平得分大部分城市分布于 380～400 分。高于 430 分的城市有 2 个，低于 380 分的城市有 4 个。这说明长江经济带绝大部分城市处于发展水平相近阶段，整体发展水平较为一致。

3. 2015 年长江经济带城市综合发展水平分区段得分情况

根据图 3 - 7 对长江经济带综合发展水平强势区各项二级指标的平均得分情况展开分析。2015～2016 年，长江经济带强势区人口就业、区域经济、农业生产的平均得分与最高得分差距较小，得分水平也较为均衡；工业企业、社会福利的平均得分较高；基础设施的平均得分偏低；居民生活、科教文卫、生态环境的平均得分与最高分差距较大。

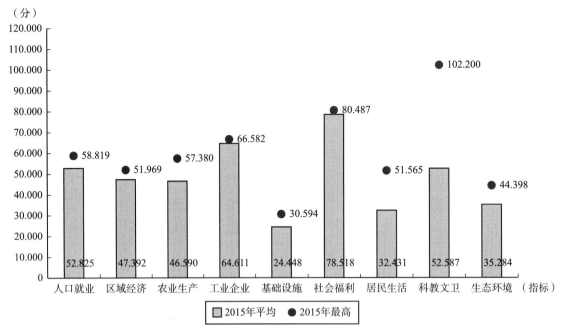

图 3 - 7　2015 年长江经济带综合发展水平强势区各二级指标的得分比较情况

根据图 3 - 8 对长江经济带综合发展水平优势区各项二级指标的平均得分情况展开分析。2015～2016 年，长江经济带优势区人口就业、区域经济、农业生产的平均得分与最高得分差距较小；社会福利、工业企业的平均得分较高；基础设施的平均得分最低；居民生活、科教文卫、生态环境的平均得分与最高分差距较大。

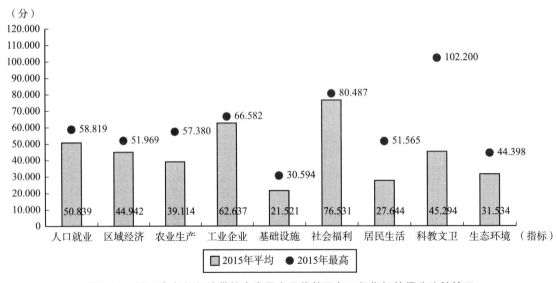

图 3 - 8　2015 年长江经济带综合发展水平优势区各二级指标的得分比较情况

根据图 3 - 9 对长江经济带综合发展水平中势区各项二级指标的平均得分情况展开分析。2015～2016 年，长江经济带中势区人口就业、区域经济的平均得分与最高得分差距较小，得分水平也较为均衡；社会福利、工业企业的平均得分较高；基础设施的平均得分偏低；农业生产、居民生活、科教文卫、生态环境的平均得分与最高分差距较大。

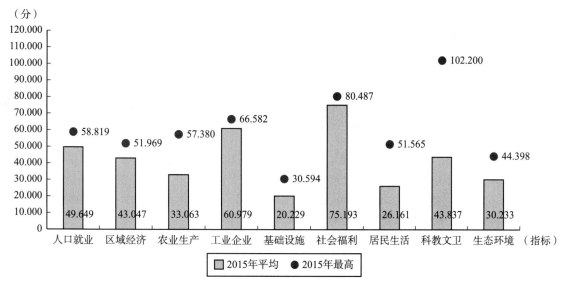

图3－9　2015年长江经济带综合发展水平中势区各二级指标的得分比较情况

根据图3－10对长江经济带综合发展水平劣势区各项二级指标的平均得分情况展开分析。2015～2016年，长江经济带劣势区人口就业、区域经济、工业企业的平均得分与最高得分差距较小，得分水平也较为均衡；社会福利的平均得分较高；基础设施的平均得分偏低；农业生产、居民生活、科教文卫、生态环境的平均得分与最高分差距较大。

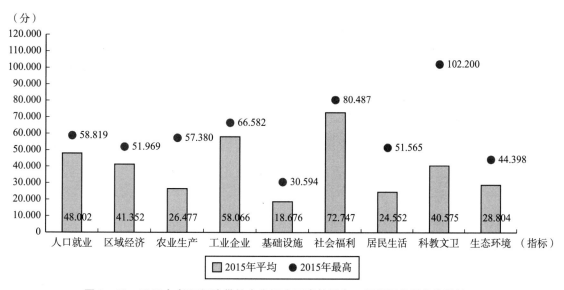

图3－10　2015年长江经济带综合发展水平劣势区各二级指标的得分比较情况

三、2016年长江经济带城市综合发展水平变化与比较分析

本书通过建立长江经济带的综合发展水平的指标与数学模型评估方法对长江经济带2014～2018年的综合发展水平展开评估分析。下面对2016年长江经济带108个城市的综合发展水平的排名序列及变化情况展开分析。

（一）2016 年长江经济带城市综合发展水平排序变化比较分析

1. 2016 年长江经济带城市综合发展水平排名及得分情况

根据表 3－9 对 2016 年长江经济带综合发展水平得分情况展开分析。将长江经济带内 108 个城市按照得分排名划分为强势区、优势区、中势区和劣势区，其中，强势区城市（1～27 名）依次为：上海市、重庆市、临沧市、成都市、普洱市、玉溪市、南京市、杭州市、保山市、武汉市、遵义市、赣州市、六盘水市、益阳市、永州市、连云港市、长沙市、亳州市、荆州市、鄂州市、南充市、铜陵市、滁州市、盐城市、合肥市、抚州市、阜阳市；优势区城市（28～54 名）依次为：曲靖市、昭通市、宿州市、眉山市、衡阳市、蚌埠市、苏州市、怀化市、常德市、舟山市、广安市、绵阳市、娄底市、昆明市、吉安市、邵阳市、徐州市、广元市、衢州市、宜春市、上饶市、黄冈市、贵阳市、襄阳市、黄石市、淮南市、丽江市；中势区城市（55～81 名）依次为：池州市、随州市、淮安市、岳阳市、宁波市、内江市、咸宁市、遂宁市、常州市、湘潭市、安顺市、宿迁市、德阳市、孝感市、荆门市、丽水市、巴中市、达州市、十堰市、宜宾市、安庆市、株洲市、无锡市、泸州市、宣城市、芜湖市、九江市；劣势区城市（82～108 名）依次为：宜昌市、鹰潭市、泰州市、嘉兴市、马鞍山市、黄山市、郴州市、雅安市、南昌市、扬州市、六安市、自贡市、乐山市、绍兴市、台州市、新余市、湖州市、景德镇市、张家界市、镇江市、淮北市、萍乡市、南通市、温州市、金华市、攀枝花市、资阳市。对比分析表明长江经济带呈现出上海、安徽、湖北、湖南、重庆、四川和云南地区综合发展水平较高，相较江苏、浙江、江西和贵州地区更具备优势。长江经济带各城市综合发展水平得分区间为：371～468 分。其中，综合发展水平得分最高为上海市（467.080 分），最低为资阳市（371.737 分），长江经济带总体平均得分为 396.204 分，离散标准差为 13.512 分，表明在长江经济带各城市综合发展水平得分的差异性较大。

表 3－9　　　　　　　　　　　2016 年长江经济带城市综合发展水平评价比较

排名	地区	得分	优劣度
1	上海市	467.080	强势
2	重庆市	451.922	强势
3	临沧市	429.026	强势
4	成都市	428.886	强势
5	普洱市	424.575	强势
6	玉溪市	418.980	强势
7	南京市	416.695	强势
8	杭州市	412.810	强势
9	保山市	411.284	强势
10	武汉市	411.017	强势
11	遵义市	407.324	强势
12	赣州市	406.528	强势
13	六盘水市	406.485	强势
14	益阳市	404.755	强势
15	永州市	404.390	强势
16	连云港市	404.134	强势
17	长沙市	403.672	强势
18	亳州市	403.294	强势
19	荆州市	403.048	强势
20	鄂州市	402.869	强势
21	南充市	402.698	强势
22	铜陵市	402.138	强势
23	滁州市	401.901	强势
24	盐城市	401.412	强势

续表

排名	地区	得分	优劣度
25	合肥市	401.303	强势
26	抚州市	401.061	强势
27	阜阳市	400.675	强势
28	曲靖市	400.573	优势
29	昭通市	400.126	优势
30	宿州市	400.103	优势
31	眉山市	399.744	优势
32	衡阳市	399.650	优势
33	蚌埠市	399.638	优势
34	苏州市	399.421	优势
35	怀化市	399.373	优势
36	常德市	399.325	优势
37	舟山市	399.233	优势
38	广安市	399.200	优势
39	绵阳市	398.960	优势
40	娄底市	398.942	优势
41	昆明市	398.408	优势
42	吉安市	397.869	优势
43	邵阳市	397.635	优势
44	徐州市	396.338	优势
45	广元市	396.173	优势
46	衢州市	395.899	优势
47	宜春市	395.781	优势
48	上饶市	395.684	优势
49	黄冈市	395.678	优势
50	贵阳市	395.637	优势
51	襄阳市	395.613	优势
52	黄石市	395.540	优势
53	淮南市	395.355	优势
54	丽江市	395.224	优势
55	池州市	394.858	中势
56	随州市	393.454	中势
57	淮安市	393.192*	中势
58	岳阳市	392.904	中势
59	宁波市	392.796	中势
60	内江市	392.565	中势
61	咸宁市	392.494	中势
62	遂宁市	392.188	中势
63	常州市	392.029	中势
64	湘潭市	391.968	中势
65	安顺市	391.937	中势
66	宿迁市	391.814	中势
67	德阳市	391.686	中势
68	孝感市	391.642	中势
69	荆门市	391.411	中势
70	丽水市	390.749	中势
71	巴中市	390.608	中势

排名	地区	得分	优劣度
72	达州市	389.932	中势
73	十堰市	389.780	中势
74	宜宾市	389.690	中势
75	安庆市	389.484	中势
76	株洲市	389.439	中势
77	无锡市	389.436	中势
78	泸州市	389.381	中势
79	宣城市	389.294	中势
80	芜湖市	389.204	中势
81	九江市	389.158	中势
82	宜昌市	388.916	劣势
83	鹰潭市	388.591	劣势
84	泰州市	388.428	劣势
85	嘉兴市	387.964	劣势
86	马鞍山市	387.928	劣势
87	黄山市	387.057	劣势
88	郴州市	386.967	劣势
89	雅安市	386.960	劣势
90	南昌市	386.874	劣势
91	扬州市	386.532	劣势
92	六安市	386.223	劣势
93	自贡市	386.136	劣势
94	乐山市	386.112	劣势
95	绍兴市	385.045	劣势
96	台州市	384.682	劣势
97	新余市	384.051	劣势
98	湖州市	383.008	劣势
99	景德镇市	382.826	劣势
100	张家界市	382.646	劣势
101	镇江市	382.219	劣势
102	淮北市	382.159	劣势
103	萍乡市	381.895	劣势
104	南通市	376.914	劣势
105	温州市	376.775	劣势
106	金华市	374.327	劣势
107	攀枝花市	372.874	劣势
108	资阳市	371.737	劣势
最高分		467.080	
最低分		371.737	
平均分		396.204	
标准差		13.512	

2. 2016 年长江经济带城市综合发展水平排序变化比较与评析

根据表 3-10 比较 2016~2017 年长江经济带各城市综合发展得分的变化浮动情况，其中，排名处于上升趋势的城市共有 51 个，排名上升幅度最大的六安市上升 76 名，包括六安市在内共有 34 个城市排名上升幅度达到 2 位数，分别为无锡市、嘉兴市、湖州市、衢州市、舟山市、丽水市、合肥市、芜湖市、淮南市、马鞍山市、淮北市、黄山市、六安市、池州市、宣城市、新余市、吉安市、宜春市、孝感市、咸宁市、湘潭市、张家界市、怀化市、自贡市、攀枝花市、德阳市、遂宁市、乐山市、达州市、雅安市、巴中市、资阳市、昭通市和丽江市；永州市和普洱市排名上升幅度最小，均上升 1 名，包括永州市和普洱市在内共有 17 个城市排名上升幅度为个位数，分别为南通市、杭州市、宁波市、安庆市、阜阳市、亳州市、南昌市、景德镇市、萍乡市、鹰潭市、赣州市、郴州市、永州市、广元市、广安市、普洱市、临沧市。长江经济带中排名保持不变的城市共有 4 个，分别为南京市、淮安市、扬州市和金华市。排名下降的城市共有 53 个，排名下降幅度最大的玉溪市下降 102 名，此外共有 33 个城市排名下降幅度达到 2 位数，分别为徐州市、常州市、连云港市、盐城市、泰州市、宿迁市、蚌埠市、铜陵市、宿州市、黄石市、十堰市、宜昌市、襄阳市、鄂州市、荆门市、荆州市、黄冈市、随州市、长沙市、株洲市、衡阳市、岳阳市、常德市、益阳市、娄底市、南充市、眉山市、贵阳市、六盘水市、遵义市、安顺市、昆明市和曲靖市；上海市、镇江市、武汉市、重庆市和保山市排名下降幅度最小，均下降 1 名，包括上海市等 5 个城市在内共有 19 个城市排名下降幅度为个位数，分别为上海市、苏州市、镇江市、温州市、绍兴市、台州市、滁州市、九江市、抚州市、上饶市、武汉市、邵阳市、重庆市、成都市、泸州市、绵阳市、内江市、宜宾市、保山市。

表 3 - 10	2016 年长江经济带城市综合发展水平排名变化
排名变化	地区
76	六安市
61	宣城市
50	黄山市
46	巴中市
43	遂宁市
42	宜春市
41	马鞍山市
41	资阳市
39	无锡市
39	张家界市
34	德阳市
29	池州市
28	新余市
27	丽江市
25	衢州市
25	舟山市
25	达州市
20	芜湖市
20	咸宁市
19	吉安市
17	自贡市
16	淮北市
16	乐山市
15	孝感市
15	攀枝花市
14	嘉兴市
14	雅安市
13	怀化市

排名变化	地区
12	丽水市
12	湘潭市
12	昭通市
10	湖州市
10	合肥市
10	淮南市
9	南通市
9	宁波市
9	鹰潭市
9	广元市
7	阜阳市
7	南昌市
7	郴州市
6	景德镇市
6	萍乡市
5	安庆市
5	亳州市
4	赣州市
3	广安市
2	杭州市
2	临沧市
1	永州市
1	普洱市
0	南京市
0	淮安市
0	扬州市
0	金华市
－1	上海市
－1	镇江市
－1	武汉市
－1	重庆市
－1	保山市
－2	温州市
－2	台州市
－2	泸州市
－5	成都市
－5	绵阳市
－5	宜宾市
－6	九江市
－6	抚州市
－6	邵阳市
－8	苏州市
－8	绍兴市
－8	滁州市
－8	上饶市
－8	内江市
－10	鄂州市

续表

排名变化	地区
-10	益阳市
-12	连云港市
-12	泰州市
-12	黄石市
-12	长沙市
-12	曲靖市
-13	株洲市
-14	娄底市
-14	昆明市
-15	盐城市
-15	荆门市
-17	黄冈市
-20	眉山市
-22	宜昌市
-22	贵阳市
-23	遵义市
-24	岳阳市
-26	襄阳市
-27	荆州市
-27	衡阳市
-27	南充市
-29	常德市
-29	安顺市
-32	宿州市
-32	十堰市
-33	宿迁市
-34	随州市
-38	常州市
-40	蚌埠市
-50	六盘水市
-56	徐州市
-63	铜陵市
-102	玉溪市

（二）2016 年长江经济带城市综合发展水平分布情况

1. 2016 年长江经济带城市综合发展水平分布比较与评析

根据表 3-11、表 3-12 对 2016~2017 年长江经济带综合发展及各二级指标的城市平均得分情况展开分析。2016~2017 年，长江经济带强、优、中、劣势区综合发展平均得分分别下降了 10.707 分、8.614 分、8.470 分、9.176 分，表明长江经济带内部综合发展呈现下降的势态。在二级指标中，长江经济带强、优、中、劣势区在人口就业、居民生活、社会福利、生态环境的得分均呈现上升势态；在农业生产、工业企业、基础设施、教科文卫的得分呈现下降势态。其余部分中，强势区城市在区域经济的平均得分下降；优势区城市在区域经济的平均得分下降；中势区城市在区域经济的平均得分上升；劣势区城市在区域经济的平均得分下降。

表 3-11   2016~2017 年长江经济带城市综合发展水平平均得分情况

优劣度平均得分	2016 年				2017 年			
	强势区	优势区	中势区	劣势区	强势区	优势区	中势区	劣势区
综合发展	412.221	397.819	391.226	383.550	401.514	389.205	382.756	374.374
人口就业	53.626	51.049	49.920	47.815	54.145	51.741	50.764	48.929
区域经济	46.790	45.093	43.070	41.596	46.603	45.010	43.230	41.430
农业生产	46.621	39.731	33.592	26.965	38.876	32.261	26.627	22.858
工业企业	66.097	63.780	61.972	58.793	65.585	63.625	61.685	57.630
基础设施	25.043	21.659	20.348	19.174	24.334	21.113	19.950	18.798
社会福利	78.767	77.024	75.961	72.681	77.013	74.818	72.753	67.893
居民生活	31.207	27.446	25.600	24.131	32.839	28.302	26.751	24.896
科教文卫	52.622	45.745	44.140	41.089	48.133	44.398	43.147	40.778
生态环境	35.469	31.134	30.051	29.015	36.916	32.970	31.481	29.565

表 3-12   2016~2017 年长江经济带城市综合发展水平平均得分变化情况

优劣度平均得分	2016~2017 年得分变化			
	强势区	优势区	中势区	劣势区
综合发展	-10.707	-8.614	-8.470	-9.176
人口就业	0.519	0.692	0.844	1.114
区域经济	-0.187	-0.083	0.160	-0.166
农业生产	-7.745	-7.470	-6.965	-4.107
工业企业	-0.512	-0.155	-0.287	-1.163
基础设施	-0.709	-0.546	-0.398	-0.376
社会福利	-1.754	-2.206	-3.208	-4.788
居民生活	1.632	0.857	1.151	0.765
科教文卫	-4.489	-1.347	-0.993	-0.311
生态环境	1.447	1.836	1.430	0.550

2. 2016 年长江经济带城市综合发展水平分布情况

为进一步说明长江经济带各城市的综合发展水平差异变化及分布情况，本书通过图 3-11 对 2016 年长江经济带各城市综合发展水平得分情况分布进行统计分析。

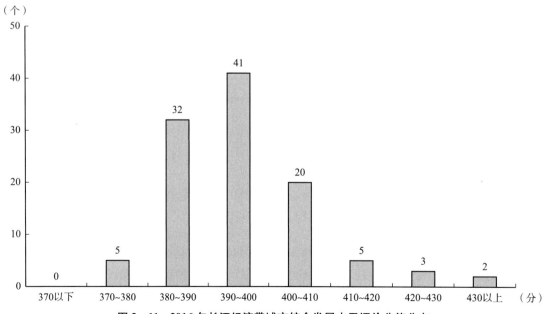

图 3-11   2016 年长江经济带城市综合发展水平评价分值分布

　　由图 3 - 11 可知，2016 年长江经济带各城市综合发展水平得分分布较为均衡，绝大部分城市分布于 380 ~ 410 分。高于 430 分的城市有 2 个，低于 380 分的城市有 5 个。这说明长江经济带发展水平靠后或靠前的城市数量较少，绝大部分城市处于发展水平相近阶段。

3. 长江经济带城市综合发展水平分区段得分情况

　　根据图 3 - 12 对长江经济带综合发展水平强势区各项二级指标的平均得分情况展开分析。2016 ~ 2017 年，长江经济带强势区人口就业、区域经济、农业生产的平均得分与最高得分差距较小，得分水平也较为均衡；工业企业、社会福利的平均得分较高；基础设施的平均得分偏低；居民生活、科教文卫、生态环境的平均得分与最高分差距较大。

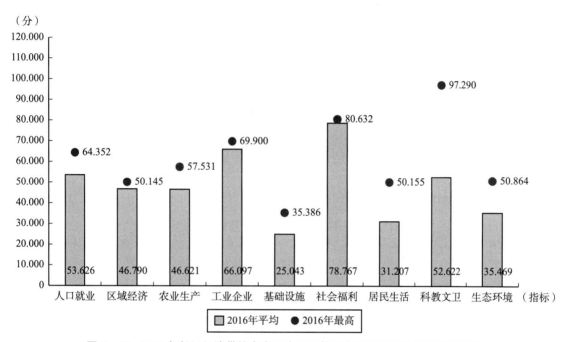

图 3 - 12　2016 年长江经济带综合发展水平强势区各二级指标的得分比较情况

　　根据图 3 - 13 对长江经济带综合发展水平优势区各项二级指标的平均得分情况展开分析。2016 ~ 2017 年，长江经济带优势区人口就业、区域经济、农业生产的平均得分与最高得分差距较小；社会福利、工业企业的平均得分较高；基础设施的平均得分最低；居民生活、科教文卫、生态环境的平均得分与最高分差距较大。

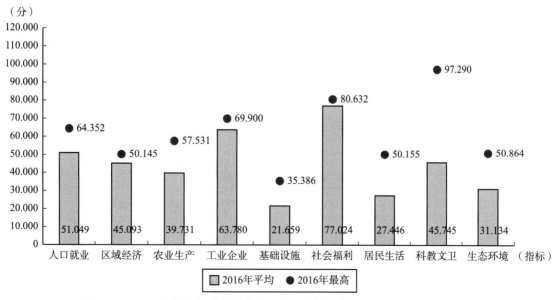

图 3 - 13　2016 年长江经济带综合发展水平优势区各二级指标的得分比较情况

由图 3 - 14 对长江经济带综合发展水平中势区各项二级指标的平均得分情况展开分析。2016～2017年，长江经济带中势区人口就业、区域经济的平均得分与最高得分差距较小，得分水平也较为均衡；社会福利、工业企业的平均得分较高；基础设施的平均得分偏低；农业生产、居民生活、科教文卫、生态环境的平均得分与最高分差距较大。

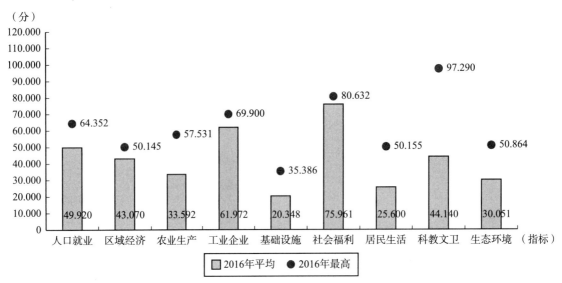

图 3 - 14　2016 年长江经济带综合发展水平中势区各二级指标的得分比较情况

根据图 3 - 15 对长江经济带综合发展水平劣势区各项二级指标的平均得分情况展开分析。2016～2017年，长江经济带劣势区人口就业、区域经济、工业企业的平均得分与最高得分差距较小；社会福利的平均得分较高；基础设施的平均得分偏低；农业生产、居民生活、科教文卫、生态环境的平均得分与最高分差距较大。

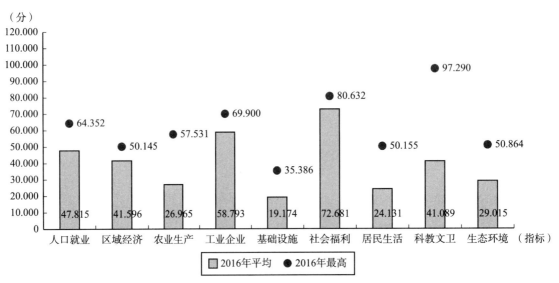

图 3 - 15　2016 年长江经济带综合发展水平劣势区各二级指标的得分比较情况

四、2017 年长江经济带城市综合发展水平变化与比较分析

本书通过建立长江经济带的综合发展水平的指标与数学模型评估方法对长江经济带 2014～2018 年的综合发展水平展开评估分析。下面对 2017 年长江经济带 108 个城市的综合发展水平的排名序列及变化情

况展开分析。

（一）2017 年长江经济带城市综合发展水平排序变化比较分析

1. 2017 年长江经济带城市综合发展水平排名及得分情况

根据表 3–13 对 2017 年长江经济带综合发展水平得分情况展开分析。将长江经济带内 108 个城市按照得分排名划分为强势区、优势区、中势区和劣势区，其中，强势区城市（1～27 名）依次为：临沧市、上海市、重庆市、普洱市、宜春市、杭州市、南京市、赣州市、成都市、保山市、武汉市、舟山市、亳州市、永州市、合肥市、六安市、昭通市、宣城市、遂宁市、阜阳市、衢州市、怀化市、吉安市、益阳市、巴中市、池州市和丽江市；优势区城市（28～54 名）依次为：连云港市、长沙市、鄂州市、滁州市、抚州市、德阳市、遵义市、广安市、广元市、黄山市、无锡市、盐城市、曲靖市、咸宁市、苏州市、淮南市、绵阳市、马鞍山市、荆州市、达州市、南充市、邵阳市、宁波市、眉山市、湘潭市、孝感市和娄底市；中势区城市（55～81 名）依次为：昆明市、上饶市、淮安市、丽水市、衡阳市、芜湖市、张家界市、宿州市、六盘水市、黄石市、常德市、黄冈市、资阳市、内江市、新余市、安庆市、嘉兴市、贵阳市、蚌埠市、鹰潭市、雅安市、自贡市、襄阳市、乐山市、宜宾市、泸州市和郴州市；劣势区城市（82～108 名）依次为：岳阳市、南昌市、荆门市、铜陵市、淮北市、九江市、湖州市、株洲市、随州市、扬州市、攀枝花市、景德镇市、安顺市、南通市、泰州市、萍乡市、台州市、宿迁市、徐州市、常州市、镇江市、绍兴市、宜昌市、十堰市、金华市、温州市和玉溪市。对比分析表明长江经济带呈现出上海、安徽、湖南、重庆、四川和云南地区综合发展水平较高，相较江苏、湖北、浙江、江西和贵州地区更具备优势。长江经济带各城市综合发展水平得分区间为：364～431 分。其中，综合发展水平得分最高为临沧市（430.365 分），最低为玉溪市（364.960 分），长江经济带总体平均得分为 386.962 分，离散标准差为 11.261 分，表明在长江经济带各城市综合发展水平得分的差异性较大。

表 3–13　　　　　　　　　　　2017 年长江经济带城市综合发展水平评价比较

排名	地区	得分	优劣度
1	临沧市	430.365	强势
2	上海市	424.590	强势
3	重庆市	414.912	强势
4	普洱市	413.328	强势
5	宜春市	404.809	强势
6	杭州市	404.768	强势
7	南京市	403.471	强势
8	赣州市	402.727	强势
9	成都市	402.295	强势
10	保山市	401.797	强势
11	武汉市	399.417	强势
12	舟山市	398.972	强势
13	亳州市	398.781	强势
14	永州市	398.533	强势
15	合肥市	398.186	强势
16	六安市	397.536	强势
17	昭通市	397.397	强势
18	宣城市	396.583	强势
19	遂宁市	396.509	强势
20	阜阳市	396.256	强势
21	衢州市	395.469	强势
22	怀化市	394.958	强势
23	吉安市	394.723	强势

排名	地区	得分	优劣度
24	益阳市	393.857	强势
25	巴中市	393.665	强势
26	池州市	393.515	强势
27	丽江市	393.452	强势
28	连云港市	393.332	优势
29	长沙市	393.262	优势
30	鄂州市	392.496	优势
31	滁州市	392.301	优势
32	抚州市	391.634	优势
33	德阳市	391.153	优势
34	遵义市	390.570	优势
35	广安市	390.477	优势
36	广元市	390.208	优势
37	黄山市	390.031	优势
38	无锡市	389.910	优势
39	盐城市	389.601	优势
40	曲靖市	389.132	优势
41	咸宁市	389.051	优势
42	苏州市	388.993	优势
43	淮南市	388.951	优势
44	绵阳市	388.440	优势
45	马鞍山市	388.268	优势
46	荆州市	388.199	优势
47	达州市	387.399	优势
48	南充市	387.098	优势
49	邵阳市	387.065	优势
50	宁波市	386.679	优势
51	眉山市	386.488	优势
52	湘潭市	386.180	优势
53	孝感市	385.839	优势
54	娄底市	385.779	优势
55	昆明市	385.738	中势
56	上饶市	385.629	中势
57	淮安市	385.210	中势
58	丽水市	385.139	中势
59	衡阳市	384.699	中势
60	芜湖市	383.881	中势
61	张家界市	383.774	中势
62	宿州市	383.761	中势
63	六盘水市	383.263	中势
64	黄石市	383.261	中势
65	常德市	383.213	中势
66	黄冈市	383.018	中势
67	资阳市	382.413	中势
68	内江市	382.366	中势
69	新余市	382.189	中势
70	安庆市	382.122	中势

续表

排名	地区	得分	优劣度
71	嘉兴市	381.814	中势
72	贵阳市	381.760	中势
73	蚌埠市	381.731	中势
74	鹰潭市	381.455	中势
75	雅安市	381.428	中势
76	自贡市	381.321	中势
77	襄阳市	381.259	中势
78	乐山市	381.146	中势
79	宜宾市	381.087	中势
80	泸州市	380.992	中势
81	郴州市	380.747	中势
82	岳阳市	380.531	劣势
83	南昌市	380.524	劣势
84	荆门市	380.470	劣势
85	铜陵市	379.379	劣势
86	淮北市	379.269	劣势
87	九江市	378.335	劣势
88	湖州市	377.781	劣势
89	株洲市	377.398	劣势
90	随州市	377.306	劣势
91	扬州市	376.958	劣势
92	攀枝花市	376.455	劣势
93	景德镇市	376.052	劣势
94	安顺市	375.870	劣势
95	南通市	375.170	劣势
96	泰州市	374.569	劣势
97	萍乡市	373.939	劣势
98	台州市	373.861	劣势
99	宿迁市	373.800	劣势
100	徐州市	371.697	劣势
101	常州市	371.003	劣势
102	镇江市	370.246	劣势
103	绍兴市	369.852	劣势
104	宜昌市	369.782	劣势
105	十堰市	369.591	劣势
106	金华市	367.607	劣势
107	温州市	365.690	劣势
108	玉溪市	364.960	劣势
最高分		430.365	
最低分		364.960	
平均分		386.962	
标准差		11.261	

2. 2017 年长江经济带城市综合发展水平排序变化比较与评析

根据表 3 - 14 比较 2017～2018 年长江经济带各城市综合发展得分的变化浮动情况，其中，排名处于上升趋势的城市共有 46 个，排名上升幅度最大的宿迁市上升 84 名，包括宿迁市在内共有 30 个城市排名上升幅度达到2位数，分别为常州市、淮安市、盐城市、扬州市、宿迁市、芜湖市、蚌埠市、淮北市、安庆市、滁州市、南昌市、抚州市、十堰市、宜昌市、襄阳市、荆门市、孝感市、荆州市、黄冈市、衡阳市、岳阳市、郴州市、德阳市、南充市、眉山市、资阳市、六盘水市、安顺市、曲靖市和玉溪市；排名上升幅度最小的自贡市上升1名，包括自贡市在内共有16个城市排名上升幅度为个位数，分别为徐州市、连云港市、合肥市、宿州市、景德镇市、黄石市、随州市、湘潭市、益阳市、怀化市、重庆市、自贡市、泸州市、宜宾市、贵阳市和丽江市。长江经济带中排名保持不变的城市共有5个，分别为南通市、镇江市、杭州市、温州市和普洱市。排名下降的城市共有57个，排名下降幅度最大的巴中市下降74名，包括巴中市在内共有34个城市排名下降幅度达到2位数，分别为无锡市、苏州市、宁波市、嘉兴市、湖州市、衢州市、舟山市、丽水市、淮南市、黄山市、阜阳市、亳州市、宣城市、新余市、鹰潭市、赣州市、吉安市、宜春市、上饶市、武汉市、鄂州市、咸宁市、邵阳市、永州市、攀枝花市、广元市、遂宁市、内江市、广安市、达州市、雅安市、巴中市、遵义市和昆明市；上海市、南京市、泰州市、长沙市、株洲市、娄底市、保山市和临沧市排名下降幅度最小，均下降1名，包括上海市等8个城市在内共有23个城市排名下降幅度为个位数，分别为上海市、南京市、泰州市、绍兴市、金华市、台州市、马鞍山市、铜陵市、六安市、池州市、萍乡市、九江市、长沙市、株洲市、常德市、张家界市、娄底市、成都市、绵阳市、乐山市、保山市、昭通市、临沧市。

表3-14　　　　　　　　　　2017年长江经济带城市综合发展水平排名变化

排名变化	地区
84	宿迁市
75	玉溪市
53	资阳市
52	淮北市
50	蚌埠市
44	常州市
43	岳阳市
40	郴州市
37	荆州市
35	黄冈市
35	曲靖市
33	荆门市
31	安顺市
27	宜昌市
25	芜湖市
25	安庆市
24	襄阳市
23	德阳市
21	南充市
20	淮安市
18	滁州市
18	南昌市
17	十堰市
16	抚州市
15	衡阳市
15	眉山市
14	盐城市
14	六盘水市
13	孝感市

续表

排名变化	地区
11	扬州市
9	连云港市
9	景德镇市
9	湘潭市
9	宜宾市
8	徐州市
8	合肥市
6	宿州市
6	益阳市
6	丽江市
5	随州市
5	怀化市
3	贵阳市
2	黄石市
2	重庆市
2	泸州市
1	自贡市
0	南通市
0	镇江市
0	杭州市
0	温州市
0	普洱市
−1	上海市
−1	南京市
−1	泰州市
−1	长沙市
−1	株洲市
−1	娄底市
−1	保山市
−1	临沧市
−2	金华市
−2	常德市
−3	绍兴市
−3	萍乡市
−3	成都市
−3	昭通市
−4	铜陵市
−5	张家界市
−5	乐山市
−6	池州市
−6	九江市
−6	绵阳市
−7	台州市
−8	六安市
−9	马鞍山市
−10	无锡市
−10	舟山市

续表

排名变化	地区
－11	广元市
－12	鹰潭市
－12	攀枝花市
－13	湖州市
－13	亳州市
－14	内江市
－15	邵阳市
－15	永州市
－16	淮南市
－17	上饶市
－17	武汉市
－18	宁波市
－21	丽水市
－22	阜阳市
－22	鄂州市
－23	嘉兴市
－23	雅安市
－26	广安市
－27	新余市
－30	苏州市
－32	昆明市
－33	宜春市
－34	黄山市
－34	达州市
－35	吉安市
－35	咸宁市
－38	赣州市
－39	衢州市
－55	遂宁市
－69	遵义市
－73	宣城市
－74	巴中市

（二）2017年长江经济带城市综合发展水平分布情况

1. 2017年长江经济带城市综合发展水平分布比较与评析

根据表3－15、表3－16对2017～2018年长江经济带综合发展及各二级指标的城市平均得分情况展开分析。2017～2018年，长江经济带强、优、中、劣势区综合发展平均得分分别上升了7.964分、8.063分、9.558分、9.451分，表明长江经济带内部综合发展差距呈现缩小的势态。在二级指标中，长江经济带强、优、中、劣势区在区域经济、农业生产、基础设施、社会福利、教科文卫的得分均呈现上升势态；在人口就业、工业企业、生态环境的得分均呈现下降势态。其余部分中，强势区城市在居民生活的平均得分上升；优势区城市在居民生活的平均得分上升；中势区城市在居民生活的平均得分下降；劣势区城市在居民生活的平均得分下降。

表 3 – 15　　　　　　　　2017～2018 年长江经济带城市综合发展水平平均得分情况

优劣度 平均得分	2017 年				2018 年			
	强势区	优势区	中势区	劣势区	强势区	优势区	中势区	劣势区
综合发展	401.514	389.205	382.756	374.374	409.478	397.268	392.314	383.825
人口就业	54.145	51.741	50.764	48.929	53.948	51.286	50.171	47.639
区域经济	46.603	45.010	43.230	41.430	50.210	47.153	45.273	42.986
农业生产	38.876	32.261	26.627	22.858	44.391	37.007	31.762	25.571
工业企业	65.585	63.625	61.685	57.630	65.354	63.294	61.227	57.288
基础设施	24.334	21.113	19.950	18.798	25.089	22.091	20.757	19.450
社会福利	77.013	74.818	72.753	67.893	79.629	77.896	76.402	71.741
居民生活	32.839	28.302	26.751	24.896	33.336	28.312	26.599	24.636
科教文卫	48.133	44.398	43.147	40.778	48.221	44.712	43.418	41.613
生态环境	36.916	32.970	31.481	29.565	34.619	31.016	29.857	28.930

表 3 – 16　　　　　　　2017～2018 年长江经济带城市综合发展水平平均得分变化情况

优劣度 平均得分	2017～2018 年得分变化			
	强势区	优势区	中势区	劣势区
综合发展	7.964	8.063	9.558	9.451
人口就业	– 0.197	– 0.455	– 0.593	– 1.290
区域经济	3.607	2.143	2.043	1.556
农业生产	5.515	4.746	5.135	2.713
工业企业	– 0.231	– 0.331	– 0.458	– 0.342
基础设施	0.756	0.978	0.807	0.652
社会福利	2.616	3.078	3.649	3.848
居民生活	0.497	0.010	– 0.152	– 0.260
科教文卫	0.088	0.314	0.271	0.835
生态环境	– 2.297	– 1.954	– 1.624	– 0.635

2. 2017 年长江经济带城市综合发展水平分布情况

为进一步说明长江经济带各城市的综合发展水平差异变化及分布情况，本书通过图 3 – 16 对 2017 年长江经济带各城市综合发展水平得分情况分布进行统计分析。

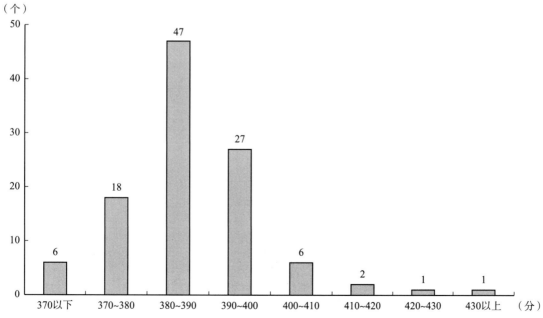

图 3 – 16　2017 年长江经济带城市综合发展水平评价分值分布

由图 3 - 16 可知，2017 年长江经济带各城市综合发展水平得分大部分城市分布于 380～400 分。高于 430 分的城市有 1 个，低于 380 分的城市有 24 个。这说明长江经济带发展水平靠后的城市数量增多，大部分城市处于发展水平相近阶段。

3. 2017 年长江经济带城市综合发展水平分区段得分情况

根据图 3 - 17 对长江经济带综合发展水平强势区各项二级指标的平均得分情况展开分析。2017～2018 年，长江经济带强势区人口就业、区域经济、农业生产、科教文卫、生态环境的平均得分与最高得分差距较小，得分水平也较为均衡；工业企业、社会福利的平均得分较高；基础设施的平均得分偏低；居民生活的平均得分与最高分差距较大。

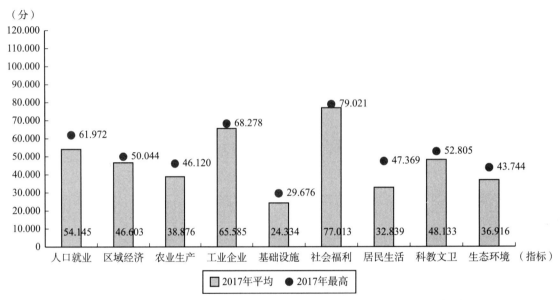

图 3 - 17 2017 年长江经济带综合发展水平强势区各二级指标的得分比较情况

根据图 3 - 18 对长江经济带综合发展水平优势区各项二级指标的平均得分情况展开分析。2017～2018 年，长江经济带优势区人口就业、区域经济、教科文卫的平均得分与最高得分差距较小，得分水平也较为均衡；社会福利、工业企业的平均得分较高；基础设施的平均得分偏低；居民生活、农业生产、生态环境的平均得分与最高分差距较大。

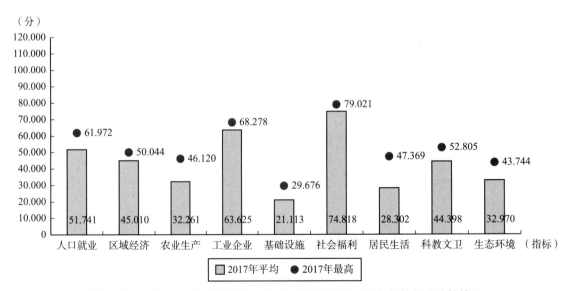

图 3 - 18 2017 年长江经济带综合发展水平优势区各二级指标的得分比较情况

根据图 3–19 对长江经济带综合发展水平中势区各项二级指标的平均得分情况展开分析。2017~2018 年，长江经济带中势区人口就业、区域经济、教科文卫的平均得分与最高得分差距较小，得分水平也较为均衡；社会福利、工业企业的平均得分较高；基础设施的平均得分偏低；农业生产、居民生活、生态环境的平均得分与最高分差距较大。

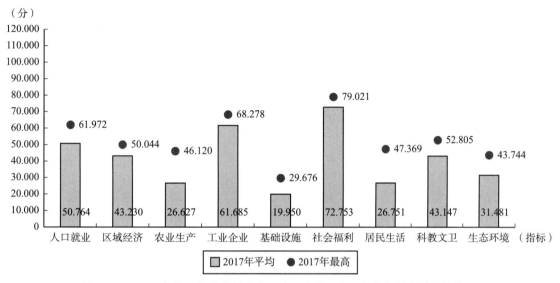

图 3–19　2017 年长江经济带综合发展水平中势区各二级指标的得分比较情况

根据图 3–20 对长江经济带综合发展水平劣势区各项二级指标的平均得分情况展开分析。2017~2018 年，长江经济带劣势区人口就业、区域经济、教科文卫的平均得分与最高得分差距较小，得分水平也较为均衡；工业企业、社会福利的平均得分较高；基础设施的平均得分偏低；农业生产、居民生活、生态环境的平均得分与最高分差距较大。

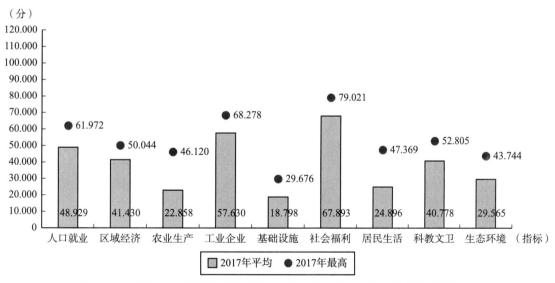

图 3–20　2017 年长江经济带综合发展水平劣势区各二级指标的得分比较情况

五、2018 年长江经济带城市综合发展水平变化与比较分析

本书通过建立长江经济带的综合发展水平的指标与数学模型评估方法对长江经济带 2014~2018 年的综合发展水平展开评估分析。下面对 2018 年长江经济带 108 个城市的综合发展水平的排名序列及变化情

况展开分析。

（一）2018 年长江经济带城市综合发展水平排序变化比较分析

1. 2018 年长江经济带城市综合发展水平排名及得分情况

根据表 3 - 17 对 2018 年长江经济带综合发展水平得分情况展开分析。将长江经济带内 108 个城市按照得分排名划分为强势区、优势区、中势区和劣势区，其中，强势区城市（1～27 名）依次为：重庆市、临沧市、上海市、普洱市、曲靖市、杭州市、合肥市、南京市、荆州市、德阳市、保山市、成都市、滁州市、资阳市、宿迁市、抚州市、怀化市、益阳市、连云港市、昭通市、丽江市、舟山市、蚌埠市、六安市、盐城市、亳州市和南充市；优势区城市（28～54 名）依次为：武汉市、永州市、长沙市、黄冈市、池州市、玉溪市、淮北市、芜湖市、眉山市、淮安市、宜春市、岳阳市、孝感市、郴州市、阜阳市、湘潭市、衡阳市、安庆市、赣州市、广元市、无锡市、六盘水市、绵阳市、荆门市、鄂州市、襄阳市和马鞍山市；中势区城市（55～81 名）依次为：娄底市、宿州市、常州市、吉安市、淮南市、衢州市、广安市、黄石市、安顺市、邵阳市、南昌市、张家界市、常德市、宁波市、贵阳市、宜宾市、黄山市、苏州市、上饶市、遂宁市、自贡市、咸宁市、宜昌市、泸州市、丽水市、扬州市和达州市；劣势区城市（82～108 名）依次为：内江市、乐山市、景德镇市、随州市、鹰潭市、昆明市、十堰市、铜陵市、株洲市、宣城市、徐州市、九江市、嘉兴市、南通市、新余市、泰州市、雅安市、巴中市、萍乡市、湖州市、镇江市、遵义市、攀枝花市、台州市、绍兴市、温州市和金华市。对比分析表明长江经济带呈现出上海、江苏、安徽、湖北、湖南、重庆、四川和云南地区综合发展水平较高，相较浙江、江西和贵州地区更具备优势。长江经济带各城市综合发展水平得分区间为：376～431 分。其中，综合发展水平得分最高为重庆市（430.649 分），最低为金华市（376.473 分），长江经济带总体平均得分为 395.721 分，离散标准差为 10.675 分，表明在长江经济带各城市综合发展水平得分的差异性较大。

表 3 - 17　　　　　　　　　2018 年长江经济带城市综合发展水平评价比较

排名	地区	得分	优劣度
1	重庆市	430.649	强势
2	临沧市	429.391	强势
3	上海市	428.080	强势
4	普洱市	428.034	强势
5	曲靖市	418.720	强势
6	杭州市	415.515	强势
7	合肥市	412.034	强势
8	南京市	410.452	强势
9	荆州市	409.517	强势
10	德阳市	408.998	强势
11	保山市	408.662	强势
12	成都市	408.396	强势
13	滁州市	406.383	强势
14	资阳市	405.703	强势
15	宿迁市	404.848	强势
16	抚州市	403.825	强势
17	怀化市	403.614	强势
18	益阳市	403.499	强势
19	连云港市	403.248	强势
20	昭通市	403.135	强势
21	丽江市	402.863	强势
22	舟山市	402.525	强势
23	蚌埠市	401.968	强势

排名	地区	得分	优劣度
24	六安市	401.593	强势
25	盐城市	401.592	强势
26	亳州市	401.401	强势
27	南充市	401.273	强势
28	武汉市	401.272	优势
29	永州市	400.880	优势
30	长沙市	400.819	优势
31	黄冈市	400.436	优势
32	池州市	400.356	优势
33	玉溪市	399.041	优势
34	淮北市	398.951	优势
35	芜湖市	398.207	优势
36	眉山市	397.893	优势
37	淮安市	397.601	优势
38	宜春市	397.156	优势
39	岳阳市	396.930	优势
40	孝感市	396.910	优势
41	郴州市	396.562	优势
42	阜阳市	396.513	优势
43	湘潭市	396.302	优势
44	衡阳市	396.194	优势
45	安庆市	396.166	优势
46	赣州市	396.047	优势
47	广元市	396.046	优势
48	无锡市	395.426	优势
49	六盘水市	395.407	优势
50	绵阳市	395.374	优势
51	荆门市	395.315	优势
52	鄂州市	395.059	优势
53	襄阳市	394.716	优势
54	马鞍山市	394.644	优势
55	娄底市	394.590	中势
56	宿州市	394.553	中势
57	常州市	394.527	中势
58	吉安市	394.232	中势
59	淮南市	394.200	中势
60	衢州市	394.017	中势
61	广安市	393.769	中势
62	黄石市	393.732	中势
63	安顺市	393.567	中势
64	邵阳市	393.503	中势
65	南昌市	393.455	中势
66	张家界市	392.927	中势
67	常德市	392.845	中势
68	宁波市	392.727	中势
69	贵阳市	392.614	中势
70	宜宾市	392.597	中势

排名	地区	得分	优劣度
71	黄山市	392.446	中势
72	苏州市	392.358	中势
73	上饶市	391.257	中势
74	遂宁市	390.393	中势
75	自贡市	390.114	中势
76	咸宁市	389.910	中势
77	宜昌市	389.796	中势
78	泸州市	389.769	中势
79	丽水市	389.638	中势
80	扬州市	389.604	中势
81	达州市	389.347	中势
82	内江市	388.442	劣势
83	乐山市	388.323	劣势
84	景德镇市	388.292	劣势
85	随州市	388.162	劣势
86	鹰潭市	387.787	劣势
87	昆明市	387.305	劣势
88	十堰市	387.098	劣势
89	铜陵市	386.991	劣势
90	株洲市	386.440	劣势
91	宣城市	386.316	劣势
92	徐州市	385.992	劣势
93	九江市	385.969	劣势
94	嘉兴市	385.364	劣势
95	南通市	384.435	劣势
96	新余市	384.231	劣势
97	泰州市	383.473	劣势
98	雅安市	383.224	劣势
99	巴中市	382.884	劣势
100	萍乡市	382.625	劣势
101	湖州市	382.139	劣势
102	镇江市	380.588	劣势
103	遵义市	380.180	劣势
104	攀枝花市	378.063	劣势
105	台州市	377.586	劣势
106	绍兴市	377.486	劣势
107	温州市	377.406	劣势
108	金华市	376.473	劣势
最高分		430.649	
最低分		376.473	
平均分		395.721	
标准差		10.675	

2. 2018 年长江经济带城市综合发展水平排序变化比较与评析

根据表 3－18 比较 2018 年相对于 2014 年长江经济带各城市综合发展得分的变化浮动情况，其中，排名处于上升趋势的城市共有 51 个，排名上升幅度最大的曲靖市上升 83 名，包括曲靖市在内共有 26 个城市排名上升幅度达到 2 位数，分别为宿迁市、舟山市、合肥市、芜湖市、淮北市、安庆市、南昌市、景德镇市、抚州市、荆门市、湘潭市、岳阳市、张家界市、郴州市、怀化市、泸州市、德阳市、南充市、宜宾市、广安市、资阳市、六盘水市、曲靖市、玉溪市、昭通市和丽江市；杭州市、荆州市、重庆市、广元市、安顺市和临沧市排名上升幅度最小，均上升 1 名，包括杭州市等 6 个城市在内共有 25 个城市排名上升幅度为个位数，分别为南京市、无锡市、连云港市、淮安市、扬州市、杭州市、嘉兴市、淮南市、马鞍山市、六安市、萍乡市、新余市、宜春市、襄阳市、荆州市、重庆市、自贡市、攀枝花市、广元市、内江市、乐山市、眉山市、安顺市、普洱市、临沧市。长江经济带中排名保持不变的城市共有 2 个，分别为铜陵市和九江市。排名下降的城市共有 55 个，排名下降幅度最大的遵义市下降 99 名，包括遵义市在内共有 34 个城市排名下降幅度达到 2 位数，分别为徐州市、常州市、苏州市、南通市、盐城市、镇江市、泰州市、阜阳市、宿州市、宣城市、赣州市、吉安市、上饶市、武汉市、黄石市、十堰市、宜昌市、鄂州市、黄冈市、咸宁市、随州市、长沙市、株洲市、衡阳市、邵阳市、常德市、永州市、绵阳市、遂宁市、达州市、巴中市、贵阳市、遵义市、昆明市；绍兴市、金华市、滁州市和雅安市排名下降幅度最小，均下降 1 名，包括绍兴市等 4 个城市在内共有 21 个城市排名下降幅度为个位数，分别为上海市、宁波市、温州市、湖州市、绍兴市、金华市、衢州市、台州市、丽水市、蚌埠市、黄山市、滁州市、亳州市、池州市、鹰潭市、孝感市、益阳市、娄底市、成都市、雅安市、保山市。

表 3 -18	2018 年长江经济带城市综合发展水平排名变化
排名变化	地区
83	曲靖市
81	丽江市
67	德阳市
58	昭通市
56	淮北市
47	岳阳市
43	郴州市
39	芜湖市
38	湘潭市
38	张家界市
34	六盘水市
31	南充市
29	合肥市
27	安庆市
26	资阳市
25	宜宾市
24	宿迁市
18	广安市
18	玉溪市
17	景德镇市
16	泸州市
15	舟山市
14	荆门市
12	抚州市
11	南昌市
10	怀化市
9	淮南市
9	乐山市

续表

排名变化	地区
9	眉山市
8	萍乡市
8	宜春市
7	连云港市
7	淮安市
7	扬州市
7	六安市
6	嘉兴市
6	马鞍山市
6	襄阳市
5	自贡市
4	普洱市
3	南京市
3	新余市
3	内江市
2	无锡市
2	攀枝花市
1	杭州市
1	荆州市
1	重庆市
1	广元市
1	安顺市
1	临沧市
0	铜陵市
0	九江市
－1	绍兴市
－1	金华市
－1	滁州市
－1	雅安市
－2	上海市
－2	益阳市
－2	保山市
－3	衢州市
－3	蚌埠市
－3	池州市
－4	温州市
－4	鹰潭市
－5	宁波市
－5	湖州市
－6	孝感市
－7	台州市
－7	成都市
－8	娄底市
－9	丽水市
－9	黄山市
－9	亳州市
－10	盐城市

排名变化	地区
−10	宜昌市
−10	黄冈市
−10	咸宁市
−10	邵阳市
−10	永州市
−11	镇江市
−12	长沙市
−14	衡阳市
−14	昆明市
−16	常州市
−17	阜阳市
−17	上饶市
−18	绵阳市
−20	宣城市
−20	黄石市
−22	泰州市
−22	武汉市
−23	赣州市
−25	吉安市
−25	遂宁市
−26	南通市
−26	贵阳市
−28	鄂州市
−29	常德市
−35	十堰市
−35	株洲市
−38	巴中市
−40	徐州市
−43	宿州市
−50	随州市
−58	苏州市
−59	达州市
−99	遵义市

（二）2018 年长江经济带城市综合发展水平分布情况

1. 2018 年长江经济带城市综合发展水平分布比较与评析

根据表 3 - 19、表 3 - 20 对 2014 ~ 2018 年长江经济带综合发展及各二级指标的城市平均得分情况展开分析。2014 ~ 2018 年，长江经济带强、优、中、劣势区综合发展平均得分分别上升了 2.116 分、4.724 分、5.555 分、4.247 分，表明长江经济带内部综合发展差距呈现缩小的势态。在二级指标中，长江经济带强、优、中、劣势区在区域经济、基础经济、社会福利、居民生活的得分均呈现上升势态；在农业生产、生态环境的得分均呈现下降势态。其余部分中，强势区城市在人口就业、工业企业的平均得分上升，在教科文卫的平均得分下降；优势区城市在人口就业、工业企业的平均得分上升，在教科文卫的平均得分下降；中势区城市在人口就业、工业企业的平均得分上升，在教科文卫的平均得分下降；劣势区城市在教科文卫的平均得分上升，在人口就业、工业企业的平均得分下降。

表 3 – 19   2014～2018 年长江经济带城市综合发展水平平均得分情况

优劣度 平均得分	2014 年				2018 年			
	强势区	优势区	中势区	劣势区	强势区	优势区	中势区	劣势区
综合发展	407.362	392.544	386.759	379.578	409.478	397.268	392.314	383.825
人口就业	53.089	50.942	50.048	48.256	53.948	51.286	50.171	47.639
区域经济	46.544	44.475	42.688	41.050	50.210	47.153	45.273	42.986
农业生产	46.800	39.350	32.825	26.276	44.391	37.007	31.762	25.571
工业企业	64.934	62.665	61.219	58.520	65.354	63.294	61.227	57.288
基础设施	23.823	21.526	20.426	19.379	25.089	22.091	20.757	19.450
社会福利	77.613	75.296	73.542	70.621	79.629	77.896	76.402	71.741
居民生活	31.421	26.507	25.027	23.566	33.336	28.312	26.599	24.636
科教文卫	52.252	45.204	43.697	40.582	48.221	44.712	43.418	41.613
生态环境	34.942	31.435	30.330	29.361	34.619	31.016	29.857	28.930

表 3 – 20   2014～2018 年长江经济带城市综合发展水平平均得分变化情况

优劣度 平均得分	2014～2018 年得分变化			
	强势区	优势区	中势区	劣势区
综合发展	2.116	4.724	5.555	4.247
人口就业	0.859	0.344	0.123	– 0.617
区域经济	3.656	2.678	2.585	1.936
农业生产	– 2.409	– 2.343	– 1.063	– 0.705
工业企业	0.420	0.629	0.008	– 1.232
基础设施	1.266	0.565	0.331	0.071
社会福利	2.016	2.600	2.860	1.120
居民生活	1.915	1.805	1.572	1.070
科教文卫	– 4.031	– 0.492	– 0.279	1.031
生态环境	– 0.323	– 0.419	– 0.473	– 0.431

2. 2018 年长江经济带城市综合发展水平分布情况

为进一步说明长江经济带各城市的综合发展水平差异变化及分布情况，本书通过图 3 – 21 对 2018 年长江经济带各城市综合发展水平得分情况分布进行统计分析。

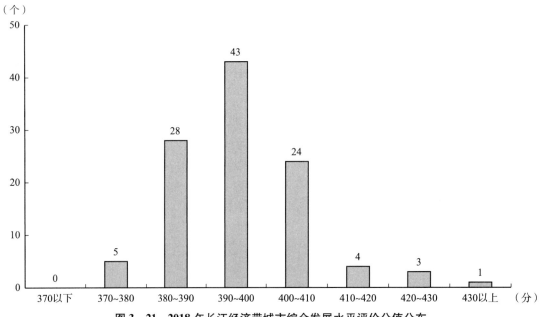

图 3 – 21   2018 年长江经济带城市综合发展水平评价分值分布

由图 3 - 21 可知，2018 年长江经济带各城市综合发展水平得分均匀分布，绝大部分城市的得分分布于 380～410 分。高于 430 分的城市为 1 个，低于 380 分的城市为 5 个。这说明长江经济带绝大部分城市处于相似的发展阶段，整体发展水平较为一致。

3. 2018 年长江经济带城市综合发展水平分区段得分情况

根据图 3 - 22 对长江经济带综合发展水平强势区各项二级指标的平均得分情况展开分析。2014～2018 年，长江经济带强势区人口就业、区域经济的平均得分与最高得分差距较小，得分水平也较为均衡；工业企业、社会福利的平均得分较高；基础设施的平均得分偏低；农业生产、居民生活、科教文卫、生态环境的平均得分与最高分差距较大。

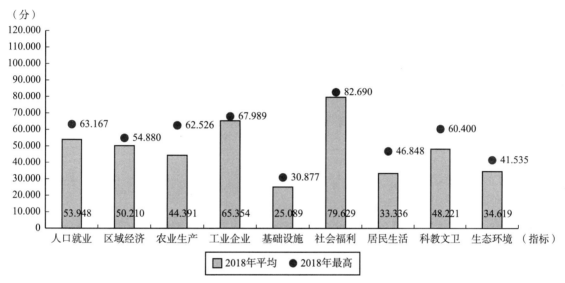

图 3 - 22　2018 年长江经济带综合发展水平强势区各二级指标的得分比较情况

根据图 3 - 23 对长江经济带综合发展水平优势区各项二级指标的平均得分情况展开分析。2014～2018 年，长江经济带优势区人口就业、区域经济的平均得分与最高得分差距较小，得分水平也较为均衡；社会福利、工业企业的平均得分较高；基础设施的平均得分偏低；农业生产、居民生活、科教文卫、生态环境的平均得分与最高分差距较大。

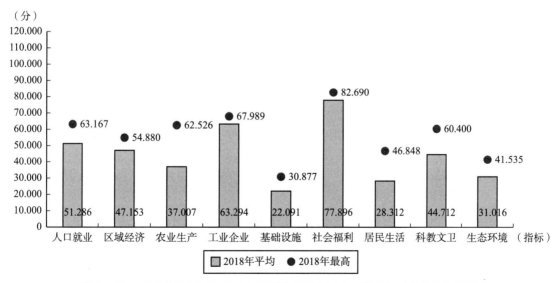

图 3 - 23　2018 年长江经济带综合发展水平优势区各二级指标的得分比较情况

根据图 3 - 24 对长江经济带综合发展水平中势区各项二级指标的平均得分情况展开分析。2014～2018

年，长江经济带中势区人口就业、区域经济的平均得分与最高得分差距较小，得分水平也较为均衡；社会福利、工业企业的平均得分较高；基础设施的平均得分偏低；农业生产、居民生活、科教文卫、生态环境的平均得分与最高分差距较大。

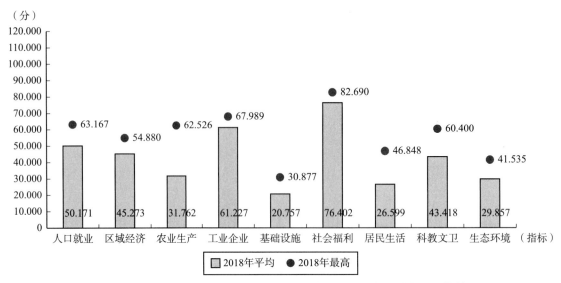

图 3 － 24　2018 年长江经济带综合发展水平中势区各二级指标的得分比较情况

根据图 3 － 25 对长江经济带综合发展水平劣势区各项二级指标的平均得分情况展开分析。2014 ～ 2018年，长江经济带劣势区人口就业、区域经济、教科文卫的平均得分与最高得分差距较小，得分水平也较为均衡；工业企业、社会福利的平均得分较高；基础设施的平均得分偏低；农业生产、居民生活、生态环境的平均得分与最高分差距较大。

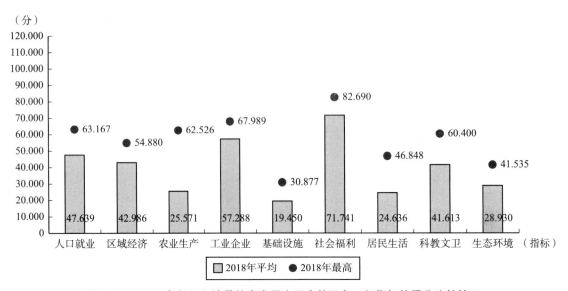

图 3 － 25　2018 年长江经济带综合发展水平劣势区各二级指标的得分比较情况

第四章 长江经济带东部地区城市综合发展水平评估分析

一、2014年长江经济带东部地区城市综合发展水平评估分析

（一）2014年长江经济带东部地区城市综合发展水平评估指标比较

根据表4-1对长江经济带东部地区各城市综合发展水平得分情况展开分析。其中，2014年东部地区各城市综合发展水平得分区间为371~479分。其中得分最高的为上海市（478.766分），最低分为金华市（371.436分），在东部地区中有5个城市（上海市、杭州市、南京市、苏州市、盐城市）的综合发展水平得分超过400分，其余的得分均低于400分。

表4-1　　　　　　　　　　2014年长江经济带东部地区综合发展得分

排名	地区	得分
1	上海市	478.766
2	杭州市	410.027
3	南京市	404.233
4	苏州市	401.854
5	盐城市	401.773
6	连云港市	396.317
7	舟山市	394.036
8	宿迁市	392.977
9	常州市	392.452
10	淮安市	391.746
11	无锡市	389.919
12	徐州市	389.144
13	衢州市	388.337
14	宁波市	387.729
15	南通市	386.569
16	丽水市	386.255
17	泰州市	385.647
18	扬州市	383.625
19	镇江市	382.360
20	湖州市	378.831
21	台州市	378.589
22	嘉兴市	377.789
23	温州市	377.005
24	绍兴市	373.306
25	金华市	371.436

根据表4－2对2014年长江经济带东部地区综合发展水平平均得分在长江经济带各城市群中排名情况展开分析。东部地区综合发展水平平均得分处于长江经济带各板块中的第1名，具备较强的发展优势。

表4－2   2014年长江经济带东部地区综合发展评分一级指标比较

项目	数据
排名	1
东部地区平均得分	392.029
经济带最高分	478.766
经济带平均分	391.561
与最高分差距	－86.737
与平均分差距	0.468

（二）2014年长江经济带东部地区城市综合发展水平的量化评估

根据表4－3对2014年长江经济带东部地区综合发展及各一级指标平均得分情况、排名情况进行分析。其中东部地区综合发展平均得分在长江经济带各板块中排名第1名。在二级指标中，人口就业发展水平平均得分为51.292分，在长江经济带各板块中排名第1名。区域经济发展水平平均得分为44.541分，在长江经济带各板块中排名第1名。农业生产发展水平平均得分为29.187分，在长江经济带各板块中排名第3名。工业企业发展水平平均得分为59.852分，在长江经济带各板块中排名第3名。基础设施发展水平平均得分为22.506分，在长江经济带各板块中排名第1名。社会福利发展水平平均得分为73.550分，在长江经济带各板块中排名第3名。居民生活发展水平平均得分为29.851分，在长江经济带各板块中排名第1名。科教文卫发展水平平均得分为49.369分，在长江经济带各板块中排名第1名。生态环境发展水平平均得分为31.882分，在长江经济带各板块中排名第1名。

表4－3   2014年长江经济带东部地区综合发展各级指标的得分、排名分析

排名	指标	得分
1	综合发展	392.029
1	人口就业	51.292
1	区域经济	44.541
1	基础设施	22.506
1	居民生活	29.851
1	科教文卫	49.369
1	生态环境	31.882
3	农业生产	29.187
3	工业企业	59.852
3	社会福利	73.550

（三）2014年长江经济带东部地区城市综合发展水平评估得分比较

根据图4－1对2014年长江经济带东部地区综合发展水平与长江经济带平均水平展开比较分析。2014年长江经济带东部地区在人口就业、区域经济、工业企业、社会福利、基础设施等方面与长江经济带最高分差距较小，发展优势明显。在生态环境、农业生产、居民生活、科教文卫等方面与最高分差距较大。

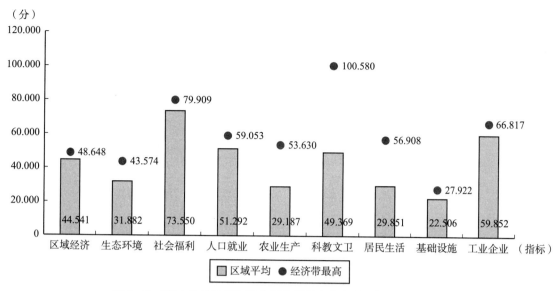

图 4 - 1 2014 年长江经济带东部地区综合发展水平指标得分比较

（四）2014 年长江经济带东部地区城市综合发展水平评估指标动态变化分析

根据图 4 - 2 对 2014～2015 年长江经济带东部地区各级指标排名变化情况展开分析。长江经济带东部地区各级指标中保持指标的比例较高，总体指标上升下降不明显。

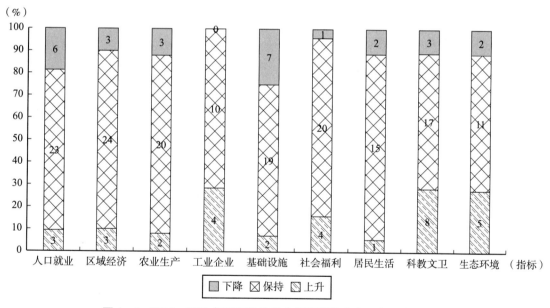

图 4 - 2 2014～2015 年长江经济带东部地区综合发展水平动态变化

表 4 - 4 进一步对 2014～2015 年东部地区 218 个要素指标的变化情况展开统计分析，其中上升指标有 32 个，占指标总数的 14.679%；保持的指标有 159 个，占指标总数的 72.936%；下降的指标有 27 个，占指标总数的 12.385%。

表 4 - 4 　　　　　　　　2014～2015 年长江经济带东部地区综合发展水平排名变化态势比较

指标	要素指标数量（个）	上升指标		保持指标		下降指标	
		个数（个）	比重（%）	个数（个）	比重（%）	个数（个）	比重（%）
人口就业	32	3	9.375	23	71.875	6	18.750

续表

指标	要素指标数量（个）	上升指标		保持指标		下降指标	
		个数（个）	比重（%）	个数（个）	比重（%）	个数（个）	比重（%）
区域经济	30	3	10.000	24	80.000	3	10.000
农业生产	25	2	8.000	20	80.000	3	12.000
工业企业	14	4	28.571	10	71.429	0	0.000
基础设施	28	2	7.143	19	67.857	7	25.000
社会福利	25	4	16.000	20	80.000	1	4.000
居民生活	18	1	5.556	15	83.333	2	11.111
科教文卫	28	8	28.571	17	60.714	3	10.714
生态环境	18	5	27.778	11	61.111	2	11.111
合计	218	32	14.679	159	72.936	27	12.385

（五）2014 年长江经济带东部地区各城市综合发展水平各级指标得分、排名及优劣度分析

根据表 4 - 5 对 2014 年上海市综合发展及各一级指标得分情况、排名情况、优劣度情况进行分析。其中，上海市综合发展水平得分为 478.766 分，在长江经济带中排名第 1 名，处于强势区。在一级指标中，上海市人口就业发展水平得分为 59.053 分，在长江经济带中排名第 1 名，处于强势区。上海市区域经济发展水平得分为 48.648 分，在长江经济带中排名第 1 名，处于强势区。上海市农业生产发展水平得分为 21.454 分，在长江经济带中排名第 108 名，处于劣势区。上海市工业企业发展水平得分为 63.239 分，在长江经济带中排名第 32 名，处于优势区。上海市基础设施发展水平得分为 27.922 分，在长江经济带中排名第 1 名，处于强势区。上海市社会福利发展水平得分为 64.357 分，在长江经济带中排名第 108 名，处于劣势区。上海市居民生活发展水平得分为 56.908 分，在长江经济带中排名第 1 名，处于强势区。上海市科教文卫发展水平得分为 100.580 分，在长江经济带中排名第 1 名，处于强势区。上海市生态环境发展水平得分为 36.606 分，在长江经济带中排名第 7 名，处于强势区。

表 4 - 5   2014 年上海市综合发展各一级指标的得分、排名及优劣度分析

排名	指标	得分	优劣度
1	综合发展	478.766	强势
1	人口就业	59.053	强势
1	区域经济	48.648	强势
1	基础设施	27.922	强势
1	居民生活	56.908	强势
1	科教文卫	100.580	强势
7	生态环境	36.606	强势
32	工业企业	63.239	优势
108	农业生产	21.454	劣势
108	社会福利	64.357	劣势

根据表 4 - 6 对 2014 年南京市综合发展及各一级指标得分情况、排名情况、优劣度情况进行分析。其中，南京市综合发展水平得分为 404.233 分，在长江经济带中排名第 11 名，处于强势区。在一级指标中，南京市人口就业发展水平得分为 53.923 分，在长江经济带中排名第 6 名，处于强势区。南京市区域经济发展水平得分为 47.311 分，在长江经济带中排名第 8 名，处于强势区。南京市农业生产发展水平得分为 23.362 分，在长江经济带中排名第 105 名，处于劣势区。南京市工业企业发展水平得分为 63.938 分，在长江经济带中排名第 24 名，处于强势区。南京市基础设施发展水平得分为 24.971 分，在长江经济带中排名第 4 名，处于强势区。南京市社会福利发展水平得分为 72.972 分，在长江经济带中排名第 75 名，处于中势区。南京市居民生活发展水平得分为 31.695 分，在长江经济带中排名第 8 名，处于强势区。南京市

科教文卫发展水平得分为 48.956 分，在长江经济带中排名第 12 名，处于强势区。南京市生态环境发展水平得分为 37.105 分，在长江经济带中排名第 5 名，处于强势区。

表 4 - 6　　　　　　　　　**2014 年南京市综合发展各一级指标的得分、排名及优劣度分析**

排名	指标	得分	优劣度
4	基础设施	24.971	强势
5	生态环境	37.105	强势
6	人口就业	53.923	强势
8	区域经济	47.311	强势
8	居民生活	31.695	强势
11	综合发展	404.233	强势
12	科教文卫	48.956	强势
24	工业企业	63.938	强势
75	社会福利	72.972	中势
105	农业生产	23.362	劣势

根据表 4 - 7 对 2014 年无锡市综合发展及各一级指标得分情况、排名情况、优劣度情况进行分析。其中，无锡市综合发展水平得分为 389.919 分，在长江经济带中排名第 50 名，处于优势区。在一级指标中，无锡市人口就业发展水平得分为 52.854 分，在长江经济带中排名第 11 名，处于强势区。无锡市区域经济发展水平得分为 44.562 分，在长江经济带中排名第 40 名，处于优势区。无锡市农业生产发展水平得分为 22.301 分，在长江经济带中排名第 107 名，处于劣势区。无锡市工业企业发展水平得分为 61.528 分，在长江经济带中排名第 63 名，处于中势区。无锡市基础设施发展水平得分为 24.961 分，在长江经济带中排名第 5 名，处于强势区。无锡市社会福利发展水平得分为 73.308 分，在长江经济带中排名第 70 名，处于中势区。无锡市居民生活发展水平得分为 28.523 分，在长江经济带中排名第 21 名，处于强势区。无锡市科教文卫发展水平得分为 47.203 分，在长江经济带中排名第 17 名，处于强势区。无锡市生态环境发展水平得分为 34.680 分，在长江经济带中排名第 13 名，处于强势区。

表 4 - 7　　　　　　　　　**2014 年无锡市综合发展各一级指标的得分、排名及优劣度分析**

排名	指标	得分	优劣度
5	基础设施	24.961	强势
11	人口就业	52.854	强势
13	生态环境	34.680	强势
17	科教文卫	47.203	强势
21	居民生活	28.523	强势
40	区域经济	44.562	优势
50	综合发展	389.919	优势
63	工业企业	61.528	中势
70	社会福利	73.308	中势
107	农业生产	22.301	劣势

根据表 4 - 8 对 2014 年徐州市综合发展及各一级指标得分情况、排名情况、优劣度情况进行分析。其中，徐州市综合发展水平得分为 389.144 分，在长江经济带中排名第 52 名，处于优势区。在一级指标中，徐州市人口就业发展水平得分为 51.674 分，在长江经济带中排名第 27 名，处于强势区。徐州市区域经济发展水平得分为 40.524 分，在长江经济带中排名第 101 名，处于劣势区。徐州市农业生产发展水平得分为 35.195 分，在长江经济带中排名第 61 名，处于中势区。徐州市工业企业发展水平得分为 61.096 分，在长江经济带中排名第 71 名，处于中势区。徐州市基础设施发展水平得分为 20.203 分，在长江经济带中排名第 77 名，处于中势区。徐州市社会福利发展水平得分为 79.151 分，在长江经济带中排名第 4 名，处于

强势区。徐州市居民生活发展水平得分为 24.780 分，在长江经济带中排名第 76 名，处于中势区。徐州市科教文卫发展水平得分为 46.770 分，在长江经济带中排名第 20 名，处于强势区。徐州市生态环境发展水平得分为 29.752 分，在长江经济带中排名第 92 名，处于劣势区。

表 4－8   **2014 年徐州市综合发展各一级指标的得分、排名及优劣度分析**

排名	指标	得分	优劣度
4	社会福利	79.151	强势
20	科教文卫	46.770	强势
27	人口就业	51.674	强势
52	综合发展	389.144	优势
61	农业生产	35.195	中势
71	工业企业	61.096	中势
76	居民生活	24.780	中势
77	基础设施	20.203	中势
92	生态环境	29.752	劣势
101	区域经济	40.524	劣势

根据表 4－9 对 2014 年常州市综合发展及各一级指标得分情况、排名情况、优劣度情况进行分析。其中，常州市综合发展水平得分为 392.452 分，在长江经济带中排名第 41 名，处于优势区。在一级指标中，常州市人口就业发展水平得分为 51.762 分，在长江经济带中排名第 23 名，处于强势区。常州市区域经济发展水平得分为 44.354 分，在长江经济带中排名第 44 名，处于优势区。常州市农业生产发展水平得分为 32.231 分，在长江经济带中排名第 67 名，处于中势区。常州市工业企业发展水平得分为 60.643 分，在长江经济带中排名第 79 名，处于中势区。常州市基础设施发展水平得分为 22.924 分，在长江经济带中排名第 22 名，处于强势区。常州市社会福利发展水平得分为 75.957 分，在长江经济带中排名第 28 名，处于优势区。常州市居民生活发展水平得分为 26.967 分，在长江经济带中排名第 35 名，处于优势区。常州市科教文卫发展水平得分为 46.145 分，在长江经济带中排名第 28 名，处于优势区。常州市生态环境发展水平得分为 31.469 分，在长江经济带中排名第 41 名，处于优势区。

表 4－9   **2014 年常州市综合发展各一级指标的得分、排名及优劣度分析**

排名	指标	得分	优劣度
22	基础设施	22.924	强势
23	人口就业	51.762	强势
28	社会福利	75.957	优势
28	科教文卫	46.145	优势
35	居民生活	26.967	优势
41	综合发展	392.452	优势
41	生态环境	31.469	优势
44	区域经济	44.354	优势
67	农业生产	32.231	中势
79	工业企业	60.643	中势

根据表 4－10 对 2014 年苏州市综合发展及各一级指标得分情况、排名情况、优劣度情况进行分析。其中，苏州市综合发展水平得分为 401.854 分，在长江经济带中排名第 14 名，处于强势区。在一级指标中，苏州市人口就业发展水平得分为 53.001 分，在长江经济带中排名第 8 名，处于强势区。苏州市区域经济发展水平得分为 47.145 分，在长江经济带中排名第 10 名，处于强势区。苏州市农业生产发展水平得分为 22.391 分，在长江经济带中排名第 106 名，处于劣势区。苏州市工业企业发展水平得分为 57.340 分，在长江经济带中排名第 103 名，处于劣势区。苏州市基础设施发展水平得分为 23.748 分，在长江经济带

中排名第 12 名，处于强势区。苏州市社会福利发展水平得分为 71.493 分，在长江经济带中排名第 90 名，处于劣势区。苏州市居民生活发展水平得分为 35.983 分，在长江经济带中排名第 3 名，处于强势区。苏州市科教文卫发展水平得分为 54.730 分，在长江经济带中排名第 7 名，处于强势区。苏州市生态环境发展水平得分为 36.024 分，在长江经济带中排名第 8 名，处于强势区。

表 4 - 10　　　　　　　　**2014 年苏州市综合发展各一级指标的得分、排名及优劣度分析**

排名	指标	得分	优劣度
3	居民生活	35.983	强势
7	科教文卫	54.730	强势
8	人口就业	53.001	强势
8	生态环境	36.024	强势
10	区域经济	47.145	强势
12	基础设施	23.748	强势
14	综合发展	401.854	强势
90	社会福利	71.493	劣势
103	工业企业	57.340	劣势
106	农业生产	22.391	劣势

根据表 4 - 11 对 2014 年南通市综合发展及各一级指标得分情况、排名情况、优劣度情况进行分析。其中，南通市综合发展水平得分为 386.569 分，在长江经济带中排名第 69 名，处于中势区。在一级指标中，南通市人口就业发展水平得分为 47.863 分，在长江经济带中排名第 104 名，处于劣势区。南通市区域经济发展水平得分为 43.449 分，在长江经济带中排名第 56 名，处于中势区。南通市农业生产发展水平得分为 29.490 分，在长江经济带中排名第 82 名，处于劣势区。南通市工业企业发展水平得分为 59.571 分，在长江经济带中排名第 92 名，处于劣势区。南通市基础设施发展水平得分为 24.200 分，在长江经济带中排名第 7 名，处于强势区。南通市社会福利发展水平得分为 75.929 分，在长江经济带中排名第 29 名，处于优势区。南通市居民生活发展水平得分为 29.427 分，在长江经济带中排名第 15 名，处于强势区。南通市科教文卫发展水平得分为 46.266 分，在长江经济带中排名第 26 名，处于强势区。南通市生态环境发展水平得分为 46.266 分，在长江经济带中排名第 63 名，处于中势区。

表 4 - 11　　　　　　　　**2014 年南通市综合发展各一级指标的得分、排名及优劣度分析**

排名	指标	得分	优劣度
7	基础设施	24.200	强势
15	居民生活	29.427	强势
26	科教文卫	46.266	强势
29	社会福利	75.929	优势
56	区域经济	43.449	中势
63	生态环境	46.266	中势
69	综合发展	386.569	中势
82	农业生产	29.490	劣势
92	工业企业	59.571	劣势
104	人口就业	47.863	劣势

根据表 4 - 12 对 2014 年连云港市综合发展及各一级指标得分情况、排名情况、优劣度情况进行分析。其中，连云港市综合发展水平得分为 396.317 分，在长江经济带中排名第 26 名，处于强势区。在一级指标中，连云港市人口就业发展水平得分为 50.977 分，在长江经济带中排名第 40 名，处于优势区。连云港市区域经济发展水平得分为 44.688 分，在长江经济带中排名第 35 名，处于优势区。连云港市农业生产发展水平得分为 39.045 分，在长江经济带中排名第 42 名，处于优势区。连云港市工业企业发展水平得分为

64.171 分，在长江经济带中排名第 21 名，处于强势区。连云港市基础设施发展水平得分为 18.993 分，在长江经济带中排名第 103 名，处于劣势区。连云港市社会福利发展水平得分为 77.984 分，在长江经济带中排名第 10 名，处于强势区。连云港市居民生活发展水平得分为 24.158 分，在长江经济带中排名第 89 名，处于劣势区。连云港市科教文卫发展水平得分为 45.588 分，在长江经济带中排名第 34 名，处于优势区。连云港市生态环境发展水平得分为 30.714 分，在长江经济带中排名第 54 名，处于优势区。

表 4-12　　　　　　　　　　2014 年连云港市综合发展各一级指标的得分、排名及优劣度分析

排名	指标	得分	优劣度
10	社会福利	77.984	强势
21	工业企业	64.171	强势
26	综合发展	396.317	强势
34	科教文卫	45.588	优势
35	区域经济	44.688	优势
40	人口就业	50.977	优势
42	农业生产	39.045	优势
54	生态环境	30.714	优势
89	居民生活	24.158	劣势
103	基础设施	18.993	劣势

根据表 4-13 对 2014 年淮安市综合发展及各一级指标得分情况、排名情况、优劣度情况进行分析。其中，淮安市综合发展水平得分为 391.746 分，在长江经济带中排名第 44 名，处于优势区。在一级指标中，淮安市人口就业发展水平得分为 50.287 分，在长江经济带中排名第 63 名，处于中势区。淮安市区域经济发展水平得分为 43.464 分，在长江经济带中排名第 55 名，处于中势区。淮安市农业生产发展水平得分为 36.322 分，在长江经济带中排名第 57 名，处于中势区。淮安市工业企业发展水平得分为 61.882 分，在长江经济带中排名第 52 名，处于优势区。淮安市基础设施发展水平得分为 20.194 分，在长江经济带中排名第 78 名，处于中势区。淮安市社会福利发展水平得分为 77.986 分，在长江经济带中排名第 9 名，处于强势区。淮安市居民生活发展水平得分为 26.304 分，在长江经济带中排名第 43 名，处于优势区。淮安市科教文卫发展水平得分为 44.673 分，在长江经济带中排名第 54 名，处于优势区。淮安市生态环境发展水平得分为 30.633 分，在长江经济带中排名第 56 名，处于中势区。

表 4-13　　　　　　　　　　2014 年淮安市综合发展各一级指标的得分、排名及优劣度分析

排名	指标	得分	优劣度
9	社会福利	77.986	强势
43	居民生活	26.304	优势
44	综合发展	391.746	优势
52	工业企业	61.882	优势
54	科教文卫	44.673	优势
55	区域经济	43.464	中势
56	生态环境	30.633	中势
57	农业生产	36.322	中势
63	人口就业	50.287	中势
78	基础设施	20.194	中势

根据表 4-14 对 2014 年盐城市综合发展及各一级指标得分情况、排名情况、优劣度情况进行分析。其中，盐城市综合发展水平得分为 401.773 分，在长江经济带中排名第 15 名，处于强势区。在一级指标中，盐城市人口就业发展水平得分为 52.253 分，在长江经济带中排名第 18 名，处于强势区。盐城市区域经济发展水平得分为 44.685 分，在长江经济带中排名第 36 名，处于优势区。盐城市农业生产发展水

分为 39.271 分，在长江经济带中排名第 39 名，处于优势区。盐城市工业企业发展水平得分为 59.773 分，在长江经济带中排名第 88 名，处于劣势区。盐城市基础设施发展水平得分为 23.566 分，在长江经济带中排名第 14 名，处于强势区。盐城市社会福利发展水平得分为 77.604 分，在长江经济带中排名第 12 名，处于强势区。盐城市居民生活发展水平得分为 25.363 分，在长江经济带中排名第 57 名，处于中势区。盐城市科教文卫发展水平得分为 46.744 分，在长江经济带中排名第 21 名，处于强势区。盐城市生态环境发展水平得分为 32.514 分，在长江经济带中排名第 26 名，处于强势区。

表 4 – 14　　　　　　　　2014 年盐城市综合发展各一级指标的得分、排名及优劣度分析

排名	指标	得分	优劣度
12	社会福利	77.604	强势
14	基础设施	23.566	强势
15	综合发展	401.773	强势
18	人口就业	52.253	强势
21	科教文卫	46.744	强势
26	生态环境	32.514	强势
36	区域经济	44.685	优势
39	农业生产	39.271	优势
57	居民生活	25.363	中势
88	工业企业	59.773	劣势

根据表 4 – 15 对 2014 年扬州市综合发展及各一级指标得分情况、排名情况、优劣度情况进行分析。其中，扬州市综合发展水平得分为 383.625 分，在长江经济带中排名第 87 名，处于劣势区。在一级指标中，扬州市人口就业发展水平得分为 48.283 分，在长江经济带中排名第 99 名，处于劣势区。扬州市区域经济发展水平得分为 44.579 分，在长江经济带中排名第 39 名，处于优势区。扬州市农业生产发展水平得分为 29.778 分，在长江经济带中排名第 81 名，处于中势区。扬州市工业企业发展水平得分为 60.422 分，在长江经济带中排名第 81 名，处于中势区。扬州市基础设施发展水平得分为 21.421 分，在长江经济带中排名第 45 名，处于优势区。扬州市社会福利发展水平得分为 77.578 分，在长江经济带中排名第 13 名，处于强势区。扬州市居民生活发展水平得分为 26.514 分，在长江经济带中排名第 39 名，处于优势区。扬州市科教文卫发展水平得分为 45.013 分，在长江经济带中排名第 43 名，处于优势区。扬州市生态环境发展水平得分为 30.037 分，在长江经济带中排名第 83 名，处于劣势区。

表 4 – 15　　　　　　　　2014 年扬州市综合发展各一级指标的得分、排名及优劣度分析

排名	指标	得分	优劣度
13	社会福利	77.578	强势
39	居民生活	26.514	优势
39	区域经济	44.579	优势
43	科教文卫	45.013	优势
45	基础设施	21.421	优势
81	工业企业	60.422	中势
81	农业生产	29.778	中势
83	生态环境	30.037	劣势
87	综合发展	383.625	劣势
99	人口就业	48.283	劣势

根据表 4 – 16 对 2014 年镇江市综合发展及各一级指标得分情况、排名情况、优劣度情况进行分析。其中，镇江市综合发展水平得分为 382.360 分，在长江经济带中排名第 91 名，处于劣势区。在一级指标中，镇江市人口就业发展水平得分为 50.283 分，在长江经济带中排名第 64 名，处于中势区。镇江市区域

经济发展水平得分为 44.844 分，在长江经济带中排名第 33 名，处于优势区。镇江市农业生产发展水平得分为 25.545 分，在长江经济带中排名第 99 名，处于劣势区。镇江市工业企业发展水平得分为 61.689 分，在长江经济带中排名第 58 名，处于中势区。镇江市基础设施发展水平得分为 21.401 分，在长江经济带中排名第 46 名，处于优势区。镇江市社会福利发展水平得分为 75.487 分，在长江经济带中排名第 37 名，处于优势区。镇江市居民生活发展水平得分为 24.873 分，在长江经济带中排名第 73 名，处于中势区。镇江市科教文卫发展水平得分为 46.321 分，在长江经济带中排名第 24 名，处于强势区。镇江市生态环境发展水平得分为 31.917 分，在长江经济带中排名第 35 名，处于优势区。

表 4－16   **2014 年镇江市综合发展各一级指标的得分、排名及优劣度分析**

排名	指标	得分	优劣度
24	科教文卫	46.321	强势
33	区域经济	44.844	优势
35	生态环境	31.917	优势
37	社会福利	75.487	优势
46	基础设施	21.401	优势
58	工业企业	61.689	中势
64	人口就业	50.283	中势
73	居民生活	24.873	中势
91	综合发展	382.360	劣势
99	农业生产	25.545	劣势

根据表 4－17 对 2014 年泰州市综合发展及各一级指标得分情况、排名情况、优劣度情况进行分析。其中，泰州市综合发展水平得分为 385.647 分，在长江经济带中排名第 75 名，处于中势区。在一级指标中，泰州市人口就业发展水平得分为 49.097 分，在长江经济带中排名第 87 名，处于劣势区。泰州市区域经济发展水平得分为 44.972 分，在长江经济带中排名第 30 名，处于优势区。泰州市农业生产发展水平得分为 29.275 分，在长江经济带中排名第 84 名，处于劣势区。泰州市工业企业发展水平得分为 59.656 分，在长江经济带中排名第 90 名，处于劣势区。泰州市基础设施发展水平得分为 23.830 分，在长江经济带中排名第 11 名，处于强势区。泰州市社会福利发展水平得分为 74.939 分，在长江经济带中排名第 47 名，处于优势区。泰州市居民生活发展水平得分为 28.622 分，在长江经济带中排名第 20 名，处于强势区。泰州市科教文卫发展水平得分为 45.165 分，在长江经济带中排名第 41 名，处于优势区。泰州市生态环境发展水平得分为 30.090 分，在长江经济带中排名第 79 名，处于中势区。

表 4－17   **2014 年泰州市综合发展各一级指标的得分、排名及优劣度分析**

排名	指标	得分	优劣度
11	基础设施	23.830	强势
20	居民生活	28.622	强势
30	区域经济	44.972	优势
41	科教文卫	45.165	优势
47	社会福利	74.939	优势
75	综合发展	385.647	中势
79	生态环境	30.090	中势
84	农业生产	29.275	劣势
87	人口就业	49.097	劣势
90	工业企业	59.656	劣势

根据表 4－18 对 2014 年宿迁市综合发展及各一级指标得分情况、排名情况、优劣度情况进行分析。其中，宿迁市综合发展水平得分为 392.977 分，在长江经济带中排名第 39 名，处于优势区。在一级指标

中，宿迁市人口就业发展水平得分为50.452分，在长江经济带中排名第56名，处于中势区。宿迁市区域经济发展水平得分为44.631分，在长江经济带中排名第38名，处于优势区。宿迁市农业生产发展水平得分为38.642分，在长江经济带中排名第46名，处于优势区。宿迁市工业企业发展水平得分为57.654分，在长江经济带中排名第102名，处于劣势区。宿迁市基础设施发展水平得分为21.457分，在长江经济带中排名第41名，处于优势区。宿迁市社会福利发展水平得分为78.614分，在长江经济带中排名第6名，处于强势区。宿迁市居民生活发展水平得分为28.687分，在长江经济带中排名第19名，处于强势区。宿迁市科教文卫发展水平得分为42.445分，在长江经济带中排名第86名，处于劣势区。宿迁市生态环境发展水平得分为30.394分，在长江经济带中排名第62名，处于中势区。

表 4 – 18　　　　　　　　　2014 年宿迁市综合发展各一级指标的得分、排名及优劣度分析

排名	指标	得分	优劣度
6	社会福利	78.614	强势
19	居民生活	28.687	强势
38	区域经济	44.631	优势
39	综合发展	392.977	优势
41	基础设施	21.457	优势
46	农业生产	38.642	优势
56	人口就业	50.452	中势
62	生态环境	30.394	中势
86	科教文卫	42.445	劣势
102	工业企业	57.654	劣势

根据表 4 – 19 对 2014 年杭州市综合发展及各一级指标得分情况、排名情况、优劣度情况进行分析。其中，杭州市综合发展水平得分为410.027分，在长江经济带中排名第7名，处于强势区。在一级指标中，杭州市人口就业发展水平得分为53.842分，在长江经济带中排名第7名，处于强势区。杭州市区域经济发展水平得分为45.927分，在长江经济带中排名第17名，处于强势区。杭州市农业生产发展水平得分为23.671分，在长江经济带中排名第104名，处于劣势区。杭州市工业企业发展水平得分为60.208分，在长江经济带中排名第84名，处于劣势区。杭州市基础设施发展水平得分为21.952分，在长江经济带中排名第31名，处于优势区。杭州市社会福利发展水平得分为69.420分，在长江经济带中排名第104名，处于劣势区。杭州市居民生活发展水平得分为40.353分，在长江经济带中排名第2名，处于强势区。杭州市科教文卫发展水平得分为60.848分，在长江经济带中排名第4名，处于强势区。杭州市生态环境发展水平得分为33.806分，在长江经济带中排名第16名，处于强势区。

表 4 – 19　　　　　　　　　2014 年杭州市综合发展各一级指标的得分、排名及优劣度分析

排名	指标	得分	优劣度
2	居民生活	40.353	强势
4	科教文卫	60.848	强势
7	综合发展	410.027	强势
7	人口就业	53.842	强势
16	生态环境	33.806	强势
17	区域经济	45.927	强势
31	基础设施	21.952	优势
84	工业企业	60.208	劣势
104	社会福利	69.420	劣势
104	农业生产	23.671	劣势

根据表 4 – 20 对 2014 年宁波市综合发展及各一级指标得分情况、排名情况、优劣度情况进行分析。

其中，宁波市综合发展水平得分为 387.729 分，在长江经济带中排名第 63 名，处于中势区。在一级指标中，宁波市人口就业发展水平得分为 52.840 分，在长江经济带中排名第 12 名，处于强势区。宁波市区域经济发展水平得分为 47.785 分，在长江经济带中排名第 5 名，处于强势区。宁波市农业生产发展水平得分为 26.712 分，在长江经济带中排名第 95 名，处于劣势区。宁波市工业企业发展水平得分为 56.014 分，在长江经济带中排名第 106 名，处于劣势区。宁波市基础设施发展水平得分为 22.022 分，在长江经济带中排名第 28 名，处于优势区。宁波市社会福利发展水平得分为 70.302 分，在长江经济带中排名第 100 名，处于劣势区。宁波市居民生活发展水平得分为 31.729 分，在长江经济带中排名第 7 名，处于强势区。宁波市科教文卫发展水平得分为 49.990 分，在长江经济带中排名第 10 名，处于强势区。宁波市生态环境发展水平得分为 30.335 分，在长江经济带中排名第 68 名，处于中势区。

表 4—20 　　　　　　　　　　2014 年宁波市综合发展各一级指标的得分、排名及优劣度分析

排名	指标	得分	优劣度
5	区域经济	47.785	强势
7	居民生活	31.729	强势
10	科教文卫	49.990	强势
12	人口就业	52.840	强势
28	基础设施	22.022	优势
63	综合发展	387.729	中势
68	生态环境	30.335	中势
95	农业生产	26.712	劣势
100	社会福利	70.302	劣势
106	工业企业	56.014	劣势

根据表 4—21 对 2014 年温州市综合发展及各一级指标得分情况、排名情况、优劣度情况进行分析。其中，温州市综合发展水平得分为 377.005 分，在长江经济带中排名第 103 名，处于劣势区。在一级指标中，温州市人口就业发展水平得分为 51.727 分，在长江经济带中排名第 26 名，处于强势区。温州市区域经济发展水平得分为 41.764 分，在长江经济带中排名第 89 名，处于劣势区。温州市农业生产发展水平得分为 24.660 分，在长江经济带中排名第 102 名，处于劣势区。温州市工业企业发展水平得分为 56.920 分，在长江经济带中排名第 105 名，处于劣势区。温州市基础设施发展水平得分为 22.055 分，在长江经济带中排名第 27 名，处于强势区。温州市社会福利发展水平得分为 70.834 分，在长江经济带中排名第 97 名，处于劣势区。温州市居民生活发展水平得分为 26.307 分，在长江经济带中排名第 42 名，处于优势区。温州市科教文卫发展水平得分为 53.168 分，在长江经济带中排名第 8 名，处于强势区。温州市生态环境发展水平得分为 29.571 分，在长江经济带中排名第 94 名，处于劣势区。

表 4—21 　　　　　　　　　　2014 年温州市综合发展各一级指标的得分、排名及优劣度分析

排名	指标	得分	优劣度
8	科教文卫	53.168	强势
26	人口就业	51.727	强势
27	基础设施	22.055	强势
42	居民生活	26.307	优势
89	区域经济	41.764	劣势
94	生态环境	29.571	劣势
97	社会福利	70.834	劣势
102	农业生产	24.660	劣势
103	综合发展	377.005	劣势
105	工业企业	56.920	劣势

　　根据表 4 - 22 对 2014 年嘉兴市综合发展及各一级指标得分情况、排名情况、优劣度情况进行分析。其中，嘉兴市综合发展水平得分为 377.789 分，在长江经济带中排名第 100 名，处于劣势区。在一级指标中，嘉兴市人口就业发展水平得分为 52.168 分，在长江经济带中排名第 19 名，处于强势区。嘉兴市区域经济发展水平得分为 44.251 分，在长江经济带中排名第 47 名，处于优势区。嘉兴市农业生产发展水平得分为 26.204 分，在长江经济带中排名第 96 名，处于劣势区。嘉兴市工业企业发展水平得分为 53.301 分，在长江经济带中排名第 107 名，处于劣势区。嘉兴市基础设施发展水平得分为 21.831 分，在长江经济带中排名第 35 名，处于优势区。嘉兴市社会福利发展水平得分为 71.212 分，在长江经济带中排名第 95 名，处于劣势区。嘉兴市居民生活发展水平得分为 26.363 分，在长江经济带中排名第 41 名，处于优势区。嘉兴市科教文卫发展水平得分为 49.796 分，在长江经济带中排名第 11 名，处于强势区。嘉兴市生态环境发展水平得分为 32.663 分，在长江经济带中排名第 23 名，处于强势区。

表 4 - 22　　　　　　　　　　2014 年嘉兴市综合发展各一级指标的得分、排名及优劣度分析

排名	指标	得分	优劣度
11	科教文卫	49.796	强势
19	人口就业	52.168	强势
23	生态环境	32.663	强势
35	基础设施	21.831	优势
41	居民生活	26.363	优势
47	区域经济	44.251	优势
95	社会福利	71.212	劣势
96	农业生产	26.204	劣势
100	综合发展	377.789	劣势
107	工业企业	53.301	劣势

　　根据表 4 - 23 对 2014 年湖州市综合发展及各一级指标得分情况、排名情况、优劣度情况进行分析。其中，湖州市综合发展水平得分为 378.831 分，在长江经济带中排名第 96 名，处于劣势区。在一级指标中，湖州市人口就业发展水平得分为 50.572 分，在长江经济带中排名第 52 名，处于优势区。湖州市区域经济发展水平得分为 42.919 分，在长江经济带中排名第 61 名，处于中势区。湖州市农业生产发展水平得分为 28.558 分，在长江经济带中排名第 86 名，处于劣势区。湖州市工业企业发展水平得分为 60.415 分，在长江经济带中排名第 82 名，处于劣势区。湖州市基础设施发展水平得分为 21.927 分，在长江经济带中排名第 33 名，处于优势区。湖州市社会福利发展水平得分为 72.534 分，在长江经济带中排名第 85 名，处于劣势区。湖州市居民生活发展水平得分为 24.928 分，在长江经济带中排名第 71 名，处于中势区。湖州市科教文卫发展水平得分为 44.561 分，在长江经济带中排名第 57 名，处于中势区。湖州市生态环境发展水平得分为 32.416 分，在长江经济带中排名第 27 名，处于强势区。

表 4 - 23　　　　　　　　　　2014 年湖州市综合发展各一级指标的得分、排名及优劣度分析

排名	指标	得分	优劣度
27	生态环境	32.416	强势
33	基础设施	21.927	优势
52	人口就业	50.572	优势
57	科教文卫	44.561	中势
61	区域经济	42.919	中势
71	居民生活	24.928	中势
82	工业企业	60.415	劣势
85	社会福利	72.534	劣势
86	农业生产	28.558	劣势
96	综合发展	378.831	劣势

　　根据表4-24对2014年绍兴市综合发展及各一级指标得分情况、排名情况、优劣度情况进行分析。其中，绍兴市综合发展水平得分为373.306分，在长江经济带中排名第105名，处于劣势区。在一级指标中，绍兴市人口就业发展水平得分为47.201分，在长江经济带中排名第105名，处于劣势区。绍兴市区域经济发展水平得分为42.842分，在长江经济带中排名第66名，处于中势区。绍兴市农业生产发展水平得分为27.427分，在长江经济带中排名第92名，处于劣势区。绍兴市工业企业发展水平得分为59.840分，在长江经济带中排名第87名，处于劣势区。绍兴市基础设施发展水平得分为20.330分，在长江经济带中排名第71名，处于中势区。绍兴市社会福利发展水平得分为71.838分，在长江经济带中排名第88名，处于劣势区。绍兴市居民生活发展水平得分为28.050分，在长江经济带中排名第26名，处于强势区。绍兴市科教文卫发展水平得分为44.730分，在长江经济带中排名第51名，处于优势区。绍兴市生态环境发展水平得分为31.048分，在长江经济带中排名第46名，处于优势区。

表4-24　　　　　　　　　　2014年绍兴市综合发展各一级指标的得分、排名及优劣度分析

排名	指标	得分	优劣度
26	居民生活	28.050	强势
46	生态环境	31.048	优势
51	科教文卫	44.730	优势
66	区域经济	42.842	中势
71	基础设施	20.330	中势
87	工业企业	59.840	劣势
88	社会福利	71.838	劣势
92	农业生产	27.427	劣势
105	人口就业	47.201	劣势
105	综合发展	373.306	劣势

　　根据表4-25对2014年金华市综合发展及各一级指标得分情况、排名情况、优劣度情况进行分析。其中，金华市综合发展水平得分为371.436分，在长江经济带中排名第107名，处于劣势区。在一级指标中，金华市人口就业发展水平得分为49.929分，在长江经济带中排名第74名，处于中势区。金华市区域经济发展水平得分为42.194分，在长江经济带中排名第78名，处于中势区。金华市农业生产发展水平得分为24.883分，在长江经济带中排名第101名，处于劣势区。金华市工业企业发展水平得分为52.942分，在长江经济带中排名第108名，处于劣势区。金华市基础设施发展水平得分为23.348分，在长江经济带中排名第16名，处于强势区。金华市社会福利发展水平得分为71.233分，在长江经济带中排名第94名，处于劣势区。金华市居民生活发展水平得分为30.907分，在长江经济带中排名第10名，处于强势区。金华市科教文卫发展水平得分为45.669分，在长江经济带中排名第32名，处于优势区。金华市生态环境发展水平得分为30.331分，在长江经济带中排名第69名，处于中势区。

表4-25　　　　　　　　　　2014年金华市综合发展各一级指标的得分、排名及优劣度分析

排名	指标	得分	优劣度
10	居民生活	30.907	强势
16	基础设施	23.348	强势
32	科教文卫	45.669	优势
69	生态环境	30.331	中势
74	人口就业	49.929	中势
78	区域经济	42.194	中势
94	社会福利	71.233	劣势
101	农业生产	24.883	劣势
107	综合发展	371.436	劣势
108	工业企业	52.942	劣势

根据表 4 - 26 对 2014 年衢州市综合发展及各一级指标得分情况、排名情况、优劣度情况进行分析。其中，衢州市综合发展水平得分为 388.337 分，在长江经济带中排名第 57 名，处于中势区。在一级指标中，衢州市人口就业发展水平得分为 51.009 分，在长江经济带中排名第 38 名，处于优势区。衢州市区域经济发展水平得分为 45.758 分，在长江经济带中排名第 20 名，处于强势区。衢州市农业生产发展水平得分为 29.940 分，在长江经济带中排名第 80 名，处于中势区。衢州市工业企业发展水平得分为 62.719 分，在长江经济带中排名第 41 名，处于优势区。衢州市基础设施发展水平得分为 21.067 分，在长江经济带中排名第 51 名，处于优势区。衢州市社会福利发展水平得分为 72.661 分，在长江经济带中排名第 79 名，处于中势区。衢州市居民生活发展水平得分为 27.387 分，在长江经济带中排名第 31 名，处于优势区。衢州市科教文卫发展水平得分为 44.707 分，在长江经济带中排名第 52 名，处于优势区。衢州市生态环境发展水平得分为 33.089 分，在长江经济带中排名第 19 名，处于强势区。

表 4 - 26　　　　　　　　2014 年衢州市综合发展各一级指标的得分、排名及优劣度分析

排名	指标	得分	优劣度
19	生态环境	33.089	强势
20	区域经济	45.758	强势
31	居民生活	27.387	优势
38	人口就业	51.009	优势
41	工业企业	62.719	优势
51	基础设施	21.067	优势
52	科教文卫	44.707	优势
57	综合发展	388.337	中势
79	社会福利	72.661	中势
80	农业生产	29.940	中势

根据表 4 - 27 对 2014 年舟山市综合发展及各一级指标得分情况、排名情况、优劣度情况进行分析。其中，舟山市综合发展水平得分为 394.036 分，在长江经济带中排名第 37 名，处于优势区。在一级指标中，舟山市人口就业发展水平得分为 50.484 分，在长江经济带中排名第 54 名，处于优势区。舟山市区域经济发展水平得分为 48.277 分，在长江经济带中排名第 2 名，处于强势区。舟山市农业生产发展水平得分为 33.720 分，在长江经济带中排名第 64 名，处于中势区。舟山市工业企业发展水平得分为 65.652 分，在长江经济带中排名第 9 名，处于强势区。舟山市基础设施发展水平得分为 23.073 分，在长江经济带中排名第 19 名，处于强势区。舟山市社会福利发展水平得分为 69.528 分，在长江经济带中排名第 103 名，处于劣势区。舟山市居民生活发展水平得分为 32.500 分，在长江经济带中排名第 5 名，处于强势区。舟山市科教文卫发展水平得分为 40.760 分，在长江经济带中排名第 100 名，处于劣势区。舟山市生态环境发展水平得分为 30.044 分，在长江经济带中排名第 82 名，处于劣势区。

表 4 - 27　　　　　　　　2014 年舟山市综合发展各一级指标的得分、排名及优劣度分析

排名	指标	得分	优劣度
2	区域经济	48.277	强势
5	居民生活	32.500	强势
9	工业企业	65.652	强势
19	基础设施	23.073	强势
37	综合发展	394.036	优势
54	人口就业	50.484	优势
64	农业生产	33.720	中势
82	生态环境	30.044	劣势
100	科教文卫	40.760	劣势
103	社会福利	69.528	劣势

由表4－28对2014年台州市综合发展及各一级指标得分情况、排名情况、优劣度情况进行分析。其中，台州市综合发展水平得分为378.589分，在长江经济带中排名第98名，处于劣势区。在一级指标中，台州市人口就业发展水平得分为50.001分，在长江经济带中排名第71名，处于中势区。台州市区域经济发展水平得分为41.994分，在长江经济带中排名第86名，处于劣势区。台州市农业生产发展水平得分为29.317分，在长江经济带中排名第83名，处于劣势区。台州市工业企业发展水平得分为57.215分，在长江经济带中排名第104名，处于劣势区。台州市基础设施发展水平得分为22.317分，在长江经济带中排名第25名，处于强势区。台州市社会福利发展水平得分为73.705分，在长江经济带中排名第66名，处于中势区。台州市居民生活发展水平得分为29.260分，在长江经济带中排名第17名，处于强势区。台州市科教文卫发展水平得分为44.944分，在长江经济带中排名第44名，处于优势区。台州市生态环境发展水平得分为29.836分，在长江经济带中排名第89名，处于劣势区。

表4－28　　　　　　　　　　2014年台州市综合发展各一级指标的得分、排名及优劣度分析

排名	指标	得分	优劣度
17	居民生活	29.260	强势
25	基础设施	22.317	强势
44	科教文卫	44.944	优势
66	社会福利	73.705	中势
71	人口就业	50.001	中势
83	农业生产	29.317	劣势
86	区域经济	41.994	劣势
89	生态环境	29.836	劣势
98	综合发展	378.589	劣势
104	工业企业	57.215	劣势

由表4－29对2014年丽水市综合发展及各一级指标得分情况、排名情况、优劣度情况进行分析。其中，丽水市综合发展水平得分为386.255分，在长江经济带中排名第70名，处于中势区。在一级指标中，丽水市人口就业发展水平得分为50.762分，在长江经济带中排名第45名，处于优势区。丽水市区域经济发展水平得分为41.950分，在长江经济带中排名第87名，处于劣势区。丽水市农业生产发展水平得分为30.290分，在长江经济带中排名第77名，处于中势区。丽水市工业企业发展水平得分为58.474分，在长江经济带中排名第99名，处于劣势区。丽水市基础设施发展水平得分为22.935分，在长江经济带中排名第21名，处于强势区。丽水市社会福利发展水平得分为72.121分，在长江经济带中排名第87名，处于劣势区。丽水市居民生活发展水平得分为29.679分，在长江经济带中排名第14名，处于强势区。丽水市科教文卫发展水平得分为48.446分，在长江经济带中排名第13名，处于强势区。丽水市生态环境发展水平得分为31.599分，在长江经济带中排名第38名，处于优势区。

表4－29　　　　　　　　　　2014年丽水市综合发展各一级指标的得分、排名及优劣度分析

排名	指标	得分	优劣度
13	科教文卫	48.446	强势
14	居民生活	29.679	强势
21	基础设施	22.935	强势
38	生态环境	31.599	优势
45	人口就业	50.762	优势
70	综合发展	386.255	中势
77	农业生产	30.290	中势
87	社会福利	72.121	劣势
87	区域经济	41.950	劣势
99	工业企业	58.474	劣势

二、2015 年长江经济带东部地区城市综合发展水平评估分析

（一）2015 年长江经济带东部地区城市综合发展水平评估指标比较

根据表 4 - 30 对长江经济带东部地区的城市综合发展水平得分情况展开分析。其中，2015 年东部地区各城市综合发展水平得分区间为 372 ~ 468 分。其中得分最高的为上海市（467.529 分），最低分为金华市（372.043 分），在东部地区中有 6 个城市（上海市、杭州市、南京市、苏州市、连云港市、舟山市）的综合发展水平得分超过 400 分，其余城市的得分均低于 400 分。

表 4 - 30　　　　　　　　　　2015 年长江经济带东部地区综合发展得分

排名	地区	得分
1	上海市	467.529
2	杭州市	422.761
3	南京市	420.640
4	苏州市	406.094
5	连云港市	405.021
6	舟山市	401.327
7	盐城市	398.550
8	丽水市	397.635
9	常州市	396.584
10	衢州市	396.473
11	无锡市	395.334
12	宿迁市	394.711
13	淮安市	392.555
14	徐州市	390.829
15	南通市	390.558
16	扬州市	388.914
17	宁波市	388.866
18	嘉兴市	388.639
19	镇江市	386.268
20	绍兴市	385.630
21	泰州市	383.949
22	湖州市	383.945
23	台州市	382.377
24	温州市	378.486
25	金华市	372.043

根据表 4 - 31 对 2015 年长江经济带东部地区综合发展水平平均得分在长江经济带各城市群中排名情况展开分析。东部地区综合发展水平平均得分处于长江经济带各板块中的第 1 名，具备较强的发展优势。

表 4 - 31　　　　　　　　　2015 年长江经济带东部地区综合发展评分一级指标比较

项目	数据
排名	1
东部地区平均得分	396.629
经济带最高分	467.529
经济带平均分	394.097
与最高分差距	- 70.900
与平均分差距	2.532

（二）2015 年长江经济带东部地区城市综合发展水平的量化评估

根据表 4－32 对 2015 年长江经济带东部地区综合发展及各一级指标平均得分情况、排名情况进行分析。其中，东部地区综合发展平均得分在长江经济带各板块中排名第 1 名。在一级指标中，人口就业发展水平平均得分为 51.090 分，在长江经济带各板块中排名第 1 名。区域经济发展水平平均得分为 45.206 分，在长江经济带各板块中排名第 1 名。农业生产发展水平平均得分为 29.439 分，在长江经济带各板块中排名第 3 名。工业企业发展水平平均得分为 60.114 分，在长江经济带各板块中排名第 3 名。基础设施发展水平平均得分为 22.458 分，在长江经济带各板块中排名第 1 名。社会福利发展水平平均得分为 75.151 分，在长江经济带各板块中排名第 2 名。居民生活发展水平平均得分为 30.681 分，在长江经济带各板块中排名第 1 名。科教文卫发展水平平均得分为 50.324 分，在长江经济带各板块中排名第 1 名。生态环境发展水平平均得分为 32.165 分，在长江经济带各板块中排名第 2 名。

表 4－32　　　　　　　　2015 年长江经济带东部地区综合发展各一级指标的得分、排名分析

排名	指标	得分
1	综合发展	396.629
1	人口就业	51.090
1	区域经济	45.206
1	基础设施	22.458
1	居民生活	30.681
1	科教文卫	50.324
2	社会福利	75.151
2	生态环境	32.165
3	农业生产	29.439
3	工业企业	60.114

（三）2015 年长江经济带东部地区城市综合发展水平评估得分比较

根据图 4－3 对 2015 年长江经济带东部地区综合发展水平与长江经济带平均水平展开比较分析。长江经济带东部地区在人口就业、区域经济、工业企业、社会福利、基础设施等方面与长江经济带最高分差距较小，发展优势明显。在农业生产、居民生活、科教文卫、生态环境等方面与最高分差距较大。

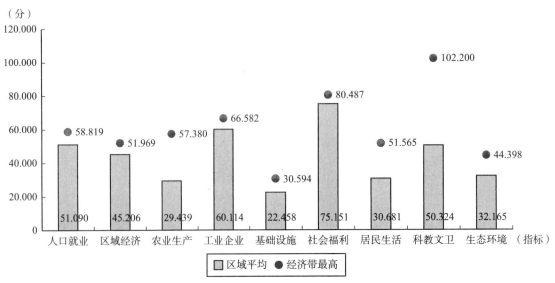

图 4－3　2015 年长江经济带东部地区综合发展水平指标得分比较

（四）2015 年长江经济带东部地区城市综合发展水平评估指标动态变化分析

根据图 4 - 4 对 2015～2016 年长江经济带东部地区各级指标排名变化情况展开分析。长江经济带东部地区各级指标中保持指标的比例较高，总体指标上升下降不明显。

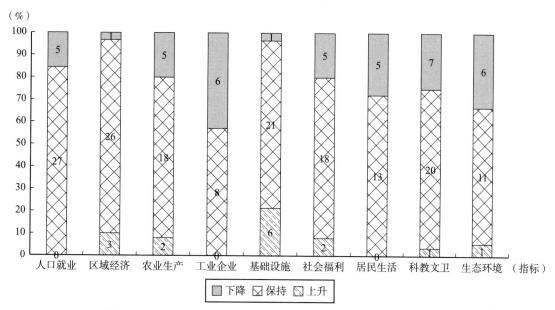

图 4 - 4　2015～2016 年长江经济带东部地区综合发展水平动态变化

表 4 - 33 进一步对 2015～2016 年东部地区 218 个要素指标的变化情况展开统计分析，其中上升指标有 15 个，占指标总数的 6.881%；保持的指标有 162 个，占指标总数的 74.312%；下降的指标有 41 个，占指标总数的 18.807%。

表 4 - 33　　　　　　2015～2016 年长江经济带东部地区综合发展水平排名变化态势比较

指标	要素指标数量（个）	上升指标		保持指标		下降指标	
		个数（个）	比重（%）	个数（个）	比重（%）	个数（个）	比重（%）
人口就业	32	0	0.000	27	84.375	5	15.625
区域经济	30	3	10.000	26	86.667	1	3.333
农业生产	25	2	8.000	18	72.000	5	20.000
工业企业	14	0	0.000	8	57.143	6	42.857
基础设施	28	6	21.429	21	75.000	1	3.571
社会福利	25	2	8.000	18	72.000	5	20.000
居民生活	18	0	0.000	13	72.222	5	27.778
科教文卫	28	1	3.571	20	71.429	7	25.000
生态环境	18	1	5.556	11	61.111	6	33.333
合计	218	15	6.881	162	74.312	41	18.807

（五）2015 年长江经济带东部地区各城市综合发展水平各级指标得分、排名及优劣度分析

根据表 4 - 34 对 2015 年上海市综合发展及各一级指标得分情况、排名情况、优劣度情况进行分析。其中，上海市综合发展水平得分为 467.529 分，在长江经济带中排名第 1 名，处于强势区。在一级指标中，上海市人口就业发展水平得分为 58.819 分，在长江经济带中排名第 1 名，处于强势区。上海市区域经济发展水平得分为 49.541 分，在长江经济带中排名第 3 名，处于强势区。上海市农业生产发展水平得分为 21.458 分，在长江经济带中排名第 108 名，处于劣势区。上海市工业企业发展水平得分为 61.634 分，

在长江经济带中排名第 59 名，处于中势区。上海市基础设施发展水平得分为 25.575 分，在长江经济带中排名第 6 名，处于强势区。上海市社会福利发展水平得分为 62.933 分，在长江经济带中排名第 108 名，处于劣势区。上海市居民生活发展水平得分为 51.565 分，在长江经济带中排名第 1 名，处于强势区。上海市科教文卫发展水平得分为 102.200 分，在长江经济带中排名第 1 名，处于强势区。上海市生态环境发展水平得分为 33.803 分，在长江经济带中排名第 16 名，处于强势区。

表 4－34　　　　　　　　　　2015 年上海市综合发展各一级指标的得分、排名及优劣度分析

排名	指标	得分	优劣度
1	综合发展	467.529	强势
1	人口就业	58.819	强势
1	居民生活	51.565	强势
1	科教文卫	102.200	强势
3	区域经济	49.541	强势
6	基础设施	25.575	强势
16	生态环境	33.803	强势
59	工业企业	61.634	中势
108	农业生产	21.458	劣势
108	社会福利	62.933	劣势

　　根据表 4－35 对 2015 年南京市综合发展及各一级指标得分情况、排名情况、优劣度情况进行分析。其中，南京市综合发展水平得分为 420.640 分，在长江经济带中排名第 5 名，处于强势区。在一级指标中，南京市人口就业发展水平得分为 54.438 分，在长江经济带中排名第 3 名，处于强势区。南京市区域经济发展水平得分为 48.688 分，在长江经济带中排名第 5 名，处于强势区。南京市农业生产发展水平得分为 23.754 分，在长江经济带中排名第 105 名，处于劣势区。南京市工业企业发展水平得分为 65.277 分，在长江经济带中排名第 5 名，处于强势区。南京市基础设施发展水平得分为 23.734 分，在长江经济带中排名第 12 名，处于强势区。南京市社会福利发展水平得分为 73.482 分，在长江经济带中排名第 97 名，处于劣势区。南京市居民生活发展水平得分为 38.687 分，在长江经济带中排名第 3 名，处于强势区。南京市科教文卫发展水平得分为 57.898 分，在长江经济带中排名第 5 名，处于强势区。南京市生态环境发展水平得分为 34.681 分，在长江经济带中排名第 12 名，处于强势区。

表 4－35　　　　　　　　　　2015 年南京市综合发展各一级指标的得分、排名及优劣度分析

排名	指标	得分	优劣度
3	人口就业	54.438	强势
3	居民生活	38.687	强势
5	综合发展	420.640	强势
5	区域经济	48.688	强势
5	工业企业	65.277	强势
5	科教文卫	57.898	强势
12	基础设施	23.734	强势
12	生态环境	34.681	强势
97	社会福利	73.482	劣势
105	农业生产	23.754	劣势

　　根据表 4－36 对 2015 年无锡市综合发展及各一级指标得分情况、排名情况、优劣度情况进行分析。其中，无锡市综合发展水平得分为 395.334 分，在长江经济带中排名第 36 名，处于优势区。在一级指标中，无锡市人口就业发展水平得分为 53.227 分，在长江经济带中排名第 8 名，处于强势区。无锡市区域经济发展水平得分为 45.353 分，在长江经济带中排名第 34 名，处于优势区。无锡市农业生产发展水平得

分为 22.223 分，在长江经济带中排名第 106 名，处于劣势区。无锡市工业企业发展水平得分为 62.854 分，在长江经济带中排名第 39 名，处于优势区。无锡市基础设施发展水平得分为 25.646 分，在长江经济带中排名第 5 名，处于强势区。无锡市社会福利发展水平得分为 73.526 分，在长江经济带中排名第 96 名，处于劣势区。无锡市居民生活发展水平得分为 30.921 分，在长江经济带中排名第 14 名，处于强势区。无锡市科教文卫发展水平得分为 47.729 分，在长江经济带中排名第 16 名，处于强势区。无锡市生态环境发展水平得分为 33.855 分，在长江经济带中排名第 15 名，处于强势区。

表 4-36　　　　　　　2015 年无锡市综合发展各一级指标的得分、排名及优劣度分析

排名	指标	得分	优劣度
5	基础设施	25.646	强势
8	人口就业	53.227	强势
14	居民生活	30.921	强势
15	生态环境	33.855	强势
16	科教文卫	47.729	强势
34	区域经济	45.353	优势
36	综合发展	395.334	优势
39	工业企业	62.854	优势
96	社会福利	73.526	劣势
106	农业生产	22.223	劣势

根据表 4-37 对 2015 年徐州市综合发展及各一级指标得分情况、排名情况、优劣度情况进行分析。其中，徐州市综合发展水平得分为 390.829 分，在长江经济带中排名第 63 名，处于中势区。在一级指标中，徐州市人口就业发展水平得分为 51.663 分，在长江经济带中排名第 20 名，处于强势区。徐州市区域经济发展水平得分为 40.683 分，在长江经济带中排名第 101 名，处于劣势区。徐州市农业生产发展水平得分为 35.018 分，在长江经济带中排名第 63 名，处于中势区。徐州市工业企业发展水平得分为 61.895 分，在长江经济带中排名第 54 名，处于优势区。徐州市基础设施发展水平得分为 19.490 分，在长江经济带中排名第 86 名，处于劣势区。徐州市社会福利发展水平得分为 79.790 分，在长江经济带中排名第 4 名，处于强势区。徐州市居民生活发展水平得分为 25.040 分，在长江经济带中排名第 92 名，处于劣势区。徐州市科教文卫发展水平得分为 47.008 分，在长江经济带中排名第 19 名，处于强势区。徐州市生态环境发展水平得分为 30.243 分，在长江经济带中排名第 66 名，处于中势区。

表 4-37　　　　　　　2015 年徐州市综合发展各一级指标的得分、排名及优劣度分析

排名	指标	得分	优劣度
4	社会福利	79.790	强势
19	科教文卫	47.008	强势
20	人口就业	51.663	强势
54	工业企业	61.895	优势
63	综合发展	390.829	中势
63	农业生产	35.018	中势
66	生态环境	30.243	中势
86	基础设施	19.490	劣势
92	居民生活	25.040	劣势
101	区域经济	40.683	劣势

根据表 4-38 对 2015 年常州市综合发展及各一级指标得分情况、排名情况、优劣度情况进行分析。其中，常州市综合发展水平得分为 396.584 分，在长江经济带中排名第 31 名，处于优势区。在一级指标中，常州市人口就业发展水平得分为 52.111 分，在长江经济带中排名第 16 名，处于强势区。常州市区域

经济发展水平得分为 44.269 分，在长江经济带中排名第 54 名，处于优势区。常州市农业生产发展水平得分为 31.335 分，在长江经济带中排名第 73 名，处于中势区。常州市工业企业发展水平得分为 62.085 分，在长江经济带中排名第 49 名，处于优势区。常州市基础设施发展水平得分为 23.674 分，在长江经济带中排名第 13 名，处于强势区。常州市社会福利发展水平得分为 76.491 分，在长江经济带中排名第 41 名，处于优势区。常州市居民生活发展水平得分为 28.745 分，在长江经济带中排名第 28 名，处于优势区。常州市科教文卫发展水平得分为 46.311 分，在长江经济带中排名第 24 名，处于强势区。常州市生态环境发展水平得分为 31.564 分，在长江经济带中排名第 38 名，处于优势区。

表 4－38 　　　　　　　　　2015 年常州市综合发展各一级指标的得分、排名及优劣度分析

排名	指标	得分	优劣度
13	基础设施	23.674	强势
16	人口就业	52.111	强势
24	科教文卫	46.311	强势
28	居民生活	28.745	优势
31	综合发展	396.584	优势
38	生态环境	31.564	优势
41	社会福利	76.491	优势
49	工业企业	62.085	优势
54	区域经济	44.269	优势
73	农业生产	31.335	中势

根据表 4－39 对 2015 年苏州市综合发展及各一级指标得分情况、排名情况、优劣度情况进行分析。其中，苏州市综合发展水平得分为 406.094 分，在长江经济带中排名第 11 名，处于强势区。在一级指标中，苏州市人口就业发展水平得分为 50.084 分，在长江经济带中排名第 63 名，处于中势区。苏州市区域经济发展水平得分为 47.303 分，在长江经济带中排名第 12 名，处于强势区。苏州市农业生产发展水平得分为 22.071 分，在长江经济带中排名第 107 名，处于劣势区。苏州市工业企业发展水平得分为 60.000 分，在长江经济带中排名第 83 名，处于劣势区。苏州市基础设施发展水平得分为 24.748 分，在长江经济带中排名第 7 名，处于强势区。苏州市社会福利发展水平得分为 71.382 分，在长江经济带中排名第 103 名，处于劣势区。苏州市居民生活发展水平得分为 34.478 分，在长江经济带中排名第 4 名，处于强势区。苏州市科教文卫发展水平得分为 56.330 分，在长江经济带中排名第 6 名，处于强势区。苏州市生态环境发展水平得分为 39.698 分，在长江经济带中排名第 4 名，处于强势区。

表 4－39 　　　　　　　　　2015 年苏州市综合发展各一级指标的得分、排名及优劣度分析

排名	指标	得分	优劣度
4	居民生活	34.478	强势
4	生态环境	39.698	强势
6	科教文卫	56.330	强势
7	基础设施	24.748	强势
11	综合发展	406.094	强势
12	区域经济	47.303	强势
63	人口就业	50.084	中势
83	工业企业	60.000	劣势
103	社会福利	71.382	劣势
107	农业生产	22.071	劣势

根据表 4－40 对 2015 年南通市综合发展及各一级指标得分情况、排名情况、优劣度情况进行分析。其中，南通市综合发展水平得分为 390.558 分，在长江经济带中排名第 66 名，处于中势区。在一级指标

中，南通市人口就业发展水平得分为 47.762 分，在长江经济带中排名第 100 名，处于劣势区。南通市区域经济发展水平得分为 43.895 分，在长江经济带中排名第 56 名，处于中势区。南通市农业生产发展水平得分为 28.971 分，在长江经济带中排名第 85 名，处于劣势区。南通市工业企业发展水平得分为 60.257 分，在长江经济带中排名第 78 名，处于中势区。南通市基础设施发展水平得分为 23.523 分，在长江经济带中排名第 17 名，处于强势区。南通市社会福利发展水平得分为 76.590 分，在长江经济带中排名第 39 名，处于优势区。南通市居民生活发展水平得分为 32.328 分，在长江经济带中排名第 9 名，处于强势区。南通市科教文卫发展水平得分为 46.828 分，在长江经济带中排名第 20 名，处于强势区。南通市生态环境发展水平得分为 30.404 分，在长江经济带中排名第 61 名，处于中势区。

表 4 - 40　　　　　　　　2015 年南通市综合发展各一级指标的得分、排名及优劣度分析

排名	指标	得分	优劣度
9	居民生活	32.328	强势
17	基础设施	23.523	强势
20	科教文卫	46.828	强势
39	社会福利	76.590	优势
56	区域经济	43.895	中势
61	生态环境	30.404	中势
66	综合发展	390.558	中势
78	工业企业	60.257	中势
85	农业生产	28.971	劣势
100	人口就业	47.762	劣势

根据表 4 - 41 对 2015 年连云港市综合发展及各一级指标得分情况、排名情况、优劣度情况进行分析。其中，连云港市综合发展水平得分为 405.021 分，在长江经济带中排名第 12 名，处于强势区。在一级指标中，连云港市人口就业发展水平得分为 51.047 分，在长江经济带中排名第 36 名，处于优势区。连云港市区域经济发展水平得分为 46.098 分，在长江经济带中排名第 21 名，处于强势区。连云港市农业生产发展水平得分为 40.587 分，在长江经济带中排名第 34 名，处于优势区。连云港市工业企业发展水平得分为 64.108 分，在长江经济带中排名第 18 名，处于强势区。连云港市基础设施发展水平得分为 20.553 分，在长江经济带中排名第 59 名，处于中势区。连云港市社会福利发展水平得分为 78.482 分，在长江经济带中排名第 14 名，处于强势区。连云港市居民生活发展水平得分为 26.293 分，在长江经济带中排名第 68 名，处于中势区。连云港市科教文卫发展水平得分为 45.714 分，在长江经济带中排名第 31 名，处于优势区。连云港市生态环境发展水平得分为 32.139 分，在长江经济带中排名第 32 名，处于优势区。

表 4 - 41　　　　　　　　2015 年连云港市综合发展各一级指标的得分、排名及优劣度分析

排名	指标	得分	优劣度
12	综合发展	405.021	强势
14	社会福利	78.482	强势
18	工业企业	64.108	强势
21	区域经济	46.098	强势
31	科教文卫	45.714	优势
32	生态环境	32.139	优势
34	农业生产	40.587	优势
36	人口就业	51.047	优势
59	基础设施	20.553	中势
68	居民生活	26.293	中势

根据表 4 - 42 对 2015 年淮安市综合发展及各一级指标得分情况、排名情况、优劣度情况进行分析。

其中，淮安市综合发展水平得分为 392.555 分，在长江经济带中排名第 54 名，处于优势区。在一级指标中，淮安市人口就业发展水平得分为 50.238 分，在长江经济带中排名第 56 名，处于中势区。淮安市区域经济发展水平得分为 44.763 分，在长江经济带中排名第 43 名，处于优势区。淮安市农业生产发展水平得分为 35.091 分，在长江经济带中排名第 61 名，处于中势区。淮安市工业企业发展水平得分为 60.313 分，在长江经济带中排名第 77 名，处于中势区。淮安市基础设施发展水平得分为 19.867 分，在长江经济带中排名第 77 名，处于中势区。淮安市社会福利发展水平得分为 78.597 分，在长江经济带中排名第 12 名，处于强势区。淮安市居民生活发展水平得分为 27.626 分，在长江经济带中排名第 40 名，处于优势区。淮安市科教文卫发展水平得分为 44.559 分，在长江经济带中排名第 56 名，处于中势区。淮安市生态环境发展水平得分为 31.500 分，在长江经济带中排名第 40 名，处于优势区。

表 4－42　　　　　　　　　2015 年淮安市综合发展各一级指标的得分、排名及优劣度分析

排名	指标	得分	优劣度
12	社会福利	78.597	强势
40	居民生活	27.626	优势
40	生态环境	31.500	优势
43	区域经济	44.763	优势
54	综合发展	392.555	优势
56	人口就业	50.238	中势
56	科教文卫	44.559	中势
61	农业生产	35.091	中势
77	工业企业	60.313	中势
77	基础设施	19.867	中势

根据表 4－43 对 2015 年盐城市综合发展及各一级指标得分情况、排名情况、优劣度情况进行分析。其中，盐城市综合发展水平得分为 398.550 分，在长江经济带中排名第 23 名，处于强势区。在一级指标中，盐城市人口就业发展水平得分为 51.281 分，在长江经济带中排名第 27 名，处于强势区。盐城市区域经济发展水平得分为 45.374 分，在长江经济带中排名第 33 名，处于优势区。盐城市农业生产发展水平得分为 37.927 分，在长江经济带中排名第 49 名，处于优势区。盐城市工业企业发展水平得分为 58.745 分，在长江经济带中排名第 95 名，处于劣势区。盐城市基础设施发展水平得分为 23.483 分，在长江经济带中排名第 19 名，处于强势区。盐城市社会福利发展水平得分为 78.995 分，在长江经济带中排名第 7 名，处于强势区。盐城市居民生活发展水平得分为 24.851 分，在长江经济带中排名第 96 名，处于劣势区。盐城市科教文卫发展水平得分为 46.338 分，在长江经济带中排名第 23 名，处于强势区。盐城市生态环境发展水平得分为 31.555 分，在长江经济带中排名第 39 名，处于优势区。

表 4－43　　　　　　　　　2015 年盐城市综合发展各一级指标的得分、排名及优劣度分析

排名	指标	得分	优劣度
7	社会福利	78.995	强势
19	基础设施	23.483	强势
23	综合发展	398.550	强势
23	科教文卫	46.338	强势
27	人口就业	51.281	强势
33	区域经济	45.374	优势
39	生态环境	31.555	优势
49	农业生产	37.927	优势
95	工业企业	58.745	劣势
96	居民生活	24.851	劣势

　　根据表 4 - 44 对 2015 年扬州市综合发展及各一级指标得分情况、排名情况、优劣度情况进行分析。其中，扬州市综合发展水平得分为 388.914 分，在长江经济带中排名第 73 名，处于中势区。在一级指标中，扬州市人口就业发展水平得分为 48.264 分，在长江经济带中排名第 94 名，处于劣势区。扬州市区域经济发展水平得分为 45.051 分，在长江经济带中排名第 38 名，处于优势区。扬州市农业生产发展水平得分为 29.763 分，在长江经济带中排名第 82 名，处于劣势区。扬州市工业企业发展水平得分为 60.783 分，在长江经济带中排名第 72 名，处于中势区。扬州市基础设施发展水平得分为 21.557 分，在长江经济带中排名第 40 名，处于优势区。扬州市社会福利发展水平得分为 78.001 分，在长江经济带中排名第 17 名，处于强势区。扬州市居民生活发展水平得分为 28.661 分，在长江经济带中排名第 29 名，处于优势区。扬州市科教文卫发展水平得分为 45.489 分，在长江经济带中排名第 37 名，处于优势区。扬州市生态环境发展水平得分为 31.345 分，在长江经济带中排名第 42 名，处于优势区。

表 4 - 44　　　　　　　2015 年扬州市综合发展各一级指标的得分、排名及优劣度分析

排名	指标	得分	优劣度
17	社会福利	78.001	强势
29	居民生活	28.661	优势
37	科教文卫	45.489	优势
38	区域经济	45.051	优势
40	基础设施	21.557	优势
42	生态环境	31.345	优势
72	工业企业	60.783	中势
73	综合发展	388.914	中势
82	农业生产	29.763	劣势
94	人口就业	48.264	劣势

　　根据表 4 - 45 对 2015 年镇江市综合发展及各一级指标得分情况、排名情况、优劣度情况进行分析。其中，镇江市综合发展水平得分为 386.268 分，在长江经济带中排名第 86 名，处于劣势区。在一级指标中，镇江市人口就业发展水平得分为 50.501 分，在长江经济带中排名第 51 名，处于优势区。镇江市区域经济发展水平得分为 45.306 分，在长江经济带中排名第 35 名，处于优势区。镇江市农业生产发展水平得分为 25.107 分，在长江经济带中排名第 102 名，处于劣势区。镇江市工业企业发展水平得分为 63.061 分，在长江经济带中排名第 34 名，处于优势区。镇江市基础设施发展水平得分为 21.776 分，在长江经济带中排名第 34 名，处于优势区。镇江市社会福利发展水平得分为 76.655 分，在长江经济带中排名第 38 名，处于优势区。镇江市居民生活发展水平得分为 25.598 分，在长江经济带中排名第 81 名，处于中势区。镇江市科教文卫发展水平得分为 45.849 分，在长江经济带中排名第 30 名，处于优势区。镇江市生态环境发展水平得分为 32.415 分，在长江经济带中排名第 28 名，处于优势区。

表 4 - 45　　　　　　　2015 年镇江市综合发展各一级指标的得分、排名及优劣度分析

排名	指标	得分	优劣度
28	生态环境	32.415	优势
30	科教文卫	45.849	优势
34	工业企业	63.061	优势
34	基础设施	21.776	优势
35	区域经济	45.306	优势
38	社会福利	76.655	优势
51	人口就业	50.501	优势
81	居民生活	25.598	中势
86	综合发展	386.268	劣势
102	农业生产	25.107	劣势

根据表4－46对2015年泰州市综合发展及各一级指标得分情况、排名情况、优劣度情况进行分析。其中，泰州市综合发展水平得分为383.949分，在长江经济带中排名第93名，处于劣势区。在一级指标中，泰州市人口就业发展水平得分为48.964分，在长江经济带中排名第81名，处于中势区。泰州市区域经济发展水平得分为45.584分，在长江经济带中排名第30名，处于优势区。泰州市农业生产发展水平得分为28.671分，在长江经济带中排名第86名，处于劣势区。泰州市工业企业发展水平得分为58.130分，在长江经济带中排名第97名，处于劣势区。泰州市基础设施发展水平得分为24.362分，在长江经济带中排名第9名，处于强势区。泰州市社会福利发展水平得分为77.397分，在长江经济带中排名第27名，处于强势区。泰州市居民生活发展水平得分为26.011分，在长江经济带中排名第70名，处于中势区。泰州市科教文卫发展水平得分为45.316分，在长江经济带中排名第40名，处于优势区。泰州市生态环境发展水平得分为29.515分，在长江经济带中排名第86名，处于劣势区。

表4－46　　　　　　　　　2015年泰州市综合发展各一级指标的得分、排名及优劣度分析

排名	指标	得分	优劣度
9	基础设施	24.362	强势
27	社会福利	77.397	强势
30	区域经济	45.584	优势
40	科教文卫	45.316	优势
70	居民生活	26.011	中势
81	人口就业	48.964	中势
86	农业生产	28.671	劣势
86	生态环境	29.515	劣势
93	综合发展	383.949	劣势
97	工业企业	58.130	劣势

根据表4－47对2015年宿迁市综合发展及各一级指标得分情况、排名情况、优劣度情况进行分析。其中，宿迁市综合发展水平得分为394.711分，在长江经济带中排名第41名，处于优势区。在一级指标中，宿迁市人口就业发展水平得分为50.405分，在长江经济带中排名第53名，处于优势区。宿迁市区域经济发展水平得分为45.889分，在长江经济带中排名第26名，处于强势区。宿迁市农业生产发展水平得分为37.067分，在长江经济带中排名第51名，处于优势区。宿迁市工业企业发展水平得分为57.939分，在长江经济带中排名第100名，处于劣势区。宿迁市基础设施发展水平得分为21.478分，在长江经济带中排名第43名，处于优势区。宿迁市社会福利发展水平得分为80.487分，在长江经济带中排名第1名，处于强势区。宿迁市居民生活发展水平得分为29.397分，在长江经济带中排名第21名，处于强势区。宿迁市科教文卫发展水平得分为42.211分，在长江经济带中排名第89名，处于劣势区。宿迁市生态环境发展水平得分为29.839分，在长江经济带中排名第79名，处于中势区。

表4－47　　　　　　　　　2015年宿迁市综合发展各一级指标的得分、排名及优劣度分析

排名	指标	得分	优劣度
1	社会福利	80.487	强势
21	居民生活	29.397	强势
26	区域经济	45.889	强势
41	综合发展	394.711	优势
43	基础设施	21.478	优势
51	农业生产	37.067	优势
53	人口就业	50.405	优势
79	生态环境	29.839	中势
89	科教文卫	42.211	劣势
100	工业企业	57.939	劣势

根据表 4 - 48 对 2015 年杭州市综合发展及各一级指标得分情况、排名情况、优劣度情况进行分析。其中，杭州市综合发展水平得分为 422.761 分，在长江经济带中排名第 4 名，处于强势区。在一级指标中，杭州市人口就业发展水平得分为 53.998 分，在长江经济带中排名第 4 名，处于强势区。杭州市区域经济发展水平得分为 46.921 分，在长江经济带中排名第 15 名，处于强势区。杭州市农业生产发展水平得分为 25.761 分，在长江经济带中排名第 101 名，处于劣势区。杭州市工业企业发展水平得分为 60.214 分，在长江经济带中排名第 80 名，处于中势区。杭州市基础设施发展水平得分为 21.155 分，在长江经济带中排名第 47 名，处于优势区。杭州市社会福利发展水平得分为 70.956 分，在长江经济带中排名第 104 名，处于劣势区。杭州市居民生活发展水平得分为 41.584 分，在长江经济带中排名第 2 名，处于强势区。杭州市科教文卫发展水平得分为 62.638 分，在长江经济带中排名第 2 名，处于强势区。杭州市生态环境发展水平得分为 39.535 分，在长江经济带中排名第 5 名，处于强势区。

表 4 - 48　　　　　　　　2015 年杭州市综合发展各一级指标的得分、排名及优劣度分析

排名	指标	得分	优劣度
2	居民生活	41.584	强势
2	科教文卫	62.638	强势
4	综合发展	422.761	强势
4	人口就业	53.998	强势
5	生态环境	39.535	强势
15	区域经济	46.921	强势
47	基础设施	21.155	优势
80	工业企业	60.214	中势
101	农业生产	25.761	劣势
104	社会福利	70.956	劣势

根据表 4 - 49 对 2015 年宁波市综合发展及各一级指标得分情况、排名情况、优劣度情况进行分析。其中，宁波市综合发展水平得分为 388.866 分，在长江经济带中排名第 74 名，处于中势区。在一级指标中，宁波市人口就业发展水平得分为 53.190 分，在长江经济带中排名第 9 名，处于强势区。宁波市区域经济发展水平得分为 47.858 分，在长江经济带中排名第 9 名，处于强势区。宁波市农业生产发展水平得分为 26.661 分，在长江经济带中排名第 95 名，处于劣势区。宁波市工业企业发展水平得分为 56.907 分，在长江经济带中排名第 103 名，处于劣势区。宁波市基础设施发展水平得分为 21.571 分，在长江经济带中排名第 39 名，处于优势区。宁波市社会福利发展水平得分为 71.670 分，在长江经济带中排名第 102 名，处于劣势区。宁波市居民生活发展水平得分为 30.924 分，在长江经济带中排名第 13 名，处于强势区。宁波市科教文卫发展水平得分为 50.013 分，在长江经济带中排名第 13 名，处于强势区。宁波市生态环境发展水平得分为 30.072 分，在长江经济带中排名第 71 名，处于中势区。

表 4 - 49　　　　　　　　2015 年宁波市综合发展各一级指标的得分、排名及优劣度分析

排名	指标	得分	优劣度
9	人口就业	53.190	强势
9	区域经济	47.858	强势
13	居民生活	30.924	强势
13	科教文卫	50.013	强势
39	基础设施	21.571	优势
71	生态环境	30.072	中势
74	综合发展	388.866	中势
95	农业生产	26.661	劣势
102	社会福利	71.670	劣势
103	工业企业	56.907	劣势

根据表 4 - 50 对 2015 年温州市综合发展及各一级指标得分情况、排名情况、优劣度情况进行分析。其中，温州市综合发展水平得分为 378. 486 分，在长江经济带中排名第 105 名，处于劣势区。在一级指标中，温州市人口就业发展水平得分为 51. 238 分，在长江经济带中排名第 30 名，处于优势区。温州市区域经济发展水平得分为 42. 821 分，在长江经济带中排名第 69 名，处于中势区。温州市农业生产发展水平得分为 24. 541 分，在长江经济带中排名第 104 名，处于劣势区。温州市工业企业发展水平得分为 56. 126 分，在长江经济带中排名第 106 名，处于劣势区。温州市基础设施发展水平得分为 22. 237 分，在长江经济带中排名第 30 名，处于优势区。温州市社会福利发展水平得分为 73. 886 分，在长江经济带中排名第 93 名，处于劣势区。温州市居民生活发展水平得分为 27. 048 分，在长江经济带中排名第 49 名，处于优势区。温州市科教文卫发展水平得分为 51. 138 分，在长江经济带中排名第 8 名，处于强势区。温州市生态环境发展水平得分为 29. 451 分，在长江经济带中排名第 88 名，处于劣势区。

表 4 - 50　　　　　　　　　　2015 年温州市综合发展各一级指标的得分、排名及优劣度分析

排名	指标	得分	优劣度
8	科教文卫	51. 138	强势
30	人口就业	51. 238	优势
30	基础设施	22. 237	优势
49	居民生活	27. 048	优势
69	区域经济	42. 821	中势
88	生态环境	29. 451	劣势
93	社会福利	73. 886	劣势
104	农业生产	24. 541	劣势
105	综合发展	378. 486	劣势
106	工业企业	56. 126	劣势

根据表 4 - 51 对 2015 年嘉兴市综合发展及各一级指标得分情况、排名情况、优劣度情况进行分析。其中，嘉兴市综合发展水平得分为 388. 639 分，在长江经济带中排名第 77 名，处于中势区。在一级指标中，嘉兴市人口就业发展水平得分为 52. 058 分，在长江经济带中排名第 17 名，处于强势区。嘉兴市区域经济发展水平得分为 44. 347 分，在长江经济带中排名第 52 名，处于优势区。嘉兴市农业生产发展水平得分为 26. 221 分，在长江经济带中排名第 98 名，处于劣势区。嘉兴市工业企业发展水平得分为 52. 482 分，在长江经济带中排名第 107 名，处于劣势区。嘉兴市基础设施发展水平得分为 23. 500 分，在长江经济带中排名第 18 名，处于强势区。嘉兴市社会福利发展水平得分为 74. 355 分，在长江经济带中排名第 88 名，处于劣势区。嘉兴市居民生活发展水平得分为 31. 743 分，在长江经济带中排名第 12 名，处于强势区。嘉兴市科教文卫发展水平得分为 50. 539 分，在长江经济带中排名第 11 名，处于强势区。嘉兴市生态环境发展水平得分为 33. 395 分，在长江经济带中排名第 20 名，处于强势区。

表 4 - 51　　　　　　　　　　2015 年嘉兴市综合发展各一级指标的得分、排名及优劣度分析

排名	指标	得分	优劣度
11	科教文卫	50. 539	强势
12	居民生活	31. 743	强势
17	人口就业	52. 058	强势
18	基础设施	23. 500	强势
20	生态环境	33. 395	强势
52	区域经济	44. 347	优势
77	综合发展	388. 639	中势
88	社会福利	74. 355	劣势
98	农业生产	26. 221	劣势
107	工业企业	52. 482	劣势

根据表4-52对2015年湖州市综合发展及各一级指标得分情况、排名情况、优劣度情况进行分析。其中，湖州市综合发展水平得分为383.945分，在长江经济带中排名第94名，处于劣势区。在一级指标中，湖州市人口就业发展水平得分为49.754分，在长江经济带中排名第66名，处于中势区。湖州市区域经济发展水平得分为44.650分，在长江经济带中排名第48名，处于优势区。湖州市农业生产发展水平得分为29.562分，在长江经济带中排名第83名，处于劣势区。湖州市工业企业发展水平得分为60.583分，在长江经济带中排名第75名，处于中势区。湖州市基础设施发展水平得分为21.661分，在长江经济带中排名第36名，处于优势区。湖州市社会福利发展水平得分为75.390分，在长江经济带中排名第62名，处于中势区。湖州市居民生活发展水平得分为25.031分，在长江经济带中排名第93名，处于劣势区。湖州市科教文卫发展水平得分为45.011分，在长江经济带中排名第46名，处于优势区。湖州市生态环境发展水平得分为32.303分，在长江经济带中排名第30名，处于优势区。

表4-52　　　　　　　　　2015年湖州市综合发展各一级指标的得分、排名及优劣度分析

排名	指标	得分	优劣度
30	生态环境	32.303	优势
36	基础设施	21.661	优势
46	科教文卫	45.011	优势
48	区域经济	44.650	优势
62	社会福利	75.390	中势
66	人口就业	49.754	中势
75	工业企业	60.583	中势
83	农业生产	29.562	劣势
93	居民生活	25.031	劣势
94	综合发展	383.945	劣势

根据表4-53对2015年绍兴市综合发展及各一级指标得分情况、排名情况、优劣度情况进行分析。其中，绍兴市综合发展水平得分为385.630分，在长江经济带中排名第89名，处于劣势区。在一级指标中，绍兴市人口就业发展水平得分为45.558分，在长江经济带中排名第108名，处于劣势区。绍兴市区域经济发展水平得分为45.622分，在长江经济带中排名第29名，处于优势区。绍兴市农业生产发展水平得分为30.872分，在长江经济带中排名第76名，处于中势区。绍兴市工业企业发展水平得分为58.289分，在长江经济带中排名第96名，处于劣势区。绍兴市基础设施发展水平得分为20.426分，在长江经济带中排名第64名，处于中势区。绍兴市社会福利发展水平得分为75.465分，在长江经济带中排名第58名，处于中势区。绍兴市居民生活发展水平得分为28.132分，在长江经济带中排名第35名，处于优势区。绍兴市科教文卫发展水平得分为50.215分，在长江经济带中排名第12名，处于强势区。绍兴市生态环境发展水平得分为31.052分，在长江经济带中排名第53名，处于优势区。

表4-53　　　　　　　　　2015年绍兴市综合发展各一级指标的得分、排名及优劣度分析

排名	指标	得分	优劣度
12	科教文卫	50.215	强势
29	区域经济	45.622	优势
35	居民生活	28.132	优势
53	生态环境	31.052	优势
58	社会福利	75.465	中势
64	基础设施	20.426	中势
76	农业生产	30.872	中势
89	综合发展	385.630	劣势
96	工业企业	58.289	劣势
108	人口就业	45.558	劣势

根据表 4 - 54 对 2015 年金华市综合发展及各一级指标得分情况、排名情况、优劣度情况进行分析。其中，金华市综合发展水平得分为 372.043 分，在长江经济带中排名第 107 名，处于劣势区。在一级指标中，金华市人口就业发展水平得分为 50.163 分，在长江经济带中排名第 58 名，处于中势区。金华市区域经济发展水平得分为 42.385 分，在长江经济带中排名第 82 名，处于劣势区。金华市农业生产发展水平得分为 26.371 分，在长江经济带中排名第 96 名，处于劣势区。金华市工业企业发展水平得分为 51.872 分，在长江经济带中排名第 108 名，处于劣势区。金华市基础设施发展水平得分为 23.533 分，在长江经济带中排名第 16 名，处于强势区。金华市社会福利发展水平得分为 74.470 分，在长江经济带中排名第 85 名，处于劣势区。金华市居民生活发展水平得分为 26.359 分，在长江经济带中排名第 65 名，处于中势区。金华市科教文卫发展水平得分为 46.239 分，在长江经济带中排名第 26 名，处于强势区。金华市生态环境发展水平得分为 30.652 分，在长江经济带中排名第 58 名，处于中势区。

表 4 - 54　　　　　　　　　2015 年金华市综合发展各一级指标的得分、排名及优劣度分析

排名	指标	得分	优劣度
16	基础设施	23.533	强势
26	科教文卫	46.239	强势
58	人口就业	50.163	中势
58	生态环境	30.652	中势
65	居民生活	26.359	中势
82	区域经济	42.385	劣势
85	社会福利	74.470	劣势
96	农业生产	26.371	劣势
107	综合发展	372.043	劣势
108	工业企业	51.872	劣势

根据表 4 - 55 对 2015 年衢州市综合发展及各一级指标得分情况、排名情况、优劣度情况进行分析。其中，衢州市综合发展水平得分为 396.473 分，在长江经济带中排名第 33 名，处于优势区。在一级指标中，衢州市人口就业发展水平得分为 51.312 分，在长江经济带中排名第 24 名，处于强势区。衢州市区域经济发展水平得分为 45.118 分，在长江经济带中排名第 37 名，处于优势区。衢州市农业生产发展水平得分为 30.153 分，在长江经济带中排名第 81 名，处于中势区。衢州市工业企业发展水平得分为 63.299 分，在长江经济带中排名第 30 名，处于优势区。衢州市基础设施发展水平得分为 20.658 分，在长江经济带中排名第 58 名，处于中势区。衢州市社会福利发展水平得分为 77.527 分，在长江经济带中排名第 25 名，处于强势区。衢州市居民生活发展水平得分为 30.100 分，在长江经济带中排名第 17 名，处于强势区。衢州市科教文卫发展水平得分为 45.210 分，在长江经济带中排名第 42 名，处于优势区。衢州市生态环境发展水平得分为 33.094 分，在长江经济带中排名第 24 名，处于强势区。

表 4 - 55　　　　　　　　　2015 年衢州市综合发展各一级指标的得分、排名及优劣度分析

排名	指标	得分	优劣度
17	居民生活	30.100	强势
24	人口就业	51.312	强势
24	生态环境	33.094	强势
25	社会福利	77.527	强势
30	工业企业	63.299	优势
33	综合发展	396.473	优势
37	区域经济	45.118	优势
42	科教文卫	45.210	优势
58	基础设施	20.658	中势
81	农业生产	30.153	中势

根据表 4 – 56 对 2015 年舟山市综合发展及各一级指标得分情况、排名情况、优劣度情况进行分析。其中,舟山市综合发展水平得分为 401.327 分,在长江经济带中排名第 16 名,处于强势区。在一级指标中,舟山市人口就业发展水平得分为 50.839 分,在长江经济带中排名第 42 名,处于优势区。舟山市区域经济发展水平得分为 47.405 分,在长江经济带中排名第 11 名,处于强势区。舟山市农业生产发展水平得分为 35.984 分,在长江经济带中排名第 56 名,处于中势区。舟山市工业企业发展水平得分为 66.582 分,在长江经济带中排名第 1 名,处于强势区。舟山市基础设施发展水平得分为 22.872 分,在长江经济带中排名第 23 名,处于强势区。舟山市社会福利发展水平得分为 72.679 分,在长江经济带中排名第 100 名,处于劣势区。舟山市居民生活发展水平得分为 33.711 分,在长江经济带中排名第 7 名,处于强势区。舟山市科教文卫发展水平得分为 41.207 分,在长江经济带中排名第 94 名,处于劣势区。舟山市生态环境发展水平得分为 30.048 分,在长江经济带中排名第 72 名,处于中势区。

表 4 – 56   **2015 年舟山市综合发展各一级指标的得分、排名及优劣度分析**

排名	指标	得分	优劣度
1	工业企业	66.582	强势
7	居民生活	33.711	强势
11	区域经济	47.405	强势
16	综合发展	401.327	强势
23	基础设施	22.872	强势
42	人口就业	50.839	优势
56	农业生产	35.984	中势
72	生态环境	30.048	中势
94	科教文卫	41.207	劣势
100	社会福利	72.679	劣势

根据表 4 – 57 对 2015 年台州市综合发展及各一级指标得分情况、排名情况、优劣度情况进行分析。其中,台州市综合发展水平得分为 382.377 分,在长江经济带中排名第 101 名,处于劣势区。在一级指标中,台州市人口就业发展水平得分为 49.696 分,在长江经济带中排名第 67 名,处于中势区。台州市区域经济发展水平得分为 42.620 分,在长江经济带中排名第 75 名,处于中势区。台州市农业生产发展水平得分为 30.493 分,在长江经济带中排名第 78 名,处于中势区。台州市工业企业发展水平得分为 59.697 分,在长江经济带中排名第 86 名,处于劣势区。台州市基础设施发展水平得分为 21.720 分,在长江经济带中排名第 35 名,处于优势区。台州市社会福利发展水平得分为 74.338 分,在长江经济带中排名第 89 名,处于劣势区。台州市居民生活发展水平得分为 28.134 分,在长江经济带中排名第 34 名,处于优势区。台州市科教文卫发展水平得分为 46.123 分,在长江经济带中排名第 28 名,处于优势区。台州市生态环境发展水平得分为 29.557 分,在长江经济带中排名第 84 名,处于劣势区。

表 4 – 57   **2015 年台州市综合发展各一级指标的得分、排名及优劣度分析**

排名	指标	得分	优劣度
28	科教文卫	46.123	优势
34	居民生活	28.134	优势
35	基础设施	21.720	优势
67	人口就业	49.696	中势
75	区域经济	42.620	中势
78	农业生产	30.493	中势
84	生态环境	29.557	劣势
86	工业企业	59.697	劣势
89	社会福利	74.338	劣势
101	综合发展	382.377	劣势

根据表4－58对2015年丽水市综合发展及各一级指标得分情况、排名情况、优劣度情况进行分析。其中，丽水市综合发展水平得分为397.635分，在长江经济带中排名第28名，处于优势区。在一级指标中，丽水市人口就业发展水平得分为50.648分，在长江经济带中排名第46名，处于优势区。丽水市区域经济发展水平得分为42.611分，在长江经济带中排名第76名，处于中势区。丽水市农业生产发展水平得分为30.311分，在长江经济带中排名第80名，处于中势区。丽水市工业企业发展水平得分为59.728分，在长江经济带中排名第85名，处于劣势区。丽水市基础设施发展水平得分为22.647分，在长江经济带中排名第25名，处于强势区。丽水市社会福利发展水平得分为75.241分，在长江经济带中排名第67名，处于中势区。丽水市居民生活发展水平得分为34.054分，在长江经济带中排名第6名，处于强势区。丽水市科教文卫发展水平得分为49.996分，在长江经济带中排名第14名，处于强势区。丽水市生态环境发展水平得分为32.399分，在长江经济带中排名第29名，处于优势区。

表4－58　　　　　　　　　　2015年丽水市综合发展各一级指标的得分、排名及优劣度分析

排名	指标	得分	优劣度
6	居民生活	34.054	强势
14	科教文卫	49.996	强势
25	基础设施	22.647	强势
28	综合发展	397.635	优势
29	生态环境	32.399	优势
46	人口就业	50.648	优势
67	社会福利	75.241	中势
76	区域经济	42.611	中势
80	农业生产	30.311	中势
85	工业企业	59.728	劣势

三、2016年长江经济带东部地区城市综合发展水平评估分析

（一）2016年长江经济带东部地区城市综合发展水平评估指标比较

根据表4－59对长江经济带东部地区的城市综合发展水平得分情况展开分析。其中，2016年东部地区各城市综合发展水平得分区间为374～467分。其中得分最高的为上海市（467.080分），最低分为金华市（374.327分），在东部地区中有5个城市（上海市、南京市、杭州市、连云港市、盐城市）的综合发展水平得分超过400分，其余城市的得分均低于400分。

表4－59　　　　　　　　　　　　2016年长江经济带东部地区综合发展得分

排名	地区	得分
1	上海市	467.080
2	南京市	416.695
3	杭州市	412.810
4	连云港市	404.134
5	盐城市	401.412
6	苏州市	399.421
7	舟山市	399.233
8	徐州市	396.338
9	衢州市	395.899
10	淮安市	393.192

排名	地区	得分
11	宁波市	392.796
12	常州市	392.029
13	宿迁市	391.814
14	丽水市	390.749
15	无锡市	389.436
16	泰州市	388.428
17	嘉兴市	387.964
18	扬州市	386.532
19	绍兴市	385.045
20	台州市	384.682
21	湖州市	383.008
22	镇江市	382.219
23	南通市	376.914
24	温州市	376.775
25	金华市	374.327

根据表 4-60 对 2016 年长江经济带东部地区综合发展水平平均得分在长江经济带各城市群中排名情况展开分析。东部地区综合发展水平平均得分处于长江经济带各板块中的第 2 名，发展优势相对一般。

表 4-60　　　　　　　　2016 年长江经济带东部地区综合发展评分一级指标比较

项目	数据
排名	2
东部地区平均得分	394.757
经济带最高分	467.080
经济带平均分	396.204
与最高分差距	-72.322
与平均分差距	-1.447

（二）2016 年长江经济带东部地区城市综合发展水平的量化评估

根据表 4-61 对 2016 年长江经济带东部地区综合发展及各一级指标平均得分情况、排名情况进行分析。其中，东部地区综合发展平均得分在长江经济带各板块中排名第 2 名。在一级指标中，人口就业发展水平平均得分为 51.540 分，在长江经济带各板块中排名第 1 名。区域经济发展水平平均得分为 45.156 分，在长江经济带各板块中排名第 1 名。农业生产发展水平平均得分为 30.038 分，在长江经济带各板块中排名第 3 名。工业企业发展水平平均得分为 60.250 分，在长江经济带各板块中排名第 3 名。基础设施发展水平平均得分为 22.910 分，在长江经济带各板块中排名第 1 名。社会福利发展水平平均得分为 74.909 分，在长江经济带各板块中排名第 3 名。居民生活发展水平平均得分为 28.209 分，在长江经济带各板块中排名第 1 名。科教文卫发展水平平均得分为 50.185 分，在长江经济带各板块中排名第 1 名。生态环境发展水平平均得分为 31.560 分，在长江经济带各板块中排名第 2 名。

表 4 - 61　　　　　　2016 年长江经济带东部地区综合发展各级指标的得分、排名分析

排名	指标	得分
1	人口就业	51. 540
1	区域经济	45. 156
1	基础设施	22. 910
1	居民生活	28. 209
1	科教文卫	50. 185
2	综合发展	394. 757
2	生态环境	31. 560
3	农业生产	30. 038
3	工业企业	60. 250
3	社会福利	74. 909

（三）2016 年长江经济带东部地区城市综合发展水平评估得分比较

根据图 4 - 5 对 2016 年长江经济带东部地区综合发展水平与长江经济带平均水平展开比较分析。长江经济带东部地区在区域经济、工业企业、社会福利、基础设施等方面与长江经济带最高分差距较小，发展优势明显。在人口就业、农业生产、居民生活、科教文卫、生态环境等方面与最高分差距较大。

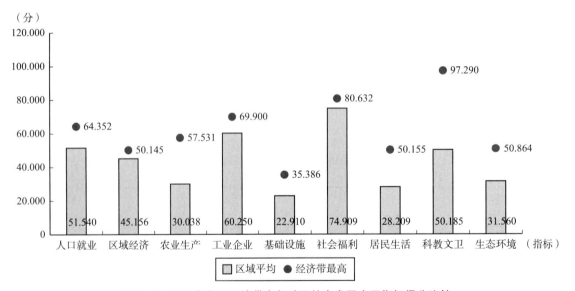

图 4 - 5　2016 年长江经济带东部地区综合发展水平指标得分比较

（四）2016 年长江经济带东部地区城市综合发展水平评估指标动态变化分析

根据图 4 - 6 对 2016 ~ 2017 年长江经济带东部地区各级指标排名变化情况展开分析。从图 4 - 6 中可知，2016 ~ 2017 年长江经济带东部地区各级指标中保持指标的比例较高，总体指标上升下降不明显。

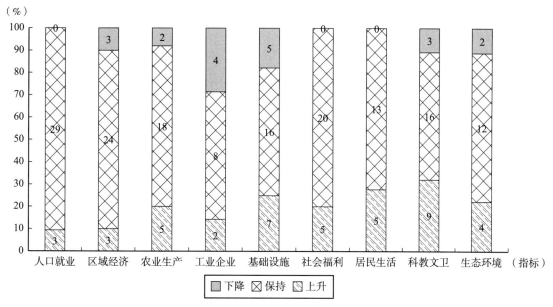

图4-6 2016~2017年长江经济带东部地区综合发展水平动态变化

表4-62进一步对2016~2017年东部地区218个要素指标的变化情况展开统计分析，其中，上升指标有43个，占指标总数的19.725%；保持的指标有156个，占指标总数的71.560%；下降的指标有19个，占指标总数的8.716%。

表4-62   2016~2017年长江经济带东部地区综合发展水平排名变化态势比较

指标	要素指标数量（个）	上升指标		保持指标		下降指标	
		个数（个）	比重（%）	个数（个）	比重（%）	个数（个）	比重（%）
人口就业	32	3	9.375	29	90.625	0	0.000
区域经济	30	3	10.000	24	80.000	3	10.000
农业生产	25	5	20.000	18	72.000	2	8.000
工业企业	14	2	14.286	8	57.143	4	28.571
基础设施	28	7	25.000	16	57.143	5	17.857
社会福利	25	5	20.000	20	80.000	0	0.000
居民生活	18	5	27.778	13	72.222	0	0.000
科教文卫	28	9	32.143	16	57.143	3	10.714
生态环境	18	4	22.222	12	66.667	2	11.111
合计	218	43	19.725	156	71.560	19	8.716

（五）2016年长江经济带中东部地区各城市综合发展水平各级指标得分、排名及优劣度分析

根据表4-63对2016年上海市综合发展及各一级指标得分情况、排名情况、优劣度情况进行分析。其中，上海市综合发展水平得分为467.08分，在长江经济带中排名第1名，处于强势区。在一级指标中，上海市人口就业发展水平得分为64.352分，在长江经济带中排名第1名，处于强势区。上海市区域经济发展水平得分为50.145分，在长江经济带中排名第1名，处于强势区。上海市农业生产发展水平得分为21.624分，在长江经济带中排名第108名，处于劣势区。上海市工业企业发展水平得分为58.956分，在长江经济带中排名第98名，处于劣势区。上海市基础设施发展水平得分为26.508分，在长江经济带中排名第7名，处于强势区。上海市社会福利发展水平得分为60.745分，在长江经济带中排名第108名，处于劣势区。上海市居民生活发展水平得分为50.155分，在长江经济带中排名第1名，处于强势区。上海市科教文卫发展水平得分为97.290分，在长江经济带中排名第1名，处于强势区。上海市生态环境发展水平得分为37.303分，在长江经济带中排名第8名，处于强势区。

表 4 –63　　　　　　　　　2016 年上海市综合发展各一级指标的得分、排名及优劣度分析

排名	指标	得分	优劣度
1	综合发展	467.08	强势
1	人口就业	64.352	强势
1	区域经济	50.145	强势
1	居民生活	50.155	强势
1	科教文卫	97.290	强势
7	基础设施	26.508	强势
8	生态环境	37.303	强势
98	工业企业	58.956	劣势
108	农业生产	21.624	劣势
108	社会福利	60.745	劣势

　　根据表 4 –64 对 2016 年南京市综合发展及各一级指标得分情况、排名情况、优劣度情况进行分析。其中，南京市综合发展水平得分为 416.695 分，在长江经济带中排名第 7 名，处于强势区。在一级指标中，南京市人口就业发展水平得分为 54.728 分，在长江经济带中排名第 4 名，处于强势区。南京市区域经济发展水平得分为 47.078 分，在长江经济带中排名第 8 名，处于强势区。南京市农业生产发展水平得分为 23.741 分，在长江经济带中排名第 106 名，处于劣势区。南京市工业企业发展水平得分为 66.954 分，在长江经济带中排名第 5 名，处于强势区。南京市基础设施发展水平得分为 24.106 分，在长江经济带中排名第 13 名，处于强势区。南京市社会福利发展水平得分为 72.573 分，在长江经济带中排名第 99 名，处于劣势区。南京市居民生活发展水平得分为 31.258 分，在长江经济带中排名第 7 名，处于强势区。南京市科教文卫发展水平得分为 57.815 分，在长江经济带中排名第 6 名，处于强势区。南京市生态环境发展水平得分为 38.443 分，在长江经济带中排名第 5 名，处于强势区。

表 4 –64　　　　　　　　　2016 年南京市综合发展各一级指标的得分、排名及优劣度分析

排名	指标	得分	优劣度
4	人口就业	54.728	强势
5	工业企业	66.954	强势
5	生态环境	38.443	强势
6	科教文卫	57.815	强势
7	综合发展	416.695	强势
7	居民生活	31.258	强势
8	区域经济	47.078	强势
13	基础设施	24.106	强势
99	社会福利	72.573	劣势
106	农业生产	23.741	劣势

　　根据表 4 –65 对 2016 年无锡市综合发展及各一级指标得分情况、排名情况、优劣度情况进行分析。其中，无锡市综合发展水平得分为 389.436 分，在长江经济带中排名第 77 名，处于中势区。在一级指标中，无锡市人口就业发展水平得分为 53.213 分，在长江经济带中排名第 12 名，处于强势区。无锡市区域经济发展水平得分为 45.815 分，在长江经济带中排名第 28 名，处于优势区。无锡市农业生产发展水平得分为 21.717 分，在长江经济带中排名第 107 名，处于劣势区。无锡市工业企业发展水平得分为 61.528 分，在长江经济带中排名第 78 名，处于中势区。无锡市基础设施发展水平得分为 25.310 分，在长江经济带中排名第 10 名，处于强势区。无锡市社会福利发展水平得分为 72.864 分，在长江经济带中排名第 98 名，处于劣势区。无锡市居民生活发展水平得分为 26.585 分，在长江经济带中排名第 50 名，处于优势区。无锡市科教文卫发展水平得分为 48.176 分，在长江经济带中排名第 15 名，处于强势区。无锡市生态环境发展水平得分为 34.228 分，在长江经济带中排名第 12 名，处于强势区。

表4－65 **2016 年无锡市综合发展各一级指标的得分、排名及优劣度分析**

排名	指标	得分	优劣度
10	基础设施	25.310	强势
12	人口就业	53.213	强势
12	生态环境	34.228	强势
15	科教文卫	48.176	强势
28	区域经济	45.815	优势
50	居民生活	26.585	优势
77	综合发展	389.436	中势
78	工业企业	61.528	中势
98	社会福利	72.864	劣势
107	农业生产	21.717	劣势

根据表4－66 对2016 年徐州市综合发展及各一级指标得分情况、排名情况、优劣度情况进行分析。其中，徐州市综合发展水平得分为396.338 分，在长江经济带中排名第44 名，处于优势区。在一级指标中，徐州市人口就业发展水平得分为52.136 分，在长江经济带中排名第21 名，处于强势区。徐州市区域经济发展水平得分为42.152 分，在长江经济带中排名第90 名，处于劣势区。徐州市农业生产发展水平得分为36.206 分，在长江经济带中排名第57 名，处于中势区。徐州市工业企业发展水平得分为63.986 分，在长江经济带中排名第39 名，处于优势区。徐州市基础设施发展水平得分为20.017 分，在长江经济带中排名第75 名，处于中势区。徐州市社会福利发展水平得分为79.491 分，在长江经济带中排名第8 名，处于强势区。徐州市居民生活发展水平得分为25.018 分，在长江经济带中排名第81 名，处于中势区。徐州市科教文卫发展水平得分为47.243 分，在长江经济带中排名第21 名，处于强势区。徐州市生态环境发展水平得分为30.088 分，在长江经济带中排名第64 名，处于中势区。

表4－66 **2016 年徐州市综合发展各一级指标的得分、排名及优劣度分析**

排名	指标	得分	优劣度
8	社会福利	79.491	强势
21	人口就业	52.136	强势
21	科教文卫	47.243	强势
39	工业企业	63.986	优势
44	综合发展	396.338	优势
57	农业生产	36.206	中势
64	生态环境	30.088	中势
75	基础设施	20.017	中势
81	居民生活	25.018	中势
90	区域经济	42.152	劣势

根据表4－67 对2016 年常州市综合发展及各一级指标得分情况、排名情况、优劣度情况进行分析。其中，常州市综合发展水平得分为392.029 分，在长江经济带中排名第63 名，处于中势区。在一级指标中，常州市人口就业发展水平得分52.043 分，在长江经济带中排名第23 名，处于强势区。常州市区域经济发展水平得分为44.820 分，在长江经济带中排名第44 名，处于优势区。常州市农业生产发展水平得分为31.891 分，在长江经济带中排名第71 名，处于中势区。常州市工业企业发展水平得分为61.305 分，在长江经济带中排名第79 名，处于中势区。常州市基础设施发展水平得分为23.374 分，在长江经济带中排名第18 名，处于强势区。常州市社会福利发展水平得分为75.945 分，在长江经济带中排名第69 名，处于中势区。常州市居民生活发展水平得分为26.089 分，在长江经济带中排名第56 名，处于中势区。常州市科教文卫发展水平得分为46.056 分，在长江经济带中排名第34 名，处于优势区。常州市生态环境发展水平得分为30.507 分，在长江经济带中排名第55 名，处于中势区。

表 4 - 67   2016 年常州市综合发展各一级指标的得分、排名及优劣度分析

排名	指标	得分	优劣度
18	基础设施	23.374	强势
23	人口就业	52.043	强势
34	科教文卫	46.056	优势
44	区域经济	44.820	优势
55	生态环境	30.507	中势
56	居民生活	26.089	中势
63	综合发展	392.029	中势
69	社会福利	75.945	中势
71	农业生产	31.891	中势
79	工业企业	61.305	中势

根据表 4 - 68 对 2016 年苏州市综合发展及各一级指标得分情况、排名情况、优劣度情况进行分析。其中，苏州市综合发展水平得分为 399.421 分，在长江经济带中排名第 34 名，处于优势区。在一级指标中，苏州市人口就业发展水平得分为 53.626 分，在长江经济带中排名第 8 名，处于强势区。苏州市区域经济发展水平得分为 47.208 分，在长江经济带中排名第 6 名，处于强势区。苏州市农业生产发展水平得分为 26.644 分，在长江经济带中排名第 98 名，处于劣势区。苏州市工业企业发展水平得分为 56.801 分，在长江经济带中排名第 105 名，处于劣势区。苏州市基础设施发展水平得分为 28.755 分，在长江经济带中排名第 3 名，处于强势区。苏州市社会福利发展水平得分为 69.445 分，在长江经济带中排名第 106 名，处于劣势区。苏州市居民生活发展水平得分为 29.646 分，在长江经济带中排名第 15 名，处于强势区。苏州市科教文卫发展水平得分为 54.658 分，在长江经济带中排名第 7 名，处于强势区。苏州市生态环境发展水平得分为 32.638 分，在长江经济带中排名第 21 名，处于强势区。

表 4 - 68   2016 年苏州市综合发展各一级指标的得分、排名及优劣度分析

排名	指标	得分	优劣度
3	基础设施	28.755	强势
6	区域经济	47.208	强势
7	科教文卫	54.658	强势
8	人口就业	53.626	强势
15	居民生活	29.646	强势
21	生态环境	32.638	强势
34	综合发展	399.421	优势
98	农业生产	26.644	劣势
105	工业企业	56.801	劣势
106	社会福利	69.445	劣势

根据表 4 - 69 对 2016 年南通市综合发展及各一级指标得分情况、排名情况、优劣度情况进行分析。其中，南通市综合发展水平得分为 376.914 分，在长江经济带中排名第 104 名，处于劣势区。在一级指标中，南通市人口就业发展水平得分为 47.985 分，在长江经济带中排名第 101 名，处于劣势区。南通市区域经济发展水平得分为 43.572 分，在长江经济带中排名第 58 名，处于中势区。南通市农业生产发展水平得分为 29.859 分，在长江经济带中排名第 84 名，处于劣势区。南通市工业企业发展水平得分为 59.523 分，在长江经济带中排名第 93 名，处于劣势区。南通市基础设施发展水平得分为 23.558 分，在长江经济带中排名第 16 名，处于强势区。南通市社会福利发展水平得分为 76.635 分，在长江经济带中排名第 50 名，处于优势区。南通市居民生活发展水平得分为 19.692 分，在长江经济带中排名第 108 名，处于劣势区。南通市科教文卫发展水平得分为 46.442 分，在长江经济带中排名第 31 名，处于优势区。南通市生态环境发展水平得分为 29.648 分，在长江经济带中排名第 79 名，处于中势区。

表 4 - 69　　　　　　　2016 年南通市综合发展各一级指标的得分、排名及优劣度分析

排名	指标	得分	优劣度
16	基础设施	23.558	强势
31	科教文卫	46.442	优势
50	社会福利	76.635	优势
58	区域经济	43.572	中势
79	生态环境	29.648	中势
84	农业生产	29.859	劣势
93	工业企业	59.523	劣势
101	人口就业	47.985	劣势
104	综合发展	376.914	劣势
108	居民生活	19.692	劣势

根据表 4 - 70 对 2016 年连云港市综合发展及各一级指标得分情况、排名情况、优劣度情况进行分析。其中，连云港市综合发展水平得分为 404.134 分，在长江经济带中排名第 16 名，处于强势区。在一级指标中，连云港市人口就业发展水平得分为 51.041 分，在长江经济带中排名第 42 名，处于优势区。连云港市区域经济发展水平得分为 45.858 分，在长江经济带中排名第 27 名，处于强势区。连云港市农业生产发展水平得分为 38.988 分，在长江经济带中排名第 45 名，处于优势区。连云港市工业企业发展水平得分为 65.887 分，在长江经济带中排名第 14 名，处于强势区。连云港市基础设施发展水平得分为 19.668 分，在长江经济带中排名第 85 名，处于劣势区。连云港市社会福利发展水平得分为 79.657 分，在长江经济带中排名第 6 名，处于强势区。连云港市居民生活发展水平得分为 24.257 分，在长江经济带中排名第 97 名，处于劣势区。连云港市科教文卫发展水平得分为 47.992 分，在长江经济带中排名第 17 名，处于强势区。连云港市生态环境发展水平得分为 30.785 分，在长江经济带中排名第 47 名，处于优势区。

表 4 - 70　　　　　　　2016 年连云港市综合发展各一级指标的得分、排名及优劣度分析

排名	指标	得分	优劣度
6	社会福利	79.657	强势
14	工业企业	65.887	强势
16	综合发展	404.134	强势
17	科教文卫	47.992	强势
27	区域经济	45.858	强势
42	人口就业	51.041	优势
45	农业生产	38.988	优势
47	生态环境	30.785	优势
85	基础设施	19.668	劣势
97	居民生活	24.257	劣势

根据表 4 - 71 对 2016 年淮安市综合发展及各一级指标得分情况、排名情况、优劣度情况进行分析。其中，淮安市综合发展水平得分为 393.192 分，在长江经济带中排名第 57 名，处于中势区。在一级指标中，淮安市人口就业发展水平得分为 50.535 分，在长江经济带中排名第 55 名，处于中势区。淮安市区域经济发展水平得分为 44.746 分，在长江经济带中排名第 48 名，处于优势区。淮安市农业生产发展水平得分为 35.811 分，在长江经济带中排名第 61 名，处于中势区。淮安市工业企业发展水平得分为 61.844 分，在长江经济带中排名第 73 名，处于中势区。淮安市基础设施发展水平得分为 21.807 分，在长江经济带中排名第 39 名，处于优势区。淮安市社会福利发展水平得分为 79.364 分，在长江经济带中排名第 10 名，处于强势区。淮安市居民生活发展水平得分为 24.270 分，在长江经济带中排名第 96 名，处于劣势区。淮安市科教文卫发展水平得分为 45.285 分，在长江经济带中排名第 48 名，处于优势区。淮安市生态环境发展水平得分为 29.530 分，在长江经济带中排名第 83 名，处于劣势区。

表4-71 2016年淮安市综合发展各一级指标的得分、排名及优劣度分析

排名	指标	得分	优劣度
10	社会福利	79.364	强势
39	基础设施	21.807	优势
48	区域经济	44.746	优势
48	科教文卫	45.285	优势
55	人口就业	50.535	中势
57	综合发展	393.192	中势
61	农业生产	35.811	中势
73	工业企业	61.844	中势
83	生态环境	29.530	劣势
96	居民生活	24.270	劣势

根据表4-72对2016年盐城市综合发展及各一级指标得分情况、排名情况、优劣度情况进行分析。其中，盐城市综合发展水平得分为401.412分，在长江经济带中排名第24名，处于强势区。在一级指标中，盐城市人口就业发展水平得分为51.694分，在长江经济带中排名第29名，处于优势区。盐城市区域经济发展水平得分为45.416分，在长江经济带中排名第35名，处于优势区。盐城市农业生产发展水平得分为40.729分，在长江经济带中排名第36名，处于优势区。盐城市工业企业发展水平得分为58.897分，在长江经济带中排名第99名，处于劣势区。盐城市基础设施发展水平得分为22.663分，在长江经济带中排名第25名，处于强势区。盐城市社会福利发展水平得分为80.016分，在长江经济带中排名第3名，处于强势区。盐城市居民生活发展水平得分为25.499分，在长江经济带中排名第69名，处于中势区。盐城市科教文卫发展水平得分为46.372分，在长江经济带中排名第33名，处于优势区。盐城市生态环境发展水平得分为30.126分，在长江经济带中排名第63名，处于中势区。

表4-72 2016年盐城市综合发展各一级指标的得分、排名及优劣度分析

排名	指标	得分	优劣度
3	社会福利	80.016	强势
24	综合发展	401.412	强势
25	基础设施	22.663	强势
29	人口就业	51.694	优势
33	科教文卫	46.372	优势
35	区域经济	45.416	优势
36	农业生产	40.729	优势
63	生态环境	30.126	中势
69	居民生活	25.499	中势
99	工业企业	58.897	劣势

根据表4-73对2016年扬州市综合发展及各一级指标得分情况、排名情况、优劣度情况进行分析。其中，扬州市综合发展水平得分为386.532分，在长江经济带中排名第91名，处于劣势区。在一级指标中，扬州市人口就业发展水平得分为47.850分，在长江经济带中排名第102名，处于劣势区。扬州市区域经济发展水平得分为45.983分，在长江经济带中排名第23名，处于强势区。扬州市农业生产发展水平得分为31.048分，在长江经济带中排名第77名，处于中势区。扬州市工业企业发展水平得分为59.943分，在长江经济带中排名第88名，处于劣势区。扬州市基础设施发展水平得分为22.203分，在长江经济带中排名第32名，处于优势区。扬州市社会福利发展水平得分为77.851分，在长江经济带中排名第23名，处于强势区。扬州市居民生活发展水平得分为24.102分，在长江经济带中排名第100名，处于劣势区。扬州市科教文卫发展水平得分为45.146分，在长江经济带中排名第52名，处于优势区。扬州市生态环境发展水平得分为32.406分，在长江经济带中排名第22名，处于强势区。

表 4 - 73　　　　　　　　**2016 年扬州市综合发展各一级指标的得分、排名及优劣度分析**

排名	指标	得分	优劣度
22	生态环境	32.406	强势
23	区域经济	45.983	强势
23	社会福利	77.851	强势
32	基础设施	22.203	优势
52	科教文卫	45.146	优势
77	农业生产	31.048	中势
88	工业企业	59.943	劣势
91	综合发展	386.532	劣势
100	居民生活	24.102	劣势
102	人口就业	47.850	劣势

　　根据表 4 - 74 对 2016 年镇江市综合发展及各一级指标得分情况、排名情况、优劣度情况进行分析。其中，镇江市综合发展水平得分为 382.219 分，在长江经济带中排名第 101 名，处于劣势区。在一级指标中，镇江市人口就业发展水平得分为 50.673 分，在长江经济带中排名第 52 名，处于优势区。镇江市区域经济发展水平得分为 45.628 分，在长江经济带中排名第 34 名，处于优势区。镇江市农业生产发展水平得分为 24.733 分，在长江经济带中排名第 105 名，处于劣势区。镇江市工业企业发展水平得分为 59.867 分，在长江经济带中排名第 90 名，处于劣势区。镇江市基础设施发展水平得分为 21.855 分，在长江经济带中排名第 38 名，处于优势区。镇江市社会福利发展水平得分为 76.537 分，在长江经济带中排名第 57 名，处于中势区。镇江市居民生活发展水平得分为 24.320 分，在长江经济带中排名第 94 名，处于劣势区。镇江市科教文卫发展水平得分为 46.677 分，在长江经济带中排名第 26 名，处于强势区。镇江市生态环境发展水平得分为 31.929 分，在长江经济带中排名第 28 名，处于优势区。

表 4 - 74　　　　　　　　**2016 年镇江市综合发展各一级指标的得分、排名及优劣度分析**

排名	指标	得分	优劣度
26	科教文卫	46.677	强势
28	生态环境	31.929	优势
34	区域经济	45.628	优势
38	基础设施	21.855	优势
52	人口就业	50.673	优势
57	社会福利	76.537	中势
90	工业企业	59.867	劣势
94	居民生活	24.320	劣势
101	综合发展	382.219	劣势
105	农业生产	24.733	劣势

　　根据表 4 - 75 对 2016 年泰州市综合发展及各一级指标得分情况、排名情况、优劣度情况进行分析。其中，泰州市综合发展水平得分为 388.428 分，在长江经济带中排名第 84 名，处于劣势区。在一级指标中，泰州市人口就业发展水平得分为 48.784 分，在长江经济带中排名第 93 名，处于劣势区。泰州市区域经济发展水平得分为 44.656 分，在长江经济带中排名第 49 名，处于优势区。泰州市农业生产发展水平得分为 29.714 分，在长江经济带中排名第 85 名，处于劣势区。泰州市工业企业发展水平得分为 62.114 分，在长江经济带中排名第 67 名，处于中势区。泰州市基础设施发展水平得分为 26.163 分，在长江经济带中排名第 8 名，处于强势区。泰州市社会福利发展水平得分为 77.241 分，在长江经济带中排名第 34 名，处于优势区。泰州市居民生活发展水平得分为 24.074 分，在长江经济带中排名第 101 名，处于劣势区。泰州市科教文卫发展水平得分为 45.632 分，在长江经济带中排名第 41 名，处于优势区。泰州市生态环境发展水平得分为 30.050 分，在长江经济带中排名第 68 名，处于中势区。

表 4－75　　　　　　　　2016 年泰州市综合发展各一级指标的得分、排名及优劣度分析

排名	指标	得分	优劣度
8	基础设施	26.163	强势
34	社会福利	77.241	优势
41	科教文卫	45.632	优势
49	区域经济	44.656	优势
67	工业企业	62.114	中势
68	生态环境	30.050	中势
84	综合发展	388.428	劣势
85	农业生产	29.714	劣势
93	人口就业	48.784	劣势
101	居民生活	24.074	劣势

根据表 4－76 对 2016 年宿迁市综合发展及各一级指标得分情况、排名情况、优劣度情况进行分析。其中，宿迁市综合发展水平得分为 391.814 分，在长江经济带中排名第 66 名，处于中势区。在一级指标中，宿迁市人口就业发展水平得分为 50.763 分，在长江经济带中排名第 48 名，处于优势区。宿迁市区域经济发展水平得分为 45.086 分，在长江经济带中排名第 41 名，处于优势区。宿迁市农业生产发展水平得分为 38.196 分，在长江经济带中排名第 49 名，处于优势区。宿迁市工业企业发展水平得分为 59.115 分，在长江经济带中排名第 97 名，处于劣势区。宿迁市基础设施发展水平得分为 21.533 分，在长江经济带中排名第 43 名，处于优势区。宿迁市社会福利发展水平得分为 80.484 分，在长江经济带中排名第 2 名，处于强势区。宿迁市居民生活发展水平得分为 24.049 分，在长江经济带中排名第 103 名，处于劣势区。宿迁市科教文卫发展水平得分为 42.230 分，在长江经济带中排名第 93 名，处于劣势区。宿迁市生态环境发展水平得分为 30.358 分，在长江经济带中排名第 59 名，处于中势区。

表 4－76　　　　　　　　2016 年宿迁市综合发展各一级指标的得分、排名及优劣度分析

排名	指标	得分	优劣度
2	社会福利	80.484	强势
41	区域经济	45.086	优势
43	基础设施	21.533	优势
48	人口就业	50.763	优势
49	农业生产	38.196	优势
59	生态环境	30.358	中势
66	综合发展	391.814	中势
93	科教文卫	42.230	劣势
97	工业企业	59.115	劣势
103	居民生活	24.049	劣势

根据表 4－77 对 2016 年杭州市综合发展及各一级指标得分情况、排名情况、优劣度情况进行分析。其中，杭州市综合发展水平得分为 412.810 分，在长江经济带中排名第 8 名，处于强势区。在一级指标中，杭州市人口就业发展水平得分为 54.392 分，在长江经济带中排名第 5 名，处于强势区。杭州市区域经济发展水平得分为 46.273 分，在长江经济带中排名第 18 名，处于强势区。杭州市农业生产发展水平得分为 25.417 分，在长江经济带中排名第 102 名，处于劣势区。杭州市工业企业发展水平得分为 57.980 分，在长江经济带中排名第 102 名，处于劣势区。杭州市基础设施发展水平得分为 22.473 分，在长江经济带中排名第 27 名，处于强势区。杭州市社会福利发展水平得分为 70.691 分，在长江经济带中排名第 104 名，处于劣势区。杭州市居民生活发展水平得分为 39.201 分，在长江经济带中排名第 2 名，处于强势区。杭州市科教文卫发展水平得分为 63.070 分，在长江经济带中排名第 2 名，处于强势区。杭州市生态环境发展水平得分为 33.314 分，在长江经济带中排名第 16 名，处于强势区。

表 4 - 77　　　　　　　　　　2016 年杭州市综合发展各一级指标的得分、排名及优劣度分析

排名	指标	得分	优劣度
2	居民生活	39.201	强势
2	科教文卫	63.070	强势
5	人口就业	54.392	强势
8	综合发展	412.810	强势
16	生态环境	33.314	强势
18	区域经济	46.273	强势
27	基础设施	22.473	强势
102	农业生产	25.417	劣势
102	工业企业	57.980	劣势
104	社会福利	70.691	劣势

根据表 4 - 78 对 2016 年宁波市综合发展及各一级指标得分情况、排名情况、优劣度情况进行分析。其中，宁波市综合发展水平得分为 392.796 分，在长江经济带中排名第 59 名，处于中势区。在一级指标中，宁波市人口就业发展水平得分为 53.854 分，在长江经济带中排名第 7 名，处于强势区。宁波市区域经济发展水平得分为 47.288 分，在长江经济带中排名第 5 名，处于强势区。宁波市农业生产发展水平得分为 27.777 分，在长江经济带中排名第 93 名，处于劣势区。宁波市工业企业发展水平得分为 58.535 分，在长江经济带中排名第 100 名，处于劣势区。宁波市基础设施发展水平得分为 23.052 分，在长江经济带中排名第 19 名，处于强势区。宁波市社会福利发展水平得分为 71.607 分，在长江经济带中排名第 102 名，处于劣势区。宁波市居民生活发展水平得分为 30.300 分，在长江经济带中排名第 9 名，处于强势区。宁波市科教文卫发展水平得分为 50.379 分，在长江经济带中排名第 11 名，处于强势区。宁波市生态环境发展水平得分为 30.004 分，在长江经济带中排名第 71 名，处于中势区。

表 4 - 78　　　　　　　　　　2016 年宁波市综合发展各一级指标的得分、排名及优劣度分析

排名	指标	得分	优劣度
5	区域经济	47.288	强势
7	人口就业	53.854	强势
9	居民生活	30.300	强势
11	科教文卫	50.379	强势
19	基础设施	23.052	强势
59	综合发展	392.796	中势
71	生态环境	30.004	中势
93	农业生产	27.777	劣势
100	工业企业	58.535	劣势
102	社会福利	71.607	劣势

根据表 4 - 79 对 2016 年温州市综合发展及各一级指标得分情况、排名情况、优劣度情况进行分析。其中，温州市综合发展水平得分为 376.775 分，在长江经济带中排名第 105 名，处于劣势区。在一级指标中，温州市人口就业发展水平得分为 51.148 分，在长江经济带中排名第 38 名，处于优势区。温州市区域经济发展水平得分为 42.393 分，在长江经济带中排名第 86 名，处于劣势区。温州市农业生产发展水平得分为 25.335 分，在长江经济带中排名第 103 名，处于劣势区。温州市工业企业发展水平得分为 56.166 分，在长江经济带中排名第 106 名，处于劣势区。温州市基础设施发展水平得分为 22.346 分，在长江经济带中排名第 30 名，处于优势区。温州市社会福利发展水平得分为 73.887 分，在长江经济带中排名第 94 名，处于劣势区。温州市居民生活发展水平得分为 25.437 分，在长江经济带中排名第 71 名，处于中势区。温州市科教文卫发展水平得分为 51.182 分，在长江经济带中排名第 9 名，处于强势区。温州市生态环境发展水平得分为 28.881 分，在长江经济带中排名第 100 名，处于劣势区。

表4－79　　　　　　　　　2016 年温州市综合发展各一级指标的得分、排名及优劣度分析

排名	指标	得分	优劣度
9	科教文卫	51.182	强势
30	基础设施	22.346	优势
38	人口就业	51.148	优势
71	居民生活	25.437	中势
86	区域经济	42.393	劣势
94	社会福利	73.887	劣势
100	生态环境	28.881	劣势
103	农业生产	25.335	劣势
105	综合发展	376.775	劣势
106	工业企业	56.166	劣势

根据表4－80 对 2016 年嘉兴市综合发展及各一级指标得分情况、排名情况、优劣度情况进行分析。其中，嘉兴市综合发展水平得分为 387.964 分，在长江经济带中排名第 85 名，处于劣势区。在一级指标中，嘉兴市人口就业发展水平得分为 52.030 分，在长江经济带中排名第 24 名，处于强势区。嘉兴市区域经济发展水平得分为 44.533 分，在长江经济带中排名第 51 名，处于优势区。嘉兴市农业生产发展水平得分为 26.049 分，在长江经济带中排名第 101 名，处于劣势区。嘉兴市工业企业发展水平得分 54.670 分，在长江经济带中排名第 107 名，处于劣势区。嘉兴市基础设施发展水平得分为 22.416 分，在长江经济带中排名第 29 名，处于优势区。嘉兴市社会福利发展水平得分为 74.095 分，在长江经济带中排名第 93 名，处于劣势区。嘉兴市居民生活发展水平得分为 29.569 分，在长江经济带中排名第 18 名，处于强势区。嘉兴市科教文卫发展水平得分为 50.736 分，在长江经济带中排名第 10 名，处于强势区。嘉兴市生态环境发展水平得分为 33.865 分，在长江经济带中排名第 14 名，处于强势区。

表4－80　　　　　　　　　2016 年嘉兴市综合发展各一级指标的得分、排名及优劣度分析

排名	指标	得分	优劣度
10	科教文卫	50.736	强势
14	生态环境	33.865	强势
18	居民生活	29.569	强势
24	人口就业	52.030	强势
29	基础设施	22.416	优势
51	区域经济	44.533	优势
85	综合发展	387.964	劣势
93	社会福利	74.095	劣势
101	农业生产	26.049	劣势
107	工业企业	54.670	劣势

根据表4－81 对 2016 年湖州市综合发展及各一级指标得分情况、排名情况、优劣度情况进行分析。其中，湖州市综合发展水平得分为 383.008 分，在长江经济带中排名第 98 名，处于劣势区。在一级指标中，湖州市人口就业发展水平得分为 50.047 分，在长江经济带中排名第 66 名，处于中势区。湖州市区域经济发展水平得分为 43.601 分，在长江经济带中排名第 57 名，处于中势区。湖州市农业生产发展水平得分为 29.117 分，在长江经济带中排名第 86 名，处于劣势区。湖州市工业企业发展水平得分为 61.753 分，在长江经济带中排名第 74 名，处于中势区。湖州市基础设施发展水平得分为 21.869 分，在长江经济带中排名第 37 名，处于优势区。湖州市社会福利发展水平得分为 75.012 分，在长江经济带中排名第 83 名，处于劣势区。湖州市居民生活发展水平得分为 25.308 分，在长江经济带中排名第 77 名，处于中势区。湖州市科教文卫发展水平得分为 44.755 分，在长江经济带中排名第 57 名，处于中势区。湖州市生态环境发展水平得分为 31.546 分，在长江经济带中排名第 32 名，处于优势区。

表 4 - 81　　　　　　　　　　　2016 年湖州市综合发展各一级指标的得分、排名及优劣度分析

排名	指标	得分	优劣度
32	生态环境	31.546	优势
37	基础设施	21.869	优势
57	区域经济	43.601	中势
57	科教文卫	44.755	中势
66	人口就业	50.047	中势
74	工业企业	61.753	中势
77	居民生活	25.308	中势
83	社会福利	75.012	劣势
86	农业生产	29.117	劣势
98	综合发展	383.008	劣势

　　根据表 4 - 82 对 2016 年绍兴市综合发展及各一级指标得分情况、排名情况、优劣度情况进行分析。其中，绍兴市综合发展水平得分为 385.045 分，在长江经济带中排名第 95 名，处于劣势区。在一级指标中，绍兴市人口就业发展水平得分为 45.529 分，在长江经济带中排名第 105 名，处于劣势区。绍兴市区域经济发展水平得分为 45.059 分，在长江经济带中排名第 42 名，处于优势区。绍兴市农业生产发展水平得分为 31.251 分，在长江经济带中排名第 76 名，处于中势区。绍兴市工业企业发展水平得分为 60.841分，在长江经济带中排名第 80 名，处于中势区。绍兴市基础设施发展水平得分为 20.739 分，在长江经济带中排名第 60 名，处于中势区。绍兴市社会福利发展水平得分为 76.389 分，在长江经济带中排名第 61名，处于中势区。绍兴市居民生活发展水平得分为 28.451 分，在长江经济带中排名第 30 名，处于优势区。绍兴市科教文卫发展水平得分为 45.952 分，在长江经济带中排名第 37 名，处于优势区。绍兴市生态环境发展水平得分为 30.833 分，在长江经济带中排名第 45 名，处于优势区。

表 4 - 82　　　　　　　　　　　2016 年绍兴市综合发展各一级指标的得分、排名及优劣度分析

排名	指标	得分	优劣度
30	居民生活	28.451	优势
37	科教文卫	45.952	优势
42	区域经济	45.059	优势
45	生态环境	30.833	优势
60	基础设施	20.739	中势
61	社会福利	76.389	中势
76	农业生产	31.251	中势
80	工业企业	60.841	中势
95	综合发展	385.045	劣势
105	人口就业	45.529	劣势

　　根据表 4 - 83 对 2016 年金华市综合发展及各一级指标得分情况、排名情况、优劣度情况进行分析。其中，金华市综合发展水平得分为 374.327 分，在长江经济带中排名第 106 名，处于劣势区。在一级指标中，金华市人口就业发展水平得分为 49.492 分，在长江经济带中排名第 80 名，处于中势区。金华市区域经济发展水平得分为 42.822 分，在长江经济带中排名第 72 名，处于中势区。金华市农业生产发展水平得分为 27.108 分，在长江经济带中排名第 95 名，处于劣势区。金华市工业企业发展水平得分为 53.308 分，在长江经济带中排名第 108 名，处于劣势区。金华市基础设施发展水平得分为 23.591 分，在长江经济带中排名第 15 名，处于强势区。金华市社会福利发展水平得分为 73.720 分，在长江经济带中排名第 96 名，处于劣势区。金华市居民生活发展水平得分为 27.284 分，在长江经济带中排名第 43 名，处于优势区。金华市科教文卫发展水平得分为 46.564 分，在长江经济带中排名第 27 名，处于强势区。金华市生态环境发展水平得分为 30.438 分，在长江经济带中排名第 57 名，处于中势区。

表4-83　　　　　　　　　2016年金华市综合发展各一级指标的得分、排名及优劣度分析

排名	指标	得分	优劣度
15	基础设施	23.591	强势
27	科教文卫	46.564	强势
43	居民生活	27.284	优势
57	生态环境	30.438	中势
72	区域经济	42.822	中势
80	人口就业	49.492	中势
95	农业生产	27.108	劣势
96	社会福利	73.720	劣势
106	综合发展	374.327	劣势
108	工业企业	53.308	劣势

根据表4-84对2016年衢州市综合发展及各一级指标得分情况、排名情况、优劣度情况进行分析。其中，衢州市综合发展水平得分为395.899分，在长江经济带中排名第46名，处于优势区。在一级指标中，衢州市人口就业发展水平得分为51.562分，在长江经济带中排名第30名，处于优势区。衢州市区域经济发展水平得分为46.247分，在长江经济带中排名第19名，处于强势区。衢州市农业生产发展水平得分为30.393分，在长江经济带中排名第82名，处于劣势区。衢州市工业企业发展水平得分为62.732分，在长江经济带中排名第56名，处于中势区。衢州市基础设施发展水平得分为20.889分，在长江经济带中排名第56名，处于中势区。衢州市社会福利发展水平得分为77.204分，在长江经济带中排名第37名，处于优势区。衢州市居民生活发展水平得分为29.105分，在长江经济带中排名第24名，处于强势区。衢州市科教文卫发展水平得分为45.581分，在长江经济带中排名第43名，处于优势区。衢州市生态环境发展水平得分为32.186分，在长江经济带中排名第23名，处于强势区。

表4-84　　　　　　　　　2016年衢州市综合发展各一级指标的得分、排名及优劣度分析

排名	指标	得分	优劣度
19	区域经济	46.247	强势
23	生态环境	32.186	强势
24	居民生活	29.105	强势
30	人口就业	51.562	优势
37	社会福利	77.204	优势
43	科教文卫	45.581	优势
46	综合发展	395.899	优势
56	工业企业	62.732	中势
56	基础设施	20.889	中势
82	农业生产	30.393	劣势

根据表4-85对2016年舟山市综合发展及各一级指标得分情况、排名情况、优劣度情况进行分析。其中，舟山市综合发展水平得分为399.233分，在长江经济带中排名第37名，处于优势区。在一级指标中，舟山市人口就业发展水平得分为50.548分，在长江经济带中排名第54名，处于优势区。舟山市区域经济发展水平得分为46.414分，在长江经济带中排名第15名，处于强势区。舟山市农业生产发展水平得分为36.126分，在长江经济带中排名第59名，处于中势区。舟山市工业企业发展水平得分为66.015分，在长江经济带中排名第12名，处于强势区。舟山市基础设施发展水平得分为22.967分，在长江经济带中排名第20名，处于强势区。舟山市社会福利发展水平得分为72.295分，在长江经济带中排名第100名，处于劣势区。舟山市居民生活发展水平得分为32.035分，在长江经济带中排名第6名，处于强势区。舟山市科教文卫发展水平得分为42.966分，在长江经济带中排名第87名，处于劣势区。舟山市生态环境发展水平得分为29.868分，在长江经济带中排名第76名，处于中势区。

表 4 - 85　　　　　　　　　**2016 年舟山市综合发展各一级指标的得分、排名及优劣度分析**

排名	指标	得分	优劣度
6	居民生活	32.035	强势
12	工业企业	66.015	强势
15	区域经济	46.414	强势
20	基础设施	22.967	强势
37	综合发展	399.233	优势
54	人口就业	50.548	优势
59	农业生产	36.126	中势
76	生态环境	29.868	中势
87	科教文卫	42.966	劣势
100	社会福利	72.295	劣势

　　根据表 4 - 86 对 2016 年台州市综合发展及各一级指标得分情况、排名情况、优劣度情况进行分析。其中，台州市综合发展水平得分为 384.682 分，在长江经济带中排名第 96 名，处于劣势区。在一级指标中，台州市人口就业发展水平得分为 49.970 分，在长江经济带中排名第 67 名，处于中势区。台州市区域经济发展水平得分为 43.242 分，在长江经济带中排名第 65 名，处于中势区。台州市农业生产发展水平得分为 31.432 分，在长江经济带中排名第 75 名，处于中势区。台州市工业企业发展水平得分为 58.253 分，在长江经济带中排名第 101 名，处于劣势区。台州市基础设施发展水平得分为 21.935 分，在长江经济带中排名第 36 名，处于优势区。台州市社会福利发展水平得分为 74.135 分，在长江经济带中排名第 92 名，处于劣势区。台州市居民生活发展水平得分为 29.620 分，在长江经济带中排名第 16 名，处于强势区。台州市科教文卫发展水平得分为 46.964 分，在长江经济带中排名第 23 名，处于强势区。台州市生态环境发展水平得分为 29.131 分，在长江经济带中排名第 94 名，处于劣势区。

表 4 - 86　　　　　　　　　**2016 年台州市综合发展各一级指标的得分、排名及优劣度分析**

排名	指标	得分	优劣度
16	居民生活	29.620	强势
23	科教文卫	46.964	强势
36	基础设施	21.935	优势
65	区域经济	43.242	中势
67	人口就业	49.970	中势
75	农业生产	31.432	中势
92	社会福利	74.135	劣势
94	生态环境	29.131	劣势
96	综合发展	384.682	劣势
101	工业企业	58.253	劣势

　　根据表 4 - 87 对 2016 年丽水市综合发展及各一级指标得分情况、排名情况、优劣度情况进行分析。其中，丽水市综合发展水平得分为 390.749 分，在长江经济带中排名第 70 名，处于中势区。在一级指标中，丽水市人口就业发展水平得分为 50.515 分，在长江经济带中排名第 56 名，处于中势区。丽水市区域经济发展水平得分为 42.865 分，在长江经济带中排名第 71 名，处于中势区。丽水市农业生产发展水平得分为 30.055 分，在长江经济带中排名第 83 名，处于劣势区。丽水市工业企业发展水平得分为 59.286 分，在长江经济带中排名第 96 名，处于劣势区。丽水市基础设施发展水平得分为 22.945 分，在长江经济带中排名第 21 名，处于强势区。丽水市社会福利发展水平得分为 74.831 分，在长江经济带中排名第 85 名，处于劣势区。丽水市居民生活发展水平得分为 29.896 分，在长江经济带中排名第 11 名，处于强势区。丽水市科教文卫发展水平得分为 49.463 分，在长江经济带中排名第 14 名，处于强势区。丽水市生态环境发展水平得分为 30.891 分，在长江经济带中排名第 43 名，处于优势区。

表4－87　　　　　　　　　2016年丽水市综合发展各一级指标的得分、排名及优劣度分析

排名	指标	得分	优劣度
11	居民生活	29.896	强势
14	科教文卫	49.463	强势
21	基础设施	22.945	强势
43	生态环境	30.891	优势
56	人口就业	50.515	中势
70	综合发展	390.749	中势
71	区域经济	42.865	中势
83	农业生产	30.055	劣势
85	社会福利	74.831	劣势
96	工业企业	59.286	劣势

四、2017年长江经济带东部地区城市综合发展水平评估分析

（一）2017年长江经济带东部地区城市综合发展水平评估指标比较

根据表4－88对长江经济带东部地区的城市综合发展水平得分情况展开分析。2017年东部地区各城市综合发展水平得分区间为365～425分。其中，得分最高的为上海市（424.590分），最低分为温州市（365.690分），在东部地区中有3个城市（上海市、杭州市、南京市）的综合发展水平得分超过400分，其余城市的得分均低于400分。

表4－88　　　　　　　　　　2017年长江经济带东部地区综合发展得分

排名	地区	得分
1	上海市	424.590
2	杭州市	404.768
3	南京市	403.471
4	舟山市	398.972
5	衢州市	395.469
6	连云港市	393.332
7	无锡市	389.910
8	盐城市	389.601
9	苏州市	388.993
10	宁波市	386.679
11	淮安市	385.210
12	丽水市	385.139
13	嘉兴市	381.814
14	湖州市	377.781
15	扬州市	376.958
16	南通市	375.170
17	泰州市	374.569
18	台州市	373.861
19	宿迁市	373.800
20	徐州市	371.697
21	常州市	371.003
22	镇江市	370.246

排名	地区	得分
23	绍兴市	369.852
24	金华市	367.607
25	温州市	365.690

　　根据表 4 - 89 对 2017 年长江经济带东部地区综合发展水平平均得分在长江经济带各城市群中排名情况展开分析。2017 年东部地区综合发展水平平均得分处于长江经济带各板块中的第 3 名，发展优势相对薄弱。

表 4 - 89　　　　　　　　　　　2017 年长江经济带东部地区综合发展评分一级指标比较

项目	数据
排名	3
东部地区平均得分	383.847
经济带最高分	430.365
经济带平均分	386.962
与最高分差距	- 46.518
与平均分差距	- 3.115

（二）2017 年长江经济带东部地区城市综合发展水平的量化评估

　　根据表 4 - 90 对 2017 年长江经济带东部地区综合发展及各一级指标平均得分情况、排名情况进行分析。其中，东部地区综合发展平均得分在长江经济带各板块中排名第 3 名。在一级指标中，人口就业发展水平平均得分为 51.784 分，在长江经济带各板块中排名第 1 名。区域经济发展水平平均得分为 44.398 分，在长江经济带各板块中排名第 1 名。农业生产发展水平平均得分为 26.178 分，在长江经济带各板块中排名第 3 名。工业企业发展水平平均得分为 59.475 分，在长江经济带各板块中排名第 3 名。基础设施发展水平平均得分为 21.931 分，在长江经济带各板块中排名第 1 名。社会福利发展水平平均得分为 72.780 分，在长江经济带各板块中排名第 3 名。居民生活发展水平平均得分为 30.297 分，在长江经济带各板块中排名第 1 名。科教文卫发展水平平均得分为 44.681 分，在长江经济带各板块中排名第 1 名。生态环境发展水平平均得分为 32.323 分，在长江经济带各板块中排名第 3 名。

表 4 - 90　　　　　　　　2017 年长江经济带东部地区综合发展各一级指标的得分、排名分析

排名	指标	得分
1	人口就业	51.784
1	区域经济	44.398
1	基础设施	21.931
1	居民生活	30.297
1	科教文卫	44.681
3	综合发展	383.847
3	农业生产	26.178
3	工业企业	59.475
3	社会福利	72.780
3	生态环境	32.323

（三）2017 年长江经济带东部地区城市综合发展水平评估得分比较

　　根据图 4 - 7 对 2017 年长江经济带东部地区综合发展水平与长江经济带平均水平展开比较分析。

长江经济带东部地区在区域经济、工业企业、社会福利、基础设施等方面与长江经济带最高分差距较小，发展优势明显，在人口就业、农业生产、居民生活、科教文卫、生态环境等方面与最高分差距较大。

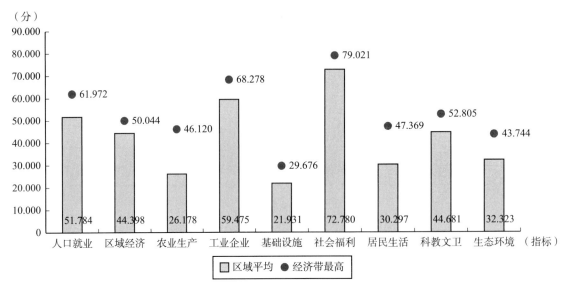

图 4 － 7　2017 年长江经济带东部地区综合发展水平指标得分比较

（四）2017 年长江经济带东部地区城市综合发展水平评估指标动态变化分析

根据图 4 - 8 对 2017～2018 年长江经济带东部地区各级指标排名变化情况展开分析。从图 4 - 8 中可知，2017～2018 年长江经济带东部地区各级指标中保持指标的比例较高，总体指标上升下降不明显。

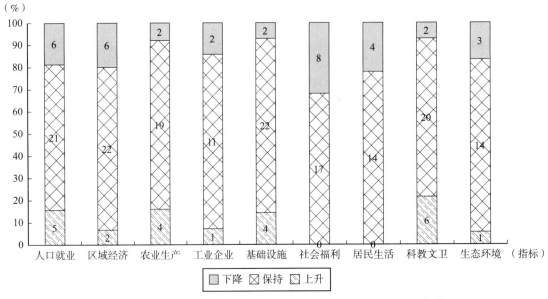

图 4 － 8　2017～2018 年长江经济带东部地区综合发展水平动态变化

表 4－91 进一步对 2017～2018 年东部地区 218 个要素指标的变化情况展开统计分析，其中，上升指标有 23 个，占指标总数的 10.550%；保持的指标有 160 个，占指标总数的 73.394%；下降的指标有 35 个，占指标总数的 16.055%。

表 4 - 91   2017~2018 年长江经济带东部地区综合发展水平排名变化态势比较

指标	要素指标数量（个）	上升指标		保持指标		下降指标	
		个数（个）	比重（%）	个数（个）	比重（%）	个数（个）	比重（%）
人口就业	32	5	15.625	21	65.625	6	18.750
区域经济	30	2	6.667	22	73.333	6	20.000
农业生产	25	4	16.000	19	76.000	2	8.000
工业企业	14	1	7.143	11	78.571	2	14.286
基础设施	28	4	14.286	22	78.571	2	7.143
社会福利	25	0	0.000	17	68.000	8	32.000
居民生活	18	0	0.000	14	77.778	4	22.222
科教文卫	28	6	21.429	20	71.429	2	7.143
生态环境	18	1	5.556	14	77.778	3	16.667
合计	218	23	10.550	160	73.394	35	16.055

（五）2017 年长江经济带东部地区各城市综合发展水平各级指标得分、排名及优劣度分析

根据表 4 - 92 对 2017 年上海市综合发展及各一级指标得分情况、排名情况、优劣度情况进行分析。其中，上海市综合发展水平得分为 424.590 分，在长江经济带中排名第 2 名，处于强势区。在一级指标中，上海市人口就业发展水平得分为 61.972 分，在长江经济带中排名第 1 名，处于强势区。上海市区域经济发展水平得分为 50.044 分，在长江经济带中排名第 1 名，处于强势区。上海市农业生产发展水平得分为 19.464 分，在长江经济带中排名第 108 名，处于劣势区。上海市工业企业发展水平得分为 63.839 分，在长江经济带中排名第 37 名，处于优势区。上海市基础设施发展水平得分为 24.612 分，在长江经济带中排名第 9 名，处于强势区。上海市社会福利发展水平得分为 62.456 分，在长江经济带中排名第 107 名，处于劣势区。上海市居民生活发展水平得分为 47.369 分，在长江经济带中排名第 1 名，处于强势区。上海市科教文卫发展水平得分为 52.805 分，在长江经济带中排名第 1 名，处于强势区。上海市生态环境发展水平得分为 42.028 分，在长江经济带中排名第 3 名，处于强势区。

表 4 - 92   2017 年上海市综合发展各一级指标的得分、排名及优劣度分析

排名	指标	得分	优劣度
1	人口就业	61.972	强势
1	区域经济	50.044	强势
1	居民生活	47.369	强势
1	科教文卫	52.805	强势
2	综合发展	424.590	强势
3	生态环境	42.028	强势
9	基础设施	24.612	强势
37	工业企业	63.839	优势
107	社会福利	62.456	劣势
108	农业生产	19.464	劣势

根据表 4 - 93 对 2017 年南京市综合发展及各一级指标得分情况、排名情况、优劣度情况进行分析。其中，南京市综合发展水平得分为 403.471 分，在长江经济带中排名第 7 名，处于优势区。在一级指标中，南京市人口就业发展水平得分为 54.767 分，在长江经济带中排名第 6 名，处于强势区。南京市区域经济发展水平得分为 47.918 分，在长江经济带中排名第 4 名，处于强势区。南京市农业生产发展水平得分为 22.646 分，在长江经济带中排名第 97 名，处于劣势区。南京市工业企业发展水平得分为 63.153 分，在长江经济带中排名第 50 名，处于优势区。南京市基础设施发展水平得分为 26.747 分，在长江经济带中排名第 4 名，处于强势区。南京市社会福利发展水平得分为 72.783 分，在长江经济带中排名第 68 名，处

于中势区。南京市居民生活发展水平得分为 35.305 分，在长江经济带中排名第 5 名，处于强势区。南京市科教文卫发展水平得分为 45.081 分，在长江经济带中排名第 30 名，处于优势区。南京市生态环境发展水平得分为 35.071 分，在长江经济带中排名第 16 名，处于强势区。

表 4 - 93   2017 年南京市综合发展各一级指标的得分、排名及优劣度分析

排名	指标	得分	优劣度
4	区域经济	47.918	强势
4	基础设施	26.747	强势
5	居民生活	35.305	强势
6	人口就业	54.767	强势
7	综合发展	403.471	强势
16	生态环境	35.071	强势
30	科教文卫	45.081	优势
50	工业企业	63.153	优势
68	社会福利	72.783	中势
97	农业生产	22.646	劣势

根据表 4 - 94 对 2017 年无锡市综合发展及各一级指标得分情况、排名情况、优劣度情况进行分析。其中，无锡市综合发展水平得分为 389.910 分，在长江经济带中排名第 38 名，处于优势区。在一级指标中，无锡市人口就业发展水平得分为 52.774 分，在长江经济带中排名第 23 名，处于强势区。无锡市区域经济发展水平得分为 45.628 分，在长江经济带中排名第 27 名，处于强势区。无锡市农业生产发展水平得分为 20.489 分，在长江经济带中排名第 107 名，处于劣势区。无锡市工业企业发展水平得分为 64.388 分，在长江经济带中排名第 28 名，处于优势区。无锡市基础设施发展水平得分为 25.171 分，在长江经济带中排名第 7 名，处于强势区。无锡市社会福利发展水平得分为 71.750 分，在长江经济带中排名第 79 名，处于中势区。无锡市居民生活发展水平得分为 31.983 分，在长江经济带中排名第 12 名，处于强势区。无锡市科教文卫发展水平得分为 43.472 分，在长江经济带中排名第 62 名，处于中势区。无锡市生态环境发展水平得分为 34.256 分，在长江经济带中排名第 24 名，处于强势区。

表 4 - 94   2017 年无锡市综合发展各一级指标的得分、排名及优劣度分析

排名	指标	得分	优劣度
7	基础设施	25.171	强势
12	居民生活	31.983	强势
23	人口就业	52.774	强势
24	生态环境	34.256	强势
27	区域经济	45.628	强势
28	工业企业	64.388	优势
38	综合发展	389.910	优势
62	科教文卫	43.472	中势
79	社会福利	71.750	中势
107	农业生产	20.489	劣势

根据表 4 - 95 对 2017 年徐州市综合发展及各一级指标得分情况、排名情况、优劣度情况进行分析。其中，徐州市综合发展水平得分为 371.697 分，在长江经济带中排名第 100 名，处于劣势区。在一级指标中，徐州市人口就业发展水平得分为 51.815 分，在长江经济带中排名第 39 名，处于优势区。徐州市区域经济发展水平得分为 39.593 分，在长江经济带中排名第 108 名，处于劣势区。徐州市农业生产发展水平得分为 27.915 分，在长江经济带中排名第 59 名，处于中势区。徐州市工业企业发展水平得分为 54.904 分，在长江经济带中排名第 106 名，处于劣势区。徐州市基础设施发展水平得分为 19.689 分，在长江经

济带中排名第 75 名，处于中势区。徐州市社会福利发展水平得分为 78. 243 分，在长江经济带中排名第 4 名，处于强势区。徐州市居民生活发展水平得分为 26. 350 分，在长江经济带中排名第 78 名，处于中势区。徐州市科教文卫发展水平得分为 43. 572 分，在长江经济带中排名第 60 名，处于中势区。徐州市生态环境发展水平得分为 29. 616 分，在长江经济带中排名第 102 名，处于劣势区。

表 4 - 95　　　　　　　　2017 年徐州市综合发展各一级指标的得分、排名及优劣度分析

排名	指标	得分	优劣度
4	社会福利	78. 243	强势
39	人口就业	51. 815	优势
59	农业生产	27. 915	中势
60	科教文卫	43. 572	中势
75	基础设施	19. 689	中势
78	居民生活	26. 350	中势
100	综合发展	371. 697	劣势
102	生态环境	29. 616	劣势
106	工业企业	54. 904	劣势
108	区域经济	39. 593	劣势

根据表 4 - 96 对 2017 年常州市综合发展及各一级指标得分情况、排名情况、优劣度情况进行分析。其中，常州市综合发展水平得分为 371. 003 分，在长江经济带中排名第 101 名，处于劣势区。在一级指标中，常州市人口就业发展水平得分为 48. 958 分，在长江经济带中排名第 95 名，处于劣势区。常州市区域经济发展水平得分为 40. 913 分，在长江经济带中排名第 103 名，处于劣势区。常州市农业生产发展水平得分为 25. 745 分，在长江经济带中排名第 74 名，处于中势区。常州市工业企业发展水平得分为 64. 860 分，在长江经济带中排名第 21 名，处于强势区。常州市基础设施发展水平得分为 20. 562 分，在长江经济带中排名第 46 名，处于优势区。常州市社会福利发展水平得分为 77. 254 分，在长江经济带中排名第 11 名，处于强势区。常州市居民生活发展水平得分为 21. 903 分，在长江经济带中排名第 108 名，处于劣势区。常州市科教文卫发展水平得分为 40. 291 分，在长江经济带中排名第 100 名，处于劣势区。常州市生态环境发展水平得分为 30. 517 分，在长江经济带中排名第 89 名，处于劣势区。

表 4 - 96　　　　　　　　2017 年常州市综合发展各一级指标的得分、排名及优劣度分析

排名	指标	得分	优劣度
11	社会福利	77. 254	强势
21	工业企业	64. 860	强势
46	基础设施	20. 562	优势
74	农业生产	25. 745	中势
89	生态环境	30. 517	劣势
95	人口就业	48. 958	劣势
100	科教文卫	40. 291	劣势
101	综合发展	371. 003	劣势
103	区域经济	40. 913	劣势
108	居民生活	21. 903	劣势

根据表 4 - 97 对 2017 年苏州市综合发展及各一级指标得分情况、排名情况、优劣度情况进行分析。其中，苏州市综合发展水平得分为 388. 993 分，在长江经济带中排名第 42 名，处于优势区。在一级指标中，苏州市人口就业发展水平得分为 54. 006 分，在长江经济带中排名第 9 名，处于强势区。苏州市区域经济发展水平得分为 43. 855 分，在长江经济带中排名 56 名，处于中势区。苏州市农业生产发展水平得分为 22. 142 分，在长江经济带中排名第 105 名，处于劣势区。苏州市工业企业发展水平得分为 61. 301 分，

在长江经济带中排名第 73 名，处于中势区。苏州市基础设施发展水平得分为 24.016 分，在长江经济带中排名第 15 名，处于强势区。苏州市社会福利发展水平得分为 66.863 分，在长江经济带中排名第 102 名，处于劣势区。苏州市居民生活发展水平得分为 37.525 分，在长江经济带中排名第 3 名，处于强势区。苏州市科教文卫发展水平得分为 43.620 分，在长江经济带中排名第 59 名，处于中势区。苏州市生态环境发展水平得分为 35.666 分，在长江经济带中排名第 14 名，处于强势区。

表 4－97　　　　　　　　　2017 年苏州市综合发展各一级指标的得分、排名及优劣度分析

排名	指标	得分	优劣度
3	居民生活	37.525	强势
9	人口就业	54.006	强势
14	生态环境	35.666	强势
15	基础设施	24.016	强势
42	综合发展	388.993	优势
56	区域经济	43.855	中势
59	科教文卫	43.620	中势
73	工业企业	61.301	中势
102	社会福利	66.863	劣势
105	农业生产	22.142	劣势

根据表 4－98 对 2017 年南通市综合发展及各一级指标得分情况、排名情况、优劣度情况进行分析。其中，南通市综合发展水平得分为 375.170 分，在长江经济带中排名第 95 名，处于劣势区。在一级指标中，南通市人口就业发展水平得分为 47.073 分，在长江经济带中排名第 107 名，处于劣势区。南通市区域经济发展水平得分为 42.046 分，在长江经济带中排名第 87 名，处于劣势区。南通市农业生产发展水平得分为 24.977 分，在长江经济带中排名第 78 名，处于中势区。南通市工业企业发展水平得分为 59.346 分，在长江经济带中排名第 89 名，处于劣势区。南通市基础设施发展水平得分为 21.649 分，在长江经济带中排名第 33 名，处于优势区。南通市社会福利发展水平得分为 74.196 分，在长江经济带中排名第 49 名，处于优势区。南通市居民生活发展水平得分为 33.212 分，在长江经济带中排名第 9 名，处于强势区。南通市科教文卫发展水平得分为 42.673 分，在长江经济带中排名第 79 名，处于中势区。南通市生态环境发展水平得分为 29.997 分，在长江经济带中排名第 97 名，处于劣势区。

表 4－98　　　　　　　　　2017 年南通市综合发展各一级指标的得分、排名及优劣度分析

排名	指标	得分	优劣度
9	居民生活	33.212	强势
33	基础设施	21.649	优势
49	社会福利	74.196	优势
78	农业生产	24.977	中势
79	科教文卫	42.673	中势
87	区域经济	42.046	劣势
89	工业企业	59.346	劣势
95	综合发展	375.170	劣势
97	生态环境	29.997	劣势
107	人口就业	47.073	劣势

根据表 4－99 对 2017 年连云港市综合发展及各一级指标得分情况、排名情况、优劣度情况进行分析。其中，连云港市综合发展水平得分为 393.332 分，在长江经济带中排名第 28 名，处于优势区。在一级指标中，连云港市人口就业发展水平得分为 51.335 分，在长江经济带中排名第 49 名，处于优势区。连云港市区域经济发展水平得分为 46.537 分，在长江经济带中排名第 10 名，处于强势区。连云港市农业生产发

展水平得分为 33.774 分，在长江经济带中排名第 34 名，处于优势区。连云港市工业企业发展水平得分为 61.314 分，在长江经济带中排名第 71 名，处于中势区。连云港市基础设施发展水平得分为 19.341 分，在长江经济带中排名第 83 名，处于劣势区。连云港市社会福利发展水平得分为 77.523 分，在长江经济带中排名第 10 名，处于强势区。连云港市居民生活发展水平得分为 27.449 分，在长江经济带中排名第 55 名，处于中势区。连云港市科教文卫发展水平得分为 45.152 分，在长江经济带中排名第 28 名，处于优势区。连云港市生态环境发展水平得分为 30.907 分，在长江经济带中排名第 81 名，处于中势区。

表 4 - 99　　　　　　　　　　2017 年连云港市综合发展各一级指标的得分、排名及优劣度分析

排名	指标	得分	优劣度
10	区域经济	46.537	强势
10	社会福利	77.523	强势
28	综合发展	393.332	优势
28	科教文卫	45.152	优势
34	农业生产	33.774	优势
49	人口就业	51.335	优势
55	居民生活	27.449	中势
71	工业企业	61.314	中势
81	生态环境	30.907	中势
83	基础设施	19.341	劣势

根据表 4 - 100 对 2017 年淮安市综合发展及各一级指标得分情况、排名情况、优劣度情况进行分析。其中，淮安市综合发展水平得分为 385.210 分，在长江经济带中排名第 57 名，处于中势区。在一级指标中，淮安市人口就业发展水平得分为 50.943 分，在长江经济带中排名第 66 名，处于中势区。淮安市区域经济发展水平得分为 46.010 分，在长江经济带中排名第 20 名，处于强势区。淮安市农业生产发展水平得分为 32.760 分，在长江经济带中排名第 39 名，处于优势区。淮安市工业企业发展水平得分为 58.406 分，在长江经济带中排名第 95 名，处于劣势区。淮安市基础设施发展水平得分为 20.779 分，在长江经济带中排名第 44 名，处于优势区。淮安市社会福利发展水平得分为 79.021 分，在长江经济带中排名第 1 名，处于强势区。淮安市居民生活发展水平得分为 25.920 分，在长江经济带中排名第 83 名，处于劣势区。淮安市科教文卫发展水平得分为 42.097 分，在长江经济带中排名第 86 名，处于劣势区。淮安市生态环境发展水平得分为 29.274 分，在长江经济带中排名第 105 名，处于劣势区。

表 4 - 100　　　　　　　　　2017 年淮安市综合发展各一级指标的得分、排名及优劣度分析

排名	指标	得分	优劣度
1	社会福利	79.021	强势
20	区域经济	46.010	强势
39	农业生产	32.760	优势
44	基础设施	20.779	优势
57	综合发展	385.210	中势
66	人口就业	50.943	中势
83	居民生活	25.920	劣势
86	科教文卫	42.097	劣势
95	工业企业	58.406	劣势
105	生态环境	29.274	劣势

根据表 4 - 101 对 2017 年盐城市综合发展及各一级指标得分情况、排名情况、优劣度情况进行分析。其中，盐城市综合发展水平得分为 389.601 分，在长江经济带中排名第 39 名，处于优势区。在一级指标中，盐城市人口就业发展水平得分为 52.112 分，在长江经济带中排名第 32 名，处于优势区。盐城市区域

经济发展水平得分为 43.948 分，在长江经济带中排名第 54 名，处于优势区。盐城市农业生产发展水平得分为 35.095 分，在长江经济带中排名第 27 名，处于强势区。盐城市工业企业发展水平得分为 57.787 分，在长江经济带中排名第 99 名，处于劣势区。盐城市基础设施发展水平得分为 21.091 分，在长江经济带中排名第 40 名，处于优势区。盐城市社会福利发展水平得分为 78.152 分，在长江经济带中排名第 5 名，处于强势区。盐城市居民生活发展水平得分为 43.711 分，在长江经济带中排名第 58 名，处于中势区。盐城市科教文卫发展水平得分为 43.711 分，在长江经济带中排名第 55 名，处于中势区。盐城市生态环境发展水平得分为 30.398 分，在长江经济带中排名第 92 名，处于劣势区。

表 4-101　　　　　　　　2017 年盐城市综合发展各一级指标的得分、排名及优劣度分析

排名	指标	得分	优劣度
5	社会福利	78.152	强势
27	农业生产	35.095	强势
32	人口就业	52.112	优势
39	综合发展	389.601	优势
40	基础设施	21.091	优势
54	区域经济	43.948	优势
55	科教文卫	43.711	中势
58	居民生活	27.307	中势
92	生态环境	30.398	劣势
99	工业企业	57.787	劣势

根据表 4-102 对 2017 年扬州市综合发展及各一级指标得分情况、排名情况、优劣度情况进行分析。其中，扬州市综合发展水平得分为 376.958 分，在长江经济带中排名第 91 名，处于劣势区。在一级指标中，扬州市人口就业发展水平得分为 48.138 分，在长江经济带中排名第 105 名，处于劣势区。扬州市区域经济发展水平得分为 43.789 分，在长江经济带中排名第 57 名，处于中势区。扬州市农业生产发展水平得分为 25.644 分，在长江经济带中排名第 75 名，处于中势区。扬州市工业企业发展水平得分为 61.683 分，在长江经济带中排名第 67 名，处于中势区。扬州市基础设施发展水平得分为 21.134 分，在长江经济带中排名第 39 名，处于优势区。扬州市社会福利发展水平得分为 77.659 分，在长江经济带中排名第 8 名，处于强势区。扬州市居民生活发展水平得分为 25.557 分，在长江经济带中排名第 86 名，处于劣势区。扬州市科教文卫发展水平得分为 42.214 分，在长江经济带中排名第 85 名，处于劣势区。扬州市生态环境发展水平得分为 31.141 分，在长江经济带中排名第 79 名，处于中势区。

表 4-102　　　　　　　　2017 年扬州市综合发展各一级指标的得分、排名及优劣度分析

排名	指标	得分	优劣度
8	社会福利	77.659	强势
39	基础设施	21.134	优势
57	区域经济	43.789	中势
67	工业企业	61.683	中势
75	农业生产	25.644	中势
79	生态环境	31.141	中势
85	科教文卫	42.214	劣势
86	居民生活	25.557	劣势
91	综合发展	376.958	劣势
105	人口就业	48.138	劣势

根据表 4-103 对 2017 年镇江市综合发展及各一级指标得分情况、排名情况、优劣度情况进行分析。其中，镇江市综合发展水平得分为 370.246 分，在长江经济带中排名第 102 名，处于劣势区。在一级指标

中，镇江市人口就业发展水平得分为 51.480 分，在长江经济带中排名第 47 名，处于优势区。镇江市区域经济发展水平得分为 44.371 分，在长江经济带中排名第 50 名，处于优势区。镇江市农业生产发展水平得分为 22.168 分，在长江经济带中排名第 103 名，处于劣势区。镇江市工业企业发展水平得分为 56.110 分，在长江经济带中排名第 103 名，处于劣势区。镇江市基础设施发展水平得分为 20.449 分，在长江经济带中排名第 53 名，处于优势区。镇江市社会福利发展水平得分为 75.242 分，在长江经济带中排名第 36 名，处于优势区。镇江市居民生活发展水平得分为 25.255 分，在长江经济带中排名第 93 名，处于劣势区。镇江市科教文卫发展水平得分为 44.183 分，在长江经济带中排名第 44 名，处于优势区。镇江市生态环境发展水平得分为 30.987 分，在长江经济带中排名第 80 名，处于中势区。

表 4 - 103　　　　　　　　2017 年镇江市综合发展各一级指标的得分、排名及优劣度分析

排名	指标	得分	优劣度
36	社会福利	75.242	优势
44	科教文卫	44.183	优势
47	人口就业	51.480	优势
50	区域经济	44.371	优势
53	基础设施	20.449	优势
80	生态环境	30.987	中势
93	居民生活	25.255	劣势
102	综合发展	370.246	劣势
103	农业生产	22.168	劣势
103	工业企业	56.110	劣势

　　根据表 4 - 104 对 2017 年泰州市综合发展及各一级指标得分情况、排名情况、优劣度情况进行分析。其中，泰州市综合发展水平得分为 374.569 分，在长江经济带中排名第 96 名，处于劣势区。在一级指标中，泰州市人口就业发展水平得分为 48.841 分，在长江经济带中排名第 98 名，处于劣势区。泰州市区域经济发展水平得分为 43.495 分，在长江经济带中排名第 64 名，处于中势区。泰州市农业生产发展水平得分为 25.636 分，在长江经济带中排名第 76 名，处于中势区。泰州市工业企业发展水平得分为 57.906 分，在长江经济带中排名第 98 名，处于劣势区。泰州市基础设施发展水平得分为 25.239 分，在长江经济带中排名第 6 名，处于强势区。泰州市社会福利发展水平得分为 75.453 分，在长江经济带中排名第 31 名，处于优势区。泰州市居民生活发展水平得分为 25.540 分，在长江经济带中排名第 87 名，处于劣势区。泰州市科教文卫发展水平得分为 42.807 分，在长江经济带中排名第 75 名，处于中势区。泰州市生态环境发展水平得分为 29.651 分，在长江经济带中排名第 101 名，处于劣势区。

表 4 - 104　　　　　　　　2017 年泰州市综合发展各一级指标的得分、排名及优劣度分析

排名	指标	得分	优劣度
6	基础设施	25.239	强势
31	社会福利	75.453	优势
64	区域经济	43.495	中势
75	科教文卫	42.807	中势
76	农业生产	25.636	中势
87	居民生活	25.540	劣势
96	综合发展	374.569	劣势
98	人口就业	48.841	劣势
98	工业企业	57.906	劣势
101	生态环境	29.651	劣势

　　根据表 4 - 105 对 2017 年宿迁市综合发展及各一级指标得分情况、排名情况、优劣度情况进行分析。

其中，宿迁市综合发展水平得分为 373.800 分，在长江经济带中排名第 99 名，处于劣势区。在一级指标中，宿迁市人口就业发展水平得分为 51.329 分，在长江经济带中排名第 50 名，处于优势区。宿迁市区域经济发展水平得分为 43.746 分，在长江经济带中排名第 59 名，处于中势区。宿迁市农业生产发展水平得分为 32.224 分，在长江经济带中排名第 41 名，处于优势区。宿迁市工业企业发展水平得分为 49.523 分，在长江经济带中排名第 108 名，处于劣势区。宿迁市基础设施发展水平得分为 20.471 分，在长江经济带中排名第 51 名，处于优势区。宿迁市社会福利发展水平得分为 78.586 分，在长江经济带中排名第 3 名，处于强势区。宿迁市居民生活发展水平得分为 25.184 分，在长江经济带中排名第 94 名，处于劣势区。宿迁市科教文卫发展水平得分为 41.254 分，在长江经济带中排名第 95 名，处于劣势区。宿迁市生态环境发展水平得分为 31.483 分，在长江经济带中排名第 66 名，处于中势区。

表 4－105　　　　　　　　2017 年宿迁市综合发展各一级指标的得分、排名及优劣度分析

排名	指标	得分	优劣度
3	社会福利	78.586	强势
41	农业生产	32.224	优势
50	人口就业	51.329	优势
51	基础设施	20.471	优势
59	区域经济	43.746	中势
66	生态环境	31.483	中势
94	居民生活	25.184	劣势
95	科教文卫	41.254	劣势
99	综合发展	373.800	劣势
108	工业企业	49.523	劣势

根据表 4－106 对 2017 年杭州市综合发展及各一级指标得分情况、排名情况、优劣度情况进行分析。其中，杭州市综合发展水平得分为 404.768 分，在长江经济带中排名第 6 名，处于强势区。在一级指标中，杭州市人口就业发展水平得分为 55.527 分，在长江经济带中排名第 4 名，处于强势区。杭州市区域经济发展水平得分为 45.577 分，在长江经济带中排名第 30 名，处于优势区。杭州市农业生产发展水平得分为 22.644 分，在长江经济带中排名第 98 名，处于劣势区。杭州市工业企业发展水平得分为 60.395 分，在长江经济带中排名第 82 名，处于劣势区。杭州市基础设施发展水平得分为 24.121 分，在长江经济带中排名第 14 名，处于强势区。杭州市社会福利发展水平得分为 69.704 分，在长江经济带中排名第 91 名，处于劣势区。杭州市居民生活发展水平得分为 41.808 分，在长江经济带中排名第 2 名，处于强势区。杭州市科教文卫发展水平得分为 50.842 分，在长江经济带中排名第 3 名，处于强势区。杭州市生态环境发展水平得分为 34.150 分，在长江经济带中排名第 26 名，处于强势区。

表 4－106　　　　　　　　2017 年杭州市综合发展各一级指标的得分、排名及优劣度分析

排名	指标	得分	优劣度
2	居民生活	41.808	强势
3	科教文卫	50.842	强势
4	人口就业	55.527	强势
6	综合发展	404.768	强势
14	基础设施	24.121	强势
26	生态环境	34.150	强势
30	区域经济	45.577	优势
82	工业企业	60.395	劣势
91	社会福利	69.704	劣势
98	农业生产	22.644	劣势

根据表4-107对2017年宁波市综合发展及各一级指标得分情况、排名情况、优劣度情况进行分析。其中，宁波市综合发展水平得分为386.679分，在长江经济带中排名第50名，处于优势区。在一级指标中，宁波市人口就业发展水平得分为53.653分，在长江经济带中排名第13名，处于强势区。宁波市区域经济发展水平得分为46.269分，在长江经济带中排名第15名，处于强势区。宁波市农业生产发展水平得分为23.105分，在长江经济带中排名第92名，处于劣势区。宁波市工业企业发展水平得分为61.732分，在长江经济带中排名第66名，处于中势区。宁波市基础设施发展水平得分为22.415分，在长江经济带中排名第26名，处于强势区。宁波市社会福利发展水平得分为70.450分，在长江经济带中排名第89名，处于劣势区。宁波市居民生活发展水平得分为31.986分，在长江经济带中排名第11名，处于强势区。宁波市科教文卫发展水平得分为45.617分，在长江经济带中排名第26名，处于强势区。宁波市生态环境发展水平得分为31.451分，在长江经济带中排名第68名，处于中势区。

表4-107　　　　　　　　　2017年宁波市综合发展各一级指标的得分、排名及优劣度分析

排名	指标	得分	优劣度
11	居民生活	31.986	强势
13	人口就业	53.653	强势
15	区域经济	46.269	强势
26	基础设施	22.415	强势
26	科教文卫	45.617	强势
50	综合发展	386.679	优势
66	工业企业	61.732	中势
68	生态环境	31.451	中势
89	社会福利	70.450	劣势
92	农业生产	23.105	劣势

根据表4-108对2017年温州市综合发展及各一级指标得分情况、排名情况、优劣度情况进行分析。其中，温州市综合发展水平得分为365.690分，在长江经济带中排名第107名，处于劣势区。在一级指标中，温州市人口就业发展水平得分为50.992分，在长江经济带中排名第63名，处于中势区。温州市区域经济发展水平得分为41.418分，在长江经济带中排名第96名，处于劣势区。温州市农业生产发展水平得分为21.446分，在长江经济带中排名第106名，处于劣势区。温州市工业企业发展水平得分为55.224分，在长江经济带中排名第104名，处于劣势区。温州市基础设施发展水平得分为20.945分，在长江经济带中排名第43名，处于优势区。温州市社会福利发展水平得分为70.721分，在长江经济带中排名第86名，处于劣势区。温州市居民生活发展水平得分为28.113分，在长江经济带中排名44名，处于优势区。温州市科教文卫发展水平得分为45.685分，在长江经济带中排名第25名，处于强势区。温州市生态环境发展水平得分为31.146分，在长江经济带中排名第78名，处于中势区。

表4-108　　　　　　　　　2017年温州市综合发展各一级指标的得分、排名及优劣度分析

排名	指标	得分	优劣度
25	科教文卫	45.685	强势
43	基础设施	20.945	优势
44	居民生活	28.113	优势
63	人口就业	50.992	中势
78	生态环境	31.146	中势
86	社会福利	70.721	劣势
96	区域经济	41.418	劣势
104	工业企业	55.224	劣势
106	农业生产	21.446	劣势
107	综合发展	365.690	劣势

　　根据表4－109对2017年嘉兴市综合发展及各一级指标得分情况、排名情况、优劣度情况进行分析。其中，嘉兴市综合发展水平得分为381.814分，在长江经济带中排名第71名，处于中势区。在一级指标中，嘉兴市人口就业发展水平得分为52.594分，在长江经济带中排名第27名，处于强势区。嘉兴市区域经济发展水平得分为45.238分，在长江经济带中排名第39名，处于优势区。嘉兴市农业生产发展水平得分为23.307分，在长江经济带中排名第91名，处于劣势区。嘉兴市工业企业发展水平得分为59.445分，在长江经济带中排名第86名，处于劣势区。嘉兴市基础设施发展水平得分为21.649分，在长江经济带中排名第34名，处于优势区。嘉兴市社会福利发展水平得分为68.186分，在长江经济带中排名第95名，处于劣势区。嘉兴市居民生活发展水平得分为31.295分，在长江经济带中排名第15名，处于强势区。嘉兴市科教文卫发展水平得分为47.182分，在长江经济带中排名第15名，处于强势区。嘉兴市生态环境发展水平得分为32.916分，在长江经济带中排名第41名，处于优势区。

表4－109　　　　　　　　2017年嘉兴市综合发展各一级指标的得分、排名及优劣度分析

排名	指标	得分	优劣度
15	居民生活	31.295	强势
15	科教文卫	47.182	强势
27	人口就业	52.594	强势
34	基础设施	21.649	优势
39	区域经济	45.238	优势
41	生态环境	32.916	优势
71	综合发展	381.814	中势
86	工业企业	59.445	劣势
91	农业生产	23.307	劣势
95	社会福利	68.186	劣势

　　根据表4－110对2017年湖州市综合发展及各一级指标得分情况、排名情况、优劣度情况进行分析。其中，湖州市综合发展水平得分为377.781分，在长江经济带中排名第88名，处于劣势区。在一级指标中，湖州市人口就业发展水平得分为51.528分，在长江经济带中排名第46名，处于优势区。湖州市区域经济发展水平得分为42.451分，在长江经济带中排名第82名，处于劣势区。湖州市农业生产发展水平得分为25.895分，在长江经济带中排名第72名，处于中势区。湖州市工业企业发展水平得分为62.071分，在长江经济带中排名第62名，处于中势区。湖州市基础设施发展水平得分为21.449分，在长江经济带中排名第35名，处于优势区。湖州市社会福利发展水平得分为71.793分，在长江经济带中排名第78名，处于中势区。湖州市居民生活发展水平得分为25.880分，在长江经济带中排名第84名，处于劣势区。湖州市科教文卫发展水平得分为43.921分，在长江经济带中排名第51名，处于优势区。湖州市生态环境发展水平得分为32.793分，在长江经济带中排名第42名，处于优势区。

表4－110　　　　　　　　2017年湖州市综合发展各一级指标的得分、排名及优劣度分析

排名	指标	得分	优劣度
35	基础设施	21.449	优势
42	生态环境	32.793	优势
46	人口就业	51.528	优势
51	科教文卫	43.921	优势
62	工业企业	62.071	中势
72	农业生产	25.895	中势
78	社会福利	71.793	中势
82	区域经济	42.451	劣势
84	居民生活	25.880	劣势
88	综合发展	377.781	劣势

根据表 4 - 111 对 2017 年绍兴市综合发展及各一级指标得分情况、排名情况、优劣度情况进行分析。其中，绍兴市综合发展水平得分为 369.852 分，在长江经济带中排名第 103 名，处于劣势区。在一级指标中，绍兴市人口就业发展水平得分为 46.997 分，在长江经济带中排名第 108 名，处于劣势区。绍兴市区域经济发展水平得分为 43.265 分，在长江经济带中排名第 67 名，处于中势区。绍兴市农业生产发展水平得分为 26.800 分，在长江经济带中排名第 66 名，处于中势区。绍兴市工业企业发展水平得分为 58.488 分，在长江经济带中排名第 94 名，处于劣势区。绍兴市基础设施发展水平得分为 20.366 分，在长江经济带中排名第 57 名，处于中势区。绍兴市社会福利发展水平得分为 73.984 分，在长江经济带中排名第 52 名，处于优势区。绍兴市居民生活发展水平得分为 26.048 分，在长江经济带中排名第 81 名，处于中势区。绍兴市科教文卫发展水平得分为 42.704 分，在长江经济带中排名第 77 名，处于中势区。绍兴市生态环境发展水平得分为 31.200 分，在长江经济带中排名第 76 名，处于中势区。

表 4 - 111　　　　　　　　　2017 年绍兴市综合发展各一级指标的得分、排名及优劣度分析

排名	指标	得分	优劣度
52	社会福利	73.984	优势
57	基础设施	20.366	中势
66	农业生产	26.800	中势
67	区域经济	43.265	中势
76	生态环境	31.200	中势
77	科教文卫	42.704	中势
81	居民生活	26.048	中势
94	工业企业	58.488	劣势
103	综合发展	369.852	劣势
108	人口就业	46.997	劣势

根据表 4 - 112 对 2017 年金华市综合发展及各一级指标得分情况、排名情况、优劣度情况进行分析。其中，金华市综合发展水平得分为 367.607 分，在长江经济带中排名第 106 名，处于劣势区。在一级指标中，金华市人口就业发展水平得分为 50.865 分，在长江经济带中排名第 67 名，处于中势区。金华市区域经济发展水平得分为 43.665 分，在长江经济带中排名第 62 名，处于中势区。金华市农业生产发展水平得分为 26.419 分，在长江经济带中排名第 70 名，处于中势区。金华市工业企业发展水平得分为 51.862 分，在长江经济带中排名第 107 名，处于劣势区。金华市基础设施发展水平得分为 20.235 分，在长江经济带中排名第 61 名，处于中势区。金华市社会福利发展水平得分为 65.840 分，在长江经济带中排名第 103 名，处于劣势区。金华市居民生活发展水平得分为 28.790 分，在长江经济带中排名第 33 名，处于优势区。金华市科教文卫发展水平得分为 47.374 分，在长江经济带中排名第 14 名，处于强势区。金华市生态环境发展水平得分为 32.558 分，在长江经济带中排名第 46 名，处于优势区。

表 4 - 112　　　　　　　　　2017 年金华市综合发展各一级指标的得分、排名及优劣度分析

排名	指标	得分	优劣度
14	科教文卫	47.374	强势
33	居民生活	28.790	优势
46	生态环境	32.558	优势
61	基础设施	20.235	中势
62	区域经济	43.665	中势
67	人口就业	50.865	中势
70	农业生产	26.419	中势
103	社会福利	65.840	劣势
106	综合发展	367.607	劣势
107	工业企业	51.862	劣势

根据表4 - 113对2017年衢州市综合发展及各一级指标得分情况、排名情况、优劣度情况进行分析。其中，衢州市综合发展水平得分为395.469分，在长江经济带中排名第21名，处于强势区。在一级指标中，衢州市人口就业发展水平得分为52.657分，在长江经济带中排名第25名，处于强势区。衢州市区域经济发展水平得分为46.566分，在长江经济带中排名第9名，处于强势区。衢州市农业生产发展水平得分为27.329分，在长江经济带中排名第63名，处于中势区。衢州市工业企业发展水平得分为63.388分，在长江经济带中排名第44名，处于优势区。衢州市基础设施发展水平得分为20.368分，在长江经济带中排名第56名，处于中势区。衢州市社会福利发展水平得分为74.219分，在长江经济带中排名第48名，处于优势区。衢州市居民生活发展水平得分为29.825分，在长江经济带中排名第23名，处于强势区。衢州市科教文卫发展水平得分为47.142分，在长江经济带中排名第16名，处于强势区。衢州市生态环境发展水平得分为33.976分，在长江经济带中排名第29名，处于优势区。

表4 - 113　　　　　　　　　　2017年衢州市综合发展各一级指标的得分、排名及优劣度分析

排名	指标	得分	优劣度
9	区域经济	46.566	强势
16	科教文卫	47.142	强势
21	综合发展	395.469	强势
23	居民生活	29.825	强势
25	人口就业	52.657	强势
29	生态环境	33.976	优势
44	工业企业	63.388	优势
48	社会福利	74.219	优势
56	基础设施	20.368	中势
63	农业生产	27.329	中势

根据表4 - 114对2017年舟山市综合发展及各一级指标得分情况、排名情况、优劣度情况进行分析。其中，舟山市综合发展水平得分为398.972分，在长江经济带中排名第12名，处于强势区。在一级指标中，舟山市人口就业发展水平得分为50.827分，在长江经济带中排名第69名，处于中势区。舟山市区域经济发展水平得分为49.155分，在长江经济带中排名第2名，处于强势区。舟山市农业生产发展水平得分为33.922分，在长江经济带中排名第32名，处于优势区。舟山市工业企业发展水平得分为65.591分，在长江经济带中排名第11名，处于强势区。舟山市基础设施发展水平得分为24.341分，在长江经济带中排名第11名，处于强势区。舟山市社会福利发展水平得分为70.495分，在长江经济带中排名第88名，处于劣势区。舟山市居民生活发展水平得分为34.517分，在长江经济带中排名第6名，处于强势区。舟山市科教文卫发展水平得分为39.367分，在长江经济带中排名第106名，处于劣势区。舟山市生态环境发展水平得分为30.757分，在长江经济带中排名第84名，处于劣势区。

表4 - 114　　　　　　　　　　2017年舟山市综合发展各一级指标的得分、排名及优劣度分析

排名	指标	得分	优劣度
2	区域经济	49.155	强势
6	居民生活	34.517	强势
11	工业企业	65.591	强势
11	基础设施	24.341	强势
12	综合发展	398.972	强势
32	农业生产	33.922	优势
69	人口就业	50.827	中势
84	生态环境	30.757	劣势
88	社会福利	70.495	劣势
106	科教文卫	39.367	劣势

　　根据表 4-115 对 2017 年台州市综合发展及各一级指标得分情况、排名情况、优劣度情况进行分析。其中，台州市综合发展水平得分为 373.861 分，在长江经济带中排名第 98 名，处于劣势区。在一级指标中，台州市人口就业发展水平得分为 49.835 分，在长江经济带中排名第 86 名，处于劣势区。台州市区域经济发展水平得分为 41.705 分，在长江经济带中排名第 93 名，处于劣势区。台州市农业生产发展水平得分为 25.451 分，在长江经济带中排名第 77 名，处于中势区。台州市工业企业发展水平得分为 59.187 分，在长江经济带中排名第 91 名，处于劣势区。台州市基础设施发展水平得分为 20.076 分，在长江经济带中排名第 68 名，处于中势区。台州市社会福利发展水平得分为 71.180 分，在长江经济带中排名第 81 名，处于中势区。台州市居民生活发展水平得分为 30.455 分，在长江经济带中排名第 22 名，处于强势区。台州市科教文卫发展水平得分为 43.428 分，在长江经济带中排名第 63 名，处于中势区。台州市生态环境发展水平得分为 32.544 分，在长江经济带中排名第 47 名，处于优势区。

表 4-115　　　　　　　　2017 年台州市综合发展各一级指标的得分、排名及优劣度分析

排名	指标	得分	优劣度
22	居民生活	30.455	强势
47	生态环境	32.544	优势
63	科教文卫	43.428	中势
68	基础设施	20.076	中势
77	农业生产	25.451	中势
81	社会福利	71.180	中势
86	人口就业	49.835	劣势
91	工业企业	59.187	劣势
93	区域经济	41.705	劣势
98	综合发展	373.861	劣势

　　根据表 4-116 对 2017 年丽水市综合发展及各一级指标得分情况、排名情况、优劣度情况进行分析。其中，丽水市综合发展水平得分为 385.139 分，在长江经济带中排名第 58 名，处于中势区。在一级指标中，丽水市人口就业发展水平得分为 53.571 分，在长江经济带中排名第 14 名，处于强势区。丽水市区域经济发展水平得分为 42.748 分，在长江经济带中排名第 77 名，处于中势区。丽水市农业生产发展水平得分为 27.448 分，在长江经济带中排名第 61 名，处于中势区。丽水市工业企业发展水平得分为 54.974 分，在长江经济带中排名第 105 名，处于劣势区。丽水市基础设施发展水平得分为 21.363 分，在长江经济带中排名第 35 名，处于优势区。丽水市社会福利发展水平得分为 67.757 分，在长江经济带中排名第 97 名，处于劣势区。丽水市居民生活发展水平得分为 32.855 分，在长江经济带中排名第 10 名，处于强势区。丽水市科教文卫发展水平得分为 50.835 分，在长江经济带中排名第 4 名，处于强势区。丽水市生态环境发展水平得分为 33.590 分，在长江经济带中排名第 32 名，处于优势区。

表 4-116　　　　　　　　2017 年丽水市综合发展各一级指标的得分、排名及优劣度分析

排名	指标	得分	优劣度
4	科教文卫	50.835	强势
10	居民生活	32.855	强势
14	人口就业	53.571	强势
32	生态环境	33.590	优势
36	基础设施	21.363	优势
58	综合发展	385.139	中势
61	农业生产	27.448	中势
77	区域经济	42.748	中势
97	社会福利	67.757	劣势
105	工业企业	54.974	劣势

五、2018 年长江经济带东部地区城市综合发展水平评估分析

（一）2018 年长江经济带东部地区城市综合发展水平评估指标比较

根据表 4－117 对长江经济带东部地区的城市综合发展水平得分情况展开分析。其中 2018 年东部地区各城市综合发展水平得分区间为 376～429 分。其中，得分最高的为上海市（428.080 分），最低分为金华市（376.473 分），在东部地区中有 7 个城市（上海市、杭州市、南京市、宿迁市、连云港市、舟山市、盐城市）的综合发展水平得分超过 400 分，其余城市的得分均低于 400 分。

表 4－117　　　　　　　　　　　2018 年长江经济带东部地区综合发展得分

排名	地区	得分
1	上海市	428.080
2	杭州市	415.515
3	南京市	410.452
4	宿迁市	404.848
5	连云港市	403.248
6	舟山市	402.525
7	盐城市	401.592
8	淮安市	397.601
9	无锡市	395.426
10	常州市	394.527
11	衢州市	394.017
12	宁波市	392.727
13	苏州市	392.358
14	丽水市	389.638
15	扬州市	389.604
16	徐州市	385.992
17	嘉兴市	385.364
18	南通市	384.435
19	泰州市	383.473
20	湖州市	382.139
21	镇江市	380.588
22	台州市	377.586
23	绍兴市	377.486
24	温州市	377.406
25	金华市	376.473

根据表 4－118 对 2018 年长江经济带东部地区综合发展水平平均得分在长江经济带各城市群中排名情况展开分析。2018 年东部地区综合发展水平平均得分处于长江经济带各板块中的第 3 名，发展优势相对薄弱。

表 4 - 118　　　　　　　　　**2018 年长江经济带东部地区综合发展评分一级指标比较**

项目	数据
排名	3
东部地区平均得分	392.924
经济带最高分	430.649
经济带平均分	395.721
与最高分差距	-37.725
与平均分差距	-2.797

（二）2018 年长江经济带东部地区城市综合发展水平的量化评估

根据表 4 - 119 对 2018 年长江经济带东部地区综合发展及各一级指标平均得分情况、排名情况进行分析。其中，东部地区综合发展平均得分在长江经济带各板块中排名第 3 名。在一级指标中，人口就业发展水平平均得分为 51.600 分，在长江经济带各板块中排名第 1 名。区域经济发展水平平均得分为 46.835 分，在长江经济带各板块中排名第 1 名。农业生产发展水平平均得分为 29.231 分，在长江经济带各板块中排名第 3 名。工业企业发展水平平均得分为 59.372 分，在长江经济带各板块中排名第 3 名。基础设施发展水平平均得分为 23.865 分，在长江经济带各板块中排名第 1 名。社会福利发展水平平均得分为 73.631 分，在长江经济带各板块中排名第 3 名。居民生活发展水平平均得分为 30.819 分，在长江经济带各板块中排名第 1 名。科教文卫发展水平平均得分为 46.281 分，在长江经济带各板块中排名第 1 名。生态环境发展水平平均得分为 31.291 分，在长江经济带各板块中排名第 1 名。

表 4 - 119　　　　　　　**2018 年长江经济带东部地区综合发展各一级指标的得分、排名分析**

排名	指标	得分
1	人口就业	51.600
1	区域经济	46.835
1	基础设施	23.865
1	居民生活	30.819
1	科教文卫	46.281
1	生态环境	31.291
3	综合发展	392.924
3	农业生产	29.231
3	工业企业	59.372
3	社会福利	73.631

（三）2018 年长江经济带东部地区城市综合发展水平评估得分比较

根据图 4 - 9 对 2018 年长江经济带东部地区综合发展水平与长江经济带平均水平展开比较分析。由图 4 - 9 可知，2018 年长江经济带东部地区在区域经济、工业企业、社会福利、基础设施等方面与长江经济带最高分差距较小，发展优势明显。在人口就业、农业生产、居民生活、科教文卫、生态环境等方面与最高分差距较大。

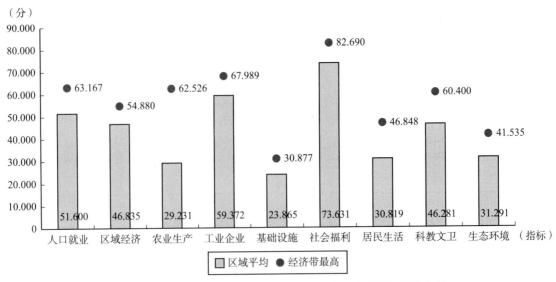

图 4 - 9　　2018 年长江经济带东部地区综合发展水平指标得分比较

（四）2018 年长江经济带东部地区城市综合发展水平评估指标动态变化分析

根据图 4 - 10 对 2014～2018 年长江经济带东部地区各级指标排名变化情况展开分析。由图 4 - 10 可知，2014～2018 年长江经济带东部地区各级指标中保持指标的比例较高，总体指标上升下降不明显。

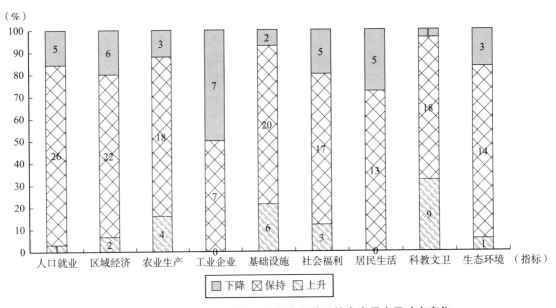

图 4 - 10　　2014～2018 年长江经济带东部地区综合发展水平动态变化

表 4 - 120 进一步对 2014～2018 年东部地区 218 个要素指标的变化情况展开统计分析，其中，上升指标有 26 个，占指标总数的 11.927%；保持的指标有 155 个，占指标总数的 71.101%；下降的指标有 37 个，占指标总数的 16.972%。

表 4 - 120　　　　　　　2014～2018 年长江经济带东部地区综合发展水平排名变化态势比较

指标	要素指标数量（个）	上升指标		保持指标		下降指标	
		个数（个）	比重（%）	个数（个）	比重（%）	个数（个）	比重（%）
人口就业	32	1	3.125	26	81.250	5	15.625
区域经济	30	2	6.667	22	73.333	6	20.000

续表

指标	要素指标数量（个）	上升指标		保持指标		下降指标	
		个数（个）	比重（%）	个数（个）	比重（%）	个数（个）	比重（%）
农业生产	25	4	16.000	18	72.000	3	12.000
工业企业	14	0	0.000	7	50.000	7	50.000
基础设施	28	6	21.429	20	71.429	2	7.143
社会福利	25	3	12.000	17	68.000	5	20.000
居民生活	18	0	0.000	13	72.222	5	27.778
科教文卫	28	9	32.143	18	64.286	1	3.571
生态环境	18	1	5.556	14	77.778	3	16.667
合计	218	26	11.927	155	71.101	37	16.972

（五）2018 年长江经济带东部地区各城市综合发展水平各级指标得分、排名及优劣度分析

根据表 4 - 121 对 2018 年上海市综合发展及各一级指标得分情况、排名情况、优劣度情况进行分析。其中，上海市综合发展水平得分为 428.080 分，在长江经济带中排名第 3 名，处于强势区。在一级指标中，上海市人口就业发展水平得分为 63.167 分，在长江经济带中排名第 1 名，处于强势区。上海市区域经济发展水平得分为 50.171 分，在长江经济带中排名第 12 名，处于强势区。上海市农业生产发展水平得分为 23.203 分，在长江经济带中排名第 105 名，处于劣势区。上海市工业企业发展水平得分为 61.206 分，在长江经济带中排名第 66 名，处于中势区。上海市基础设施发展水平得分为 29.461 分，在长江经济带中排名第 2 名，处于强势区。上海市社会福利发展水平得分为 62.933 分，在长江经济带中排名第 108 名，处于劣势区。上海市居民生活发展水平得分为 42.979 分，在长江经济带中排名第 2 名，处于强势区。上海市科教文卫发展水平得分为 60.400 分，在长江经济带中排名第 1 名，处于强势区。上海市生态环境发展水平得分为 39.802 分，在长江经济带中排名第 3 名，处于强势区。

表 4 - 121　　　　　　2018 年上海市综合发展各一级指标的得分、排名及优劣度分析

排名	指标	得分	优劣度
1	人口就业	63.167	强势
1	科教文卫	60.400	强势
2	基础设施	29.461	强势
2	居民生活	42.979	强势
3	综合发展	428.080	强势
3	生态环境	39.802	强势
12	区域经济	50.171	强势
66	工业企业	61.206	中势
105	农业生产	23.203	劣势
108	社会福利	62.933	劣势

根据表 4 - 122 对 2018 年南京市综合发展及各一级指标得分情况、排名情况、优劣度情况进行分析。其中，南京市综合发展水平得分为 410.452 分，在长江经济带中排名第 8 名，处于强势区。在一级指标中，南京市人口就业发展水平得分为 55.348 分，在长江经济带中排名第 5 名，处于强势区。南京市区域经济发展水平得分为 47.814 分，在长江经济带中排名第 32 名，处于优势区。南京市农业生产发展水平得分为 23.315 分，在长江经济带中排名第 104 名，处于劣势区。南京市工业企业发展水平得分为 65.089 分，在长江经济带中排名第 16 名，处于强势区。南京市基础设施发展水平得分为 25.632 分，在长江经济带中排名第 8 名，处于强势区。南京市社会福利发展水平得分为 73.482 分，在长江经济带中排名第 97 名，处于劣势区。南京市居民生活发展水平得分为 38.419 分，在长江经济带中排名第 4 名，处于强势区。南京市科教文卫发展水平得分为 47.315 分，在长江经济带中排名第 12 名，处于强势区。南京市生态环境发展

水平得分为 35.463 分，在长江经济带中排名第 9 名，处于强势区。

表 4－122   2018 年南京市综合发展各一级指标的得分、排名及优劣度分析

排名	指标	得分	优劣度
4	居民生活	38.419	强势
5	人口就业	55.348	强势
8	综合发展	410.452	强势
8	基础设施	25.632	强势
9	生态环境	35.463	强势
12	科教文卫	47.315	强势
16	工业企业	65.089	强势
32	区域经济	47.814	优势
97	社会福利	73.482	劣势
104	农业生产	23.315	劣势

根据表 4－123 对 2018 年无锡市综合发展及各一级指标得分情况、排名情况、优劣度情况进行分析。其中，无锡市综合发展水平得分为 395.426 分，在长江经济带中排名第 48 名，处于优势区。在一级指标中，无锡市人口就业发展水平得分为 53.009 分，在长江经济带中排名第 12 名，处于强势区。无锡市区域经济发展水平得分为 48.213 分，在长江经济带中排名第 27 名，处于强势区。无锡市农业生产发展水平得分为 22.926 分，在长江经济带中排名第 107 名，处于劣势区。无锡市工业企业发展水平得分为 57.303 分，在长江经济带中排名第 98 名，处于劣势区。无锡市基础设施发展水平得分为 26.610 分，在长江经济带中排名第 4 名，处于强势区。无锡市社会福利发展水平得分为 73.526 分，在长江经济带中排名第 96 名，处于劣势区。无锡市居民生活发展水平得分为 32.518 分，在长江经济带中排名第 12 名，处于强势区。无锡市科教文卫发展水平得分为 44.566 分，在长江经济带中排名第 41 名，处于优势区。无锡市生态环境发展水平得分为 35.877 分，在长江经济带中排名第 8 名，处于强势区。

表 4－123   2018 年无锡市综合发展各一级指标的得分、排名及优劣度分析

排名	指标	得分	优劣度
4	基础设施	26.610	强势
8	生态环境	35.877	强势
12	人口就业	53.009	强势
12	居民生活	32.518	强势
27	区域经济	48.213	强势
41	科教文卫	44.566	优势
48	综合发展	395.426	优势
96	社会福利	73.526	劣势
98	工业企业	57.303	劣势
107	农业生产	22.926	劣势

根据表 4－124 对 2018 年徐州市综合发展及各一级指标得分情况、排名情况、优劣度情况进行分析。其中，徐州市综合发展水平得分为 385.992 分，在长江经济带中排名第 92 名，处于劣势区。在一级指标中，徐州市人口就业发展水平得分为 52.846 分，在长江经济带中排名第 17 名，处于强势区。徐州市区域经济发展水平得分为 40.401 分，在长江经济带中排名第 108 名，处于劣势区。徐州市农业生产发展水平得分为 35.139 分，在长江经济带中排名第 52 名，处于优势区。徐州市工业企业发展水平得分为 54.368 分，在长江经济带中排名第 106 名，处于劣势区。徐州市基础设施发展水平得分为 20.893 分，在长江经济带中排名第 67 名，处于中势区。徐州市社会福利发展水平得分为 79.790 分，在长江经济带中排名第 4 名，处于强势区。徐州市居民生活发展水平得分为 27.376 分，在长江经济带中排名第 53 名，处于优势

区。徐州市科教文卫发展水平得分为 45.869 分，在长江经济带中排名第 23 名，处于强势区。徐州市生态环境发展水平得分为 29.329 分，在长江经济带中排名第 88 名，处于劣势区。

表 4 – 124　　　　　　　　2018 年徐州市综合发展各一级指标的得分、排名及优劣度分析

排名	指标	得分	优劣度
4	社会福利	79.790	强势
17	人口就业	52.846	强势
23	科教文卫	45.869	强势
52	农业生产	35.139	优势
53	居民生活	27.376	优势
67	基础设施	20.893	中势
88	生态环境	29.329	劣势
92	综合发展	385.992	劣势
106	工业企业	54.368	劣势
108	区域经济	40.401	劣势

根据表 4 – 125 对 2018 年常州市综合发展及各一级指标得分情况、排名情况、优劣度情况进行分析。其中，常州市综合发展水平得分为 394.527 分，在长江经济带中排名第 57 名，处于中势区。在一级指标中，常州市人口就业发展水平得分为 52.647 分，在长江经济带中排名第 20 名，处于强势区。常州市区域经济发展水平得分为 42.914 分，在长江经济带中排名第 99 名，处于劣势区。常州市农业生产发展水平得分为 34.837 分，在长江经济带中排名第 54 名，处于优势区。常州市工业企业发展水平得分为 60.848 分，在长江经济带中排名第 74 名，处于中势区。常州市基础设施发展水平得分为 22.858 分，在长江经济带中排名第 28 名，处于优势区。常州市社会福利发展水平得分为 76.491 分，在长江经济带中排名第 41 名，处于优势区。常州市居民生活发展水平得分为 29.778 分，在长江经济带中排名第 24 名，处于强势区。常州市科教文卫发展水平得分为 44.476 分，在长江经济带中排名第 44 名，处于优势区。常州市生态环境发展水平得分为 30.377 分，在长江经济带中排名第 56 名，处于中势区。

表 4 – 125　　　　　　　　2018 年常州市综合发展各一级指标的得分、排名及优劣度分析

排名	指标	得分	优劣度
20	人口就业	52.647	强势
24	居民生活	29.778	强势
28	基础设施	22.858	优势
41	社会福利	76.491	优势
44	科教文卫	44.476	优势
54	农业生产	34.837	优势
56	生态环境	30.377	中势
57	综合发展	394.527	中势
74	工业企业	60.848	中势
99	区域经济	42.914	劣势

根据表 4 – 126 对 2018 年苏州市综合发展及各一级指标得分情况、排名情况、优劣度情况进行分析。其中，苏州市综合发展水平得分为 392.358 分，在长江经济带中排名第 72 名，处于劣势区。在一级指标中，苏州市人口就业发展水平得分为 52.866 分，在长江经济带中排名第 15 名，处于强势区。苏州市区域经济发展水平得分为 47.049 分，在长江经济带中排名第 42 名，处于优势区。苏州市农业生产发展水平得分为 21.752 分，在长江经济带中排名第 108 名，处于劣势区。苏州市工业企业发展水平得分为 52.388 分，在长江经济带中排名第 107 名，处于劣势区。苏州市基础设施发展水平得分为 26.450 分，在长江经济带中排名第 5 名，处于强势区。苏州市社会福利发展水平得分为 71.382 分，在长江经济带中排名第 103 名，

处于劣势区。苏州市居民生活发展水平得分为 39.996 分，在长江经济带中排名第 3 名，处于强势区。苏州市科教文卫发展水平得分为 51.089 分，在长江经济带中排名第 5 名，处于强势区。苏州市生态环境发展水平得分为 32.314 分，在长江经济带中排名第 24 名，处于强势区。

表 4－126   2018 年苏州市综合发展各一级指标的得分、排名及优劣度分析

排名	指标	得分	优劣度
3	居民生活	39.996	强势
5	基础设施	26.450	强势
5	科教文卫	51.089	强势
15	人口就业	52.866	强势
24	生态环境	32.314	强势
42	区域经济	47.049	优势
72	综合发展	392.358	中势
103	社会福利	71.382	劣势
107	工业企业	52.388	劣势
108	农业生产	21.752	劣势

根据表 4－127 对 2018 年南通市综合发展及各一级指标得分情况、排名情况、优劣度情况进行分析。其中，南通市综合发展水平得分为 384.435 分，在长江经济带中排名第 95 名，处于劣势区。在一级指标中，南通市人口就业发展水平得分为 46.797 分，在长江经济带中排名第 100 名，处于劣势区。南通市区域经济发展水平得分为 47.903 分，在长江经济带中排名第 31 名，处于优势区。南通市农业生产发展水平得分为 27.284 分，在长江经济带中排名第 89 名，处于劣势区。南通市工业企业发展水平得分为 58.637 分，在长江经济带中排名第 89 名，处于劣势区。南通市基础设施发展水平得分为 24.332 分，在长江经济带中排名第 16 名，处于强势区。南通市社会福利发展水平得分为 76.590 分，在长江经济带中排名第 39 名，处于优势区。南通市居民生活发展水平得分为 29.370 分，在长江经济带中排名第 28 名，处于优势区。南通市科教文卫发展水平得分为 43.303 分，在长江经济带中排名第 68 名，处于中势区。南通市生态环境发展水平得分为 29.858 分，在长江经济带中排名第 67 名，处于中势区。

表 4－127   2018 年南通市综合发展各一级指标的得分、排名及优劣度分析

排名	指标	得分	优劣度
16	基础设施	24.332	强势
28	居民生活	29.370	优势
31	区域经济	47.903	优势
39	社会福利	76.590	优势
67	生态环境	29.858	中势
68	科教文卫	43.303	中势
89	农业生产	27.284	劣势
89	工业企业	58.637	劣势
95	综合发展	384.435	劣势
100	人口就业	46.797	劣势

根据表 4－128 对 2018 年连云港市综合发展及各一级指标得分情况、排名情况、优劣度情况进行分析。其中，连云港市综合发展水平得分为 403.248 分，在长江经济带中排名第 19 名，处于强势区。在一级指标中，连云港市人口就业发展水平得分为 51.318 分，在长江经济带中排名第 38 名，处于优势区。连云港市区域经济发展水平得分为 45.747 分，在长江经济带中排名第 59 名，处于中势区。连云港市农业生产发展水平得分为 37.595 分，在长江经济带中排名第 39 名，处于优势区。连云港市工业企业发展水平得分为 66.839 分，在长江经济带中排名第 2 名，处于强势区。连云港市基础设施发展水平得分为 19.302 分，

在长江经济带中排名第98名，处于劣势区。连云港市社会福利发展水平得分为78.482分，在长江经济带中排名第14名，处于强势区。连云港市居民生活发展水平得分为27.044分，在长江经济带中排名第62名，处于中势区。连云港市科教文卫发展水平得分为46.367分，在长江经济带中排名第20名，处于强势区。连云港市生态环境发展水平得分为29.528分，在长江经济带中排名第79名，处于中势区。

表 4 - 128　　　　　　　　　　2018 年连云港市综合发展各一级指标的得分、排名及优劣度分析

排名	指标	得分	优劣度
2	工业企业	66.839	强势
14	社会福利	78.482	强势
19	综合发展	403.248	强势
20	科教文卫	46.367	强势
38	人口就业	51.318	优势
39	农业生产	37.595	优势
59	区域经济	45.747	中势
62	居民生活	27.044	中势
79	生态环境	29.528	中势
98	基础设施	19.302	劣势

根据表 4 - 129 对 2018 年淮安市综合发展及各一级指标得分情况、排名情况、优劣度情况进行分析。其中，淮安市综合发展水平得分为397.601分，在长江经济带中排名第37名，处于优势区。在一级指标中，淮安市人口就业发展水平得分为52.925分，在长江经济带中排名第14名，处于强势区。淮安市区域经济发展水平得分为44.972分，在长江经济带中排名第75名，处于中势区。淮安市农业生产发展水平得分为33.974分，在长江经济带中排名第58名，处于中势区。淮安市工业企业发展水平得分为62.870分，在长江经济带中排名第47名，处于优势区。淮安市基础设施发展水平得分为21.661分，在长江经济带中排名第48名，处于优势区。淮安市社会福利发展水平得分为78.597分，在长江经济带中排名第12名，处于强势区。淮安市居民生活发展水平得分为26.209分，在长江经济带中排名第74名，处于中势区。淮安市科教文卫发展水平得分为45.826分，在长江经济带中排名第24名，处于强势区。淮安市生态环境发展水平得分为29.076分，在长江经济带中排名第94名，处于劣势区。

表 4 - 129　　　　　　　　　　2018 年淮安市综合发展各一级指标的得分、排名及优劣度分析

排名	指标	得分	优劣度
12	社会福利	78.597	强势
14	人口就业	52.925	强势
24	科教文卫	45.826	强势
37	综合发展	397.601	优势
47	工业企业	62.870	优势
48	基础设施	21.661	优势
58	农业生产	33.974	中势
74	居民生活	26.209	中势
75	区域经济	44.972	中势
94	生态环境	29.076	劣势

根据表 4 - 130 对 2018 年盐城市综合发展及各一级指标得分情况、排名情况、优劣度情况进行分析。其中，盐城市综合发展水平得分为401.592分，在长江经济带中排名第25名，处于强势区。在一级指标中，盐城市人口就业发展水平得分为51.864分，在长江经济带中排名第28名，处于优势区。盐城市区域经济发展水平得分为46.972分，在长江经济带中排名第44名，处于优势区。盐城市农业生产发展水平得分为36.229分，在长江经济带中排名第45名，处于优势区。盐城市工业企业发展水平得分为59.034分，

在长江经济带中排名第86名，处于劣势区。盐城市基础设施发展水平得分为24.094分，在长江经济带中排名第19名，处于强势区。盐城市社会福利发展水平得分为78.995分，在长江经济带中排名第7名，处于强势区。盐城市居民生活发展水平得分为28.234分，在长江经济带中排名第43名，处于优势区。盐城市科教文卫发展水平得分为44.937分，在长江经济带中排名第37名，处于优势区。盐城市生态环境发展水平得分为29.538分，在长江经济带中排名第78名，处于中势区。

表 4 – 130　　　　　　　　2018 年盐城市综合发展各一级指标的得分、排名及优劣度分析

排名	指标	得分	优劣度
7	社会福利	78.995	强势
19	基础设施	24.094	强势
25	综合发展	401.592	强势
28	人口就业	51.864	优势
37	科教文卫	44.937	优势
43	居民生活	28.234	优势
44	区域经济	46.972	优势
45	农业生产	36.229	优势
78	生态环境	29.538	中势
86	工业企业	59.034	劣势

根据表 4 – 131 对 2018 年扬州市综合发展及各一级指标得分情况、排名情况、优劣度情况进行分析。其中，扬州市综合发展水平得分为389.604分，在长江经济带中排名第80名，处于中势区。在一级指标中，扬州市人口就业发展水平得分为44.766分，在长江经济带中排名第107名，处于劣势区。扬州市区域经济发展水平得分为50.592分，在长江经济带中排名第8名，处于强势区。扬州市农业生产发展水平得分为34.151分，在长江经济带中排名第55名，处于中势区。扬州市工业企业发展水平得分为58.311分，在长江经济带中排名第92名，处于劣势区。扬州市基础设施发展水平得分为22.693分，在长江经济带中排名第31名，处于优势区。扬州市社会福利发展水平得分为78.001分，在长江经济带中排名第17名，处于强势区。扬州市居民生活发展水平得分为27.068分，在长江经济带中排名第60名，处于中势区。扬州市科教文卫发展水平得分为42.678分，在长江经济带中排名第87名，处于劣势区。扬州市生态环境发展水平得分为31.004分，在长江经济带中排名第41名，处于优势区。

表 4 – 131　　　　　　　　2018 年扬州市综合发展各一级指标的得分、排名及优劣度分析

排名	指标	得分	优劣度
8	区域经济	50.592	强势
17	社会福利	78.001	强势
31	基础设施	22.693	优势
41	生态环境	31.004	优势
55	农业生产	34.151	中势
60	居民生活	27.068	中势
80	综合发展	389.604	中势
87	科教文卫	42.678	劣势
92	工业企业	58.311	劣势
107	人口就业	44.766	劣势

根据表 4 – 132 对 2018 年镇江市综合发展及各一级指标得分情况、排名情况、优劣度情况进行分析。其中，镇江市综合发展水平得分为380.588分，在长江经济带中排名第102名，处于劣势区。在一级指标中，镇江市人口就业发展水平得分为51.690分，在长江经济带中排名第31名，处于优势区。镇江市区域经济发展水平得分为42.935分，在长江经济带中排名第97名，处于劣势区。镇江市农业生产发展水平得

分为 25.196 分, 在长江经济带中排名第 97 名, 处于劣势区。镇江市工业企业发展水平得分为 60.966 分, 在长江经济带中排名第 71 名, 处于中势区。镇江市基础设施发展水平得分为 22.249 分, 在长江经济带中排名第 40 名, 处于优势区。镇江市社会福利发展水平得分为 76.655 分, 在长江经济带中排名第 38 名, 处于优势区。镇江市居民生活发展水平得分为 25.933 分, 在长江经济带中排名第 78 名, 处于中势区。镇江市科教文卫发展水平得分为 44.560 分, 在长江经济带中排名第 42 名, 处于优势区。镇江市生态环境发展水平得分为 30.185 分, 在长江经济带中排名第 58 名, 处于中势区。

表 4－132　　　　　　　　　　2018 年镇江市综合发展各一级指标的得分、排名及优劣度分析

排名	指标	得分	优劣度
31	人口就业	51.690	优势
38	社会福利	76.655	优势
40	基础设施	22.249	优势
42	科教文卫	44.560	优势
58	生态环境	30.185	中势
71	工业企业	60.966	中势
78	居民生活	25.933	中势
97	区域经济	42.935	劣势
97	农业生产	25.196	劣势
102	综合发展	380.588	劣势

根据表 4－133 对 2018 年泰州市综合发展及各一级指标得分情况、排名情况、优劣度情况进行分析。其中, 泰州市综合发展水平得分为 383.473 分, 在长江经济带中排名第 97 名, 处于劣势区。在一级指标中, 泰州市人口就业发展水平得分为 48.130 分, 在长江经济带中排名第 95 名, 处于劣势区。泰州市区域经济发展水平得分为 43.619 分, 在长江经济带中排名第 90 名, 处于劣势区。泰州市农业生产发展水平得分为 28.135 分, 在长江经济带中排名第 81 名, 处于中势区。泰州市工业企业发展水平得分为 56.182 分, 在长江经济带中排名第 103 名, 处于劣势区。泰州市基础设施发展水平得分为 30.877 分, 在长江经济带中排名第 1 名, 处于强势区。泰州市社会福利发展水平得分为 77.397 分, 在长江经济带中排名第 27 名, 处于强势区。泰州市居民生活发展水平得分为 25.636 分, 在长江经济带中排名第 86 名, 处于劣势区。泰州市科教文卫发展水平得分为 43.884 分, 在长江经济带中排名第 56 名, 处于中势区。泰州市生态环境发展水平得分为 29.231 分, 在长江经济带中排名第 90 名, 处于劣势区。

表 4－133　　　　　　　　　　2018 年泰州市综合发展各一级指标的得分、排名及优劣度分析

排名	指标	得分	优劣度
1	基础设施	30.877	强势
27	社会福利	77.397	强势
56	科教文卫	43.884	中势
81	农业生产	28.135	中势
86	居民生活	25.636	劣势
90	区域经济	43.619	劣势
90	生态环境	29.231	劣势
95	人口就业	48.130	劣势
97	综合发展	383.473	劣势
103	工业企业	56.182	劣势

根据表 4－134 对 2018 年宿迁市综合发展及各一级指标得分情况、排名情况、优劣度情况进行分析。其中, 宿迁市综合发展水平得分为 404.848 分, 在长江经济带中排名第 15 名, 处于强势区。在一级指标中, 宿迁市人口就业发展水平得分为 47.201 分, 在长江经济带中排名第 99 名, 处于劣势区。宿迁市区域

经济发展水平得分为 52.326 分，在长江经济带中排名第 4 名，处于强势区。宿迁市农业生产发展水平得分为 42.638 分，在长江经济带中排名第 16 名，处于强势区。宿迁市工业企业发展水平得分为 63.245 分，在长江经济带中排名第 41 名，处于优势区。宿迁市基础设施发展水平得分为 22.297 分，在长江经济带中排名第 39 名，处于优势区。宿迁市社会福利发展水平得分为 80.487 分，在长江经济带中排名第 1 名，处于强势区。宿迁市居民生活发展水平得分为 25.660 分，在长江经济带中排名第 85 名，处于劣势区。宿迁市科教文卫发展水平得分为 40.826 分，在长江经济带中排名第 102 名，处于劣势区。宿迁市生态环境发展水平得分为 29.024 分，在长江经济带中排名第 95 名，处于劣势区。

表 4－134 　　　　　　　2018 年宿迁市综合发展各一级指标的得分、排名及优劣度分析

排名	指标	得分	优劣度
1	社会福利	80.487	强势
4	区域经济	52.326	强势
15	综合发展	404.848	强势
16	农业生产	42.638	强势
39	基础设施	22.297	优势
41	工业企业	63.245	优势
85	居民生活	25.660	劣势
95	生态环境	29.024	劣势
99	人口就业	47.201	劣势
102	科教文卫	40.826	劣势

根据表 4－135 对 2018 年杭州市综合发展及各一级指标得分情况、排名情况、优劣度情况进行分析。其中，杭州市综合发展水平得分为 415.515 分，在长江经济带中排名第 6 名，处于强势区。在一级指标中，杭州市人口就业发展水平得分为 55.833 分，在长江经济带中排名第 4 名，处于强势区。杭州市区域经济发展水平得分为 47.971 分，在长江经济带中排名第 30 名，处于优势区。杭州市农业生产发展水平得分为 25.115 分，在长江经济带中排名第 99 名，处于劣势区。杭州市工业企业发展水平得分为 61.737 分，在长江经济带中排名第 63 名，处于中势区。杭州市基础设施发展水平得分为 24.674 分，在长江经济带中排名第 14 名，处于强势区。杭州市社会福利发展水平得分为 70.956 分，在长江经济带中排名第 104 名，处于劣势区。杭州市居民生活发展水平得分为 46.848 分，在长江经济带中排名第 1 名，处于强势区。杭州市科教文卫发展水平得分为 52.545 分，在长江经济带中排名第 3 名，处于强势区。杭州市生态环境发展水平得分为 32.151 分，在长江经济带中排名第 26 名，处于强势区。

表 4－135 　　　　　　　2018 年杭州市综合发展各一级指标的得分、排名及优劣度分析

排名	指标	得分	优劣度
1	居民生活	46.848	强势
3	科教文卫	52.545	强势
4	人口就业	55.833	强势
6	综合发展	415.515	强势
14	基础设施	24.674	强势
26	生态环境	32.151	强势
30	区域经济	47.971	优势
63	工业企业	61.737	中势
99	农业生产	25.115	劣势
104	社会福利	70.956	劣势

根据表 4－136 对 2018 年宁波市综合发展及各一级指标得分情况、排名情况、优劣度情况进行分析。其中，宁波市综合发展水平得分为 392.727 分，在长江经济带中排名第 68 名，处于中势区。在一级指标

中，宁波市人口就业发展水平得分为 54.198 分，在长江经济带中排名第 8 名，处于强势区。宁波市区域经济发展水平得分为 49.352 分，在长江经济带中排名第 17 名，处于强势区。宁波市农业生产发展水平分为 25.987 分，在长江经济带中排名第 93 名，处于劣势区。宁波市工业企业发展水平得分为 55.180 分，在长江经济带中排名第 105 名，处于劣势区。宁波市基础设施发展水平得分为 22.958 分，在长江经济带中排名第 27 名，处于强势区。宁波市社会福利发展水平得分为 71.670 分，在长江经济带中排名第 102 名，处于劣势区。宁波市居民生活发展水平得分为 36.574 分，在长江经济带中排名第 5 名，处于强势区。宁波市科教文卫发展水平得分为 47.319 分，在长江经济带中排名第 11 名，处于强势区。宁波市生态环境发展水平得分为 30.016 分，在长江经济带中排名第 62 名，处于中势区。

表 4 - 136　2018 年宁波市综合发展各一级指标的得分、排名及优劣度分析

排名	指标	得分	优劣度
5	居民生活	36.574	强势
8	人口就业	54.198	强势
11	科教文卫	47.319	强势
17	区域经济	49.352	强势
27	基础设施	22.958	强势
62	生态环境	30.016	中势
68	综合发展	392.727	中势
93	农业生产	25.987	劣势
102	社会福利	71.670	劣势
105	工业企业	55.180	劣势

根据表 4 - 137 对 2018 年温州市综合发展及各一级指标得分情况、排名情况、优劣度情况进行分析。其中，温州市综合发展水平得分为 377.406 分，在长江经济带中排名第 107 名，处于劣势区。在一级指标中，温州市人口就业发展水平得分为 51.548 分，在长江经济带中排名第 35 名，处于优势区。温州市区域经济发展水平得分为 44.451 分，在长江经济带中排名第 79 名，处于中势区。温州市农业生产发展水平分为 23.318 分，在长江经济带中排名第 103 名，处于劣势区。温州市工业企业发展水平得分为 57.800 分，在长江经济带中排名第 95 名，处于劣势区。温州市基础设施发展水平得分为 22.300 分，在长江经济带中排名第 38 名，处于优势区。温州市社会福利发展水平得分为 73.886 分，在长江经济带中排名第 93 名，处于劣势区。温州市居民生活发展水平得分为 28.775 分，在长江经济带中排名第 35 名，处于优势区。温州市科教文卫发展水平得分为 47.031 分，在长江经济带中排名第 13 名，处于强势区。温州市生态环境发展水平得分为 28.759 分，在长江经济带中排名第 101 名，处于劣势区。

表 4 - 137　2018 年温州市综合发展各一级指标的得分、排名及优劣度分析

排名	指标	得分	优劣度
13	科教文卫	47.031	强势
35	人口就业	51.548	优势
35	居民生活	28.775	优势
38	基础设施	22.300	优势
79	区域经济	44.451	中势
93	社会福利	73.886	劣势
95	工业企业	57.800	劣势
101	生态环境	28.759	劣势
103	农业生产	23.318	劣势
107	综合发展	377.406	劣势

根据表 4 - 138 对 2018 年嘉兴市综合发展及各一级指标得分情况、排名情况、优劣度情况进行分析。

其中，嘉兴市综合发展水平得分为 385.364 分，在长江经济带中排名第 94 名，处于劣势区。在一级指标中，嘉兴市人口就业发展水平得分为 54.090 分，在长江经济带中排名第 9 名，处于强势区。嘉兴市区域经济发展水平得分为 48.942 分，在长江经济带中排名第 23 名，处于强势区。嘉兴市农业生产发展水平得分为 23.192 分，在长江经济带中排名第 106 名，处于劣势区。嘉兴市工业企业发展水平得分为 50.198 分，在长江经济带中排名第 108 名，处于劣势区。嘉兴市基础设施发展水平得分为 24.826 分，在长江经济带中排名第 13 名，处于强势区。嘉兴市社会福利发展水平得分为 74.355 分，在长江经济带中排名第 88 名，处于劣势区。嘉兴市居民生活发展水平得分为 29.082 分，在长江经济带中排名第 31 名，处于优势区。嘉兴市科教文卫发展水平得分为 48.822 分，在长江经济带中排名第 7 名，处于强势区。嘉兴市生态环境发展水平得分为 32.572 分，在长江经济带中排名第 22 名，处于强势区。

表 4 –138　　　　　　　2018 年嘉兴市综合发展各一级指标的得分、排名及优劣度分析

排名	指标	得分	优劣度
7	科教文卫	48.822	强势
9	人口就业	54.090	强势
13	基础设施	24.826	强势
22	生态环境	32.572	强势
23	区域经济	48.942	强势
31	居民生活	29.082	优势
88	社会福利	74.355	劣势
94	综合发展	385.364	劣势
106	农业生产	23.192	劣势
108	工业企业	50.198	劣势

根据表 4 –139 对 2018 年湖州市综合发展及各一级指标得分情况、排名情况、优劣度情况进行分析。其中，湖州市综合发展水平得分为 382.139 分，在长江经济带中排名第 101 名，处于劣势区。在一级指标中，湖州市人口就业发展水平得分为 50.695 分，在长江经济带中排名第 56 名，处于中势区。湖州市区域经济发展水平得分为 45.544 分，在长江经济带中排名第 61 名，处于中势区。湖州市农业生产发展水平得分为 27.948 分，在长江经济带中排名第 84 名，处于劣势区。湖州市工业企业发展水平得分为 58.500 分，在长江经济带中排名第 91 名，处于劣势区。湖州市基础设施发展水平得分为 22.351 分，在长江经济带中排名第 35 名，处于优势区。湖州市社会福利发展水平得分为 75.390 分，在长江经济带中排名第 62 名，处于中势区。湖州市居民生活发展水平得分为 25.169 分，在长江经济带中排名第 89 名，处于劣势区。湖州市科教文卫发展水平得分为 44.376 分，在长江经济带中排名第 46 名，处于优势区。湖州市生态环境发展水平得分为 33.348 分，在长江经济带中排名第 14 名，处于强势区。

表 4 –139　　　　　　　2018 年湖州市综合发展各一级指标的得分、排名及优劣度分析

排名	指标	得分	优劣度
14	生态环境	33.348	强势
35	基础设施	22.351	优势
46	科教文卫	44.376	优势
56	人口就业	50.695	中势
61	区域经济	45.544	中势
62	社会福利	75.390	中势
84	农业生产	27.948	劣势
89	居民生活	25.169	劣势
91	工业企业	58.500	劣势
101	综合发展	382.139	劣势

根据表 4－140 对 2018 年绍兴市综合发展及各一级指标得分情况、排名情况、优劣度情况进行分析。其中，绍兴市综合发展水平得分为 377.486 分，在长江经济带中排名第 106 名，处于劣势区。在一级指标中，绍兴市人口就业发展水平得分为 46.120 分，在长江经济带中排名第 104 名，处于劣势区。绍兴市区域经济发展水平得分为 45.379 分，在长江经济带中排名第 65 名，处于中势区。绍兴市农业生产发展水平得分为 29.371 分，在长江经济带中排名第 78 名，处于中势区。绍兴市工业企业发展水平得分为 57.173 分，在长江经济带中排名第 100 名，处于劣势区。绍兴市基础设施发展水平得分为 21.648 分，在长江经济带中排名第 49 名，处于优势区。绍兴市社会福利发展水平得分为 75.465 分，在长江经济带中排名第 58 名，处于中势区。绍兴市居民生活发展水平得分为 27.061 分，在长江经济带中排名第 61 名，处于中势区。绍兴市科教文卫发展水平得分为 43.993 分，在长江经济带中排名第 54 名，处于优势区。绍兴市生态环境发展水平得分为 31.469 分，在长江经济带中排名第 30 名，处于优势区。

表 4－140　　　　2018 年绍兴市综合发展各一级指标的得分、排名及优劣度分析

排名	指标	得分	优劣度
30	生态环境	31.469	优势
49	基础设施	21.648	优势
54	科教文卫	43.993	优势
58	社会福利	75.465	中势
61	居民生活	27.061	中势
65	区域经济	45.379	中势
78	农业生产	29.371	中势
100	工业企业	57.173	劣势
104	人口就业	46.120	劣势
106	综合发展	377.486	劣势

根据表 4－141 对 2018 年金华市综合发展及各一级指标得分情况、排名情况、优劣度情况进行分析。其中，金华市综合发展水平得分为 376.473 分，在长江经济带中排名第 108 名，处于劣势区。在一级指标中，金华市人口就业发展水平得分为 49.904 分，在长江经济带中排名第 75 名，处于中势区。金华市区域经济发展水平得分为 48.660 分，在长江经济带中排名第 24 名，处于强势区。金华市农业生产发展水平得分为 25.218 分，在长江经济带中排名第 96 名，处于劣势区。金华市工业企业发展水平得分为 58.207 分，在长江经济带中排名第 93 名，处于劣势区。金华市基础设施发展水平得分为 22.997 分，在长江经济带中排名第 26 名，处于强势区。金华市社会福利发展水平得分为 74.470 分，在长江经济带中排名第 85 名，处于劣势区。金华市居民生活发展水平得分为 27.823 分，在长江经济带中排名第 48 名，处于优势区。金华市科教文卫发展水平得分为 45.706 分，在长江经济带中排名第 28 名，处于优势区。金华市生态环境发展水平得分为 29.484 分，在长江经济带中排名第 80 名，处于中势区。

表 4－141　　　　2018 年金华市综合发展各一级指标的得分、排名及优劣度分析

排名	指标	得分	优劣度
24	区域经济	48.660	强势
26	基础设施	22.997	强势
28	科教文卫	45.706	优势
48	居民生活	27.823	优势
75	人口就业	49.904	中势
80	生态环境	29.484	中势
85	社会福利	74.470	劣势
93	工业企业	58.207	劣势
96	农业生产	25.218	劣势
108	综合发展	376.473	劣势

根据表4-142对2018年衢州市综合发展及各一级指标得分情况、排名情况、优劣度情况进行分析。其中，衢州市综合发展水平得分为394.017分，在长江经济带中排名第60名，处于中势区。在一级指标中，衢州市人口就业发展水平得分为52.541分，在长江经济带中排名第23名，处于强势区。衢州市区域经济发展水平得分为47.269分，在长江经济带中排名第39名，处于优势区。衢州市农业生产发展水平得分为27.348分，在长江经济带中排名第87名，处于劣势区。衢州市工业企业发展水平得分为64.155分，在长江经济带中排名第27名，处于强势区。衢州市基础设施发展水平得分为21.319分，在长江经济带中排名第52名，处于优势区。衢州市社会福利发展水平得分为77.527分，在长江经济带中排名第25名，处于强势区。衢州市居民生活发展水平得分为30.050分，在长江经济带中排名第23名，处于强势区。衢州市科教文卫发展水平得分为46.514分，在长江经济带中排名第17名，处于强势区。衢州市生态环境发展水平得分为33.479分，在长江经济带中排名第13名，处于强势区。

表4-142　　　　　　　　2018年衢州市综合发展各一级指标的得分、排名及优劣度分析

排名	指标	得分	优劣度
13	生态环境	33.479	强势
17	科教文卫	46.514	强势
23	人口就业	52.541	强势
23	居民生活	30.050	强势
25	社会福利	77.527	强势
27	工业企业	64.155	强势
39	区域经济	47.269	优势
52	基础设施	21.319	优势
60	综合发展	394.017	中势
87	农业生产	27.348	劣势

根据表4-143对2018年舟山市综合发展及各一级指标得分情况、排名情况、优劣度情况进行分析。其中，舟山市综合发展水平得分为402.525分，在长江经济带中排名第22名，处于强势区。在一级指标中，舟山市人口就业发展水平得分为49.369分，在长江经济带中排名第81名，处于中势区。舟山市区域经济发展水平得分为51.114分，在长江经济带中排名第7名，处于强势区。舟山市农业生产发展水平得分为40.263分，在长江经济带中排名第23名，处于强势区。舟山市工业企业发展水平得分为66.069分，在长江经济带中排名第5名，处于强势区。舟山市基础设施发展水平得分为26.076分，在长江经济带中排名第6名，处于强势区。舟山市社会福利发展水平得分为72.679分，在长江经济带中排名第100名，处于劣势区。舟山市居民生活发展水平得分为31.405分，在长江经济带中排名第14名，处于强势区。舟山市科教文卫发展水平得分为41.870分，在长江经济带中排名第95名，处于劣势区。舟山市生态环境发展水平得分为30.130分，在长江经济带中排名第60名，处于中势区。

表4-143　　　　　　　　2018年舟山市综合发展各一级指标的得分、排名及优劣度分析

排名	指标	得分	优劣度
5	工业企业	66.069	强势
6	基础设施	26.076	强势
7	区域经济	51.114	强势
14	居民生活	31.405	强势
22	综合发展	402.525	强势
23	农业生产	40.263	强势
60	生态环境	30.130	中势
81	人口就业	49.369	中势
95	科教文卫	41.870	劣势
100	社会福利	72.679	劣势

根据表 4 - 144 对 2018 年台州市综合发展及各一级指标得分情况、排名情况、优劣度情况进行分析。其中，台州市综合发展水平得分为 377.586 分，在长江经济带中排名第 105 名，处于劣势区。在一级指标中，台州市人口就业发展水平得分为 49.859 分，在长江经济带中排名第 76 名，处于中势区。台州市区域经济发展水平得分为 45.180 分，在长江经济带中排名第 70 名，处于中势区。台州市农业生产发展水平得分为 28.381 分，在长江经济带中排名第 79 名，处于中势区。台州市工业企业发展水平得分为 57.729 分，在长江经济带中排名第 96 名，处于劣势区。台州市基础设施发展水平得分为 24.514 分，在长江经济带中排名第 15 名，处于强势区。台州市社会福利发展水平得分为 74.338 分，在长江经济带中排名第 89 名，处于劣势区。台州市居民生活发展水平得分为 28.922 分，在长江经济带中排名第 32 名，处于优势区。台州市科教文卫发展水平得分为 44.181 分，在长江经济带中排名第 51 名，处于优势区。台州市生态环境发展水平得分为 29.700 分，在长江经济带中排名第 72 名，处于中势区。

表 4 - 144　　　　　　　2018 年台州市综合发展各一级指标的得分、排名及优劣度分析

排名	指标	得分	优劣度
15	基础设施	24.514	强势
32	居民生活	28.922	优势
51	科教文卫	44.181	优势
70	区域经济	45.180	中势
72	生态环境	29.700	中势
76	人口就业	49.859	中势
79	农业生产	28.381	中势
89	社会福利	74.338	劣势
96	工业企业	57.729	劣势
105	综合发展	377.586	劣势

根据表 4 - 145 对 2018 年丽水市综合发展及各一级指标得分情况、排名情况、优劣度情况进行分析。其中，丽水市综合发展水平得分为 389.638 分，在长江经济带中排名第 79 名，处于中势区。在一级指标中，丽水市人口就业发展水平得分为 51.272 分，在长江经济带中排名第 39 名，处于优势区。丽水市区域经济发展水平得分为 45.379 分，在长江经济带中排名第 65 名，处于中势区。丽水市农业生产发展水平得分为 28.252 分，在长江经济带中排名第 80 名，处于中势区。丽水市工业企业发展水平得分为 60.278 分，在长江经济带中排名第 81 名，处于中势区。丽水市基础设施发展水平得分为 23.546 分，在长江经济带中排名第 22 名，处于强势区。丽水市社会福利发展水平得分为 75.241 分，在长江经济带中排名第 67 名，处于中势区。丽水市居民生活发展水平得分为 32.544 分，在长江经济带中排名第 11 名，处于强势区。丽水市科教文卫发展水平得分为 48.569 分，在长江经济带中排名第 8 名，处于强势区。丽水市生态环境发展水平得分为 30.557 分，在长江经济带中排名第 52 名，处于优势区。

表 4 - 145　　　　　　　2018 年丽水市综合发展各一级指标的得分、排名及优劣度分析

排名	指标	得分	优劣度
8	科教文卫	48.569	强势
11	居民生活	32.544	强势
22	基础设施	23.546	强势
39	人口就业	51.272	优势
52	生态环境	30.557	优势
65	区域经济	45.379	中势
67	社会福利	75.241	中势
79	综合发展	389.638	中势
80	农业生产	28.252	中势
81	工业企业	60.278	中势

第五章 长江经济带中部地区城市 综合发展水平评估分析

一、2014年长江经济带中部地区城市综合发展水平评估分析

（一）2014年长江经济带中部地区城市综合发展水平评估指标比较

根据表5-1对长江经济带中部地区的城市综合发展水平得分情况展开分析。2014年中部地区各城市综合发展水平得分区间为371~411分。其中，得分最高的为武汉市（410.945），最低分为萍乡市（371.047），在中部地区中有7个城市（武汉市、荆州市、滁州市、宿州市、益阳市、亳州市、长沙市）的综合发展水平得分超过400分，其余城市的得分均低于400分。

表5-1　　　　　　　　　　2014年长江经济带中部地区综合发展得分

排名	地区	得分
1	武汉市	410.945
2	荆州市	407.768
3	滁州市	404.123
4	宿州市	402.139
5	益阳市	401.228
6	亳州市	401.049
7	长沙市	400.407
8	永州市	398.243
9	蚌埠市	397.958
10	黄冈市	397.638
11	赣州市	397.151
12	鄂州市	396.989
13	阜阳市	396.859
14	怀化市	396.195
15	抚州市	396.091
16	池州市	395.998
17	衡阳市	395.678
18	六安市	395.369
19	吉安市	395.001
20	孝感市	394.887
21	随州市	394.550
22	合肥市	394.289
23	常德市	393.454
24	黄石市	391.921
25	宜春市	390.998
26	娄底市	390.968

排名	地区	得分
27	十堰市	388.897
28	邵阳市	388.805
29	株洲市	388.759
30	上饶市	388.625
31	襄阳市	387.989
32	马鞍山市	387.898
33	黄山市	387.768
34	荆门市	387.546
35	咸宁市	387.132
36	宜昌市	386.984
37	淮南市	386.819
38	宣城市	386.151
39	安庆市	386.015
40	芜湖市	385.820
41	南昌市	385.628
42	湘潭市	384.911
43	鹰潭市	384.817
44	郴州市	384.581
45	岳阳市	384.201
46	铜陵市	382.828
47	淮北市	382.380
48	九江市	381.162
49	新余市	378.568
50	景德镇市	377.691
51	张家界市	376.229
52	萍乡市	371.047

根据表 5 - 2 对 2014 年长江经济带中部地区综合发展水平平均得分在长江经济带各城市群中排名情况展开分析。在 2014 年中部地区综合发展水平平均得分处于长江经济带各版块中的第 3 名，发展优势相对薄弱。

表 5 - 2　　　　　　　　　　2014 年长江经济带中部地区综合发展评分一级指标比较

项目	数据
排名	3
中部地区平均得分	391.099
经济带最高分	478.766
经济带平均分	391.561
与最高分差距	- 87.667
与平均分差距	- 0.462

（二）2014 年长江经济带中部地区城市综合发展水平的量化评估

根据表 5 - 3 对 2014 年长江经济带中部地区综合发展及各一级指标平均得分情况、排名情况进行分析。中部地区综合发展平均得分在长江经济带各板块中排名第 3 名。在一级指标中，人口就业发展水平平均得分为 50.689 分，在长江经济带各板块中排名第 2 名。区域经济发展水平平均得分为 43.475 分，在长江经济带各板块中排名第 2 名。农业生产发展水平平均得分为 37.921 分，在长江经济带各板块中排名第 2

名。工业企业发展水平平均得分为 62.155 分，在长江经济带各板块中排名第 2 名。基础设施发展水平平均得分为 20.883 分，在长江经济带各板块中排名第 3 名。社会福利发展水平平均得分为 75.022 分，在长江经济带各板块中排名第 1 名。居民生活发展水平平均得分为 25.909 分，在长江经济带各板块中排名第 2 名。科教文卫发展水平平均得分为 43.801 分，在长江经济带各板块中排名第 3 名。生态环境发展水平平均得分为 31.244 分，在长江经济带各板块中排名第 3 名。

表 5 - 3　　　　　　　　2014 年长江经济带中部地区综合发展各一级指标的得分、排名分析

排名	指标	得分
1	社会福利	75.022
2	人口就业	50.689
2	区域经济	43.475
2	农业生产	37.921
2	工业企业	62.155
2	居民生活	25.909
3	综合发展	391.099
3	基础设施	20.883
3	科教文卫	43.801
3	生态环境	31.244

（三）2014 年长江经济带中部地区城市综合发展水平评估得分比较

根据图 5 - 1 对 2014 年长江经济带中部地区综合发展水平与长江经济带平均水平展开比较分析。2014 年长江经济带中部地区在区域经济、农业生产、工业企业、基础设施、社会福利、生态环境等方面与长江经济带最高分差距较小，发展优势明显。在人口就业、居民生活、科教文卫等方面与最高分差距较大。

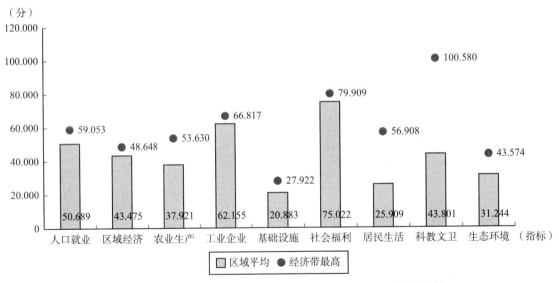

图 5 - 1　2014 年长江经济带中部地区综合发展水平指标得分比较

（四）2014 年长江经济带中部地区城市综合发展水平评估指标动态变化分析

根据图 5 - 2 对 2014 ～ 2015 年长江经济带中部地区各级指标排名变化情况展开分析。由图 5 - 2 可知，2014 ～ 2015 年长江经济带中部地区各级指标中保持指标的比例较高，总体指标上升下降不明显。

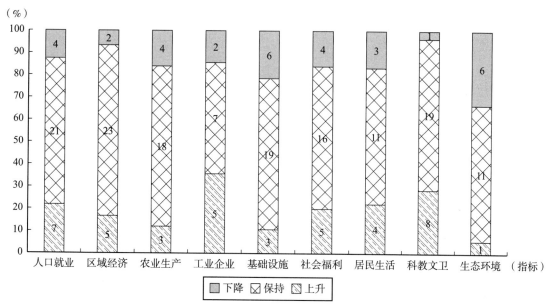

图 5 - 2　2014 ~ 2015 年长江经济带中部地区综合发展水平动态变化

表 5 - 4 进一步对 2014 ~ 2015 年中部地区 218 个要素指标的变化情况展开统计分析，其中上升指标有 41 个，占指标总数的 18.807%；保持的指标有 145 个，占指标总数的 66.514%；下降的指标有 32 个，占指标总数的 14.679%。

表 5 - 4　　　　　　　　　2014 ~ 2015 年长江经济带中部地区综合发展水平排名变化态势比较

指标	要素指标 数量（个）	上升指标		保持指标		下降指标	
		个数（个）	比重（%）	个数（个）	比重（%）	个数（个）	比重（%）
人口就业	32	7	21.875	21	65.625	4	12.500
区域经济	30	5	16.667	23	76.667	2	6.667
农业生产	25	3	12.000	18	72.000	4	16.000
工业企业	14	5	35.714	7	50.000	2	14.286
基础设施	28	3	10.714	19	67.857	6	21.429
社会福利	25	5	20.000	16	64.000	4	16.000
居民生活	18	4	22.222	11	61.111	3	16.667
科教文卫	28	8	28.571	19	67.857	1	3.571
生态环境	18	1	5.556	11	61.111	6	33.333
合计	218	41	18.807	145	66.514	32	14.679

（五）2014 年长江经济带中部地区各城市综合发展水平各级指标得分、排名及优劣度分析

根据表 5 - 5 对 2014 年合肥市综合发展及各一级指标得分情况、排名情况、优劣度情况进行分析。其中，合肥市综合发展水平得分为 394.289 分，在长江经济带中排名第 36 名，处于优势区。在一级指标中，合肥市人口就业发展水平得分为 51.572 分，在长江经济带中排名第 28 名，处于优势区。合肥市区域经济发展水平得分为 46.954 分，在长江经济带中排名第 11 名，处于强势区。合肥市农业生产发展水平得分为 29.045 分，在长江经济带中排名第 85 名，处于劣势区。合肥市工业企业发展水平得分为 62.991 分，在长江经济带中排名第 36 名，处于优势区。合肥市基础设施发展水平得分为 25.172 分，在长江经济带中排名第 3 名，处于强势区。合肥市社会福利发展水平得分为 74.411 分，在长江经济带中排名第 57 名，处于中势区。合肥市居民生活发展水平得分为 24.970 分，在长江经济带中排名第 69 名，处于中势区。合肥市科教文卫发展水平得分为 47.686 分，在长江经济带中排名第 14 名，处于强势区。合肥市生态环境发展水平得分为 31.488 分，在长江经济带中排名第 40 名，处于优势区。

表 5 – 5   2014 年合肥市综合发展各一级指标的得分、排名及优劣度分析

排名	指标	得分	优劣度
3	基础设施	25.172	强势
11	区域经济	46.954	强势
14	科教文卫	47.686	强势
28	人口就业	51.572	优势
36	综合发展	394.289	优势
36	工业企业	62.991	优势
40	生态环境	31.488	优势
57	社会福利	74.411	中势
69	居民生活	24.970	中势
85	农业生产	29.045	劣势

　　根据表 5 – 6 对 2014 年芜湖市综合发展及各一级指标得分情况、排名情况、优劣度情况进行分析。其中，芜湖市综合发展水平得分为 385.820 分，在长江经济带中排名第 74 名，处于中势区。在一级指标中，芜湖市人口就业发展水平得分为 49.514 分，在长江经济带中排名第 80 名，处于优势区。芜湖市区域经济发展水平得分为 45.000 分，在长江经济带中排名第 29 名，处于优势区。芜湖市农业生产发展水平得分为 27.591 分，在长江经济带中排名第 89 名，处于劣势区。芜湖市工业企业发展水平得分为 61.829 分，在长江经济带中排名第 56 名，处于中势区。芜湖市基础设施发展水平得分为 21.785 分，在长江经济带中排名第 36 名，处于优势区。芜湖市社会福利发展水平得分为 77.487 分，在长江经济带中排名第 14 名，处于强势区。芜湖市居民生活发展水平得分为 28.163 分，在长江经济带中排名第 24 名，处于强势区。芜湖市科教文卫发展水平得分为 45.746 分，在长江经济带中排名第 31 名，处于优势区。芜湖市生态环境发展水平得分为 28.705 分，在长江经济带中排名第 105 名，处于劣势区。

表 5 – 6   2014 年芜湖市综合发展各一级指标的得分、排名及优劣度分析

排名	指标	得分	优劣度
14	社会福利	77.487	强势
24	居民生活	28.163	强势
29	区域经济	45.000	优势
31	科教文卫	45.746	优势
36	基础设施	21.785	优势
56	工业企业	61.829	中势
74	综合发展	385.820	中势
80	人口就业	49.514	中势
89	农业生产	27.591	劣势
105	生态环境	28.705	劣势

　　根据表 5 – 7 对 2014 年蚌埠市综合发展及各一级指标得分情况、排名情况、优劣度情况进行分析。其中，蚌埠市综合发展水平得分为 397.958 分，在长江经济带中排名第 20 名，处于强势区。在一级指标中，蚌埠市人口就业发展水平得分为 47.999 分，在长江经济带中排名第 101 名，处于劣势区。蚌埠市区域经济发展水平得分为 45.830 分，在长江经济带中排名第 19 名，处于强势区。蚌埠市农业生产发展水平得分为 42.387 分，在长江经济带中排名第 26 名，处于强势区。蚌埠市工业企业发展水平得分为 63.558 分，在长江经济带中排名第 31 名，处于优势区。蚌埠市基础设施发展水平得分为 21.440 分，在长江经济带中排名第 42 名，处于优势区。蚌埠市社会福利发展水平得分为 78.766 分，在长江经济带中排名第 5 名，处于强势区。蚌埠市居民生活发展水平得分为 23.889 分，在长江经济带中排名第 93 名，处于劣势区。蚌埠市科教文卫发展水平得分为 44.328 分，在长江经济带中排名第 61 名，处于中势区。蚌埠市生态环境发展水平得分为 29.762 分，在长江经济带中排名第 91 名，处于劣势区。

表 5-7   2014 年蚌埠市综合发展各一级指标的得分、排名及优劣度分析

排名	指标	得分	优劣度
5	社会福利	78.766	强势
19	区域经济	45.830	强势
20	综合发展	397.958	强势
26	农业生产	42.387	强势
31	工业企业	63.558	优势
42	基础设施	21.440	优势
61	科教文卫	44.328	中势
91	生态环境	29.762	劣势
93	居民生活	23.889	劣势
101	人口就业	47.999	劣势

　　根据表 5-8 对 2014 年淮南市综合发展及各一级指标得分情况、排名情况、优劣度情况进行分析。其中，淮南市综合发展水平得分为 386.819 分，在长江经济带中排名第 68 名，处于中势区。在一级指标中，淮南市人口就业发展水平得分为 50.336 分，在长江经济带中排名第 60 名，处于中势区。淮南市区域经济发展水平得分为 42.894 分，在长江经济带中排名第 64 名，处于中势区。淮南市农业生产发展水平得分为 31.403 分，在长江经济带中排名第 71 名，处于中势区。淮南市工业企业发展水平得分为 63.638 分，在长江经济带中排名第 29 名，处于优势区。淮南市基础设施发展水平得分为 18.737 分，在长江经济带中排名第 105 名，处于劣势区。淮南市社会福利发展水平得分为 76.789 分，在长江经济带中排名第 20 名，处于强势区。淮南市居民生活发展水平得分为 27.545 分，在长江经济带中排名第 30 名，处于优势区。淮南市科教文卫发展水平得分为 42.895 分，在长江经济带中排名第 76 名，处于中势区。淮南市生态环境发展水平得分为 32.582 分，在长江经济带中排名第 25 名，处于强势区。

表 5-8   2014 年淮南市综合发展各一级指标的得分、排名及优劣度分析

排名	指标	得分	优劣度
20	社会福利	76.789	强势
25	生态环境	32.582	强势
29	工业企业	63.638	优势
30	居民生活	27.545	优势
60	人口就业	50.336	中势
64	区域经济	42.894	中势
68	综合发展	386.819	中势
71	农业生产	31.403	中势
76	科教文卫	42.895	中势
105	基础设施	18.737	劣势

　　根据表 5-9 对 2014 年马鞍山市综合发展及各一级指标得分情况、排名情况、优劣度情况进行分析。其中，马鞍山市综合发展水平得分为 387.898 分，在长江经济带中排名第 60 名，处于中势区。在一级指标中，马鞍山市人口就业发展水平得分为 50.017 分，在长江经济带中排名第 70 名，处于中势区。马鞍山市区域经济发展水平得分为 46.275 分，在长江经济带中排名第 15 名，处于强势区。马鞍山市农业生产发展水平得分为 27.584 分，在长江经济带中排名第 90 名，处于劣势区。马鞍山市工业企业发展水平得分为 61.863 分，在长江经济带中排名第 54 名，处于优势区。马鞍山市基础设施发展水平得分为 21.230 分，在长江经济带中排名第 48 名，处于优势区。马鞍山市社会福利发展水平得分为 76.624 分，在长江经济带中排名第 22 名，处于强势区。马鞍山市居民生活发展水平得分为 30.086 分，在长江经济带中排名第 12 名，处于强势区。马鞍山市科教文卫发展水平得分为 43.780 分，在长江经济带中排名第 69 名，处于中势区。马鞍山市生态环境发展水平得分为 30.439 分，在长江经济带中排名第 61 名，处于中势区。

表 5－9   2014 年马鞍山市综合发展各一级指标的得分、排名及优劣度分析

排名	指标	得分	优劣度
12	居民生活	30.086	强势
15	区域经济	46.275	强势
22	社会福利	76.624	强势
48	基础设施	21.230	优势
54	工业企业	61.863	优势
60	综合发展	387.898	中势
61	生态环境	30.439	中势
69	科教文卫	43.780	中势
70	人口就业	50.017	中势
90	农业生产	27.584	劣势

根据表 5－10 对 2014 年淮北市综合发展及各一级指标得分情况、排名情况、优劣度情况进行分析。其中，淮北市综合发展水平得分为 382.380 分，在长江经济带中排名第 90 名，处于劣势区。在一级指标中，淮北市人口就业发展水平得分为 50.775 分，在长江经济带中排名第 44 名，处于优势区。淮北市区域经济发展水平得分为 43.051 分，在长江经济带中排名第 58 名，处于中势区。淮北市农业生产发展水平得分为 30.614 分，在长江经济带中排名第 76 名，处于中势区。淮北市工业企业发展水平得分为 62.323 分，在长江经济带中排名第 45 名，处于优势区。淮北市基础设施发展水平得分为 19.417 分，在长江经济带中排名第 96 名，处于劣势区。淮北市社会福利发展水平得分为 77.786 分，在长江经济带中排名第 11 名，处于强势区。淮北市居民生活发展水平得分为 26.109 分，在长江经济带中排名第 45 名，处于优势区。淮北市科教文卫发展水平得分为 42.429 分，在长江经济带中排名第 87 名，处于劣势区。淮北市生态环境发展水平得分为 29.875 分，在长江经济带中排名第 87 名，处于劣势区。

表 5－10   2014 年淮北市综合发展各一级指标的得分、排名及优劣度分析

排名	指标	得分	优劣度
11	社会福利	77.786	强势
44	人口就业	50.775	优势
45	工业企业	62.323	优势
45	居民生活	26.109	优势
58	区域经济	43.051	中势
76	农业生产	30.614	中势
87	科教文卫	42.429	劣势
87	生态环境	29.875	劣势
90	综合发展	382.380	劣势
96	基础设施	19.417	劣势

根据表 5－11 对 2014 年铜陵市综合发展及各一级指标得分情况、排名情况、优劣度情况进行分析。其中，铜陵市综合发展水平得分为 382.828 分，在长江经济带中排名第 89 名，处于劣势区。在一级指标中，铜陵市人口就业发展水平得分为 51.797 分，在长江经济带中排名第 22 名，处于强势区。铜陵市区域经济发展水平得分为 45.103 分，在长江经济带中排名第 26 名，处于强势区。铜陵市农业生产发展水平得分为 30.229 分，在长江经济带中排名第 79 名，处于中势区。铜陵市工业企业发展水平得分为 66.817 分，在长江经济带中排名第 1 名，处于强势区。铜陵市基础设施发展水平得分为 21.533 分，在长江经济带中排名第 39 名，处于优势区。铜陵市社会福利发展水平得分为 68.234 分，在长江经济带中排名第 106 名，处于劣势区。铜陵市居民生活发展水平得分为 25.329 分，在长江经济带中排名第 59 名，处于中势区。铜陵市科教文卫发展水平得分为 39.047 分，在长江经济带中排名第 106 名，处于劣势区。铜陵市生态环境发展水平得分为 34.740 分，在长江经济带中排名第 12 名，处于强势区。

表 5 – 11　　　　　　　　　2014 年铜陵市综合发展各一级指标的得分、排名及优劣度分析

排名	指标	得分	优劣度
1	工业企业	66.817	强势
12	生态环境	34.740	强势
22	人口就业	51.797	强势
26	区域经济	45.103	强势
39	基础设施	21.533	优势
59	居民生活	25.329	中势
79	农业生产	30.229	中势
89	综合发展	382.828	劣势
106	社会福利	68.234	劣势
106	科教文卫	39.047	劣势

根据表 5 – 12 对 2014 年安庆市综合发展及各一级指标得分情况、排名情况、优劣度情况进行分析。其中，安庆市综合发展水平得分为 386.015 分，在长江经济带中排名第 72 名，处于中势区。在一级指标中，安庆市人口就业发展水平得分为 49.996 分，在长江经济带中排名第 72 名，处于中势区。安庆市区域经济发展水平得分为 42.616 分，在长江经济带中排名第 69 名，处于中势区。安庆市农业生产发展水平得分为 38.909 分，在长江经济带中排名第 43 名，处于优势区。安庆市工业企业发展水平得分为 59.593 分，在长江经济带中排名第 91 名，处于劣势区。安庆市基础设施发展水平得分为 20.472 分，在长江经济带中排名第 65 名，处于中势区。安庆市社会福利发展水平得分为 74.804 分，在长江经济带中排名第 48 名，处于优势区。安庆市居民生活发展水平得分为 25.832 分，在长江经济带中排名第 51 名，处于优势区。安庆市科教文卫发展水平得分为 44.466 分，在长江经济带中排名第 58 名，处于中势区。安庆市生态环境发展水平得分为 29.326 分，在长江经济带中排名第 98 名，处于劣势区。

表 5 – 12　　　　　　　　　2014 年安庆市综合发展各一级指标的得分、排名及优劣度分析

排名	指标	得分	优劣度
43	农业生产	38.909	优势
48	社会福利	74.804	优势
51	居民生活	25.832	优势
58	科教文卫	44.466	中势
65	基础设施	20.472	中势
69	区域经济	42.616	中势
72	综合发展	386.015	中势
72	人口就业	49.996	中势
91	工业企业	59.593	劣势
98	生态环境	29.326	劣势

根据表 5 – 13 对 2014 年黄山市综合发展及各一级指标得分情况、排名情况、优劣度情况进行分析。其中，黄山市综合发展水平得分为 387.768 分，在长江经济带中排名第 62 名，处于中势区。在一级指标中，黄山市人口就业发展水平得分为 48.384 分，在长江经济带中排名第 96 名，处于劣势区。黄山市区域经济发展水平得分为 42.093 分，在长江经济带中排名第 83 名，处于劣势区。黄山市农业生产发展水平得分为 33.494 分，在长江经济带中排名第 66 名，处于中势区。黄山市工业企业发展水平得分为 63.881 分，在长江经济带中排名第 26 名，处于强势区。黄山市基础设施发展水平得分为 19.294 分，在长江经济带中排名第 98 名，处于劣势区。黄山市社会福利发展水平得分为 75.087 分，在长江经济带中排名第 44 名，处于优势区。黄山市居民生活发展水平得分为 27.276 分，在长江经济带中排名第 33 名，处于优势区。黄山市科教文卫发展水平得分为 42.768 分，在长江经济带中排名第 80 名，处于中势区。黄山市生态环境发展水平得分为 35.491 分，在长江经济带中排名第 9 名，处于强势区。

表 5 - 13   2014 年黄山市综合发展各一级指标的得分、排名及优劣度分析

排名	指标	得分	优劣度
9	生态环境	35.491	强势
26	工业企业	63.881	强势
33	居民生活	27.276	优势
44	社会福利	75.087	优势
62	综合发展	387.768	中势
66	农业生产	33.494	中势
80	科教文卫	42.768	中势
83	区域经济	42.093	劣势
96	人口就业	48.384	劣势
98	基础设施	19.294	劣势

根据表 5 - 14 对 2014 年滁州市综合发展及各一级指标得分情况、排名情况、优劣度情况进行分析。其中，滁州市综合发展水平得分为 404.123 分，在长江经济带中排名第 12 名，处于强势区。在一级指标中，滁州市人口就业发展水平得分为 50.455 分，在长江经济带中排名第 55 名，处于中势。滁州市区域经济发展水平得分为 44.922 分，在长江经济带中排名第 31 名，处于优势区。滁州市农业生产发展水平得分为 44.764 分，在长江经济带中排名第 18 名，处于强势区。滁州市工业企业发展水平得分为 61.803 分，在长江经济带中排名第 57 名，处于中势区。滁州市基础设施发展水平得分为 20.455 分，在长江经济带中排名第 66 名，处于中势区。滁州市社会福利发展水平得分为 79.909 分，在长江经济带中排名第 1 名，处于强势区。滁州市居民生活发展水平得分为 28.344 分，在长江经济带中排名第 22 名，处于强势区。滁州市科教文卫发展水平得分为 43.958 分，在长江经济带中排名第 64 名，处于中势区。滁州市生态环境发展水平得分为 29.513 分，在长江经济带中排名第 95 名，处于劣势区。

表 5 - 14   2014 年滁州市综合发展各一级指标的得分、排名及优劣度分析

排名	指标	得分	优劣度
1	社会福利	79.909	强势
12	综合发展	404.123	强势
18	农业生产	44.764	强势
22	居民生活	28.344	强势
31	区域经济	44.922	优势
55	人口就业	50.455	中势
57	工业企业	61.803	中势
64	科教文卫	43.958	中势
66	基础设施	20.455	中势
95	生态环境	29.513	劣势

根据表 5 - 15 对 2014 年阜阳市综合发展及各一级指标得分情况、排名情况、优劣度情况进行分析。其中，阜阳市综合发展水平得分为 396.859 分，在长江经济带中排名第 25 名，处于强势区。在一级指标中，阜阳市人口就业发展水平得分为 52.977 分，在长江经济带中排名第 9 名，处于强势区。阜阳市区域经济发展水平得分为 42.154 分，在长江经济带中排名第 80 名，处于中势区。阜阳市农业生产发展水平得分为 49.493 分，在长江经济带中排名第 8 名，处于强势区。阜阳市工业企业发展水平得分为 59.419 分，在长江经济带中排名第 93 名，处于劣势区。阜阳市基础设施发展水平得分为 20.245 分，在长江经济带中排名第 74 名，处于中势区。阜阳市社会福利发展水平得分为 73.647 分，在长江经济带中排名第 67 名，处于中势区。阜阳市居民生活发展水平得分为 26.738 分，在长江经济带中排名第 36 名，处于优势区。阜阳市科教文卫发展水平得分为 43.784 分，在长江经济带中排名第 68 名，处于中势区。阜阳市生态环境发展水平得分为 28.401 分，在长江经济带中排名第 106 名，处于劣势区。

表 5 – 15　　　　　　　　2014 年阜阳市综合发展各一级指标的得分、排名及优劣度分析

排名	指标	得分	优劣度
8	农业生产	49.493	强势
9	人口就业	52.977	强势
25	综合发展	396.859	强势
36	居民生活	26.738	优势
67	社会福利	73.647	中势
68	科教文卫	43.784	中势
74	基础设施	20.245	中势
80	区域经济	42.154	中势
93	工业企业	59.419	劣势
106	生态环境	28.401	劣势

根据表 5 – 16 对 2014 年宿州市综合发展及各一级指标得分情况、排名情况、优劣度情况进行分析。其中，宿州市综合发展水平得分为 402.139 分，在长江经济带中排名第 13 名，处于强势区。在一级指标中，宿州市人口就业发展水平得分为 52.116 分，在长江经济带中排名第 20 名，处于强势区。宿州市区域经济发展水平得分为 42.140 分，在长江经济带中排名第 81 名，处于中势区。宿州市农业生产发展水平得分为 50.383 分，在长江经济带中排名第 6 名，处于强势区。宿州市工业企业发展水平得分为 60.808 分，在长江经济带中排名第 75 名，处于中势区。宿州市基础设施发展水平得分为 20.136 分，在长江经济带中排名第 81 名，处于中势区。宿州市社会福利发展水平得分为 79.657 分，在长江经济带中排名第 2 名，处于强势区。宿州市居民生活发展水平得分为 25.068 分，在长江经济带中排名第 66 名，处于中势区。宿州市科教文卫发展水平得分为 41.488 分，在长江经济带中排名第 94 名，处于劣势区。宿州市生态环境发展水平得分为 30.342 分，在长江经济带中排名第 65 名，处于中势区。

表 5 – 16　　　　　　　　2014 年宿州市综合发展各一级指标的得分、排名及优劣度分析

排名	指标	得分	优劣度
2	社会福利	79.657	强势
6	农业生产	50.383	强势
13	综合发展	402.139	强势
20	人口就业	52.116	强势
65	生态环境	30.342	中势
66	居民生活	25.068	中势
75	工业企业	60.808	中势
81	区域经济	42.140	中势
81	基础设施	20.136	中势
94	科教文卫	41.488	劣势

根据表 5 – 17 对 2014 年六安市综合发展及各一级指标得分情况、排名情况、优劣度情况进行分析。其中，六安市综合发展水平得分为 395.369 分，在长江经济带中排名第 31 名，处于优势区。在一级指标中，六安市人口就业发展水平得分为 51.062 分，在长江经济带中排名第 37 名，处于优势区。六安市区域经济发展水平得分为 40.648 分，在长江经济带中排名第 100 名，处于劣势区。六安市农业生产发展水平得分为 46.930 分，在长江经济带中排名第 12 名，处于强势区。六安市工业企业发展水平得分为 60.789 分，在长江经济带中排名第 76 名，处于中势区。六安市基础设施发展水平得分为 19.746 分，在长江经济带中排名第 90 名，处于劣势区。六安市社会福利发展水平得分为 75.389 分，在长江经济带中排名第 41 名，处于优势区。六安市居民生活发展水平得分为 25.975 分，在长江经济带中排名第 48 名，处于优势区。六安市科教文卫发展水平得分为 44.927 分，在长江经济带中排名第 45 名，处于优势区。六安市生态环境发展水平得分为 29.903 分，在长江经济带中排名第 85 名，处于劣势区。

表 5 - 17   2014 年六安市综合发展各一级指标的得分、排名及优劣度分析

排名	指标	得分	优劣度
12	农业生产	46.930	强势
31	综合发展	395.369	优势
37	人口就业	51.062	优势
41	社会福利	75.389	优势
45	科教文卫	44.927	优势
48	居民生活	25.975	优势
76	工业企业	60.789	中势
85	生态环境	29.903	劣势
90	基础设施	19.746	劣势
100	区域经济	40.648	劣势

根据表 5 - 18 对 2014 年亳州市综合发展及各一级指标得分情况、排名情况、优劣度情况进行分析。其中，亳州市综合发展水平得分为 401.049 分，在长江经济带中排名第 17 名，处于强势区。在一级指标中，亳州市人口就业发展水平得分为 51.543 分，在长江经济带中排名第 29 名，处于优势区。亳州市区域经济发展水平得分为 45.434 分，在长江经济带中排名第 23 名，处于强势区。亳州市农业生产发展水平得分为 50.852 分，在长江经济带中排名第 5 名，处于强势区。亳州市工业企业发展水平得分为 59.046 分，在长江经济带中排名第 97 名，处于劣势区。亳州市基础设施发展水平得分为 21.952 分，在长江经济带中排名第 32 名，处于优势区。亳州市社会福利发展水平得分为 75.249 分，在长江经济带中排名第 43 名，处于优势区。亳州市居民生活发展水平得分为 22.352 分，在长江经济带中排名第 106 名，处于劣势区。亳州市科教文卫发展水平得分为 45.367 分，在长江经济带中排名第 35 名，处于优势区。亳州市生态环境发展水平得分为 29.255 分，在长江经济带中排名第 101 名，处于劣势区。

表 5 - 18   2014 年亳州市综合发展各一级指标的得分、排名及优劣度分析

排名	指标	得分	优劣度
5	农业生产	50.852	强势
17	综合发展	401.049	强势
23	区域经济	45.434	强势
29	人口就业	51.543	优势
32	基础设施	21.952	优势
35	科教文卫	45.367	优势
43	社会福利	75.249	优势
97	工业企业	59.046	劣势
101	生态环境	29.255	劣势
106	居民生活	22.352	劣势

根据表 5 - 19 对 2014 年池州市综合发展及各一级指标得分情况、排名情况、优劣度情况进行分析。其中，池州市综合发展水平得分为 395.998 分，在长江经济带中排名第 29 名，处于优势区。在一级指标中，池州市人口就业发展水平得分为 48.996 分，在长江经济带中排名第 88 名，处于劣势区。池州市区域经济发展水平得分为 45.021 分，在长江经济带中排名第 28 名，处于优势区。池州市农业生产发展水平得分为 36.774 分，在长江经济带中排名第 55 名，处于中势区。池州市工业企业发展水平得分为 62.913 分，在长江经济带中排名第 38 名，处于优势区。池州市基础设施发展水平得分为 21.530 分，在长江经济带中排名第 40 名，处于优势区。池州市社会福利发展水平得分为 76.542 分，在长江经济带中排名第 23 名，处于强势区。池州市居民生活发展水平得分为 31.077 分，在长江经济带中排名第 9 名，处于强势区。池州市科教文卫发展水平得分为 42.279 分，在长江经济带中排名第 89 名，处于劣势区。池州市生态环境发展水平得分为 30.867 分，在长江经济带中排名第 49 名，处于优势区。

表 5 - 19 2014 年池州市综合发展各一级指标的得分、排名及优劣度分析

排名	指标	得分	优劣度
9	居民生活	31.077	强势
23	社会福利	76.542	强势
28	区域经济	45.021	优势
29	综合发展	395.998	优势
38	工业企业	62.913	优势
40	基础设施	21.530	优势
49	生态环境	30.867	优势
55	农业生产	36.774	中势
88	人口就业	48.996	劣势
89	科教文卫	42.279	劣势

根据表 5 - 20 对 2014 年宣城市综合发展及各一级指标得分情况、排名情况、优劣度情况进行分析。其中，宣城市综合发展水平得分为 386.151 分，在长江经济带中排名第 71 名，处于中势区。在一级指标中，宣城市人口就业发展水平得分为 49.660 分，在长江经济带中排名第 76 名，处于中势区。宣城市区域经济发展水平得分为 42.155 分，在长江经济带中排名第 79 名，处于中势区。宣城市农业生产发展水平得分为 36.953 分，在长江经济带中排名第 53 名，处于优势区。宣城市工业企业发展水平得分为 59.177 分，在长江经济带中排名第 96 名，处于劣势区。宣城市基础设施发展水平得分为 21.864 分，在长江经济带中排名第 34 名，处于优势区。宣城市社会福利发展水平得分为 76.353 分，在长江经济带中排名第 24 名，处于强势区。宣城市居民生活发展水平得分为 24.520 分，在长江经济带中排名第 82 名，处于劣势区。宣城市科教文卫发展水平得分为 45.188 分，在长江经济带中排名第 40 名，处于优势区。宣城市生态环境发展水平得分为 30.281 分，在长江经济带中排名第 73 名，处于中势区。

表 5 - 20 2014 年宣城市综合发展各一级指标的得分、排名及优劣度分析

排名	指标	得分	优劣度
24	社会福利	76.353	强势
34	基础设施	21.864	优势
40	科教文卫	45.188	优势
53	农业生产	36.953	优势
71	综合发展	386.151	中势
73	生态环境	30.281	中势
76	人口就业	49.660	中势
79	区域经济	42.155	中势
82	居民生活	24.520	劣势
96	工业企业	59.177	劣势

根据表 5 - 21 对 2014 年南昌市综合发展及各一级指标得分情况、排名情况、优劣度情况进行分析。其中，南昌市综合发展水平得分为 385.628 分，在长江经济带中排名第 76 名，处于中势区。在一级指标中，南昌市人口就业发展水平得分为 50.651 分，在长江经济带中排名第 47 名，处于优势区。南昌市区域经济发展水平得分为 44.299 分，在长江经济带中排名第 45 名，处于优势区。南昌市农业生产发展水平得分为 27.195 分，在长江经济带中排名第 93 名，处于劣势区。南昌市工业企业发展水平得分为 66.180 分，在长江经济带中排名第 2 名，处于强势区。南昌市基础设施发展水平得分为 21.964 分，在长江经济带中排名第 30 名，处于优势区。南昌市社会福利发展水平得分为 73.299 分，在长江经济带中排名第 71 名，处于中势区。南昌市居民生活发展水平得分为 27.260 分，在长江经济带中排名第 34 名，处于优势区。南昌市科教文卫发展水平得分为 45.301 分，在长江经济带中排名第 38 名，处于优势区。南昌市生态环境发展水平得分为 29.478 分，在长江经济带中排名第 96 名，处于劣势区。

表 5 - 21　　　　　　　2014 年南昌市综合发展各一级指标的得分、排名及优劣度分析

排名	指标	得分	优劣度
2	工业企业	66.180	强势
30	基础设施	21.964	优势
34	居民生活	27.260	优势
38	科教文卫	45.301	优势
45	区域经济	44.299	优势
47	人口就业	50.651	优势
71	社会福利	73.299	中势
76	综合发展	385.628	中势
93	农业生产	27.195	劣势
96	生态环境	29.478	劣势

根据表 5 - 22 对 2014 年景德镇市综合发展及各一级指标得分情况、排名情况、优劣度情况进行分析。其中，景德镇市综合发展水平得分为 377.691 分，在长江经济带中排名第 101 名，处于劣势区。在一级指标中，景德镇市人口就业发展水平得分为 49.521 分，在长江经济带中排名第 79 名，处于中势区。景德镇市区域经济发展水平得分为 40.108 分，在长江经济带中排名第 105 名，处于劣势区。景德镇市农业生产发展水平得分为 30.778 分，在长江经济带中排名第 75 名，处于中势区。景德镇市工业企业发展水平得分为 65.984 分，在长江经济带中排名第 6 名，处于强势区。景德镇市基础设施发展水平得分为 19.712 分，在长江经济带中排名第 92 名，处于劣势区。景德镇市社会福利发展水平得分为 71.338 分，在长江经济带中排名第 93 名，处于劣势区。景德镇市居民生活发展水平得分为 25.122 分，在长江经济带中排名第 64 名，处于中势区。景德镇市科教文卫发展水平得分为 43.174 分，在长江经济带中排名第 73 名，处于中势区。景德镇市生态环境发展水平得分为 31.953 分，在长江经济带中排名第 33 名，处于优势区。

表 5 - 22　　　　　　　2014 年景德镇市综合发展各一级指标的得分、排名及优劣度分析

排名	指标	得分	优劣度
6	工业企业	65.984	强势
33	生态环境	31.953	优势
64	居民生活	25.122	中势
73	科教文卫	43.174	中势
75	农业生产	30.778	中势
79	人口就业	49.521	中势
92	基础设施	19.712	劣势
93	社会福利	71.338	劣势
101	综合发展	377.691	劣势
105	区域经济	40.108	劣势

根据表 5 - 23 对 2014 年萍乡市综合发展及各一级指标得分情况、排名情况、优劣度情况进行分析。其中，萍乡市综合发展水平得分为 371.047 分，在长江经济带中排名第 108 名，处于劣势区。在一级指标中，萍乡市人口就业发展水平得分为 50.997 分，在长江经济带中排名第 39 名，处于优势区。萍乡市区域经济发展水平得分为 40.292 分，在长江经济带中排名第 103 名，处于劣势区。萍乡市农业生产发展水平得分为 28.237 分，在长江经济带中排名第 88 名，处于劣势区。萍乡市工业企业发展水平得分为 58.706 分，在长江经济带中排名第 98 名，处劣势区。萍乡市基础设施发展水平得分为 19.956 分，在长江经济带中排名第 85 名，处于劣势区。萍乡市社会福利发展水平得分为 74.360 分，在长江经济带中排名第 58 名，处于中势区。萍乡市居民生活发展水平得分为 25.079 分，在长江经济带中排名第 65 名，处于中势区。萍乡市科教文卫发展水平得分为 43.091 分，在长江经济带中排名第 75 名，处于中势区。萍乡市生态环境发展水平得分为 30.330 分，在长江经济带中排名第 70 名，处于中势区。

表 5 - 23　　　　　　　　　　　**2014 年萍乡市综合发展各一级指标的得分、排名及优劣度分析**

排名	指标	得分	优劣度
39	人口就业	50.997	优势
58	社会福利	74.360	中势
65	居民生活	25.079	中势
70	生态环境	30.330	中势
75	科教文卫	43.091	中势
85	基础设施	19.956	劣势
88	农业生产	28.237	劣势
98	工业企业	58.706	劣势
103	区域经济	40.292	劣势
108	综合发展	371.047	劣势

根据表 5 - 24 对 2014 年九江市综合发展及各一级指标得分情况、排名情况、优劣度情况进行分析。其中，九江市综合发展水平得分为 381.162 分，在长江经济带中排名第 93 名，处于劣势区。在一级指标中，九江市人口就业发展水平得分为 50.582 分，在长江经济带中排名第 50 名，处于优势区。九江市区域经济发展水平得分为 42.612 分，在长江经济带中排名第 70 名，处于中势区。九江市农业生产发展水平得分为 30.801 分，在长江经济带中排名第 74 名，处于中势区。九江市工业企业发展水平得分为 63.737 分，在长江经济带中排名第 27 名，处于强势区。九江市基础设施发展水平得分为 20.489 分，在长江经济带中排名第 64 名，处于中势区。九江市社会福利发展水平得分为 72.578 分，在长江经济带中排名第 83 名，处于劣势区。九江市居民生活发展水平得分为 25.223 分，在长江经济带中排名第 63 名，处于中势区。九江市科教文卫发展水平得分为 44.353 分，在长江经济带中排名第 60 名，处于中势区。九江市生态环境发展水平得分为 30.787 分，在长江经济带中排名第 51 名，处于优势区。

表 5 - 24　　　　　　　　　　　**2014 年九江市综合发展各一级指标的得分、排名及优劣度分析**

排名	指标	得分	优劣度
27	工业企业	63.737	强势
50	人口就业	50.582	优势
51	生态环境	30.787	优势
60	科教文卫	44.353	中势
63	居民生活	25.223	中势
64	基础设施	20.489	中势
70	区域经济	42.612	中势
74	农业生产	30.801	中势
83	社会福利	72.578	劣势
93	综合发展	381.162	劣势

根据表 5 - 25 对 2014 年新余市综合发展及各一级指标得分情况、排名情况、优劣度情况进行分析。其中，新余市综合发展水平得分为 378.568 分，在长江经济带中排名第 99 名，处于劣势区。在一级指标中，新余市人口就业发展水平得分为 50.670 分，在长江经济带中排名第 46 名，处于优势区。新余市区域经济发展水平得分为 44.128 分，在长江经济带中排名第 51 名，处于优势区。新余市农业生产发展水平得分为 28.412 分，在长江经济带中排名第 87 名，处于劣势区。新余市工业企业发展水平得分为 65.653 分，在长江经济带中排名第 8 名，处于强势区。新余市基础设施发展水平得分为 20.264 分，在长江经济带中排名第 73 名，处于中势区。新余市社会福利发展水平得分为 74.769 分，在长江经济带中排名第 51 名，处于优势区。新余市居民生活发展水平得分为 23.988 分，在长江经济带中排名第 91 名，处于劣势区。新余市科教文卫发展水平得分为 40.213 分，在长江经济带中排名第 101 名，处于劣势区。新余市生态环境发展水平得分为 30.470 分，在长江经济带中排名第 59 名，处于中势区。

表5－25　　　　　　　2014年新余市综合发展各一级指标的得分、排名及优劣度分析

排名	指标	得分	优劣度
8	工业企业	65.653	强势
46	人口就业	50.670	优势
51	区域经济	44.128	优势
51	社会福利	74.769	优势
59	生态环境	30.470	中势
73	基础设施	20.264	中势
87	农业生产	28.412	劣势
91	居民生活	23.988	劣势
99	综合发展	378.568	劣势
101	科教文卫	40.213	劣势

根据表5－26对2014年鹰潭市综合发展及各一级指标得分情况、排名情况、优劣度情况进行分析。其中，鹰潭市综合发展水平得分为384.817分，在长江经济带中排名第82名，处于劣势区。在一级指标中，鹰潭市人口就业发展水平得分为49.160分，在长江经济带中排名第85名，处于劣势区。鹰潭市区域经济发展水平得分为46.419分，在长江经济带中排名第13名，处于强势区。鹰潭市农业生产发展水平得分为32.085分，在长江经济带中排名第68名，处于中势区。鹰潭市工业企业发展水平得分为64.789分，在长江经济带中排名第13名，处于强势区。鹰潭市基础设施发展水平得分为22.716分，在长江经济带中排名第23名，处于强势区。鹰潭市社会福利发展水平得分为72.878分，在长江经济带中排名第77名，处于中势区。鹰潭市居民生活发展水平得分为24.000分，在长江经济带中排名第90名，处于劣势区。鹰潭市科教文卫发展水平得分为39.877分，在长江经济带中排名第104名，处于劣势区。鹰潭市生态环境发展水平得分为32.894分，在长江经济带中排名第20名，处于强势区。

表5－26　　　　　　　2014年鹰潭市综合发展各一级指标的得分、排名及优劣度分析

排名	指标	得分	优劣度
13	区域经济	46.419	强势
13	工业企业	64.789	强势
20	生态环境	32.894	强势
23	基础设施	22.716	强势
68	农业生产	32.085	中势
77	社会福利	72.878	中势
82	综合发展	384.817	劣势
85	人口就业	49.160	劣势
90	居民生活	24.000	劣势
104	科教文卫	39.877	劣势

根据表5－27对2014年赣州市综合发展及各一级指标得分情况、排名情况、优劣度情况进行分析。其中，赣州市综合发展水平得分为397.151分，在长江经济带中排名第23名，处于强势区。在一级指标中，赣州市人口就业发展水平得分为51.730分，在长江经济带中排名第25名，处于强势区。赣州市区域经济发展水平得分为42.367分，在长江经济带中排名第75名，处于中势区。赣州市农业生产发展水平得分为40.436分，在长江经济带中排名第34名，处于优势区。赣州市工业企业发展水平得分为65.310分，在长江经济带中排名第11名，处于强势区。赣州市基础设施发展水平得分为20.709分，在长江经济带中排名第56名，处于中势区。赣州市社会福利发展水平得分为72.653分，在长江经济带中排名第80名，处于中势区。赣州市居民生活发展水平得分为26.037分，在长江经济带中排名第46名，处于优势区。赣州市科教文卫发展水平得分为46.483分，在长江经济带中排名第23名，处于强势区。赣州市生态环境发展水平得分为31.426分，在长江经济带中排名第43名，处于优势区。

表 5 - 27　　　　　　　2014 年赣州市综合发展各一级指标的得分、排名及优劣度分析

排名	指标	得分	优劣度
11	工业企业	65.310	强势
23	综合发展	397.151	强势
23	科教文卫	46.483	强势
25	人口就业	51.730	强势
34	农业生产	40.436	优势
43	生态环境	31.426	优势
46	居民生活	26.037	优势
56	基础设施	20.709	中势
75	区域经济	42.367	中势
80	社会福利	72.653	中势

　　根据表 5 - 28 对 2014 年吉安市综合发展及各一级指标得分情况、排名情况、优劣度情况进行分析。其中，吉安市综合发展水平得分为 395.001 分，在长江经济带中排名第 33 名，处于优势区。在一级指标中，吉安市人口就业发展水平得分为 51.760 分，在长江经济带中排名第 24 名，处于强势区。吉安市区域经济发展水平得分为 41.482 分，在长江经济带中排名第 91 名，处于劣势区。吉安市农业生产发展水平得分为 45.957 分，在长江经济带中排名第 15 名，处于强势区。吉安市工业企业发展水平得分为 61.279 分，在长江经济带中排名第 69 名，处于中势区。吉安市基础设施发展水平得分为 20.593 分，在长江经济带中排名第 60 名，处于中势区。吉安市社会福利发展水平得分为 72.988 分，在长江经济带中排名第 74 名，处于中势区。吉安市居民生活发展水平得分为 25.885 分，在长江经济带中排名第 49 名，处于优势区。吉安市科教文卫发展水平得分为 44.684 分，在长江经济带中排名第 53 名，处于优势区。吉安市生态环境发展水平得分为 30.373 分，在长江经济带中排名第 64 名，处于中势区。

表 5 - 28　　　　　　　2014 年吉安市综合发展各一级指标的得分、排名及优劣度分析

排名	指标	得分	优劣度
15	农业生产	45.957	强势
24	人口就业	51.760	强势
33	综合发展	395.001	优势
49	居民生活	25.885	优势
53	科教文卫	44.684	优势
60	基础设施	20.593	中势
64	生态环境	30.373	中势
69	工业企业	61.279	中势
74	社会福利	72.988	中势
91	区域经济	41.482	劣势

　　根据表 5 - 29 对 2014 年宜春市综合发展及各一级指标得分情况、排名情况、优劣度情况进行分析。其中，宜春市综合发展水平得分为 390.998 分，在长江经济带中排名第 46 名，处于优势区。在一级指标中，宜春市人口就业发展水平得分为 51.532 分，在长江经济带中排名第 30 名，处于优势区。宜春市区域经济发展水平得分为 41.242 分，在长江经济带中排名第 94 名，处于劣势区。宜春市农业生产发展水平得分为 40.403 分，在长江经济带中排名第 35 名，处于优势区。宜春市工业企业发展水平得分为 61.896 分，在长江经济带中排名第 50 名，处于优势区。宜春市基础设施发展水平得分为 20.412 分，在长江经济带中排名第 70 名，处于中势区。宜春市社会福利发展水平得分为 75.054 分，在长江经济带中排名第 45 名，处于优势区。宜春市居民生活发展水平得分为 25.061 分，在长江经济带中排名第 67 名，处于中势区。宜春市科教文卫发展水平得分为 43.187 分，在长江经济带中排名第 72 名，处于中势区。宜春市生态环境发展水平得分为 32.209 分，在长江经济带中排名第 28 名，处于优势区。

表 5 – 29　　　　　　　　　2014 年宜春市综合发展各一级指标的得分、排名及优劣度分析

排名	指标	得分	优劣度
28	生态环境	32.209	优势
30	人口就业	51.532	优势
35	农业生产	40.403	优势
45	社会福利	75.054	优势
46	综合发展	390.998	优势
50	工业企业	61.896	优势
67	居民生活	25.061	中势
70	基础设施	20.412	中势
72	科教文卫	43.187	中势
94	区域经济	41.242	劣势

根据表 5 – 30 对 2014 年抚州市综合发展及各一级指标得分情况、排名情况、优劣度情况进行分析。其中，抚州市综合发展水平得分为 396.091 分，在长江经济带中排名第 28 名，处于优势区。在一级指标中，抚州市人口就业发展水平得分为 50.451 分，在长江经济带中排名第 57 名，处于中势区。抚州市区域经济发展水平得分为 41.025 分，在长江经济带中排名第 96 名，处于劣势区。抚州市农业生产发展水平得分为 43.878 分，在长江经济带中排名第 20 名，处于强势区。抚州市工业企业发展水平得分为 62.332 分，在长江经济带中排名第 44 名，处于优势区。抚州市基础设施发展水平得分为 20.706 分，在长江经济带中排名第 57 名，处于中势区。抚州市社会福利发展水平得分为 75.413 分，在长江经济带中排名第 39 名，处于优势区。抚州市居民生活发展水平得分为 28.857 分，在长江经济带中排名第 18 名，处于强势区。抚州市科教文卫发展水平得分为 42.768 分，在长江经济带中排名第 81 名，处于中势区。抚州市生态环境发展水平得分为 30.661 分，在长江经济带中排名第 55 名，处于中势区。

表 5 – 30　　　　　　　　　2014 年抚州市综合发展各一级指标的得分、排名及优劣度分析

排名	指标	得分	优劣度
18	居民生活	28.857	强势
20	农业生产	43.878	强势
28	综合发展	396.091	优势
39	社会福利	75.413	优势
44	工业企业	62.332	优势
55	生态环境	30.661	中势
57	人口就业	50.451	中势
57	基础设施	20.706	中势
81	科教文卫	42.768	中势
96	区域经济	41.025	劣势

根据表 5 – 31 对 2014 年上饶市综合发展及各一级指标得分情况、排名情况、优劣度情况进行分析。其中，上饶市综合发展水平得分为 388.625 分，在长江经济带中排名第 56 名，处于中势区。在一级指标中，上饶市人口就业发展水平得分为 54.125 分，在长江经济带中排名第 5 名，处于强势区。上饶市区域经济发展水平得分为 41.779 分，在长江经济带中排名第 88 名，处于劣势区。上饶市农业生产发展水平得分为 38.666 分，在长江经济带中排名第 45 名，处于优势区。上饶市工业企业发展水平得分为 61.631 分，在长江经济带中排名第 59 名，处于中势区。上饶市基础设施发展水平得分为 23.480 分，在长江经济带中排名第 15 名，处于强势区。上饶市社会福利发展水平得分为 72.235 分，在长江经济带中排名第 86 名，处于劣势区。上饶市居民生活发展水平得分为 26.157 分，在长江经济带中排名第 44 名，处于优势区。上饶市科教文卫发展水平得分为 40.877 分，在长江经济带中排名第 99 名，处于劣势区。上饶市生态环境发展水平得分为 29.676 分，在长江经济带中排名第 93 名，处于劣势区。

表 5 - 31　　　　　　　　　**2014 年上饶市综合发展各一级指标的得分、排名及优劣度分析**

排名	指标	得分	优劣度
5	人口就业	54.125	强势
15	基础设施	23.480	强势
44	居民生活	26.157	优势
45	农业生产	38.666	优势
56	综合发展	388.625	中势
59	工业企业	61.631	中势
86	社会福利	72.235	劣势
88	区域经济	41.779	劣势
93	生态环境	29.676	劣势
99	科教文卫	40.877	劣势

根据表 5 - 32 对 2014 年武汉市综合发展及各一级指标得分情况、排名情况、优劣度情况进行分析。其中，武汉市综合发展水平得分为 410.945 分，在长江经济带中排名第 6 名，处于强势区。在一级指标中，武汉市人口就业发展水平得分为 52.566 分，在长江经济带中排名第 15 名，处于强势区。武汉市区域经济发展水平得分为 47.581 分，在长江经济带中排名第 6 名，处于强势区。武汉市农业生产发展水平得分为 25.321 分，在长江经济带中排名第 100 名，处于劣势区。武汉市工业企业发展水平得分为 64.254 分，在长江经济带中排名第 19 名，处于强势区。武汉市基础设施发展水平得分为 27.503 分，在长江经济带中排名第 2 名，处于强势区。武汉市社会福利发展水平得分为 74.628 分，在长江经济带中排名第 54 名，处于优势区。武汉市居民生活发展水平得分为 30.564 分，在长江经济带中排名第 11 名，处于强势区。武汉市科教文卫发展水平得分为 56.524 分，在长江经济带中排名第 5 名，处于强势区。武汉市生态环境发展水平得分为 32.004 分，在长江经济带中排名第 31 名，处于优势区。

表 5 - 32　　　　　　　　　**2014 年武汉市综合发展各一级指标的得分、排名及优劣度分析**

排名	指标	得分	优劣度
2	基础设施	27.503	强势
5	科教文卫	56.524	强势
6	综合发展	410.945	强势
6	区域经济	47.581	强势
11	居民生活	30.564	强势
15	人口就业	52.566	强势
19	工业企业	64.254	强势
31	生态环境	32.004	优势
54	社会福利	74.628	优势
100	农业生产	25.321	劣势

根据表 5 - 33 对 2014 年黄石市综合发展及各一级指标得分情况、排名情况、优劣度情况进行分析。其中，黄石市综合发展水平得分为 391.921 分，在长江经济带中排名第 42 名，处于优势区。在一级指标中，黄石市人口就业发展水平得分为 51.289 分，在长江经济带中排名第 32 名，处于优势区。黄石市区域经济发展水平得分为 45.549 分，在长江经济带中排名第 22 名，处于强势区。黄石市农业生产发展水平得分为 31.337 分，在长江经济带中排名第 72 名，处于中势区。黄石市工业企业发展水平得分为 63.654 分，在长江经济带中排名第 28 名，处于优势区。黄石市基础设施发展水平得分为 22.546 分，在长江经济带中排名第 24 名，处于强势区。黄石市社会福利发展水平得分为 71.464 分，在长江经济带中排名第 91 名，处于劣势区。黄石市居民生活发展水平得分为 24.570 分，在长江经济带中排名第 81 名，处于中势区。黄石市科教文卫发展水平得分为 43.940 分，在长江经济带中排名第 65 名，处于中势区。黄石市生态环境发展水平得分为 37.572 分，在长江经济带中排名第 3 名，处于强势区。

表5－33   2014 年黄石市综合发展各一级指标的得分、排名及优劣度分析

排名	指标	得分	优劣度
3	生态环境	37.572	强势
22	区域经济	45.549	强势
24	基础设施	22.546	强势
28	工业企业	63.654	优势
32	人口就业	51.289	优势
42	综合发展	391.921	优势
65	科教文卫	43.940	中势
72	农业生产	31.337	中势
81	居民生活	24.570	中势
91	社会福利	71.464	劣势

根据表5－34对2014年十堰市综合发展及各一级指标得分情况、排名情况、优劣度情况进行分析。其中，十堰市综合发展水平得分为388.897分，在长江经济带中排名第53名，处于优势区。在一级指标中，十堰市人口就业发展水平得分为48.820分，在长江经济带中排名第90名，处于劣势区。十堰市区域经济发展水平得分为41.463分，在长江经济带中排名第92名，处于劣势区。十堰市农业生产发展水平得分为35.908分，在长江经济带中排名第58名，处于中势区。十堰市工业企业发展水平得分为61.871分，在长江经济带中排名第53名，处于优势区。十堰市基础设施发展水平得分为20.699分，在长江经济带中排名第58名，处于中势区。十堰市社会福利发展水平得分为75.849分，在长江经济带中排名第31名，处于优势区。十堰市居民生活发展水平得分为26.562分，在长江经济带中排名第38名，处于优势区。十堰市科教文卫发展水平得分为44.419分，在长江经济带中排名第59名，处于中势区。十堰市生态环境发展水平得分为33.304分，在长江经济带中排名第18名，处于强势区。

表5－34   2014 年十堰市综合发展各一级指标的得分、排名及优劣度分析

排名	指标	得分	优劣度
18	生态环境	33.304	强势
31	社会福利	75.849	优势
38	居民生活	26.562	优势
53	综合发展	388.897	优势
53	工业企业	61.871	优势
58	农业生产	35.908	中势
58	基础设施	20.699	中势
59	科教文卫	44.419	中势
90	人口就业	48.820	劣势
92	区域经济	41.463	劣势

根据表5－35对2014年宜昌市综合发展及各一级指标得分情况、排名情况、优劣度情况进行分析。其中，宜昌市综合发展水平得分为386.984分，在长江经济带中排名第67名，处于中势区。在一级指标中，宜昌市人口就业发展水平得分为48.344分，在长江经济带中排名第97名，处于劣势区。宜昌市区域经济发展水平得分为42.669分，在长江经济带中排名第67名，处于中势区。宜昌市农业生产发展水平得分为37.369分，在长江经济带中排名第52名，处于优势区。宜昌市工业企业发展水平得分为61.883分，在长江经济带中排名第51名，处于优势区。宜昌市基础设施发展水平得分为19.998分，在长江经济带中排名第84名，处于劣势区。宜昌市社会福利发展水平得分为75.390分，在长江经济带中排名第40名，处于优势区。宜昌市居民生活发展水平得分为25.053分，在长江经济带中排名第68名，处于中势区。宜昌市科教文卫发展水平得分为44.830分，在长江经济带中排名第48名，处于优势区。宜昌市生态环境发展水平得分为31.448分，在长江经济带中排名第42名，处于优势区。

表 5 – 35　　　　　　　　　2014 年宜昌市综合发展各一级指标的得分、排名及优劣度分析

排名	指标	得分	优劣度
40	社会福利	75.390	优势
42	生态环境	31.448	优势
48	科教文卫	44.830	优势
51	工业企业	61.883	优势
52	农业生产	37.369	优势
67	综合发展	386.984	中势
67	区域经济	42.669	中势
68	居民生活	25.053	中势
84	基础设施	19.998	劣势
97	人口就业	48.344	劣势

根据表 5 – 36 对 2014 年襄阳市综合发展及各一级指标得分情况、排名情况、优劣度情况进行分析。其中，襄阳市综合发展水平得分为 387.989 分，在长江经济带中排名第 59 名，处于中势区。在一级指标中，襄阳市人口就业发展水平得分为 49.700 分，在长江经济带中排名第 75 名，处于中势区。襄阳市区域经济发展水平得分为 42.963 分，在长江经济带中排名第 59 名，处于中势区。襄阳市农业生产发展水平得分为 38.131 分，在长江经济带中排名第 51 名，处于优势区。襄阳市工业企业发展水平得分为 61.166 分，在长江经济带中排名第 70 名，处于中势区。襄阳市基础设施发展水平得分为 19.127 分，在长江经济带中排名第 100 名，处于劣势区。襄阳市社会福利发展水平得分为 75.668 分，在长江经济带中排名第 34 名，处于优势区。襄阳市居民生活发展水平得分为 27.636 分，在长江经济带中排名第 28 名，处于优势区。襄阳市科教文卫发展水平得分为 45.203 分，在长江经济带中排名第 39 名，处于优势区。襄阳市生态环境发展水平得分为 28.394 分，在长江经济带中排名第 107 名，处于劣势区。

表 5 – 36　　　　　　　　　2014 年襄阳市综合发展各一级指标的得分、排名及优劣度分析

排名	指标	得分	优劣度
28	居民生活	27.636	优势
34	社会福利	75.668	优势
39	科教文卫	45.203	优势
51	农业生产	38.131	优势
59	综合发展	387.989	中势
59	区域经济	42.963	中势
70	工业企业	61.166	中势
75	人口就业	49.700	中势
100	基础设施	19.127	劣势
107	生态环境	28.394	劣势

根据表 5 – 37 对 2014 年鄂州市综合发展及各一级指标得分情况、排名情况、优劣度情况进行分析。其中，鄂州市综合发展水平得分为 396.989 分，在长江经济带中排名第 24 名，处于强势区。在一级指标中，鄂州市人口就业发展水平得分为 47.943 分，在长江经济带中排名第 102 名，处于劣势区。鄂州市区域经济发展水平得分为 48.105 分，在长江经济带中排名第 3 名，处于强势区。鄂州市农业生产发展水平得分为 36.496 分，在长江经济带中排名第 56 名，处于中势区。鄂州市工业企业发展水平得分为 64.483 分，在长江经济带中排名第 15 名，处于强势区。鄂州市基础设施发展水平得分为 20.282 分，在长江经济带中排名第 72 名，处于中势区。鄂州市社会福利发展水平得分为 76.703 分，在长江经济带中排名第 21 名，处于强势区。鄂州市居民生活发展水平得分为 25.307 分，在长江经济带中排名第 60 名，处于中势区。鄂州市科教文卫发展水平得分为 40.125 分，在长江经济带中排名第 103 名，处于劣势区。鄂州市生态环境发展水平得分为 37.544 分，在长江经济带中排名第 4 名，处于强势区。

表 5-37　　　　　　　2014 年鄂州市综合发展各一级指标的得分、排名及优劣度分析

排名	指标	得分	优劣度
3	区域经济	48.105	强势
4	生态环境	37.544	强势
15	工业企业	64.483	强势
21	社会福利	76.703	强势
24	综合发展	396.989	强势
56	农业生产	36.496	中势
60	居民生活	25.307	中势
72	基础设施	20.282	中势
102	人口就业	47.943	劣势
103	科教文卫	40.125	劣势

根据表 5-38 对 2014 年荆门市综合发展及各一级指标得分情况、排名情况、优劣度情况进行分析。其中，荆门市综合发展水平得分为 387.546 分，在长江经济带中排名第 65 名，处于中势区。在一级指标中，荆门市人口就业发展水平得分为 48.433 分，在长江经济带中排名第 95 名，处于劣势区。荆门市区域经济发展水平得分为 42.523 分，在长江经济带中排名第 72 名，处于中势区。荆门市农业生产发展水平得分为 41.729 分，在长江经济带中排名第 30 名，处于优势区。荆门市工业企业发展水平得分为 59.357 分，在长江经济带中排名第 94 名，处于劣势区。荆门市基础设施发展水平得分为 21.130 分，在长江经济带中排名第 50 名，处于优势区。荆门市社会福利发展水平得分为 76.958 分，在长江经济带中排名第 18 名，处于强势区。荆门市居民生活发展水平得分为 24.703 分，在长江经济带中排名第 77 名，处于中势区。荆门市科教文卫发展水平得分为 42.498 分，在长江经济带中排名第 85 名，处于劣势区。荆门市生态环境发展水平得分为 30.215 分，在长江经济带中排名第 75 名，处于中势区。

表 5-38　　　　　　　2014 年荆门市综合发展各一级指标的得分、排名及优劣度分析

排名	指标	得分	优劣度
18	社会福利	76.958	强势
30	农业生产	41.729	优势
50	基础设施	21.130	优势
65	综合发展	387.546	中势
72	区域经济	42.523	中势
75	生态环境	30.215	中势
77	居民生活	24.703	中势
85	科教文卫	42.498	劣势
94	工业企业	59.357	劣势
95	人口就业	48.433	劣势

根据表 5-39 对 2014 年孝感市综合发展及各一级指标得分情况、排名情况、优劣度情况进行分析。其中，孝感市综合发展水平得分为 394.887 分，在长江经济带中排名第 34 名，处于优势区。在一级指标中，孝感市人口就业发展水平得分为 50.099 分，在长江经济带中排名第 69 名，处于中势区。孝感市区域经济发展水平得分为 42.629 分，在长江经济带中排名第 68 名，处于中势区。孝感市农业生产发展水平得分为 44.132 分，在长江经济带中排名第 19 名，处于强势区。孝感市工业企业发展水平得分为 61.343 分，在长江经济带中排名第 68 名，处于中势区。孝感市基础设施发展水平得分为 20.176 分，在长江经济带中排名第 79 名，处于中势区。孝感市社会福利发展水平得分为 75.829 分，在长江经济带中排名第 32 名，处于优势区。孝感市居民生活发展水平得分为 24.345 分，在长江经济带中排名第 86 名，处于劣势区。孝感市科教文卫发展水平得分为 44.649 分，在长江经济带中排名第 55 名，处于中势区。孝感市生态环境发展水平得分为 31.686 分，在长江经济带中排名第 37 名，处于优势区。

表 5 – 39　　　　　　　　　**2014 年孝感市综合发展各一级指标的得分、排名及优劣度分析**

排名	指标	得分	优劣度
19	农业生产	44.132	强势
32	社会福利	75.829	优势
34	综合发展	394.887	优势
37	生态环境	31.686	优势
55	科教文卫	44.649	中势
68	区域经济	42.629	中势
68	工业企业	61.343	中势
69	人口就业	50.099	中势
79	基础设施	20.176	中势
86	居民生活	24.345	劣势

根据表 5 – 40 对 2014 年荆州市综合发展及各一级指标得分情况、排名情况、优劣度情况进行分析。其中，荆州市综合发展水平得分为 407.768 分，在长江经济带中排名第 10 名，处于强势区。在一级指标中，荆州市人口就业发展水平得分为 51.859 分，在长江经济带中排名第 21 名，处于强势区。荆州市区域经济发展水平得分为 43.223 分，在长江经济带中排名第 57 名，处于中势区。荆州市农业生产发展水平得分为 52.115 分，在长江经济带中排名第 3 名，处于强势区。荆州市工业企业发展水平得分为 61.371 分，在长江经济带中排名第 66 名，处于中势区。荆州市基础设施发展水平得分为 19.676 分，在长江经济带中排名第 94 名，处于劣势区。荆州市社会福利发展水平得分为 77.415 分，在长江经济带中排名第 16 名，处于强势区。荆州市居民生活发展水平得分为 26.484 分，在长江经济带中排名第 40 名，处于优势区。荆州市科教文卫发展水平得分为 43.831 分，在长江经济带中排名第 67 名，处于中势区。荆州市生态环境发展水平得分为 31.795 分，在长江经济带中排名第 36 名，处于优势区。

表 5 – 40　　　　　　　　　**2014 年荆州市综合发展各一级指标的得分、排名及优劣度分析**

排名	指标	得分	优劣度
3	农业生产	52.115	强势
10	综合发展	407.768	强势
16	社会福利	77.415	强势
21	人口就业	51.859	强势
36	生态环境	31.795	优势
40	居民生活	26.484	优势
57	区域经济	43.223	中势
66	工业企业	61.371	中势
67	科教文卫	43.831	中势
94	基础设施	19.676	劣势

根据表 5 – 41 对 2014 年黄冈市综合发展及各一级指标得分情况、排名情况、优劣度情况进行分析。其中，黄冈市综合发展水平得分为 397.638 分，在长江经济带中排名第 21 名，处于强势区。在一级指标中，黄冈市人口就业发展水平得分为 52.287 分，在长江经济带中排名第 17 名。黄冈市区域经济发展水平得分为 41.642 分，在长江经济带中排名第 90 名，处于劣势区。黄冈市农业生产发展水平得分为 52.497 分，在长江经济带中排名第 2 名，处于强势区。黄冈市工业企业发展水平得分为 57.835 分，在长江经济带中排名第 101 名，处于劣势区。黄冈市基础设施发展水平得分为 21.430 分，在长江经济带中排名第 43 名，处于优势区。黄冈市社会福利发展水平得分为 70.235 分，在长江经济带中排名第 101 名，处于劣势区。黄冈市居民生活发展水平得分为 21.521 分，在长江经济带中排名第 107 名，处于劣势区。黄冈市科教文卫发展水平得分为 47.404 分，在长江经济带中排名第 15 名，处于强势区。黄冈市生态环境发展水平得分为 32.787 分，在长江经济带中排名第 21 名，处于强势区。

表5－41   2014 年黄冈市综合发展各一级指标的得分、排名及优劣度分析

排名	指标	得分	优劣度
2	农业生产	52.497	强势
15	科教文卫	47.404	强势
17	人口就业	52.287	强势
21	综合发展	397.638	强势
21	生态环境	32.787	强势
43	基础设施	21.430	优势
90	区域经济	41.642	劣势
101	工业企业	57.835	劣势
101	社会福利	70.235	劣势
107	居民生活	21.521	劣势

　　根据表5－42对2014年咸宁市综合发展及各一级指标得分情况、排名情况、优劣度情况进行分析。其中，咸宁市综合发展水平得分为387.132分，在长江经济带中排名第66名，处于中势区。在一级指标中，咸宁市人口就业发展水平得分为48.138分，在长江经济带中排名第100名，处于劣势区。咸宁市区域经济发展水平得分为42.934分，在长江经济带中排名第60名，处于中势区。咸宁市农业生产发展水平得分为42.994分，在长江经济带中排名第24名，处于强势区。咸宁市工业企业发展水平得分为60.062分，在长江经济带中排名第85名，处于劣势区。咸宁市基础设施发展水平得分为18.243分，在长江经济带中排名第107名，处于劣势区。咸宁市社会福利发展水平得分为77.475分，在长江经济带中排名第15名，处于强势区。咸宁市居民生活发展水平得分为24.638分，在长江经济带中排名第79名，处于中势区。咸宁市科教文卫发展水平得分为43.594分，在长江经济带中排名第71名，处于中势区。咸宁市生态环境发展水平得分为29.053分，在长江经济带中排名第103名，处于劣势区。

表5－42   2014 年咸宁市综合发展各一级指标的得分、排名及优劣度分析

排名	指标	得分	优劣度
15	社会福利	77.475	强势
24	农业生产	42.994	强势
60	区域经济	42.934	中势
66	综合发展	387.132	中势
71	科教文卫	43.594	中势
79	居民生活	24.638	中势
85	工业企业	60.062	劣势
100	人口就业	48.138	劣势
103	生态环境	29.053	劣势
107	基础设施	18.243	劣势

　　根据表5－43对2014年随州市综合发展及各一级指标得分情况、排名情况、优劣度情况进行分析。其中，随州市综合发展水平得分为394.550分，在长江经济带中排名第35名，处于优势区。在一级指标中，随州市人口就业发展水平得分为50.396分，在长江经济带中排名第58名，处于中势区。随州市区域经济发展水平得分为42.418分，在长江经济带中排名第74名，处于中势区。随州市农业生产发展水平得分为43.576分，在长江经济带中排名第22名，处于强势区。随州市工业企业发展水平得分为59.867分，在长江经济带中排名第86名，处于劣势区。随州市基础设施发展水平得分为19.292分，在长江经济带中排名第99名，处于劣势区。随州市社会福利发展水平得分为78.028分，在长江经济带中排名第8名，处于强势区。随州市居民生活发展水平得分为25.363分，在长江经济带中排名第58名，处于中势区。随州市科教文卫发展水平得分为44.879分，在长江经济带中排名第46名，处于优势区。随州市生态环境发展水平得分为30.730分，在长江经济带中排名第53名，处于优势区。

表 5－43　　　　　　　　　**2014 年随州市综合发展各一级指标的得分、排名及优劣度分析**

排名	指标	得分	优劣度
8	社会福利	78.028	强势
22	农业生产	43.576	强势
35	综合发展	394.550	优势
46	科教文卫	44.879	优势
53	生态环境	30.730	优势
58	人口就业	50.396	中势
58	居民生活	25.363	中势
74	区域经济	42.418	中势
86	工业企业	59.867	劣势
99	基础设施	19.292	劣势

根据表 5－44 对 2014 年长沙市综合发展及各一级指标得分情况、排名情况、优劣度情况进行分析。其中，长沙市综合发展水平得分为 400.407 分，在长江经济带中排名第 18 名，处于强势区。在一级指标中，长沙市人口就业发展水平得分为 51.255 分，在长江经济带中排名第 33 名，处于优势区。长沙市区域经济发展水平得分为 45.924 分，在长江经济带中排名第 18 名，处于强势区。长沙市农业生产发展水平得分为 27.572 分，在长江经济带中排名第 91 名，处于劣势区。长沙市工业企业发展水平得分为 62.702 分，在长江经济带中排名第 42 名，处于优势区。长沙市基础设施发展水平得分为 24.144 分，在长江经济带中排名第 8 名，处于强势区。长沙市社会福利发展水平得分为 75.614 分，在长江经济带中排名第 36 名，处于优势区。长沙市居民生活发展水平得分为 29.741 分，在长江经济带中排名第 13 名，处于强势区。长沙市科教文卫发展水平得分为 50.725 分，在长江经济带中排名第 9 名，处于强势区。长沙市生态环境发展水平得分为 32.730 分，在长江经济带中排名第 22 名，处于强势区。

表 5－44　　　　　　　　　**2014 年长沙市综合发展各一级指标的得分、排名及优劣度分析**

排名	指标	得分	优劣度
8	基础设施	24.144	强势
9	科教文卫	50.725	强势
13	居民生活	29.741	强势
18	综合发展	400.407	强势
18	区域经济	45.924	强势
22	生态环境	32.730	强势
33	人口就业	51.255	优势
36	社会福利	75.614	优势
42	工业企业	62.702	优势
91	农业生产	27.572	劣势

根据表 5－45 对 2014 年株洲市综合发展及各一级指标得分情况、排名情况、优劣度情况进行分析。其中，株洲市综合发展水平得分为 388.759 分，在长江经济带中排名第 55 名，处于中势区。在一级指标中，株洲市人口就业发展水平得分为 50.359 分，在长江经济带中排名第 59 名，处于中势区。株洲市区域经济发展水平得分为 45.119 分，在长江经济带中排名第 25 名，处于强势区。株洲市农业生产发展水平得分为 30.869 分，在长江经济带中排名第 73 名，处于中势区。株洲市工业企业发展水平得分为 62.088 分，在长江经济带中排名第 48 名，处于优势区。株洲市基础设施发展水平得分为 20.444 分，在长江经济带中排名第 68 名，处于中势区。株洲市社会福利发展水平得分为 75.460 分，在长江经济带中排名第 38 名，处于优势区。株洲市居民生活发展水平得分为 25.267 分，在长江经济带中排名第 62 名，处于中势区。株洲市科教文卫发展水平得分为 45.323 分，在长江经济带中排名第 37 名，处于优势区。株洲市生态环境发展水平得分为 33.829 分，在长江经济带中排名第 15 名，处于强势区。

表 5－45   **2014 年株洲市综合发展各一级指标的得分、排名及优劣度分析**

排名	指标	得分	优劣度
15	生态环境	33.829	强势
25	区域经济	45.119	强势
37	科教文卫	45.323	优势
38	社会福利	75.460	优势
48	工业企业	62.088	优势
55	综合发展	388.759	中势
59	人口就业	50.359	中势
62	居民生活	25.267	中势
68	基础设施	20.444	中势
73	农业生产	30.869	中势

根据表 5－46 对 2014 年湘潭市综合发展及各一级指标得分情况、排名情况、优劣度情况进行分析。其中，湘潭市综合发展水平得分为 384.911 分，在长江经济带中排名第 81 名，处于中势区。在一级指标中，湘潭市人口就业发展水平得分为 49.421 分，在长江经济带中排名第 81 名，处于中势区。湘潭市区域经济发展水平得分为 45.098 分，在长江经济带中排名第 27 名，处于强势区。湘潭市农业生产发展水平得分为 31.439 分，在长江经济带中排名第 69 名，处于中势区。湘潭市工业企业发展水平得分为 61.987 分，在长江经济带中排名第 49 名，处于优势区。湘潭市基础设施发展水平得分为 20.892 分，在长江经济带中排名第 55 名，处于中势区。湘潭市社会福利发展水平得分为 75.656 分，在长江经济带中排名第 35 名，处于优势区。湘潭市居民生活发展水平得分为 25.480 分，在长江经济带中排名第 56 名，处于中势区。湘潭市科教文卫发展水平得分为 43.731 分，在长江经济带中排名第 70 名，处于中势区。湘潭市生态环境发展水平得分为 31.207 分，在长江经济带中排名第 45 名，处于优势区。

表 5－46   **2014 年湘潭市综合发展各一级指标的得分、排名及优劣度分析**

排名	指标	得分	优劣度
27	区域经济	45.098	强势
35	社会福利	75.656	优势
45	生态环境	31.207	优势
49	工业企业	61.987	优势
55	基础设施	20.892	中势
56	居民生活	25.480	中势
69	农业生产	31.439	中势
70	科教文卫	43.731	中势
81	综合发展	384.911	中势
81	人口就业	49.421	中势

根据表 5－47 对 2014 年衡阳市综合发展及各一级指标得分情况、排名情况、优劣度情况进行分析。其中，衡阳市综合发展水平得分为 395.678 分，在长江经济带中排名第 30 名，处于优势区。在一级指标中，衡阳市人口就业发展水平得分为 51.435 分，在长江经济带中排名第 31 名，处于优势区。衡阳市区域经济发展水平得分为 45.399 分，在长江经济带中排名第 24 名，处于强势区。衡阳市农业生产发展水平得分为 41.847 分，在长江经济带中排名第 29 名，处于优势区。衡阳市工业企业发展水平得分为 62.914 分，在长江经济带中排名第 37 名，处于优势区。衡阳市基础设施发展水平得分为 19.896 分，在长江经济带中排名第 86 名，处于劣势区。衡阳市社会福利发展水平得分为 74.650 分，在长江经济带中排名第 53 名，处于优势区。衡阳市居民生活发展水平得分为 23.465 分，在长江经济带中排名第 101 名，处于劣势区。衡阳市科教文卫发展水平得分为 46.950 分，在长江经济带中排名第 19 名，处于强势区。衡阳市生态环境发展水平得分为 29.122 分，在长江经济带中排名第 102 名，处于劣势区。

表 5 – 47　　　　　　　　2014 年衡阳市综合发展各一级指标的得分、排名及优劣度分析

排名	指标	得分	优劣度
19	科教文卫	46.950	强势
24	区域经济	45.399	强势
29	农业生产	41.847	优势
30	综合发展	395.678	优势
31	人口就业	51.435	优势
37	工业企业	62.914	优势
53	社会福利	74.650	优势
86	基础设施	19.896	劣势
101	居民生活	23.465	劣势
102	生态环境	29.122	劣势

根据表 5 – 48 对 2014 年邵阳市综合发展及各一级指标得分情况、排名情况、优劣度情况进行分析。其中，邵阳市综合发展水平得分为 388.805 分，在长江经济带中排名第 54 名，处于优势区。在一级指标中，邵阳市人口就业发展水平得分为 54.510 分，在长江经济带中排名第 3 名，处于强势区。邵阳市区域经济发展水平得分为 42.076 分，在长江经济带中排名第 85 名，处于劣势区。邵阳市农业生产发展水平得分为 48.653 分，在长江经济带中排名第 9 名，处于强势区。邵阳市工业企业发展水平得分为 60.303 分，在长江经济带中排名第 83 名，处于劣势区。邵阳市基础设施发展水平得分为 21.581 分，在长江经济带中排名第 38 名，处于优势区。邵阳市社会福利发展水平得分为 68.918 分，在长江经济带中排名第 105 名，处于劣势区。邵阳市居民生活发展水平得分为 25.697 分，在长江经济带中排名第 52 名，处于优势区。邵阳市科教文卫发展水平得分为 36.599 分，在长江经济带中排名第 107 名，处于劣势区。邵阳市生态环境发展水平得分为 30.469 分，在长江经济带中排名第 60 名，处于中势区。

表 5 – 48　　　　　　　　2014 年邵阳市综合发展各一级指标的得分、排名及优劣度分析

排名	指标	得分	优劣度
3	人口就业	54.510	强势
9	农业生产	48.653	强势
38	基础设施	21.581	优势
52	居民生活	25.697	优势
54	综合发展	388.805	优势
60	生态环境	30.469	中势
83	工业企业	60.303	劣势
85	区域经济	42.076	劣势
105	社会福利	68.918	劣势
107	科教文卫	36.599	劣势

根据表 5 – 49 对 2014 年岳阳市综合发展及各一级指标得分情况、排名情况、优劣度情况进行分析。其中，岳阳市综合发展水平得分为 384.201 分，在长江经济带中排名第 86 名，处于劣势区。在一级指标中，岳阳市人口就业发展水平得分为 50.134 分，在长江经济带中排名第 67 名，处于中势区。岳阳市区域经济发展水平得分为 43.545 分，在长江经济带中排名第 54 名，处于优势区。岳阳市农业生产发展水平得分为 35.725 分，在长江经济带中排名第 60 名，处于中势区。岳阳市工业企业发展水平得分为 60.484 分，在长江经济带中排名第 80 名，处于中势区。岳阳市基础设施发展水平得分为 21.425 分，在长江经济带中排名第 44 名，处于优势区。岳阳市社会福利发展水平得分为 73.721 分，在长江经济带中排名第 64 名，处于中势区。岳阳市居民生活发展水平得分为 23.501 分，在长江经济带中排名第 100 名，处于劣势区。岳阳市科教文卫发展水平得分为 45.325 分，在长江经济带中排名第 36 名，处于优势区。岳阳市生态环境发展水平得分为 30.340 分，在长江经济带中排名第 66 名，处于中势区。

表 5-49　　　　　　　　　2014 年岳阳市综合发展各一级指标的得分、排名及优劣度分析

排名	指标	得分	优劣度
36	科教文卫	45.325	优势
44	基础设施	21.425	优势
54	区域经济	43.545	优势
60	农业生产	35.725	中势
64	社会福利	73.721	中势
66	生态环境	30.340	中势
67	人口就业	50.134	中势
80	工业企业	60.484	中势
86	综合发展	384.201	劣势
100	居民生活	23.501	劣势

根据表 5-50 对 2014 年常德市综合发展及各一级指标得分情况、排名情况、优劣度情况进行分析。其中，常德市综合发展水平得分为 393.454 分，在长江经济带中排名第 38 名，处于优势区。在一级指标中，常德市人口就业发展水平得分为 50.893 分，在长江经济带中排名第 42 名，处于优势区。常德市区域经济发展水平得分为 44.188 分，在长江经济带中排名第 49 名，处于优势区。常德市农业生产发展水平得分为 39.612 分，在长江经济带中排名第 38 名，处于优势区。常德市工业企业发展水平得分为 60.953 分，在长江经济带中排名第 73 名，处于中势区。常德市基础设施发展水平得分为 20.646 分，在长江经济带中排名第 59 名，处于中势区。常德市社会福利发展水平得分为 76.870 分，在长江经济带中排名第 19 名，处于强势区。常德市居民生活发展水平得分为 24.517 分，在长江经济带中排名第 83 名，处于劣势区。常德市科教文卫发展水平得分为 45.605 分，在长江经济带中排名第 33 名，处于优势区。常德市生态环境发展水平得分为 30.171 分，在长江经济带中排名第 76 名，处于中势区。

表 5-50　　　　　　　　　2014 年常德市综合发展各一级指标的得分、排名及优劣度分析

排名	指标	得分	优劣度
19	社会福利	76.870	强势
33	科教文卫	45.605	优势
38	综合发展	393.454	优势
38	农业生产	39.612	优势
42	人口就业	50.893	优势
49	区域经济	44.188	优势
59	基础设施	20.646	中势
73	工业企业	60.953	中势
76	生态环境	30.171	中势
83	居民生活	24.517	劣势

根据表 5-51 对 2014 年张家界市综合发展及各一级指标得分情况、排名情况、优劣度情况进行分析。其中，张家界市综合发展水平得分为 376.229 分，在长江经济带中排名第 104 名，处于劣势区。在一级指标中，张家界市人口就业发展水平得分为 52.665 分，在长江经济带中排名第 14 名，处于强势区。张家界市区域经济发展水平得分为 41.451 分，在长江经济带中排名第 93 名，处于劣势区。张家界市农业生产发展水平得分为 35.740 分，在长江经济带中排名第 59 名，处于中势区。张家界市工业企业发展水平得分为 66.150 分，在长江经济带中排名第 4 名，处于强势区。张家界市基础设施发展水平得分为 20.222 分，在长江经济带中排名第 76 名，处于中势区。张家界市社会福利发展水平得分为 74.003 分，在长江经济带中排名第 62 名，处于中势区。张家界市居民生活发展水平得分为 27.354 分，在长江经济带中排名第 32 名，处于优势区。张家界市科教文卫发展水平得分为 25.986 分，在长江经济带中排名第 108 名，处于劣势区。张家界市生态环境发展水平得分为 32.659 分，在长江经济带中排名第 24 名，处于强势区。

表 5 - 51　　　　　　　2014 年张家界市综合发展各一级指标的得分、排名及优劣度分析

排名	指标	得分	优劣度
4	工业企业	66.150	强势
14	人口就业	52.665	强势
24	生态环境	32.659	强势
32	居民生活	27.354	优势
59	农业生产	35.740	中势
62	社会福利	74.003	中势
76	基础设施	20.222	中势
93	区域经济	41.451	劣势
104	综合发展	376.229	劣势
108	科教文卫	25.986	劣势

　　根据表 5 - 52 对 2014 年益阳市综合发展及各一级指标得分情况、排名情况、优劣度情况进行分析。其中，益阳市综合发展水平得分为 401.228 分，在长江经济带中排名第 16 名，处于强势区。在一级指标中，益阳市人口就业发展水平得分为 50.638 分，在长江经济带中排名第 48 名，处于优势区。益阳市区域经济发展水平得分为 42.911 分，在长江经济带中排名第 62 名，处于中势区。益阳市农业生产发展水平得分为 44.840 分，在长江经济带中排名第 17 名，处于强势区。益阳市工业企业发展水平得分为 61.090 分，在长江经济带中排名第 72 名，处于中势区。益阳市基础设施发展水平得分为 20.029 分，在长江经济带中排名第 82 名，处于劣势区。益阳市社会福利发展水平得分为 79.444 分，在长江经济带中排名第 3 名，处于强势区。益阳市居民生活发展水平得分为 27.606 分，在长江经济带中排名第 29 名，处于优势区。益阳市科教文卫发展水平得分为 44.138 分，在长江经济带中排名第 63 名，处于中势区。益阳市生态环境发展水平得分为 30.534 分，在长江经济带中排名第 57 名，处于中势区。

表 5 - 52　　　　　　　2014 年益阳市综合发展各一级指标的得分、排名及优劣度分析

排名	指标	得分	优劣度
3	社会福利	79.444	强势
16	综合发展	401.228	强势
17	农业生产	44.840	强势
29	居民生活	27.606	优势
48	人口就业	50.638	优势
57	生态环境	30.534	中势
62	区域经济	42.911	中势
63	科教文卫	44.138	中势
72	工业企业	61.090	中势
82	基础设施	20.029	劣势

　　根据表 5 - 53 对 2014 年郴州市综合发展及各一级指标得分情况、排名情况、优劣度情况进行分析。其中，郴州市综合发展水平得分为 384.581 分，在长江经济带中排名第 84 名，处于劣势区。在一级指标中，郴州市人口就业发展水平得分为 50.141 分，在长江经济带中排名第 66 名，处于中势区。郴州市区域经济发展水平得分为 45.573 分，在长江经济带中排名第 21 名，处于强势区。郴州市农业生产发展水平得分为 33.598 分，在长江经济带中排名第 65 名，处于中势区。郴州市工业企业发展水平得分为 60.898 分，在长江经济带中排名第 74 名，处于中势区。郴州市基础设施发展水平得分为 20.169 分，在长江经济带中排名第 80 名，处于中势区。郴州市社会福利发展水平得分为 74.979 分，在长江经济带中排名第 46 名，处于优势区。郴州市居民生活发展水平得分为 24.289 分，在长江经济带中排名第 88 名，处于劣势区。郴州市科教文卫发展水平得分为 44.599 分，在长江经济带中排名第 56 名，处于中势区。郴州市生态环境发展水平得分为 30.337 分，在长江经济带中排名第 67 名，处于中势区。

表 5 – 53   2014 年郴州市综合发展各一级指标的得分、排名及优劣度分析

排名	指标	得分	优劣度
21	区域经济	45.573	强势
46	社会福利	74.979	优势
56	科教文卫	44.599	中势
65	农业生产	33.598	中势
66	人口就业	50.141	中势
67	生态环境	30.337	中势
74	工业企业	60.898	中势
80	基础设施	20.169	中势
84	综合发展	384.581	劣势
88	居民生活	24.289	劣势

根据表 5 – 54 对 2014 年永州市综合发展及各一级指标得分情况、排名情况、优劣度情况进行分析。其中，永州市综合发展水平得分为 398.243 分，在长江经济带中排名第 19 名，处于强势区。在一级指标中，永州市人口就业发展水平得分为 52.814 分，在长江经济带中排名第 13 名，处于强势区。永州市区域经济发展水平得分为 42.282 分，在长江经济带中排名第 77 名，处于中势区。永州市农业生产发展水平得分为 47.999 分，在长江经济带中排名第 11 名，处于强势区。永州市工业企业发展水平得分为 63.622 分，在长江经济带中排名第 30 名，处于优势区。永州市基础设施发展水平得分为 19.895 分，在长江经济带中排名第 87 名，处于劣势区。永州市社会福利发展水平得分为 75.986 分，在长江经济带中排名第 27 名，处于强势区。永州市居民生活发展水平得分为 24.575 分，在长江经济带中排名第 80 名，处于中势区。永州市科教文卫发展水平得分为 41.204 分，在长江经济带中排名第 95 名，处于劣势区。永州市生态环境发展水平得分为 29.867 分，在长江经济带中排名第 88 名，处于劣势区。

表 5 – 54   2014 年永州市综合发展各一级指标的得分、排名及优劣度分析

排名	指标	得分	优劣度
11	农业生产	47.999	强势
13	人口就业	52.814	强势
19	综合发展	398.243	强势
27	社会福利	75.986	强势
30	工业企业	63.622	优势
77	区域经济	42.282	中势
80	居民生活	24.575	中势
87	基础设施	19.895	劣势
88	生态环境	29.867	劣势
95	科教文卫	41.204	劣势

根据表 5 – 55 对 2014 年怀化市综合发展及各一级指标得分情况、排名情况、优劣度情况进行分析。其中，怀化市综合发展水平得分为 396.195 分，在长江经济带中排名第 27 名，处于强势区。在一级指标中，怀化市人口就业发展水平得分为 50.810 分，在长江经济带中排名第 43 名，处于优势区。怀化市区域经济发展水平得分为 40.502 分，在长江经济带中排名第 102 名，处于劣势区。怀化市农业生产发展水平得分为 39.089 分，在长江经济带中排名第 40 名，处于优势区。怀化市工业企业发展水平得分为 63.082 分，在长江经济带中排名第 35 名，处于优势区。怀化市基础设施发展水平得分为 19.416 分，在长江经济带中排名第 97 名，处于劣势区。怀化市社会福利发展水平得分为 72.539 分，在长江经济带中排名第 84 名，处于劣势区。怀化市居民生活发展水平得分为 28.205 分，在长江经济带中排名第 23 名，处于强势区。怀化市科教文卫发展水平得分为 47.114 分，在长江经济带中排名第 18 名，处于强势区。怀化市生态环境发展水平得分为 35.438 分，在长江经济带中排名第 10 名，处于强势区。

表 5 – 55　　　　　　　　　　**2014 年怀化市综合发展各一级指标的得分、排名及优劣度分析**

排名	指标	得分	优劣度
10	生态环境	35.438	强势
18	科教文卫	47.114	强势
23	居民生活	28.205	强势
27	综合发展	396.195	强势
35	工业企业	63.082	优势
40	农业生产	39.089	优势
43	人口就业	50.810	优势
84	社会福利	72.539	劣势
97	基础设施	19.416	劣势
102	区域经济	40.502	劣势

根据表 5 – 56 对 2014 年娄底市综合发展及各一级指标得分情况、排名情况、优劣度情况进行分析。其中，娄底市综合发展水平得分为 390.968 分，在长江经济带中排名第 47 名，处于优势区。在一级指标中，娄底市人口就业发展水平得分为 52.495 分，在长江经济带中排名第 16 名，处于强势区。娄底市区域经济发展水平得分为 44.867 分，在长江经济带中排名第 32 名，处于优势区。娄底市农业生产发展水平得分为 39.069 分，在长江经济带中排名第 41 名，处于优势区。娄底市工业企业发展水平得分为 60.676 分，在长江经济带中排名第 77 名，处于中势区。娄底市基础设施发展水平得分为 21.048 分，在长江经济带中排名第 52 名，处于优势区。娄底市社会福利发展水平得分为 73.387 分，在长江经济带中排名第 68 名，处于中势区。娄底市居民生活发展水平得分为 24.899 分，在长江经济带中排名第 72 名，处于中势区。娄底市科教文卫发展水平得分为 44.310 分，在长江经济带中排名第 62 名，处于中势区。娄底市生态环境发展水平得分为 30.217 分，在长江经济带中排名第 74 名，处于中势区。

表 5 – 56　　　　　　　　　　**2014 年娄底市综合发展各一级指标的得分、排名及优劣度分析**

排名	指标	得分	优劣度
16	人口就业	52.495	强势
32	区域经济	44.867	优势
41	农业生产	39.069	优势
47	综合发展	390.968	优势
52	基础设施	21.048	优势
62	科教文卫	44.310	中势
68	社会福利	73.387	中势
72	居民生活	24.899	中势
74	生态环境	30.217	中势
77	工业企业	60.676	中势

二、2015 年长江经济带中部地区城市综合发展水平评估分析

（一）2015 年长江经济带中部地区城市综合发展水平评估指标比较

根据表 5 – 57 对长江经济带中部地区的城市综合发展水平得分情况展开分析。2015 年中部地区各城市综合发展水平得分区间为：377 ~ 413 分。其中，得分最高的为武汉市（412.881），最低分为张家界市（377.376），在中部地区中有 6 个城市（武汉市、亳州市、荆州市、滁州市、永州市、舟山市）的综合发展水平得分超过 400 分，其余城市的得分均低于 400 分。

表 5－57   2015 年长江经济带中部地区综合发展得分

排名	地区	得分
1	武汉市	412.881
2	亳州市	403.709
3	荆州市	402.493
4	滁州市	402.351
5	永州市	400.502
6	合肥市	400.045
7	宿州市	399.932
8	鄂州市	398.763
9	衡阳市	398.198
10	蚌埠市	397.927
11	赣州市	397.924
12	益阳市	396.546
13	阜阳市	396.209
14	长沙市	396.113
15	上饶市	395.286
16	池州市	395.188
17	荆门市	395.062
18	宜春市	394.817
19	黄冈市	394.456
20	孝感市	394.196
21	六安市	394.137
22	常德市	394.132
23	郴州市	393.311
24	黄石市	393.020
25	怀化市	392.873
26	吉安市	392.255
27	娄底市	392.202
28	抚州市	392.197
29	襄阳市	391.831
30	咸宁市	391.830
31	淮南市	391.056
32	安庆市	390.680
33	铜陵市	390.412
34	湘潭市	389.664
35	邵阳市	389.508
36	十堰市	388.584
37	芜湖市	388.434
38	南昌市	388.117
39	宣城市	387.901
40	鹰潭市	387.752
41	岳阳市	387.590
42	黄山市	387.016
43	马鞍山市	386.864
44	株洲市	385.835
45	九江市	384.574
46	随州市	384.066

续表

排名	地区	得分
47	新余市	383.443
48	宜昌市	383.265
49	萍乡市	382.203
50	淮北市	380.443
51	景德镇市	380.427
52	张家界市	377.376

根据表 5 - 58 对 2015 年长江经济带中部地区综合发展水平平均得分在长江经济带各城市群中排名情况展开分析。2015 年中部地区综合发展水平平均得分处于长江经济带各板块中的第 3 名，发展优势相对薄弱。

表 5 - 58 　　　　　　　　　　　2015 年长江经济带中部地区综合发展评分一级指标比较

项目	数据
排名	3
中部地区平均得分	392.223
经济带最高分	467.529
经济带平均分	394.097
与最高分差距	-75.306
与平均分差距	-1.873

（二）2015 年长江经济带中部地区城市综合发展水平的量化评估

根据表 5 - 59 对 2015 年长江经济带中部地区综合发展及各一级指标平均得分情况、排名情况进行分析。其中，中部地区综合发展平均得分在长江经济带各板块中排名第 3 名。在一级指标中，人口就业发展水平平均得分为 50.464 分，在长江经济带各板块中排名第 2 名。区域经济发展水平平均得分为 43.910 分，在长江经济带各板块中排名第 2 名。农业生产发展水平平均得分为 37.529 分，在长江经济带各板块中排名第 2 名。工业企业发展水平平均得分为 61.781 分，在长江经济带各板块中排名第 2 名。基础设施发展水平平均得分为 20.522 分，在长江经济带各板块中排名第 3 名。社会福利发展水平平均得分为 76.592 分，在长江经济带各板块中排名第 1 名。居民生活发展水平平均得分为 26.698 分，在长江经济带各板块中排名第 3 名。科教文卫发展水平平均得分为 44.021 分，在长江经济带各板块中排名第 3 名。生态环境发展水平平均得分为 30.706 分，在长江经济带各板块中排名第 3 名。

表 5 - 59 　　　　　　　　　　2015 年长江经济带中部地区综合发展各一级指标的得分、排名分析

排名	指标	得分
1	社会福利	76.592
2	人口就业	50.464
2	区域经济	43.910
2	农业生产	37.529
2	工业企业	61.781
3	综合发展	392.223
3	基础设施	20.522
3	居民生活	26.698
3	科教文卫	44.021
3	生态环境	30.706

（三）2015 年长江经济带中部地区城市综合发展水平评估得分比较

根据图 5 – 3 对 2015 年长江经济带中部地区综合发展水平与长江经济带平均水平展开比较分析。由图 5 – 3 可知，2015 年长江经济带中部地区在人口就业、区域经济、工业企业、社会福利等方面与长江经济带最高分差距较小，发展优势明显。在农业生产、基础设施、居民生活、科教文卫、生态环境等方面与最高分差距较大。

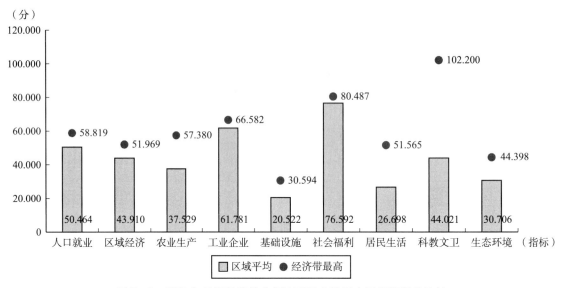

图 5 – 3　2015 年长江经济带中部地区综合发展水平指标得分比较

（四）2015 年长江经济带中部地区城市综合发展水平评估指标动态变化分析

根据图 5 – 4 对 2015 ~ 2016 年长江经济带中部地区各级指标排名变化情况展开分析。由图 5 – 4 可知，2015 ~ 2016 年长江经济带中部地区各级指标中保持指标的比例较高，总体指标上升下降不明显。

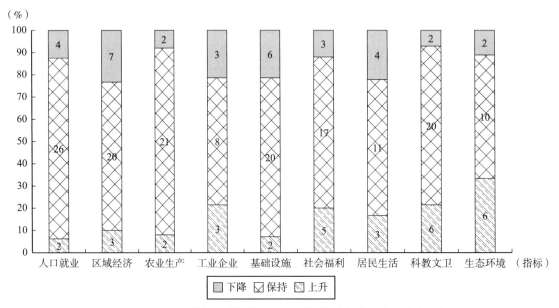

图 5 – 4　2015 ~ 2016 年长江经济带中部地区综合发展水平动态变化

表 5 – 60 进一步对 2015 ~ 2016 年中部地区 218 个要素指标的变化情况展开统计分析，其中上升指标有

32 个，占指标总数的 14.679%；保持的指标有 153 个，占指标总数的 70.183%；下降的指标有 33 个，占指标总数的 15.138%。

表 5 - 60　　　　　　　　2015～2016 年长江经济带中部地区综合发展水平排名变化态势比较

指标	要素指标数量（个）	上升指标		保持指标		下降指标	
		个数（个）	比重（%）	个数（个）	比重（%）	个数（个）	比重（%）
人口就业	32	2	6.250	26	81.250	4	12.500
区域经济	30	3	10.000	20	66.667	7	23.333
农业生产	25	2	8.000	21	84.000	2	8.000
工业企业	14	3	21.429	8	57.143	3	21.429
基础设施	28	2	7.143	20	71.429	6	21.429
社会福利	25	5	20.000	17	68.000	3	12.000
居民生活	18	3	16.667	11	61.111	4	22.222
科教文卫	28	6	21.429	20	71.429	2	7.143
生态环境	18	6	33.333	10	55.556	2	11.111
合计	218	32	14.679	153	70.183	33	15.138

（五）2015 年长江经济带中部地区各城市综合发展水平各级指标得分、排名及优劣度分析

根据表 5 - 61 对 2015 年合肥市综合发展及各一级指标得分情况、排名情况、优劣度情况进行分析。其中，合肥市综合发展水平得分为 400.045 分，在长江经济带中排名第 19 名，处于强势区。在一级指标中，合肥市人口就业发展水平得分为 51.634 分，在长江经济带中排名第 21 名，处于强势区。合肥市区域经济发展水平得分为 47.512 分，在长江经济带中排名第 10 名，处于强势区。合肥市农业生产发展水平得分为 28.459 分，在长江经济带中排名第 88 名，处于劣势区。合肥市工业企业发展水平得分为 62.822 分，在长江经济带中排名第 40 名，处于优势区。合肥市基础设施发展水平得分为 24.644 分，在长江经济带中排名第 8 名，处于强势区。合肥市社会福利发展水平得分为 77.550 分，在长江经济带中排名第 24 名，处于强势区。合肥市居民生活发展水平得分为 28.820 分，在长江经济带中排名第 27 名，处于强势区。合肥市科教文卫发展水平得分为 47.360 分，在长江经济带中排名第 18 名，处于强势区。合肥市生态环境发展水平得分为 31.244 分，在长江经济带中排名第 46 名，处于优势区。

表 5 - 61　　　　　　　　2015 年合肥市综合发展各一级指标的得分、排名及优劣度分析

排名	指标	得分	优劣度
8	基础设施	24.644	强势
10	区域经济	47.512	强势
18	科教文卫	47.360	强势
19	综合发展	400.045	强势
21	人口就业	51.634	强势
24	社会福利	77.550	强势
27	居民生活	28.820	强势
40	工业企业	62.822	优势
46	生态环境	31.244	优势
88	农业生产	28.459	劣势

根据表 5 - 62 对 2015 年芜湖市综合发展及各一级指标得分情况、排名情况、优劣度情况进行分析。其中，芜湖市综合发展水平得分为 388.434 分，在长江经济带中排名第 79 名，处于中势区。在一级指标中，芜湖市人口就业发展水平得分为 50.720 分，在长江经济带中排名第 43 名，处于优势区。芜湖市区域经济发展水平得分为 44.870 分，在长江经济带中排名第 42 名，处于优势区。芜湖市农业生产发展水平得

分为 27. 422 分，在长江经济带中排名第 92 名，处于劣势区。芜湖市工业企业发展水平得分为 61. 239 分，在长江经济带中排名第 62 名，处于中势区。芜湖市基础设施发展水平得分为 21. 537 分，在长江经济带中排名第 41 名，处于优势区。芜湖市社会福利发展水平得分为 79. 512 分，在长江经济带中排名第 6 名，处于强势区。芜湖市居民生活发展水平得分为 27. 846 分，在长江经济带中排名第 36 名，处于优势区。芜湖市科教文卫发展水平得分为 45. 614 分，在长江经济带中排名第 35 名，处于优势区。芜湖市生态环境发展水平得分为 29. 675 分，在长江经济带中排名第 81 名，处于中势区。

表 5 - 62　　　　　　　　　2015 年芜湖市综合发展各一级指标的得分、排名及优劣度分析

排名	指标	得分	优劣度
6	社会福利	79. 512	强势
35	科教文卫	45. 614	优势
36	居民生活	27. 846	优势
41	基础设施	21. 537	优势
42	区域经济	44. 870	优势
43	人口就业	50. 720	优势
62	工业企业	61. 239	中势
79	综合发展	388. 434	中势
81	生态环境	29. 675	中势
92	农业生产	27. 422	劣势

根据表 5 - 63 对 2015 年蚌埠市综合发展及各一级指标得分情况、排名情况、优劣度情况进行分析。其中，蚌埠市综合发展水平得分为 397. 927 分，在长江经济带中排名第 25 名，处于强势区。在一级指标中，蚌埠市人口就业发展水平得分为 48. 478 分，在长江经济带中排名第 91 名，处于劣势区。蚌埠市区域经济发展水平得分为 46. 317 分，在长江经济带中排名第 20 名，处于强势区。蚌埠市农业生产发展水平得分为 41. 275 分，在长江经济带中排名第 29 名，处于优势区。蚌埠市工业企业发展水平得分为 61. 944 分，在长江经济带中排名第 52 名，处于优势区。蚌埠市基础设施发展水平得分为 21. 080 分，在长江经济带中排名第 51 名，处于优势区。蚌埠市社会福利发展水平得分为 78. 088 分，在长江经济带中排名第 16 名，处于强势区。蚌埠市居民生活发展水平得分为 26. 370 分，在长江经济带中排名第 64 名，处于中势区。蚌埠市科教文卫发展水平得分为 44. 729 分，在长江经济带中排名第 51 名，处于中势区。蚌埠市生态环境发展水平得分为 29. 647 分，在长江经济带中排名第 82 名，处于劣势区。

表 5 - 63　　　　　　　　　2015 年蚌埠市综合发展各一级指标的得分、排名及优劣度分析

排名	指标	得分	优劣度
16	社会福利	78. 088	强势
20	区域经济	46. 317	强势
25	综合发展	397. 927	强势
29	农业生产	41. 275	优势
51	基础设施	21. 080	优势
51	科教文卫	44. 729	优势
52	工业企业	61. 944	优势
64	居民生活	26. 370	中势
82	生态环境	29. 647	劣势
91	人口就业	48. 478	劣势

根据表 5 - 64 对 2015 年淮南市综合发展及各一级指标得分情况、排名情况、优劣度情况进行分析。其中，淮南市综合发展水平得分为 391. 056 分，在长江经济带中排名第 62 名，处于中势区。在一级指标中，淮南市人口就业发展水平得分为 49. 809 分，在长江经济带中排名第 65 名，处于中势区。淮南市区域

经济发展水平得分为 44.660 分，在长江经济带中排名第 46 名，处于优势区。淮南市农业生产发展水平得分为 36.252 分，在长江经济带中排名第 55 名，处于中势区。淮南市工业企业发展水平得分为 63.062 分，在长江经济带中排名第 33 名，处于优势区。淮南市基础设施发展水平得分为 19.232 分，在长江经济带中排名第 95 名，处于劣势区。淮南市社会福利发展水平得分为 75.438 分，在长江经济带中排名第 60 名，处于中势区。淮南市居民生活发展水平得分为 26.987 分，在长江经济带中排名第 52 名，处于优势区。淮南市科教文卫发展水平得分为 44.155 分，在长江经济带中排名第 64 名，处于中势区。淮南市生态环境发展水平得分为 31.461 分，在长江经济带中排名第 41 名，处于优势区。

表 5 - 64　　　　　　　　2015 年淮南市综合发展各一级指标的得分、排名及优劣度分析

排名	指标	得分	优劣度
33	工业企业	63.062	优势
41	生态环境	31.461	优势
46	区域经济	44.660	优势
52	居民生活	26.987	优势
55	农业生产	36.252	中势
60	社会福利	75.438	中势
62	综合发展	391.056	中势
64	科教文卫	44.155	中势
65	人口就业	49.809	中势
95	基础设施	19.232	劣势

根据表 5 - 65 对 2015 年马鞍山市综合发展及各一级指标得分情况、排名情况、优劣度情况进行分析。其中，马鞍山市综合发展水平得分为 386.864 分，在长江经济带中排名第 85 名，处于劣势区。在一级指标中，马鞍山市人口就业发展水平得分为 50.652 分，在长江经济带中排名第 45 名，处于优势区。马鞍山市区域经济发展水平得分为 46.334 分，在长江经济带中排名第 19 名，处于强势区。马鞍山市农业生产发展水平得分为 27.952 分，在长江经济带中排名第 90 名，处于劣势区。马鞍山市工业企业发展水平得分为 61.005 分，在长江经济带中排名第 69 名，处于中势区。马鞍山市基础设施发展水平得分为 21.215 分，在长江经济带中排名第 45 名，处于优势区。马鞍山市社会福利发展水平得分为 74.398 分，在长江经济带中排名第 86 名，处于劣势区。马鞍山市居民生活发展水平得分为 29.758 分，在长江经济带中排名第 19 名，处于强势区。马鞍山市科教文卫发展水平得分为 43.816 分，在长江经济带中排名第 70 名，处于中势区。马鞍山市生态环境发展水平得分为 31.734 分，在长江经济带中排名第 34 名，处于优势区。

表 5 - 65　　　　　　　　2015 年马鞍山市综合发展各一级指标的得分、排名及优劣度分析

排名	指标	得分	优劣度
19	区域经济	46.334	强势
19	居民生活	29.758	强势
34	生态环境	31.734	优势
45	人口就业	50.652	优势
45	基础设施	21.215	优势
69	工业企业	61.005	中势
70	科教文卫	43.816	中势
85	综合发展	386.864	劣势
86	社会福利	74.398	劣势
90	农业生产	27.952	劣势

根据表 5 - 66 对 2015 年淮北市综合发展及各一级指标得分情况、排名情况、优劣度情况进行分析。其中，淮北市综合发展水平得分为 380.443 分，在长江经济带中排名第 103 名，处于劣势区。在一级指标

中，淮北市人口就业发展水平得分为47.661分，在长江经济带中排名第101名，处于劣势区。淮北市区域经济发展水平得分为42.349分，在长江经济带中排名第83名，处于劣势区。淮北市农业生产发展水平得分为32.572分，在长江经济带中排名第70名，处于中势区。淮北市工业企业发展水平得分为61.646分，在长江经济带中排名第57名，处于中势区。淮北市基础设施发展水平得分为23.005分，在长江经济带中排名第22名，处于强势区。淮北市社会福利发展水平得分为76.160分，在长江经济带中排名第48名，处于优势区。淮北市居民生活发展水平得分为22.733分，在长江经济带中排名第107名，处于劣势区。淮北市科教文卫发展水平得分为43.484分，在长江经济带中排名第73名，处于中势区。淮北市生态环境发展水平得分为30.833分，在长江经济带中排名第55名，处于中势区。

表5—66　　　　　　　　2015年淮北市综合发展各一级指标的得分、排名及优劣度分析

排名	指标	得分	优劣度
22	基础设施	23.005	强势
48	社会福利	76.160	优势
55	生态环境	30.833	中势
57	工业企业	61.646	中势
70	农业生产	32.572	中势
73	科教文卫	43.484	中势
83	区域经济	42.349	劣势
101	人口就业	47.661	劣势
103	综合发展	380.443	劣势
107	居民生活	22.733	劣势

根据表5—67对2015年铜陵市综合发展及各一级指标得分情况、排名情况、优劣度情况进行分析。其中，铜陵市综合发展水平得分为390.412分，在长江经济带中排名第68名，处于中势区。在一级指标中，铜陵市人口就业发展水平得分为49.216分，在长江经济带中排名第76名，处于中势区。铜陵市区域经济发展水平得分为51.969分，在长江经济带中排名第1名，处于强势区。铜陵市农业生产发展水平得分为28.487分，在长江经济带中排名第87名，处于劣势区。铜陵市工业企业发展水平得分为61.938分，在长江经济带中排名第53名，处于优势区。铜陵市基础设施发展水平得分为22.327分，在长江经济带中排名第29名，处于优势区。铜陵市社会福利发展水平得分为76.069分，在长江经济带中排名第51名，处于优势区。铜陵市居民生活发展水平得分为26.438分，在长江经济带中排名第62名，处于中势区。铜陵市科教文卫发展水平得分为39.236分，在长江经济带中排名第106名，处于劣势区。铜陵市生态环境发展水平得分为34.733分，在长江经济带中排名第10名，处于强势区。

表5—67　　　　　　　　2015年铜陵市综合发展各一级指标的得分、排名及优劣度分析

排名	指标	得分	优劣度
1	区域经济	51.969	强势
10	生态环境	34.733	强势
29	基础设施	22.327	优势
51	社会福利	76.069	优势
53	工业企业	61.938	优势
62	居民生活	26.438	中势
68	综合发展	390.412	中势
76	人口就业	49.216	中势
87	农业生产	28.487	劣势
106	科教文卫	39.236	劣势

根据表5—68对2015年安庆市综合发展及各一级指标得分情况、排名情况、优劣度情况进行分析。

其中，安庆市综合发展水平得分为 390.680 分，在长江经济带中排名第 65 名，处于中势区。在一级指标中，安庆市人口就业发展水平得分为 51.167 分，在长江经济带中排名第 33 名，处于优势区。安庆市区域经济发展水平得分为 40.100 分，在长江经济带中排名第 105 名，处于劣势区。安庆市农业生产发展水平得分为 39.174 分，在长江经济带中排名第 40 名，处于优势区。安庆市工业企业发展水平得分为 61.634 分，在长江经济带中排名第 58 名，处于中势区。安庆市基础设施发展水平得分为 19.843 分，在长江经济带中排名第 78 名，处于中势区。安庆市社会福利发展水平得分为 77.158 分，在长江经济带中排名第 31 名，处于优势区。安庆市居民生活发展水平得分为 26.553 分，在长江经济带中排名第 58 名，处于中势区。安庆市科教文卫发展水平得分为 45.610 分，在长江经济带中排名第 36 名，处于优势区。安庆市生态环境发展水平得分为 29.440 分，在长江经济带中排名第 89 名，处于劣势区。

表 5-68　　　　　　　　　2015 年安庆市综合发展各一级指标的得分、排名及优劣度分析

排名	指标	得分	优劣度
31	社会福利	77.158	优势
33	人口就业	51.167	优势
36	科教文卫	45.610	优势
40	农业生产	39.174	优势
58	工业企业	61.634	中势
58	居民生活	26.553	中势
65	综合发展	390.680	中势
78	基础设施	19.843	中势
89	生态环境	29.440	劣势
105	区域经济	40.100	劣势

根据表 5-69 对 2015 年黄山市综合发展及各一级指标得分情况、排名情况、优劣度情况进行分析。其中，黄山市综合发展水平得分为 387.016 分，在长江经济带中排名第 84 名，处于劣势区。在一级指标中，黄山市人口就业发展水平得分为 48.872 分，在长江经济带中排名第 84 名，处于劣势区。黄山市区域经济发展水平得分为 42.636 分，在长江经济带中排名第 74 名，处于中势区。黄山市农业生产发展水平得分为 32.993 分，在长江经济带中排名第 67 名，处于中势区。黄山市工业企业发展水平得分为 63.884 分，在长江经济带中排名第 22 名，处于强势区。黄山市基础设施发展水平得分为 18.926 分，在长江经济带中排名第 99 名，处于劣势区。黄山市社会福利发展水平得分为 75.484 分，在长江经济带中排名第 57 名，处于中势区。黄山市居民生活发展水平得分为 27.084 分，在长江经济带中排名第 48 名，处于优势区。黄山市科教文卫发展水平得分为 43.180 分，在长江经济带中排名第 79 名，处于中势区。黄山市生态环境发展水平得分为 33.958 分，在长江经济带中排名第 14 名，处于强势区。

表 5-69　　　　　　　　　2015 年黄山市综合发展各一级指标的得分、排名及优劣度分析

排名	指标	得分	优劣度
14	生态环境	33.958	强势
22	工业企业	63.884	强势
48	居民生活	27.084	优势
57	社会福利	75.484	中势
67	农业生产	32.993	中势
74	区域经济	42.636	中势
79	科教文卫	43.180	中势
84	综合发展	387.016	劣势
84	人口就业	48.872	劣势
99	基础设施	18.926	劣势

根据表 5－70 对 2015 年滁州市综合发展及各一级指标得分情况、排名情况、优劣度情况进行分析。其中，滁州市综合发展水平得分为 402.351 分，在长江经济带中排名第 15 名，处于强势区。在一级指标中，滁州市人口就业发展水平得分为 50.885 分，在长江经济带中排名第 38 名，处于优势区。滁州市区域经济发展水平得分为 45.984 分，在长江经济带中排名第 23 名，处于强势区。滁州市农业生产发展水平得分为 44.864 分，在长江经济带中排名第 16 名，处于强势区。滁州市工业企业发展水平得分为 60.248 分，在长江经济带中排名第 79 名，处于中势区。滁州市基础设施发展水平得分为 20.480 分，在长江经济带中排名第 61 名，处于中势区。滁州市社会福利发展水平得分为 77.929 分，在长江经济带中排名第 18 名，处于强势区。滁州市居民生活发展水平得分为 29.000 分，在长江经济带中排名第 5 名，处于强势区。滁州市科教文卫发展水平得分为 44.014 分，在长江经济带中排名第 65 名，处于中势区。滁州市生态环境发展水平得分为 28.947 分，在长江经济带中排名第 98 名，处于劣势区。

表 5－70　　　　　　　　2015 年滁州市综合发展各一级指标的得分、排名及优劣度分析

排名	指标	得分	优劣度
15	综合发展	402.351	强势
16	农业生产	44.864	强势
18	社会福利	77.929	强势
23	区域经济	45.984	强势
25	居民生活	29.000	强势
38	人口就业	50.885	优势
61	基础设施	20.480	中势
65	科教文卫	44.014	中势
79	工业企业	60.248	中势
98	生态环境	28.947	劣势

根据表 5－71 对 2015 年阜阳市综合发展及各一级指标得分情况、排名情况、优劣度情况进行分析。其中，阜阳市综合发展水平得分为 396.209 分，在长江经济带中排名第 34 名，处于优势区。在一级指标中，阜阳市人口就业发展水平得分为 52.757 分，在长江经济带中排名第 12 名，处于强势区。阜阳市区域经济发展水平得分为 42.595 分，在长江经济带中排名第 78 名，处于中势区。阜阳市农业生产发展水平得分为 48.584 分，在长江经济带中排名第 8 名，处于强势区。阜阳市工业企业发展水平得分为 56.929 分，在长江经济带中排名第 102 名，处于劣势区。阜阳市基础设施发展水平得分为 19.062 分，在长江经济带中排名第 96 名，处于劣势区。阜阳市社会福利发展水平得分为 74.870 分，在长江经济带中排名第 79 名，处于中势区。阜阳市居民生活发展水平得分为 28.553 分，在长江经济带中排名第 30 名，处于优势区。阜阳市科教文卫发展水平得分为 44.157 分，在长江经济带中排名第 63 名，处于中势区。阜阳市生态环境发展水平得分为 28.702 分，在长江经济带中排名第 102 名，处于劣势区。

表 5－71　　　　　　　　2015 年阜阳市综合发展各一级指标的得分、排名及优劣度分析

排名	指标	得分	优劣度
8	农业生产	48.584	强势
12	人口就业	52.757	强势
30	居民生活	28.553	优势
34	综合发展	396.209	优势
63	科教文卫	44.157	中势
78	区域经济	42.595	中势
79	社会福利	74.870	中势
96	基础设施	19.062	劣势
102	工业企业	56.929	劣势
102	生态环境	28.702	劣势

根据表 5-72 对 2015 年宿州市综合发展及各一级指标得分情况、排名情况、优劣度情况进行分析。其中，宿州市综合发展水平得分为 399.932 分，在长江经济带中排名第 20 名，处于强势区。在一级指标中，宿州市人口就业发展水平得分为 50.642 分，在长江经济带中排名第 47 名，处于优势区。宿州市区域经济发展水平得分为 41.959 分，在长江经济带中排名第 93 名，处于劣势区。宿州市农业生产发展水平得分为 48.912 分，在长江经济带中排名第 7 名，处于强势区。宿州市工业企业发展水平得分为 59.215 分，在长江经济带中排名第 93 名，处于劣势区。宿州市基础设施发展水平得分为 20.233 分，在长江经济带中排名第 67 名，处于中势区。宿州市社会福利发展水平得分为 77.693 分，在长江经济带中排名第 21 名，处于强势区。宿州市居民生活发展水平得分为 26.954 分，在长江经济带中排名第 53 名，处于优势区。宿州市科教文卫发展水平得分为 44.307 分，在长江经济带中排名第 59 名，处于中势区。宿州市生态环境发展水平得分为 30.016 分，在长江经济带中排名第 74 名，处于中势区。

表 5-72　　　　　　　　　2015 年宿州市综合发展各一级指标的得分、排名及优劣度分析

排名	指标	得分	优劣度
7	农业生产	48.912	强势
20	综合发展	399.932	强势
21	社会福利	77.693	强势
47	人口就业	50.642	优势
53	居民生活	26.954	优势
59	科教文卫	44.307	中势
67	基础设施	20.233	中势
74	生态环境	30.016	中势
93	区域经济	41.959	劣势
93	工业企业	59.215	劣势

根据表 5-73 对 2015 年六安市综合发展及各一级指标得分情况、排名情况、优劣度情况进行分析。其中，六安市综合发展水平得分为 394.137 分，在长江经济带中排名第 45 名，处于优势区。在一级指标中，六安市人口就业发展水平得分为 46.459 分，在长江经济带中排名第 107 名，处于劣势区。六安市区域经济发展水平得分为 39.346 分，在长江经济带中排名第 108 名，处于劣势区。六安市农业生产发展水平得分 44.992 分，在长江经济带中排名第 15 名，处于强势区。六安市工业企业发展水平得分为 63.182 分，在长江经济带中排名第 31 名，处于优势区。六安市基础设施发展水平得分为 19.609 分，在长江经济带中排名第 83 名，处于劣势区。六安市社会福利发展水平得分为 77.054 分，在长江经济带中排名第 33 名，处于优势区。六安市居民生活发展水平得分为 28.944 分，在长江经济带中排名第 26 名，处于强势区。六安市科教文卫发展水平得分为 44.665 分，在长江经济带中排名第 54 名，处于优势区。六安市生态环境发展水平得分为 29.885 分，在长江经济带中排名第 78 名，处于中势区。

表 5-73　　　　　　　　　2015 年六安市综合发展各一级指标的得分、排名及优劣度分析

排名	指标	得分	优劣度
15	农业生产	44.992	强势
26	居民生活	28.944	强势
31	工业企业	63.182	优势
33	社会福利	77.054	优势
45	综合发展	394.137	优势
54	科教文卫	44.665	优势
78	生态环境	29.885	中势
83	基础设施	19.609	劣势
107	人口就业	46.459	劣势
108	区域经济	39.346	劣势

根据表 5 - 74 对 2015 年亳州市综合发展及各一级指标得分情况、排名情况、优劣度情况进行分析。其中，亳州市综合发展水平得分为 403.709 分，在长江经济带中排名第 13 名，处于强势区。在一级指标中，亳州市人口就业发展水平得分为 51.293 分，在长江经济带中排名第 26 名，处于强势区。亳州市区域经济发展水平得分为 45.924 分，在长江经济带中排名第 25 名，处于强势区。亳州市农业生产发展水平得分为 49.651 分，在长江经济带中排名第 6 名，处于强势区。亳州市工业企业发展水平得分为 57.757 分，在长江经济带中排名第 101 名，处于劣势区。亳州市基础设施发展水平得分为 21.136 分，在长江经济带中排名第 49 名，处于优势区。亳州市社会福利发展水平得分为 76.423 分，在长江经济带中排名第 43 名，处于优势区。亳州市居民生活发展水平得分为 27.367 分，在长江经济带中排名第 43 名，处于优势区。亳州市科教文卫发展水平得分为 44.686 分，在长江经济带中排名第 53 名，处于优势区。亳州市生态环境发展水平得分为 29.474 分，在长江经济带中排名第 87 名，处于劣势区。

表 5 - 74　　　　　　　　2015 年亳州市综合发展各一级指标的得分、排名及优劣度分析

排名	指标	得分	优劣度
6	农业生产	49.651	强势
13	综合发展	403.709	强势
25	区域经济	45.924	强势
26	人口就业	51.293	强势
43	社会福利	76.423	优势
43	居民生活	27.367	优势
49	基础设施	21.136	优势
53	科教文卫	44.686	优势
87	生态环境	29.474	劣势
101	工业企业	57.757	劣势

根据表 5 - 75 对 2015 年池州市综合发展及各一级指标得分情况、排名情况、优劣度情况进行分析。其中，池州市综合发展水平得分为 395.188 分，在长江经济带中排名第 38 名，处于优势区。在一级指标中，池州市人口就业发展水平得分为 49.394 分，在长江经济带中排名第 71 名，处于中势区。池州市区域经济发展水平得分为 45.806 分，在长江经济带中排名第 27 名，处于强势区。池州市农业生产发展水平得分为 36.802 分，在长江经济带中排名第 52 名，处于优势区。池州市工业企业发展水平得分为 62.066 分，在长江经济带中排名第 50 名，处于优势区。池州市基础设施发展水平得分为 21.655 分，在长江经济带中排名第 37 名，处于优势区。池州市社会福利发展水平得分为 76.324 分，在长江经济带中排名第 44 名，处于优势区。池州市居民生活发展水平得分为 26.804 分，在长江经济带中排名第 56 名，处于中势区。池州市科教文卫发展水平得分为 43.212 分，在长江经济带中排名第 78 名，处于中势区。池州市生态环境发展水平得分为 33.125 分，在长江经济带中排名第 23 名，处于强势区。

表 5 - 75　　　　　　　　2015 年池州市综合发展各一级指标的得分、排名及优劣度分析

排名	指标	得分	优劣度
23	生态环境	33.125	强势
27	区域经济	45.806	强势
37	基础设施	21.655	优势
38	综合发展	395.188	优势
44	社会福利	76.324	优势
50	工业企业	62.066	优势
52	农业生产	36.802	优势
56	居民生活	26.804	中势
71	人口就业	49.394	中势
78	科教文卫	43.212	中势

　　根据表 5-76 对 2015 年宣城市综合发展及各一级指标得分情况、排名情况、优劣度情况进行分析。其中，宣城市综合发展水平得分为 387.901 分，在长江经济带中排名第 81 名，处于中势区。在一级指标中，宣城市人口就业发展水平得分为 50.374 分，在长江经济带中排名第 55 名，处于中势区。宣城市区域经济发展水平得分为 42.322 分，在长江经济带中排名第 85 名，处于劣势区。宣城市农业生产发展水平得分为 36.380 分，在长江经济带中排名第 53 名，处于优势区。宣城市工业企业发展水平得分为 59.501 分，在长江经济带中排名第 88 名，处于劣势区。宣城市基础设施发展水平得分为 19.878 分，在长江经济带中排名第 76 名，处于中势区。宣城市社会福利发展水平得分为 77.214 分，处于优势区。宣城市居民生活发展水平得分为 26.872 分，在长江经济带中排名第 55 名，处于中势区。宣城市科教文卫发展水平得分为 45.163 分，在长江经济带中排名第 44 名，处于优势区。宣城市生态环境发展水平得分为 30.199 分，在长江经济带中排名第 70 名，处于中势区。

表 5-76　　　　　　　　　　2015 年宣城市综合发展各一级指标的得分、排名及优劣度分析

排名	指标	得分	优劣度
30	社会福利	77.214	优势
44	科教文卫	45.163	优势
53	农业生产	36.380	优势
55	人口就业	50.374	中势
55	居民生活	26.872	中势
70	生态环境	30.199	中势
76	基础设施	19.878	中势
81	综合发展	387.901	中势
85	区域经济	42.322	劣势
88	工业企业	59.501	劣势

　　根据表 5-77 对 2015 年南昌市综合发展及各一级指标得分情况、排名情况、优劣度情况进行分析。其中，南昌市综合发展水平得分为 388.117 分，在长江经济带中排名第 80 名，处于中势区。在一级指标中，南昌市人口就业发展水平得分为 50.866 分，在长江经济带中排名第 40 名，处于优势区。南昌市区域经济发展水平得分为 44.912 分，在长江经济带中排名第 41 名，处于优势区。南昌市农业生产发展水平得分为 26.966 分，在长江经济带中排名第 93 名，处于劣势区。南昌市工业企业发展水平得分为 64.756 分，在长江经济带中排名第 10 名，处于强势区。南昌市基础设施发展水平得分为 18.212 分，在长江经济带中排名第 103 名，处于劣势区。南昌市社会福利发展水平得分为 77.576 分，在长江经济带中排名第 23 名，处于强势区。南昌市居民生活发展水平得分为 28.140 分，在长江经济带中排名第 32 名，处于优势区。南昌市科教文卫发展水平得分为 46.070 分，在长江经济带中排名第 29 名，处于优势区。南昌市生态环境发展水平得分为 30.620 分，在长江经济带中排名第 59 名，处于中势区。

表 5-77　　　　　　　　　　2015 年南昌市综合发展各一级指标的得分、排名及优劣度分析

排名	指标	得分	优劣度
10	工业企业	64.756	强势
23	社会福利	77.576	强势
29	科教文卫	46.070	优势
32	居民生活	28.140	优势
40	人口就业	50.866	优势
41	区域经济	44.912	优势
59	生态环境	30.620	中势
80	综合发展	388.117	中势
93	农业生产	26.966	劣势
103	基础设施	18.212	劣势

根据表 5－78 对 2015 年景德镇市综合发展及各一级指标得分情况、排名情况、优劣度情况进行分析。其中，景德镇市综合发展水平得分为 380.427 分，在长江经济带中排名第 104 名，处于劣势区。在一级指标中，景德镇市人口就业发展水平得分为 49.301 分，在长江经济带中排名第 75 名，处于中势区。景德镇市区域经济发展水平得分为 40.257 分，在长江经济带中排名第 102 名，处于劣势区。景德镇市农业生产发展水平得分为 30.501 分，在长江经济带中排名第 77 名，处于中势区。景德镇市工业企业发展水平得分为 65.889 分，在长江经济带中排名第 3 名，处于强势区。景德镇市基础设施发展水平得分为 19.370 分，在长江经济带中排名第 91 名，处于劣势区。景德镇市社会福利发展水平得分为 74.066 分，在长江经济带中排名第 92 名，处于劣势区。景德镇市居民生活发展水平得分为 26.299 分，在长江经济带中排名第 67 名，处于中势区。景德镇市科教文卫发展水平得分为 43.667 分，在长江经济带中排名第 72 名，处于中势区。景德镇市生态环境发展水平得分为 31.078 分，在长江经济带中排名第 50 名，处于优势区。

表 5－78　　　　　　　　　　2015 年景德镇市综合发展各一级指标的得分、排名及优劣度分析

排名	指标	得分	优劣度
3	工业企业	65.889	强势
50	生态环境	31.078	优势
67	居民生活	26.299	中势
72	科教文卫	43.667	中势
75	人口就业	49.301	中势
77	农业生产	30.501	中势
91	基础设施	19.370	劣势
92	社会福利	74.066	劣势
102	区域经济	40.257	劣势
104	综合发展	380.427	劣势

根据表 5－79 对 2015 年萍乡市综合发展及各一级指标得分情况、排名情况、优劣度情况进行分析。其中，萍乡市综合发展水平得分为 382.203 分，在长江经济带中排名第 102 名，处于劣势区。在一级指标中，萍乡市人口就业发展水平得分为 51.218 分，在长江经济带中排名第 31 名，处于优势区。萍乡市区域经济发展水平得分为 40.957 分，在长江经济带中排名第 99 名，处于劣势区。萍乡市农业生产发展水平得分为 29.015 分，在长江经济带中排名第 84 名，处于劣势区。萍乡市工业企业发展水平得分为 61.114 分，在长江经济带中排名第 66 名，处中势区。萍乡市基础设施发展水平得分为 20.229 分，在长江经济带中排名第 68 名，处于中势区。萍乡市社会福利发展水平得分为 76.701 分，在长江经济带中排名第 36 名，处于优势区。萍乡市居民生活发展水平得分为 27.785 分，在长江经济带中排名第 38 名，处于优势区。萍乡市科教文卫发展水平得分为 43.880 分，在长江经济带中排名第 69 名，处于中势区。萍乡市生态环境发展水平得分为 31.304 分，在长江经济带中排名第 44 名，处于优势区。

表 5－79　　　　　　　　　　2015 年萍乡市综合发展各一级指标的得分、排名及优劣度分析

排名	指标	得分	优劣度
31	人口就业	51.218	优势
36	社会福利	76.701	优势
38	居民生活	27.785	优势
44	生态环境	31.304	优势
66	工业企业	61.114	中势
68	基础设施	20.229	中势
69	科教文卫	43.880	中势
84	农业生产	29.015	劣势
99	区域经济	40.957	劣势
102	综合发展	382.203	劣势

　　根据表5-80对2015年九江市综合发展及各一级指标得分情况、排名情况、优劣度情况进行分析。其中，九江市综合发展水平得分为384.574分，在长江经济带中排名第91名，处于劣势区。在一级指标中，九江市人口就业发展水平得分为50.569分，在长江经济带中排名第49名，处于优势区。九江市区域经济发展水平得分为43.343分，在长江经济带中排名第62名，处于中势区。九江市农业生产发展水平得分为30.488分，在长江经济带中排名第79名，处于中势区。九江市工业企业发展水平得分为61.955分，在长江经济带中排名第51名，处于优势区。九江市基础设施发展水平得分为20.686分，在长江经济带中排名第57名，处于中势区。九江市社会福利发展水平得分为75.442分，在长江经济带中排名第59名，处于中势区。九江市居民生活发展水平得分为26.494分，在长江经济带中排名第59名，处于中势区。九江市科教文卫发展水平得分为44.318分，在长江经济带中排名第58名，处于中势区。九江市生态环境发展水平得分为31.280分，在长江经济带中排名第45名，处于优势区。

表5-80　　　　　　　　　　2015年九江市综合发展各一级指标的得分、排名及优劣度分析

排名	指标	得分	优劣度
45	生态环境	31.280	优势
49	人口就业	50.569	优势
51	工业企业	61.955	优势
57	基础设施	20.686	中势
58	科教文卫	44.318	中势
59	社会福利	75.442	中势
59	居民生活	26.494	中势
62	区域经济	43.343	中势
79	农业生产	30.488	中势
91	综合发展	384.574	劣势

　　根据表5-81对2015年新余市综合发展及各一级指标得分情况、排名情况、优劣度情况进行分析。其中，新余市综合发展水平得分为383.443分，在长江经济带中排名第96名，处于劣势区。在一级指标中，新余市人口就业发展水平得分为50.532分，在长江经济带中排名第50名，处于优势区。新余市区域经济发展水平得分为44.744分，在长江经济带中排名第44名，处于优势区。新余市农业生产发展水平得分为28.390分，在长江经济带中排名第89名，处于劣势区。新余市工业企业发展水平得分为64.954分，在长江经济带中排名第9名，处于强势区。新余市基础设施发展水平得分为20.137分，在长江经济带中排名第71名，处于中势区。新余市社会福利发展水平得分为77.349分，在长江经济带中排名第28名，处于优势区。新余市居民生活发展水平得分为25.139分，在长江经济带中排名第87名，处于劣势区。新余市科教文卫发展水平得分为40.533分，在长江经济带中排名第99名，处于劣势区。新余市生态环境发展水平得分为31.664分，在长江经济带中排名第35名，处于优势区。

表5-81　　　　　　　　　　2015年新余市综合发展各一级指标的得分、排名及优劣度分析

排名	指标	得分	优劣度
9	工业企业	64.954	强势
28	社会福利	77.349	优势
35	生态环境	31.664	优势
44	区域经济	44.744	优势
50	人口就业	50.532	优势
71	基础设施	20.137	中势
87	居民生活	25.139	劣势
89	农业生产	28.390	劣势
96	综合发展	383.443	劣势
99	科教文卫	40.533	劣势

根据表 5－82 对 2015 年鹰潭市综合发展及各一级指标得分情况、排名情况、优劣度情况进行分析。其中，鹰潭市综合发展水平得分为 387.752 分，在长江经济带中排名第 82 名，处于劣势区。在一级指标中，鹰潭市人口就业发展水平得分为 50.159 分，在长江经济带中排名第 59 名，处于中势区。鹰潭市区域经济发展水平得分为 45.390 分，在长江经济带中排名第 32 名，处于优势区。鹰潭市农业生产发展水平得分为 31.308 分，在长江经济带中排名第 74 名，处于中势区。鹰潭市工业企业发展水平得分为 64.111 分，在长江经济带中排名第 17 名，处于强势区。鹰潭市基础设施发展水平得分为 21.604 分，在长江经济带中排名第 38 名，处于优势区。鹰潭市社会福利发展水平得分为 74.968 分，在长江经济带中排名第 74 名，处于中势区。鹰潭市居民生活发展水平得分为 27.270 分，在长江经济带中排名第 46 名，处于优势区。鹰潭市科教文卫发展水平得分为 40.467 分，在长江经济带中排名第 100 名，处于劣势区。鹰潭市生态环境发展水平得分为 32.475 分，在长江经济带中排名第 27 名，处于强势区。

表 5－82　　　　　　2015 年鹰潭市综合发展各一级指标的得分、排名及优劣度分析

排名	指标	得分	优劣度
17	工业企业	64.111	强势
27	生态环境	32.475	强势
32	区域经济	45.390	优势
38	基础设施	21.604	优势
46	居民生活	27.270	优势
59	人口就业	50.159	中势
74	农业生产	31.308	中势
74	社会福利	74.968	中势
82	综合发展	387.752	劣势
100	科教文卫	40.467	劣势

根据表 5－83 对 2015 年赣州市综合发展及各一级指标得分情况、排名情况、优劣度情况进行分析。其中，赣州市综合发展水平得分为 397.924 分，在长江经济带中排名第 26 名，处于强势区。在一级指标中，赣州市人口就业发展水平得分为 51.121 分，在长江经济带中排名第 34 名，处于优势区。赣州市区域经济发展水平得分为 43.042 分，在长江经济带中排名第 66 名，处于中势区。赣州市农业生产发展水平得分为 39.743 分，在长江经济带中排名第 38 名，处于优势区。赣州市工业企业发展水平得分为 63.594 分，在长江经济带中排名第 27 名，处于强势区。赣州市基础设施发展水平得分为 18.916 分，在长江经济带中排名第 100 名，处于劣势区。赣州市社会福利发展水平得分为 74.848 分，在长江经济带中排名第 80 名，处于中势区。赣州市居民生活发展水平得分为 27.026 分，在长江经济带中排名第 50 名，处于优势区。赣州市科教文卫发展水平得分为 47.694 分，在长江经济带中排名第 17 名，处于强势区。赣州市生态环境发展水平得分为 31.940 分，在长江经济带中排名第 33 名，处于优势区。

表 5－83　　　　　　2015 年赣州市综合发展各一级指标的得分、排名及优劣度分析

排名	指标	得分	优劣度
17	科教文卫	47.694	强势
26	综合发展	397.924	强势
27	工业企业	63.594	强势
33	生态环境	31.940	优势
34	人口就业	51.121	优势
38	农业生产	39.743	优势
50	居民生活	27.026	优势
66	区域经济	43.042	中势
80	社会福利	74.848	中势
100	基础设施	18.916	劣势

　　根据表5-84对2015年吉安市综合发展及各一级指标得分情况、排名情况、优劣度情况进行分析。其中，吉安市综合发展水平得分为392.255分，在长江经济带中排名第55名，处于中势区。在一级指标中，吉安市人口就业发展水平得分为51.331分，在长江经济带中排名第23名，处于强势区。吉安市区域经济发展水平得分为42.348分，在长江经济带中排名第84名，处于劣势区。吉安市农业生产发展水平得分为42.069分，在长江经济带中排名第25名，处于强势区。吉安市工业企业发展水平得分为59.341分，在长江经济带中排名第90名，处于劣势区。吉安市基础设施发展水平得分为20.430分，在长江经济带中排名第63名，处于中势区。吉安市社会福利发展水平得分为75.525分，在长江经济带中排名第55名，处于中势区。吉安市居民生活发展水平得分为27.024分，在长江经济带中排名第51名，处于优势区。吉安市科教文卫发展水平得分为44.916分，在长江经济带中排名第49名，处于优势区。吉安市生态环境发展水平得分为29.271分，在长江经济带中排名第94名，处于劣势区。

表5-84　　　　　　　　　2015年吉安市综合发展各一级指标的得分、排名及优劣度分析

排名	指标	得分	优劣度
23	人口就业	51.331	强势
25	农业生产	42.069	强势
49	科教文卫	44.916	优势
51	居民生活	27.024	优势
55	综合发展	392.255	中势
55	社会福利	75.525	中势
63	基础设施	20.430	中势
84	区域经济	42.348	劣势
90	工业企业	59.341	劣势
94	生态环境	29.271	劣势

　　根据表5-85对2015年宜春市综合发展及各一级指标得分情况、排名情况、优劣度情况进行分析。其中，宜春市综合发展水平得分为394.817分，在长江经济带中排名第40名，处于优势区。在一级指标中，宜春市人口就业发展水平得分为51.256分，在长江经济带中排名第28名，处于优势区。宜春市区域经济发展水平得分为41.443分，在长江经济带中排名第96名，处于劣势区。宜春市农业生产发展水平得分为40.442分，在长江经济带中排名第35名，处于优势区。宜春市工业企业发展水平得分为61.612分，在长江经济带中排名第60名，处于中势区。宜春市基础设施发展水平得分为20.081分，在长江经济带中排名第72名，处于中势区。宜春市社会福利发展水平得分为77.442分，在长江经济带中排名第26名，处于强势区。宜春市居民生活发展水平得分为27.348分，在长江经济带中排名第44名，处于优势区。宜春市科教文卫发展水平得分为44.164分，在长江经济带中排名第62名，处于中势区。宜春市生态环境发展水平得分为31.028分，在长江经济带中排名第54名，处于优势区。

表5-85　　　　　　　　　2015年宜春市综合发展各一级指标的得分、排名及优劣度分析

排名	指标	得分	优劣度
26	社会福利	77.442	强势
28	人口就业	51.256	优势
35	农业生产	40.442	优势
40	综合发展	394.817	优势
44	居民生活	27.348	优势
54	生态环境	31.028	优势
60	工业企业	61.612	中势
62	科教文卫	44.164	中势
72	基础设施	20.081	中势
96	区域经济	41.443	劣势

根据表 5-86 对 2015 年抚州市综合发展及各一级指标得分情况、排名情况、优劣度情况进行分析。其中，抚州市综合发展水平得分为 392.197 分，在长江经济带中排名第 57 名，处于中势区。在一级指标中，抚州市人口就业发展水平得分为 49.144 分，在长江经济带中排名第 78 名，处于中势区。抚州市区域经济发展水平得分为 41.297 分，在长江经济带中排名第 97 名，处于劣势区。抚州市农业生产发展水平得分为 41.238 分，在长江经济带中排名第 30 名，处于优势区。抚州市工业企业发展水平得分为 61.228 分，在长江经济带中排名第 63 名，处于中势区。抚州市基础设施发展水平得分为 19.959 分，在长江经济带中排名第 74 名，处于中势区。抚州市社会福利发展水平得分为 77.655 分，在长江经济带中排名第 22 名，处于强势区。抚州市居民生活发展水平得分为 29.323 分，在长江经济带中排名第 22 名，处于强势区。抚州市科教文卫发展水平得分为 42.816 分，在长江经济带中排名第 83 名，处于劣势区。抚州市生态环境发展水平得分为 29.537 分，在长江经济带中排名第 85 名，处于劣势区。

表 5-86　　　　　　2015 年抚州市综合发展各一级指标的得分、排名及优劣度分析

排名	指标	得分	优劣度
22	社会福利	77.655	强势
22	居民生活	29.323	强势
30	农业生产	41.238	优势
57	综合发展	392.197	中势
63	工业企业	61.228	中势
74	基础设施	19.959	中势
78	人口就业	49.144	中势
83	科教文卫	42.816	劣势
85	生态环境	29.537	劣势
97	区域经济	41.297	劣势

根据表 5-87 对 2015 年上饶市综合发展及各一级指标得分情况、排名情况、优劣度情况进行分析。其中，上饶市综合发展水平得分为 395.286 分，在长江经济带中排名第 37 名，处于优势区。在一级指标中，上饶市人口就业发展水平得分为 52.264 分，在长江经济带中排名第 15 名，处于强势区。上饶市区域经济发展水平得分为 42.547 分，在长江经济带中排名第 80 名，处于中势区。上饶市农业生产发展水平得分为 38.232 分，在长江经济带中排名第 46 名，处于优势区。上饶市工业企业发展水平得分为 59.336 分，在长江经济带中排名第 91 名，处于劣势区。上饶市基础设施发展水平得分为 26.090 分，在长江经济带中排名第 4 名，处于强势区。上饶市社会福利发展水平得分为 74.291 分，在长江经济带中排名第 90 名，处于劣势区。上饶市居民生活发展水平得分为 30.663 分，在长江经济带中排名第 16 名，处于强势区。上饶市科教文卫发展水平得分为 42.733 分，在长江经济带中排名第 85 名，处于劣势区。上饶市生态环境发展水平得分为 29.128 分，在长江经济带中排名第 95 名，处于劣势区。

表 5-87　　　　　　2015 年上饶市综合发展各一级指标的得分、排名及优劣度分析

排名	指标	得分	优劣度
4	基础设施	26.090	强势
15	人口就业	52.264	强势
16	居民生活	30.663	强势
37	综合发展	395.286	优势
46	农业生产	38.232	优势
80	区域经济	42.547	中势
85	科教文卫	42.733	劣势
90	社会福利	74.291	劣势
91	工业企业	59.336	劣势
95	生态环境	29.128	劣势

　　根据表 5－88 对 2015 年武汉市综合发展及各一级指标得分情况、排名情况、优劣度情况进行分析。其中，武汉市综合发展水平得分为 412.881 分，在长江经济带中排名第 7 名，处于强势区。在一级指标中，武汉市人口就业发展水平得分为 51.998 分，在长江经济带中排名第 19 名，处于强势区。武汉市区域经济发展水平得分为 48.563 分，在长江经济带中排名第 7 名，处于强势区。武汉市农业生产发展水平得分为 25.953 分，在长江经济带中排名第 99 名，处于劣势区。武汉市工业企业发展水平得分为 63.782 分，在长江经济带中排名第 26 名，处于强势区。武汉市基础设施发展水平得分为 23.202 分，在长江经济带中排名第 21 名，处于强势区。武汉市社会福利发展水平得分为 74.900 分，在长江经济带中排名第 76 名，处于中势区。武汉市居民生活发展水平得分为 32.072 分，在长江经济带中排名第 10 名，处于强势区。武汉市科教文卫发展水平得分为 59.898 分，在长江经济带中排名第 4 名，处于强势区。武汉市生态环境发展水平得分为 32.513 分，在长江经济带中排名第 26 名，处于强势区。

表 5－88　　　　　　　　　　2015 年武汉市综合发展各一级指标的得分、排名及优劣度分析

排名	指标	得分	优劣度
4	科教文卫	59.898	强势
7	综合发展	412.881	强势
7	区域经济	48.563	强势
10	居民生活	32.072	强势
19	人口就业	51.998	强势
21	基础设施	23.202	强势
26	工业企业	63.782	强势
26	生态环境	32.513	强势
76	社会福利	74.900	中势
99	农业生产	25.953	劣势

　　根据表 5－89 对 2015 年黄石市综合发展及各一级指标得分情况、排名情况、优劣度情况进行分析。其中，黄石市综合发展水平得分为 393.020 分，在长江经济带中排名第 52 名，处于优势区。在一级指标中，黄石市人口就业发展水平得分为 50.925 分，在长江经济带中排名第 37 名，处于优势区。黄石市区域经济发展水平得分为 44.558 分，在长江经济带中排名第 49 名，处于优势区。黄石市农业生产发展水平得分为 31.781 分，在长江经济带中排名第 71 名，处于中势区。黄石市工业企业发展水平得分为 62.917 分，在长江经济带中排名第 38 名，处于优势区。黄石市基础设施发展水平得分为 22.618 分，在长江经济带中排名第 26 名，处于强势区。黄石市社会福利发展水平得分为 74.835 分，在长江经济带中排名第 82 名，处于劣势区。黄石市居民生活发展水平得分为 25.653 分，在长江经济带中排名第 80 名，处于中势区。黄石市科教文卫发展水平得分为 45.043 分，在长江经济带中排名第 45 名，处于优势区。黄石市生态环境发展水平得分为 34.690 分，在长江经济带中排名第 11 名，处于强势区。

表 5－89　　　　　　　　　　2015 年黄石市综合发展各一级指标的得分、排名及优劣度分析

排名	指标	得分	优劣度
11	生态环境	34.690	强势
26	基础设施	22.618	强势
37	人口就业	50.925	优势
38	工业企业	62.917	优势
45	科教文卫	45.043	优势
49	区域经济	44.558	优势
52	综合发展	393.020	优势
71	农业生产	31.781	中势
80	居民生活	25.653	中势
82	社会福利	74.835	劣势

根据表 5-90 对 2015 年十堰市综合发展及各一级指标得分情况、排名情况、优劣度情况进行分析。其中，十堰市综合发展水平得分为 388.584 分，在长江经济带中排名第 78 名，处于中势区。在一级指标中，十堰市人口就业发展水平得分为 48.779 分，在长江经济带中排名第 86 名，处于劣势区。十堰市区域经济发展水平得分为 41.608 分，在长江经济带中排名第 95 名，处于劣势区。十堰市农业生产发展水平得分为 35.029 分，在长江经济带中排名第 62 名，处于中势区。十堰市工业企业发展水平得分为 62.130 分，在长江经济带中排名第 48 名，处于优势区。十堰市基础设施发展水平得分为 19.371 分，在长江经济带中排名第 90 名，处于劣势区。十堰市社会福利发展水平得分为 76.849 分，在长江经济带中排名第 35 名，处于优势区。十堰市居民生活发展水平得分为 25.658 分，在长江经济带中排名第 78 名，处于中势区。十堰市科教文卫发展水平得分为 44.565 分，在长江经济带中排名第 55 名，处于中势区。十堰市生态环境发展水平得分为 34.595 分，在长江经济带中排名第 13 名，处于强势区。

表 5-90　　　　　　　　　　2015 年十堰市综合发展各一级指标的得分、排名及优劣度分析

排名	指标	得分	优劣度
13	生态环境	34.595	强势
35	社会福利	76.849	优势
48	工业企业	62.130	优势
55	科教文卫	44.565	中势
62	农业生产	35.029	中势
78	综合发展	388.584	中势
78	居民生活	25.658	中势
86	人口就业	48.779	劣势
90	基础设施	19.371	劣势
95	区域经济	41.608	劣势

根据表 5-91 对 2015 年宜昌市综合发展及各一级指标得分情况、排名情况、优劣度情况进行分析。其中，宜昌市综合发展水平得分为 383.265 分，在长江经济带中排名第 98 名，处于劣势区。在一级指标中，宜昌市人口就业发展水平得分为 48.477 分，在长江经济带中排名第 92 名，处于劣势区。宜昌市区域经济发展水平得分为 42.712 分，在长江经济带中排名第 73 名，处于中势区。宜昌市农业生产发展水平得分为 34.921 分，在长江经济带中排名第 64 名，处于中势区。宜昌市工业企业发展水平得分为 61.148 分，在长江经济带中排名第 64 名，处于中势区。宜昌市基础设施发展水平得分为 19.406 分，在长江经济带中排名第 89 名，处于劣势区。宜昌市社会福利发展水平得分为 77.784 分，在长江经济带中排名第 20 名，处于强势区。宜昌市居民生活发展水平得分为 25.277 分，在长江经济带中排名第 85 名，处于劣势区。宜昌市科教文卫发展水平得分为 44.937 分，在长江经济带中排名第 48 名，处于优势区。宜昌市生态环境发展水平得分为 28.602 分，在长江经济带中排名第 104 名，处于劣势区。

表 5-91　　　　　　　　　　2015 年宜昌市综合发展各一级指标的得分、排名及优劣度分析

排名	指标	得分	优劣度
20	社会福利	77.784	强势
48	科教文卫	44.937	优势
64	农业生产	34.921	中势
64	工业企业	61.148	中势
73	区域经济	42.712	中势
85	居民生活	25.277	劣势
89	基础设施	19.406	劣势
92	人口就业	48.477	劣势
98	综合发展	383.265	劣势
104	生态环境	28.602	劣势

根据表 5-92 对 2015 年襄阳市综合发展及各一级指标得分情况、排名情况、优劣度情况进行分析。其中，襄阳市综合发展水平得分为 391.831 分，在长江经济带中排名第 58 名，处于中势区。在一级指标中，襄阳市人口就业发展水平得分为 49.189 分，在长江经济带中排名第 77 名，处于中势区。襄阳市区域经济发展水平得分为 43.171 分，在长江经济带中排名第 64 名，处于中势区。襄阳市农业生产发展水平得分为 37.627 分，在长江经济带中排名第 50 名，处于优势区。襄阳市工业企业发展水平得分为 60.422 分，在长江经济带中排名第 76 名，处于中势区。襄阳市基础设施发展水平得分为 20.147 分，在长江经济带中排名第 70 名，处于中势区。襄阳市社会福利发展水平得分为 78.841 分，在长江经济带中排名第 9 名，处于强势区。襄阳市居民生活发展水平得分为 25.907 分，在长江经济带中排名第 71 名，处于中势区。襄阳市科教文卫发展水平得分为 46.290 分，在长江经济带中排名第 25 名，处于强势区。襄阳市生态环境发展水平得分为 30.237 分，在长江经济带中排名第 67 名，处于中势区。

表 5-92　　　　　　2015 年襄阳市综合发展各一级指标的得分、排名及优劣度分析

排名	指标	得分	优劣度
9	社会福利	78.841	强势
25	科教文卫	46.290	强势
50	农业生产	37.627	优势
58	综合发展	391.831	中势
64	区域经济	43.171	中势
67	生态环境	30.237	中势
70	基础设施	20.147	中势
71	居民生活	25.907	中势
76	工业企业	60.422	中势
77	人口就业	49.189	中势

根据表 5-93 对 2015 年鄂州市综合发展及各一级指标得分情况、排名情况、优劣度情况进行分析。其中，鄂州市综合发展水平得分为 398.763 分，在长江经济带中排名第 22 名，处于强势区。在一级指标中，鄂州市人口就业发展水平得分为 47.331 分，在长江经济带中排名第 104 名，处于劣势区。鄂州市区域经济发展水平得分为 48.572 分，在长江经济带中排名第 6 名，处于强势区。鄂州市农业生产发展水平得分为 38.201 分，在长江经济带中排名第 47 名，处于优势区。鄂州市工业企业发展水平得分为 64.025 分，在长江经济带中排名第 20 名，处于强势区。鄂州市基础设施发展水平得分为 14.859 分，在长江经济带中排名第 107 名，处于劣势区。鄂州市社会福利发展水平得分为 78.746 分，在长江经济带中排名第 10 名，处于强势区。鄂州市居民生活发展水平得分为 25.259 分，在长江经济带中排名第 86 名，处于劣势区。鄂州市科教文卫发展水平得分为 41.519 分，在长江经济带中排名 92 名，处于劣势区。鄂州市生态环境发展水平得分为 40.251 分，在长江经济带中排名第 3 名，处于强势区。

表 5-93　　　　　　2015 年鄂州市综合发展各一级指标的得分、排名及优劣度分析

排名	指标	得分	优劣度
3	生态环境	40.251	强势
6	区域经济	48.572	强势
10	社会福利	78.746	强势
20	工业企业	64.025	强势
22	综合发展	398.763	强势
47	农业生产	38.201	优势
86	居民生活	25.259	劣势
92	科教文卫	41.519	劣势
104	人口就业	47.331	劣势
107	基础设施	14.859	劣势

根据表 5－94 对 2015 年荆门市综合发展及各一级指标得分情况、排名情况、优劣度情况进行分析。其中，荆门市综合发展水平得分为 395.062 分，在长江经济带中排名第 39 名，处于优势区。在一级指标中，荆门市人口就业发展水平得分为 48.538 分，在长江经济带中排名第 90 名，处于劣势区。荆门市区域经济发展水平得分为 43.357 分，在长江经济带中排名第 61 名，处于中势区。荆门市农业生产发展水平得分为 41.107 分，在长江经济带中排名第 31 名，处于优势区。荆门市工业企业发展水平得分为 59.548 分，在长江经济带中排名第 87 名，处于劣势区。荆门市基础设施发展水平得分为 21.152 分，在长江经济带中排名第 48 名，处于优势区。荆门市社会福利发展水平得分为 80.008 分，在长江经济带中排名第 3 名，处于强势区。荆门市居民生活发展水平得分为 25.078 分，在长江经济带中排名第 90 名，处于劣势区。荆门市科教文卫发展水平得分为 43.990 分，在长江经济带中排名第 66 名，处于中势区。荆门市生态环境发展水平得分为 32.284 分，在长江经济带中排名第 31 名，处于优势区。

表 5－94　　　　　　2015 年荆门市综合发展各一级指标的得分、排名及优劣度分析

排名	指标	得分	优劣度
3	社会福利	80.008	强势
31	农业生产	41.107	优势
31	生态环境	32.284	优势
39	综合发展	395.062	优势
48	基础设施	21.152	优势
61	区域经济	43.357	中势
66	科教文卫	43.990	中势
87	工业企业	59.548	劣势
90	人口就业	48.538	劣势
90	居民生活	25.078	劣势

根据表 5－95 对 2015 年孝感市综合发展及各一级指标得分情况、排名情况、优劣度情况进行分析。其中，孝感市综合发展水平得分为 394.196 分，在长江经济带中排名第 44 名，处于优势区。在一级指标中，孝感市人口就业发展水平得分为 50.020 分，在长江经济带中排名第 64 名，处于中势区。孝感市区域经济发展水平得分为 43.012 分，在长江经济带中排名第 67 名，处于中势区。孝感市农业生产发展水平得分为 43.293 分，在长江经济带中排名第 20 名，处于强势区。孝感市工业企业发展水平得分为 61.137 分，在长江经济带中排名第 65 名，处于中势区。孝感市基础设施发展水平得分为 20.263 分，在长江经济带中排名第 66 名，处于中势区。孝感市社会福利发展水平得分为 76.995 分，在长江经济带中排名第 34 名，处于优势区。孝感市居民生活发展水平得分为 25.846 分，在长江经济带中排名第 73 名，处于中势区。孝感市科教文卫发展水平得分为 44.688 分，在长江经济带中排名第 52 名，处于优势区。孝感市生态环境发展水平得分为 28.941 分，在长江经济带中排名第 99 名，处于劣势区。

表 5－95　　　　　　2015 年孝感市综合发展各一级指标的得分、排名及优劣度分析

排名	指标	得分	优劣度
20	农业生产	43.293	强势
34	社会福利	76.995	优势
44	综合发展	394.196	优势
52	科教文卫	44.688	优势
64	人口就业	50.020	中势
65	工业企业	61.137	中势
66	基础设施	20.263	中势
67	区域经济	43.012	中势
73	居民生活	25.846	中势
99	生态环境	28.941	劣势

根据表 5 - 96 对 2015 年荆州市综合发展及各一级指标得分情况、排名情况、优劣度情况进行分析。其中，荆州市综合发展水平得分为 402.493 分，在长江经济带中排名第 14 名，处于强势区。在一级指标中，荆州市人口就业发展水平得分为 51.250 分，在长江经济带中排名第 29 名，处于优势区。荆州市区域经济发展水平得分 42.148 分，在长江经济带中排名第 90 名，处于劣势区。荆州市农业生产发展水平得分为 50.810 分，在长江经济带中排名第 5 名，处于强势区。荆州市工业企业发展水平得分为 60.069 分，在长江经济带中排名第 82 名，处于劣势区。荆州市基础设施发展水平得分为 19.614 分，在长江经济带中排名第 82 名，处于劣势区。荆州市社会福利发展水平得分为 78.227 分，在长江经济带中排名第 15 名，处于强势区。荆州市居民生活发展水平得分为 23.822 分，在长江经济带中排名第 103 名，处于劣势区。荆州市科教文卫发展水平得分为 43.889 分，在长江经济带中排名第 67 名，处于中势区。荆州市生态环境发展水平得分为 32.665 分，在长江经济带中排名第 25 名，处于强势区。

表 5 - 96　　　　　　　2015 年荆州市综合发展各一级指标的得分、排名及优劣度分析

排名	指标	得分	优劣度
5	农业生产	50.810	强势
14	综合发展	402.493	强势
15	社会福利	78.227	强势
25	生态环境	32.665	强势
29	人口就业	51.250	优势
67	科教文卫	43.889	中势
82	工业企业	60.069	劣势
82	基础设施	19.614	劣势
90	区域经济	42.148	劣势
103	居民生活	23.822	劣势

根据表 5 - 97 对 2015 年黄冈市综合发展及各一级指标得分情况、排名情况、优劣度情况进行分析。其中，黄冈市综合发展水平得分为 394.456 分，在长江经济带中排名第 43 名，处于优势区。在一级指标中，黄冈市人口就业发展水平得分为 52.718 分，在长江经济带中排名第 13 名，处于强势区。黄冈市区域经济发展水平得分为 42.155 分，在长江经济带中排名第 89 名，处于劣势区。黄冈市农业生产发展水平得分为 51.313 分，在长江经济带中排名第 4 名，处于强势区。黄冈市工业企业发展水平得分为 56.234 分，在长江经济带中排名第 104 名，处于劣势区。黄冈市基础设施发展水平得分为 21.390 分，在长江经济带中排名第 44 名，处于优势区。黄冈市社会福利发展水平得分为 72.274 分，在长江经济带中排名第 101 名，处于劣势区。黄冈市居民生活发展水平得分为 26.494 分，在长江经济带中排名第 60 名，处于中势区。黄冈市科教文卫发展水平得分为 43.224 分，在长江经济带中排名第 76 名，处于中势区。黄冈市生态环境发展水平得分为 28.655 分，在长江经济带中排名第 103 名，处于劣势区。

表 5 - 97　　　　　　　2015 年黄冈市综合发展各一级指标的得分、排名及优劣度分析

排名	指标	得分	优劣度
4	农业生产	51.313	强势
13	人口就业	52.718	强势
43	综合发展	394.456	优势
44	基础设施	21.390	优势
60	居民生活	26.494	中势
76	科教文卫	43.224	中势
89	区域经济	42.155	劣势
101	社会福利	72.274	劣势
103	生态环境	28.655	劣势
104	工业企业	56.234	劣势

根据表 5-98 对 2015 年咸宁市综合发展及各一级指标得分情况、排名情况、优劣度情况进行分析。其中，咸宁市综合发展水平得分为 391.830 分，在长江经济带中排名第 59 名，处于中势区。在一级指标中，咸宁市人口就业发展水平得分为 48.759 分，在长江经济带中排名第 87 名，处于劣势区。咸宁市区域经济发展水平得分为 43.543 分，在长江经济带中排名第 60 名，处于中势区。咸宁市农业生产发展水平得分为 42.998 分，在长江经济带中排名第 21 名，处于强势区。咸宁市工业企业发展水平得分 63.137 分，在长江经济带中排名第 32 名，处于优势区。咸宁市基础设施发展水平得分为 18.067 分，在长江经济带中排名第 104 名，处于劣势区。咸宁市社会福利发展水平得分为 78.869 分，在长江经济带中排名第 8 名，处于强势区。咸宁市居民生活发展水平得分为 23.316 分，在长江经济带中排名第 105 名，处于劣势区。咸宁市科教文卫发展水平得分为 43.214 分，在长江经济带中排名第 77 名，处于中势区。咸宁市生态环境发展水平得分为 29.925 分，在长江经济带中排名第 76 名，处于中势区。

表 5-98　　　　　　　　　2015 年咸宁市综合发展各一级指标的得分、排名及优劣度分析

排名	指标	得分	优劣度
8	社会福利	78.869	强势
21	农业生产	42.998	强势
32	工业企业	63.137	优势
59	综合发展	391.830	中势
60	区域经济	43.543	中势
76	生态环境	29.925	中势
77	科教文卫	43.214	中势
87	人口就业	48.759	劣势
104	基础设施	18.067	劣势
105	居民生活	23.316	劣势

根据表 5-99 对 2015 年随州市综合发展及各一级指标得分情况、排名情况、优劣度情况进行分析。其中，随州市综合发展水平得分为 384.066 分，在长江经济带中排名第 92 名，处于劣势区。在一级指标中，随州市人口就业发展水平得分为 48.838 分，在长江经济带中排名第 85 名，处于劣势区。随州市区域经济发展水平得分为 43.547 分，在长江经济带中排名第 59 名，处于中势区。随州市农业生产发展水平得分为 42.148 分，在长江经济带中排名第 24 名，处于强势区。随州市工业企业发展水平得分为 62.630 分，在长江经济带中排名第 41 名，处于优势区。随州市基础设施发展水平得分为 19.766 分，在长江经济带中排名第 79 名，处于中势区。随州市社会福利发展水平得分为 79.539 分，在长江经济带中排名第 5 名，处于强势区。随州市居民生活发展水平得分为 23.812 分，在长江经济带中排名第 104 名，处于劣势区。随州市科教文卫发展水平得分为 42.361 分，在长江经济带中排名第 88 名，处于劣势区。随州市生态环境发展水平得分为 21.426 分，在长江经济带中排名第 108 名，处于劣势区。

表 5-99　　　　　　　　　2015 年随州市综合发展各一级指标的得分、排名及优劣度分析

排名	指标	得分	优劣度
5	社会福利	79.539	强势
24	农业生产	42.148	强势
41	工业企业	62.630	优势
59	区域经济	43.547	中势
79	基础设施	19.766	中势
85	人口就业	48.838	劣势
88	科教文卫	42.361	劣势
92	综合发展	384.066	劣势
104	居民生活	23.812	劣势
108	生态环境	21.426	劣势

根据表 5 - 100 对 2015 年长沙市综合发展及各一级指标得分情况、排名情况、优劣度情况进行分析。其中，长沙市综合发展水平得分为 396.113 分，在长江经济带中排名第 35 名，处于优势区。在一级指标中，长沙市人口就业发展水平得分为 52.022 分，在长江经济带中排名第 18 名，处于强势区。长沙市区域经济发展水平得分为 46.973 分，在长江经济带中排名第 14 名，处于强势区。长沙市农业生产发展水平得分为 27.439 分，在长江经济带中排名第 91 名，处于劣势区。长沙市工业企业发展水平得分为 61.740 分，在长江经济带中排名第 55 名，处于中势区。长沙市基础设施发展水平得分为 22.013 分，在长江经济带中排名第 32 名，处于优势区。长沙市社会福利发展水平得分为 75.756 分，在长江经济带中排名第 53 名，处于优势区。长沙市居民生活发展水平得分为 29.508 分，在长江经济带中排名第 20 名，处于强势区。长沙市科教文卫发展水平得分为 50.632 分，在长江经济带中排名第 9 名，处于强势区。长沙市生态环境发展水平得分为 30.031 分，在长江经济带中排名第 73 名，处于中势区。

表 5 - 100　　　　　　2015 年长沙市综合发展各一级指标的得分、排名及优劣度分析

排名	指标	得分	优劣度
9	科教文卫	50.632	强势
14	区域经济	46.973	强势
18	人口就业	52.022	强势
20	居民生活	29.508	强势
32	基础设施	22.013	优势
35	综合发展	396.113	优势
53	社会福利	75.756	优势
55	工业企业	61.740	中势
73	生态环境	30.031	中势
91	农业生产	27.439	劣势

根据表 5 - 101 对 2015 年株洲市综合发展及各一级指标得分情况、排名情况、优劣度情况进行分析。其中，株洲市综合发展水平得分为 385.835 分，在长江经济带中排名第 88 名，处于劣势区。在一级指标中，株洲市人口就业发展水平得分为 50.188 分，在长江经济带中排名第 57 名，处于中势区。株洲市区域经济发展水平得分为 45.420 分，在长江经济带中排名第 31 名，处于优势区。株洲市农业生产发展水平得分为 30.897 分，在长江经济带中排名第 75 名，处于中势区。株洲市工业企业发展水平得分为 62.145 分，在长江经济带中排名第 47 名，处于优势区。株洲市基础设施发展水平得分为 20.461 分，在长江经济带中排名第 62 名，处于中势区。株洲市社会福利发展水平得分为 75.228 分，在长江经济带中排名第 69 名，处于中势区。株洲市居民生活发展水平得分为 25.890 分，在长江经济带中排名第 72 名，处于中势区。株洲市科教文卫发展水平得分为 45.000 分，在长江经济带中排名第 47 名，处于优势区。株洲市生态环境发展水平得分为 30.605 分，在长江经济带中排名第 60 名，处于中势区。

表 5 - 101　　　　　　2015 年株洲市综合发展各一级指标的得分、排名及优劣度分析

排名	指标	得分	优劣度
31	区域经济	45.420	优势
47	工业企业	62.145	优势
47	科教文卫	45.000	优势
57	人口就业	50.188	中势
60	生态环境	30.605	中势
62	基础设施	20.461	中势
69	社会福利	75.228	中势
72	居民生活	25.890	中势
75	农业生产	30.897	中势
88	综合发展	385.835	劣势

根据表 5 - 102 对 2015 年湘潭市综合发展及各一级指标得分情况、排名情况、优劣度情况进行分析。其中，湘潭市综合发展水平得分为 389.664 分，在长江经济带中排名第 71 名，处于中势区。在一级指标中，湘潭市人口就业发展水平得分为 49.002 分，在长江经济带中排名第 79 名，处于中势区。湘潭市区域经济发展水平得分为 46.511 分，在长江经济带中排名第 18 名，处于强势区。湘潭市农业生产发展水平得分为 31.693 分，在长江经济带中排名第 72 名，处于中势区。湘潭市工业企业发展水平得分为 64.080 分，在长江经济带中排名第 19 名，处于强势区。湘潭市基础设施发展水平得分为 20.767 分，在长江经济带中排名第 55 名，处于中势区。湘潭市社会福利发展水平得分为 77.344 分，在长江经济带中排名第 29 名，处于优势区。湘潭市居民生活发展水平得分为 26.698 分，在长江经济带中排名第 57 名，处于中势区。湘潭市科教文卫发展水平得分为 43.178 分，在长江经济带中排名第 80 名，处于中势区。湘潭市生态环境发展水平得分为 30.391 分，在长江经济带中排名第 62 名，处于中势区。

表 5 - 102　　　　2015 年湘潭市综合发展各一级指标的得分、排名及优劣度分析

排名	指标	得分	优劣度
18	区域经济	46.511	强势
19	工业企业	64.080	强势
29	社会福利	77.344	优势
55	基础设施	20.767	中势
57	居民生活	26.698	中势
62	生态环境	30.391	中势
71	综合发展	389.664	中势
72	农业生产	31.693	中势
79	人口就业	49.002	中势
80	科教文卫	43.178	中势

根据表 5 - 103 对 2015 年衡阳市综合发展及各一级指标得分情况、排名情况、优劣度情况进行分析。其中，衡阳市综合发展水平得分为 398.198 分，在长江经济带中排名第 24 名，处于强势区。在一级指标中，衡阳市人口就业发展水平得分为 51.295 分，在长江经济带中排名第 25 名，处于强势区。衡阳市区域经济发展水平得分为 45.633 分，在长江经济带中排名第 28 名，处于优势区。衡阳市农业生产发展水平得分为 41.830 分，在长江经济带中排名第 26 名，处于强势区。衡阳市工业企业发展水平得分为 66.005 分，在长江经济带中排名第 2 名，处于强势区。衡阳市基础设施发展水平得分为 19.952 分，在长江经济带中排名第 75 名，处于中势区。衡阳市社会福利发展水平得分为 76.520 分，在长江经济带中排名第 40 名，处于优势区。衡阳市居民生活发展水平得分为 24.191 分，在长江经济带中排名第 102 名，处于劣势区。衡阳市科教文卫发展水平得分为 44.258 分，在长江经济带中排名第 60 名，处于中势区。衡阳市生态环境发展水平得分为 28.514 分，在长江经济带中排名第 105 名，处于劣势区。

表 5 - 103　　　　2015 年衡阳市综合发展各一级指标的得分、排名及优劣度分析

排名	指标	得分	优劣度
2	工业企业	66.005	强势
24	综合发展	398.198	强势
25	人口就业	51.295	强势
26	农业生产	41.830	强势
28	区域经济	45.633	优势
40	社会福利	76.520	优势
60	科教文卫	44.258	中势
75	基础设施	19.952	中势
102	居民生活	24.191	劣势
105	生态环境	28.514	劣势

根据表 5-104 对 2015 年邵阳市综合发展及各一级指标得分情况、排名情况、优劣度情况进行分析。其中，邵阳市综合发展水平得分为 389.508 分，在长江经济带中排名第 72 名，处于中势区。在一级指标中，邵阳市人口就业发展水平得分为 53.649 分，在长江经济带中排名第 6 名，处于强势区。邵阳市区域经济发展水平得分为 42.106 分，在长江经济带中排名第 91 名，处于劣势区。邵阳市农业生产发展水平得分为 47.879 分，在长江经济带中排名第 11 名，处于强势区。邵阳市工业企业发展水平得分为 59.969 分，在长江经济带中排名第 84 名，处于劣势区。邵阳市基础设施发展水平得分为 21.102 分，在长江经济带中排名第 50 名，处于优势区。邵阳市社会福利发展水平得分为 70.643 分，在长江经济带中排名第 105 名，处于劣势区。邵阳市居民生活发展水平得分为 26.348 分，在长江经济带中排名第 66 名，处于中势区。邵阳市科教文卫发展水平得分为 37.581 分，在长江经济带中排名第 107 名，处于劣势区。邵阳市生态环境发展水平得分为 30.231 分，在长江经济带中排名第 68 名，处于中势区。

表 5-104　　　　　2015 年邵阳市综合发展各一级指标的得分、排名及优劣度分析

排名	指标	得分	优劣度
6	人口就业	53.649	强势
11	农业生产	47.879	强势
50	基础设施	21.102	优势
66	居民生活	26.348	中势
68	生态环境	30.231	中势
72	综合发展	389.508	中势
84	工业企业	59.969	劣势
91	区域经济	42.106	劣势
105	社会福利	70.643	劣势
107	科教文卫	37.581	劣势

根据表 5-105 对 2015 年岳阳市综合发展及各一级指标得分情况、排名情况、优劣度情况进行分析。其中，岳阳市综合发展水平得分为 387.590 分，在长江经济带中排名第 83 名，处于劣势区。在一级指标中，岳阳市人口就业发展水平得分为 50.869 分，在长江经济带中排名第 39 名，处于优势区。岳阳市区域经济发展水平得分为 42.813 分，在长江经济带中排名 70 名，处于中势区。岳阳市农业生产发展水平得分为 35.435 分，在长江经济带中排名第 58 名，处于中势区。岳阳市工业企业发展水平得分为 62.975 分，在长江经济带中排名第 36 名，处于优势区。岳阳市基础设施发展水平得分为 21.486 分，在长江经济带中排名第 42 名，处于优势区。岳阳市社会福利发展水平得分为 76.428 分，在长江经济带中排名第 42 名，处于优势区。岳阳市居民生活发展水平得分为 23.249 分，在长江经济带中排名第 106 名，处于劣势区。岳阳市科教文卫发展水平得分为 44.900 分，在长江经济带中排名第 50 名，处于优势区。岳阳市生态环境发展水平得分为 29.435 分，在长江经济带中排名第 90 名，处于劣势区。

表 5-105　　　　　2015 年岳阳市综合发展各一级指标的得分、排名及优劣度分析

排名	指标	得分	优劣度
36	工业企业	62.975	优势
39	人口就业	50.869	优势
42	基础设施	21.486	优势
42	社会福利	76.428	优势
50	科教文卫	44.900	优势
58	农业生产	35.435	中势
70	区域经济	42.813	中势
83	综合发展	387.590	劣势
90	生态环境	29.435	劣势
106	居民生活	23.249	劣势

根据表5 – 106对2015年常德市综合发展及各一级指标得分情况、排名情况、优劣度情况进行分析。其中，常德市综合发展水平得分为394.132分，在长江经济带中排名第46名，处于优势区。在一级指标中，常德市人口就业发展水平得分为50.491分，在长江经济带中排名第52名，处于优势区。常德市区域经济发展水平得分为44.299分，在长江经济带中排名第53名，处于优势区。常德市农业生产发展水平得分为39.261分，在长江经济带中排名第39名，处于优势区。常德市工业企业发展水平得分为60.133分，在长江经济带中排名第81名，处于中势区。常德市基础设施发展水平得分为20.731分，在长江经济带中排名第56名，处于中势区。常德市社会福利发展水平得分为77.126分，在长江经济带中排名第32名，处于优势区。常德市居民生活发展水平得分为24.696分，在长江经济带中排名第99名，处于劣势区。常德市科教文卫发展水平得分为46.599分，在长江经济带中排名第21名，处于强势区。常德市生态环境发展水平得分为30.796分，在长江经济带中排名第56名，处于中势区。

表5 – 106　　　　　2015年常德市综合发展各一级指标的得分、排名及优劣度分析

排名	指标	得分	优劣度
21	科教文卫	46.599	强势
32	社会福利	77.126	优势
39	农业生产	39.261	优势
46	综合发展	394.132	优势
52	人口就业	50.491	优势
53	区域经济	44.299	优势
56	基础设施	20.731	中势
56	生态环境	30.796	中势
81	工业企业	60.133	中势
99	居民生活	24.696	劣势

根据表5 – 107对2015年张家界市综合发展及各一级指标得分情况、排名情况、优劣度情况进行分析。其中，张家界市综合发展水平得分为377.376分，在长江经济带中排名第106名，处于劣势区。在一级指标中，张家界市人口就业发展水平得分为52.842分，在长江经济带中排名第11名，处于强势区。张家界市区域经济发展水平得分为42.745分，在长江经济带中排名第72名，处于中势区。张家界市农业生产发展水平得分为35.308分，在长江经济带中排名第59名，处于中势区。张家界市工业企业发展水平得分为65.195分，在长江经济带中排名第7名，处于强势区。张家界市基础设施发展水平得分为21.080分，在长江经济带中排名第52名，处于优势区。张家界市社会福利发展水平得分为76.072分，在长江经济带中排名第50名，处于优势区。张家界市居民生活发展水平得分为26.891分，在长江经济带中排名第54名，处于优势区。张家界市科教文卫发展水平得分为25.677分，在长江经济带中排名第108名，处于劣势区。张家界市生态环境发展水平得分为31.567分，在长江经济带中排名第37名，处于优势区。

表5 – 107　　　　　2015年张家界市综合发展各一级指标的得分、排名及优劣度分析

排名	指标	得分	优劣度
7	工业企业	65.195	强势
11	人口就业	52.842	强势
37	生态环境	31.567	优势
50	社会福利	76.072	优势
52	基础设施	21.080	优势
54	居民生活	26.891	优势
59	农业生产	35.308	中势
72	区域经济	42.745	中势
106	综合发展	377.376	劣势
108	科教文卫	25.677	劣势

　　根据表 5 - 108 对 2015 年益阳市综合发展及各一级指标得分情况、排名情况、优劣度情况进行分析。其中，益阳市综合发展水平得分为 396.546 分，在长江经济带中排名第 32 名，处于优势区。在一级指标中，益阳市人口就业发展水平得分为 51.051 分，在长江经济带中排名第 35 名，处于优势区。益阳市区域经济发展水平得分为 43.178 分，在长江经济带中排名第 63 名，处于中势区。益阳市农业生产发展水平得分为 44.014 分，在长江经济带中排名第 18 名，处于强势区。益阳市工业企业发展水平得分为 61.722 分，在长江经济带中排名第 56 名，处于中势区。益阳市基础设施发展水平得分为 19.009 分，在长江经济带中排名第 98 名，处于劣势区。益阳市社会福利发展水平得分为 80.118 分，在长江经济带中排名第 2 名，处于强势区。益阳市居民生活发展水平得分为 25.048 分，在长江经济带中排名第 91 名，处于劣势区。益阳市科教文卫发展水平得分为 43.106 分，在长江经济带中排名第 82 名，处于劣势区。益阳市生态环境发展水平得分为 29.300 分，在长江经济带中排名第 93 名，处于劣势区。

表 5 - 108　　　　　　　　2015 年益阳市综合发展各一级指标的得分、排名及优劣度分析

排名	指标	得分	优劣度
2	社会福利	80.118	强势
18	农业生产	44.014	强势
32	综合发展	396.546	优势
35	人口就业	51.051	优势
56	工业企业	61.722	中势
63	区域经济	43.178	中势
82	科教文卫	43.106	劣势
91	居民生活	25.048	劣势
93	生态环境	29.300	劣势
98	基础设施	19.009	劣势

　　根据表 5 - 109 对 2015 年郴州市综合发展及各一级指标得分情况、排名情况、优劣度情况进行分析。其中，郴州市综合发展水平得分为 393.311 分，在长江经济带中排名第 51 名，处于优势区。在一级指标中，郴州市人口就业发展水平得分为 50.664 分，在长江经济带中排名第 44 名，处于优势区。郴州市区域经济发展水平得分为 45.943 分，在长江经济带中排名第 24 名，处于强势区。郴州市农业生产发展水平得分为 33.482 分，在长江经济带中排名第 66 名，处于中势区。郴州市工业企业发展水平得分为 60.786 分，在长江经济带中排名第 71 名，处于中势区。郴州市基础设施发展水平得分为 20.364 分，在长江经济带中排名第 65 名，处于中势区。郴州市社会福利发展水平得分为 78.738 分，在长江经济带中排名第 11 名，处于强势区。郴州市居民生活发展水平得分为 27.578 分，在长江经济带中排名第 41 名，处于优势区。郴州市科教文卫发展水平得分为 45.367 分，在长江经济带中排名第 39 名，处于优势区。郴州市生态环境发展水平得分为 30.389 分，在长江经济带中排名第 63 名，处于中势区。

表 5 - 109　　　　　　　　2015 年郴州市综合发展各一级指标的得分、排名及优劣度分析

排名	指标	得分	优劣度
11	社会福利	78.738	强势
24	区域经济	45.943	强势
39	科教文卫	45.367	优势
41	居民生活	27.578	优势
44	人口就业	50.664	优势
51	综合发展	393.311	优势
63	生态环境	30.389	中势
65	基础设施	20.364	中势
66	农业生产	33.482	中势
71	工业企业	60.786	中势

　　根据表5－110对2015年永州市综合发展及各一级指标得分情况、排名情况、优劣度情况进行分析。其中，永州市综合发展水平得分为400.502分，在长江经济带中排名第17名，处于强势区。在一级指标中，永州市人口就业发展水平得分为53.711分，在长江经济带中排名第5名，处于强势区。永州市区域经济发展水平得分为42.212分，在长江经济带中排名第88名，处于劣势区。永州市农业生产发展水平得分为48.213分，在长江经济带中排名第10名，处于强势区。永州市工业企业发展水平得分为61.452分，在长江经济带中排名第61名，处于中势区。永州市基础设施发展水平得分为20.036分，在长江经济带中排名第73名，处于中势区。永州市社会福利发展水平得分为78.590分，在长江经济带中排名第13名，处于强势区。永州市居民生活发展水平得分为25.672分，在长江经济带中排名第77名，处于中势区。永州市科教文卫发展水平得分为40.654分，在长江经济带中排名第97名，处于劣势区。永州市生态环境发展水平得分为29.963分，在长江经济带中排名第75名，处于中势区。

表5－110　　　　　　　　　2015年永州市综合发展各一级指标的得分、排名及优劣度分析

排名	指标	得分	优劣度
5	人口就业	53.711	强势
10	农业生产	48.213	强势
13	社会福利	78.590	强势
17	综合发展	400.502	强势
61	工业企业	61.452	中势
73	基础设施	20.036	中势
75	生态环境	29.963	中势
77	居民生活	25.672	中势
88	区域经济	42.212	劣势
97	科教文卫	40.654	劣势

　　根据表5－111对2015年怀化市综合发展及各一级指标得分情况、排名情况、优劣度情况进行分析。其中，怀化市综合发展水平得分为392.873分，在长江经济带中排名第53名，处于优势区。在一级指标中，怀化市人口就业发展水平得分为50.857分，在长江经济带中排名第41名，处于优势区。怀化市区域经济发展水平得分为43.151分，在长江经济带中排名第65名，处于中势区。怀化市农业生产发展水平得分为38.675分，在长江经济带中排名第43名，处于优势区。怀化市工业企业发展水平得分为62.314分，在长江经济带中排名第46名，处于优势区。怀化市基础设施发展水平得分为19.519分，在长江经济带中排名第85名，处于劣势区。怀化市社会福利发展水平得分为74.195分，在长江经济带中排名第91名，处于劣势区。怀化市居民生活发展水平得分为30.087分，在长江经济带中排名第18名，处于强势区。怀化市科教文卫发展水平得分为45.655分，在长江经济带中排名第34名，处于优势区。怀化市生态环境发展水平得分为28.420分，在长江经济带中排名第106名，处于劣势区。

表5－111　　　　　　　　　2015年怀化市综合发展各一级指标的得分、排名及优劣度分析

排名	指标	得分	优劣度
18	居民生活	30.087	强势
34	科教文卫	45.655	优势
41	人口就业	50.857	优势
43	农业生产	38.675	优势
46	工业企业	62.314	优势
53	综合发展	392.873	优势
65	区域经济	43.151	中势
85	基础设施	19.519	劣势
91	社会福利	74.195	劣势
106	生态环境	28.420	劣势

根据表 5 - 112 对 2015 年娄底市综合发展及各一级指标得分情况、排名情况、优劣度情况进行分析。其中，娄底市综合发展水平得分为 392.202 分，在长江经济带中排名第 56 名，处于中势区。在一级指标中，娄底市人口就业发展水平得分为 52.916 分，在长江经济带中排名第 10 名，处于强势区。娄底市区域经济发展水平得分为 44.436 分，在长江经济带中排名第 51 名，处于优势区。娄底市农业生产发展水平得分为 39.016 分，在长江经济带中排名第 41 名，处于优势区。娄底市工业企业发展水平得分为 60.934 分，在长江经济带中排名第 70 名，处于中势区。娄底市基础设施发展水平得分为 21.194 分，在长江经济带中排名第 46 名，处于优势区。娄底市社会福利发展水平得分为 74.962 分，在长江经济带中排名第 75 名，处于中势区。娄底市居民生活发展水平得分为 24.645 分，在长江经济带中排名第 100 名，处于劣势区。娄底市科教文卫发展水平得分为 44.210 分，在长江经济带中排名第 61 名，处于中势区。娄底市生态环境发展水平得分为 29.890 分，在长江经济带中排名第 77 名，处于中势区。

表 5 - 112   **2015 年娄底市综合发展各一级指标的得分、排名及优劣度分析**

排名	指标	得分	优劣度
10	人口就业	52.916	强势
41	农业生产	39.016	优势
46	基础设施	21.194	优势
51	区域经济	44.436	优势
56	综合发展	392.202	中势
61	科教文卫	44.210	中势
70	工业企业	60.934	中势
75	社会福利	74.962	中势
77	生态环境	29.890	中势
100	居民生活	24.645	劣势

三、2016 年长江经济带中部地区城市综合发展水平评估分析

（一）2016 年长江经济带中部地区城市综合发展水平评估指标比较

根据表 5 - 113 对长江经济带中部地区的城市综合发展水平得分情况展开分析。2016 年中部地区各城市综合发展水平得分区间为：371 ~ 412 分，其中，得分最高的为武汉市（411.017），最低分为萍乡市（381.895），在中部地区中有 14 个城市（武汉市、赣州市、益阳市、永州市、长沙市、亳州市、荆州市、鄂州市、铜陵市、滁州市、合肥市、抚州市、阜阳市）的综合发展水平得分超过 400 分，其余城市的得分均低于 400 分。

表 5 - 113   **2016 年长江经济带中部地区综合发展得分**

排名	地区	得分
1	武汉市	411.017
2	赣州市	406.528
3	益阳市	404.755
4	永州市	404.390
5	长沙市	403.672
6	亳州市	403.294
7	荆州市	403.048
8	鄂州市	402.869
9	铜陵市	402.138
10	滁州市	401.901

排名	地区	得分
11	合肥市	401.303
12	抚州市	401.061
13	阜阳市	400.675
14	宿州市	400.103
15	衡阳市	399.650
16	蚌埠市	399.638
17	怀化市	399.373
18	常德市	399.325
19	娄底市	398.942
20	吉安市	397.869
21	邵阳市	397.635
22	宜春市	395.781
23	上饶市	395.684
24	黄冈市	395.678
25	襄阳市	395.613
26	黄石市	395.540
27	淮南市	395.355
28	池州市	394.858
29	随州市	393.454
30	岳阳市	392.904
31	咸宁市	392.494
32	湘潭市	391.968
33	孝感市	391.642
34	荆门市	391.411
35	十堰市	389.780
36	安庆市	389.484
37	株洲市	389.439
38	宣城市	389.294
39	芜湖市	389.204
40	九江市	389.158
41	宜昌市	388.916
42	鹰潭市	388.591
43	马鞍山市	387.928
44	黄山市	387.057
45	郴州市	386.967
46	南昌市	386.874
47	六安市	386.223
48	新余市	384.051
49	景德镇市	382.826
50	张家界市	382.646
51	淮北市	382.159
52	萍乡市	381.895

根据表 5 - 114 对 2016 年长江经济带中部地区综合发展水平平均得分在长江经济带各城市群中排名情况展开分析。2016 年中部地区综合发展水平平均得分处于长江经济带各板块中的第 3 名，发展优势相对薄弱。

表 5 - 114　　　　　　　　2016 年长江经济带中部地区综合发展评分一级指标比较

项目	数据
排名	3
中部地区平均得分	394.693
经济带最高分	467.080
经济带平均分	396.204
与最高分差距	- 72.386
与平均分差距	- 1.510

（二）2016 年长江经济带中部地区城市综合发展水平的量化评估

根据表 5 - 115 对 2016 年长江经济带中部地区综合发展及各一级指标平均得分情况、排名情况进行分析。其中，中部地区综合发展平均得分在长江经济带各板块中排名第 3 名。在一级指标中，人口就业发展水平平均得分为 50.656 分，在长江经济带各板块中排名第 2 名。区域经济发展水平平均得分为 43.790 分，在长江经济带各板块中排名第 3 名。农业生产发展水平平均得分为 37.877 分，在长江经济带各板块中排名第 2 名。工业企业发展水平平均得分为 63.313 分，在长江经济带各板块中排名第 2 名。基础设施发展水平平均得分为 20.746 分，在长江经济带各板块中排名第 3 名。社会福利发展水平平均得分为 76.789 分，在长江经济带各板块中排名第 1 名。居民生活发展水平平均得分为 26.361 分，在长江经济带各板块中排名第 3 名。科教文卫发展水平平均得分为 44.393 分，在长江经济带各板块中排名第 3 名。生态环境发展水平平均得分为 30.768 分，在长江经济带各板块中排名第 3 名。

表 5 - 115　　　　　　　2016 年长江经济带中部地区综合发展各一级指标的得分、排名分析

排名	指标	得分
1	社会福利	76.789
2	人口就业	50.656
2	农业生产	37.877
2	工业企业	63.313
3	综合发展	394.693
3	区域经济	43.790
3	基础设施	20.746
3	居民生活	26.361
3	科教文卫	44.393
3	生态环境	30.768

（三）2016 年长江经济带中部地区城市综合发展水平评估得分比较

根据图 5 - 5 对 2016 年长江经济带中部地区综合发展水平与长江经济带平均水平展开比较分析。2016 年长江经济带中部地区在区域经济、工业企业、基础设施、社会福利等方面与长江经济带最高分差距较小，发展优势明显。在人口就业、农业生产、居民生活、科教文卫、生态环境等方面与最高分差距较大。

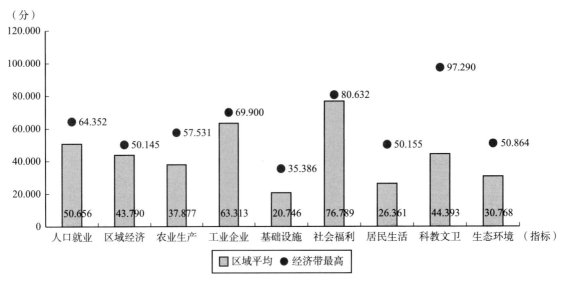

图 5－5　2016 年长江经济带中部地区综合发展水平指标得分比较

（四）2016 年长江经济带中部地区城市综合发展水平评估指标动态变化分析

由图 5－6 对 2016～2017 年长江经济带中部地区各级指标排名变化情况展开分析。由图 5－6 可知，2016～2017 年，长江经济带中部地区各级指标中保持指标的比例较高，总体指标上升下降不明显。

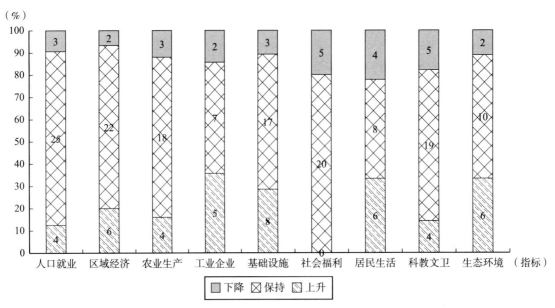

图 5－6　2016～2017 年长江经济带中部地区综合发展水平动态变化

表 5－116 进一步对 2016～2017 年期间中部地区 218 个要素指标的变化情况展开统计分析，其中上升指标有 43 个，占指标总数的 19.725%；保持的指标有 146 个，占指标总数的 66.972%；下降的指标有 29 个，占指标总数的 13.303%。

表 5－116　　　　　　　　　2016～2017 年长江经济带中部地区综合发展水平排名变化态势比较

指标	要素指标数量（个）	上升指标		保持指标		下降指标	
		个数（个）	比重（%）	个数（个）	比重（%）	个数（个）	比重（%）
人口就业	32	4	12.500	25	78.125	3	9.375

指标	要素指标数量（个）	上升指标		保持指标		下降指标	
		个数（个）	比重（%）	个数（个）	比重（%）	个数（个）	比重（%）
区域经济	30	6	20.000	22	73.333	2	6.667
农业生产	25	4	16.000	18	72.000	3	12.000
工业企业	14	5	35.714	7	50.000	2	14.286
基础设施	28	8	28.571	17	60.714	3	10.714
社会福利	25	0	0.000	20	80.000	5	20.000
居民生活	18	6	33.333	8	44.444	4	22.222
科教文卫	28	4	14.286	19	67.857	5	17.857
生态环境	18	6	33.333	10	55.556	2	11.111
合计	218	43	19.725	146	66.972	29	13.303

（五）2016年长江经济带中部地区各城市综合发展水平各级指标得分、排名及优劣度分析

根据表5-117对2016年合肥市综合发展及各一级指标得分情况、排名情况、优劣度情况进行分析。其中，合肥市综合发展水平得分为401.303分，在长江经济带中排名第25名，处于强势区。在一级指标中，合肥市人口就业发展水平得分为52.271分，在长江经济带中排名第20名，处于强势区。合肥市区域经济发展水平得分为46.511分，在长江经济带中排名第14名，处于强势区。合肥市农业生产发展水平得分为28.591分，在长江经济带中排名第88名，处于劣势区。合肥市工业企业发展水平得分为64.400分，在长江经济带中排名第33名，处于优势区。合肥市基础设施发展水平得分为27.172分，在长江经济带中排名第5名，处于强势区。合肥市社会福利发展水平得分为77.482分，在长江经济带中排名第29名，处于优势区。合肥市居民生活发展水平得分为26.084分，在长江经济带中排名第57名，处于中势区。合肥市科教文卫发展水平得分为48.000分，在长江经济带中排名第16名，处于强势区。合肥市生态环境发展水平得分为30.793分，在长江经济带中排名第46名，处于优势区。

表5-117　　　　　　　　　2016年合肥市综合发展各一级指标的得分、排名及优劣度分析

排名	指标	得分	优劣度
5	基础设施	27.172	强势
14	区域经济	46.511	强势
16	科教文卫	48.000	强势
20	人口就业	52.271	强势
25	综合发展	401.303	强势
29	社会福利	77.482	优势
33	工业企业	64.400	优势
46	生态环境	30.793	优势
57	居民生活	26.084	中势
88	农业生产	28.591	劣势

根据表5-118对2016年芜湖市综合发展及各一级指标得分情况、排名情况、优劣度情况进行分析。其中，芜湖市综合发展水平得分为389.204分，在长江经济带中排名第80名，处于中势区。在一级指标中，芜湖市人口就业发展水平得分为50.709分，在长江经济带中排名第50名，处于优势区。芜湖市区域经济发展水平得分为45.277分，在长江经济带中排名第38名，处于优势区。芜湖市农业生产发展水平得分为27.762分，在长江经济带中排名第94名，处于劣势区。芜湖市工业企业发展水平得分为61.927分，在长江经济带中排名第71名，处于中势区。芜湖市基础设施发展水平得分为22.941分，在长江经济带中排名第22名，处于强势区。芜湖市社会福利发展水平得分为79.110分，在长江经济带中排名第11名，处于强势区。芜湖市居民生活发展水平得分为25.887分，在长江经济带中排名第61名，处于中势区。芜湖

市科教文卫发展水平得分为 46.022 分，在长江经济带中排名第 36 名，处于优势区。芜湖市生态环境发展水平得分为 29.568 分，在长江经济带中排名第 81 名，处于中势区。

表 5-118　　　　　**2016 年芜湖市综合发展各一级指标的得分、排名及优劣度分析**

排名	指标	得分	优劣度
11	社会福利	79.110	强势
22	基础设施	22.941	强势
36	科教文卫	46.022	优势
38	区域经济	45.277	优势
50	人口就业	50.709	优势
61	居民生活	25.887	中势
71	工业企业	61.927	中势
80	综合发展	389.204	中势
81	生态环境	29.568	中势
94	农业生产	27.762	劣势

根据表 5-119 对 2016 年蚌埠市综合发展及各一级指标得分情况、排名情况、优劣度情况进行分析。其中，蚌埠市综合发展水平得分为 399.638 分，在长江经济带中排名第 33 名，处于优势区。在一级指标中，蚌埠市人口就业发展水平得分为 48.962 分，在长江经济带中排名第 88 名，处于劣势区。蚌埠市区域经济发展水平得分为 45.957 分，在长江经济带中排名第 25 名，处于强势区。蚌埠市农业生产发展水平得分为 41.197 分，在长江经济带中排名第 31 名，处于优势区。蚌埠市工业企业发展水平得分为 64.941 分，在长江经济带中排名第 25 名，处于强势区。蚌埠市基础设施发展水平得分为 21.326 分，在长江经济带中排名第 47 名，处于优势区。蚌埠市社会福利发展水平得分为 78.113 分，在长江经济带中排名第 18 名，处于强势区。蚌埠市居民生活发展水平得分为 24.757 分，在长江经济带中排名第 86 名，处于劣势区。蚌埠市科教文卫发展水平得分为 44.472 分，在长江经济带中排名第 60 名，处于中势区。蚌埠市生态环境发展水平得分为 29.912 分，在长江经济带中排名第 74 名，处于中势区。

表 5-119　　　　　**2016 年蚌埠市综合发展各一级指标的得分、排名及优劣度分析**

排名	指标	得分	优劣度
18	社会福利	78.113	强势
25	区域经济	45.957	强势
25	工业企业	64.941	强势
31	农业生产	41.197	优势
33	综合发展	399.638	优势
47	基础设施	21.326	优势
60	科教文卫	44.472	中势
74	生态环境	29.912	中势
86	居民生活	24.757	劣势
88	人口就业	48.962	劣势

根据表 5-120 对 2016 年淮南市综合发展及各一级指标得分情况、排名情况、优劣度情况进行分析。其中，淮南市综合发展水平得分为 395.355 分，在长江经济带中排名第 53 名，处于优势区。在一级指标中，淮南市人口就业发展水平得分为 53.563 分，在长江经济带中排名第 9 名，处于强势区。淮南市区域经济发展水平得分为 42.682 分，在长江经济带中排名第 73 名，处于中势区。淮南市农业生产发展水平得分为 37.920 分，在长江经济带中排名第 52 名，处于优势区。淮南市工业企业发展水平得分为 64.541 分，在长江经济带中排名第 31 名，处于优势区。淮南市基础设施发展水平得分为 18.627 分，在长江经济带中排名第 105 名，处于劣势区。淮南市社会福利发展水平得分为 76.170 分，在长江经济带中排名第 66 名，

处于中势区。淮南市居民生活发展水平得分为 25.399 分，在长江经济带中排名第 75 名，处于中势区。淮南市科教文卫发展水平得分为 45.895 分，在长江经济带中排名第 39 名，处于优势区。淮南市生态环境发展水平得分为 30.557 分，在长江经济带中排名第 54 名，处于优势区。

表 5 - 120　　　　　　　　2016 年淮南市综合发展各一级指标的得分、排名及优劣度分析

排名	指标	得分	优劣度
9	人口就业	53.563	强势
31	工业企业	64.541	优势
39	科教文卫	45.895	优势
52	农业生产	37.920	优势
53	综合发展	395.355	优势
54	生态环境	30.557	优势
66	社会福利	76.170	中势
73	区域经济	42.682	中势
75	居民生活	25.399	中势
105	基础设施	18.627	劣势

根据表 5 - 121 对 2016 年马鞍山市综合发展及各一级指标得分情况、排名情况、优劣度情况进行分析。其中，马鞍山市综合发展水平得分为 387.928 分，在长江经济带中排名第 86 名，处于劣势区。在一级指标中，马鞍山市人口就业发展水平得分为 50.988 分，在长江经济带中排名第 44 名，处于优势区。马鞍山市区域经济发展水平得分为 46.913 分，在长江经济带中排名第 9 名，处于强势区。马鞍山市农业生产发展水平得分为 27.920 分，在长江经济带中排名第 91 名，处于劣势区。马鞍山市工业企业发展水平得分为 64.759 分，在长江经济带中排名第 28 名，处于优势区。马鞍山市基础设施发展水平得分为 18.019 分，在长江经济带中排名第 107 名，处于劣势区。马鞍山市社会福利发展水平得分为 77.394 分，在长江经济带中排名第 32 名，处于优势区。马鞍山市居民生活发展水平得分为 27.361 分，在长江经济带中排名第 41 名，处于优势区。马鞍山市科教文卫发展水平得分为 43.342 分，在长江经济带中排名第 81 名，处于中势区。马鞍山市生态环境发展水平得分为 31.232 分，在长江经济带中排名第 40 名，处于优势区。

表 5 - 121　　　　　　　　2016 年马鞍山市综合发展各一级指标的得分、排名及优劣度分析

排名	指标	得分	优劣度
9	区域经济	46.913	强势
28	工业企业	64.759	优势
32	社会福利	77.394	优势
40	生态环境	31.232	优势
41	居民生活	27.361	优势
44	人口就业	50.988	优势
81	科教文卫	43.342	中势
86	综合发展	387.928	劣势
91	农业生产	27.920	劣势
107	基础设施	18.019	劣势

根据表 5 - 122 对 2016 年淮北市综合发展及各一级指标得分情况、排名情况、优劣度情况进行分析。其中，淮北市综合发展水平得分为 382.159 分，在长江经济带中排名第 102 名，处于劣势区。在一级指标中，淮北市人口就业发展水平得分为 51.081 分，在长江经济带中排名第 41 名，处于优势区。淮北市区域经济发展水平得分为 41.741 分，在长江经济带中排名第 96 名，处于劣势区。淮北市农业生产发展水平得分为 30.846 分，在长江经济带中排名第 79 名，处于中势区。淮北市工业企业发展水平得分为 64.006 分，

在长江经济带中排名第 38 名，处于优势区。淮北市基础设施发展水平得分为 19.908 分，在长江经济带中排名第 79 名，处于中势区。淮北市社会福利发展水平得分为 76.781 分，在长江经济带中排名第 48 名，处于优势区。淮北市居民生活发展水平得分为 23.146 分，在长江经济带中排名第 107 名，处于劣势区。淮北市科教文卫发展水平得分为 42.643 分，在长江经济带中排名第 91 名，处于劣势区。淮北市生态环境发展水平得分为 32.007 分，在长江经济带中排名第 25 名，处于强势区。

表 5 – 122 　　　　　　　　　2016 年淮北市综合发展各一级指标的得分、排名及优劣度分析

排名	指标	得分	优劣度
25	生态环境	32.007	强势
38	工业企业	64.006	优势
41	人口就业	51.081	优势
48	社会福利	76.781	优势
79	农业生产	30.846	中势
79	基础设施	19.908	中势
91	科教文卫	42.643	劣势
96	区域经济	41.741	劣势
102	综合发展	382.159	劣势
107	居民生活	23.146	劣势

根据表 5 – 123 对 2016 年铜陵市综合发展及各一级指标得分情况、排名情况、优劣度情况进行分析。其中，铜陵市综合发展水平得分为 402.138 分，在长江经济带中排名第 22 名，处于强势区。在一级指标中，铜陵市人口就业发展水平得分为 54.302 分，在长江经济带中排名第 6 名，处于强势区。铜陵市区域经济发展水平得分为 46.706 分，在长江经济带中排名第 12 名，处于强势区。铜陵市农业生产发展水平得分为 31.884 分，在长江经济带中排名第 72 名，处于中势区。铜陵市工业企业发展水平得分为 65.378 分，在长江经济带中排名第 18 名，处于强势区。铜陵市基础设施发展水平得分为 20.767 分，在长江经济带中排名第 58 名，处于中势区。铜陵市社会福利发展水平得分为 79.770 分，在长江经济带中排名第 4 名，处于强势区。铜陵市居民生活发展水平得分为 25.733 分，在长江经济带中排名第 65 名，处于中势区。铜陵市科教文卫发展水平得分为 46.026 分，在长江经济带中排名第 35 名，处于优势区。铜陵市生态环境发展水平得分为 31.572 分，在长江经济带中排名第 31 名，处于优势区。

表 5 – 123 　　　　　　　　　2016 年铜陵市综合发展各一级指标的得分、排名及优劣度分析

排名	指标	得分	优劣度
4	社会福利	79.770	强势
6	人口就业	54.302	强势
12	区域经济	46.706	强势
18	工业企业	65.378	强势
22	综合发展	402.138	强势
31	生态环境	31.572	优势
35	科教文卫	46.026	优势
58	基础设施	20.767	中势
65	居民生活	25.733	中势
72	农业生产	31.884	中势

根据表 5 – 124 对 2016 年安庆市综合发展及各一级指标得分情况、排名情况、优劣度情况进行分析。其中，安庆市综合发展水平得分为 389.484 分，在长江经济带中排名第 75 名，处于中势区。在一级指标中，安庆市人口就业发展水平得分为 48.459 分，在长江经济带中排名第 95 名，处于劣势区。安庆市区域经济发展水平得分为 42.184 分，在长江经济带中排名第 88 名，处于劣势区。安庆市农业生产发展水

分为 39.069 分，在长江经济带中排名第 44 名，处于优势区。安庆市工业企业发展水平得分为 62.163 分，在长江经济带中排名第 66 名，处于中势区。安庆市基础设施发展水平得分为 20.597 分，在长江经济带中排名第 64 名，处于中势区。安庆市社会福利发展水平得分为 75.547 分，在长江经济带中排名第 75 名，处于中势区。安庆市居民生活发展水平得分为 25.077 分，在长江经济带中排名第 80 名，处于中势区。安庆市科教文卫发展水平得分为 46.885 分，在长江经济带中排名第 24 名，处于强势区。安庆市生态环境发展水平得分为 29.502 分，在长江经济带中排名第 86 名，处于劣势区。

表 5 – 124　　　　　　2016 年安庆市综合发展各一级指标的得分、排名及优劣度分析

排名	指标	得分	优劣度
24	科教文卫	46.885	强势
44	农业生产	39.069	优势
64	基础设施	20.597	中势
66	工业企业	62.163	中势
75	综合发展	389.484	中势
75	社会福利	75.547	中势
80	居民生活	25.077	中势
86	生态环境	29.502	劣势
88	区域经济	42.184	劣势
95	人口就业	48.459	劣势

根据表 5 – 125 对 2016 年黄山市综合发展及各一级指标得分情况、排名情况、优劣度情况进行分析。其中，黄山市综合发展水平得分为 387.057 分，在长江经济带中排名第 87 名，处于劣势区。在一级指标中，黄山市人口就业发展水平得分为 49.507 分，在长江经济带中排名第 77 名，处于中势区。黄山市区域经济发展水平得分为 42.567 分，在长江经济带中排名第 80 名，处于中势区。黄山市农业生产发展水平得分 32.436 分，在长江经济带中排名第 69 名，处于中势区。黄山市工业企业发展水平得分为 63.958 分，在长江经济带中排名第 40 名，处于优势区。黄山市基础设施发展水平得分为 19.102 分，在长江经济带中排名第 102 名，处于劣势区。黄山市社会福利发展水平得分为 75.871 分，在长江经济带中排名第 70 名，处于中势区。黄山市居民生活发展水平得分为 27.642 分，在长江经济带中排名第 39 名，处于优势区。黄山市科教文卫发展水平得分为 43.291 分，在长江经济带中排名第 82 名，处于劣势区。黄山市生态环境发展水平得分为 32.683 分，在长江经济带中排名第 20 名，处于强势区。

表 5 – 125　　　　　　2016 年黄山市综合发展各一级指标的得分、排名及优劣度分析

排名	指标	得分	优劣度
20	生态环境	32.683	强势
39	居民生活	27.642	优势
40	工业企业	63.958	优势
69	农业生产	32.436	中势
70	社会福利	75.871	中势
77	人口就业	49.507	中势
80	区域经济	42.567	中势
82	科教文卫	43.291	劣势
87	综合发展	387.057	劣势
102	基础设施	19.102	劣势

根据表 5 – 126 对 2016 年滁州市综合发展及各一级指标得分情况、排名情况、优劣度情况进行分析。其中，滁州市综合发展水平得分为 401.901 分，在长江经济带中排名第 23 名，处于强势区。在一级指标中，滁州市人口就业发展水平得分为 51.210 分，在长江经济带中排名第 33 名，处于优势区。滁州市区域

经济发展水平得分为44.749分，在长江经济带中排名第47名，处于优势区。滁州市农业生产发展水平得分为43.309分，在长江经济带中排名第20名，处于强势区。滁州市工业企业发展水平得分为63.062分，在长江经济带中排名第48名，处于优势区。滁州市基础设施发展水平得分为20.903分，在长江经济带中排名第54名，处于优势区。滁州市社会福利发展水平得分为76.860分，在长江经济带中排名第46名，处于优势区。滁州市居民生活发展水平得分为27.968分，在长江经济带中排名第37名，处于优势区。滁州市科教文卫发展水平得分为44.624分，在长江经济带中排名第59名，处于中势区。滁州市生态环境发展水平得分为29.216分，在长江经济带中排名第92名，处于劣势区。

表5－126　　　　　　　　2016年滁州市综合发展各一级指标的得分、排名及优劣度分析

排名	指标	得分	优劣度
20	农业生产	43.309	强势
23	综合发展	401.901	强势
33	人口就业	51.210	优势
37	居民生活	27.968	优势
46	社会福利	76.860	优势
47	区域经济	44.749	优势
48	工业企业	63.062	优势
54	基础设施	20.903	优势
59	科教文卫	44.624	中势
92	生态环境	29.216	劣势

根据表5－127对2016年上海市综合发展及各一级指标得分情况、排名情况、优劣度情况进行分析。其中，上海市综合发展水平得分为400.675分，在长江经济带中排名第27名，处于强势区。在一级指标中，上海市人口就业发展水平得分为53.463分，在长江经济带中排名第10名，处于强势区。上海市区域经济发展水平得分为42.646分，在长江经济带中排名第76名，处于中势区。上海市农业生产发展水平得分为50.337分，在长江经济带中排名第6名，处于强势区。上海市工业企业发展水平得分为60.553分，在长江经济带中排名第83名，处于劣势区。上海市基础设施发展水平得分为19.325分，在长江经济带中排名第94名，处于劣势区。上海市社会福利发展水平得分为74.629分，在长江经济带中排名第87名，处于劣势区。上海市居民生活发展水平得分为26.832分，在长江经济带中排名第48名，处于优势区。上海市科教文卫发展水平得分为44.200分，在长江经济带中排名第67名，处于中势区。上海市生态环境发展水平得分为28.690分，在长江经济带中排名第104名，处于劣势区。

表5－127　　　　　　　　2016年阜阳市综合发展各一级指标的得分、排名及优劣度分析

排名	指标	得分	优劣度
6	农业生产	50.337	强势
10	人口就业	53.463	强势
27	综合发展	400.675	强势
48	居民生活	26.832	优势
67	科教文卫	44.200	中势
76	区域经济	42.646	中势
83	工业企业	60.553	劣势
87	社会福利	74.629	劣势
94	基础设施	19.325	劣势
104	生态环境	28.690	劣势

根据表5－128对2016年宿州市综合发展及各一级指标得分情况、排名情况、优劣度情况进行分析。其中，宿州市综合发展水平得分为400.103分，在长江经济带中排名第30名，处于优势区。在一级指标

中，宿州市人口就业发展水平得分为 50.363 分，在长江经济带中排名第 57 名，处于中势区。宿州市区域经济发展水平得分为 42.388 分，在长江经济带中排名第 87 名，处于劣势区。宿州市农业生产发展水平得分为 47.477 分，在长江经济带中排名第 12 名，处于强势区。宿州市工业企业发展水平得分为 61.897 分，在长江经济带中排名第 72 名，处于中势区。宿州市基础设施发展水平得分为 19.978 分，在长江经济带中排名第 78 名，处于中势区。宿州市社会福利发展水平得分为 77.429 分，在长江经济带中排名第 31 名，处于优势区。宿州市居民生活发展水平得分为 24.894 分，在长江经济带中排名第 83 名，处于劣势区。宿州市科教文卫发展水平得分为 45.439 分，在长江经济带中排名第 46 名，处于优势区。宿州市生态环境发展水平得分为 30.238 分，在长江经济带中排名第 61 名，处于中势区。

表 5 - 128　　　　　　　　**2016 年宿州市综合发展各一级指标的得分、排名及优劣度分析**

排名	指标	得分	优劣度
12	农业生产	47.477	强势
30	综合发展	400.103	优势
31	社会福利	77.429	优势
46	科教文卫	45.439	优势
57	人口就业	50.363	中势
61	生态环境	30.238	中势
72	工业企业	61.897	中势
78	基础设施	19.978	中势
83	居民生活	24.894	劣势
87	区域经济	42.388	劣势

根据表 5 - 129 对 2016 年六安市综合发展及各一级指标得分情况、排名情况、优劣度情况进行分析。其中，六安市综合发展水平得分为 386.223 分，在长江经济带中排名第 92 名，处于劣势区。在一级指标中，六安市人口就业发展水平得分为 43.130 分，在长江经济带中排名第 107 名，处于劣势区。六安市区域经济发展水平得分为 40.020 分，在长江经济带中排名第 107 名，处于劣势区。六安市农业生产发展水平得分为 45.146 分，在长江经济带中排名第 14 名，处于强势区。六安市工业企业发展水平得分为 61.976 分，在长江经济带中排名第 69 名，处于中势区。六安市基础设施发展水平得分为 20.301 分，在长江经济带中排名第 69 名，处于中势区。六安市社会福利发展水平得分为 76.574 分，在长江经济带中排名第 54 名，处于优势区。六安市居民生活发展水平得分为 27.663 分，在长江经济带中排名第 38 名，处于优势区。六安市科教文卫发展水平得分为 43.166 分，在长江经济带中排名第 86 名，处于劣势区。六安市生态环境发展水平得分为 28.247 分，在长江经济带中排名第 105 名，处于劣势区。

表 5 - 129　　　　　　　　**2016 年六安市综合发展各一级指标的得分、排名及优劣度分析**

排名	指标	得分	优劣度
14	农业生产	45.146	强势
38	居民生活	27.663	优势
54	社会福利	76.574	优势
69	工业企业	61.976	中势
69	基础设施	20.301	中势
86	科教文卫	43.166	劣势
92	综合发展	386.223	劣势
105	生态环境	28.247	劣势
107	人口就业	43.130	劣势
107	区域经济	40.020	劣势

根据表 5 - 130 对 2016 年亳州市综合发展及各一级指标得分情况、排名情况、优劣度情况进行分析。

其中，亳州市综合发展水平得分为 403.294 分，在长江经济带中排名第 18 名，处于强势区。在一级指标中，亳州市人口就业发展水平得分为 51.135 分，在长江经济带中排名第 39 名，处于优势区。亳州市区域经济发展水平得分为 45.930 分，在长江经济带中排名第 26 名，处于强势区。亳州市农业生产发展水平得分为 49.559 分，在长江经济带中排名第 7 名，处于强势区。亳州市工业企业发展水平得分为 60.419 分，在长江经济带中排名第 85 名，处于劣势区。亳州市基础设施发展水平得分为 19.845 分，在长江经济带中排名第 80 名，处于中势区。亳州市社会福利发展水平得分为 76.408 分，在长江经济带中排名第 60 名，处于中势区。亳州市居民生活发展水平得分为 25.434 分，在长江经济带中排名第 72 名，处于中势区。亳州市科教文卫发展水平得分为 44.143 分，在长江经济带中排名第 70 名，处于中势区。亳州市生态环境发展水平得分为 30.421 分，在长江经济带中排名第 58 名，处于中势区。

表 5-130　　　　　　2016 年亳州市综合发展各一级指标的得分、排名及优劣度分析

排名	指标	得分	优劣度
7	农业生产	49.559	强势
18	综合发展	403.294	强势
26	区域经济	45.930	强势
39	人口就业	51.135	优势
58	生态环境	30.421	中势
60	社会福利	76.408	中势
70	科教文卫	44.143	中势
72	居民生活	25.434	中势
80	基础设施	19.845	中势
85	工业企业	60.419	劣势

根据表 5-131 对 2016 年池州市综合发展及各一级指标得分情况、排名情况、优劣度情况进行分析。其中，池州市综合发展水平得分为 394.858 分，在长江经济带中排名第 55 名，处于中势区。在一级指标中，池州市人口就业发展水平得分为 49.223 分，在长江经济带中排名第 84 名，处于劣势区。池州市区域经济发展水平得分为 44.988 分，在长江经济带中排名第 43 名，处于优势区。池州市农业生产发展水平得分为 35.790 分，在长江经济带中排名第 62 名，处于中势区。池州市工业企业发展水平得分为 63.632 分，在长江经济带中排名第 44 名，处于优势区。池州市基础设施发展水平得分为 22.322 分，在长江经济带中排名第 31 名，处于优势区。池州市社会福利发展水平得分为 78.426 分，在长江经济带中排名第 14 名，处于强势区。池州市居民生活发展水平得分为 25.985 分，在长江经济带中排名第 59 名，处于中势区。池州市科教文卫发展水平得分为 42.390 分，在长江经济带中排名第 92 名，处于劣势区。池州市生态环境发展水平得分为 32.103 分，在长江经济带中排名第 24 名，处于强势区。

表 5-131　　　　　　2016 年池州市综合发展各一级指标的得分、排名及优劣度分析

排名	指标	得分	优劣度
14	社会福利	78.426	强势
24	生态环境	32.103	强势
31	基础设施	22.322	优势
43	区域经济	44.988	优势
44	工业企业	63.632	优势
55	综合发展	394.858	中势
59	居民生活	25.985	中势
62	农业生产	35.790	中势
84	人口就业	49.223	劣势
92	科教文卫	42.390	劣势

根据表 5 – 132 对 2016 年宣城市综合发展及各一级指标得分情况、排名情况、优劣度情况进行分析。其中，宣城市综合发展水平得分为 389.294 分，在长江经济带中排名第 79 名，处于中势区。在一级指标中，宣城市人口就业发展水平得分为 50.310 分，在长江经济带中排名第 58 名，处于中势区。宣城市区域经济发展水平得分为 42.403 分，在长江经济带中排名第 85 名，处于劣势区。宣城市农业生产发展水平得分为 36.578 分，在长江经济带中排名第 56 名，处于中势区。宣城市工业企业发展水平得分为 59.939 分，在长江经济带中排名第 89 名，处于劣势区。宣城市基础设施发展水平得分为 23.849 分，在长江经济带中排名第 14 名，处于强势区。宣城市社会福利发展水平得分为 76.366 分，在长江经济带中排名第 63 名，处于中势区。宣城市居民生活发展水平得分为 25.420 分，在长江经济带中排名第 73 名，处于中势区。宣城市科教文卫发展水平得分为 45.165 分，在长江经济带中排名第 51 名，处于优势区。宣城市生态环境发展水平得分为 29.263 分，在长江经济带中排名第 90 名，处于劣势区。

表 5 – 132　　　　　　　　2016 年宣城市综合发展各一级指标的得分、排名及优劣度分析

排名	指标	得分	优劣度
14	基础设施	23.849	强势
51	科教文卫	45.165	优势
56	农业生产	36.578	中势
58	人口就业	50.310	中势
63	社会福利	76.366	中势
73	居民生活	25.420	中势
79	综合发展	389.294	中势
85	区域经济	42.403	劣势
89	工业企业	59.939	劣势
90	生态环境	29.263	劣势

根据表 5 – 133 对 2016 年南昌市综合发展及各一级指标得分情况、排名情况、优劣度情况进行分析。其中，南昌市综合发展水平得分为 386.874 分，在长江经济带中排名第 90 名，处于劣势区。在一级指标中，南昌市人口就业发展水平得分为 51.085 分，在长江经济带中排名第 40 名，处于优势区。南昌市区域经济发展水平得分为 45.407 分，在长江经济带中排名第 37 名，处于优势区。南昌市农业生产发展水平得分为 26.976 分，在长江经济带中排名第 97 名，处于劣势区。南昌市工业企业发展水平得分为 66.839 分，在长江经济带中排名第 6 名，处于强势区。南昌市基础设施发展水平得分为 19.241 分，在长江经济带中排名第 96 名，处于劣势区。南昌市社会福利发展水平得分为 77.707 分，在长江经济带中排名第 24 名，处于强势区。南昌市居民生活发展水平得分为 26.437 分，在长江经济带中排名第 52 名，处于优势区。南昌市科教文卫发展水平得分为 43.874 分，在长江经济带中排名第 75 名，处于中势区。南昌市生态环境发展水平得分为 29.307 分，在长江经济带中排名第 89 名，处于劣势区。

表 5 – 133　　　　　　　　2016 年南昌市综合发展各一级指标的得分、排名及优劣度分析

排名	指标	得分	优劣度
6	工业企业	66.839	强势
24	社会福利	77.707	强势
37	区域经济	45.407	优势
40	人口就业	51.085	优势
52	居民生活	26.437	优势
75	科教文卫	43.874	中势
89	生态环境	29.307	劣势
90	综合发展	386.874	劣势
96	基础设施	19.241	劣势
97	农业生产	26.976	劣势

根据表5－134对2016年景德镇市综合发展及各一级指标得分情况、排名情况、优劣度情况进行分析。其中，景德镇市综合发展水平得分为382.826分，在长江经济带中排名第99名，处于劣势区。在一级指标中，景德镇市人口就业发展水平得分为49.606分，在长江经济带中排名第73名，处于中势区。景德镇市区域经济发展水平得分为40.589分，在长江经济带中排名第105名，处于劣势区。景德镇市农业生产发展水平得分为30.799分，在长江经济带中排名第80名，处于中势区。景德镇市工业企业发展水平得分为66.226分，在长江经济带中排名第10名，处于强势区。景德镇市基础设施发展水平得分为19.500分，在长江经济带中排名第90名，处于劣势区。景德镇市社会福利发展水平得分为74.645分，在长江经济带中排名第86名，处于劣势区。景德镇市居民生活发展水平得分为26.141分，在长江经济带中排名第54名，处于优势区。景德镇市科教文卫发展水平得分为44.462分，在长江经济带中排名第61名，处于中势区。景德镇市生态环境发展水平得分为30.858分，在长江经济带中排名第44名，处于优势区。

表5－134　　　　　　　　2016年景德镇市综合发展各一级指标的得分、排名及优劣度分析

排名	指标	得分	优劣度
10	工业企业	66.226	强势
44	生态环境	30.858	优势
54	居民生活	26.141	优势
61	科教文卫	44.462	中势
73	人口就业	49.606	中势
80	农业生产	30.799	中势
86	社会福利	74.645	劣势
90	基础设施	19.500	劣势
99	综合发展	382.826	劣势
105	区域经济	40.589	劣势

根据表5－135对2016年萍乡市综合发展及各一级指标得分情况、排名情况、优劣度情况进行分析。其中，萍乡市综合发展水平得分为381.895分，在长江经济带中排名第103名，处于劣势区。在一级指标中，萍乡市人口就业发展水平得分为51.206分，在长江经济带中排名第34名，处于优势区。萍乡市区域经济发展水平得分为40.885分，在长江经济带中排名第103名，处于劣势区。萍乡市农业生产发展水平得分为27.788分，在长江经济带中排名第92名，处于劣势区。萍乡市工业企业发展水平得分为61.551分，在长江经济带中排名第77名，处中势区。萍乡市基础设施发展水平得分为19.431分，在长江经济带中排名第91名，处于劣势区。萍乡市社会福利发展水平得分为77.022分，在长江经济带中排名第39名，处于优势区。萍乡市居民生活发展水平得分为26.565分，在长江经济带中排名第51名，处于优势区。萍乡市科教文卫发展水平得分为43.669分，在长江经济带中排名第77名，处于中势区。萍乡市生态环境发展水平得分为33.777分，在长江经济带中排名第15名，处于强势区。

表5－135　　　　　　　　2016年萍乡市综合发展各一级指标的得分、排名及优劣度分析

排名	指标	得分	优劣度
15	生态环境	33.777	强势
34	人口就业	51.206	优势
39	社会福利	77.022	优势
51	居民生活	26.565	优势
77	工业企业	61.551	中势
77	科教文卫	43.669	中势
91	基础设施	19.431	劣势
92	农业生产	27.788	劣势
103	区域经济	40.885	劣势
103	综合发展	381.895	劣势

　　根据表 5 – 136 对 2016 年九江市综合发展及各一级指标得分情况、排名情况、优劣度情况进行分析。其中，九江市综合发展水平得分为 389.158 分，在长江经济带中排名第 81 名，处于中势区。在一级指标中，九江市人口就业发展水平得分为 51.033 分，在长江经济带中排名第 43 名，处于优势区。九江市区域经济发展水平得分为 43.250 分，在长江经济带中排名第 64 名，处于中势区。九江市农业生产发展水平得分为 30.752 分，在长江经济带中排名第 81 名，处于中势区。九江市工业企业发展水平得分为 65.924 分，在长江经济带中排名第 13 名，处于强势区。九江市基础设施发展水平得分为 20.313 分，在长江经济带中排名第 68 名，处于中势区。九江市社会福利发展水平得分为 75.673 分，在长江经济带中排名第 72 名，处于中势区。九江市居民生活发展水平得分为 26.111 分，在长江经济带中排名第 55 名，处于中势区。九江市科教文卫发展水平得分为 45.901 分，在长江经济带中排名第 38 名，处于优势区。九江市生态环境发展水平得分为 30.201 分，在长江经济带中排名第 62 名，处于中势区。

表 5 – 136　　　　　　　　　2016 年九江市综合发展各一级指标的得分、排名及优劣度分析

排名	指标	得分	优劣度
13	工业企业	65.924	强势
38	科教文卫	45.901	优势
43	人口就业	51.033	优势
55	居民生活	26.111	中势
62	生态环境	30.201	中势
64	区域经济	43.250	中势
68	基础设施	20.313	中势
72	社会福利	75.673	中势
81	综合发展	389.158	中势
81	农业生产	30.752	中势

　　根据表 5 – 137 对 2016 年新余市综合发展及各一级指标得分情况、排名情况、优劣度情况进行分析。其中，新余市综合发展水平得分为 384.051 分，在长江经济带中排名第 97 名，处于劣势区。在一级指标中，新余市人口就业发展水平得分为 50.102 分，在长江经济带中排名第 64 名，处于中势区。新余市区域经济发展水平得分为 43.796 分，在长江经济带中排名第 55 名，处于中势区。新余市农业生产发展水平得分为 28.700 分，在长江经济带中排名第 87 名，处于劣势区。新余市工业企业发展水平得分为 66.384 分，在长江经济带中排名第 8 名，处于强势区。新余市基础设施发展水平得分为 20.406 分，在长江经济带中排名第 65 名，处于中势区。新余市社会福利发展水平得分为 78.106 分，在长江经济带中排名第 19 名，处于强势区。新余市居民生活发展水平得分为 24.946 分，在长江经济带中排名第 82 名，处于劣势区。新余市科教文卫发展水平得分为 40.631 分，在长江经济带中排名第 101 名，处于劣势区。新余市生态环境发展水平得分为 30.980 分，在长江经济带中排名第 42 名，处于优势区。

表 5 – 137　　　　　　　　　2016 年新余市综合发展各一级指标的得分、排名及优劣度分析

排名	指标	得分	优劣度
8	工业企业	66.384	强势
19	社会福利	78.106	强势
42	生态环境	30.980	优势
55	区域经济	43.796	中势
64	人口就业	50.102	中势
65	基础设施	20.406	中势
82	居民生活	24.946	劣势
87	农业生产	28.700	劣势
97	综合发展	384.051	劣势
101	科教文卫	40.631	劣势

　　根据表5-138对2016年鹰潭市综合发展及各一级指标得分情况、排名情况、优劣度情况进行分析。其中，鹰潭市综合发展水平得分为388.591分，在长江经济带中排名第83名，处于劣势区。在一级指标中，鹰潭市人口就业发展水平得分为50.185分，在长江经济带中排名第62名，处于中势区。鹰潭市区域经济发展水平得分为45.209分，在长江经济带中排名第40名，处于优势区。鹰潭市农业生产发展水平得分为30.951分，在长江经济带中排名第78名，处于中势区。鹰潭市工业企业发展水平得分为66.373分，在长江经济带中排名第9名，处于强势区。鹰潭市基础设施发展水平得分为22.597分，在长江经济带中排名第26名，处于强势区。鹰潭市社会福利发展水平得分为75.379分，在长江经济带中排名第78名，处于中势区。鹰潭市居民生活发展水平得分为24.817分，在长江经济带中排名第84名，处于劣势区。鹰潭市科教文卫发展水平得分为40.325分，在长江经济带中排名第103名，处于劣势区。鹰潭市生态环境发展水平得分为32.755分，在长江经济带中排名第19名，处于强势区。

表5-138　　　　　　　　2016年鹰潭市综合发展各一级指标的得分、排名及优劣度分析

排名	指标	得分	优劣度
9	工业企业	66.373	强势
19	生态环境	32.755	强势
26	基础设施	22.597	强势
40	区域经济	45.209	优势
62	人口就业	50.185	中势
78	农业生产	30.951	中势
78	社会福利	75.379	中势
83	综合发展	388.591	劣势
84	居民生活	24.817	劣势
103	科教文卫	40.325	劣势

　　根据表5-139对2016年赣州市综合发展及各一级指标得分情况、排名情况、优劣度情况进行分析。其中，赣州市综合发展水平得分为406.528分，在长江经济带中排名第12名，处于强势区。在一级指标中，赣州市人口就业发展水平得分为51.898分，在长江经济带中排名第26名，处于强势区。赣州市区域经济发展水平得分为43.494分，在长江经济带中排名第60名，处于中势区。赣州市农业生产发展水平得分为41.138分，在长江经济带中排名第33名，处于优势区。赣州市工业企业发展水平得分为67.860分，在长江经济带中排名第3名，处于强势区。赣州市基础设施发展水平得分为20.721分，在长江经济带中排名第61名，处于中势区。赣州市社会福利发展水平得分为75.421分，在长江经济带中排名第77名，处于中势区。赣州市居民生活发展水平得分为26.722分，在长江经济带中排名第49名，处于优势区。赣州市科教文卫发展水平得分为47.419分，在长江经济带中排名第18名，处于强势区。赣州市生态环境发展水平得分为31.855分，在长江经济带中排名第29名，处于优势区。

表5-139　　　　　　　　2016年赣州市综合发展各一级指标的得分、排名及优劣度分析

排名	指标	得分	优劣度
3	工业企业	67.860	强势
12	综合发展	406.528	强势
18	科教文卫	47.419	强势
26	人口就业	51.898	强势
29	生态环境	31.855	优势
33	农业生产	41.138	优势
49	居民生活	26.722	优势
60	区域经济	43.494	中势
61	基础设施	20.721	中势
77	社会福利	75.421	中势

根据表 5 – 140 对 2016 年吉安市综合发展及各一级指标得分情况、排名情况、优劣度情况进行分析。其中，吉安市综合发展水平得分为 397.869 分，在长江经济带中排名第 42 名，处于优势区。在一级指标中，吉安市人口就业发展水平得分为 51.706 分，在长江经济带中排名第 28 名，处于优势区。吉安市区域经济发展水平得分为 42.647 分，在长江经济带中排名第 75 名，处于中势区。吉安市农业生产发展水平得分为 43.198 分，在长江经济带中排名第 21 名，处于强势区。吉安市工业企业发展水平得分为 63.304 分，在长江经济带中排名第 46 名，处于优势区。吉安市基础设施发展水平得分为 21.531 分，在长江经济带中排名第 44 名，处于优势区。吉安市社会福利发展水平得分为 76.264 分，在长江经济带中排名第 64 名，处于中势区。吉安市居民生活发展水平得分为 25.418 分，在长江经济带中排名第 74 名，处于中势区。吉安市科教文卫发展水平得分为 44.296 分，在长江经济带中排名第 64 名，处于中势区。吉安市生态环境发展水平得分为 29.506 分，在长江经济带中排名第 85 名，处于劣势区。

表 5 – 140　　　　　　　　　2016 年吉安市综合发展各一级指标的得分、排名及优劣度分析

排名	指标	得分	优劣度
21	农业生产	43.198	强势
28	人口就业	51.706	优势
42	综合发展	397.869	优势
44	基础设施	21.531	优势
46	工业企业	63.304	优势
64	社会福利	76.264	中势
64	科教文卫	44.296	中势
74	居民生活	25.418	中势
75	区域经济	42.647	中势
85	生态环境	29.506	劣势

根据表 5 – 141 对 2016 年宜春市综合发展及各一级指标得分情况、排名情况、优劣度情况进行分析。其中，宜春市综合发展水平得分为 395.781 分，在长江经济带中排名第 47 名，处于优势区。在一级指标中，宜春市人口就业发展水平得分为 51.225 分，在长江经济带中排名第 32 名，处于优势区。宜春市区域经济发展水平得分为 41.723 分，在长江经济带中排名第 97 名，处于劣势区。宜春市农业生产发展水平得分为 41.912 分，在长江经济带中排名第 29 名，处于优势区。宜春市工业企业发展水平得分为 62.318 分，在长江经济带中排名第 62 名，处于中势区。宜春市基础设施发展水平得分为 21.400 分，在长江经济带中排名第 46 名，处于优势区。宜春市社会福利发展水平得分为 77.855 分，在长江经济带中排名第 22 名，处于强势区。宜春市居民生活发展水平得分为 26.058 分，在长江经济带中排名第 58 名，处于中势区。宜春市科教文卫发展水平得分为 42.696 分，在长江经济带中排名第 90 名，处于劣势区。宜春市生态环境发展水平得分为 30.594 分，在长江经济带中排名第 52 名，处于优势区。

表 5 – 141　　　　　　　　　2016 年宜春市综合发展各一级指标的得分、排名及优劣度分析

排名	指标	得分	优劣度
22	社会福利	77.855	强势
29	农业生产	41.912	优势
32	人口就业	51.225	优势
46	基础设施	21.400	优势
47	综合发展	395.781	优势
52	生态环境	30.594	优势
58	居民生活	26.058	中势
62	工业企业	62.318	中势
90	科教文卫	42.696	劣势
97	区域经济	41.723	劣势

根据表 5－142 对 2016 年抚州市综合发展及各一级指标得分情况、排名情况、优劣度情况进行分析。其中，抚州市综合发展水平得分为 401.061 分，在长江经济带中排名第 26 名，处于优势区。在一级指标中，抚州市人口就业发展水平得分为 50.283 分，在长江经济带中排名第 60 名，处于中势区。抚州市区域经济发展水平得分为 41.248 分，在长江经济带中排名 101 名，处于劣势区。抚州市农业生产发展水平得分为 42.007 分，在长江经济带中排名第 27 名，处于强势区。抚州市工业企业发展水平得分为 63.617 分，在长江经济带中排名第 45 名，处于优势区。抚州市基础设施发展水平得分为 20.753 分，在长江经济带中排名第 59 名，处于中势区。抚州市社会福利发展水平得分为 78.211 分，在长江经济带中排名第 17 名，处于强势区。抚州市居民生活发展水平得分为 29.504 分，在长江经济带中排名第 21 名，处于强势区。抚州市科教文卫发展水平得分为 44.028 分，在长江经济带中排名第 71 名，处于中势区。抚州市生态环境发展水平得分为 31.410 分，在长江经济带中排名第 37 名，处于优势区。

表 5－142　　　　　2016 年抚州市综合发展各一级指标的得分、排名及优劣度分析

排名	指标	得分	优劣度
17	社会福利	78.211	强势
21	居民生活	29.504	强势
26	综合发展	401.061	强势
27	农业生产	42.007	强势
37	生态环境	31.410	优势
45	工业企业	63.617	优势
59	基础设施	20.753	中势
60	人口就业	50.283	中势
71	科教文卫	44.028	中势
101	区域经济	41.248	劣势

根据表 5－143 对 2016 年上饶市综合发展及各一级指标得分情况、排名情况、优劣度情况进行分析。其中，上饶市综合发展水平得分为 395.684 分，在长江经济带中排名第 48 名，处于优势区。在一级指标中，上饶市人口就业发展水平得分为 52.688 分，在长江经济带中排名第 15 名，处于强势区。上饶市区域经济发展水平得分为 42.432 分，在长江经济带中排名第 83 名，处于劣势区。上饶市农业生产发展水平得分为 38.418 分，在长江经济带中排名第 48 名，处于优势区。上饶市工业企业发展水平得分为 64.648 分，在长江经济带中排名第 30 名，处于优势区。上饶市基础设施发展水平得分为 22.448 分，在长江经济带中排名第 28 名，处于优势区。上饶市社会福利发展水平得分为 76.537 分，在长江经济带中排名第 56 名，处于中势区。上饶市居民生活发展水平得分为 25.767 分，在长江经济带中排名第 63 名，处于中势区。上饶市科教文卫发展水平得分为 43.540 分，在长江经济带中排名第 78 名，处于中势区。上饶市生态环境发展水平得分为 29.205 分，在长江经济带中排名第 93 名，处于劣势区。

表 5－143　　　　　2016 年上饶市综合发展各一级指标的得分、排名及优劣度分析

排名	指标	得分	优劣度
15	人口就业	52.688	强势
28	基础设施	22.448	优势
30	工业企业	64.648	优势
48	综合发展	395.684	优势
48	农业生产	38.418	优势
56	社会福利	76.537	中势
63	居民生活	25.767	中势
78	科教文卫	43.540	中势
83	区域经济	42.432	劣势
93	生态环境	29.205	劣势

　　根据表 5 - 144 对 2016 年武汉市综合发展及各一级指标得分情况、排名情况、优劣度情况进行分析。其中，武汉市综合发展水平得分为 411.017 分，在长江经济带中排名第 10 名，处于强势区。在一级指标中，武汉市人口就业发展水平得分为 52.467 分，在长江经济带中排名第 18 名，处于强势区。武汉市区域经济发展水平得分为 47.100 分，在长江经济带中排名第 7 名，处于强势区。武汉市农业生产发展水平得分为 26.358 分，在长江经济带中排名第 100 名，处于劣势区。武汉市工业企业发展水平得分为 67.169 分，在长江经济带中排名第 4 名，处于强势区。武汉市基础设施发展水平得分为 25.778 分，在长江经济带中排名第 9 名，处于强势区。武汉市社会福利发展水平得分为 74.209 分，在长江经济带中排名第 90 名，处于劣势区。武汉市居民生活发展水平得分为 28.497 分，在长江经济带中排名第 28 名，处于优势区。武汉市科教文卫发展水平得分为 57.922 分，在长江经济带中排名第 5 名，处于强势区。武汉市生态环境发展水平得分为 31.516 分，在长江经济带中排名第 35 名，处于优势区。

表 5 - 144　　　　　　　　　2016 年武汉市综合发展各一级指标的得分、排名及优劣度分析

排名	指标	得分	优劣度
4	工业企业	67.169	强势
5	科教文卫	57.922	强势
7	区域经济	47.100	强势
9	基础设施	25.778	强势
10	综合发展	411.017	强势
18	人口就业	52.467	强势
28	居民生活	28.497	优势
35	生态环境	31.516	优势
90	社会福利	74.209	劣势
100	农业生产	26.358	劣势

　　根据表 5 - 145 对 2016 年黄石市综合发展及各一级指标得分情况、排名情况、优劣度情况进行分析。其中，黄石市综合发展水平得分为 395.540 分，在长江经济带中排名第 52 名，处于优势区。在一级指标中，黄石市人口就业发展水平得分为 51.171 分，在长江经济带中排名第 36 名，处于优势区。黄石市区域经济发展水平得分为 44.540 分，在长江经济带中排名第 50 名，处于优势区。黄石市农业生产发展水平得分为 31.700 分，在长江经济带中排名第 73 名，处于中势区。黄石市工业企业发展水平得分为 65.761 分，在长江经济带中排名第 15 名，处于强势区。黄石市基础设施发展水平得分为 22.692 分，在长江经济带中排名第 24 名，处于强势区。黄石市社会福利发展水平得分为 75.033 分，在长江经济带中排名第 82 名，处于劣势区。黄石市居民生活发展水平得分为 24.588 分，在长江经济带中排名第 89 名，处于劣势区。黄石市科教文卫发展水平得分为 45.450 分，在长江经济带中排名第 45 名，处于优势区。黄石市生态环境发展水平得分为 34.605 分，在长江经济带中排名第 11 名，处于强势区。

表 5 - 145　　　　　　　　　2016 年黄石市综合发展各一级指标的得分、排名及优劣度分析

排名	指标	得分	优劣度
11	生态环境	34.605	强势
15	工业企业	65.761	强势
24	基础设施	22.692	强势
36	人口就业	51.171	优势
45	科教文卫	45.450	优势
50	区域经济	44.540	优势
52	综合发展	395.540	优势
73	农业生产	31.700	中势
82	社会福利	75.033	劣势
89	居民生活	24.588	劣势

　　根据表5－146对2016年十堰市综合发展及各一级指标得分情况、排名情况、优劣度情况进行分析。其中，十堰市综合发展水平得分为389.780分，在长江经济带中排名第73名，处于中势区。在一级指标中，十堰市人口就业发展水平得分为49.297分，在长江经济带中排名第82名，处于劣势区。十堰市区域经济发展水平得分为40.680分，在长江经济带中排名第104名，处于劣势区。十堰市农业生产发展水平得分为35.984分，在长江经济带中排名第60名，处于中势区。十堰市工业企业发展水平得分为62.958分，在长江经济带中排名第50名，处于优势区。十堰市基础设施发展水平得分为19.202分，在长江经济带中排名第98名，处于劣势区。十堰市社会福利发展水平得分为76.575分，在长江经济带中排名第53名，处于优势区。十堰市居民生活发展水平得分为25.306分，在长江经济带中排名第78名，处于中势区。十堰市科教文卫发展水平得分为43.904分，在长江经济带中排名第74名，处于中势区。十堰市生态环境发展水平得分为35.874分，在长江经济带中排名第9名，处于强势区。

表5－146　　　　　　　2016年十堰市综合发展各一级指标的得分、排名及优劣度分析

排名	指标	得分	优劣度
9	生态环境	35.874	强势
50	工业企业	62.958	优势
53	社会福利	76.575	优势
60	农业生产	35.984	中势
73	综合发展	389.780	中势
74	科教文卫	43.904	中势
78	居民生活	25.306	中势
82	人口就业	49.297	劣势
98	基础设施	19.202	劣势
104	区域经济	40.680	劣势

　　根据表5－147对2016年宜昌市综合发展及各一级指标得分情况、排名情况、优劣度情况进行分析。其中，宜昌市综合发展水平得分为388.916分，在长江经济带中排名第82名，处于劣势区。在一级指标中，宜昌市人口就业发展水平得分为48.913分，在长江经济带中排名第91名，处于劣势区。宜昌市区域经济发展水平得分为42.046分，在长江经济带中排名第92名，处于劣势区。宜昌市农业生产发展水平得分为36.198分，在长江经济带中排名第58名，处于中势区。宜昌市工业企业发展水平得分为62.388分，在长江经济带中排名第58名，处于中势区。宜昌市基础设施发展水平得分为19.692分，在长江经济带中排名第83名，处于劣势区。宜昌市社会福利发展水平得分为78.916分，在长江经济带中排名第12名，处于强势区。宜昌市居民生活发展水平得分为24.619分，在长江经济带中排名第88名，处于劣势区。宜昌市科教文卫发展水平得分为47.338分，在长江经济带中排名第19名，处于强势区。宜昌市生态环境发展水平得分为28.805分，在长江经济带中排名第101名，处于劣势区。

表5－147　　　　　　　2016年宜昌市综合发展各一级指标的得分、排名及优劣度分析

排名	指标	得分	优劣度
12	社会福利	78.916	强势
19	科教文卫	47.338	强势
58	农业生产	36.198	中势
58	工业企业	62.388	中势
82	综合发展	388.916	劣势
83	基础设施	19.692	劣势
88	居民生活	24.619	劣势
91	人口就业	48.913	劣势
92	区域经济	42.046	劣势
101	生态环境	28.805	劣势

　　根据表 5 - 148 对 2016 年襄阳市综合发展及各一级指标得分情况、排名情况、优劣度情况进行分析。其中，襄阳市综合发展水平得分为 395.613 分，在长江经济带中排名第 51 名，处于优势区。在一级指标中，襄阳市人口就业发展水平得分为 49.492 分，在长江经济带中排名第 79 名，处于中势区。襄阳市区域经济发展水平得分为 42.646 分，在长江经济带中排名第 76 名，处于中势区。襄阳市农业生产发展水平得分为 38.808 分，在长江经济带中排名第 47 名，处于优势区。襄阳市工业企业发展水平得分为 65.281 分，在长江经济带中排名第 20 名，处于强势区。襄阳市基础设施发展水平得分为 19.664 分，在长江经济带中排名第 86 名，处于劣势区。襄阳市社会福利发展水平得分为 79.764 分，在长江经济带中排名第 5 名，处于强势区。襄阳市居民生活发展水平得分为 25.322 分，在长江经济带中排名第 76 名，处于中势区。襄阳市科教文卫发展水平得分为 45.126 分，在长江经济带中排名第 53 名，处于优势区。襄阳市生态环境发展水平得分为 29.511 分，在长江经济带中排名第 84 名，处于劣势区。

表 5 - 148　　　　　　　　　　2016 年襄阳市综合发展各一级指标的得分、排名及优劣度分析

排名	指标	得分	优劣度
5	社会福利	79.764	强势
20	工业企业	65.281	强势
47	农业生产	38.808	优势
51	综合发展	395.613	优势
53	科教文卫	45.126	优势
76	区域经济	42.646	中势
76	居民生活	25.322	中势
79	人口就业	49.492	中势
84	生态环境	29.511	劣势
86	基础设施	19.664	劣势

　　根据表 5 - 149 对 2016 年鄂州市综合发展及各一级指标得分情况、排名情况、优劣度情况进行分析。其中，鄂州市综合发展水平得分为 402.869 分，在长江经济带中排名第 20 名，处于强势区。在一级指标中，鄂州市人口就业发展水平得分为 49.198 分，在长江经济带中排名第 85 名，处于劣势区。鄂州市区域经济发展水平得分为 46.647 分，在长江经济带中排名第 13 名，处于强势区。鄂州市农业生产发展水平得分为 36.889 分，在长江经济带中排名第 55 名，处于中势区。鄂州市工业企业发展水平得分为 65.199 分，在长江经济带中排名第 21 名，处于强势区。鄂州市基础设施发展水平得分为 19.382 分，在长江经济带中排名第 93 名，处于劣势区。鄂州市社会福利发展水平得分 78.245 分，在长江经济带中排名第 15 名，处于强势区。鄂州市居民生活发展水平得分为 24.519 分，在长江经济带中排名第 92 名，处于劣势区。鄂州市科教文卫发展水平得分为 40.707 分，在长江经济带中排名第 100 名，处于劣势区。鄂州市生态环境发展水平得分为 42.083 分，在长江经济带中排名第 3 名，处于强势区。

表 5 - 149　　　　　　　　　　2016 年鄂州市综合发展各一级指标的得分、排名及优劣度分析

排名	指标	得分	优劣度
3	生态环境	42.083	强势
13	区域经济	46.647	强势
15	社会福利	78.245	强势
20	综合发展	402.869	强势
21	工业企业	65.199	强势
55	农业生产	36.889	中势
85	人口就业	49.198	劣势
92	居民生活	24.519	劣势
93	基础设施	19.382	劣势
100	科教文卫	40.707	劣势

根据表 5－150 对 2016 年荆门市综合发展及各一级指标得分情况、排名情况、优劣度情况进行分析。其中，荆门市综合发展水平得分为 391.411 分，在长江经济带中排名第 69 名，处于中势区。在一级指标中，荆门市人口就业发展水平得分为 49.818 分，在长江经济带中排名第 69 名，处于中势区。荆门市区域经济发展水平得分为 42.420 分，在长江经济带中排名第 84 名，处于劣势区。荆门市农业生产发展水平得分为 40.394 分，在长江经济带中排名第 38 名，处于优势区。荆门市工业企业发展水平得分为 60.634 分，在长江经济带中排名第 81 名，处于中势区。荆门市基础设施发展水平得分为 21.170 分，在长江经济带中排名第 49 名，处于优势区。荆门市社会福利发展水平得分为 79.649 分，在长江经济带中排名第 7 名，处于强势区。荆门市居民生活发展水平得分为 23.782 分，在长江经济带中排名第 104 名，处于劣势区。荆门市科教文卫发展水平得分为 43.976 分，在长江经济带中排名第 72 名，处于中势区。荆门市生态环境发展水平得分为 29.567 分，在长江经济带中排名第 82 名，处于劣势区。

表 5－150　　　　2016 年荆门市综合发展各一级指标的得分、排名及优劣度分析

排名	指标	得分	优劣度
7	社会福利	79.649	强势
38	农业生产	40.394	优势
49	基础设施	21.170	优势
69	综合发展	391.411	中势
69	人口就业	49.818	中势
72	科教文卫	43.976	中势
81	工业企业	60.634	中势
82	生态环境	29.567	劣势
84	区域经济	42.420	劣势
104	居民生活	23.782	劣势

根据表 5－151 对 2016 年孝感市综合发展及各一级指标得分情况、排名情况、优劣度情况进行分析。其中，孝感市综合发展水平得分为 391.642 分，在长江经济带中排名第 68 名，处于中势区。在一级指标中，孝感市人口就业发展水平得分为 49.931 分，在长江经济带中排名第 68 名，处于中势区。孝感市区域经济发展水平得分为 41.851 分，在长江经济带中排名第 93 名，处于劣势区。孝感市农业生产发展水平得分为 44.165 分，在长江经济带中排名第 17 名，处于强势区。孝感市工业企业发展水平得分为 61.931 分，在长江经济带中排名第 70 名，处于中势区。孝感市基础设施发展水平得分为 20.082 分，在长江经济带中排名第 73 名，处于中势区。孝感市社会福利发展水平得分为 76.538 分，在长江经济带中排名第 55 名，处于中势区。孝感市居民生活发展水平得分为 24.054 分，在长江经济带中排名第 102 名，处于劣势区。孝感市科教文卫发展水平得分为 44.205 分，在长江经济带中排名第 66 名，处于中势区。孝感市生态环境发展水平得分为 28.884 分，在长江经济带中排名第 99 名，处于劣势区。

表 5－151　　　　2016 年孝感市综合发展各一级指标的得分、排名及优劣度分析

排名	指标	得分	优劣度
17	农业生产	44.165	强势
55	社会福利	76.538	中势
66	科教文卫	44.205	中势
68	综合发展	391.642	中势
68	人口就业	49.931	中势
70	工业企业	61.931	中势
73	基础设施	20.082	中势
93	区域经济	41.851	劣势
99	生态环境	28.884	劣势
102	居民生活	24.054	劣势

根据表 5－152 对 2016 年荆州市综合发展及各一级指标得分情况、排名情况、优劣度情况进行分析。其中，荆州市综合发展水平得分为 403.048 分，在长江经济带中排名第 19 名，处于强势区。在一级指标中，荆州市人口就业发展水平得分为 51.909 分，在长江经济带中排名第 25 名，处于强势区。荆州市区域经济发展水平得分为 41.525 分，在长江经济带中排名第 99 名，处于劣势区。荆州市农业生产发展水平得分为 51.218 分，在长江经济带中排名第 3 名，处于强势区。荆州市工业企业发展水平得分为 61.568 分，在长江经济带中排名第 76 名，处于中势区。荆州市基础设施发展水平得分为 19.416 分，在长江经济带中排名第 92 名，处于劣势区。荆州市社会福利发展水平得分为 77.691 分，在长江经济带中排名第 25 名，处于强势区。荆州市居民生活发展水平得分为 24.698 分，在长江经济带中排名第 87 名，处于劣势区。荆州市科教文卫发展水平得分为 45.022 分，在长江经济带中排名第 54 名，处于优势区。荆州市生态环境发展水平得分为 30.002 分，在长江经济带中排名第 72 名，处于中势区。

表 5－152　　　　2016 年荆州市综合发展各一级指标的得分、排名及优劣度分析

排名	指标	得分	优劣度
3	农业生产	51.218	强势
19	综合发展	403.048	强势
25	人口就业	51.909	强势
25	社会福利	77.691	强势
54	科教文卫	45.022	优势
72	生态环境	30.002	中势
76	工业企业	61.568	中势
87	居民生活	24.698	劣势
92	基础设施	19.416	劣势
99	区域经济	41.525	劣势

根据表 5－153 对 2016 年黄冈市综合发展及各一级指标得分情况、排名情况、优劣度情况进行分析。其中，黄冈市综合发展水平得分为 395.678 分，在长江经济带中排名第 49 名，处于优势区。在一级指标中，黄冈市人口就业发展水平得分为 52.071 分，在长江经济带中排名第 22 名，处于强势区。黄冈市区域经济发展水平得分为 41.794 分，在长江经济带中排名第 95 名，处于劣势区。黄冈市农业生产发展水平得分为 51.013 分，在长江经济带中排名第 4 名，处于强势区。黄冈市工业企业发展水平得分为 57.948 分，在长江经济带中排名第 103 名，处于劣势区。黄冈市基础设施发展水平得分为 21.983 分，在长江经济带中排名第 35 名，处于优势区。黄冈市社会福利发展水平得分为 71.876 分，在长江经济带中排名第 101 名，处于劣势区。黄冈市居民生活发展水平得分为 24.419 分，在长江经济带中排名第 93 名，处于劣势区。黄冈市科教文卫发展水平得分为 45.478 分，在长江经济带中排名第 44 名，处于优势区。黄冈市生态环境发展水平得分为 29.096 分，在长江经济带中排名第 95 名，处于劣势区。

表 5－153　　　　2016 年黄冈市综合发展各一级指标的得分、排名及优劣度分析

排名	指标	得分	优劣度
4	农业生产	51.013	强势
22	人口就业	52.071	强势
35	基础设施	21.983	优势
44	科教文卫	45.478	优势
49	综合发展	395.678	优势
93	居民生活	24.419	劣势
95	区域经济	41.794	劣势
95	生态环境	29.096	劣势
101	社会福利	71.876	劣势
103	工业企业	57.948	劣势

根据表 5-154 对 2016 年咸宁市综合发展及各一级指标得分情况、排名情况、优劣度情况进行分析。其中，咸宁市综合发展水平得分为 392.494 分，在长江经济带中排名第 61 名，处于中势区。在一级指标中，咸宁市人口就业发展水平得分为 48.921 分，在长江经济带中排名第 90 名，处于劣势区。咸宁市区域经济发展水平得分为 44.412 分，在长江经济带中排名第 53 名，处于优势区。咸宁市农业生产发展水平得分为 42.365 分，在长江经济带中排名第 23 名，处于强势区。咸宁市工业企业发展水平得分为 62.325 分，在长江经济带中排名第 61 名，处于中势区。咸宁市基础设施发展水平得分为 18.729 分，在长江经济带中排名第 104 名，处于劣势区。咸宁市社会福利发展水平得分为 78.708 分，在长江经济带中排名第 13 名，处于强势区。咸宁市居民生活发展水平得分为 23.342 分，在长江经济带中排名第 106 名，处于劣势区。咸宁市科教文卫发展水平得分为 43.923 分，在长江经济带中排名第 73 名，处于中势区。咸宁市生态环境发展水平得分为 29.768 分，在长江经济带中排名第 77 名，处于中势区。

表 5-154　　　　　　　　2016 年咸宁市综合发展各一级指标的得分、排名及优劣度分析

排名	指标	得分	优劣度
13	社会福利	78.708	强势
23	农业生产	42.365	强势
53	区域经济	44.412	优势
61	综合发展	392.494	中势
61	工业企业	62.325	中势
73	科教文卫	43.923	中势
77	生态环境	29.768	中势
90	人口就业	48.921	劣势
104	基础设施	18.729	劣势
106	居民生活	23.342	劣势

根据表 5-155 对 2016 年随州市综合发展及各一级指标得分情况、排名情况、优劣度情况进行分析。其中，随州市综合发展水平得分为 393.454 分，在长江经济带中排名第 56 名，处于中势区。在一级指标中，随州市人口就业发展水平得分为 49.483 分，在长江经济带中排名第 81 名，处于中势区。随州市区域经济发展水平得分为 43.200 分，在长江经济带中排名第 67 名，处于中势区。随州市农业生产发展水平得分为 42.050 分，在长江经济带中排名第 26 名，处于强势区。随州市工业企业发展水平得分为 62.290 分，在长江经济带中排名第 63 名，处于中势区。随州市基础设施发展水平得分为 20.060 分，在长江经济带中排名第 74 名，处于中势区。随州市社会福利发展水平得分为 79.375 分，在长江经济带中排名第 9 名，处于强势区。随州市居民生活发展水平得分为 23.753 分，在长江经济带中排名第 105 名，处于劣势区。随州市科教文卫发展水平得分为 43.201 分，在长江经济带中排名第 83 名，处于劣势区。随州市生态环境发展水平得分为 30.041 分，在长江经济带中排名第 69 名，处于中势区。

表 5-155　　　　　　　　2016 年随州市综合发展各一级指标的得分、排名及优劣度分析

排名	指标	得分	优劣度
9	社会福利	79.375	强势
26	农业生产	42.050	强势
56	综合发展	393.454	中势
63	工业企业	62.290	中势
67	区域经济	43.200	中势
69	生态环境	30.041	中势
74	基础设施	20.060	中势
81	人口就业	49.483	中势
83	科教文卫	43.201	劣势
105	居民生活	23.753	劣势

　　根据表 5 - 156 对 2016 年长沙市综合发展及各一级指标得分情况、排名情况、优劣度情况进行分析。其中，长沙市综合发展水平得分为 403.672 分，在长江经济带中排名第 17 名，处于强势区。在一级指标中，长沙市人口就业发展水平得分为 52.653 分，在长江经济带中排名第 16 名，处于强势区。长沙市区域经济发展水平得分为 46.907 分，在长江经济带中排名第 10 名，处于强势区。长沙市农业生产发展水平得分为 26.988 分，在长江经济带中排名第 96 名，处于劣势区。长沙市工业企业发展水平得分为 62.386 分，在长江经济带中排名第 59 名，处于中势区。长沙市基础设施发展水平得分为 22.166 分，在长江经济带中排名第 33 名，处于优势区。长沙市社会福利发展水平得分为 76.630 分，在长江经济带中排名第 51 名，处于优势区。长沙市居民生活发展水平得分为 29.467 分，在长江经济带中排名第 22 名，处于强势区。长沙市科教文卫发展水平得分为 53.397 分，在长江经济带中排名第 8 名，处于强势区。长沙市生态环境发展水平得分为 33.078 分，在长江经济带中排名第 17 名，处于强势区。

表 5 - 156　　　　　　　　　　2016 年长沙市综合发展各一级指标的得分、排名及优劣度分析

排名	指标	得分	优劣度
8	科教文卫	53.397	强势
10	区域经济	46.907	强势
16	人口就业	52.653	强势
17	综合发展	403.672	强势
17	生态环境	33.078	强势
22	居民生活	29.467	强势
33	基础设施	22.166	优势
51	社会福利	76.630	优势
59	工业企业	62.386	中势
96	农业生产	26.988	劣势

　　根据表 5 - 157 对 2016 年株洲市综合发展及各一级指标得分情况、排名情况、优劣度情况进行分析。其中，株洲市综合发展水平得分为 389.439 分，在长江经济带中排名第 76 名，处于中势区。在一级指标中，株洲市人口就业发展水平得分为 50.284 分，在长江经济带中排名第 59 名，处于中势区。株洲市区域经济发展水平得分为 45.734 分，在长江经济带中排名第 30 名，处于优势区。株洲市农业生产发展水平得分为 32.314 分，在长江经济带中排名第 70 名，处于中势区。株洲市工业企业发展水平得分为 62.841 分，在长江经济带中排名第 53 名，处于优势区。株洲市基础设施发展水平得分为 20.255 分，在长江经济带中排名第 70 名，处于中势区。株洲市社会福利发展水平得分为 75.325 分，在长江经济带中排名第 79 名，处于中势区。株洲市居民生活发展水平得分为 28.197 分，在长江经济带中排名第 32 名，处于优势区。株洲市科教文卫发展水平得分为 43.782 分，在长江经济带中排名第 76 名，处于中势区。株洲市生态环境发展水平得分为 30.705 分，在长江经济带中排名第 49 名，处于优势区。

表 5 - 157　　　　　　　　　　2016 年株洲市综合发展各一级指标的得分、排名及优劣度分析

排名	指标	得分	优劣度
30	区域经济	45.734	优势
32	居民生活	28.197	优势
49	生态环境	30.705	优势
53	工业企业	62.841	优势
59	人口就业	50.284	中势
70	农业生产	32.314	中势
70	基础设施	20.255	中势
76	综合发展	389.439	中势
76	科教文卫	43.782	中势
79	社会福利	75.325	中势

根据表5－158对2016年湘潭市综合发展及各一级指标得分情况、排名情况、优劣度情况进行分析。其中，湘潭市综合发展水平得分为391.968分，在长江经济带中排名第64名，处于中势区。在一级指标中，湘潭市人口就业发展水平得分为49.683分，在长江经济带中排名第72名，处于中势区。湘潭市区域经济发展水平得分为45.414分，在长江经济带中排名第36名，处于优势区。湘潭市农业生产发展水平得分为31.636分，在长江经济带中排名第74名，处于中势区。湘潭市工业企业发展水平得分为64.046分，在长江经济带中排名第37名，处于优势区。湘潭市基础设施发展水平得分为20.937分，在长江经济带中排名第52名，处于优势区。湘潭市社会福利发展水平得分为76.897分，在长江经济带中排名第44名，处于优势区。湘潭市居民生活发展水平得分为28.454分，在长江经济带中排名第29名，处于优势区。湘潭市科教文卫发展水平得分为44.179分，在长江经济带中排名第68名，处于中势区。湘潭市生态环境发展水平得分为30.722分，在长江经济带中排名第48名，处于优势区。

表5－158　　　　　　　　2016年湘潭市综合发展各一级指标的得分、排名及优劣度分析

排名	指标	得分	优劣度
29	居民生活	28.454	优势
36	区域经济	45.414	优势
37	工业企业	64.046	优势
44	社会福利	76.897	优势
48	生态环境	30.722	优势
52	基础设施	20.937	优势
64	综合发展	391.968	中势
68	科教文卫	44.179	中势
72	人口就业	49.683	中势
74	农业生产	31.636	中势

根据表5－159对2016年衡阳市综合发展及各一级指标得分情况、排名情况、优劣度情况进行分析。其中，衡阳市综合发展水平得分为399.650分，在长江经济带中排名第32名，处于优势区。在一级指标中，衡阳市人口就业发展水平得分为51.433分，在长江经济带中排名第31名，处于优势区。衡阳市区域经济发展水平得分为46.390分，在长江经济带中排名第16名，处于强势区。衡阳市农业生产发展水平得分为43.777分，在长江经济带中排名第19名，处于强势区。衡阳市工业企业发展水平得分为62.919分，在长江经济带中排名第51名，处于优势区。衡阳市基础设施发展水平得分为19.988分，在长江经济带中排名第77名，处于中势区。衡阳市社会福利发展水平得分为75.773分，在长江经济带中排名第71名，处于中势区。衡阳市居民生活发展水平得分为25.536分，在长江经济带中排名第67名，处于中势区。衡阳市科教文卫发展水平得分为44.409分，在长江经济带中排名第63名，处于中势区。衡阳市生态环境发展水平得分为29.425分，在长江经济带中排名第87名，处于劣势区。

表5－159　　　　　　　　2016年衡阳市综合发展各一级指标的得分、排名及优劣度分析

排名	指标	得分	优劣度
16	区域经济	46.390	强势
19	农业生产	43.777	强势
31	人口就业	51.433	优势
32	综合发展	399.650	优势
51	工业企业	62.919	优势
63	科教文卫	44.409	中势
67	居民生活	25.536	中势
71	社会福利	75.773	中势
77	基础设施	19.988	中势
87	生态环境	29.425	劣势

根据表 5 – 160 对 2016 年邵阳市综合发展及各一级指标得分情况、排名情况、优劣度情况进行分析。其中，邵阳市综合发展水平得分为 397. 635 分，在长江经济带中排名第 43 名，处于优势区。在一级指标中，邵阳市人口就业发展水平得分为 53. 320 分，在长江经济带中排名第 11 名，处于强势区。邵阳市区域经济发展水平得分为 42. 670 分，在长江经济带中排名第 74 名，处于中势区。邵阳市农业生产发展水平得分为 49. 114 分，在长江经济带中排名第 8 名，处于强势区。邵阳市工业企业发展水平得分为 62. 236 分，在长江经济带中排名第 65 名，处于中势区。邵阳市基础设施发展水平得分为 20. 932 分，在长江经济带中排名第 53 名，处于优势区。邵阳市社会福利发展水平得分为 71. 140 分，在长江经济带中排名第 103 名，处于劣势区。邵阳市居民生活发展水平得分为 29. 007 分，在长江经济带中排名第 26 名，处于强势区。邵阳市科教文卫发展水平得分为 40. 232 分，在长江经济带中排名第 104 名，处于劣势区。邵阳市生态环境发展水平得分为 28. 984 分，在长江经济带中排名第 97 名，处于劣势区。

表 5 – 160　　　　　　　2016 年邵阳市综合发展各一级指标的得分、排名及优劣度分析

排名	指标	得分	优劣度
8	农业生产	49. 114	强势
11	人口就业	53. 320	强势
26	居民生活	29. 007	强势
43	综合发展	397. 635	优势
53	基础设施	20. 932	优势
65	工业企业	62. 236	中势
74	区域经济	42. 670	中势
97	生态环境	28. 984	劣势
103	社会福利	71. 140	劣势
104	科教文卫	40. 232	劣势

根据表 5 – 161 对 2016 年岳阳市综合发展及各一级指标得分情况、排名情况、优劣度情况进行分析。其中，岳阳市综合发展水平得分为 392. 904 分，在长江经济带中排名第 58 名，处于中势区。在一级指标中，岳阳市人口就业发展水平得分为 50. 849 分，在长江经济带中排名第 47 名，处于优势区。岳阳市区域经济发展水平得分为 43. 206 分，在长江经济带中排名第 66 名，处于中势区。岳阳市农业生产发展水平得分为 37. 018 分，在长江经济带中排名第 54 名，处于优势区。岳阳市工业企业发展水平得分为 62. 242 分，在长江经济带中排名第 64 名，处于中势区。岳阳市基础设施发展水平得分为 21. 205 分，在长江经济带中排名第 48 名，处于优势区。岳阳市社会福利发展水平得分为 77. 004 分，在长江经济带中排名第 41 名，处于优势区。岳阳市居民生活发展水平得分为 24. 796 分，在长江经济带中排名第 85 名，处于劣势区。岳阳市科教文卫发展水平得分为 46. 531 分，在长江经济带中排名第 28 名，处于优势区。岳阳市生态环境发展水平得分为 30. 053 分，在长江经济带中排名第 67 名，处于中势区。

表 5 – 161　　　　　　　2016 年岳阳市综合发展各一级指标的得分、排名及优劣度分析

排名	指标	得分	优劣度
28	科教文卫	46. 531	优势
41	社会福利	77. 004	优势
47	人口就业	50. 849	优势
48	基础设施	21. 205	优势
54	农业生产	37. 018	优势
58	综合发展	392. 904	中势
64	工业企业	62. 242	中势
66	区域经济	43. 206	中势
67	生态环境	30. 053	中势
85	居民生活	24. 796	劣势

根据表 5 - 162 对 2016 年常德市综合发展及各一级指标得分情况、排名情况、优劣度情况进行分析。其中，常德市综合发展水平得分为 399.325 分，在长江经济带中排名第 36 名，处于优势区。在一级指标中，常德市人口就业发展水平得分为 50.686 分，在长江经济带中排名第 51 名，处于优势区。常德市区域经济发展水平得分为 45.994 分，在长江经济带中排名第 22 名，处于强势区。常德市农业生产发展水平得分为 40.312 分，在长江经济带中排名第 39 名，处于优势区。常德市工业企业发展水平得分为 62.104 分，在长江经济带中排名第 68 名，处于中势区。常德市基础设施发展水平得分为 19.671 分，在长江经济带中排名第 84 名，处于劣势区。常德市社会福利发展水平得分为 77.224 分，在长江经济带中排名第 36 名，处于优势区。常德市居民生活发展水平得分为 28.044 分，在长江经济带中排名第 34 名，处于优势区。常德市科教文卫发展水平得分为 46.515 分，在长江经济带中排名第 29 名，处于优势区。常德市生态环境发展水平得分为 28.775 分，在长江经济带中排名第 102 名，处于劣势区。

表 5 - 162　　　　　　　2016 年常德市综合发展各一级指标的得分、排名及优劣度分析

排名	指标	得分	优劣度
22	区域经济	45.994	强势
29	科教文卫	46.515	优势
34	居民生活	28.044	优势
36	综合发展	399.325	优势
36	社会福利	77.224	优势
39	农业生产	40.312	优势
51	人口就业	50.686	优势
68	工业企业	62.104	中势
84	基础设施	19.671	劣势
102	生态环境	28.775	劣势

根据表 5 - 163 对 2016 年张家界市综合发展及各一级指标得分情况、排名情况、优劣度情况进行分析。其中，张家界市综合发展水平得分为 382.646 分，在长江经济带中排名第 100 名，处于劣势区。在一级指标中，张家界市人口就业发展水平得分为 52.953 分，在长江经济带中排名第 14 名，处于强势区。张家界市区域经济发展水平得分为 43.298 分，在长江经济带中排名第 62 名，处于中势区。张家界市农业生产发展水平得分为 35.384 分，在长江经济带中排名第 63 名，处于中势区。张家界市工业企业发展水平得分为 63.055 分，在长江经济带中排名第 49 名，处于优势区。张家界市基础设施发展水平得分为 21.098 分，在长江经济带中排名第 50 名，处于优势区。张家界市社会福利发展水平得分为 76.075 分，在长江经济带中排名第 68 名，处于中势区。张家界市居民生活发展水平得分为 32.415 分，在长江经济带中排名第 5 名，处于强势区。张家界市科教文卫发展水平得分 26.918 分，在长江经济带中排名第 108 名，处于劣势区。张家界市生态环境发展水平得分为 31.450 分，在长江经济带中排名第 36 名，处于优势区。

表 5 - 163　　　　　　　2016 年张家界市综合发展各一级指标的得分、排名及优劣度分析

排名	指标	得分	优劣度
5	居民生活	32.415	强势
14	人口就业	52.953	强势
36	生态环境	31.450	优势
49	工业企业	63.055	优势
50	基础设施	21.098	优势
62	区域经济	43.298	中势
63	农业生产	35.384	中势
68	社会福利	76.075	中势
100	综合发展	382.646	劣势
108	科教文卫	26.918	劣势

根据表 5 - 164 对 2016 年益阳市综合发展及各一级指标得分情况、排名情况、优劣度情况进行分析。其中，益阳市综合发展水平得分为 404.755 分，在长江经济带中排名第 14 名，处于强势区。在一级指标中，益阳市人口就业发展水平得分为 50.717 分，在长江经济带中排名第 49 名，处于优势区。益阳市区域经济发展水平得分为 44.751 分，在长江经济带中排名第 46 名，处于优势区。益阳市农业生产发展水平得分为 44.953 分，在长江经济带中排名第 15 名，处于强势区。益阳市工业企业发展水平得分为 62.434 分，在长江经济带中排名第 57 名，处于中势区。益阳市基础设施发展水平得分为 19.762 分，在长江经济带中排名第 82 名，处于劣势区。益阳市社会福利发展水平得分为 80.632 分，在长江经济带中排名第 1 名，处于强势区。益阳市居民生活发展水平得分为 28.411 分，在长江经济带中排名第 31 名，处于优势区。益阳市科教文卫发展水平得分为 43.187 分，在长江经济带中排名第 85 名，处于劣势区。益阳市生态环境发展水平得分为 29.908 分，在长江经济带中排名第 75 名，处于中势区。

表 5 - 164　　　　　　　　2016 年益阳市综合发展各一级指标的得分、排名及优劣度分析

排名	指标	得分	优劣度
1	社会福利	80.632	强势
14	综合发展	404.755	强势
15	农业生产	44.953	强势
31	居民生活	28.411	优势
46	区域经济	44.751	优势
49	人口就业	50.717	优势
57	工业企业	62.434	中势
75	生态环境	29.908	中势
82	基础设施	19.762	劣势
85	科教文卫	43.187	劣势

根据表 5 - 165 对 2016 年郴州市综合发展及各一级指标得分情况、排名情况、优劣度情况进行分析。其中，郴州市综合发展水平得分为 386.967 分，在长江经济带中排名第 88 名，处于劣势区。在一级指标中，郴州市人口就业发展水平得分为 42.287 分，在长江经济带中排名第 108 名，处于劣势区。郴州市区域经济发展水平得分为 47.749 分，在长江经济带中排名第 4 名，处于强势区。郴州市农业生产发展水平得分为 34.993 分，在长江经济带中排名第 65 名，处于中势区。郴州市工业企业发展水平得分为 59.565 分，在长江经济带中排名第 92 名，处于劣势区。郴州市基础设施发展水平得分为 20.316 分，在长江经济带中排名第 67 名，处于中势区。郴州市社会福利发展水平得分为 78.050 分，在长江经济带中排名第 21 名，处于强势区。郴州市居民生活发展水平得分为 28.114 分，在长江经济带中排名第 33 名，处于优势区。郴州市科教文卫发展水平得分为 45.316 分，在长江经济带中排名第 47 名，处于优势区。郴州市生态环境发展水平得分为 30.577 分，在长江经济带中排名第 53 名，处于优势区。

表 5 - 165　　　　　　　　2016 年郴州市综合发展各一级指标的得分、排名及优劣度分析

排名	指标	得分	优劣度
4	区域经济	47.749	强势
21	社会福利	78.050	强势
33	居民生活	28.114	优势
47	科教文卫	45.316	优势
53	生态环境	30.577	优势
65	农业生产	34.993	中势
67	基础设施	20.316	中势
88	综合发展	386.967	劣势
92	工业企业	59.565	劣势
108	人口就业	42.287	劣势

根据表 5－166 对 2016 年永州市综合发展及各一级指标得分情况、排名情况、优劣度情况进行分析。其中，永州市综合发展水平得分为 404.390 分，在长江经济带中排名第 15 名，处于强势区。在一级指标中，永州市人口就业发展水平得分为 53.190 分，在长江经济带中排名第 13 名，处于强势区。永州市区域经济发展水平得分为 43.069 分，在长江经济带中排名第 68 名，处于中势区。永州市农业生产发展水平得分为 48.653 分，在长江经济带中排名第 10 名，处于强势区。永州市工业企业发展水平得分为 64.246 分，在长江经济带中排名第 36 名，处于优势区。永州市基础设施发展水平得分为 20.842 分，在长江经济带中排名第 57 名，处于中势区。永州市社会福利发展水平得分为 77.330 分，在长江经济带中排名第 33 名，处于优势区。永州市居民生活发展水平得分为 27.188 分，在长江经济带中排名第 45 名，处于优势区。永州市科教文卫发展水平得分为 40.883 分，在长江经济带中排名第 98 名，处于劣势区。永州市生态环境发展水平得分为 28.989 分，在长江经济带中排名第 96 名，处于劣势区。

表 5－166　　　　　　　　　　2016 年永州市综合发展各一级指标的得分、排名及优劣度分析

排名	指标	得分	优劣度
10	农业生产	48.653	强势
13	人口就业	53.190	强势
15	综合发展	404.390	强势
33	社会福利	77.330	优势
36	工业企业	64.246	优势
45	居民生活	27.188	优势
57	基础设施	20.842	中势
68	区域经济	43.069	中势
96	生态环境	28.989	劣势
98	科教文卫	40.883	劣势

根据表 5－167 对 2016 年怀化市综合发展及各一级指标得分情况、排名情况、优劣度情况进行分析。其中，怀化市综合发展水平得分为 399.373 分，在长江经济带中排名第 35 名，处于优势区。在一级指标中，怀化市人口就业发展水平得分为 51.151 分，在长江经济带中排名第 37 名，处于优势区。怀化市区域经济发展水平得分为 43.058 分，在长江经济带中排名第 69 名，处于中势区。怀化市农业生产发展水平得分为 39.332 分，在长江经济带中排名第 42 名，处于优势区。怀化市工业企业发展水平得分为 63.296 分，在长江经济带中排名第 47 名，处于优势区。怀化市基础设施发展水平得分为 19.541 分，在长江经济带中排名第 88 名，处于劣势区。怀化市社会福利发展水平得分为 74.451 分，在长江经济带中排名第 89 名，处于劣势区。怀化市居民生活发展水平得分为 33.241 分，在长江经济带中排名第 3 名，处于强势区。怀化市科教文卫发展水平得分为 45.599 分，在长江经济带中排名第 42 名，处于优势区。怀化市生态环境发展水平得分为 29.702 分，在长江经济带中排名第 78 名，处于中势区。

表 5－167　　　　　　　　　　2016 年怀化市综合发展各一级指标的得分、排名及优劣度分析

排名	指标	得分	优劣度
3	居民生活	33.241	强势
35	综合发展	399.373	优势
37	人口就业	51.151	优势
42	农业生产	39.332	优势
42	科教文卫	45.599	优势
47	工业企业	63.296	优势
69	区域经济	43.058	中势
78	生态环境	29.702	中势
88	基础设施	19.541	劣势
89	社会福利	74.451	劣势

根据表 5 - 168 对 2016 年娄底市综合发展及各一级指标得分情况、排名情况、优劣度情况进行分析。其中，娄底市综合发展水平得分为 398.942 分，在长江经济带中排名第 40 名，处于优势区。在一级指标中，娄底市人口就业发展水平得分为 52.538 分，在长江经济带中排名第 17 名，处于强势区。娄底市区域经济发展水平得分为 45.661 分，在长江经济带中排名第 33 名，处于优势区。娄底市农业生产发展水平得分为 39.542 分，在长江经济带中排名第 41 名，处于优势区。娄底市工业企业发展水平得分为 62.836 分，在长江经济带中排名第 54 名，处于优势区。娄底市基础设施发展水平得分为 20.893 分，在长江经济带中排名第 55 名，处于中势区。娄底市社会福利发展水平得分为 74.190 分，在长江经济带中排名第 91 名，处于劣势区。娄底市居民生活发展水平得分为 27.216 分，在长江经济带中排名第 44 名，处于优势区。娄底市科教文卫发展水平得分为 44.695 分，在长江经济带中排名第 58 名，处于中势区。娄底市生态环境发展水平得分为 31.370 分，在长江经济带中排名第 38 名，处于优势区。

表 5 - 168　　　　　　　　　2016 年娄底市综合发展各一级指标的得分、排名及优劣度分析

排名	指标	得分	优劣度
17	人口就业	52.538	强势
33	区域经济	45.661	优势
38	生态环境	31.370	优势
40	综合发展	398.942	优势
41	农业生产	39.542	优势
44	居民生活	27.216	优势
54	工业企业	62.836	优势
55	基础设施	20.893	中势
58	科教文卫	44.695	中势
91	社会福利	74.190	劣势

四、2017 年长江经济带中部地区城市综合发展水平评估分析

（一）2017 年长江经济带中部地区城市综合发展水平评估指标比较

根据表 5 - 169 对长江经济带中部地区的城市综合发展水平得分情况展开分析。2017 年中部地区各城市综合发展水平得分区间为 369～405 分，其中得分最高的为宜春市（404.809 分），最低分为十堰市（369.591 分），在中部地区中有 2 个城市（宜春市、赣州市）的综合发展水平得分超过 400 分，其余城市的得分均低于 400 分。

表 5 - 169　　　　　　　　　　2017 年长江经济带中部地区综合发展得分

排名	地区	得分
1	宜春市	404.809
2	赣州市	402.727
3	武汉市	399.417
4	亳州市	398.781
5	永州市	398.533
6	合肥市	398.186
7	六安市	397.536
8	宣城市	396.583
9	阜阳市	396.256
10	怀化市	394.958
11	吉安市	394.723

续表

排名	地区	得分
12	益阳市	393.857
13	池州市	393.515
14	长沙市	393.262
15	鄂州市	392.496
16	滁州市	392.301
17	抚州市	391.634
18	黄山市	390.031
19	咸宁市	389.051
20	淮南市	388.951
21	马鞍山市	388.268
22	荆州市	388.199
23	邵阳市	387.065
24	湘潭市	386.180
25	孝感市	385.839
26	娄底市	385.779
27	上饶市	385.629
28	衡阳市	384.699
29	芜湖市	383.881
30	张家界市	383.774
31	宿州市	383.761
32	黄石市	383.261
33	常德市	383.213
34	黄冈市	383.018
35	新余市	382.189
36	安庆市	382.122
37	蚌埠市	381.731
38	鹰潭市	381.455
39	襄阳市	381.259
40	郴州市	380.747
41	岳阳市	380.531
42	南昌市	380.524
43	荆门市	380.470
44	铜陵市	379.379
45	淮北市	379.269
46	九江市	378.335
47	株洲市	377.398
48	随州市	377.306
49	景德镇市	376.052
50	萍乡市	373.939
51	宜昌市	369.782
52	十堰市	369.591

根据表5－170对2017年长江经济带中部地区综合发展水平平均得分在长江经济带各城市群中排名情况展开分析。2017年中部地区综合发展水平平均得分处于长江经济带各板块中的第2名，发展优势相对一般。

表5-170　　　　　　　　　2017年长江经济带中部地区综合发展评分一级指标比较

项目	数据
排名	2
中部地区平均得分	386.774
经济带最高分	430.365
经济带平均分	386.962
与最高分差距	-43.591
与平均分差距	-0.188

（二）2017年长江经济带中部地区城市综合发展水平的量化评估

根据表5-171对2017年长江经济带中部地区综合发展及各一级指标平均得分情况、排名情况进行分析。其中，中部地区综合发展平均得分在长江经济带各板块中排名第2名。在一级指标中，人口就业发展水平平均得分为51.603分，在长江经济带各板块中排名第2名。区域经济发展水平平均得分为43.946分，在长江经济带各板块中排名第3名。农业生产发展水平平均得分为30.076分，在长江经济带各板块中排名第2名。工业企业发展水平平均得分为62.816分，在长江经济带各板块中排名第2名。基础设施发展水平平均得分为20.939分，在长江经济带各板块中排名第2名。社会福利发展水平平均得分为73.475分，在长江经济带各板块中排名第1名。居民生活发展水平平均得分为27.326分，在长江经济带各板块中排名第3名。科教文卫发展水平平均得分为43.924分，在长江经济带各板块中排名第3名。生态环境发展水平平均得分为32.670分，在长江经济带各板块中排名第2名。

表5-171　　　　　　　2017年长江经济带中部地区综合发展各一级指标的得分、排名分析

排名	指标	得分
1	社会福利	73.475
2	综合发展	386.774
2	人口就业	51.603
2	农业生产	30.076
2	工业企业	62.816
2	基础设施	20.939
2	生态环境	32.670
3	区域经济	43.946
3	居民生活	27.326
3	科教文卫	43.924

（三）2017年长江经济带中部地区城市综合发展水平评估得分比较

根据图5-7对2017年长江经济带中部地区综合发展水平与长江经济带平均水平展开比较分析。长江经济带中部地区在区域经济、工业企业、基础设施、社会福利、科教文卫等方面与长江经济带最高分差距较小，发展优势明显。在人口就业、农业生产、居民生活、生态环境等方面与最高分差距较大。

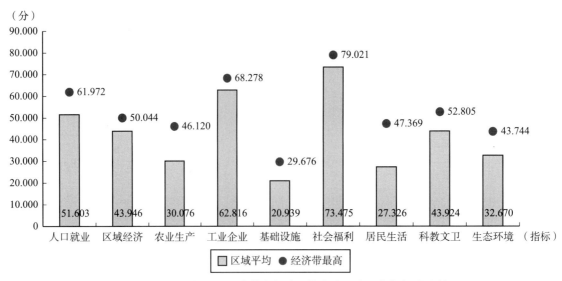

图 5 - 7　2017 年长江经济带中部地区综合发展水平指标得分比较

（四）2017 年长江经济带中部地区城市综合发展水平评估指标动态变化分析

根据图 5 - 8 对 2017～2018 年长江经济带中部地区各级指标排名变化情况展开分析。2017～2018 年，长江经济带中部地区各级指标中保持指标的比例较高，总体指标上升下降不明显。

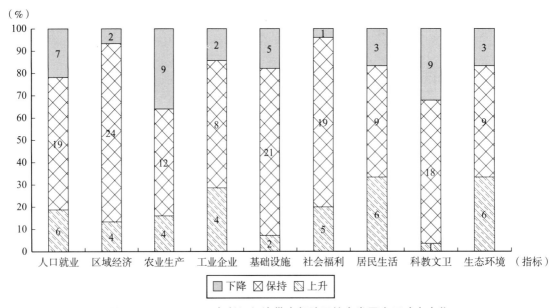

图 5 - 8　2017～2018 年长江经济带中部地区综合发展水平动态变化

表 5 - 172 进一步对 2017～2018 年中部地区 218 个要素指标的变化情况展开统计分析，其中，上升指标有 38 个，占指标总数的 17.431%；保持的指标有 139 个，占指标总数的 63.761%；下降的指标有 41 个，占指标总数的 18.807%。

表 5 - 172　　　　　　　　2017～2018 年长江经济带中部地区综合发展水平排名变化态势比较

指标	要素指标数量（个）	上升指标		保持指标		下降指标	
		个数（个）	比重（%）	个数（个）	比重（%）	个数（个）	比重（%）
人口就业	32	6	18.750	19	59.375	7	21.875

续表

指标	要素指标数量（个）	上升指标		保持指标		下降指标	
		个数（个）	比重（%）	个数（个）	比重（%）	个数（个）	比重（%）
区域经济	30	4	13.333	24	80.000	2	6.667
农业生产	25	4	16.000	12	48.000	9	36.000
工业企业	14	4	28.571	8	57.143	2	14.286
基础设施	28	2	7.143	21	75.000	5	17.857
社会福利	25	5	20.000	19	76.000	1	4.000
居民生活	18	6	33.333	9	50.000	3	16.667
科教文卫	28	1	3.571	18	64.286	9	32.143
生态环境	18	6	33.333	9	50.000	3	16.667
合计	218	38	17.431	139	63.761	41	18.807

（五）2017 年长江经济带中部地区各城市综合发展水平各级指标得分、排名及优劣度分析

根据表 5－173 对 2017 年合肥市综合发展及各一级指标得分情况、排名情况、优劣度情况进行分析。其中，合肥市综合发展水平得分为 398.186 分，在长江经济带中排名第 15 名，处于强势区。在一级指标中，合肥市人口就业发展水平得分为 52.644 分，在长江经济带中排名第 26 名，处于强势区。合肥市区域经济发展水平得分为 45.053 分，在长江经济带中排名第 42 名，处于优势区。合肥市农业生产发展水平得分为 22.190 分，在长江经济带中排名第 102 名，处于劣势区。合肥市工业企业发展水平得分为 61.639 分，在长江经济带中排名第 69 名，处于中势区。合肥市基础设施发展水平得分为 29.676 分，在长江经济带中排名第 1 名，处于强势区。合肥市社会福利发展水平得分为 76.440 分，在长江经济带中排名第 17 名，处于强势区。合肥市居民生活发展水平得分为 28.394 分，在长江经济带中排名第 39 名，处于优势区。合肥市科教文卫发展水平得分为 44.108 分，在长江经济带中排名第 46 名，处于优势区。合肥市生态环境发展水平得分为 38.041 分，在长江经济带中排名第 8 名，处于强势区。

表 5－173　　　　**2017 年合肥市综合发展各一级指标的得分、排名及优劣度分析**

排名	指标	得分	优劣度
1	基础设施	29.676	强势
8	生态环境	38.041	强势
15	综合发展	398.186	强势
17	社会福利	76.440	强势
26	人口就业	52.644	强势
39	居民生活	28.394	优势
42	区域经济	45.053	优势
46	科教文卫	44.108	优势
69	工业企业	61.639	中势
102	农业生产	22.190	劣势

根据表 5－174 对 2017 年芜湖市综合发展及各一级指标得分情况、排名情况、优劣度情况进行分析。其中，芜湖市综合发展水平得分为 383.881 分，在长江经济带中排名第 60 名，处于中势区。在一级指标中，芜湖市人口就业发展水平得分为 51.317 分，在长江经济带中排名第 52 名，处于优势区。芜湖市区域经济发展水平得分为 44.901 分，在长江经济带中排名第 45 名，处于优势区。芜湖市农业生产发展水平得分为 22.833 分，在长江经济带中排名第 94 名，处于劣势区。芜湖市工业企业发展水平得分为 61.449 分，在长江经济带中排名第 70 名，处于中势区。芜湖市基础设施发展水平得分为 23.699 分，在长江经济带中排名第 17 名，处于强势区。芜湖市社会福利发展水平得分为 77.235 分，在长江经济带中排名第 12 名，处于强势区。芜湖市居民生活发展水平得分为 27.399 分，在长江经济带中排名第 56 名，处于中势区。芜湖

市科教文卫发展水平得分为44.394分，在长江经济带中排名第40名，处于优势区。芜湖市生态环境发展水平得分为30.653分，在长江经济带中排名第85名，处于劣势区。

表5—174　　　　　　　2017年芜湖市综合发展各一级指标的得分、排名及优劣度分析

排名	指标	得分	优劣度
12	社会福利	77.235	强势
17	基础设施	23.699	强势
40	科教文卫	44.394	优势
45	区域经济	44.901	优势
52	人口就业	51.317	优势
56	居民生活	27.399	中势
60	综合发展	383.881	中势
70	工业企业	61.449	中势
85	生态环境	30.653	劣势
94	农业生产	22.833	劣势

根据表5—175对2017年蚌埠市综合发展及各一级指标得分情况、排名情况、优劣度情况进行分析。其中，蚌埠市综合发展水平得分为381.731分，在长江经济带中排名第73名，处于中势区。在一级指标中，蚌埠市人口就业发展水平得分为49.880分，在长江经济带中排名第84名，处于劣势区。蚌埠市区域经济发展水平得分为45.013分，在长江经济带中排名第44名，处于优势区。蚌埠市农业生产发展水平得分为26.665分，在长江经济带中排名第67名，处于中势区。蚌埠市工业企业发展水平得分为63.275分，在长江经济带中排名第48名，处于优势区。蚌埠市基础设施发展水平得分为23.960分，在长江经济带中排名第16名，处于强势区。蚌埠市社会福利发展水平得分为70.762分，在长江经济带中排名第85名，处于劣势区。蚌埠市居民生活发展水平得分为27.202分，在长江经济带中排名第60名，处于中势区。蚌埠市科教文卫发展水平得分为43.697分，在长江经济带中排名第56名，处于中势区。蚌埠市生态环境发展水平得分为31.278分，在长江经济带中排名第72名，处于中势区。

表5—175　　　　　　　2017年蚌埠市综合发展各一级指标的得分、排名及优劣度分析

排名	指标	得分	优劣度
16	基础设施	23.960	强势
44	区域经济	45.013	优势
48	工业企业	63.275	优势
56	科教文卫	43.697	中势
60	居民生活	27.202	中势
67	农业生产	26.665	中势
72	生态环境	31.278	中势
73	综合发展	381.731	中势
84	人口就业	49.880	劣势
85	社会福利	70.762	劣势

根据表5—176对2017年淮南市综合发展及各一级指标得分情况、排名情况、优劣度情况进行分析。其中，淮南市综合发展水平得分为388.951分，在长江经济带中排名第43名，处于优势区。在一级指标中，淮南市人口就业发展水平得分为51.545分，在长江经济带中排名第45名，处于优势区。淮南市区域经济发展水平得分为42.843分，在长江经济带中排名第75名，处于中势区。淮南市农业生产发展水平得分为31.914分，在长江经济带中排名第43名，处于优势区。淮南市工业企业发展水平得分为64.141分，在长江经济带中排名第33名，处于优势区。淮南市基础设施发展水平得分为18.753分，在长江经济带中排名第98名，处于劣势区。淮南市社会福利发展水平得分为75.624分，在长江经济带中排名第28名，处

于优势区。淮南市居民生活发展水平得分为 28.534 分，在长江经济带中排名第 37 名，处于优势区。淮南市科教文卫发展水平得分为 42.583 分，在长江经济带中排名第 81 名，处于中势区。淮南市生态环境发展水平得分为 33.014 分，在长江经济带中排名第 40 名，处于优势区。

表 5 – 176　　　　　　　　　**2017 年淮南市综合发展各一级指标的得分、排名及优劣度分析**

排名	指标	得分	优劣度
28	社会福利	75.624	优势
33	工业企业	64.141	优势
37	居民生活	28.534	优势
40	生态环境	33.014	优势
43	综合发展	388.951	优势
43	农业生产	31.914	优势
45	人口就业	51.545	优势
75	区域经济	42.843	中势
81	科教文卫	42.583	中势
98	基础设施	18.753	劣势

根据表 5 – 177 对 2017 年马鞍山市综合发展及各一级指标得分情况、排名情况、优劣度情况进行分析。其中，马鞍山市综合发展水平得分为 388.268 分，在长江经济带中排名第 45 名，处于优势区。在一级指标中，马鞍山市人口就业发展水平得分为 51.715 分，在长江经济带中排名第 41 名，处于优势区。马鞍山市区域经济发展水平得分为 46.276 分，在长江经济带中排名第 14 名，处于强势区。马鞍山市农业生产发展水平得分为 22.267 分，在长江经济带中排名第 101 名，处于劣势区。马鞍山市工业企业发展水平得分为 62.721 分，在长江经济带中排名第 55 名，处于中势区。马鞍山市基础设施发展水平得分为 24.417 分，在长江经济带中排名 10 名，处于强势区。马鞍山市社会福利发展水平得分为 76.657 分，在长江经济带中排 14 名，处于强势区。马鞍山市居民生活发展水平得分为 28.989 分，在长江经济带中排 30 名，处于优势区。马鞍山市科教文卫发展水平得分为 43.647 分，在长江经济带中排名第 58 名，处于中势区。马鞍山市生态环境发展水平得分为 31.578 分，在长江经济带中排名第 63 名，处于中势区。

表 5 – 177　　　　　　　　　**2017 年马鞍山市综合发展各一级指标的得分、排名及优劣度分析**

排名	指标	得分	优劣度
10	基础设施	24.417	强势
14	区域经济	46.276	强势
14	社会福利	76.657	强势
30	居民生活	28.989	优势
41	人口就业	51.715	优势
45	综合发展	388.268	优势
55	工业企业	62.721	中势
58	科教文卫	43.647	中势
63	生态环境	31.578	中势
101	农业生产	22.267	劣势

根据表 5 – 178 对 2017 年淮北市综合发展及各一级指标得分情况、排名情况、优劣度情况进行分析。其中，淮北市综合发展水平得分为 379.269 分，在长江经济带中排名第 86 名，处于劣势区。在一级指标中，淮北市人口就业发展水平得分为 51.682 分，在长江经济带中排名第 43 名，处于优势区。淮北市区域经济发展水平得分为 41.659 分，在长江经济带中排名第 94 名，处于劣势区。淮北市农业生产发展水平得分为 25.846 分，在长江经济带中排 73 名，处于中势区。淮北市工业企业发展水平得分为 63.476 分，在长江经济带中排名第 43 名，处于优势区。淮北市基础设施发展水平得分为 20.440 分，在长江经济带中

排名第54名，处于优势区。淮北市社会福利发展水平得分为76.626分，在长江经济带中排名第15名，处于强势区。淮北市居民生活发展水平得分为26.579分，在长江经济带中排名第71名，处于中势区。淮北市科教文卫发展水平得分为41.557分，在长江经济带中排名第92名，处于劣势区。淮北市生态环境发展水平得分为31.404分，在长江经济带中排名第69名，处于中势区。

表5－178　　　　　　　　2017年淮北市综合发展各一级指标的得分、排名及优劣度分析

排名	指标	得分	优劣度
15	社会福利	76.626	强势
43	人口就业	51.682	优势
43	工业企业	63.476	优势
54	基础设施	20.440	优势
69	生态环境	31.404	中势
71	居民生活	26.579	中势
73	农业生产	25.846	中势
86	综合发展	379.269	劣势
92	科教文卫	41.557	劣势
94	区域经济	41.659	劣势

根据表5－179对2017年铜陵市综合发展及各一级指标得分情况、排名情况、优劣度情况进行分析。其中，铜陵市综合发展水平得分为379.379分，在长江经济带中排名第85名，处于劣势区。在一级指标中，铜陵市人口就业发展水平得分为51.171分，在长江经济带中排名第58名，处于中势区。铜陵市区域经济发展水平得分为45.042分，在长江经济带中排名第43名，处于优势区。铜陵市农业生产发展水平得分为23.593分，在长江经济带中排名第90名，处于劣势区。铜陵市工业企业发展水平得分为65.522分，在长江经济带中排名第14名，处于强势区。铜陵市基础设施发展水平得分为20.746分，在长江经济带中排名第45名，处于优势区。铜陵市社会福利发展水平得分为73.934分，在长江经济带中排名第53名，处于优势区。铜陵市居民生活发展水平得分为25.125分，在长江经济带中排名第95名，处于劣势区。铜陵市科教文卫发展水平得分为41.719分，在长江经济带中排名第89名，处于劣势区。铜陵市生态环境发展水平得分为32.526分，在长江经济带中排名第48名，处于优势区。

表5－179　　　　　　　　2017年铜陵市综合发展各一级指标的得分、排名及优劣度分析

排名	指标	得分	优劣度
14	工业企业	65.522	强势
43	区域经济	45.042	优势
45	基础设施	20.746	优势
48	生态环境	32.526	优势
53	社会福利	73.934	优势
58	人口就业	51.171	中势
85	综合发展	379.379	劣势
89	科教文卫	41.719	劣势
90	农业生产	23.593	劣势
95	居民生活	25.125	劣势

根据表5－180对2017年安庆市综合发展及各一级指标得分情况、排名情况、优劣度情况进行分析。其中，安庆市综合发展水平得分为382.122分，在长江经济带中排名第70名，处于中势区。在一级指标中，安庆市人口就业发展水平得分为52.250分，在长江经济带中排名第29名，处于优势区。安庆市区域经济发展水平得分为44.213分，在长江经济带中排名第52名，处于优势区。安庆市农业生产发展水平得分为27.659分，在长江经济带中排名第60名，处于中势区。安庆市工业企业发展水平得分为60.270分，

在长江经济带中排名第 83 名，处于劣势区。安庆市基础设施发展水平得分为 19.855 分，在长江经济带中排名第 71 名，处于中势区。安庆市社会福利发展水平得分为 73.178 分，在长江经济带中排名第 63 名，处于中势区。安庆市居民生活发展水平得分为 26.391 分，在长江经济带中排名第 76 名，处于中势区。安庆市科教文卫发展水平得分为 46.804 分，在长江经济带中排名第 20 名，处于强势区。安庆市生态环境发展水平得分为 31.502 分，在长江经济带中排名第 65 名，处于中势区。

表 5-180　　　　2017 年安庆市综合发展各一级指标的得分、排名及优劣度分析

排名	指标	得分	优劣度
20	科教文卫	46.804	强势
29	人口就业	52.250	优势
52	区域经济	44.213	优势
60	农业生产	27.659	中势
63	社会福利	73.178	中势
65	生态环境	31.502	中势
70	综合发展	382.122	中势
71	基础设施	19.855	中势
76	居民生活	26.391	中势
83	工业企业	60.270	劣势

根据表 5-181 对 2017 年黄山市综合发展及各一级指标得分情况、排名情况、优劣度情况进行分析。其中，黄山市综合发展水平得分为 390.031 分，在长江经济带中排名第 37 名，处于优势区。在一级指标中，黄山市人口就业发展水平得分为 51.835 分，在长江经济带中排名第 38 名，处于优势区。黄山市区域经济发展水平得分为 43.734 分，在长江经济带中排名第 61 名，处于中势区。黄山市农业生产发展水平得分为 28.627 分，在长江经济带中排名第 57 名，处于中势区。黄山市工业企业发展水平得分为 64.254 分，在长江经济带中排名第 30 名，处于优势区。黄山市基础设施发展水平得分为 19.507 分，在长江经济带中排名第 76 名，处于中势区。黄山市社会福利发展水平得分为 70.232 分，在长江经济带中排名第 90 名，处于劣势区。黄山市居民生活发展水平得分为 28.732 分，在长江经济带中排名第 34 名，处于优势区。黄山市科教文卫发展水平得分为 43.245 分，在长江经济带中排名第 66 名，处于中势区。黄山市生态环境发展水平得分为 39.865 分，在长江经济带中排名第 6 名，处于强势区。

表 5-181　　　　2017 年黄山市综合发展各一级指标的得分、排名及优劣度分析

排名	指标	得分	优劣度
6	生态环境	39.865	强势
30	工业企业	64.254	优势
34	居民生活	28.732	优势
37	综合发展	390.031	优势
38	人口就业	51.835	优势
57	农业生产	28.627	中势
61	区域经济	43.734	中势
66	科教文卫	43.245	中势
76	基础设施	19.507	中势
90	社会福利	70.232	劣势

根据表 5-182 对 2017 年滁州市综合发展及各一级指标得分情况、排名情况、优劣度情况进行分析。其中，滁州市综合发展水平得分为 392.301 分，在长江经济带中排名第 31 名，处于优势区。在一级指标中，滁州市人口就业发展水平得分为 51.268 分，在长江经济带中排名第 54 名，处于优势区。滁州市区域经济发展水平得分为 45.462 分，在长江经济带中排名第 32 名，处于优势区。滁州市农业生产发展水平得

分为 31.696 分，在长江经济带中排名第 45 名，处于优势区。滁州市工业企业发展水平得分为 63.551 分，在长江经济带中排名第 41 名，处于优势区。滁州市基础设施发展水平得分为 20.535 分，在长江经济带中排名第 48 名，处于优势区。滁州市社会福利发展水平得分为 72.450 分，在长江经济带中排名第 73 名，处于中势区。滁州市居民生活发展水平得分为 29.33 分，在长江经济带中排名第 26 名，处于强势区。滁州市科教文卫发展水平得分为 45.897 分，在长江经济带中排名第 24 名，处于强势区。滁州市生态环境发展水平得分为 32.106 分，在长江经济带中排名第 53 名，处于优势区。

表 5 – 182　　　　　　　　2017 年滁州市综合发展各一级指标的得分、排名及优劣度分析

排名	指标	得分	优劣度
24	科教文卫	45.897	强势
26	居民生活	29.337	强势
31	综合发展	392.301	优势
32	区域经济	45.462	优势
41	工业企业	63.551	优势
45	农业生产	31.696	优势
48	基础设施	20.535	优势
53	生态环境	32.106	优势
54	人口就业	51.268	优势
73	社会福利	72.450	中势

根据表 5 – 183 对 2017 年上海市综合发展及各一级指标得分情况、排名情况、优劣度情况进行分析。其中，上海市综合发展水平得分为 396.256 分，在长江经济带中排名第 20 名，处于强势区。在一级指标中，上海市人口就业发展水平得分为 54.499 分，在长江经济带中排名第 7 名，处于强势区。上海市区域经济发展水平得分为 42.515 分，在长江经济带中排名第 81 名，处于中势区。上海市农业生产发展水平得分为 38.748 分，在长江经济带中排名第 12 名，处于强势区。上海市工业企业发展水平得分为 58.359 分，在长江经济带中排名第 96 名，处于劣势区。上海市基础设施发展水平得分为 24.681 分，在长江经济带中排名第 8 名，处于强势区。上海市社会福利发展水平得分为 70.762 分，在长江经济带中排名第 84 名，处于劣势区。上海市居民生活发展水平得分为 30.739 分，在长江经济带中排名第 18 名，处于强势区。上海市科教文卫发展水平得分为 44.614 分，在长江经济带中排名第 37 名，处于优势区。上海市生态环境发展水平得分为 31.338 分，在长江经济带中排名第 70 名，处于中势区。

表 5 – 183　　　　　　　　2017 年阜阳市综合发展各一级指标的得分、排名及优劣度分析

排名	指标	得分	优劣度
7	人口就业	54.499	强势
8	基础设施	24.681	强势
12	农业生产	38.748	强势
18	居民生活	30.739	强势
20	综合发展	396.256	强势
37	科教文卫	44.614	优势
70	生态环境	31.338	中势
81	区域经济	42.515	中势
84	社会福利	70.762	劣势
96	工业企业	58.359	劣势

根据表 5 – 184 对 2017 年宿州市综合发展及各一级指标得分情况、排名情况、优劣度情况进行分析。其中，宿州市综合发展水平得分为 383.761 分，在长江经济带中排名第 62 名，处于中势区。在一级指标中，宿州市人口就业发展水平得分为 48.993 分，在长江经济带中排名第 94 名，处于劣势区。宿州市区域

经济发展水平得分为 40.991 分，在长江经济带中排名第 101 名，处于劣势区。宿州市农业生产发展水平得分为 35.613 分，在长江经济带中排名 22 名，处于强势区。宿州市工业企业发展水平得分为 61.034 分，在长江经济带中排名第 78 名，处于中势区。宿州市基础设施发展水平得分为 24.279 分，在长江经济带中排名第 12 名，处于强势区。宿州市社会福利发展水平得分为 75.518 分，在长江经济带中排名第 30 名，处于优势区。宿州市居民生活发展水平得分为 26.066 分，在长江经济带中排名第 80 名，处于中势区。宿州市科教文卫发展水平得分为 40.628 分，在长江经济带中排名第 98 名，处于劣势区。宿州市生态环境发展水平得分为 30.639 分，在长江经济带中排名第 86 名，处于劣势区。

表 5 - 184　　　　　　　　　2017 年宿州市综合发展各一级指标的得分、排名及优劣度分析

排名	指标	得分	优劣度
12	基础设施	24.279	强势
22	农业生产	35.613	强势
30	社会福利	75.518	优势
62	综合发展	383.761	中势
78	工业企业	61.034	中势
80	居民生活	26.066	中势
86	生态环境	30.639	劣势
94	人口就业	48.993	劣势
98	科教文卫	40.628	劣势
101	区域经济	40.991	劣势

根据表 5 - 185 对 2017 年六安市综合发展及各一级指标得分情况、排名情况、优劣度情况进行分析。其中，六安市综合发展水平得分为 397.536 分，在长江经济带中排名第 16 名，处于强势区。在一级指标中，六安市人口就业发展水平得分为 47.621 分，在长江经济带中排名第 106 名，处于劣势区。六安市区域经济发展水平得分为 41.850 分，在长江经济带中排名第 91 名，处于劣势区。六安市农业生产发展水平得分为 41.933 分，在长江经济带中排名第 6 名，处于强势区。六安市工业企业发展水平得分为 63.087 分，在长江经济带中排名第 51 名，处于优势区。六安市基础设施发展水平得分为 22.698 分，在长江经济带中排名第 24 名，处于强势区。六安市社会福利发展水平得分为 72.275 分，在长江经济带中排名第 75 名，处于中势区。六安市居民生活发展水平得分为 28.111 分，在长江经济带中排名第 45 名，处于优势区。六安市科教文卫发展水平得分为 45.034 分，在长江经济带中排名第 31 名，处于优势区。六安市生态环境发展水平得分为 34.927 分，在长江经济带中排名第 18 名，处于强势区。

表 5 - 185　　　　　　　　　2017 年六安市综合发展各一级指标的得分、排名及优劣度分析

排名	指标	得分	优劣度
6	农业生产	41.933	强势
16	综合发展	397.536	强势
18	生态环境	34.927	强势
24	基础设施	22.698	强势
31	科教文卫	45.034	优势
45	居民生活	28.111	优势
51	工业企业	63.087	优势
75	社会福利	72.275	中势
91	区域经济	41.850	劣势
106	人口就业	47.621	劣势

根据表 5 - 186 对 2017 年亳州市综合发展及各一级指标得分情况、排名情况、优劣度情况进行分析。其中，亳州市综合发展水平得分为 398.781 分，在长江经济带中排名第 13 名，处于强势区。在一级指标

中，亳州市人口就业发展水平得分为 51.019 分，在长江经济带中排名第 62 名，处于中势区。亳州市区域经济发展水平得分为 44.562 分，在长江经济带中排名第 49 名，处于优势区。亳州市农业生产发展水平得分为 45.763 分，在长江经济带中排名第 2 名，处于强势区。亳州市工业企业发展水平得分为 59.375 分，在长江经济带中排名第 88 名，处于劣势区。亳州市基础设施发展水平得分为 21.253 分，在长江经济带中排名第 38 名，处于优势区。亳州市社会福利发展水平得分为 72.872 分，在长江经济带中排名第 66 名，处于中势区。亳州市居民生活发展水平得分为 28.020 分，在长江经济带中排名第 48 名，处于优势区。亳州市科教文卫发展水平得分为 44.680 分，在长江经济带中排名第 35 名，处于优势区。亳州市生态环境发展水平得分为 31.239 分，在长江经济带中排名第 74 名，处于中势区。

表 5－186　　　　　　　2017 年亳州市综合发展各一级指标的得分、排名及优劣度分析

排名	指标	得分	优劣度
2	农业生产	45.763	强势
13	综合发展	398.781	强势
35	科教文卫	44.680	优势
38	基础设施	21.253	优势
48	居民生活	28.020	优势
49	区域经济	44.562	优势
62	人口就业	51.019	中势
66	社会福利	72.872	中势
74	生态环境	31.239	中势
88	工业企业	59.375	劣势

根据表 5－187 对 2017 年池州市综合发展及各一级指标得分情况、排名情况、优劣度情况进行分析。其中，池州市综合发展水平得分为 393.515 分，在长江经济带中排名第 26 名，处于强势区。在一级指标中，池州市人口就业发展水平得分为 50.181 分，在长江经济带中排名第 79 名，处于中势区。池州市区域经济发展水平得分为 45.383 分，在长江经济带中排名第 35 名，处于优势区。池州市农业生产发展水平得分为 32.842 分，在长江经济带中排名第 37 名，处于优势区。池州市工业企业发展水平得分为 62.545 分，在长江经济带中排名第 58 名，处于中势区。池州市基础设施发展水平得分为 22.486 分，在长江经济带中排名第 25 名，处于强势区。池州市社会福利发展水平得分为 75.983 分，在长江经济带中排名第 24 名，处于强势区。池州市居民生活发展水平得分为 26.857 分，在长江经济带中排名第 65 名，处于中势区。池州市科教文卫发展水平得分为 42.301 分，在长江经济带中排名第 83 名，处于劣势区。池州市生态环境发展水平得分为 34.938 分，在长江经济带中排名第 17 名，处于强势区。

表 5－187　　　　　　　2017 年池州市综合发展各一级指标的得分、排名及优劣度分析

排名	指标	得分	优劣度
17	生态环境	34.938	强势
24	社会福利	75.983	强势
25	基础设施	22.486	强势
26	综合发展	393.515	强势
35	区域经济	45.383	优势
37	农业生产	32.842	优势
58	工业企业	62.545	中势
65	居民生活	26.857	中势
79	人口就业	50.181	中势
83	科教文卫	42.301	劣势

根据表 5－188 对 2017 年宣城市综合发展及各一级指标得分情况、排名情况、优劣度情况进行分析。

其中，宣城市综合发展水平得分为 396.583 分，在长江经济带中排名第 18 名，处于强势区。在一级指标中，宣城市人口就业发展水平得分为 52.301 分，在长江经济带中排名第 28 名，处于优势区。宣城市区域经济发展水平得分为 43.941 分，在长江经济带中排名第 55 名，处于中势区。宣城市农业生产发展水平得分为 37.387 分，在长江经济带中排名第 16 名，处于强势区。宣城市工业企业发展水平得分为 60.463 分，在长江经济带中排名第 81 名，处于中势区。宣城市基础设施发展水平得分为 22.126 分，在长江经济带中排名第 29 名，处于优势区。宣城市社会福利发展水平得分为 72.142 分，在长江经济带中排名第 76 名，处于中势区。宣城市居民生活发展水平得分为 28.159 分，在长江经济带中排名第 43 名，处于优势区。宣城市科教文卫发展水平得分为 46.810 分，在长江经济带中排名第 19 名，处于强势区。宣城市生态环境发展水平得分为 33.253 分，在长江经济带中排名第 37 名，处于优势区。

表 5 - 188　　　　　　　　2017 年宣城市综合发展各一级指标的得分、排名及优劣度分析

排名	指标	得分	优劣度
16	农业生产	37.387	强势
18	综合发展	396.583	强势
19	科教文卫	46.810	强势
28	人口就业	52.301	优势
29	基础设施	22.126	优势
37	生态环境	33.253	优势
43	居民生活	28.159	优势
55	区域经济	43.941	中势
76	社会福利	72.142	中势
81	工业企业	60.463	中势

根据表 5 - 189 对 2017 年南昌市综合发展及各一级指标得分情况、排名情况、优劣度情况进行分析。其中，南昌市综合发展水平得分为 380.524 分，在长江经济带中排名第 83 名，处于劣势区。在一级指标中，南昌市人口就业发展水平得分为 51.123 分，在长江经济带中排名第 60 名，处于中势区。南昌市区域经济发展水平得分为 44.894 分，在长江经济带中排名第 46 名，处于优势区。南昌市农业生产发展水平得分为 24.048 分，在长江经济带中排名第 87 名，处于劣势区。南昌市工业企业发展水平得分为 66.113 分，在长江经济带中排名第 8 名，处于强势区。南昌市基础设施发展水平得分为 19.472 分，在长江经济带中排名第 78 名，处于中势区。南昌市社会福利发展水平得分为 75.989 分，在长江经济带中排名第 21 名，处于强势区。南昌市居民生活发展水平得分为 26.691 分，在长江经济带中排名第 68 名，处于中势区。南昌市科教文卫发展水平得分为 41.602 分，在长江经济带中排名第 91 名，处于劣势区。南昌市生态环境发展水平得分为 30.593 分，在长江经济带中排名第 87 名，处于劣势区。

表 5 - 189　　　　　　　　2017 年南昌市综合发展各一级指标的得分、排名及优劣度分析

排名	指标	得分	优劣度
8	工业企业	66.113	强势
21	社会福利	75.989	强势
46	区域经济	44.894	优势
60	人口就业	51.123	中势
68	居民生活	26.691	中势
78	基础设施	19.472	中势
83	综合发展	380.524	劣势
87	农业生产	24.048	劣势
87	生态环境	30.593	劣势
91	科教文卫	41.602	劣势

根据表 5－190 对 2017 年景德镇市综合发展及各一级指标得分情况、排名情况、优劣度情况进行分析。其中，景德镇市综合发展水平得分为 376.052 分，在长江经济带中排名第 93 名，处于劣势区。在一级指标中，景德镇市人口就业发展水平得分为 51.321 分，在长江经济带中排名第 51 名，处于优势区。景德镇市区域经济发展水平得分为 40.952 分，在长江经济带中排名第 102 名，处于劣势区。景德镇市农业生产发展水平得分为 24.073 分，在长江经济带中排名第 86 名，处于劣势区。景德镇市工业企业发展水平得分为 66.734 分，在长江经济带中排名第 4 名，处于强势区。景德镇市基础设施发展水平得分为 18.068 分，在长江经济带中排名第 105 名，处于劣势区。景德镇市社会福利发展水平得分为 71.108 分，在长江经济带中排名第 83 名，处于劣势区。景德镇市居民生活发展水平得分为 25.760 分，在长江经济带中排名第 85 名，处于劣势区。景德镇市科教文卫发展水平得分为 42.590 分，在长江经济带中排名第 80 名，处于中势区。景德镇市生态环境发展水平得分为 35.447 分，在长江经济带中排名第 15 名，处于强势区。

表 5－190　　　　　　　2017 年景德镇市综合发展各一级指标的得分、排名及优劣度分析

排名	指标	得分	优劣度
4	工业企业	66.734	强势
15	生态环境	35.447	强势
51	人口就业	51.321	优势
80	科教文卫	42.590	中势
83	社会福利	71.108	劣势
85	居民生活	25.760	劣势
86	农业生产	24.073	劣势
93	综合发展	376.052	劣势
102	区域经济	40.952	劣势
105	基础设施	18.068	劣势

根据表 5－191 对 2017 年萍乡市综合发展及各一级指标得分情况、排名情况、优劣度情况进行分析。其中，萍乡市综合发展水平得分为 373.939 分，在长江经济带中排名第 97 名，处于劣势区。在一级指标中，萍乡市人口就业发展水平得分为 52.202 分，在长江经济带中排名第 31 名，处于优势区。萍乡市区域经济发展水平得分为 41.142 分，在长江经济带中排名第 100 名，处于劣势区。萍乡市农业生产发展水平得分为 24.489 分，在长江经济带中排名第 83 名，处于劣势区。萍乡市工业企业发展水平得分为 59.194 分，在长江经济带中排名第 90 名，处劣势区。萍乡市基础设施发展水平得分为 18.704 分，在长江经济带中排名第 99 名，处于劣势区。萍乡市社会福利发展水平得分为 74.819 分，在长江经济带中排名第 42 名，处于优势区。萍乡市居民生活发展水平得分为 27.793 分，在长江经济带中排名第 49 名，处于优势区。萍乡市科教文卫发展水平得分为 42.995 分，在长江经济带中排名第 69 名，处于中势区。萍乡市生态环境发展水平得分为 32.601 分，在长江经济带中排名第 45 名，处于优势区。

表 5－191　　　　　　　2017 年萍乡市综合发展各一级指标的得分、排名及优劣度分析

排名	指标	得分	优劣度
31	人口就业	52.202	优势
42	社会福利	74.819	优势
45	生态环境	32.601	优势
49	居民生活	27.793	优势
69	科教文卫	42.995	中势
83	农业生产	24.489	劣势
90	工业企业	59.194	劣势
97	综合发展	373.939	劣势
99	基础设施	18.704	劣势
100	区域经济	41.142	劣势

根据表 5-192 对 2017 年九江市综合发展及各一级指标得分情况、排名情况、优劣度情况进行分析。其中，九江市综合发展水平得分为 378.335 分，在长江经济带中排名第 87 名，处于劣势区。在一级指标中，九江市人口就业发展水平得分为 50.983 分，在长江经济带中排名第 64 名，处于中势区。九江市区域经济发展水平得分为 42.878 分，在长江经济带中排名第 72 名，处于中势区。九江市农业生产发展水平得分为 24.302 分，在长江经济带中排名第 85 名，处于劣势区。九江市工业企业发展水平得分为 65.550 分，在长江经济带中排名第 13 名，处于强势区。九江市基础设施发展水平得分为 19.813 分，在长江经济带中排名第 72 名，处于中势区。九江市社会福利发展水平得分为 74.712 分，在长江经济带中排名第 43 名，处于优势区。九江市居民生活发展水平得分为 25.932 分，在长江经济带中排名第 82 名，处于劣势区。九江市科教文卫发展水平得分为 43.748 分，在长江经济带中排名第 53 名，处于优势区。九江市生态环境发展水平得分为 30.418 分，在长江经济带中排名第 91 名，处于劣势区。

表 5-192　　　　　　　2017 年九江市综合发展各一级指标的得分、排名及优劣度分析

排名	指标	得分	优劣度
13	工业企业	65.550	强势
43	社会福利	74.712	优势
53	科教文卫	43.748	优势
64	人口就业	50.983	中势
72	区域经济	42.878	中势
72	基础设施	19.813	中势
82	居民生活	25.932	劣势
85	农业生产	24.302	劣势
87	综合发展	378.335	劣势
91	生态环境	30.418	劣势

根据表 5-193 对 2017 年新余市综合发展及各一级指标得分情况、排名情况、优劣度情况进行分析。其中，新余市综合发展水平得分为 382.189 分，在长江经济带中排名第 69 名，处于中势区。在一级指标中，新余市人口就业发展水平得分为 50.804 分，在长江经济带中排名第 70 名，处于中势区。新余市区域经济发展水平得分为 46.308 分，在长江经济带中排名第 12 名，处于强势区。新余市农业生产发展水平得分为 26.868 分，在长江经济带中排名第 65 名，处于中势区。新余市工业企业发展水平得分为 65.339 分，在长江经济带中排名第 16 名，处于强势区。新余市基础设施发展水平得分为 20.077 分，在长江经济带中排名第 67 名，处于中势区。新余市社会福利发展水平得分为 76.302 分，在长江经济带中排名第 18 名，处于强势区。新余市居民生活发展水平得分为 24.566 分，在长江经济带中排名第 102 名，处于劣势区。新余市科教文卫发展水平得分为 41.549 分，在长江经济带中排名第 93 名，处于劣势区。新余市生态环境发展水平得分为 30.376 分，在长江经济带中排名第 94 名，处于劣势区。

表 5-193　　　　　　　2017 年新余市综合发展各一级指标的得分、排名及优劣度分析

排名	指标	得分	优劣度
12	区域经济	46.308	强势
16	工业企业	65.339	强势
18	社会福利	76.302	强势
65	农业生产	26.868	中势
67	基础设施	20.077	中势
69	综合发展	382.189	中势
70	人口就业	50.804	中势
93	科教文卫	41.549	劣势
94	生态环境	30.376	劣势
102	居民生活	24.566	劣势

根据表5－194对2017年鹰潭市综合发展及各一级指标得分情况、排名情况、优劣度情况进行分析。其中，鹰潭市综合发展水平得分为381.455分，在长江经济带中排名第74名，处于中势区。在一级指标中，鹰潭市人口就业发展水平得分为51.191分，在长江经济带中排名第56名，处于中势区。鹰潭市区域经济发展水平得分为45.189分，在长江经济带中排名第41名，处于优势区。鹰潭市农业生产发展水平得分为24.714分，在长江经济带中排名第80名，处于中势区。鹰潭市工业企业发展水平得分为68.278分，在长江经济带中排名第1名，处于强势区。鹰潭市基础设施发展水平得分为21.779分，在长江经济带中排名第32名，处于优势区。鹰潭市社会福利发展水平得分为69.165分，在长江经济带中排名第92名，处于劣势区。鹰潭市居民生活发展水平得分为25.044分，在长江经济带中排名第96名，处于劣势区。鹰潭市科教文卫发展水平得分为41.189分，在长江经济带中排名第96名，处于劣势区。鹰潭市生态环境发展水平得分为34.907分，在长江经济带中排名第19名，处于强势区。

表5－194 **2017年鹰潭市综合发展各一级指标的得分、排名及优劣度分析**

排名	指标	得分	优劣度
1	工业企业	68.278	强势
19	生态环境	34.907	强势
32	基础设施	21.779	优势
41	区域经济	45.189	优势
56	人口就业	51.191	中势
74	综合发展	381.455	中势
80	农业生产	24.714	中势
92	社会福利	69.165	劣势
96	居民生活	25.044	劣势
96	科教文卫	41.189	劣势

根据表5－195对2017年赣州市综合发展及各一级指标得分情况、排名情况、优劣度情况进行分析。其中，赣州市综合发展水平得分为402.727分，在长江经济带中排名第8名，处于强势区。在一级指标中，赣州市人口就业发展水平得分为51.312分，在长江经济带中排名第53名，处于优势区。赣州市区域经济发展水平得分为43.596分，在长江经济带中排名第63名，处于中势区。赣州市农业生产发展水平得分为31.378分，在长江经济带中排名第47名，处于优势区。赣州市工业企业发展水平得分为66.118分，在长江经济带中排名第6名，处于强势区。赣州市基础设施发展水平得分为20.537分，在长江经济带中排名第47名，处于优势区。赣州市社会福利发展水平得分为71.990分，在长江经济带中排名第77名，处于中势区。赣州市居民生活发展水平得分为28.070分，在长江经济带中排名第47名，处于优势区。赣州市科教文卫发展水平得分为48.752分，在长江经济带中排名第12名，处于强势区。赣州市生态环境发展水平得分为40.974分，在长江经济带中排名第5名，处于强势区。

表5－195 **2017年赣州市综合发展各一级指标的得分、排名及优劣度分析**

排名	指标	得分	优劣度
5	生态环境	40.974	强势
6	工业企业	66.118	强势
8	综合发展	402.727	强势
12	科教文卫	48.752	强势
47	农业生产	31.378	优势
47	基础设施	20.537	优势
47	居民生活	28.070	优势
53	人口就业	51.312	优势
63	区域经济	43.596	中势
77	社会福利	71.990	中势

根据表 5 - 196 对 2017 年吉安市综合发展及各一级指标得分情况、排名情况、优劣度情况进行分析。其中，吉安市综合发展水平得分为 394.723 分，在长江经济带中排名第 23 名，处于强势区。在一级指标中，吉安市人口就业发展水平得分为 53.052 分，在长江经济带中排名第 21 名，处于强势区。吉安市区域经济发展水平得分为 45.307 分，在长江经济带中排名第 36 名，处于优势区。吉安市农业生产发展水平得分为 35.366 分，在长江经济带中排名第 23 名，处于强势区。吉安市工业企业发展水平得分为 61.058 分，在长江经济带中排名第 77 名，处于中势区。吉安市基础设施发展水平得分为 22.805 分，在长江经济带中排名第 22 名，处于强势区。吉安市社会福利发展水平得分为 67.133 分，在长江经济带中排名第 99 名，处于劣势区。吉安市居民生活发展水平得分为 28.382 分，在长江经济带中排名第 40 名，处于优势区。吉安市科教文卫发展水平得分为 49.430 分，在长江经济带中排名第 8 名，处于强势区。吉安市生态环境发展水平得分为 32.191 分，在长江经济带中排名第 52 名，处于优势区。

表 5 - 196　　　　　　　　　**2017 年吉安市综合发展各一级指标的得分、排名及优劣度分析**

排名	指标	得分	优劣度
8	科教文卫	49.430	强势
21	人口就业	53.052	强势
22	基础设施	22.805	强势
23	综合发展	394.723	强势
23	农业生产	35.366	强势
36	区域经济	45.307	优势
40	居民生活	28.382	优势
52	生态环境	32.191	优势
77	工业企业	61.058	中势
99	社会福利	67.133	劣势

根据表 5 - 197 对 2017 年宜春市综合发展及各一级指标得分情况、排名情况、优劣度情况进行分析。其中，宜春市综合发展水平得分为 404.809 分，在长江经济带中排名第 5 名，处于强势区。在一级指标中，宜春市人口就业发展水平得分为 52.054 分，在长江经济带中排名第 34 名，处于优势区。宜春市区域经济发展水平得分为 44.631 分，在长江经济带中排名第 48 名，处于优势区。宜春市农业生产发展水平得分为 39.640 分，在长江经济带中排名第 8 名，处于强势区。宜春市工业企业发展水平得分为 65.360 分，在长江经济带中排名第 15 名，处于强势区。宜春市基础设施发展水平得分为 21.330 分，在长江经济带中排名第 37 名，处于优势区。宜春市社会福利发展水平得分为 65.583 分，在长江经济带中排名第 104 名，处于劣势区。宜春市居民生活发展水平得分为 29.446 分，在长江经济带中排名第 25 名，处于强势区。宜春市科教文卫发展水平得分为 49.953 分，在长江经济带中排名第 7 名，处于强势区。宜春市生态环境发展水平得分为 36.811 分，在长江经济带中排名第 11 名，处于强势区。

表 5 - 197　　　　　　　　　**2017 年宜春市综合发展各一级指标的得分、排名及优劣度分析**

排名	指标	得分	优劣度
5	综合发展	404.809	强势
7	科教文卫	49.953	强势
8	农业生产	39.640	强势
11	生态环境	36.811	强势
15	工业企业	65.360	强势
25	居民生活	29.446	强势
34	人口就业	52.054	优势
37	基础设施	21.330	优势
48	区域经济	44.631	优势
104	社会福利	65.583	劣势

根据表5－198对2017年抚州市综合发展及各一级指标得分情况、排名情况、优劣度情况进行分析。其中，抚州市综合发展水平得分为391.634分，在长江经济带中排名第32名，处于优势区。在一级指标中，抚州市人口就业发展水平得分为51.957分，在长江经济带中排名第36名，处于优势区。抚州市区域经济发展水平得分为41.779分，在长江经济带中排名第92名，处于劣势区。抚州市农业生产发展水平得分为38.603分，在长江经济带中排名第13名，处于强势区。抚州市工业企业发展水平得分为62.677分，在长江经济带中排名第56名，处于中势区。抚州市基础设施发展水平得分为20.081分，在长江经济带中排名第66名，处于中势区。抚州市社会福利发展水平得分为73.582分，在长江经济带中排名第59名，处于中势区。抚州市居民生活发展水平得分为26.757分，在长江经济带中排名第67名，处于中势区。抚州市科教文卫发展水平得分为44.120分，在长江经济带中排名第45名，处于优势区。抚州市生态环境发展水平得分为32.079分，在长江经济带中排名第55名，处于中势区。

表5－198　　　　　　　　　2017年抚州市综合发展各一级指标的得分、排名及优劣度分析

排名	指标	得分	优劣度
13	农业生产	38.603	强势
32	综合发展	391.634	优势
36	人口就业	51.957	优势
45	科教文卫	44.120	优势
55	生态环境	32.079	中势
56	工业企业	62.677	中势
59	社会福利	73.582	中势
66	基础设施	20.081	中势
67	居民生活	26.757	中势
92	区域经济	41.779	劣势

根据表5－199对2017年上饶市综合发展及各一级指标得分情况、排名情况、优劣度情况进行分析。其中，上饶市综合发展水平得分为385.629分，在长江经济带中排名第56名，处于中势区。在一级指标中，上饶市人口就业发展水平得分为53.530分，在长江经济带中排名第15名，处于强势区。上饶市区域经济发展水平得分为42.421分，在长江经济带中排名第84名，处于劣势区。上饶市农业生产发展水平得分为29.123分，在长江经济带中排名第54名，处于优势区。上饶市工业企业发展水平得分为61.082分，在长江经济带中排名第76名，处于中势区。上饶市基础设施发展水平得分为23.142分，在长江经济带中排名第19名，处于强势区。上饶市社会福利发展水平得分为73.389分，在长江经济带中排名第60名，处于中势区。上饶市居民生活发展水平得分为28.070分，在长江经济带中排名第46名，处于优势区。上饶市科教文卫发展水平得分为42.869分，在长江经济带中排名第73名，处于中势区。上饶市生态环境发展水平得分为32.003分，在长江经济带中排名第58名，处于中势区。

表5－199　　　　　　　　　2017年上饶市综合发展各一级指标的得分、排名及优劣度分析

排名	指标	得分	优劣度
15	人口就业	53.530	强势
19	基础设施	23.142	强势
46	居民生活	28.070	优势
54	农业生产	29.123	优势
56	综合发展	385.629	中势
58	生态环境	32.003	中势
60	社会福利	73.389	中势
73	科教文卫	42.869	中势
76	工业企业	61.082	中势
84	区域经济	42.421	劣势

　　根据表 5 - 200 对 2017 年武汉市综合发展及各一级指标得分情况、排名情况、优劣度情况进行分析。其中，武汉市综合发展水平得分为 399.417 分，在长江经济带中排名第 11 名，处于强势区。在一级指标中，武汉市人口就业发展水平得分为 53.686 分，在长江经济带中排名第 12 名，处于强势区。武汉市区域经济发展水平得分为 46.941 分，在长江经济带中排名第 6 名，处于强势区。武汉市农业生产发展水平得分为 24.501 分，在长江经济带中排名第 81 名，处于中势区。武汉市工业企业发展水平得分为 66.019 分，在长江经济带中排名第 9 名，处于强势区。武汉市基础设施发展水平得分为 25.405 分，在长江经济带中排名第 5 名，处于强势区。武汉市社会福利发展水平得分为 73.634 分，在长江经济带中排名第 58 名，处于中势区。武汉市居民生活发展水平得分为 30.756 分，在长江经济带中排名第 17 名，处于强势区。武汉市科教文卫发展水平得分为 47.023 分，在长江经济带中排名第 18 名，处于强势区。武汉市生态环境发展水平得分为 31.453 分，在长江经济带中排名第 67 名，处于中势区。

表 5 - 200　　　　　　　　　2017 年武汉市综合发展各一级指标的得分、排名及优劣度分析

排名	指标	得分	优劣度
5	基础设施	25.405	强势
6	区域经济	46.941	强势
9	工业企业	66.019	强势
11	综合发展	399.417	强势
12	人口就业	53.686	强势
17	居民生活	30.756	强势
18	科教文卫	47.023	强势
58	社会福利	73.634	中势
67	生态环境	31.453	中势
81	农业生产	24.501	中势

　　根据表 5 - 201 对 2017 年黄石市综合发展及各一级指标得分情况、排名情况、优劣度情况进行分析。其中，黄石市综合发展水平得分为 383.261 分，在长江经济带中排名第 64 名，处于中势区。在一级指标中，黄石市人口就业发展水平得分为 52.094 分，在长江经济带中排名第 33 名，处于优势区。黄石市区域经济发展水平得分为 45.245 分，在长江经济带中排名第 38 名，处于优势区。黄石市农业生产发展水平得分为 22.151 分，在长江经济带中排名第 104 名，处于劣势区。黄石市工业企业发展水平得分为 64.848 分，在长江经济带中排名第 22 名，处于强势区。黄石市基础设施发展水平得分为 22.991 分，在长江经济带中排名第 21 名，处于强势区。黄石市社会福利发展水平得分为 72.801 分，在长江经济带中排名第 67 名，处于中势区。黄石市居民生活发展水平得分为 24.590 分，在长江经济带中排名第 101 名，处于劣势区。黄石市科教文卫发展水平得分为 43.746 分，在长江经济带中排名第 54 名，处于优势区。黄石市生态环境发展水平得分为 34.795 分，在长江经济带中排名第 20 名，处于强势区。

表 5 - 201　　　　　　　　　2017 年黄石市综合发展各一级指标的得分、排名及优劣度分析

排名	指标	得分	优劣度
20	生态环境	34.795	强势
21	基础设施	22.991	强势
22	工业企业	64.848	强势
33	人口就业	52.094	优势
38	区域经济	45.245	优势
54	科教文卫	43.746	优势
64	综合发展	383.261	中势
67	社会福利	72.801	中势
101	居民生活	24.590	劣势
104	农业生产	22.151	劣势

根据表 5－202 对 2017 年十堰市综合发展及各一级指标得分情况、排名情况、优劣度情况进行分析。其中，十堰市综合发展水平得分为 369.591 分，在长江经济带中排名第 105 名，处于劣势区。在一级指标中，十堰市人口就业发展水平得分为 48.654 分，在长江经济带中排名第 101 名，处于劣势区。十堰市区域经济发展水平得分为 39.780 分，在长江经济带中排名第 107 名，处于劣势区。十堰市农业生产发展水平得分为 24.718 分，在长江经济带中排名第 79 名，处于中势区。十堰市工业企业发展水平得分为 63.333 分，在长江经济带中排名第 45 名，处于优势区。十堰市基础设施发展水平得分为 18.704 分，在长江经济带中排名第 100 名，处于劣势区。十堰市社会福利发展水平得分为 75.519 分，在长江经济带中排名第 29 名，处于优势区。十堰市居民生活发展水平得分为 24.713 分，在长江经济带中排名第 100 名，处于劣势区。十堰市科教文卫发展水平得分为 41.822 分，在长江经济带中排名第 88 名，处于劣势区。十堰市生态环境发展水平得分为 32.347 分，在长江经济带中排名第 49 名，处于优势区。

表 5－202　　　　　　　　2017 年十堰市综合发展各一级指标的得分、排名及优劣度分析

排名	指标	得分	优劣度
29	社会福利	75.519	优势
45	工业企业	63.333	优势
49	生态环境	32.347	优势
79	农业生产	24.718	中势
88	科教文卫	41.822	劣势
100	基础设施	18.704	劣势
100	居民生活	24.713	劣势
101	人口就业	48.654	劣势
105	综合发展	369.591	劣势
107	区域经济	39.780	劣势

根据表 5－203 对 2017 年宜昌市综合发展及各一级指标得分情况、排名情况、优劣度情况进行分析。其中，宜昌市综合发展水平得分为 369.782 分，在长江经济带中排名第 104 名，处于劣势区。在一级指标中，宜昌市人口就业发展水平得分为 50.188 分，在长江经济带中排名第 78 名，处于中势区。宜昌市区域经济发展水平得分为 40.507 分，在长江经济带中排名第 106 名，处于劣势区。宜昌市农业生产发展水平得分为 27.433 分，在长江经济带中排名第 62 名，处于中势区。宜昌市工业企业发展水平得分为 59.417 分，在长江经济带中排名第 87 名，处于劣势区。宜昌市基础设施发展水平得分为 19.110 分，在长江经济带中排名第 91 名，处于劣势区。宜昌市社会福利发展水平得分为 76.682 分，在长江经济带中排名第 13 名，处于强势区。宜昌市居民生活发展水平得分为 23.928 分，在长江经济带中排名第 105 名，处于劣势区。宜昌市科教文卫发展水平得分为 42.695 分，在长江经济带中排名第 78 名，处于中势区。宜昌市生态环境发展水平得分为 29.822 分，在长江经济带中排名第 98 名，处于劣势区。

表 5－203　　　　　　　　2017 年宜昌市综合发展各一级指标的得分、排名及优劣度分析

排名	指标	得分	优劣度
13	社会福利	76.682	强势
62	农业生产	27.433	中势
78	人口就业	50.188	中势
78	科教文卫	42.695	中势
87	工业企业	59.417	劣势
91	基础设施	19.110	劣势
98	生态环境	29.822	劣势
104	综合发展	369.782	劣势
105	居民生活	23.928	劣势
106	区域经济	40.507	劣势

　　根据表 5 - 204 对 2017 年襄阳市综合发展及各一级指标得分情况、排名情况、优劣度情况进行分析。其中，襄阳市综合发展水平得分为 381. 259 分，在长江经济带中排名第 77 名，处于中势区。在一级指标中，襄阳市人口就业发展水平得分为 50. 073 分，在长江经济带中排名第 82 名，处于劣势区。襄阳市区域经济发展水平得分为 41. 855 分，在长江经济带中排名第 90 名，处于劣势区。襄阳市农业生产发展水平得分为 32. 769 分，在长江经济带中排名第 38 名，处于优势区。襄阳市工业企业发展水平得分为 61. 679 分，在长江经济带中排名第 68 名，处于中势区。襄阳市基础设施发展水平得分为 19. 025 分，在长江经济带中排名第 94 名，处于劣势区。襄阳市社会福利发展水平得分为 78. 020 分，在长江经济带中排名第 6 名，处于强势区。襄阳市居民生活发展水平得分为 25. 453 分，在长江经济带中排名第 90 名，处于劣势区。襄阳市科教文卫发展水平得分为 43. 381 分，在长江经济带中排名第 64 名，处于中势区。襄阳市生态环境发展水平得分为 29. 004 分，在长江经济带中排名第 106 名，处于劣势区。

表 5 - 204　　　　　　　　　　2017 年襄阳市综合发展各一级指标的得分、排名及优劣度分析

排名	指标	得分	优劣度
6	社会福利	78. 020	强势
38	农业生产	32. 769	优势
64	科教文卫	43. 381	中势
68	工业企业	61. 679	中势
77	综合发展	381. 259	中势
82	人口就业	50. 073	劣势
90	区域经济	41. 855	劣势
90	居民生活	25. 453	劣势
94	基础设施	19. 025	劣势
106	生态环境	29. 004	劣势

　　根据表 5 - 205 对 2017 年鄂州市综合发展及各一级指标得分情况、排名情况、优劣度情况进行分析。其中，鄂州市综合发展水平得分为 392. 496 分，在长江经济带中排名第 30 名，处于优势区。在一级指标中，鄂州市人口就业发展水平得分为 48. 877 分，在长江经济带中排名第 97 名，处于劣势区。鄂州市区域经济发展水平得分为 45. 679 分，在长江经济带中排名第 25 名，处于强势区。鄂州市农业生产发展水平得分为 35. 002 分，在长江经济带中排名第 28 名，处于优势区。鄂州市工业企业发展水平得分为 65. 048 分，在长江经济带中排名第 19 名，处于强势区。鄂州市基础设施发展水平得分为 19. 764 分，在长江经济带中排名第 73 名，处于中势区。鄂州市社会福利发展水平得分为 77. 829 分，在长江经济带中排名第 7 名，处于强势区。鄂州市居民生活发展水平得分为 23. 764 分，在长江经济带中排名第 106 名，处于劣势区。鄂州市科教文卫发展水平得分为 39. 096 分，在长江经济带中排名第 107 名，处于劣势区。鄂州市生态环境发展水平得分为 37. 437 分，在长江经济带中排名第 9 名，处于强势区。

表 5 - 205　　　　　　　　　　2017 年鄂州市综合发展各一级指标的得分、排名及优劣度分析

排名	指标	得分	优劣度
7	社会福利	77. 829	强势
9	生态环境	37. 437	强势
19	工业企业	65. 048	强势
25	区域经济	45. 679	强势
28	农业生产	35. 002	优势
30	综合发展	392. 496	优势
73	基础设施	19. 764	中势
97	人口就业	48. 877	劣势
106	居民生活	23. 764	劣势
107	科教文卫	39. 096	劣势

根据表5－206对2017年荆门市综合发展及各一级指标得分情况、排名情况、优劣度情况进行分析。其中，荆门市综合发展水平得分为380.470分，在长江经济带中排名第84名，处于劣势区。在一级指标中，荆门市人口就业发展水平得分为50.757分，在长江经济带中排名第72名，处于中势区。荆门市区域经济发展水平得分为43.748分，在长江经济带中排名第58名，处于中势区。荆门市农业生产发展水平得分为31.700分，在长江经济带中排名第44名，处于优势区。荆门市工业企业发展水平得分为59.065分，在长江经济带中排名第92名，处于劣势区。荆门市基础设施发展水平得分为20.197分，在长江经济带中排名第63名，处于中势区。荆门市社会福利发展水平得分为76.609分，在长江经济带中排名第16名，处于强势区。荆门市居民生活发展水平得分为24.763分，在长江经济带中排名第98名，处于劣势区。荆门市科教文卫发展水平得分为43.070分，在长江经济带中排名第68名，处于中势区。荆门市生态环境发展水平得分为30.561分，在长江经济带中排名第88名，处于劣势区。

表5－206　　　　　　　　　　2017年荆门市综合发展各一级指标的得分、排名及优劣度分析

排名	指标	得分	优劣度
16	社会福利	76.609	强势
44	农业生产	31.700	优势
58	区域经济	43.748	中势
63	基础设施	20.197	中势
68	科教文卫	43.070	中势
72	人口就业	50.757	中势
84	综合发展	380.470	劣势
88	生态环境	30.561	劣势
92	工业企业	59.065	劣势
98	居民生活	24.763	劣势

根据表5－207对2017年孝感市综合发展及各一级指标得分情况、排名情况、优劣度情况进行分析。其中，孝感市综合发展水平得分为385.839分，在长江经济带中排名第53名，处于优势区。在一级指标中，孝感市人口就业发展水平得分为51.156分，在长江经济带中排名第59名，处于中势区。孝感市区域经济发展水平得分为44.735分，在长江经济带中排名第47名，处于优势区。孝感市农业生产发展水平得分为36.867分，在长江经济带中排名第17名，处于强势区。孝感市工业企业发展水平得分为62.008分，在长江经济带中排名第64名，处于中势区。孝感市基础设施发展水平得分为19.374分，在长江经济带中排名第81名，处于中势区。孝感市社会福利发展水平得分为68.366分，在长江经济带中排名第94名，处于劣势区。孝感市居民生活发展水平得分为24.731分，在长江经济带中排名第99名，处于劣势区。孝感市科教文卫发展水平得分为46.344分，在长江经济带中排名第21名，处于强势区。孝感市生态环境发展水平得分为32.259分，在长江经济带中排名第50名，处于优势区。

表5－207　　　　　　　　　　2017年孝感市综合发展各一级指标的得分、排名及优劣度分析

排名	指标	得分	优劣度
17	农业生产	36.867	强势
21	科教文卫	46.344	强势
47	区域经济	44.735	优势
50	生态环境	32.259	优势
53	综合发展	385.839	优势
59	人口就业	51.156	中势
64	工业企业	62.008	中势
81	基础设施	19.374	中势
94	社会福利	68.366	劣势
99	居民生活	24.731	劣势

根据表 5-208 对 2017 年荆州市综合发展及各一级指标得分情况、排名情况、优劣度情况进行分析。其中,荆州市综合发展水平得分为 388.199 分,在长江经济带中排名第 46 名,处于优势区。在一级指标中,荆州市人口就业发展水平得分为 51.611 分,在长江经济带中排名第 44 名,处于优势区。荆州市区域经济发展水平得分为 42.756 分,在长江经济带中排名第 76 名,处于中势区。荆州市农业生产发展水平得分为 36.079 分,在长江经济带中排名第 21 名,处于强势区。荆州市工业企业发展水平得分为 61.002 分,在长江经济带中排名第 80 名,处于中势区。荆州市基础设施发展水平得分为 19.442 分,在长江经济带中排名第 80 名,处于中势区。荆州市社会福利发展水平得分为 75.062 分,在长江经济带中排名第 38 名,处于优势区。荆州市居民生活发展水平得分为 27.481 分,在长江经济带中排名第 54 名,处于优势区。荆州市科教文卫发展水平得分为 43.955 分,在长江经济带中排名第 49 名,处于优势区。荆州市生态环境发展水平得分为 30.809 分,在长江经济带中排名第 83 名,处于劣势区。

表 5-208　　　　　　　　　**2017 年荆州市综合发展各一级指标的得分、排名及优劣度分析**

排名	指标	得分	优劣度
21	农业生产	36.079	强势
38	社会福利	75.062	优势
44	人口就业	51.611	优势
46	综合发展	388.199	优势
49	科教文卫	43.955	优势
54	居民生活	27.481	优势
76	区域经济	42.756	中势
80	工业企业	61.002	中势
80	基础设施	19.442	中势
83	生态环境	30.809	劣势

根据表 5-209 对 2017 年黄冈市综合发展及各一级指标得分情况、排名情况、优劣度情况进行分析。其中,黄冈市综合发展水平得分为 383.018 分,在长江经济带中排名第 66 名,处于中势区。在一级指标中,黄冈市人口就业发展水平得分为 52.711 分,在长江经济带中排名第 24 名,处于强势区。黄冈市区域经济发展水平得分为 46.306 分,在长江经济带中排名第 13 名,处于强势区。黄冈市农业生产发展水平得分为 35.117 分,在长江经济带中排名第 26 名,处于强势区。黄冈市工业企业发展水平得分为 59.573 分,在长江经济带中排名第 85 名,处于劣势区。黄冈市基础设施发展水平得分为 20.278 分,在长江经济带中排名第 60 名,处于中势区。黄冈市社会福利发展水平得分为 60.776 分,在长江经济带中排名第 108 名,处于劣势区。黄冈市居民生活发展水平得分为 25.501 分,在长江经济带中排名第 88 名,处于劣势区。黄冈市科教文卫发展水平得分为 48.241 分,在长江经济带中排名第 13 名,处于强势区。黄冈市生态环境发展水平得分为 34.516 分,在长江经济带中排名第 22 名,处于强势区。

表 5-209　　　　　　　　　**2017 年黄冈市综合发展各一级指标的得分、排名及优劣度分析**

排名	指标	得分	优劣度
13	区域经济	46.306	强势
13	科教文卫	48.241	强势
22	生态环境	34.516	强势
24	人口就业	52.711	强势
26	农业生产	35.117	强势
60	基础设施	20.278	中势
66	综合发展	383.018	中势
85	工业企业	59.573	劣势
88	居民生活	25.501	劣势
108	社会福利	60.776	劣势

根据表5－210对2017年咸宁市综合发展及各一级指标得分情况、排名情况、优劣度情况进行分析。其中，咸宁市综合发展水平得分为389.051分，在长江经济带中排名第41名，处于优势区。在一级指标中，咸宁市人口就业发展水平得分为49.290分，在长江经济带中排名第91名，处于劣势区。咸宁市区域经济发展水平得分为45.569分，在长江经济带中排名第31名，处于优势区。咸宁市农业生产发展水平得分为37.900分，在长江经济带中排名第15名，处于强势区。咸宁市工业企业发展水平得分为62.290分，在长江经济带中排名第60名，处于中势区。咸宁市基础设施发展水平得分为20.203分，在长江经济带中排名第62名，处于中势区。咸宁市社会福利发展水平得分为72.456分，在长江经济带中排名第72名，处于中势区。咸宁市居民生活发展水平得分为24.827分，在长江经济带中排名第97名，处于劣势区。咸宁市科教文卫发展水平得分为43.759分，在长江经济带中排名第52名，处于优势区。咸宁市生态环境发展水平得分为32.757分，在长江经济带中排名第44名，处于优势区。

表5－210　　　　　　　　**2017年咸宁市综合发展各一级指标的得分、排名及优劣度分析**

排名	指标	得分	优劣度
15	农业生产	37.900	强势
31	区域经济	45.569	优势
41	综合发展	389.051	优势
44	生态环境	32.757	优势
52	科教文卫	43.759	优势
60	工业企业	62.290	中势
62	基础设施	20.203	中势
72	社会福利	72.456	中势
91	人口就业	49.290	劣势
97	居民生活	24.827	劣势

根据表5－211对2017年随州市综合发展及各一级指标得分情况、排名情况、优劣度情况进行分析。其中，随州市综合发展水平得分为377.306分，在长江经济带中排名第90名，处于劣势区。在一级指标中，随州市人口就业发展水平得分为50.075分，在长江经济带中排名第81名，处于中势区。随州市区域经济发展水平得分为41.318分，在长江经济带中排名第98名，处于劣势区。随州市农业生产发展水平得分为30.624分，在长江经济带中排名第49名，处于优势区。随州市工业企业发展水平得分为63.990分，在长江经济带中排名第35名，处于优势区。随州市基础设施发展水平得分为18.497分，在长江经济带中排名第103名，处于劣势区。随州市社会福利发展水平得分为77.643分，在长江经济带中排名第9名，处于强势区。随州市居民生活发展水平得分为23.498分，在长江经济带中排名第107名，处于劣势区。随州市科教文卫发展水平得分为41.862分，在长江经济带中排名第87名，处于劣势区。随州市生态环境发展水平得分为29.798分，在长江经济带中排名第99名，处于劣势区。

表5－211　　　　　　　　**2017年随州市综合发展各一级指标的得分、排名及优劣度分析**

排名	指标	得分	优劣度
9	社会福利	77.643	强势
35	工业企业	63.990	优势
49	农业生产	30.624	优势
81	人口就业	50.075	中势
87	科教文卫	41.862	劣势
90	综合发展	377.306	劣势
98	区域经济	41.318	劣势
99	生态环境	29.798	劣势
103	基础设施	18.497	劣势
107	居民生活	23.498	劣势

　　根据表5-212对2017年长沙市综合发展及各一级指标得分情况、排名情况、优劣度情况进行分析。其中，长沙市综合发展水平得分为393.262分，在长江经济带中排名第29名，处于优势区。在一级指标中，长沙市人口就业发展水平得分为53.099分，在长江经济带中排名第19名，处于强势区。长沙市区域经济发展水平得分为46.199分，在长江经济带中排名第17名，处于强势区。长沙市农业生产发展水平得分为22.560分，在长江经济带中排名第99名，处于劣势区。长沙市工业企业发展水平得分为64.407分，在长江经济带中排名第27名，处于强势区。长沙市基础设施发展水平得分为21.908分，在长江经济带中排名第31名，处于优势区。长沙市社会福利发展水平得分为74.892分，在长江经济带中排名第41名，处于优势区。长沙市居民生活发展水平得分为30.484分，在长江经济带中排名第21名，处于强势区。长沙市科教文卫发展水平得分为45.468分，在长江经济带中排名第27名，处于强势区。长沙市生态环境发展水平得分为34.247分，在长江经济带中排名第25名，处于强势区。

表5-212　　　　　　　　2017年长沙市综合发展各一级指标的得分、排名及优劣度分析

排名	指标	得分	优劣度
17	区域经济	46.199	强势
19	人口就业	53.099	强势
21	居民生活	30.484	强势
25	生态环境	34.247	强势
27	工业企业	64.407	强势
27	科教文卫	45.468	强势
29	综合发展	393.262	优势
31	基础设施	21.908	优势
41	社会福利	74.892	优势
99	农业生产	22.560	劣势

　　根据表5-213对2017年株洲市综合发展及各一级指标得分情况、排名情况、优劣度情况进行分析。其中，株洲市综合发展水平得分为377.398分，在长江经济带中排名第89名，处于劣势区。在一级指标中，株洲市人口就业发展水平得分为50.763分，在长江经济带中排名第71名，处于中势区。株洲市区域经济发展水平得分为44.140分，在长江经济带中排名第53名，处于优势区。株洲市农业生产发展水平得分为24.499分，在长江经济带中排名第82名，处于劣势区。株洲市工业企业发展水平得分为63.278分，在长江经济带中排名第47名，处于优势区。株洲市基础设施发展水平得分为19.953分，在长江经济带中排名第70名，处于中势区。株洲市社会福利发展水平得分为74.686分，在长江经济带中排名第44名，处于优势区。株洲市居民生活发展水平得分为25.441分，在长江经济带中排名第91名，处于劣势区。株洲市科教文卫发展水平得分为43.325分，在长江经济带中排名第65名，处于中势区。株洲市生态环境发展水平得分为31.312分，在长江经济带中排名第71名，处于中势区。

表5-213　　　　　　　　2017年株洲市综合发展各一级指标的得分、排名及优劣度分析

排名	指标	得分	优劣度
44	社会福利	74.686	优势
47	工业企业	63.278	优势
53	区域经济	44.140	优势
65	科教文卫	43.325	中势
70	基础设施	19.953	中势
71	人口就业	50.763	中势
71	生态环境	31.312	中势
82	农业生产	24.499	劣势
89	综合发展	377.398	劣势
91	居民生活	25.441	劣势

根据表 5－214 对 2017 年湘潭市综合发展及各一级指标得分情况、排名情况、优劣度情况进行分析。其中，湘潭市综合发展水平得分为 386.180 分，在长江经济带中排名第 52 名，处于优势区。在一级指标中，湘潭市人口就业发展水平得分为 51.352 分，在长江经济带中排名第 48 名，处于优势区。湘潭市区域经济发展水平得分为 46.684 分，在长江经济带中排名第 8 名，处于强势区。湘潭市农业生产发展水平得分为 23.752 分，在长江经济带中排名第 89 名，处于劣势区。湘潭市工业企业发展水平得分为 62.921 分，在长江经济带中排名第 53 名，处于优势区。湘潭市基础设施发展水平得分为 22.722 分，在长江经济带中排名第 23 名，处于强势区。湘潭市社会福利发展水平得分为 75.749 分，在长江经济带中排名第 27 名，处于强势区。湘潭市居民生活发展水平得分为 29.023 分，在长江经济带中排名第 29 名，处于优势区。湘潭市科教文卫发展水平得分为 42.789 分，在长江经济带中排名第 76 名，处于中势区。湘潭市生态环境发展水平得分为 31.189 分，在长江经济带中排名第 77 名，处于中势区。

表 5－214　　　　2017 年湘潭市综合发展各一级指标的得分、排名及优劣度分析

排名	指标	得分	优劣度
8	区域经济	46.684	强势
23	基础设施	22.722	强势
27	社会福利	75.749	强势
29	居民生活	29.023	优势
48	人口就业	51.352	优势
52	综合发展	386.180	优势
53	工业企业	62.921	优势
76	科教文卫	42.789	中势
77	生态环境	31.189	中势
89	农业生产	23.752	劣势

根据表 5－215 对 2017 年衡阳市综合发展及各一级指标得分情况、排名情况、优劣度情况进行分析。其中，衡阳市综合发展水平得分为 384.699 分，在长江经济带中排名第 59 名，处于中势区。在一级指标中，衡阳市人口就业发展水平得分为 53.714 分，在长江经济带中排名第 11 名，处于强势区。衡阳市区域经济发展水平得分为 45.262 分，在长江经济带中排名第 37 名，处于优势区。衡阳市农业生产发展水平得分为 26.054 分，在长江经济带中排名第 71 名，处于中势区。衡阳市工业企业发展水平得分为 65.097 分，在长江经济带中排名第 17 名，处于强势区。衡阳市基础设施发展水平得分为 18.051 分，在长江经济带中排名第 106 名，处于劣势区。衡阳市社会福利发展水平得分为 73.797 分，在长江经济带中排名第 56 名，处于中势区。衡阳市居民生活发展水平得分为 26.948 分，在长江经济带中排名第 64 名，处于中势区。衡阳市科教文卫发展水平得分为 43.689 分，在长江经济带中排名第 57 名，处于中势区。衡阳市生态环境发展水平得分为 32.085 分，在长江经济带中排名第 54 名，处于优势区。

表 5－215　　　　2017 年衡阳市综合发展各一级指标的得分、排名及优劣度分析

排名	指标	得分	优劣度
11	人口就业	53.714	强势
17	工业企业	65.097	强势
37	区域经济	45.262	优势
54	生态环境	32.085	优势
56	社会福利	73.797	中势
57	科教文卫	43.689	中势
59	综合发展	384.699	中势
64	居民生活	26.948	中势
71	农业生产	26.054	中势
106	基础设施	18.051	劣势

根据表 5 – 216 对 2017 年邵阳市综合发展及各一级指标得分情况、排名情况、优劣度情况进行分析。其中，邵阳市综合发展水平得分为 387.065 分，在长江经济带中排名第 49 名，处于优势区。在一级指标中，邵阳市人口就业发展水平得分为 53.811 分，在长江经济带中排名第 10 名，处于强势区。邵阳市区域经济发展水平得分为 42.624 分，在长江经济带中排名第 79 名，处于中势区。邵阳市农业生产发展水平得分为 30.596 分，在长江经济带中排名第 50 名，处于优势区。邵阳市工业企业发展水平得分为 63.712 分，在长江经济带中排名第 40 名，处于优势区。邵阳市基础设施发展水平得分为 19.727 分，在长江经济带中排名第 74 名，处于中势区。邵阳市社会福利发展水平得分为 66.918 分，在长江经济带中排名第 101 名，处于劣势区。邵阳市居民生活发展水平得分为 31.862 分，在长江经济带中排名第 13 名，处于强势区。邵阳市科教文卫发展水平得分为 44.058 分，在长江经济带中排名第 47 名，处于优势区。邵阳市生态环境发展水平得分为 33.756 分，在长江经济带中排名第 30 名，处于优势区。

表 5 – 216　　　　　　　　2017 年邵阳市综合发展各一级指标的得分、排名及优劣度分析

排名	指标	得分	优劣度
10	人口就业	53.811	强势
13	居民生活	31.862	强势
30	生态环境	33.756	优势
40	工业企业	63.712	优势
47	科教文卫	44.058	优势
49	综合发展	387.065	优势
50	农业生产	30.596	优势
74	基础设施	19.727	中势
79	区域经济	42.624	中势
101	社会福利	66.918	劣势

根据表 5 – 217 对 2017 年岳阳市综合发展及各一级指标得分情况、排名情况、优劣度情况进行分析。其中，岳阳市综合发展水平得分为 380.531 分，在长江经济带中排名第 82 名，处于劣势区。在一级指标中，岳阳市人口就业发展水平得分为 52.048 分，在长江经济带中排名第 35 名，处于优势区。岳阳市区域经济发展水平得分为 43.120 分，在长江经济带中排名第 69 名，处于中势区。岳阳市农业生产发展水平得分为 27.163 分，在长江经济带中排名第 64 名，处于中势区。岳阳市工业企业发展水平得分为 62.049 分，在长江经济带中排名第 63 名，处于中势区。岳阳市基础设施发展水平得分为 20.970 分，在长江经济带中排名第 41 名，处于优势区。岳阳市社会福利发展水平得分为 75.175 分，在长江经济带中排名第 37 名，处于优势区。岳阳市居民生活发展水平得分为 25.259 分，在长江经济带中排名第 92 名，处于劣势区。岳阳市科教文卫发展水平得分为 43.538 分，在长江经济带中排名第 61 名，处于中势区。岳阳市生态环境发展水平得分为 31.208 分，在长江经济带中排名第 75 名，处于中势区。

表 5 – 217　　　　　　　　2017 年岳阳市综合发展各一级指标的得分、排名及优劣度分析

排名	指标	得分	优劣度
35	人口就业	52.048	优势
37	社会福利	75.175	优势
41	基础设施	20.970	优势
61	科教文卫	43.538	中势
63	工业企业	62.049	中势
64	农业生产	27.163	中势
69	区域经济	43.120	中势
75	生态环境	31.208	中势
82	综合发展	380.531	劣势
92	居民生活	25.259	劣势

根据表5－218对2017年常德市综合发展及各一级指标得分情况、排名情况、优劣度情况进行分析。其中，常德市综合发展水平得分为383.213分，在长江经济带中排名第65名，处于中势区。在一级指标中，常德市人口就业发展水平得分为50.978分，在长江经济带中排名第65名，处于中势区。常德市区域经济发展水平得分为42.873分，在长江经济带中排名第74名，处于中势区。常德市农业生产发展水平得分为28.907分，在长江经济带中排名第55名，处于中势区。常德市工业企业发展水平得分为62.995分，在长江经济带中排名第52名，处于优势区。常德市基础设施发展水平得分为20.506分，在长江经济带中排名第50名，处于优势区。常德市社会福利发展水平得分为76.253分，在长江经济带中排名第19名，处于强势区。常德市居民生活发展水平得分为27.067分，在长江经济带中排名第62名，处于中势区。常德市科教文卫发展水平得分为44.212分，在长江经济带中排名第43名，处于优势区。常德市生态环境发展水平得分为29.422分，在长江经济带中排名第103名，处于劣势区。

表5－218　　　　　　　　2017年常德市综合发展各一级指标的得分、排名及优劣度分析

排名	指标	得分	优劣度
19	社会福利	76.253	强势
43	科教文卫	44.212	优势
50	基础设施	20.506	优势
52	工业企业	62.995	优势
55	农业生产	28.907	中势
62	居民生活	27.067	中势
65	综合发展	383.213	中势
65	人口就业	50.978	中势
74	区域经济	42.873	中势
103	生态环境	29.422	劣势

根据表5－219对2017年张家界市综合发展及各一级指标得分情况、排名情况、优劣度情况进行分析。其中，张家界市综合发展水平得分为383.774分，在长江经济带中排名第61名，处于中势区。在一级指标中，张家界市人口就业发展水平得分为53.408分，在长江经济带中排名第16名，处于强势区。张家界市区域经济发展水平得分为43.163分，在长江经济带中排名第68名，处于中势区。张家界市农业生产发展水平得分为31.979分，在长江经济带中排名第42名，处于优势区。张家界市工业企业发展水平得分为61.823分，在长江经济带中排名第65名，处于中势区。张家界市基础设施发展水平得分为20.525分，在长江经济带中排名第49名，处于优势区。张家界市社会福利发展水平得分为73.085分，在长江经济带中排名第64名，处于中势区。张家界市居民生活发展水平得分为30.645分，在长江经济带中排名第19名，处于强势区。张家界市科教文卫发展水平得分为35.158分，在长江经济带中排名第108名，处于劣势区。张家界市生态环境发展水平得分为33.987分，在长江经济带中排名第28名，处于优势区。

表5－219　　　　　　　　2017年张家界市综合发展各一级指标的得分、排名及优劣度分析

排名	指标	得分	优劣度
16	人口就业	53.408	强势
19	居民生活	30.645	强势
28	生态环境	33.987	优势
42	农业生产	31.979	优势
49	基础设施	20.525	优势
61	综合发展	383.774	中势
64	社会福利	73.085	中势
65	工业企业	61.823	中势
68	区域经济	43.163	中势
108	科教文卫	35.158	劣势

根据表 5 – 220 对 2017 年益阳市综合发展及各一级指标得分情况、排名情况、优劣度情况进行分析。其中，益阳市综合发展水平得分为 393.857 分，在长江经济带中排名第 24 名，处于强势区。在一级指标中，益阳市人口就业发展水平得分为 51.023 分，在长江经济带中排名第 61 名，处于中势区。益阳市区域经济发展水平得分为 45.386 分，在长江经济带中排名第 34 名，处于优势区。益阳市农业生产发展水平得分为 33.523 分，在长江经济带中排名第 35 名，处于优势区。益阳市工业企业发展水平得分为 62.308 分，在长江经济带中排名第 59 名，处于中势区。益阳市基础设施发展水平得分为 19.456 分，在长江经济带中排名第 79 名，处于中势区。益阳市社会福利发展水平得分为 79.014 分，在长江经济带中排名第 2 名，处于强势区。益阳市居民生活发展水平得分为 28.831 分，在长江经济带中排名第 31 名，处于优势区。益阳市科教文卫发展水平得分为 43.928 分，在长江经济带中排名第 50 名，处于优势区。益阳市生态环境发展水平得分为 30.388 分，在长江经济带中排名第 93 名，处于劣势区。

表 5 – 220　　　　　2017 年益阳市综合发展各一级指标的得分、排名及优劣度分析

排名	指标	得分	优劣度
2	社会福利	79.014	强势
24	综合发展	393.857	强势
31	居民生活	28.831	优势
34	区域经济	45.386	优势
35	农业生产	33.523	优势
50	科教文卫	43.928	优势
59	工业企业	62.308	中势
61	人口就业	51.023	中势
79	基础设施	19.456	中势
93	生态环境	30.388	劣势

根据表 5 – 221 对 2017 年郴州市综合发展及各一级指标得分情况、排名情况、优劣度情况进行分析。其中，郴州市综合发展水平得分为 380.747 分，在长江经济带中排名第 81 名，处于中势区。在一级指标中，郴州市人口就业发展水平得分为 52.239 分，在长江经济带中排名第 30 名，处于优势区。郴州市区域经济发展水平得分为 46.885 分，在长江经济带中排名第 7 名，处于强势区。郴州市农业生产发展水平得分为 24.477 分，在长江经济带中排名第 84 名，处于劣势区。郴州市工业企业发展水平得分为 58.518 分，在长江经济带中排名第 93 名，处于劣势区。郴州市基础设施发展水平得分为 20.129 分，在长江经济带中排名第 64 名，处于中势区。郴州市社会福利发展水平得分为 74.676 分，在长江经济带中排名第 45 名，处于优势区。郴州市居民生活发展水平得分为 29.134 分，在长江经济带中排名第 28 名，处于优势区。郴州市科教文卫发展水平得分为 44.471 分，在长江经济带中排名第 39 名，处于优势区。郴州市生态环境发展水平得分为 30.219 分，在长江经济带中排名第 95 名，处于劣势区。

表 5 – 221　　　　　2017 年郴州市综合发展各一级指标的得分、排名及优劣度分析

排名	指标	得分	优劣度
7	区域经济	46.885	强势
28	居民生活	29.134	优势
30	人口就业	52.239	优势
39	科教文卫	44.471	优势
45	社会福利	74.676	优势
64	基础设施	20.129	中势
81	综合发展	380.747	中势
84	农业生产	24.477	劣势
93	工业企业	58.518	劣势
95	生态环境	30.219	劣势

根据表5-222对2017年永州市综合发展及各一级指标得分情况、排名情况、优劣度情况进行分析。其中，永州市综合发展水平得分为398.533分，在长江经济带中排名第14名，处于强势区。在一级指标中，永州市人口就业发展水平得分为53.074分，在长江经济带中排名第20名，处于强势区。永州市区域经济发展水平得分为42.714分，在长江经济带中排名第78名，处于中势区。永州市农业生产发展水平得分为40.180分，在长江经济带中排名第7名，处于强势区。永州市工业企业发展水平得分为63.858分，在长江经济带中排名第36名，处于优势区。永州市基础设施发展水平得分为19.256分，在长江经济带中排名第86名，处于劣势区。永州市社会福利发展水平得分为74.033分，在长江经济带中排名第51名，处于优势区。永州市居民生活发展水平得分为28.440分，在长江经济带中排名第38名，处于优势区。永州市科教文卫发展水平得分为44.757分，在长江经济带中排名第34名，处于优势区。永州市生态环境发展水平得分为32.220分，在长江经济带中排名第51名，处于优势区。

表5-222　　　　　　　2017年永州市综合发展各一级指标的得分、排名及优劣度分析

排名	指标	得分	优劣度
7	农业生产	40.180	强势
14	综合发展	398.533	强势
20	人口就业	53.074	强势
34	科教文卫	44.757	优势
36	工业企业	63.858	优势
38	居民生活	28.440	优势
51	社会福利	74.033	优势
51	生态环境	32.220	优势
78	区域经济	42.714	中势
86	基础设施	19.256	劣势

根据表5-223对2017年怀化市综合发展及各一级指标得分情况、排名情况、优劣度情况进行分析。其中，怀化市综合发展水平得分为394.958分，在长江经济带中排名第22名，处于强势区。在一级指标中，怀化市人口就业发展水平得分为55.222分，在长江经济带中排名第5名，处于强势区。怀化市区域经济发展水平得分为43.742分，在长江经济带中排名第60名，处于中势区。怀化市农业生产发展水平得分为28.312分，在长江经济带中排名第58名，处于中势区。怀化市工业企业发展水平得分为63.312分，在长江经济带中排名第46名，处于优势区。怀化市基础设施发展水平得分为18.568分，在长江经济带中排名第102名，处于劣势区。怀化市社会福利发展水平得分为68.801分，在长江经济带中排名第93名，处于劣势区。怀化市居民生活发展水平得分为33.418分，在长江经济带中排名第8名，处于强势区。怀化市科教文卫发展水平得分为48.812分，在长江经济带中排名第11名，处于强势区。怀化市生态环境发展水平得分为34.771分，在长江经济带中排名第21名，处于强势区。

表5-223　　　　　　　2017年怀化市综合发展各一级指标的得分、排名及优劣度分析

排名	指标	得分	优劣度
5	人口就业	55.222	强势
8	居民生活	33.418	强势
11	科教文卫	48.812	强势
21	生态环境	34.771	强势
22	综合发展	394.958	强势
46	工业企业	63.312	优势
58	农业生产	28.312	中势
60	区域经济	43.742	中势
93	社会福利	68.801	劣势
102	基础设施	18.568	劣势

根据表 5 - 224 对 2017 年娄底市综合发展及各一级指标得分情况、排名情况、优劣度情况进行分析。其中，娄底市综合发展水平得分为 385.779 分，在长江经济带中排名第 54 名，处于优势区。在一级指标中，娄底市人口就业发展水平得分为 54.022 分，在长江经济带中排名第 8 名，处于强势区。娄底市区域经济发展水平得分为 45.450 分，在长江经济带中排名第 33 名，处于优势区。娄底市农业生产发展水平得分为 28.886 分，在长江经济带中排名第 56 名，处于中势区。娄底市工业企业发展水平得分为 61.199 分，在长江经济带中排名第 75 名，处于中势区。娄底市基础设施发展水平得分为 19.145 分，在长江经济带中排名第 89 名，处于劣势区。娄底市社会福利发展水平得分为 71.747 分，在长江经济带中排名第 80 名，处于中势区。娄底市居民生活发展水平得分为 29.227 分，在长江经济带中排名第 27 名，处于强势区。娄底市科教文卫发展水平得分为 44.338 分，在长江经济带中排名第 41 名，处于优势区。娄底市生态环境发展水平得分为 31.765 分，在长江经济带中排名第 61 名，处于中势区。

表 5 - 224　　　　　2017 年娄底市综合发展各一级指标的得分、排名及优劣度分析

排名	指标	得分	优劣度
8	人口就业	54.022	强势
27	居民生活	29.227	强势
33	区域经济	45.450	优势
41	科教文卫	44.338	优势
54	综合发展	385.779	优势
56	农业生产	28.886	中势
61	生态环境	31.765	中势
75	工业企业	61.199	中势
80	社会福利	71.747	中势
89	基础设施	19.145	劣势

五、2018 年长江经济带中部地区城市综合发展水平评估分析

(一) 2018 年长江经济带中部地区城市综合发展水平评估指标比较

根据表 5 - 225 对长江经济带中部地区的城市综合发展水平得分情况展开分析。2018 年中部地区各城市综合发展水平得分区间为 382 ~ 413 分，其中，得分最高的为合肥市（412.034），最低分为萍乡市（382.6257），在中部地区中有 14 个城市（合肥市、荆州市、滁州市、抚州市、怀化市、益阳市、蚌埠市、六安市、亳州市、武汉市、永州市、长沙市、黄冈市、池州市）的综合发展水平得分超过 400 分，其余城市的得分均低于 400 分。

表 5 - 225　　　　　　　　2018 年长江经济带中部地区综合发展得分

排名	地区	得分
1	合肥市	412.034
2	荆州市	409.517
3	滁州市	406.383
4	抚州市	403.825
5	怀化市	403.614
6	益阳市	403.499
7	蚌埠市	401.968
8	六安市	401.593
9	亳州市	401.401
10	武汉市	401.272

续表

排名	地区	得分
11	永州市	400.880
12	长沙市	400.819
13	黄冈市	400.436
14	池州市	400.356
15	淮北市	398.951
16	芜湖市	398.207
17	宜春市	397.156
18	岳阳市	396.930
19	孝感市	396.910
20	郴州市	396.562
21	阜阳市	396.513
22	湘潭市	396.302
23	衡阳市	396.194
24	安庆市	396.166
25	赣州市	396.047
26	荆门市	395.315
27	鄂州市	395.059
28	襄阳市	394.716
29	马鞍山市	394.644
30	娄底市	394.590
31	宿州市	394.553
32	吉安市	394.232
33	淮南市	394.200
34	黄石市	393.732
35	邵阳市	393.503
36	南昌市	393.455
37	张家界市	392.927
38	常德市	392.845
39	黄山市	392.446
40	上饶市	391.257
41	咸宁市	389.910
42	宜昌市	389.796
43	景德镇市	388.292
44	随州市	388.162
45	鹰潭市	387.787
46	十堰市	387.098
47	铜陵市	386.991
48	株洲市	386.440
49	宣城市	386.316
50	九江市	385.969
51	新余市	384.231
52	萍乡市	382.625

根据表 5－226 对 2018 年长江经济带中部地区综合发展水平平均得分在长江经济带各城市群中排名情况展开分析。2018 年中部地区综合发展水平平均得分处于长江经济带各板块中的第 2 名，发展优势相对一般。

表 5 – 226　　　　　　　2018 年长江经济带中部地区综合发展评分一级指标比较

项目	数据
排名	2
中部地区平均得分	395.474
经济带最高分	430.649
经济带平均分	395.721
与最高分差距	– 35.176
与平均分差距	– 0.248

（二）2018 年长江经济带中部地区城市综合发展水平的量化评估

根据表 5 – 227 对 2018 年长江经济带中部地区综合发展及各一级指标平均得分情况、排名情况进行分析。其中，中部地区综合发展平均得分在长江经济带各板块中排名第 2 名。在一级指标中，人口就业发展水平平均得分为 51.010 分，在长江经济带各板块中排名第 2 名。区域经济发展水平平均得分为 46.406 分，在长江经济带各板块中排名第 2 名。农业生产发展水平平均得分为 34.570 分，在长江经济带各板块中排名第 2 名。工业企业发展水平平均得分为 62.303 分，在长江经济带各板块中排名第 2 名。基础设施发展水平平均得分为 21.371 分，在长江经济带各板块中排名第 2 名。社会福利发展水平平均得分为 77.439 分，在长江经济带各板块中排名第 1 名。居民生活发展水平平均得分为 27.571 分，在长江经济带各板块中排名第 2 名。科教文卫发展水平平均得分为 43.808 分，在长江经济带各板块中排名第 3 名。生态环境发展水平平均得分为 30.994 分，在长江经济带各板块中排名第 3 名。

表 5 – 227　　　　　　2018 年长江经济带中部地区综合发展各一级指标的得分、排名分析

排名	指标	得分
1	社会福利	77.439
2	综合发展	395.474
2	人口就业	51.010
2	区域经济	46.406
2	农业生产	34.570
2	工业企业	62.303
2	基础设施	21.371
2	居民生活	27.571
3	科教文卫	43.808
3	生态环境	30.994

（三）2018 年长江经济带中部地区城市综合发展水平评估得分比较

根据图 5 – 9 对 2018 年长江经济带中部地区综合发展水平与长江经济带平均水平展开比较分析。由图 5 – 9 可知，2018 年长江经济带中部地区在区域经济、工业企业、基础设施、社会福利等方面与长江经济带最高分差距较小，发展优势明显。在人口就业、农业生产、居民生活、科教文卫、生态环境等方面与最高分差距较大。

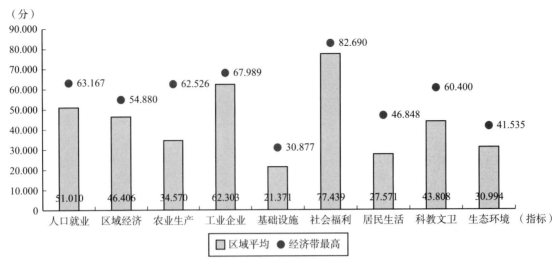

图 5 － 9   2018 年长江经济带中部地区综合发展水平指标得分比较

（四）2018 年长江经济带中部地区城市综合发展水平评估指标动态变化分析

根据图 5 － 10 对 2014 ～ 2018 年长江经济带中部地区各级指标排名变化情况展开分析。由图 5 － 10 可知，2014 ～ 2018 年长江经济带中部地区各级指标中保持指标的比例较高，总体指标上升下降不明显。

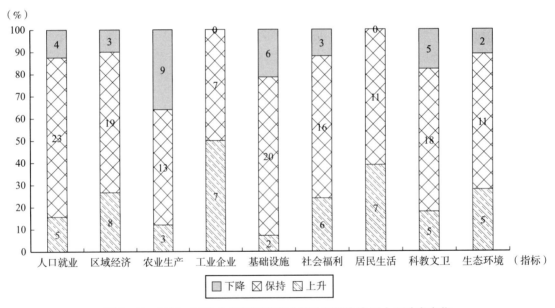

图 5 － 10   2014 ～ 2018 年长江经济带中部地区综合发展水平动态变化

表 5 － 228 进一步对 2014 ～ 2018 年中部地区 218 个要素指标的变化情况展开统计分析，其中，上升指标有 48 个，占指标总数的 22.018%；保持的指标有 138 个，占指标总数的 63.303%；下降的指标有 32 个，占指标总数的 14.679%。

表 5 － 228   2014 ～ 2018 年长江经济带中部地区综合发展水平排名变化态势比较

指标	要素指标数量（个）	上升指标		保持指标		下降指标	
		个数（个）	比重（%）	个数（个）	比重（%）	个数（个）	比重（%）
人口就业	32	5	15.625	23	71.875	4	12.500
区域经济	30	8	26.667	19	63.333	3	10.000

续表

指标	要素指标数量（个）	上升指标		保持指标		下降指标	
		个数（个）	比重（%）	个数（个）	比重（%）	个数（个）	比重（%）
农业生产	25	3	12.000	13	52.000	9	36.000
工业企业	14	7	50.000	7	50.000	0	0.000
基础设施	28	2	7.143	20	71.429	6	21.429
社会福利	25	6	24.000	16	64.000	3	12.000
居民生活	18	7	38.889	11	61.111	0	0.000
科教文卫	28	5	17.857	18	64.286	5	17.857
生态环境	18	5	27.778	11	61.111	2	11.111
合计	218	48	22.018	138	63.303	32	14.679

（五）2018年长江经济带中部地区各城市综合发展水平各级指标得分、排名及优劣度分析

根据表5－229对2018年合肥市综合发展及各一级指标得分情况、排名情况、优劣度情况进行分析。其中，合肥市综合发展水平得分为412.034分，在长江经济带中排名第7名，处于强势区。在一级指标中，合肥市人口就业发展水平得分为51.903分，在长江经济带中排名第27名，处于强势区。合肥市区域经济发展水平得分为49.113分，在长江经济带中排名第20名，处于强势区。合肥市农业生产发展水平得分为27.306分，在长江经济带中排名第88名，处于劣势区。合肥市工业企业发展水平得分为62.043分，在长江经济带中排名第58名，处于中势区。合肥市基础设施发展水平得分为25.806分，在长江经济带中排名第7名，处于强势区。合肥市社会福利发展水平得分为77.550分，在长江经济带中排名第24名，处于强势区。合肥市居民生活发展水平得分为35.610分，在长江经济带中排名第6名，处于强势区。合肥市科教文卫发展水平得分为45.462分，在长江经济带中排名第30名，处于优势区。合肥市生态环境发展水平得分为37.493分，在长江经济带中排名第5名，处于强势区。

表5－229　　　　　　　**2018年合肥市综合发展各一级指标的得分、排名及优劣度分析**

排名	指标	得分	优劣度
5	生态环境	37.493	强势
6	居民生活	35.610	强势
7	综合发展	412.034	强势
7	基础设施	25.806	强势
20	区域经济	49.113	强势
24	社会福利	77.550	强势
27	人口就业	51.903	强势
30	科教文卫	45.462	优势
58	工业企业	62.043	中势
88	农业生产	27.306	劣势

根据表5－230对2018年芜湖市综合发展及各一级指标得分情况、排名情况、优劣度情况进行分析。其中，芜湖市综合发展水平得分为398.207分，在长江经济带中排名第35名，处于优势区。在一级指标中，芜湖市人口就业发展水平得分为50.513分，在长江经济带中排名第60名，处于中势区。芜湖市区域经济发展水平得分为47.366分，在长江经济带中排名第37名，处于优势区。芜湖市农业生产发展水平得分为26.605分，在长江经济带中排名第91名，处于劣势区。芜湖市工业企业发展水平得分为64.444分，在长江经济带中排名第22名，处于强势区。芜湖市基础设施发展水平得分为25.408分，在长江经济带中排名第11名，处于强势区。芜湖市社会福利发展水平得分为79.512分，在长江经济带中排名第6名，处于强势区。芜湖市居民生活发展水平得分为30.980分，在长江经济带中排名第18名，处于强势区。芜湖市科教文卫发展水平得分为43.864分，在长江经济带中排名第58名，处于中势区。芜湖市生态环境发展

水平得分为 29. 835 分，在长江经济带中排名第 69 名，处于中势区。

表 5 - 230   2018 年芜湖市综合发展各一级指标的得分、排名及优劣度分析

排名	指标	得分	优劣度
6	社会福利	79. 512	强势
11	基础设施	25. 408	强势
18	居民生活	30. 980	强势
22	工业企业	64. 444	强势
35	综合发展	398. 207	优势
37	区域经济	47. 366	优势
58	科教文卫	43. 864	中势
60	人口就业	50. 513	中势
69	生态环境	29. 835	中势
91	农业生产	26. 605	劣势

  根据表 5 - 231 对 2018 年蚌埠市综合发展及各一级指标得分情况、排名情况、优劣度情况进行分析。其中，蚌埠市综合发展水平得分为 401. 968 分，在长江经济带中排名第 23 名，处于强势区。在一级指标中，蚌埠市人口就业发展水平得分为 49. 302 分，在长江经济带中排名第 82 名，处于劣势区。蚌埠市区域经济发展水平得分为 49. 200 分，在长江经济带中排名第 18 名，处于强势区。蚌埠市农业生产发展水平得分为 36. 877 分，在长江经济带中排名第 41 名，处于优势区。蚌埠市工业企业发展水平得分为 65. 785 分，在长江经济带中排名第 8 名，处于强势区。蚌埠市基础设施发展水平得分为 20. 973 分，在长江经济带中排名第 63 名，处于中势区。蚌埠市社会福利发展水平得分为 78. 088 分，在长江经济带中排名第 16 名，处于强势区。蚌埠市居民生活发展水平得分为 27. 358 分，在长江经济带中排名第 54 名，处于优势区。蚌埠市科教文卫发展水平得分为 43. 982 分，在长江经济带中排名第 55 名，处于中势区。蚌埠市生态环境发展水平得分为 29. 636 分，在长江经济带中排名第 75 名，处于中势区。

表 5 - 231   2018 年蚌埠市综合发展各一级指标的得分、排名及优劣度分析

排名	指标	得分	优劣度
8	工业企业	65. 785	强势
16	社会福利	78. 088	强势
18	区域经济	49. 200	强势
23	综合发展	401. 968	强势
41	农业生产	36. 877	优势
54	居民生活	27. 358	优势
55	科教文卫	43. 982	中势
63	基础设施	20. 973	中势
75	生态环境	29. 636	中势
82	人口就业	49. 302	劣势

  根据表 5 - 232 对 2018 年淮南市综合发展及各一级指标得分情况、排名情况、优劣度情况进行分析。其中，淮南市综合发展水平得分为 394. 200 分，在长江经济带中排名第 59 名，处于中势区。在一级指标中，淮南市人口就业发展水平得分为 51. 027 分，在长江经济带中排名第 49 名，处于优势区。淮南市区域经济发展水平得分为 43. 097 分，在长江经济带中排名第 95 名，处于劣势区。淮南市农业生产发展水平得分为 36. 003 分，在长江经济带中排名第 48 名，处于优势区。淮南市工业企业发展水平得分为 62. 658 分，在长江经济带中排名第 51 名，处于优势区。淮南市基础设施发展水平得分为 19. 633 分，在长江经济带中排名第 95 名，处于劣势区。淮南市社会福利发展水平得分为 75. 438 分，在长江经济带中排名第 60 名，处于中势区。淮南市居民生活发展水平得分为 31. 065 分，在长江经济带中排名第 17 名，处于强势区。淮南

市科教文卫发展水平得分为 43.146 分，在长江经济带中排名第 73 名，处于中势区。淮南市生态环境发展水平得分为 31.449 分，在长江经济带中排名第 31 名，处于优势区。

表 5 - 232　　　　　　　2018 年淮南市综合发展各一级指标的得分、排名及优劣度分析

排名	指标	得分	优劣度
17	居民生活	31.065	强势
31	生态环境	31.449	优势
48	农业生产	36.003	优势
49	人口就业	51.027	优势
51	工业企业	62.658	优势
59	综合发展	394.200	中势
60	社会福利	75.438	中势
73	科教文卫	43.146	中势
95	区域经济	43.097	劣势
95	基础设施	19.633	劣势

根据表 5 - 233 对 2018 年马鞍山市综合发展及各一级指标得分情况、排名情况、优劣度情况进行分析。其中，马鞍山市综合发展水平得分为 394.644 分，在长江经济带中排名第 54 名，处于优势区。在一级指标中，马鞍山市人口就业发展水平得分为 50.498 分，在长江经济带中排名第 61 名，处于中势区。马鞍山市区域经济发展水平得分为 47.614 分，在长江经济带中排名第 34 名，处于优势区。马鞍山市农业生产发展水平得分为 26.474 分，在长江经济带中排名第 92 名，处于劣势区。马鞍山市工业企业发展水平得分为 64.050 分，在长江经济带中排名第 31 名，处于优势区。马鞍山市基础设施发展水平得分为 22.805 分，在长江经济带中排名第 29 名，处于优势区。马鞍山市社会福利发展水平得分为 74.398 分，在长江经济带中排名第 86 名，处于劣势区。马鞍山市居民生活发展水平得分为 30.662 分，在长江经济带中排名第 19 名，处于强势区。马鞍山市科教文卫发展水平得分为 42.302 分，在长江经济带中排名第 93 名，处于劣势区。马鞍山市生态环境发展水平得分为 33.074 分，在长江经济带中排名第 16 名，处于强势区。

表 5 - 233　　　　　　　2018 年马鞍山市综合发展各一级指标的得分、排名及优劣度分析

排名	指标	得分	优劣度
16	生态环境	33.074	强势
19	居民生活	30.662	强势
29	基础设施	22.805	优势
31	工业企业	64.050	优势
34	区域经济	47.614	优势
54	综合发展	394.644	优势
61	人口就业	50.498	中势
86	社会福利	74.398	劣势
92	农业生产	26.474	劣势
93	科教文卫	42.302	劣势

根据表 5 - 234 对 2018 年淮北市综合发展及各一级指标得分情况、排名情况、优劣度情况进行分析。其中，淮北市综合发展水平得分为 398.951 分，在长江经济带中排名第 34 名，处于优势区。在一级指标中，淮北市人口就业发展水平得分为 46.152 分，在长江经济带中排名第 103 名，处于劣势区。淮北市区域经济发展水平得分为 52.402 分，在长江经济带中排名第 3 名，处于强势区。淮北市农业生产发展水平得分为 38.717 分，在长江经济带中排名第 29 名，处于优势区。淮北市工业企业发展水平得分为 64.299 分，在长江经济带中排名第 25 名，处于强势区。淮北市基础设施发展水平得分为 21.062 分，在长江经济带中排名第 59 名，处于中势区。淮北市社会福利发展水平得分为 76.160 分，在长江经济带中排名第 48

名，处于优势区。淮北市居民生活发展水平得分为 26.846 分，在长江经济带中排名第 68 名，处于中势区。淮北市科教文卫发展水平得分为 42.811 分，在长江经济带中排名第 84 名，处于劣势区。淮北市生态环境发展水平得分为 29.627 分，在长江经济带中排名第 76 名，处于中势区。

表 5－234 **2018 年淮北市综合发展各一级指标的得分、排名及优劣度分析**

排名	指标	得分	优劣度
3	区域经济	52.402	强势
25	工业企业	64.299	强势
29	农业生产	38.717	优势
34	综合发展	398.951	优势
48	社会福利	76.160	优势
59	基础设施	21.062	中势
68	居民生活	26.846	中势
76	生态环境	29.627	中势
84	科教文卫	42.811	劣势
103	人口就业	46.152	劣势

根据表 5－235 对 2018 年铜陵市综合发展及各一级指标得分情况、排名情况、优劣度情况进行分析。其中，铜陵市综合发展水平得分为 386.991 分，在长江经济带中排名第 89 名，处于劣势区。在一级指标中，铜陵市人口就业发展水平得分为 51.384 分，在长江经济带中排名第 37 名，处于优势区。铜陵市区域经济发展水平得分为 45.230 分，在长江经济带中排名第 67 名，处于中势区。铜陵市农业生产发展水平得分为 25.749 分，在长江经济带中排名第 95 名，处于劣势区。铜陵市工业企业发展水平得分为 64.843 分，在长江经济带中排名第 18 名，处于强势区。铜陵市基础设施发展水平得分为 21.118 分，在长江经济带中排名第 55 名，处于中势区。铜陵市社会福利发展水平得分为 76.069 分，在长江经济带中排名第 51 名，处于优势区。铜陵市居民生活发展水平得分为 27.071 分，在长江经济带中排名第 59 名，处于中势区。铜陵市科教文卫发展水平得分为 42.346 分，在长江经济带中排名第 90 名，处于劣势区。铜陵市生态环境发展水平得分为 31.105 分，在长江经济带中排名第 37 名，处于优势区。

表 5－235 **2018 年铜陵市综合发展各一级指标的得分、排名及优劣度分析**

排名	指标	得分	优劣度
18	工业企业	64.843	强势
37	人口就业	51.384	优势
37	生态环境	31.105	优势
51	社会福利	76.069	优势
55	基础设施	21.118	中势
59	居民生活	27.071	中势
67	区域经济	45.230	中势
89	综合发展	386.991	劣势
90	科教文卫	42.346	劣势
95	农业生产	25.749	劣势

根据表 5－236 对 2018 年安庆市综合发展及各一级指标得分情况、排名情况、优劣度情况进行分析。其中，安庆市综合发展水平得分为 396.166 分，在长江经济带中排名第 45 名，处于优势区。在一级指标中，安庆市人口就业发展水平得分为 50.772 分，在长江经济带中排名第 54 名，处于优势区。安庆市区域经济发展水平得分为 48.056 分，在长江经济带中排名第 28 名，处于优势区。安庆市农业生产发展水平得分为 34.909 分，在长江经济带中排名第 53 名，处于优势区。安庆市工业企业发展水平得分为 61.117 分，在长江经济带中排名第 67 名，处于中势区。安庆市基础设施发展水平得分为 21.515 分，在长江经济带中

排名第51名，处于优势区。安庆市社会福利发展水平得分为77.158分，在长江经济带中排名第31名，处于优势区。安庆市居民生活发展水平得分为29.255分，在长江经济带中排名第29名，处于优势区。安庆市科教文卫发展水平得分为44.775分，在长江经济带中排名第38名，处于优势区。安庆市生态环境发展水平得分为29.405分，在长江经济带中排名第86名，处于劣势区。

表 5 - 236　　　　　　　　　2018 年安庆市综合发展各一级指标的得分、排名及优劣度分析

排名	指标	得分	优劣度
28	区域经济	48.056	优势
29	居民生活	29.255	优势
31	社会福利	77.158	优势
38	科教文卫	44.775	优势
45	综合发展	396.166	优势
51	基础设施	21.515	优势
53	农业生产	34.909	优势
54	人口就业	50.772	优势
67	工业企业	61.117	中势
86	生态环境	29.405	劣势

根据表 5 - 237 对 2018 年黄山市综合发展及各一级指标得分情况、排名情况、优劣度情况进行分析。其中，黄山市综合发展水平得分为392.446分，在长江经济带中排名第71名，处于中势区。在一级指标中，黄山市人口就业发展水平得分为50.818分，在长江经济带中排名第53名，处于优势区。黄山市区域经济发展水平得分为45.518分，在长江经济带中排名第62名，处于中势区。黄山市农业生产发展水平得分为29.493分，在长江经济带中排名第76名，处于中势区。黄山市工业企业发展水平得分为64.836分，在长江经济带中排名第19名，处于强势区。黄山市基础设施发展水平得分为19.790分，在长江经济带中排名第93名，处于劣势区。黄山市社会福利发展水平得分为75.484分，在长江经济带中排名第57名，处于中势区。黄山市居民生活发展水平得分为28.844分，在长江经济带中排名第33名，处于优势区。黄山市科教文卫发展水平得分为43.279分，在长江经济带中排名第70名，处于中势区。黄山市生态环境发展水平得分为33.117分，在长江经济带中排名第15名，处于强势区。

表 5 - 237　　　　　　　　　2018 年黄山市综合发展各一级指标的得分、排名及优劣度分析

排名	指标	得分	优劣度
15	生态环境	33.117	强势
19	工业企业	64.836	强势
33	居民生活	28.844	优势
53	人口就业	50.818	优势
57	社会福利	75.484	中势
62	区域经济	45.518	中势
70	科教文卫	43.279	中势
71	综合发展	392.446	中势
76	农业生产	29.493	中势
93	基础设施	19.790	劣势

根据表 5 - 238 对 2018 年滁州市综合发展及各一级指标得分情况、排名情况、优劣度情况进行分析。其中，滁州市综合发展水平得分为406.383分，在长江经济带中排名第13名，处于强势区。在一级指标中，滁州市人口就业发展水平得分为51.689分，在长江经济带中排名第32名，处于优势区。滁州市区域经济发展水平得分为49.930分，在长江经济带中排名第13名，处于强势区。滁州市农业生产发展水平得分为38.102分，在长江经济带中排名第35名，处于优势区。滁州市工业企业发展水平得分为63.357分，

在长江经济带中排名第 40 名，处于优势区。滁州市基础设施发展水平得分为 21.794 分，在长江经济带中排名第 46 名，处于优势区。滁州市社会福利发展水平得分为 77.929 分，在长江经济带中排名第 18 名，处于强势区。滁州市居民生活发展水平得分为 29.534 分，在长江经济带中排名第 26 名，处于强势区。滁州市科教文卫发展水平得分为 43.748 分，在长江经济带中排名第 62 名，处于中势区。滁州市生态环境发展水平得分为 31.003 分，在长江经济带中排名第 42 名，处于优势区。

表 5－238　　　　　　　　2018 年滁州市综合发展各一级指标的得分、排名及优劣度分析

排名	指标	得分	优劣度
13	综合发展	406.383	强势
13	区域经济	49.930	强势
18	社会福利	77.929	强势
26	居民生活	29.534	强势
32	人口就业	51.689	优势
35	农业生产	38.102	优势
40	工业企业	63.357	优势
42	生态环境	31.003	优势
46	基础设施	21.794	优势
62	科教文卫	43.748	中势

根据表 5－239 对 2018 年上海市综合发展及各一级指标得分情况、排名情况、优劣度情况进行分析。其中，上海市综合发展水平得分为 396.513 分，在长江经济带中排名第 42 名，处于优势区。在一级指标中，上海市人口就业发展水平得分为 52.853 分，在长江经济带中排名第 16 名，处于强势区。上海市区域经济发展水平得分为 46.627 分，在长江经济带中排名第 49 名，处于优势区。上海市农业生产发展水平得分为 42.754 分，在长江经济带中排名第 15 名，处于强势区。上海市工业企业发展水平得分为 57.270 分，在长江经济带中排名第 99 名，处于劣势区。上海市基础设施发展水平得分为 17.895 分，在长江经济带中排名第 108 名，处于劣势区。上海市社会福利发展水平得分为 74.870 分，在长江经济带中排名第 79 名，处于中势区。上海市居民生活发展水平得分为 31.285 分，在长江经济带中排名第 16 名，处于强势区。上海市科教文卫发展水平得分为 43.196 分，在长江经济带中排名第 72 名，处于中势区。上海市生态环境发展水平得分为 29.671 分，在长江经济带中排名第 73 名，处于中势区。

表 5－239　　　　　　　　2018 年阜阳市综合发展各一级指标的得分、排名及优劣度分析

排名	指标	得分	优劣度
15	农业生产	42.754	强势
16	人口就业	52.853	强势
16	居民生活	31.285	强势
42	综合发展	396.513	优势
49	区域经济	46.627	优势
72	科教文卫	43.196	中势
73	生态环境	29.671	中势
79	社会福利	74.870	中势
99	工业企业	57.270	劣势
108	基础设施	17.895	劣势

根据表 5－240 对 2018 年宿州市综合发展及各一级指标得分情况、排名情况、优劣度情况进行分析。其中，宿州市综合发展水平得分为 394.553 分，在长江经济带中排名第 56 名，处于中势区。在一级指标中，宿州市人口就业发展水平得分为 49.081 分，在长江经济带中排名第 86 名，处于劣势区。宿州市区域经济发展水平得分为 45.228 分，在长江经济带中排名第 68 名，处于中势区。宿州市农业生产发展水平得

分为 40.499 分，在长江经济带中排名第 21 名，处于强势区。宿州市工业企业发展水平得分为 60.884 分，在长江经济带中排名第 72 名，处于中势区。宿州市基础设施发展水平得分为 18.172 分，在长江经济带中排名第 107 名，处于劣势区。宿州市社会福利发展水平得分为 77.693 分，在长江经济带中排名第 21 名，处于强势区。宿州市居民生活发展水平得分为 28.114 分，在长江经济带中排名第 44 名，处于优势区。宿州市科教文卫发展水平得分为 43.671 分，在长江经济带中排名第 64 名，处于中势区。宿州市生态环境发展水平得分为 29.584 分，在长江经济带中排名第 77 名，处于中势区。

表 5 – 240　　　　　2018 年宿州市综合发展各一级指标的得分、排名及优劣度分析

排名	指标	得分	优劣度
21	农业生产	40.499	强势
21	社会福利	77.693	强势
44	居民生活	28.114	优势
56	综合发展	394.553	中势
64	科教文卫	43.671	中势
68	区域经济	45.228	中势
72	工业企业	60.884	中势
77	生态环境	29.584	中势
86	人口就业	49.081	劣势
107	基础设施	18.172	劣势

根据表 5 – 241 对 2018 年六安市综合发展及各一级指标得分情况、排名情况、优劣度情况进行分析。其中，六安市综合发展水平得分为 401.593 分，在长江经济带中排名第 24 名，处于强势区。在一级指标中，六安市人口就业发展水平得分为 48.125 分，在长江经济带中排名第 96 名，处于劣势区。六安市区域经济发展水平得分为 43.736 分，在长江经济带中排名第 89 名，处于劣势区。六安市农业生产发展水平得分为 42.057 分，在长江经济带中排名第 18 名，处于强势区。六安市工业企业发展水平得分为 63.031 分，在长江经济带中排名第 46 名，处于优势区。六安市基础设施发展水平得分为 20.960 分，在长江经济带中排名第 64 名，处于中势区。六安市社会福利发展水平得分为 77.054 分，在长江经济带中排名第 33 名，处于优势区。六安市居民生活发展水平得分为 32.289 分，在长江经济带中排名第 13 名，处于强势区。六安市科教文卫发展水平得分为 45.157 分，在长江经济带中排名第 33 名，处于优势区。六安市生态环境发展水平得分为 29.158 分，在长江经济带中排名第 92 名，处于劣势区。

表 5 – 241　　　　　2018 年六安市综合发展各一级指标的得分、排名及优劣度分析

排名	指标	得分	优劣度
13	居民生活	32.289	强势
18	农业生产	42.057	强势
24	综合发展	401.593	强势
33	社会福利	77.054	优势
33	科教文卫	45.157	优势
46	工业企业	63.031	优势
64	基础设施	20.960	中势
89	区域经济	43.736	劣势
92	生态环境	29.158	劣势
96	人口就业	48.125	劣势

根据表 5 – 242 对 2018 年亳州市综合发展及各一级指标得分情况、排名情况、优劣度情况进行分析。其中，亳州市综合发展水平得分为 401.401 分，在长江经济带中排名第 26 名，处于强势区。在一级指标中，亳州市人口就业发展水平得分为 52.746 分，在长江经济带中排名第 19 名，处于强势区。亳州市区域

经济发展水平得分为45.624分，在长江经济带中排名第60名，处于中势区。亳州市农业生产发展水平得分为43.458分，在长江经济带中排名第12名，处于强势区。亳州市工业企业发展水平得分为59.182分，在长江经济带中排名第84名，处于劣势区。亳州市基础设施发展水平得分为21.258分，在长江经济带中排名第54名，处于优势区。亳州市社会福利发展水平得分为76.423分，在长江经济带中排名第43名，处于优势区。亳州市居民生活发展水平得分为28.341分，在长江经济带中排名第40名，处于优势区。亳州市科教文卫发展水平得分为43.619分，在长江经济带中排名第65名，处于中势区。亳州市生态环境发展水平得分为30.165分，在长江经济带中排名第59名，处于中势区。

表5-242　　　　　　　　　2018年亳州市综合发展各一级指标的得分、排名及优劣度分析

排名	指标	得分	优劣度
12	农业生产	43.458	强势
19	人口就业	52.746	强势
26	综合发展	401.401	强势
40	居民生活	28.341	优势
43	社会福利	76.423	优势
54	基础设施	21.258	优势
59	生态环境	30.165	中势
60	区域经济	45.624	中势
65	科教文卫	43.619	中势
84	工业企业	59.182	劣势

根据表5-243对2018年池州市综合发展及各一级指标得分情况、排名情况、优劣度情况进行分析。其中，池州市综合发展水平得分为400.356分，在长江经济带中排名第32名，处于优势区。在一级指标中，池州市人口就业发展水平得分为50.482分，在长江经济带中排名第62名，处于中势区。池州市区域经济发展水平得分为46.718分，在长江经济带中排名第48名，处于优势区。池州市农业生产发展水平得分为33.959分，在长江经济带中排名第59名，处于中势区。池州市工业企业发展水平得分为64.311分，在长江经济带中排名第24名，处于强势区。池州市基础设施发展水平得分为23.721分，在长江经济带中排名第21名，处于强势区。池州市社会福利发展水平得分为76.324分，在长江经济带中排名第44名，处于优势区。池州市居民生活发展水平得分为28.086分，在长江经济带中排名第45名，处于优势区。池州市科教文卫发展水平得分为42.312分，在长江经济带中排名第92名，处于劣势区。池州市生态环境发展水平得分为32.615分，在长江经济带中排名第21名，处于强势区。

表5-243　　　　　　　　　2018年池州市综合发展各一级指标的得分、排名及优劣度分析

排名	指标	得分	优劣度
21	基础设施	23.721	强势
21	生态环境	32.615	强势
24	工业企业	64.311	强势
32	综合发展	400.356	优势
44	社会福利	76.324	优势
45	居民生活	28.086	优势
48	区域经济	46.718	优势
59	农业生产	33.959	中势
62	人口就业	50.482	中势
92	科教文卫	42.312	劣势

根据表5-244对2018年宣城市综合发展及各一级指标得分情况、排名情况、优劣度情况进行分析。其中，宣城市综合发展水平得分为386.316分，在长江经济带中排名第91名，处于劣势区。在一级指标

中，宣城市人口就业发展水平得分为 51.116 分，在长江经济带中排名第 43 名，处于优势区。宣城市区域经济发展水平得分为 46.287 分，在长江经济带中排名第 56 名，处于中势区。宣城市农业生产发展水平得分为 33.261 分，在长江经济带中排名第 63 名，处于中势区。宣城市工业企业发展水平得分为 58.986 分，在长江经济带中排名第 87 名，处于劣势区。宣城市基础设施发展水平得分为 23.385 分，在长江经济带中排名第 24 名，处于强势区。宣城市社会福利发展水平得分为 77.214 分，在长江经济带中排名第 30 名，处于优势区。宣城市居民生活发展水平得分为 27.214 分，在长江经济带中排名第 57 名，处于中势区。宣城市科教文卫发展水平得分为 41.233 分，在长江经济带中排名第 99 名，处于劣势区。宣城市生态环境发展水平得分为 29.944 分，在长江经济带中排名第 64 名，处于中势区。

表 5 - 244　　　　　　　　　2018 年宣城市综合发展各一级指标的得分、排名及优劣度分析

排名	指标	得分	优劣度
24	基础设施	23.385	强势
30	社会福利	77.214	优势
43	人口就业	51.116	优势
56	区域经济	46.287	中势
57	居民生活	27.214	中势
63	农业生产	33.261	中势
64	生态环境	29.944	中势
87	工业企业	58.986	劣势
91	综合发展	386.316	劣势
99	科教文卫	41.233	劣势

根据表 5 - 245 对 2018 年南昌市综合发展及各一级指标得分情况、排名情况、优劣度情况进行分析。其中，南昌市综合发展水平得分为 393.455 分，在长江经济带中排名第 65 名，处于中势区。在一级指标中，南昌市人口就业发展水平得分为 51.094 分，在长江经济带中排名第 45 名，处于优势区。南昌市区域经济发展水平得分为 47.729 分，在长江经济带中排名第 33 名，处于优势区。南昌市农业生产发展水平得分为 26.749 分，在长江经济带中排名第 90 名，处于劣势区。南昌市工业企业发展水平得分为 67.989 分，在长江经济带中排名第 1 名，处于强势区。南昌市基础设施发展水平得分为 20.731 分，在长江经济带中排名第 70 名，处于中势区。南昌市社会福利发展水平得分为 77.576 分，在长江经济带中排名第 23 名，处于强势区。南昌市居民生活发展水平得分为 29.510 分，在长江经济带中排名第 27 名，处于强势区。南昌市科教文卫发展水平得分为 43.146 分，在长江经济带中排名第 74 名，处于中势区。南昌市生态环境发展水平得分为 29.660 分，在长江经济带中排名第 74 名，处于中势区。

表 5 - 245　　　　　　　　　2018 年南昌市综合发展各一级指标的得分、排名及优劣度分析

排名	指标	得分	优劣度
1	工业企业	67.989	强势
23	社会福利	77.576	强势
27	居民生活	29.510	强势
33	区域经济	47.729	优势
45	人口就业	51.094	优势
65	综合发展	393.455	中势
70	基础设施	20.731	中势
74	科教文卫	43.146	中势
74	生态环境	29.660	中势
90	农业生产	26.749	劣势

根据表 5 - 246 对 2018 年景德镇市综合发展及各一级指标得分情况、排名情况、优劣度情况进行分

析。其中，景德镇市综合发展水平得分为388.292分，在长江经济带中排名第84名，处于劣势区。在一级指标中，景德镇市人口就业发展水平得分为50.598分，在长江经济带中排名第58名，处于中势区。景德镇市区域经济发展水平得分为41.188分，在长江经济带中排名第105名，处于劣势区。景德镇市农业生产发展水平得分为29.601分，在长江经济带中排名第75名，处于中势区。景德镇市工业企业发展水平得分为65.746分，在长江经济带中排名第10名，处于强势区。景德镇市基础设施发展水平得分为21.294分，在长江经济带中排名第53名，处于优势区。景德镇市社会福利发展水平得分为74.066分，在长江经济带中排名第92名，处于劣势区。景德镇市居民生活发展水平得分为25.823分，在长江经济带中排名第80名，处于中势区。景德镇市科教文卫发展水平得分为46.429分，在长江经济带中排名第18名，处于强势区。景德镇市生态环境发展水平得分为32.955分，在长江经济带中排名第18名，处于强势区。

表 5 - 246　　　　　　　　2018 年景德镇市综合发展各一级指标的得分、排名及优劣度分析

排名	指标	得分	优劣度
10	工业企业	65.746	强势
18	科教文卫	46.429	强势
18	生态环境	32.955	强势
53	基础设施	21.294	优势
58	人口就业	50.598	中势
75	农业生产	29.601	中势
80	居民生活	25.823	中势
84	综合发展	388.292	劣势
92	社会福利	74.066	劣势
105	区域经济	41.188	劣势

根据表 5 - 247 对 2018 年萍乡市综合发展及各一级指标得分情况、排名情况、优劣度情况进行分析。其中，萍乡市综合发展水平得分为382.625分，在长江经济带中排名第100名，处于劣势区。在一级指标中，萍乡市人口就业发展水平得分为51.708分，在长江经济带中排名第30名，处于优势区。萍乡市区域经济发展水平得分为41.170分，在长江经济带中排名第106名，处于劣势区。萍乡市农业生产发展水平得分为27.620分，在长江经济带中排名第85名，处于劣势区。萍乡市工业企业发展水平得分为60.870分，在长江经济带中排名第73名，处中势区。萍乡市基础设施发展水平得分为20.265分，在长江经济带中排名第81名，处于中势区。萍乡市社会福利发展水平得分为76.701分，在长江经济带中排名第36名，处于优势区。萍乡市居民生活发展水平得分为28.473分，在长江经济带中排名第37名，处于优势区。萍乡市科教文卫发展水平得分为43.683分，在长江经济带中排名第63名，处于中势区。萍乡市生态环境发展水平得分为31.721分，在长江经济带中排名第28名，处于优势区。

表 5 - 247　　　　　　　　2018 年萍乡市综合发展各一级指标的得分、排名及优劣度分析

排名	指标	得分	优劣度
28	生态环境	31.721	优势
30	人口就业	51.708	优势
36	社会福利	76.701	优势
37	居民生活	28.473	优势
63	科教文卫	43.683	中势
73	工业企业	60.870	中势
81	基础设施	20.265	中势
85	农业生产	27.620	劣势
100	综合发展	382.625	劣势
106	区域经济	41.170	劣势

　　根据表 5 - 248 对 2018 年九江市综合发展及各一级指标得分情况、排名情况、优劣度情况进行分析。其中，九江市综合发展水平得分为 385.969 分，在长江经济带中排名第 93 名，处于劣势区。在一级指标中，九江市人口就业发展水平得分为 50.426 分，在长江经济带中排名第 64 名，处于中势区。九江市区域经济发展水平得分为 45.380 分，在长江经济带中排名第 64 名，处于中势区。九江市农业生产发展水平得分为 30.098 分，在长江经济带中排名第 74 名，处于中势区。九江市工业企业发展水平得分为 61.721 分，在长江经济带中排名第 64 名，处于中势区。九江市基础设施发展水平得分为 20.529 分，在长江经济带中排名第 73 名，处于中势区。九江市社会福利发展水平得分为 75.442 分，在长江经济带中排名第 59 名，处于中势区。九江市居民生活发展水平得分为 25.664 分，在长江经济带中排名第 84 名，处于劣势区。九江市科教文卫发展水平得分为 44.635 分，在长江经济带中排名第 40 名，处于优势区。九江市生态环境发展水平得分为 30.039 分，在长江经济带中排名第 61 名，处于中势区。

表 5 - 248　　　　　　　　　　2018 年九江市综合发展各一级指标的得分、排名及优劣度分析

排名	指标	得分	优劣度
40	科教文卫	44.635	优势
59	社会福利	75.442	中势
61	生态环境	30.039	中势
64	人口就业	50.426	中势
64	区域经济	45.380	中势
64	工业企业	61.721	中势
73	基础设施	20.529	中势
74	农业生产	30.098	中势
84	居民生活	25.664	劣势
93	综合发展	385.969	劣势

　　根据表 5 - 249 对 2018 年新余市综合发展及各一级指标得分情况、排名情况、优劣度情况进行分析。其中，新余市综合发展水平得分为 384.231 分，在长江经济带中排名第 96 名，处于劣势区。在一级指标中，新余市人口就业发展水平得分为 51.223 分，在长江经济带中排名第 42 名，处于优势区。新余市区域经济发展水平得分为 45.219 分，在长江经济带中排名第 69 名，处于中势区。新余市农业生产发展水平得分为 27.985 分，在长江经济带中排名第 83 名，处于劣势区。新余市工业企业发展水平得分为 65.136 分，在长江经济带中排名第 15 名，处于强势区。新余市基础设施发展水平得分为 21.005 分，在长江经济带中排名第 61 名，处于中势区。新余市社会福利发展水平得分为 77.349 分，在长江经济带中排名第 28 名，处于优势区。新余市居民生活发展水平得分为 25.240 分，在长江经济带中排名第 88 名，处于劣势区。新余市科教文卫发展水平得分为 39.105 分，在长江经济带中排名第 108 名，处于劣势区。新余市生态环境发展水平得分为 30.714 分，在长江经济带中排名第 48 名，处于优势区。

表 5 - 249　　　　　　　　　　2018 年新余市综合发展各一级指标的得分、排名及优劣度分析

排名	指标	得分	优劣度
15	工业企业	65.136	强势
28	社会福利	77.349	优势
42	人口就业	51.223	优势
48	生态环境	30.714	优势
61	基础设施	21.005	中势
69	区域经济	45.219	中势
83	农业生产	27.985	劣势
88	居民生活	25.240	劣势
96	综合发展	384.231	劣势
108	科教文卫	39.105	劣势

根据表 5－250 对 2018 年鹰潭市综合发展及各一级指标得分情况、排名情况、优劣度情况进行分析。其中，鹰潭市综合发展水平得分为 387.787 分，在长江经济带中排名第 86 名，处于劣势区。在一级指标中，鹰潭市人口就业发展水平得分为 50.469 分，在长江经济带中排名第 63 名，处于中势区。鹰潭市区域经济发展水平得分为 47.029 分，在长江经济带中排名第 43 名，处于优势区。鹰潭市农业生产发展水平得分为 32.051 分，在长江经济带中排名第 69 名，处于中势区。鹰潭市工业企业发展水平得分为 64.251 分，在长江经济带中排名第 26 名，处于强势区。鹰潭市基础设施发展水平得分为 22.210 分，在长江经济带中排名第 41 名，处于优势区。鹰潭市社会福利发展水平得分为 74.968 分，在长江经济带中排名第 74 名，处于中势区。鹰潭市居民生活发展水平得分为 25.120 分，在长江经济带中排名第 90 名，处于劣势区。鹰潭市科教文卫发展水平得分为 40.882 分，在长江经济带中排名第 101 名，处于劣势区。鹰潭市生态环境发展水平得分为 29.867 分，在长江经济带中排名第 65 名，处于中势区。

表 5－250　　　　　　　　2018 年鹰潭市综合发展各一级指标的得分、排名及优劣度分析

排名	指标	得分	优劣度
26	工业企业	64.251	强势
41	基础设施	22.210	优势
43	区域经济	47.029	优势
63	人口就业	50.469	中势
65	生态环境	29.867	中势
69	农业生产	32.051	中势
74	社会福利	74.968	中势
86	综合发展	387.787	劣势
90	居民生活	25.120	劣势
101	科教文卫	40.882	劣势

根据表 5－251 对 2018 年赣州市综合发展及各一级指标得分情况、排名情况、优劣度情况进行分析。其中，赣州市综合发展水平得分为 396.047 分，在长江经济带中排名第 46 名，处于优势区。在一级指标中，赣州市人口就业发展水平得分为 50.850 分，在长江经济带中排名第 52 名，处于优势区。赣州市区域经济发展水平得分为 45.877 分，在长江经济带中排名第 58 名，处于中势区。赣州市农业生产发展水平得分为 36.520 分，在长江经济带中排名第 44 名，处于优势区。赣州市工业企业发展水平得分为 61.079 分，在长江经济带中排名第 69 名，处于中势区。赣州市基础设施发展水平得分为 20.233 分，在长江经济带中排名第 83 名，处于劣势区。赣州市社会福利发展水平得分为 74.848 分，在长江经济带中排名第 80 名，处于中势区。赣州市居民生活发展水平得分为 26.449 分，在长江经济带中排名第 69 名，处于中势区。赣州市科教文卫发展水平得分为 45.096 分，在长江经济带中排名第 34 名，处于优势区。赣州市生态环境发展水平得分为 33.640 分，在长江经济带中排名第 12 名，处于强势区。

表 5－251　　　　　　　　2018 年赣州市综合发展各一级指标的得分、排名及优劣度分析

排名	指标	得分	优劣度
12	生态环境	33.640	强势
34	科教文卫	45.096	优势
44	农业生产	36.520	优势
46	综合发展	396.047	优势
52	人口就业	50.850	优势
58	区域经济	45.877	中势
69	工业企业	61.079	中势
69	居民生活	26.449	中势
80	社会福利	74.848	中势
83	基础设施	20.233	劣势

根据表 5－252 对 2018 年吉安市综合发展及各一级指标得分情况、排名情况、优劣度情况进行分析。其中，吉安市综合发展水平得分为 394.232 分，在长江经济带中排名第 58 名，处于中势区。在一级指标中，吉安市人口就业发展水平得分为 51.968 分，在长江经济带中排名第 26 名，处于强势区。吉安市区域经济发展水平得分为 49.673 分，在长江经济带中排名第 14 名，处于强势区。吉安市农业生产发展水平得分为 37.889 分，在长江经济带中排名第 36 名，处于优势区。吉安市工业企业发展水平得分为 57.041 分，在长江经济带中排名第 101 名，处于劣势区。吉安市基础设施发展水平得分为 20.730 分，在长江经济带中排名第 71 名，处于中势区。吉安市社会福利发展水平得分为 75.525 分，在长江经济带中排名第 55 名，处于中势区。吉安市居民生活发展水平得分为 26.024 分，在长江经济带中排名第 76 名，处于中势区。吉安市科教文卫发展水平得分为 45.172 分，在长江经济带中排名第 32 名，处于优势区。吉安市生态环境发展水平得分为 29.179 分，在长江经济带中排名第 91 名，处于劣势区。

表 5－252　　　　　　　2018 年吉安市综合发展各一级指标的得分、排名及优劣度分析

排名	指标	得分	优劣度
14	区域经济	49.673	强势
26	人口就业	51.968	强势
32	科教文卫	45.172	优势
36	农业生产	37.889	优势
55	社会福利	75.525	中势
58	综合发展	394.232	中势
71	基础设施	20.730	中势
76	居民生活	26.024	中势
91	生态环境	29.179	劣势
101	工业企业	57.041	劣势

根据表 5－253 对 2018 年宜春市综合发展及各一级指标得分情况、排名情况、优劣度情况进行分析。其中，宜春市综合发展水平得分为 397.156 分，在长江经济带中排名第 38 名，处于优势区。在一级指标中，宜春市人口就业发展水平得分为 51.111 分，在长江经济带中排名第 44 名，处于优势区。宜春市区域经济发展水平得分为 50.540 分，在长江经济带中排名第 9 名，处于强势区。宜春市农业生产发展水平得分为 37.802 分，在长江经济带中排名第 37 名，处于优势区。宜春市工业企业发展水平得分为 55.371 分，在长江经济带中排名第 104 名，处于劣势区。宜春市基础设施发展水平得分为 22.743 分，在长江经济带中排名第 30 名，处于优势区。宜春市社会福利发展水平得分为 77.442 分，在长江经济带中排名第 26 名，处于强势区。宜春市居民生活发展水平得分为 26.271 分，在长江经济带中排名第 72 名，处于中势区。宜春市科教文卫发展水平得分为 44.298 分，在长江经济带中排名第 50 名，处于优势区。宜春市生态环境发展水平得分为 30.393 分，在长江经济带中排名第 55 名，处于中势区。

表 5－253　　　　　　　2018 年宜春市综合发展各一级指标的得分、排名及优劣度分析

排名	指标	得分	优劣度
9	区域经济	50.540	强势
26	社会福利	77.442	强势
30	基础设施	22.743	优势
37	农业生产	37.802	优势
38	综合发展	397.156	优势
44	人口就业	51.111	优势
50	科教文卫	44.298	优势
55	生态环境	30.393	中势
72	居民生活	26.271	中势
104	工业企业	55.371	劣势

根据表5－254对2018年抚州市综合发展及各一级指标得分情况、排名情况、优劣度情况进行分析。其中，抚州市综合发展水平得分为403.825分，在长江经济带中排名第16名，处于强势区。在一级指标中，抚州市人口就业发展水平得分为50.178分，在长江经济带中排名第68名，处于中势区。抚州市区域经济发展水平得分为44.157分，在长江经济带中排名第84名，处于劣势区。抚州市农业生产发展水平得分为39.343分，在长江经济带中排名第26名，处于强势区。抚州市工业企业发展水平得分为66.016分，在长江经济带中排名第6名，处于强势区。抚州市基础设施发展水平得分为22.005分，在长江经济带中排名第44名，处于优势区。抚州市社会福利发展水平得分为77.655分，在长江经济带中排名第22名，处于强势区。抚州市居民生活发展水平得分为28.804分，在长江经济带中排名第34名，处于优势区。抚州市科教文卫发展水平得分为42.984分，在长江经济带中排名第79名，处于中势区。抚州市生态环境发展水平得分为31.469分，在长江经济带中排名第29名，处于优势区。

表5－254　　　　　　　　2018年抚州市综合发展各一级指标的得分、排名及优劣度分析

排名	指标	得分	优劣度
6	工业企业	66.016	强势
16	综合发展	403.825	强势
22	社会福利	77.655	强势
26	农业生产	39.343	强势
29	生态环境	31.469	优势
34	居民生活	28.804	优势
44	基础设施	22.005	优势
68	人口就业	50.178	中势
79	科教文卫	42.984	中势
84	区域经济	44.157	劣势

根据表5－255对2018年上饶市综合发展及各一级指标得分情况、排名情况、优劣度情况进行分析。其中，上饶市综合发展水平得分为391.257分，在长江经济带中排名第73名，处于中势区。在一级指标中，上饶市人口就业发展水平得分为52.306分，在长江经济带中排名第24名，处于强势区。上饶市区域经济发展水平得分为45.034分，在长江经济带中排名第72名，处于中势区。上饶市农业生产发展水平得分为36.027分，在长江经济带中排名第46名，处于优势区。上饶市工业企业发展水平得分为56.315分，在长江经济带中排名第102名，处于劣势区。上饶市基础设施发展水平得分为22.638分，在长江经济带中排名第32名，处于优势区。上饶市社会福利发展水平得分为74.291分，在长江经济带中排名第90名，处于劣势区。上饶市居民生活发展水平得分为26.918分，在长江经济带中排名第66名，处于中势区。上饶市科教文卫发展水平得分为44.759分，在长江经济带中排名第39名，处于优势区。上饶市生态环境发展水平得分为30.191分，在长江经济带中排名第57名，处于中势区。

表5－255　　　　　　　　2018年上饶市综合发展各一级指标的得分、排名及优劣度分析

排名	指标	得分	优劣度
24	人口就业	52.306	强势
32	基础设施	22.638	优势
39	科教文卫	44.759	优势
46	农业生产	36.027	优势
57	生态环境	30.191	中势
66	居民生活	26.918	中势
72	区域经济	45.034	中势
73	综合发展	391.257	中势
90	社会福利	74.291	劣势
102	工业企业	56.315	劣势

　　根据表5-256对2018年武汉市综合发展及各一级指标得分情况、排名情况、优劣度情况进行分析。其中，武汉市综合发展水平得分为401.272分，在长江经济带中排名第28名，处于优势区。在一级指标中，武汉市人口就业发展水平得分为55.149分，在长江经济带中排名第6名，处于强势区。武汉市区域经济发展水平得分为46.746分，在长江经济带中排名第47名，处于优势区。武汉市农业生产发展水平得分为24.573分，在长江经济带中排名第101名，处于劣势区。武汉市工业企业发展水平得分为62.421分，在长江经济带中排名第53名，处于优势区。武汉市基础设施发展水平得分为25.228分，在长江经济带中排名第12名，处于强势区。武汉市社会福利发展水平得分为74.900分，在长江经济带中排名第76名，处于中势区。武汉市居民生活发展水平得分为33.968分，在长江经济带中排名第8名，处于强势区。武汉市科教文卫发展水平得分为49.362分，在长江经济带中排名第6名，处于强势区。武汉市生态环境发展水平得分为30.545分，在长江经济带中排名第53名，处于优势区。

表5-256　　　　　　　　2018年武汉市综合发展各一级指标的得分、排名及优劣度分析

排名	指标	得分	优劣度
6	人口就业	55.149	强势
6	科教文卫	49.362	强势
8	居民生活	33.968	强势
12	基础设施	25.228	强势
28	综合发展	401.272	优势
47	区域经济	46.746	优势
53	工业企业	62.421	优势
53	生态环境	30.545	优势
76	社会福利	74.900	中势
101	农业生产	24.573	劣势

　　根据表5-257对2018年黄石市综合发展及各一级指标得分情况、排名情况、优劣度情况进行分析。其中，黄石市综合发展水平得分为393.732分，在长江经济带中排名第62名，处于中势区。在一级指标中，黄石市人口就业发展水平得分为51.569分，在长江经济带中排名第34名，处于优势区。黄石市区域经济发展水平得分为46.296分，在长江经济带中排名第55名，处于中势区。黄石市农业生产发展水平得分为27.398分，在长江经济带中排名第86名，处于劣势区。黄石市工业企业发展水平得分为64.025分，在长江经济带中排名第32名，处于优势区。黄石市基础设施发展水平得分为24.216分，在长江经济带中排名第18名，处于强势区。黄石市社会福利发展水平得分为74.835分，在长江经济带中排名第82名，处于劣势区。黄石市居民生活发展水平得分为24.454分，在长江经济带中排名第98名，处于劣势区。黄石市科教文卫发展水平得分为43.787分，在长江经济带中排名第60名，处于中势区。黄石市生态环境发展水平得分为36.343分，在长江经济带中排名第7名，处于强势区。

表5-257　　　　　　　　2018年黄石市综合发展各一级指标的得分、排名及优劣度分析

排名	指标	得分	优劣度
7	生态环境	36.343	强势
18	基础设施	24.216	强势
32	工业企业	64.025	优势
34	人口就业	51.569	优势
55	区域经济	46.296	中势
60	科教文卫	43.787	中势
62	综合发展	393.732	中势
82	社会福利	74.835	劣势
86	农业生产	27.398	劣势
98	居民生活	24.454	劣势

根据表 5－258 对 2018 年十堰市综合发展及各一级指标得分情况、排名情况、优劣度情况进行分析。其中，十堰市综合发展水平得分为 387.098 分，在长江经济带中排名第 88 名，处于劣势区。在一级指标中，十堰市人口就业发展水平得分为 49.419 分，在长江经济带中排名第 80 名，处于中势区。十堰市区域经济发展水平得分为 40.790 分，在长江经济带中排名第 107 名，处于劣势区。十堰市农业生产发展水平得分为 32.271 分，在长江经济带中排名第 67 名，处于中势区。十堰市工业企业发展水平得分为 62.290 分，在长江经济带中排名第 55 名，处于中势区。十堰市基础设施发展水平得分为 20.134 分，在长江经济带中排名第 86 名，处于劣势区。十堰市社会福利发展水平得分为 76.849 分，在长江经济带中排名第 35 名，处于优势区。十堰市居民生活发展水平得分为 23.987 分，在长江经济带中排名第 104 名，处于劣势区。十堰市科教文卫发展水平得分为 43.872 分，在长江经济带中排名第 57 名，处于中势区。十堰市生态环境发展水平得分为 37.168 分，在长江经济带中排名第 6 名，处于强势区。

表 5－258　　　　2018 年十堰市综合发展各一级指标的得分、排名及优劣度分析

排名	指标	得分	优劣度
6	生态环境	37.168	强势
35	社会福利	76.849	优势
55	工业企业	62.290	中势
57	科教文卫	43.872	中势
67	农业生产	32.271	中势
80	人口就业	49.419	中势
86	基础设施	20.134	劣势
88	综合发展	387.098	劣势
104	居民生活	23.987	劣势
107	区域经济	40.790	劣势

根据表 5－259 对 2018 年宜昌市综合发展及各一级指标得分情况、排名情况、优劣度情况进行分析。其中，宜昌市综合发展水平得分为 389.796 分，在长江经济带中排名第 77 名，处于中势区。在一级指标中，宜昌市人口就业发展水平得分为 50.082 分，在长江经济带中排名第 71 名，处于中势区。宜昌市区域经济发展水平得分为 44.206 分，在长江经济带中排名第 83 名，处于劣势区。宜昌市农业生产发展水平得分为 33.155 分，在长江经济带中排名第 64 名，处于中势区。宜昌市工业企业发展水平得分为 65.625 分，在长江经济带中排名第 11 名，处于强势区。宜昌市基础设施发展水平得分为 20.768 分，在长江经济带中排名第 69 名，处于中势区。宜昌市社会福利发展水平得分为 77.784 分，在长江经济带中排名第 20 名，处于强势区。宜昌市居民生活发展水平得分为 22.936 分，在长江经济带中排名第 107 名，处于劣势区。宜昌市科教文卫发展水平得分为 43.760 分，在长江经济带中排名第 61 名，处于中势区。宜昌市生态环境发展水平得分为 30.685 分，在长江经济带中排名第 49 名，处于优势区。

表 5－259　　　　2018 年宜昌市综合发展各一级指标的得分、排名及优劣度分析

排名	指标	得分	优劣度
11	工业企业	65.625	强势
20	社会福利	77.784	强势
49	生态环境	30.685	优势
61	科教文卫	43.760	中势
64	农业生产	33.155	中势
69	基础设施	20.768	中势
71	人口就业	50.082	中势
77	综合发展	389.796	中势
83	区域经济	44.206	劣势
107	居民生活	22.936	劣势

根据表 5 - 260 对 2018 年襄阳市综合发展及各一级指标得分情况、排名情况、优劣度情况进行分析。其中，襄阳市综合发展水平得分为 394.716 分，在长江经济带中排名第 53 名，处于优势区。在一级指标中，襄阳市人口就业发展水平得分为 50.183 分，在长江经济带中排名第 67 名，处于中势区。襄阳市区域经济发展水平得分为 43.975 分，在长江经济带中排名第 88 名，处于劣势区。襄阳市农业生产发展水平得分为 35.465 分，在长江经济带中排名第 50 名，处于优势区。襄阳市工业企业发展水平得分为 66.541 分，在长江经济带中排名第 3 名，处于强势区。襄阳市基础设施发展水平得分为 20.162 分，在长江经济带中排名第 85 名，处于劣势区。襄阳市社会福利发展水平得分为 78.841 分，在长江经济带中排名第 9 名，处于强势区。襄阳市居民生活发展水平得分为 25.481 分，在长江经济带中排名第 87 名，处于劣势区。襄阳市科教文卫发展水平得分为 42.889 分，在长江经济带中排名第 81 名，处于中势区。襄阳市生态环境发展水平得分为 29.863 分，在长江经济带中排名第 66 名，处于中势区。

表 5 - 260　　　　　2018 年襄阳市综合发展各一级指标的得分、排名及优劣度分析

排名	指标	得分	优劣度
3	工业企业	66.541	强势
9	社会福利	78.841	强势
50	农业生产	35.465	优势
53	综合发展	394.716	优势
66	生态环境	29.863	中势
67	人口就业	50.183	中势
81	科教文卫	42.889	中势
85	基础设施	20.162	劣势
87	居民生活	25.481	劣势
88	区域经济	43.975	劣势

根据表 5 - 261 对 2018 年鄂州市综合发展及各一级指标得分情况、排名情况、优劣度情况进行分析。其中，鄂州市综合发展水平得分为 395.059 分，在长江经济带中排名第 52 名，处于优势区。在一级指标中，鄂州市人口就业发展水平得分为 48.894 分，在长江经济带中排名第 89 名，处于劣势区。鄂州市区域经济发展水平得分为 43.309 分，在长江经济带中排名第 94 名，处于劣势区。鄂州市农业生产发展水平得分为 32.457 分，在长江经济带中排名第 66 名，处于中势区。鄂州市工业企业发展水平得分为 65.752 分，在长江经济带中排名第 9 名，处于强势区。鄂州市基础设施发展水平得分为 19.954 分，在长江经济带中排名第 90 名，处于劣势区。鄂州市社会福利发展水平得分为 78.746 分，在长江经济带中排名第 10 名，处于强势区。鄂州市居民生活发展水平得分为 24.419 分，在长江经济带中排名第 99 名，处于劣势区。鄂州市科教文卫发展水平得分为 39.992 分，在长江经济带中排名第 106 名，处于劣势区。鄂州市生态环境发展水平得分为 41.003 分，在长江经济带中排名第 2 名，处于强势区。

表 5 - 261　　　　　2018 年鄂州市综合发展各一级指标的得分、排名及优劣度分析

排名	指标	得分	优劣度
2	生态环境	41.003	强势
9	工业企业	65.752	强势
10	社会福利	78.746	强势
52	综合发展	395.059	优势
66	农业生产	32.457	中势
89	人口就业	48.894	劣势
90	基础设施	19.954	劣势
94	区域经济	43.309	劣势
99	居民生活	24.419	劣势
106	科教文卫	39.992	劣势

　　根据表 5－262 对 2018 年荆门市综合发展及各一级指标得分情况、排名情况、优劣度情况进行分析。其中，荆门市综合发展水平得分为 395.315 分，在长江经济带中排名第 51 名，处于优势区。在一级指标中，荆门市人口就业发展水平得分为 49.955 分，在长江经济带中排名第 74 名，处于中势区。荆门市区域经济发展水平得分为 46.316 分，在长江经济带中排名第 53 名，处于优势区。荆门市农业生产发展水平得分为 37.704 分，在长江经济带中排名第 38 名，处于优势区。荆门市工业企业发展水平得分为 62.380 分，在长江经济带中排名第 54 名，处于优势区。荆门市基础设施发展水平得分为 21.566 分，在长江经济带中排名第 50 名，处于优势区。荆门市社会福利发展水平得分为 80.008 分，在长江经济带中排名第 3 名，处于强势区。荆门市居民生活发展水平得分为 24.186 分，在长江经济带中排名第 102 名，处于劣势区。荆门市科教文卫发展水平得分为 42.887 分，在长江经济带中排名第 82 名，处于劣势区。荆门市生态环境发展水平得分为 30.007 分，在长江经济带中排名第 63 名，处于中势区。

表 5－262　　　　　　　　　2018 年荆门市综合发展各一级指标的得分、排名及优劣度分析

排名	指标	得分	优劣度
3	社会福利	80.008	强势
38	农业生产	37.704	优势
50	基础设施	21.566	优势
51	综合发展	395.315	优势
53	区域经济	46.316	优势
54	工业企业	62.380	优势
63	生态环境	30.007	中势
74	人口就业	49.955	中势
82	科教文卫	42.887	劣势
102	居民生活	24.186	劣势

　　根据表 5－263 对 2018 年孝感市综合发展及各一级指标得分情况、排名情况、优劣度情况进行分析。其中，孝感市综合发展水平得分为 396.910 分，在长江经济带中排名第 40 名，处于优势区。在一级指标中，孝感市人口就业发展水平得分为 49.754 分，在长江经济带中排名第 78 名，处于中势区。孝感市区域经济发展水平得分为 49.131 分，在长江经济带中排名第 19 名，处于强势区。孝感市农业生产发展水平得分为 39.667 分，在长江经济带中排名第 25 名，处于强势区。孝感市工业企业发展水平得分为 64.133 分，在长江经济带中排名第 28 名，处于优势区。孝感市基础设施发展水平得分为 20.267 分，在长江经济带中排名第 80 名，处于中势区。孝感市社会福利发展水平得分为 76.995 分，在长江经济带中排名第 34 名，处于优势区。孝感市居民生活发展水平得分为 24.163 分，在长江经济带中排名第 103 名，处于劣势区。孝感市科教文卫发展水平得分为 43.205 分，在长江经济带中排名第 71 名，处于中势区。孝感市生态环境发展水平得分为 29.082 分，在长江经济带中排名第 93 名，处于劣势区。

表 5－263　　　　　　　　　2018 年孝感市综合发展各一级指标的得分、排名及优劣度分析

排名	指标	得分	优劣度
19	区域经济	49.131	强势
25	农业生产	39.667	强势
28	工业企业	64.133	优势
34	社会福利	76.995	优势
40	综合发展	396.910	优势
71	科教文卫	43.205	中势
78	人口就业	49.754	中势
80	基础设施	20.267	中势
93	生态环境	29.082	劣势
103	居民生活	24.163	劣势

根据表 5 - 264 对 2018 年荆州市综合发展及各一级指标得分情况、排名情况、优劣度情况进行分析。其中，荆州市综合发展水平得分为 409.517 分，在长江经济带中排名第 9 名，处于强势区。在一级指标中，荆州市人口就业发展水平得分为 51.267 分，在长江经济带中排名第 40 名，处于优势区。荆州市区域经济发展水平得分为 44.990 分，在长江经济带中排名第 73 名，处于中势区。荆州市农业生产发展水平得分为 47.027 分，在长江经济带中排名第 6 名，处于强势区。荆州市工业企业发展水平得分为 63.905 分，在长江经济带中排名第 33 名，处于优势区。荆州市基础设施发展水平得分为 20.197 分，在长江经济带中排名第 84 名，处于劣势区。荆州市社会福利发展水平得分为 78.227 分，在长江经济带中排名第 15 名，处于强势区。荆州市居民生活发展水平得分为 26.859 分，在长江经济带中排名第 67 名，处于中势区。荆州市科教文卫发展水平得分为 43.058 分，在长江经济带中排名第 77 名，处于中势区。荆州市生态环境发展水平得分为 33.760 分，在长江经济带中排名第 10 名，处于强势区。

表 5 - 264　　　　　2018 年荆州市综合发展各一级指标的得分、排名及优劣度分析

排名	指标	得分	优劣度
6	农业生产	47.027	强势
9	综合发展	409.517	强势
10	生态环境	33.760	强势
15	社会福利	78.227	强势
33	工业企业	63.905	优势
40	人口就业	51.267	优势
67	居民生活	26.859	中势
73	区域经济	44.990	中势
77	科教文卫	43.058	中势
84	基础设施	20.197	劣势

根据表 5 - 265 对 2018 年黄冈市综合发展及各一级指标得分情况、排名情况、优劣度情况进行分析。其中，黄冈市综合发展水平得分为 400.436 分，在长江经济带中排名第 31 名，处于优势区。在一级指标中，黄冈市人口就业发展水平得分为 51.664 分，在长江经济带中排名第 33 名，处于优势区。黄冈市区域经济发展水平得分为 52.025 分，在长江经济带中排名第 6 名，处于强势区。黄冈市农业生产发展水平得分为 45.971 分，在长江经济带中排名第 8 名，处于强势区。黄冈市工业企业发展水平得分为 60.076 分，在长江经济带中排名第 82 名，处于劣势区。黄冈市基础设施发展水平得分为 22.115 分，在长江经济带中排名第 42 名，处于优势区。黄冈市社会福利发展水平得分为 72.274 分，在长江经济带中排名第 101 名，处于劣势区。黄冈市居民生活发展水平得分为 22.917 分，在长江经济带中排名第 108 名，处于劣势区。黄冈市科教文卫发展水平得分为 43.047 分，在长江经济带中排名第 78 名，处于中势区。黄冈市生态环境发展水平得分为 29.849 分，在长江经济带中排名第 68 名，处于中势区。

表 5 - 265　　　　　2018 年黄冈市综合发展各一级指标的得分、排名及优劣度分析

排名	指标	得分	优劣度
6	区域经济	52.025	强势
8	农业生产	45.971	强势
31	综合发展	400.436	优势
33	人口就业	51.664	优势
42	基础设施	22.115	优势
68	生态环境	29.849	中势
78	科教文卫	43.047	中势
82	工业企业	60.076	劣势
101	社会福利	72.274	劣势
108	居民生活	22.917	劣势

根据表5－266对2018年咸宁市综合发展及各一级指标得分情况、排名情况、优劣度情况进行分析。其中，咸宁市综合发展水平得分为389.910分，在长江经济带中排名第76名，处于中势区。在一级指标中，咸宁市人口就业发展水平得分为46.496分，在长江经济带中排名第101名，处于劣势区。咸宁市区域经济发展水平得分为46.430分，在长江经济带中排名第51名，处于优势区。咸宁市农业生产发展水平得分为40.934分，在长江经济带中排名第19名，处于强势区。咸宁市工业企业发展水平得分为62.045分，在长江经济带中排名第57名，处于中势区。咸宁市基础设施发展水平得分为19.268分，在长江经济带中排名第99名，处于劣势区。咸宁市社会福利发展水平得分为78.869分，在长江经济带中排名第8名，处于强势区。咸宁市居民生活发展水平得分为23.354分，在长江经济带中排名第106名，处于劣势区。咸宁市科教文卫发展水平得分为42.487分，在长江经济带中排名第89名，处于劣势区。咸宁市生态环境发展水平得分为29.418分，在长江经济带中排名第85名，处于劣势区。

表5－266　　　　　　　　2018年咸宁市综合发展各一级指标的得分、排名及优劣度分析

排名	指标	得分	优劣度
8	社会福利	78.869	强势
19	农业生产	40.934	强势
51	区域经济	46.430	优势
57	工业企业	62.045	中势
76	综合发展	389.910	中势
85	生态环境	29.418	劣势
89	科教文卫	42.487	劣势
99	基础设施	19.268	劣势
101	人口就业	46.496	劣势
106	居民生活	23.354	劣势

根据表5－267对2018年随州市综合发展及各一级指标得分情况、排名情况、优劣度情况进行分析。其中，随州市综合发展水平得分为388.162分，在长江经济带中排名第85名，处于劣势区。在一级指标中，随州市人口就业发展水平得分为48.957分，在长江经济带中排名第87名，处于劣势区。随州市区域经济发展水平得分为42.103分，在长江经济带中排名第104名，处于劣势区。随州市农业生产发展水平得分为38.477分，在长江经济带中排名第31名，处于优势区。随州市工业企业发展水平得分为63.435分，在长江经济带中排名第38名，处于优势区。随州市基础设施发展水平得分为18.767分，在长江经济带中排名第104名，处于劣势区。随州市社会福利发展水平得分为79.539分，在长江经济带中排名第5名，处于强势区。随州市居民生活发展水平得分为23.529分，在长江经济带中排名第105名，处于劣势区。随州市科教文卫发展水平得分为42.859分，在长江经济带中排名第83名，处于劣势区。随州市生态环境发展水平得分为29.456分，在长江经济带中排名第83名，处于劣势区。

表5－267　　　　　　　　2018年随州市综合发展各一级指标的得分、排名及优劣度分析

排名	指标	得分	优劣度
5	社会福利	79.539	强势
31	农业生产	38.477	优势
38	工业企业	63.435	优势
83	科教文卫	42.859	劣势
83	生态环境	29.456	劣势
85	综合发展	388.162	劣势
87	人口就业	48.957	劣势
104	区域经济	42.103	劣势
104	基础设施	18.767	劣势
105	居民生活	23.529	劣势

　　根据表5－268对2018年长沙市综合发展及各一级指标得分情况、排名情况、优劣度情况进行分析。其中，长沙市综合发展水平得分为400.819分，在长江经济带中排名第30名，处于优势区。在一级指标中，长沙市人口就业发展水平得分为54.284分，在长江经济带中排名第7名，处于强势区。长沙市区域经济发展水平得分为49.050分，在长江经济带中排名第21名，处于强势区。长沙市农业生产发展水平得分为24.396分，在长江经济带中排名第102名，处于劣势区。长沙市工业企业发展水平得分为62.856分，在长江经济带中排名第48名，处于优势区。长沙市基础设施发展水平得分为21.707分，在长江经济带中排名第47名，处于优势区。长沙市社会福利发展水平得分为75.756分，在长江经济带中排名第53名，处于优势区。长沙市居民生活发展水平得分为32.620分，在长江经济带中排名第10名，处于强势区。长沙市科教文卫发展水平得分为48.111分，在长江经济带中排名第9名，处于强势区。长沙市生态环境发展水平得分为32.050分，在长江经济带中排名第27名，处于强势区。

表5－268　　　　　　　　2018年长沙市综合发展各一级指标的得分、排名及优劣度分析

排名	指标	得分	优劣度
7	人口就业	54.284	强势
9	科教文卫	48.111	强势
10	居民生活	32.620	强势
21	区域经济	49.050	强势
27	生态环境	32.050	强势
30	综合发展	400.819	优势
47	基础设施	21.707	优势
48	工业企业	62.856	优势
53	社会福利	75.756	优势
102	农业生产	24.396	劣势

　　根据表5－269对2018年株洲市综合发展及各一级指标得分情况、排名情况、优劣度情况进行分析。其中，株洲市综合发展水平得分为386.440分，在长江经济带中排名第90名，处于劣势区。在一级指标中，株洲市人口就业发展水平得分为51.060分，在长江经济带中排名第48名，处于优势区。株洲市区域经济发展水平得分为46.315分，在长江经济带中排名第54名，处于优势区。株洲市农业生产发展水平得分为29.406分，在长江经济带中排名第77名，处于中势区。株洲市工业企业发展水平得分为59.661分，在长江经济带中排名第83名，处于劣势区。株洲市基础设施发展水平得分为20.490分，在长江经济带中排名第74名，处于中势区。株洲市社会福利发展水平得分为75.228分，在长江经济带中排名第69名，处于中势区。株洲市居民生活发展水平得分为28.453分，在长江经济带中排名第38名，处于优势区。株洲市科教文卫发展水平得分为43.359分，在长江经济带中排名第67名，处于中势区。株洲市生态环境发展水平得分为31.051分，在长江经济带中排名第39名，处于优势区。

表5－269　　　　　　　　2018年株洲市综合发展各一级指标的得分、排名及优劣度分析

排名	指标	得分	优劣度
38	居民生活	28.453	优势
39	生态环境	31.051	优势
48	人口就业	51.060	优势
54	区域经济	46.315	优势
67	科教文卫	43.359	中势
69	社会福利	75.228	中势
74	基础设施	20.490	中势
77	农业生产	29.406	中势
83	工业企业	59.661	劣势
90	综合发展	386.440	劣势

根据表 5 - 270 对 2018 年湘潭市综合发展及各一级指标得分情况、排名情况、优劣度情况进行分析。其中，湘潭市综合发展水平得分为 396.302 分，在长江经济带中排名第 43 名，处于优势区。在一级指标中，湘潭市人口就业发展水平得分为 50.100 分，在长江经济带中排名第 70 名，处于中势区。湘潭市区域经济发展水平得分为 47.352 分，在长江经济带中排名第 38 名，处于优势区。湘潭市农业生产发展水平得分为 30.143 分，在长江经济带中排名第 73 名，处于中势区。湘潭市工业企业发展水平得分为 64.521 分，在长江经济带中排名第 20 名，处于强势区。湘潭市基础设施发展水平得分为 21.938 分，在长江经济带中排名第 45 名，处于优势区。湘潭市社会福利发展水平得分为 77.344 分，在长江经济带中排名第 29 名，处于优势区。湘潭市居民生活发展水平得分为 28.014 分，在长江经济带中排名第 46 名，处于优势区。湘潭市科教文卫发展水平得分为 44.335 分，在长江经济带中排名第 49 名，处于优势区。湘潭市生态环境发展水平得分为 30.810 分，在长江经济带中排名第 47 名，处于优势区。

表 5 - 270　　　　　　　　2018 年湘潭市综合发展各一级指标的得分、排名及优劣度分析

排名	指标	得分	优劣度
20	工业企业	64.521	强势
29	社会福利	77.344	优势
38	区域经济	47.352	优势
43	综合发展	396.302	优势
45	基础设施	21.938	优势
46	居民生活	28.014	优势
47	生态环境	30.810	优势
49	科教文卫	44.335	优势
70	人口就业	50.100	中势
73	农业生产	30.143	中势

根据表 5 - 271 对 2018 年衡阳市综合发展及各一级指标得分情况、排名情况、优劣度情况进行分析。其中，衡阳市综合发展水平得分为 396.194 分，在长江经济带中排名第 44 名，处于优势区。在一级指标中，衡阳市人口就业发展水平得分为 52.621 分，在长江经济带中排名第 21 名，处于强势区。衡阳市区域经济发展水平得分为 49.043 分，在长江经济带中排名第 22 名，处于强势区。衡阳市农业生产发展水平得分为 35.991 分，在长江经济带中排名第 49 名，处于优势区。衡阳市工业企业发展水平得分为 63.451 分，在长江经济带中排名第 37 名，处于优势区。衡阳市基础设施发展水平得分为 20.032 分，在长江经济带中排名第 87 名，处于劣势区。衡阳市社会福利发展水平得分为 76.520 分，在长江经济带中排名第 40 名，处于优势区。衡阳市居民生活发展水平得分为 24.579 分，在长江经济带中排名第 95 名，处于劣势区。衡阳市科教文卫发展水平得分为 45.272 分，在长江经济带中排名第 31 名，处于优势区。衡阳市生态环境发展水平得分为 29.020 分，在长江经济带中排名第 96 名，处于劣势区。

表 5 - 271　　　　　　　　2018 年衡阳市综合发展各一级指标的得分、排名及优劣度分析

排名	指标	得分	优劣度
21	人口就业	52.621	强势
22	区域经济	49.043	强势
31	科教文卫	45.272	优势
37	工业企业	63.451	优势
40	社会福利	76.520	优势
44	综合发展	396.194	优势
49	农业生产	35.991	优势
87	基础设施	20.032	劣势
95	居民生活	24.579	劣势
96	生态环境	29.020	劣势

根据表5-272对2018年邵阳市综合发展及各一级指标得分情况、排名情况、优劣度情况进行分析。其中，邵阳市综合发展水平得分为393.503分，在长江经济带中排名第64名，处于中势区。在一级指标中，邵阳市人口就业发展水平得分为53.530分，在长江经济带中排名第10名，处于强势区。邵阳市区域经济发展水平得分为47.208分，在长江经济带中排名第40名，处于优势区。邵阳市农业生产发展水平得分为42.828分，在长江经济带中排名第13名，处于强势区。邵阳市工业企业发展水平得分为57.329分，在长江经济带中排名第97名，处于劣势区。邵阳市基础设施发展水平得分为21.112分，在长江经济带中排名第56名，处于中势区。邵阳市社会福利发展水平得分为70.643分，在长江经济带中排名第105名，处于劣势区。邵阳市居民生活发展水平得分为27.679分，在长江经济带中排名第50名，处于优势区。邵阳市科教文卫发展水平得分为42.983分，在长江经济带中排名第80名，处于中势区。邵阳市生态环境发展水平得分为28.974分，在长江经济带中排名第97名，处于劣势区。

表5-272　　　　　　　　　2018年邵阳市综合发展各一级指标的得分、排名及优劣度分析

排名	指标	得分	优劣度
10	人口就业	53.530	强势
13	农业生产	42.828	强势
40	区域经济	47.208	优势
50	居民生活	27.679	优势
56	基础设施	21.112	中势
64	综合发展	393.503	中势
80	科教文卫	42.983	中势
97	工业企业	57.329	劣势
97	生态环境	28.974	劣势
105	社会福利	70.643	劣势

根据表5-273对2018年岳阳市综合发展及各一级指标得分情况、排名情况、优劣度情况进行分析。其中，岳阳市综合发展水平得分为396.930分，在长江经济带中排名第39名，处于优势区。在一级指标中，岳阳市人口就业发展水平得分为51.849分，在长江经济带中排名第29名，处于优势区。岳阳市区域经济发展水平得分为48.014分，在长江经济带中排名第29名，处于优势区。岳阳市农业生产发展水平得分为32.800分，在长江经济带中排名第65名，处于中势区。岳阳市工业企业发展水平得分为61.785分，在长江经济带中排名第62名，处于中势区。岳阳市基础设施发展水平得分为22.329分，在长江经济带中排名第37名，处于优势区。岳阳市社会福利发展水平得分为76.428分，在长江经济带中排名第42名，处于优势区。岳阳市居民生活发展水平得分为24.369分，在长江经济带中排名第100名，处于劣势区。岳阳市科教文卫发展水平得分为44.338分，在长江经济带中排名第48名，处于优势区。岳阳市生态环境发展水平得分为31.342分，在长江经济带中排名第32名，处于优势区。

表5-273　　　　　　　　　2018年岳阳市综合发展各一级指标的得分、排名及优劣度分析

排名	指标	得分	优劣度
29	人口就业	51.849	优势
29	区域经济	48.014	优势
32	生态环境	31.342	优势
37	基础设施	22.329	优势
39	综合发展	396.930	优势
42	社会福利	76.428	优势
48	科教文卫	44.338	优势
62	工业企业	61.785	中势
65	农业生产	32.800	中势
100	居民生活	24.369	劣势

根据表 5-274 对 2018 年常德市综合发展及各一级指标得分情况、排名情况、优劣度情况进行分析。其中，常德市综合发展水平得分为 392.845 分，在长江经济带中排名第 67 名，处于中势区。在一级指标中，常德市人口就业发展水平得分为 51.063 分，在长江经济带中排名第 47 名，处于优势区。常德市区域经济发展水平得分为 44.214 分，在长江经济带中排名第 82 名，处于劣势区。常德市农业生产发展水平得分为 35.329 分，在长江经济带中排名第 51 名，处于优势区。常德市工业企业发展水平得分为 60.400 分，在长江经济带中排名第 78 名，处于中势区。常德市基础设施发展水平得分为 22.352 分，在长江经济带中排名第 34 名，处于优势区。常德市社会福利发展水平得分为 77.126 分，在长江经济带中排名第 32 名，处于优势区。常德市居民生活发展水平得分为 25.727 分，在长江经济带中排名第 82 名，处于劣势区。常德市科教文卫发展水平得分为 46.174 分，在长江经济带中排名第 21 名，处于强势区。常德市生态环境发展水平得分为 28.916 分，在长江经济带中排名第 99 名，处于劣势区。

表 5-274　　　　　　　　　2018 年常德市综合发展各一级指标的得分、排名及优劣度分析

排名	指标	得分	优劣度
21	科教文卫	46.174	强势
32	社会福利	77.126	优势
34	基础设施	22.352	优势
47	人口就业	51.063	优势
51	农业生产	35.329	优势
67	综合发展	392.845	中势
78	工业企业	60.400	中势
82	区域经济	44.214	劣势
82	居民生活	25.727	劣势
99	生态环境	28.916	劣势

根据表 5-275 对 2018 年张家界市综合发展及各一级指标得分情况、排名情况、优劣度情况进行分析。其中，张家界市综合发展水平得分为 392.927 分，在长江经济带中排名第 66 名，处于中势区。在一级指标中，张家界市人口就业发展水平得分为 52.801 分，在长江经济带中排名第 18 名，处于强势区。张家界市区域经济发展水平得分为 43.538 分，在长江经济带中排名第 91 名，处于劣势区。张家界市农业生产发展水平得分为 31.989 分，在长江经济带中排名第 70 名，处于中势区。张家界市工业企业发展水平得分为 61.844 分，在长江经济带中排名第 60 名，处于中势区。张家界市基础设施发展水平得分为 21.067 分，在长江经济带中排名第 58 名，处于中势区。张家界市社会福利发展水平得分为 76.072 分，在长江经济带中排名第 50 名，处于优势区。张家界市居民生活发展水平得分为 31.359 分，在长江经济带中排名第 15 名，处于强势区。张家界市科教文卫发展水平得分为 39.461 分，在长江经济带中排名第 107 名，处于劣势区。张家界市生态环境发展水平得分为 31.187 分，在长江经济带中排名第 35 名，处于优势区。

表 5-275　　　　　　　　　2018 年张家界市综合发展各一级指标的得分、排名及优劣度分析

排名	指标	得分	优劣度
15	居民生活	31.359	强势
18	人口就业	52.801	强势
35	生态环境	31.187	优势
50	社会福利	76.072	优势
58	基础设施	21.067	中势
60	工业企业	61.844	中势
66	综合发展	392.927	中势
70	农业生产	31.989	中势
91	区域经济	43.538	劣势
107	科教文卫	39.461	劣势

　　根据表 5 - 276 对 2018 年益阳市综合发展及各一级指标得分情况、排名情况、优劣度情况进行分析。其中，益阳市综合发展水平得分为 403.499 分，在长江经济带中排名第 18 名，处于强势区。在一级指标中，益阳市人口就业发展水平得分为 51.441 分，在长江经济带中排名第 36 名，处于优势区。益阳市区域经济发展水平得分为 45.418 分，在长江经济带中排名第 63 名，处于中势区。益阳市农业生产发展水平得分为 38.965 分，在长江经济带中排名第 28 名，处于优势区。益阳市工业企业发展水平得分为 60.998 分，在长江经济带中排名第 70 名，处于中势区。益阳市基础设施发展水平得分为 20.577 分，在长江经济带中排名第 72 名，处于中势区。益阳市社会福利发展水平得分为 80.118 分，在长江经济带中排名第 2 名，处于强势区。益阳市居民生活发展水平得分为 29.234 分，在长江经济带中排名第 30 名，处于优势区。益阳市科教文卫发展水平得分为 44.368 分，在长江经济带中排名第 47 名，处于优势区。益阳市生态环境发展水平得分为 29.809 分，在长江经济带中排名第 70 名，处于中势区。

表 5 - 276　　　　　　　　　2018 年益阳市综合发展各一级指标的得分、排名及优劣度分析

排名	指标	得分	优劣度
2	社会福利	80.118	强势
18	综合发展	403.499	强势
28	农业生产	38.965	优势
30	居民生活	29.234	优势
36	人口就业	51.441	优势
47	科教文卫	44.368	优势
63	区域经济	45.418	中势
70	工业企业	60.998	中势
70	生态环境	29.809	中势
72	基础设施	20.577	中势

　　根据表 5 - 277 对 2018 年郴州市综合发展及各一级指标得分情况、排名情况、优劣度情况进行分析。其中，郴州市综合发展水平得分为 396.562 分，在长江经济带中排名第 41 名，处于优势区。在一级指标中，郴州市人口就业发展水平得分为 51.001 分，在长江经济带中排名第 51 名，处于优势区。郴州市区域经济发展水平得分为 49.510 分，在长江经济带中排名第 16 名，处于强势区。郴州市农业生产发展水平得分为 31.983 分，在长江经济带中排名第 71 名，处于中势区。郴州市工业企业发展水平得分为 60.761 分，在长江经济带中排名第 75 名，处于中势区。郴州市基础设施发展水平得分为 22.477 分，在长江经济带中排名第 33 名，处于优势区。郴州市社会福利发展水平得分为 78.738 分，在长江经济带中排名第 11 名，处于强势区。郴州市居民生活发展水平得分为 27.514 分，在长江经济带中排名第 52 名，处于优势区。郴州市科教文卫发展水平得分为 45.589 分，在长江经济带中排名第 29 名，处于优势区。郴州市生态环境发展水平得分为 28.079 分，在长江经济带中排名第 106 名，处于劣势区。

表 5 - 277　　　　　　　　　2018 年郴州市综合发展各一级指标的得分、排名及优劣度分析

排名	指标	得分	优劣度
11	社会福利	78.738	强势
16	区域经济	49.510	强势
29	科教文卫	45.589	优势
33	基础设施	22.477	优势
41	综合发展	396.562	优势
51	人口就业	51.001	优势
52	居民生活	27.514	优势
71	农业生产	31.983	中势
75	工业企业	60.761	中势
106	生态环境	28.079	劣势

　　根据表5－278对2018年永州市综合发展及各一级指标得分情况、排名情况、优劣度情况进行分析。其中，永州市综合发展水平得分为400.880分，在长江经济带中排名第29名，处于优势区。在一级指标中，永州市人口就业发展水平得分为53.404分，在长江经济带中排名第11名，处于强势区。永州市区域经济发展水平得分为44.411分，在长江经济带中排名第81名，处于中势区。永州市农业生产发展水平得分为42.292分，在长江经济带中排名第17名，处于强势区。永州市工业企业发展水平得分为60.371分，在长江经济带中排名第79名，处于中势区。永州市基础设施发展水平得分为20.941分，在长江经济带中排名第65名，处于中势区。永州市社会福利发展水平得分为78.590分，在长江经济带中排名第13名，处于强势区。永州市居民生活发展水平得分为27.096分，在长江经济带中排名第58名，处于中势区。永州市科教文卫发展水平得分为45.804分，在长江经济带中排名第25名，处于强势区。永州市生态环境发展水平得分为27.795分，在长江经济带中排名第108名，处于劣势区。

表5－278　　　　　　　　　　　2018年永州市综合发展各一级指标的得分、排名及优劣度分析

排名	指标	得分	优劣度
11	人口就业	53.404	强势
13	社会福利	78.590	强势
17	农业生产	42.292	强势
25	科教文卫	45.804	强势
29	综合发展	400.880	优势
58	居民生活	27.096	中势
65	基础设施	20.941	中势
79	工业企业	60.371	中势
81	区域经济	44.411	中势
108	生态环境	27.795	劣势

　　根据表5－279对2018年怀化市综合发展及各一级指标得分情况、排名情况、优劣度情况进行分析。其中，怀化市综合发展水平得分为403.614分，在长江经济带中排名第17名，处于强势区。在一级指标中，怀化市人口就业发展水平得分为52.566分，在长江经济带中排名第22名，处于强势区。怀化市区域经济发展水平得分为48.327分，在长江经济带中排名第26名，处于强势区。怀化市农业生产发展水平得分为36.731分，在长江经济带中排名第43名，处于优势区。怀化市工业企业发展水平得分为62.470分，在长江经济带中排名第52名，处于优势区。怀化市基础设施发展水平得分为20.454分，在长江经济带中排名第76名，处于中势区。怀化市社会福利发展水平得分为74.195分，在长江经济带中排名第91名，处于劣势区。怀化市居民生活发展水平得分为30.324分，在长江经济带中排名第21名，处于强势区。怀化市科教文卫发展水平得分为47.825分，在长江经济带中排名第10名，处于强势区。怀化市生态环境发展水平得分为29.289分，在长江经济带中排名第89名，处于劣势区。

表5－279　　　　　　　　　　　2018年怀化市综合发展各一级指标的得分、排名及优劣度分析

排名	指标	得分	优劣度
10	科教文卫	47.825	强势
17	综合发展	403.614	强势
21	居民生活	30.324	强势
22	人口就业	52.566	强势
26	区域经济	48.327	强势
43	农业生产	36.731	优势
52	工业企业	62.470	优势
76	基础设施	20.454	中势
89	生态环境	29.289	劣势
91	社会福利	74.195	劣势

　　根据表 5 - 280 对 2018 年娄底市综合发展及各一级指标得分情况、排名情况、优劣度情况进行分析。其中，娄底市综合发展水平得分为 394.590 分，在长江经济带中排名第 55 名，处于中势区。在一级指标中，娄底市人口就业发展水平得分为 53.002 分，在长江经济带中排名第 13 名，处于强势区。娄底市区域经济发展水平得分为 49.662 分，在长江经济带中排名第 15 名，处于强势区。娄底市农业生产发展水平得分为 31.794 分，在长江经济带中排名第 72 名，处于中势区。娄底市工业企业发展水平得分为 58.078 分，在长江经济带中排名第 94 名，处于劣势区。娄底市基础设施发展水平得分为 23.514 分，在长江经济带中排名第 23 名，处于强势区。娄底市社会福利发展水平得分为 74.962 分，在长江经济带中排名第 75 名，处于中势区。娄底市居民生活发展水平得分为 29.644 分，在长江经济带中排名第 25 名，处于强势区。娄底市科教文卫发展水平得分为 44.102 分，在长江经济带中排名第 53 名，处于优势区。娄底市生态环境发展水平得分为 29.459 分，在长江经济带中排名第 82 名，处于劣势区。

表 5 - 280　　　　　　　2018 年娄底市综合发展各一级指标的得分、排名及优劣度分析

排名	指标	得分	优劣度
13	人口就业	53.002	强势
15	区域经济	49.662	强势
23	基础设施	23.514	强势
25	居民生活	29.644	强势
53	科教文卫	44.102	优势
55	综合发展	394.590	中势
72	农业生产	31.794	中势
75	社会福利	74.962	中势
82	生态环境	29.459	劣势
94	工业企业	58.078	劣势

第六章 长江经济带西部地区城市
综合发展水平评估分析

一、2014年长江经济带西部地区城市综合发展水平评估分析

（一）2014年长江经济带西部地区城市综合发展水平评估指标比较

根据表6-1对长江经济带西部地区的城市综合发展水平得分情况展开分析。2014年西部地区各城市综合发展水平得分区间为376~432分。其中得分最高的为重庆市（431.769），最低分为攀枝花市（372.751），在西部地区中有6个城市（重庆市、临沧市、遵义市、成都市、普洱市、保山市）的综合发展水平得分超过400分，其余城市的得分均低于400分。

表6-1 　　　　　　　　　　　2014年长江经济带西部地区综合发展得分

排名	地区	得分
1	重庆市	431.769
2	临沧市	417.076
3	遵义市	416.016
4	成都市	415.941
5	普洱市	409.703
6	保山市	409.017
7	达州市	397.595
8	绵阳市	395.232
9	资阳市	392.634
10	贵阳市	391.764
11	眉山市	391.594
12	广元市	390.698
13	遂宁市	390.300
14	玉溪市	389.278
15	南充市	388.188
16	巴中市	387.861
17	安顺市	387.563
18	昆明市	385.862
19	德阳市	385.324
20	昭通市	385.065
21	广安市	385.049
22	自贡市	384.985
23	六盘水市	384.607
24	内江市	384.510
25	曲靖市	383.302
26	乐山市	381.523

续表

排名	地区	得分
27	泸州市	380.456
28	宜宾市	379.116
29	雅安市	378.631
30	丽江市	377.265
31	攀枝花市	372.751

根据表 6-2 对 2014 年长江经济带西部地区综合发展水平平均得分在长江经济带各城市群中排名情况展开分析。2014 年西部地区综合发展水平平均得分处于长江经济带各版块中的第 2 名，发展优势相对一般。

表 6-2　　　　　　　　2014 年长江经济带西部地区综合发展评分一级指标比较

项目	数据
排名	2
西部地区平均得分	391.957
经济带最高分	478.766
经济带平均分	391.561
与最高分差距	-86.809
与平均分差距	0.397

（二）2014 年长江经济带西部地区城市综合发展水平的量化评估

根据表 6-3 对 2014 年长江经济带西部地区综合发展及各一级指标平均得分情况、排名情况进行分析。其中，西部地区综合发展平均得分在长江经济带各板块中排名第 2 名。在一级指标中，人口就业发展水平平均得分为 49.836 分，在长江经济带各板块中排名第 3 名。区域经济发展水平平均得分为 43.372 分，在长江经济带各板块中排名第 3 名。农业生产发展水平平均得分为 39.361 分，在长江经济带各板块中排名第 1 名。工业企业发展水平平均得分为 62.897 分，在长江经济带各板块中排名第 1 名。基础设施发展水平平均得分为 20.988 分，在长江经济带各板块中排名第 2 名。社会福利发展水平平均得分为 73.582 分，在长江经济带各板块中排名第 2 名。居民生活发展水平平均得分为 25.242 分，在长江经济带各板块中排名第 3 名。科教文卫发展水平平均得分为 45.000 分，在长江经济带各板块中排名第 2 名。生态环境发展水平平均得分为 31.680 分，在长江经济带各板块中排名第 2 名。

表 6-3　　　　　　2014 年长江经济带西部地区综合发展各一级指标的得分、排名分析

排名	指标	得分
1	工业企业	62.897
1	农业生产	39.361
2	基础设施	20.988
2	科教文卫	45.000
2	社会福利	73.582
2	生态环境	31.680
2	综合发展	391.957
3	居民生活	25.242
3	区域经济	43.372
3	人口就业	49.836

（三）2014 年长江经济带西部地区城市综合发展水平评估得分比较

根据图 6－1 对 2014 年长江经济带西部地区综合发展水平与长江经济带平均水平展开比较分析。从图 6－1 可知，2014 年长江经济带西部地区在区域经济、工业企业、基础设施、社会福利等方面与长江经济带最高分差距较小，发展优势明显。在人口就业、农业生产、居民生活、科教文卫、生态环境等方面与最高分差距较大。

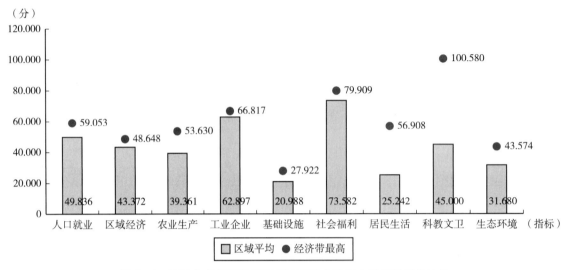

图 6－1　2014 年长江经济带西部地区综合发展水平指标得分比较

（四）2014 年长江经济带西部地区城市综合发展水平评估指标动态变化分析

根据图 6－2 对 2014～2015 年长江经济带西部地区各级指标排名变化情况展开分析。由图 6－2 可知，2014～2015 年，长江经济带西部地区各级指标中保持指标的比例较高，总体指标上升下降不明显。

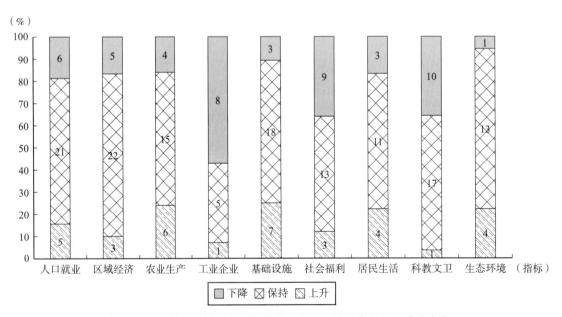

图 6－2　2014～2015 年长江经济带西部地区综合发展水平动态变化

表 6－4 进一步对 2014～2015 年西部地区 218 个要素指标的变化情况展开统计分析，其中上升指标有 34 个，占指标总数的 15.596%；保持的指标有 135 个，占指标总数的 61.927%；下降的指标有 49 个，占

指标总数的 22.477%。

表 6 - 4　　　　　**2014~2015 年长江经济带西部地区综合发展水平排名变化态势比较**

指标	要素指标数量（个）	上升指标		保持指标		下降指标	
		个数（个）	比重（%）	个数（个）	比重（%）	个数（个）	比重（%）
人口就业	32	5	15.625	21	65.625	6	18.750
区域经济	30	3	10.000	22	73.333	5	16.667
农业生产	25	6	24.000	15	60.000	4	16.000
工业企业	14	1	7.143	5	35.714	8	57.143
基础设施	28	7	25.000	18	64.286	3	10.714
社会福利	25	3	12.000	13	52.000	9	36.000
居民生活	18	4	22.222	11	61.111	3	16.667
科教文卫	28	1	3.571	17	60.714	10	35.714
生态环境	18	4	22.222	13	72.222	1	5.556
合计	218	34	15.596	135	61.927	49	22.477

（五）2014 年长江经济带西部地区各城市综合发展水平各级指标得分、排名及优劣度分析

根据表 6 - 5 对 2014 年重庆市综合发展及各一级指标得分情况、排名情况、优劣度情况进行分析。其中，重庆市综合发展水平得分为 431.769 分，在长江经济带中排名第 2 名，处于强势区。在一级指标中，重庆市人口就业发展水平得分为 57.298 分，在长江经济带中排名第 2 名，处于强势区。重庆市区域经济发展水平得分为 47.149 分，在长江经济带中排名第 9 名，处于强势区。重庆市农业生产发展水平得分为 38.280 分，在长江经济带中排名第 49 名，处于优势区。重庆市工业企业发展水平得分为 62.140 分，在长江经济带中排名第 47 名，处于优势区。重庆市基础设施发展水平得分为 23.263 分，在长江经济带中排名第 18 名，处于强势区。重庆市社会福利发展水平得分为 70.393 分，在长江经济带中排名第 99 名，处于劣势区。重庆市居民生活发展水平得分为 33.665 分，在长江经济带中排名第 4 名，处于强势区。重庆市科教文卫发展水平得分为 56.008 分，在长江经济带中排名第 6 名，处于强势区。重庆市生态环境发展水平得分为 43.574 分，在长江经济带中排名第 1 名，处于强势区。

表 6 -5　　　　　**2014 年重庆市综合发展各一级指标的得分、排名及优劣度分析**

排名	指标	得分	优劣度
1	生态环境	43.574	强势
2	综合发展	431.769	强势
2	人口就业	57.298	强势
4	居民生活	33.665	强势
6	科教文卫	56.008	强势
9	区域经济	47.149	强势
18	基础设施	23.263	强势
47	工业企业	62.140	优势
49	农业生产	38.280	优势
99	社会福利	70.393	劣势

根据表 6 - 6 对 2014 年成都市综合发展及各一级指标得分情况、排名情况、优劣度情况进行分析。其中，成都市综合发展水平得分为 415.941 分，在长江经济带中排名第 5 名，处于强势区。在一级指标中，成都市人口就业发展水平得分为 54.439 分，在长江经济带中排名第 4 名，处于强势区。成都市区域经济发展水平得分为 47.942 分，在长江经济带中排名第 4 名，处于强势区。成都市农业生产发展水平得分为 26.847 分，在长江经济带中排名第 94 名，处于劣势区。成都市工业企业发展水平得分为 64.001 分，在长

江经济带中排名第 23 名，处于强势区。成都市基础设施发展水平得分为 23.308 分，在长江经济带中排名第 17 名，处于强势区。成都市社会福利发展水平得分为 73.114 分，在长江经济带中排名第 73 名，处于中势区。成都市居民生活发展水平得分为 32.110 分，在长江经济带中排名第 6 名，处于强势区。成都市科教文卫发展水平得分为 61.976 分，在长江经济带中排名第 3 名，处于强势区。成都市生态环境发展水平得分为 32.204 分，在长江经济带中排名第 29 名，处于优势区。

表 6-6　　　　　　　　2014 年成都市综合发展各一级指标的得分、排名及优劣度分析

排名	指标	得分	优劣度
3	科教文卫	61.976	强势
4	人口就业	54.439	强势
4	区域经济	47.942	强势
5	综合发展	415.941	强势
6	居民生活	32.110	强势
17	基础设施	23.308	强势
23	工业企业	64.001	强势
29	生态环境	32.204	优势
73	社会福利	73.114	中势
94	农业生产	26.847	劣势

根据表 6-7 对 2014 年自贡市综合发展及各一级指标得分情况、排名情况、优劣度情况进行分析。其中，自贡市综合发展水平得分为 384.985 分，在长江经济带中排名第 80 名，处于中势区。在一级指标中，自贡市人口就业发展水平得分为 47.922 分，在长江经济带中排名第 103 名，处于劣势区。自贡市区域经济发展水平得分为 46.085 分，在长江经济带中排名第 16 名，处于强势区。自贡市农业生产发展水平得分为 35.074 分，在长江经济带中排名第 62 名，处于中势区。自贡市工业企业发展水平得分为 64.015 分，在长江经济带中排名第 22 名，处于强势区。自贡市基础设施发展水平得分为 18.978 分，在长江经济带中排名第 104 名，处于劣势区。自贡市社会福利发展水平得分为 76.958 分，在长江经济带中排名第 17 名，处于强势区。自贡市居民生活发展水平得分为 24.325 分，在长江经济带中排名第 87 名，处于劣势区。自贡市科教文卫发展水平得分为 42.299 分，在长江经济带中排名第 88 名，处于劣势区。自贡市生态环境发展水平得分为 29.329 分，在长江经济带中排名第 97 名，处于劣势区。

表 6-7　　　　　　　　2014 年自贡市综合发展各一级指标的得分、排名及优劣度分析

排名	指标	得分	优劣度
16	区域经济	46.085	强势
17	社会福利	76.958	强势
22	工业企业	64.015	强势
62	农业生产	35.074	中势
80	综合发展	384.985	中势
87	居民生活	24.325	劣势
88	科教文卫	42.299	劣势
97	生态环境	29.329	劣势
103	人口就业	47.922	劣势
104	基础设施	18.978	劣势

根据表 6-8 对 2014 年攀枝花市综合发展及各一级指标得分情况、排名情况、优劣度情况进行分析。其中，攀枝花市综合发展水平得分为 372.751 分，在长江经济带中排名第 106 名，处于劣势区。在一级指标中，攀枝花市人口就业发展水平得分为 50.508 分，在长江经济带中排名第 53 名，处于优势区。攀枝花市区域经济发展水平得分为 46.388 分，在长江经济带中排名第 14 名，处于强势区。攀枝花市农业生产发

展水平得分为 24.557 分，在长江经济带中排名第 103 名，处于劣势区。攀枝花市工业企业发展水平得分为 65.462 分，在长江经济带中排名第 10 名，处于强势区。攀枝花市基础设施发展水平得分为 19.816 分，在长江经济带中排名第 88 名，处于劣势区。攀枝花市社会福利发展水平得分为 72.580 分，在长江经济带中排名第 82 名，处于劣势区。攀枝花市居民生活发展水平得分为 26.635 分，在长江经济带中排名第 37 名，处于优势区。攀枝花市科教文卫发展水平得分为 40.186 分，在长江经济带中排名第 102 名，处于劣势区。攀枝花市生态环境发展水平得分为 26.619 分，在长江经济带中排名第 108 名，处于劣势区。

表 6 - 8　　　　　　　　　　2014 年攀枝花市综合发展各一级指标的得分、排名及优劣度分析

排名	指标	得分	优劣度
10	工业企业	65.462	强势
14	区域经济	46.388	强势
37	居民生活	26.635	优势
53	人口就业	50.508	优势
82	社会福利	72.580	劣势
88	基础设施	19.816	劣势
102	科教文卫	40.186	劣势
103	农业生产	24.557	劣势
106	综合发展	372.751	劣势
108	生态环境	26.619	劣势

根据表 6 - 9 对 2014 年泸州市综合发展及各一级指标得分情况、排名情况、优劣度情况进行分析。其中，泸州市综合发展水平得分为 380.456 分，在长江经济带中排名第 94 名，处于劣势区。在一级指标中，泸州市人口就业发展水平得分为 48.930 分，在长江经济带中排名第 89 名，处于劣势区。泸州市区域经济发展水平得分为 42.905 分，在长江经济带中排名第 63 名，处于中势区。泸州市农业生产发展水平得分为 36.950 分，在长江经济带中排名第 54 名，处于优势区。泸州市工业企业发展水平得分为 63.171 分，在长江经济带中排名第 33 名，处于优势区。泸州市基础设施发展水平得分为 18.615 分，在长江经济带中排名第 106 名，处于劣势区。泸州市社会福利发展水平得分为 74.340 分，在长江经济带中排名第 59 名，处于中势区。泸州市居民生活发展水平得分为 24.678 分，在长江经济带中排名第 78 名，处于中势区。泸州市科教文卫发展水平得分为 41.102 分，在长江经济带中排名第 98 名，处于劣势区。泸州市生态环境发展水平得分为 29.765 分，在长江经济带中排名第 90 名，处于劣势区。

表 6 - 9　　　　　　　　　　2014 年泸州市综合发展各一级指标的得分、排名及优劣度分析

排名	指标	得分	优劣度
33	工业企业	63.171	优势
54	农业生产	36.950	优势
59	社会福利	74.340	中势
63	区域经济	42.905	中势
78	居民生活	24.678	中势
89	人口就业	48.930	劣势
90	生态环境	29.765	劣势
94	综合发展	380.456	劣势
98	科教文卫	41.102	劣势
106	基础设施	18.615	劣势

根据表 6 - 10 对 2014 年德阳市综合发展及各一级指标得分情况、排名情况、优劣度情况进行分析。其中，德阳市综合发展水平得分为 385.324 分，在长江经济带中排名第 77 名，处于中势区。在一级指标中，德阳市人口就业发展水平得分为 49.359 分，在长江经济带中排名第 82 名，处于劣势区。德阳市区域

经济发展水平得分为 44.220 分，在长江经济带中排名第 48 名，处于优势区。德阳市农业生产发展水平得分为 38.152 分，在长江经济带中排名第 50 名，处于优势区。德阳市工业企业发展水平得分为 59.763 分，在长江经济带中排名第 89 名，处于劣势区。德阳市基础设施发展水平得分为 20.427 分，在长江经济带中排名第 69 名，处于中势区。德阳市社会福利发展水平得分为 73.274 分，在长江经济带中排名第 72 名，处于中势区。德阳市居民生活发展水平得分为 25.500 分，在长江经济带中排名第 55 名，处于中势区。德阳市科教文卫发展水平得分为 44.751 分，在长江经济带中排名第 50 名，处于优势区。德阳市生态环境发展水平得分为 29.878 分，在长江经济带中排名第 86 名，处于劣势区。

表 6－10   2014 年德阳市综合发展各一级指标的得分、排名及优劣度分析

排名	指标	得分	优劣度
48	区域经济	44.220	优势
50	农业生产	38.152	优势
50	科教文卫	44.751	优势
55	居民生活	25.500	中势
69	基础设施	20.427	中势
72	社会福利	73.274	中势
77	综合发展	385.324	中势
82	人口就业	49.359	劣势
86	生态环境	29.878	劣势
89	工业企业	59.763	劣势

根据表 6－11 对 2014 年绵阳市综合发展及各一级指标得分情况、排名情况、优劣度情况进行分析。其中，绵阳市综合发展水平得分为 395.232 分，在长江经济带中排名第 32 名，处于优势区。在一级指标中，绵阳市人口就业发展水平得分为 48.301 分，在长江经济带中排名第 98 名，处于劣势区。绵阳市区域经济发展水平得分为 44.720 分，在长江经济带中排名第 34 名，处于优势区。绵阳市农业生产发展水平得分为 40.862 分，在长江经济带中排名第 31 名，处于优势区。绵阳市工业企业发展水平得分为 64.440 分，在长江经济带中排名第 16 名，处于强势区。绵阳市基础设施发展水平得分为 19.601 分，在长江经济带中排名第 95 名，处于劣势区。绵阳市社会福利发展水平得分为 74.651 分，在长江经济带中排名第 52 名，处于优势区。绵阳市居民生活发展水平得分为 25.656 分，在长江经济带中排名第 53 名，处于优势区。绵阳市科教文卫发展水平得分为 46.171 分，在长江经济带中排名第 27 名，处于强势区。绵阳市生态环境发展水平得分为 30.830 分，在长江经济带中排名第 50 名，处于优势区。

表 6－11   2014 年绵阳市综合发展各一级指标的得分、排名及优劣度分析

排名	指标	得分	优劣度
16	工业企业	64.440	强势
27	科教文卫	46.171	强势
31	农业生产	40.862	优势
32	综合发展	395.232	优势
34	区域经济	44.720	优势
50	生态环境	30.830	优势
52	社会福利	74.651	优势
53	居民生活	25.656	优势
95	基础设施	19.601	劣势
98	人口就业	48.301	劣势

根据表 6－12 对 2014 年广元市综合发展及各一级指标得分情况、排名情况、优劣度情况进行分析。其中，广元市综合发展水平得分为 390.698 分，在长江经济带中排名第 48 名，处于优势区。在一级指标

中, 广元市人口就业发展水平得分为 48.436 分, 在长江经济带中排名第 94 名, 处于劣势区。广元市区域经济发展水平得分为 40.762 分, 在长江经济带中排名第 99 名, 处于劣势区。广元市农业生产发展水平分为 42.455 分, 在长江经济带中排名第 25 名, 处于强势区。广元市工业企业发展水平得分为 64.219 分, 在长江经济带中排名第 20 名, 处于强势区。广元市基础设施发展水平得分为 20.545 分, 在长江经济带中排名第 62 名, 处于中势区。广元市社会福利发展水平得分为 74.283 分, 在长江经济带中排名第 61 名, 处于中势区。广元市居民生活发展水平得分为 23.954 分, 在长江经济带中排名第 92 名, 处于劣势区。广元市科教文卫发展水平得分为 45.150 分, 在长江经济带中排名第 42 名, 处于优势区。广元市生态环境发展水平得分为 45.150 分, 在长江经济带中排名第 47 名, 处于优势区。

表 6-12　　　　　　　　　　2014 年广元市综合发展各一级指标的得分、排名及优劣度分析

排名	指标	得分	优劣度
20	工业企业	64.219	强势
25	农业生产	42.455	强势
42	科教文卫	45.150	优势
47	生态环境	30.895	优势
48	综合发展	390.698	优势
61	社会福利	74.283	中势
62	基础设施	20.545	中势
92	居民生活	23.954	劣势
94	人口就业	48.436	劣势
99	区域经济	40.762	劣势

根据表 6-13 对 2014 年遂宁市综合发展及各一级指标得分情况、排名情况、优劣度情况进行分析。其中, 遂宁市综合发展水平得分为 390.300 分, 在长江经济带中排名第 49 名, 处于优势区。在一级指标中, 遂宁市人口就业发展水平得分为 47.121 分, 在长江经济带中排名第 106 名, 处于劣势区。遂宁市区域经济发展水平得分为 46.795 分, 在长江经济带中排名第 12 名, 处于强势区。遂宁市农业生产发展水平得分为 43.780 分, 在长江经济带中排名第 21 名, 处于强势区。遂宁市工业企业发展水平得分为 64.437 分, 在长江经济带中排名第 17 名, 处于强势区。遂宁市基础设施发展水平得分为 19.048 分, 在长江经济带中排名第 101 名, 处于劣势区。遂宁市社会福利发展水平得分为 71.792 分, 在长江经济带中排名第 89 名, 处于劣势区。遂宁市居民生活发展水平得分为 24.483 分, 在长江经济带中排名第 84 名, 处于劣势区。遂宁市科教文卫发展水平得分为 42.777 分, 在长江经济带中排名第 79 名, 处于中势区。遂宁市生态环境发展水平得分为 30.067 分, 在长江经济带中排名第 81 名, 处于中势区。

表 6-13　　　　　　　　　　2014 年遂宁市综合发展各一级指标的得分、排名及优劣度分析

排名	指标	得分	优劣度
12	区域经济	46.795	强势
17	工业企业	64.437	强势
21	农业生产	43.780	强势
49	综合发展	390.300	优势
79	科教文卫	42.777	中势
81	生态环境	30.067	中势
84	居民生活	24.483	劣势
89	社会福利	71.792	劣势
101	基础设施	19.048	劣势
106	人口就业	47.121	劣势

根据表 6-14 对 2014 年内江市综合发展及各一级指标得分情况、排名情况、优劣度情况进行分析。

其中，内江市综合发展水平得分为 384.510 分，在长江经济带中排名第 85 名，处于劣势区。在一级指标中，内江市人口就业发展水平得分为 48.444 分，在长江经济带中排名第 93 名，处于劣势区。内江市区域经济发展水平得分为 42.135 分，在长江经济带中排名第 82 名，处于劣势区。内江市农业生产发展水平得分为 40.462 分，在长江经济带中排名第 33 名，处于优势区。内江市工业企业发展水平得分为 63.898 分，在长江经济带中排名第 25 名，处于强势区。内江市基础设施发展水平得分为 19.751 分，在长江经济带中排名第 89 名，处于劣势区。内江市社会福利发展水平得分为 76.285 分，在长江经济带中排名第 25 名，处于强势区。内江市居民生活发展水平得分为 24.372 分，在长江经济带中排名第 85 名，处于劣势区。内江市科教文卫发展水平得分为 39.086 分，在长江经济带中排名第 105 名，处于劣势区。内江市生态环境发展水平得分为 30.077 分，在长江经济带中排名第 80 名，处于中势区。

表 6-14　　　　　　　　　　2014 年内江市综合发展各一级指标的得分、排名及优劣度分析

排名	指标	得分	优劣度
25	工业企业	63.898	强势
25	社会福利	76.285	强势
33	农业生产	40.462	优势
80	生态环境	30.077	中势
82	区域经济	42.135	劣势
85	综合发展	384.510	劣势
85	居民生活	24.372	劣势
89	基础设施	19.751	劣势
93	人口就业	48.444	劣势
105	科教文卫	39.086	劣势

根据表 6-15 对 2014 年乐山市综合发展及各一级指标得分情况、排名情况、优劣度情况进行分析。其中，乐山市综合发展水平得分为 381.523 分，在长江经济带中排名第 92 名，处于劣势区。在一级指标中，乐山市人口就业发展水平得分为 48.458 分，在长江经济带中排名第 92 名，处于劣势区。乐山市区域经济发展水平得分为 42.881 分，在长江经济带中排名第 65 名，处于中势区。乐山市农业生产发展水平得分为 34.725 分，在长江经济带中排名第 63 名，处于中势区。乐山市工业企业发展水平得分为 62.563 分，在长江经济带中排名第 43 名，处于优势区。乐山市基础设施发展水平得分为 19.733 分，在长江经济带中排名第 91 名，处于劣势区。乐山市社会福利发展水平得分为 74.783 分，在长江经济带中排名第 49 名，处于优势区。乐山市居民生活发展水平得分为 23.640 分，在长江经济带中排名第 96 名，处于劣势区。乐山市科教文卫发展水平得分为 43.856 分，在长江经济带中排名第 66 名，处于中势区。乐山市生态环境发展水平得分为 30.883 分，在长江经济带中排名第 48 名，处于优势区。

表 6-15　　　　　　　　　　2014 年乐山市综合发展各一级指标的得分、排名及优劣度分析

排名	指标	得分	优劣度
43	工业企业	62.563	优势
48	生态环境	30.883	优势
49	社会福利	74.783	优势
63	农业生产	34.725	中势
65	区域经济	42.881	中势
66	科教文卫	43.856	中势
91	基础设施	19.733	劣势
92	综合发展	381.523	劣势
92	人口就业	48.458	劣势
96	居民生活	23.640	劣势

根据表 6 - 16 对 2014 年南充市综合发展及各一级指标得分情况、排名情况、优劣度情况进行分析。其中，南充市综合发展水平得分为 388.188 分，在长江经济带中排名第 58 名，处于中势区。在一级指标中，南充市人口就业发展水平得分为 48.577 分，在长江经济带中排名第 91 名，处于劣势区。南充市区域经济发展水平得分 40.935 分，在长江经济带中排名第 97 名，处于劣势区。南充市农业生产发展水平得分为 48.041 分，在长江经济带中排名第 10 名，处于强势区。南充市工业企业发展水平得分为 62.244 分，在长江经济带中排名第 46 名，处于优势区。南充市基础设施发展水平得分为 18.998 分，在长江经济带中排名第 102 名，处于劣势区。南充市社会福利发展水平得分为 74.775 分，在长江经济带中排名第 50 名，处于优势区。南充市居民生活发展水平得分为 21.298 分，在长江经济带中排名第 108 名，处于劣势区。南充市科教文卫发展水平得分为 43.168 分，在长江经济带中排名第 74 名，处于中势区。南充市生态环境发展水平得分为 30.152 分，在长江经济带中排名第 77 名，处于中势区。

表 6 - 16　　　　　　　　　**2014 年南充市综合发展各一级指标的得分、排名及优劣度分析**

排名	指标	得分	优劣度
10	农业生产	48.041	强势
46	工业企业	62.244	优势
50	社会福利	74.775	优势
58	综合发展	388.188	中势
74	科教文卫	43.168	中势
77	生态环境	30.152	中势
91	人口就业	48.577	劣势
97	区域经济	40.935	劣势
102	基础设施	18.998	劣势
108	居民生活	21.298	劣势

根据表 6 - 17 对 2014 年眉山市综合发展及各一级指标得分情况、排名情况、优劣度情况进行分析。其中，眉山市综合发展水平得分为 391.594 分，在长江经济带中排名第 45 名，处于优势区。在一级指标中，眉山市人口就业发展水平得分为 49.131 分，在长江经济带中排名第 86 名，处于劣势区。眉山市区域经济发展水平得分为 44.667 分，在长江经济带中排名第 37 名，处于优势区。眉山市农业生产发展水平得分为 40.694 分，在长江经济带中排名第 32 名，处于优势区。眉山市工业企业发展水平得分为 63.085 分，在长江经济带中排名第 34 名，处于优势区。眉山市基础设施发展水平得分为 20.454 分，在长江经济带中排名第 67 名，处于中势区。眉山市社会福利发展水平得分为 72.834 分，在长江经济带中排名第 78 名，处于中势区。眉山市居民生活发展水平得分为 23.832 分，在长江经济带中排名第 94 名，处于劣势区。眉山市科教文卫发展水平得分为 46.587 分，在长江经济带中排名第 22 名，处于强势区。眉山市生态环境发展水平得分为 30.310 分，在长江经济带中排名第 72 名，处于中势区。

表 6 - 17　　　　　　　　　**2014 年眉山市综合发展各一级指标的得分、排名及优劣度分析**

排名	指标	得分	优劣度
22	科教文卫	46.587	强势
32	农业生产	40.694	优势
34	工业企业	63.085	优势
37	区域经济	44.667	优势
45	综合发展	391.594	优势
67	基础设施	20.454	中势
72	生态环境	30.310	中势
78	社会福利	72.834	中势
86	人口就业	49.131	劣势
94	居民生活	23.832	劣势

根据表 6 – 18 对 2014 年宜宾市综合发展及各一级指标得分情况、排名情况、优劣度情况进行分析。其中，宜宾市综合发展水平得分为 379.116 分，在长江经济带中排名第 95 名，处于劣势区。在一级指标中，宜宾市人口就业发展水平得分为 49.190 分，在长江经济带中排名第 84 名，处于劣势区。宜宾市区域经济发展水平得分为 43.898 分，在长江经济带中排名第 53 名，处于优势区。宜宾市农业生产发展水平得分为 38.799 分，在长江经济带中排名第 44 名，处于优势区。宜宾市工业企业发展水平得分为 59.348 分，在长江经济带中排名第 95 名，处于劣势区。宜宾市基础设施发展水平得分为 17.556 分，在长江经济带中排名第 108 名，处于劣势区。宜宾市社会福利发展水平得分为 74.518 分，在长江经济带中排名第 56 名，处于中势区。宜宾市居民生活发展水平得分为 23.583 分，在长江经济带中排名第 98 名，处于劣势区。宜宾市科教文卫发展水平得分为 41.904 分，在长江经济带中排名第 90 名，处于劣势区。宜宾市生态环境发展水平得分为 30.320 分，在长江经济带中排名第 71 名，处于中势区。

表 6 – 18　　　　　　　2014 年宜宾市综合发展各一级指标的得分、排名及优劣度分析

排名	指标	得分	优劣度
44	农业生产	38.799	优势
53	区域经济	43.898	优势
56	社会福利	74.518	中势
71	生态环境	30.320	中势
84	人口就业	49.190	劣势
90	科教文卫	41.904	劣势
95	综合发展	379.116	劣势
95	工业企业	59.348	劣势
98	居民生活	23.583	劣势
108	基础设施	17.556	劣势

根据表 6 – 19 对 2014 年广安市综合发展及各一级指标得分情况、排名情况、优劣度情况进行分析。其中，广安市综合发展水平得分为 385.049 分，在长江经济带中排名第 79 名，处于中势区。在一级指标中，广安市人口就业发展水平得分为 49.655 分，在长江经济带中排名第 77 名，处于中势区。广安市区域经济发展水平得分为 41.103 分，在长江经济带中排名第 95 名，处于劣势区。广安市农业生产发展水平得分为 42.056 分，在长江经济带中排名第 28 名，处于优势区。广安市工业企业发展水平得分为 60.672 分，在长江经济带中排名第 78 名，处于中势区。广安市基础设施发展水平得分为 20.523 分，在长江经济带中排名第 63 名，处于中势区。广安市社会福利发展水平得分为 74.310 分，在长江经济带中排名第 60 名，处于中势区。广安市居民生活发展水平得分为 24.824 分，在长江经济带中排名第 75 名，处于中势区。广安市科教文卫发展水平得分为 42.616 分，在长江经济带中排名第 84 名，处于劣势区。广安市生态环境发展水平得分为 29.290 分，在长江经济带中排名第 100 名，处于劣势区。

表 6 – 19　　　　　　　2014 年广安市综合发展各一级指标的得分、排名及优劣度分析

排名	指标	得分	优劣度
28	农业生产	42.056	优势
60	社会福利	74.310	中势
63	基础设施	20.523	中势
75	居民生活	24.824	中势
77	人口就业	49.655	中势
78	工业企业	60.672	中势
79	综合发展	385.049	中势
84	科教文卫	42.616	劣势
95	区域经济	41.103	劣势
100	生态环境	29.290	劣势

根据表 6-20 对 2014 年达州市综合发展及各一级指标得分情况、排名情况、优劣度情况进行分析。其中，达州市综合发展水平得分为 397.595 分，在长江经济带中排名第 22 名，处于强势区。在一级指标中，达州市人口就业发展水平得分为 50.598 分，在长江经济带中排名第 49 名，处于优势区。达州市区域经济发展水平得分为 42.077 分，在长江经济带中排名第 84 名，处于劣势区。达州市农业生产发展水平得分为 46.457 分，在长江经济带中排名第 13 名，处于强势区。达州市工业企业发展水平得分为 61.376 分，在长江经济带中排名第 65 名，处于中势区。达州市基础设施发展水平得分为 23.861 分，在长江经济带中排名第 10 名，处于强势区。达州市社会福利发展水平得分为 75.768 分，在长江经济带中排名第 33 名，处于优势区。达州市居民生活发展水平得分为 25.284 分，在长江经济带中排名第 61 名，处于中势区。达州市科教文卫发展水平得分为 42.882 分，在长江经济带中排名第 77 名，处于中势区。达州市生态环境发展水平得分为 29.293 分，在长江经济带中排名第 99 名，处于劣势区。

表 6-20　　　　　　　2014 年达州市综合发展各一级指标的得分、排名及优劣度分析

排名	指标	得分	优劣度
10	基础设施	23.861	强势
13	农业生产	46.457	强势
22	综合发展	397.595	强势
33	社会福利	75.768	优势
49	人口就业	50.598	优势
61	居民生活	25.284	中势
65	工业企业	61.376	中势
77	科教文卫	42.882	中势
84	区域经济	42.077	劣势
99	生态环境	29.293	劣势

根据表 6-21 对 2014 年雅安市综合发展及各一级指标得分情况、排名情况、优劣度情况进行分析。其中，雅安市综合发展水平得分为 378.631 分，在长江经济带中排名第 97 名，处于劣势区。在一级指标中，雅安市人口就业发展水平得分为 46.493 分，在长江经济带中排名第 107 名，处于劣势区。雅安市区域经济发展水平得分为 42.537 分，在长江经济带中排名第 71 名，处于中势区。雅安市农业生产发展水平得分为 38.521 分，在长江经济带中排名第 47 名，处于优势区。雅安市工业企业发展水平得分为 61.437 分，在长江经济带中排名第 64 名，处于中势区。雅安市基础设施发展水平得分为 21.036 分，在长江经济带中排名第 53 名，处于优势区。雅安市社会福利发展水平得分为 70.658 分，在长江经济带中排名第 98 名，处于劣势区。雅安市居民生活发展水平得分为 24.960 分，在长江经济带中排名第 70 名，处于中势区。雅安市科教文卫发展水平得分为 41.635 分，在长江经济带中排名第 93 名，处于劣势区。雅安市生态环境发展水平得分为 31.355 分，在长江经济带中排名第 44 名，处于优势区。

表 6-21　　　　　　　2014 年雅安市综合发展各一级指标的得分、排名及优劣度分析

排名	指标	得分	优劣度
44	生态环境	31.355	优势
47	农业生产	38.521	优势
53	基础设施	21.036	优势
64	工业企业	61.437	中势
70	居民生活	24.960	中势
71	区域经济	42.537	中势
93	科教文卫	41.635	劣势
97	综合发展	378.631	劣势
98	社会福利	70.658	劣势
107	人口就业	46.493	劣势

根据表 6-22 对 2014 年巴中市综合发展及各一级指标得分情况、排名情况、优劣度情况进行分析。其中，巴中市综合发展水平得分为 387.861 分，在长江经济带中排名第 61 名，处中势区。在一级指标中，巴中市人口就业发展水平得分为 50.326 分，在长江经济带中排名第 61 名，处于中势区。巴中市区域经济发展水平得分为 40.908 分，在长江经济带中排名第 98 名，处于劣势区。巴中市农业生产发展水平得分为 43.133 分，在长江经济带中排名第 23 名，处于强势区。巴中市工业企业发展水平得分为 62.817 分，在长江经济带中排名第 39 名，处于优势区。巴中市基础设施发展水平得分为 21.718 分，在长江经济带中排名第 37 名，处于优势区。巴中市社会福利发展水平得分为 71.451 分，在长江经济带中排名第 92 名，处于劣势区。巴中市居民生活发展水平得分为 24.824 分，在长江经济带中排名第 74 名，处于中势区。巴中市科教文卫发展水平得分为 42.713 分，在长江经济带中排名第 82 名，处于劣势区。巴中市生态环境发展水平得分为 29.971 分，在长江经济带中排名第 84 名，处于劣势区。

表 6-22　　　　　　　　2014 年巴中市综合发展各一级指标的得分、排名及优劣度分析

排名	指标	得分	优劣度
23	农业生产	43.133	强势
37	基础设施	21.718	优势
39	工业企业	62.817	优势
61	综合发展	387.861	中势
61	人口就业	50.326	中势
74	居民生活	24.824	中势
82	科教文卫	42.713	劣势
84	生态环境	29.971	劣势
92	社会福利	71.451	劣势
98	区域经济	40.908	劣势

根据表 6-23 对 2014 年资阳市综合发展及各一级指标得分情况、排名情况、优劣度情况进行分析。其中，资阳市综合发展水平得分为 392.634 分，在长江经济带中排名第 40 名，处于优势区。在一级指标中，资阳市人口就业发展水平得分为 49.991 分，在长江经济带中排名第 73 名，处于中势区。资阳市区域经济发展水平得分为 44.420 分，在长江经济带中排名第 42 名，处于优势区。资阳市农业生产发展水平得分为 46.394 分，在长江经济带中排名第 14 名，处于强势区。资阳市工业企业发展水平得分为 61.862 分，在长江经济带中排名第 55 名，处于中势区。资阳市基础设施发展水平得分为 20.587 分，在长江经济带中排名第 61 名，处于中势区。资阳市社会福利发展水平得分为 75.292 分，在长江经济带中排名第 42 名，处于优势区。资阳市居民生活发展水平得分为 23.378 分，在长江经济带中排名第 102 名，处于劣势区。资阳市科教文卫发展水平得分为 41.682 分，在长江经济带中排名第 92 名，处于劣势区。资阳市生态环境发展水平得分为 29.028 分，在长江经济带中排名第 104 名，处于劣势区。

表 6-23　　　　　　　　2014 年资阳市综合发展各一级指标的得分、排名及优劣度分析

排名	指标	得分	优劣度
14	农业生产	46.394	强势
40	综合发展	392.634	优势
42	区域经济	44.420	优势
42	社会福利	75.292	优势
55	工业企业	61.862	中势
61	基础设施	20.587	中势
73	人口就业	49.991	中势
92	科教文卫	41.682	劣势
102	居民生活	23.378	劣势
104	生态环境	29.028	劣势

根据表6-24对2014年贵阳市综合发展及各一级指标得分情况、排名情况、优劣度情况进行分析。其中，贵阳市综合发展水平得分为391.764分，在长江经济带中排名第43名，处于优势区。在一级指标中，贵阳市人口就业发展水平得分为50.165分，在长江经济带中排名第65名，处于中势区。贵阳市区域经济发展水平得分为44.088分，在长江经济带中排名第52名，处于优势区。贵阳市农业生产发展水平得分为25.931分，在长江经济带中排名第97名，处于劣势区。贵阳市工业企业发展水平得分为66.123分，在长江经济带中排名第5名，处于强势区。贵阳市基础设施发展水平得分为21.984分，在长江经济带中排名第29名，处于优势区。贵阳市社会福利发展水平得分为75.914分，在长江经济带中排名第30名，处于优势区。贵阳市居民生活发展水平得分为29.409分，在长江经济带中排名第16名，处于强势区。贵阳市科教文卫发展水平得分为46.083分，在长江经济带中排名第29名，处于优势区。贵阳市生态环境发展水平得分为32.067分，在长江经济带中排名第30名，处于优势区。

表6-24 　　　　　　2014年贵阳市综合发展各一级指标的得分、排名及优劣度分析

排名	指标	得分	优劣度
5	工业企业	66.123	强势
16	居民生活	29.409	强势
29	基础设施	21.984	优势
29	科教文卫	46.083	优势
30	社会福利	75.914	优势
30	生态环境	32.067	优势
43	综合发展	391.764	优势
52	区域经济	44.088	优势
65	人口就业	50.165	中势
97	农业生产	25.931	劣势

根据表6-25对2014年六盘水市综合发展及各一级指标得分情况、排名情况、优劣度情况进行分析。其中，六盘水市综合发展水平得分为384.607分，在长江经济带中排名第83名，处于劣势区。在一级指标中，六盘水市人口就业发展水平得分为50.900分，在长江经济带中排名第41名，处于优势区。六盘水市区域经济发展水平得分为47.394分，在长江经济带中排名第7名，处于强势区。六盘水市农业生产发展水平得分为30.262分，在长江经济带中排名第78名，处于中势区。六盘水市工业企业发展水平得分为61.538分，在长江经济带中排名第62名，处于中势区。六盘水市基础设施发展水平得分为21.289分，在长江经济带中排名第47名，处于优势区。六盘水市社会福利发展水平得分为72.914分，在长江经济带中排名第76名，处于中势区。六盘水市居民生活发展水平得分为25.993分，在长江经济带中排名第47名，处于优势区。六盘水市科教文卫发展水平得分为42.826分，在长江经济带中排名第78名，处于中势区。六盘水市生态环境发展水平得分为31.491分，在长江经济带中排名第39名，处于优势区。

表6-25 　　　　　　2014年六盘水市综合发展各一级指标的得分、排名及优劣度分析

排名	指标	得分	优劣度
7	区域经济	47.394	强势
39	生态环境	31.491	优势
41	人口就业	50.900	优势
47	基础设施	21.289	优势
47	居民生活	25.993	优势
62	工业企业	61.538	中势
76	社会福利	72.914	中势
78	农业生产	30.262	中势
78	科教文卫	42.826	中势
83	综合发展	384.607	劣势

根据表6-26对2014年遵义市综合发展及各一级指标得分情况、排名情况、优劣度情况进行分析。其中，遵义市综合发展水平得分为416.016分，在长江经济带中排名第4名，处于强势区。在一级指标中，遵义市人口就业发展水平得分为52.872分，在长江经济带中排名第10名，处于强势区。遵义市区域经济发展水平得分为44.453分，在长江经济带中排名第41名，处于优势区。遵义市农业生产发展水平得分为39.813分，在长江经济带中排名第37名，处于优势区。遵义市工业企业发展水平得分为61.598分，在长江经济带中排名第60名，处于中势区。遵义市基础设施发展水平得分为19.706分，在长江经济带中排名第93名，处于劣势区。遵义市社会福利发展水平得分为76.039分，在长江经济带中排名第26名，处于强势区。遵义市居民生活发展水平得分为27.738分，在长江经济带中排名第27名，处于强势区。遵义市科教文卫发展水平得分为63.651分，在长江经济带中排名第2名，处于强势区。遵义市生态环境发展水平得分为30.145分，在长江经济带中排名第78名，处于中势区。

表6-26 　　　　　　　　2014年遵义市综合发展各一级指标的得分、排名及优劣度分析

排名	指标	得分	优劣度
2	科教文卫	63.651	强势
4	综合发展	416.016	强势
10	人口就业	52.872	强势
26	社会福利	76.039	强势
27	居民生活	27.738	强势
37	农业生产	39.813	优势
41	区域经济	44.453	优势
60	工业企业	61.598	中势
78	生态环境	30.145	中势
93	基础设施	19.706	劣势

根据表6-27对2014年安顺市综合发展及各一级指标得分情况、排名情况、优劣度情况进行分析。其中，安顺市综合发展水平得分为387.563分，在长江经济带中排名第64名，处于中势区。在一级指标中，安顺市人口就业发展水平得分为50.577分，在长江经济带中排名第51名，处于优势区。安顺市区域经济发展水平得分为42.335分，在长江经济带中排名第76名，处于中势区。安顺市农业生产发展水平得分为40.359分，在长江经济带中排名第36名，处于优势区。安顺市工业企业发展水平得分为58.246分，在长江经济带中排名第100名，处于劣势区。安顺市基础设施发展水平得分为20.978分，在长江经济带中排名第54名，处于优势区。安顺市社会福利发展水平得分为73.861分，在长江经济带中排名第63名，处于中势区。安顺市居民生活发展水平得分为28.081分，在长江经济带中排名第25名，处于强势区。安顺市科教文卫发展水平得分为41.178分，在长江经济带中排名第96名，处于劣势区。安顺市生态环境发展水平得分为31.948分，在长江经济带中排名第34名，处于优势区。

表6-27 　　　　　　　　2014年安顺市综合发展各一级指标的得分、排名及优劣度分析

排名	指标	得分	优劣度
25	居民生活	28.081	强势
34	生态环境	31.948	优势
36	农业生产	40.359	优势
51	人口就业	50.577	优势
54	基础设施	20.978	优势
63	社会福利	73.861	中势
64	综合发展	387.563	中势
76	区域经济	42.335	中势
96	科教文卫	41.178	劣势
100	工业企业	58.246	劣势

根据表 6-28 对 2014 年昆明市综合发展及各一级指标得分情况、排名情况、优劣度情况进行分析。其中，昆明市综合发展水平得分为 385.862 分，在长江经济带中排名第 73 名，处于中势区。在一级指标中，昆明市人口就业发展水平得分为 51.123 分，在长江经济带中排名第 35 名，处于优势区。昆明市区域经济发展水平得分为 44.148 分，在长江经济带中排名第 50 名，处于优势区。昆明市农业生产发展水平得分为 25.901 分，在长江经济带中排名第 98 名，处于劣势区。昆明市工业企业发展水平得分为 66.178 分，在长江经济带中排名第 3 名，处于强势区。昆明市基础设施发展水平得分为 24.533 分，在长江经济带中排名第 6 名，处于强势区。昆明市社会福利发展水平得分为 70.887 分，在长江经济带中排名第 96 名，处于劣势区。昆明市居民生活发展水平得分为 23.718 分，在长江经济带中排名第 95 名，处于劣势区。昆明市科教文卫发展水平得分为 47.398 分，在长江经济带中排名第 16 名，处于强势区。昆明市生态环境发展水平得分为 31.975 分，在长江经济带中排名第 32 名，处于优势区。

表 6-28　　　　　　　　　2014 年昆明市综合发展各一级指标的得分、排名及优劣度分析

排名	指标	得分	优劣度
3	工业企业	66.178	强势
6	基础设施	24.533	强势
16	科教文卫	47.398	强势
32	生态环境	31.975	优势
35	人口就业	51.123	优势
50	区域经济	44.148	优势
73	综合发展	385.862	中势
95	居民生活	23.718	劣势
96	社会福利	70.887	劣势
98	农业生产	25.901	劣势

根据表 6-29 对 2014 年曲靖市综合发展及各一级指标得分情况、排名情况、优劣度情况进行分析。其中，曲靖市综合发展水平得分为 383.302 分，在长江经济带中排名第 88 名，处于劣势区。在一级指标中，曲靖市人口就业发展水平得分为 51.091 分，在长江经济带中排名第 36 名，处于优势区。曲靖市区域经济发展水平得分为 39.995 分，在长江经济带中排名第 106 名，处于劣势区。曲靖市农业生产发展水平得分为 42.337 分，在长江经济带中排名第 27 名，处于强势区。曲靖市工业企业发展水平得分为 61.348 分，在长江经济带中排名第 67 名，处于中势区。曲靖市基础设施发展水平得分为 20.242 分，在长江经济带中排名第 75 名，处于中势区。曲靖市社会福利发展水平得分为 73.705 分，在长江经济带中排名第 65 名，处于中势区。曲靖市居民生活发展水平得分为 22.694 分，在长江经济带中排名第 104 名，处于劣势区。曲靖市科教文卫发展水平得分为 41.150 分，在长江经济带中排名第 97 名，处于劣势区。曲靖市生态环境发展水平得分为 30.739 分，在长江经济带中排名第 52 名，处于优势区。

表 6-29　　　　　　　　　2014 年曲靖市综合发展各一级指标的得分、排名及优劣度分析

排名	指标	得分	优劣度
27	农业生产	42.337	强势
36	人口就业	51.091	优势
52	生态环境	30.739	优势
65	社会福利	73.705	中势
67	工业企业	61.348	中势
75	基础设施	20.242	中势
88	综合发展	383.302	劣势
97	科教文卫	41.150	劣势
104	居民生活	22.694	劣势
106	区域经济	39.995	劣势

根据表6－30对2014年玉溪市综合发展及各一级指标得分情况、排名情况、优劣度情况进行分析。其中，玉溪市综合发展水平得分为389.278分，在长江经济带中排名51名，处于优势区。在一级指标中，玉溪市人口就业发展水平得分为49.300分，在长江经济带中排名第83名，处于劣势区。玉溪市区域经济发展水平得分为40.161分，在长江经济带中排名第104名，处于劣势区。玉溪市农业生产发展水平得分为31.437分，在长江经济带中排名第70名，处于中势区。玉溪市工业企业发展水平得分为62.787分，在长江经济带中排名第40名，处于优势区。玉溪市基础设施发展水平得分为22.192分，在长江经济带中排名第26名，处于强势区。玉溪市社会福利发展水平得分为78.571分，在长江经济带中排名第7名，处于强势区。玉溪市居民生活发展水平得分为25.860分，在长江经济带中排名第50名，处于优势区。玉溪市科教文卫发展水平得分为44.847分，在长江经济带中排名第47名，处于优势区。玉溪市生态环境发展水平得分为34.123分，在长江经济带中排名第14名，处于强势区。

表6－30　　　　　　　　2014年玉溪市综合发展各一级指标的得分、排名及优劣度分析

排名	指标	得分	优劣度
7	社会福利	78.571	强势
14	生态环境	34.123	强势
26	基础设施	22.192	强势
40	工业企业	62.787	优势
47	科教文卫	44.847	优势
50	居民生活	25.860	优势
51	综合发展	389.278	优势
70	农业生产	31.437	中势
83	人口就业	49.300	劣势
104	区域经济	40.161	劣势

根据表6－31对2014年保山市综合发展及各一级指标得分情况、排名情况、优劣度情况进行分析。其中，保山市综合发展水平得分为409.017分，在长江经济带中排名第9名，处于强势区。在一级指标中，保山市人口就业发展水平得分为49.563分，在长江经济带中排名第78名，处于中势区。保山市区域经济发展水平得分为44.285分，在长江经济带中排名第46名，处于优势区。保山市农业生产发展水平得分为50.891分，在长江经济带中排名第4名，处于强势区。保山市工业企业发展水平得分为64.276分，在长江经济带中排名第18名，处于强势区。保山市基础设施发展水平得分为23.024分，在长江经济带中排名第20名，处于强势区。保山市社会福利发展水平得分为69.910分，在长江经济带中排名第102名，处于劣势区。保山市居民生活发展水平得分为22.357分，在长江经济带中排名第105名，处于劣势区。保山市科教文卫发展水平得分为44.768分，在长江经济带中排名第49名，处于优势区。保山市生态环境发展水平得分为39.943分，在长江经济带中排名第2名，处于强势区。

表6－31　　　　　　　　2014年保山市综合发展各一级指标的得分、排名及优劣度分析

排名	指标	得分	优劣度
2	生态环境	39.943	强势
4	农业生产	50.891	强势
9	综合发展	409.017	强势
18	工业企业	64.276	强势
20	基础设施	23.024	强势
46	区域经济	44.285	优势
49	科教文卫	44.768	优势
78	人口就业	49.563	中势
102	社会福利	69.910	劣势
105	居民生活	22.357	劣势

　　根据表6－32对2014年昭通市综合发展及各一级指标得分情况、排名情况、优劣度情况进行分析。其中，昭通市综合发展水平得分为385.065分，在长江经济带中排名第78名，处于中势区。在一级指标中，昭通市人口就业发展水平得分为50.127分，在长江经济带中排名第68名，处于中势区。昭通市区域经济发展水平得分为39.941分，在长江经济带中排名第107名，处于劣势区。昭通市农业生产发展水平得分为45.018分，在长江经济带中排名第16名，处于强势区。昭通市工业企业发展水平得分为61.595分，在长江经济带中排名第61名，处于中势区。昭通市基础设施发展水平得分为20.009分，在长江经济带中排名第83名，处于劣势区。昭通市社会福利发展水平得分为72.591分，在长江经济带中排名第81名，处于中势区。昭通市居民生活发展水平得分为23.594分，在长江经济带中排名第97名，处于劣势区。昭通市科教文卫发展水平得分为41.701分，在长江经济带中排名第91名，处于劣势区。昭通市生态环境发展水平得分为30.489分，在长江经济带中排名第58名，处于中势区。

表6－32　　　　　　　　　2014年昭通市综合发展各一级指标的得分、排名及优劣度分析

排名	指标	得分	优劣度
16	农业生产	45.018	强势
58	生态环境	30.489	中势
61	工业企业	61.595	中势
68	人口就业	50.127	中势
78	综合发展	385.065	中势
81	社会福利	72.591	中势
83	基础设施	20.009	劣势
91	科教文卫	41.701	劣势
97	居民生活	23.594	劣势
107	区域经济	39.941	劣势

　　根据表6－33对2014年丽江市综合发展及各一级指标得分情况、排名情况、优劣度情况进行分析。其中，丽江市综合发展水平得分为377.265分，在长江经济带中排名第102名，处于劣势区。在一级指标中，丽江市人口就业发展水平得分为44.575分，在长江经济带中排名第108名，处于劣势区。丽江市区域经济发展水平得分为38.297分，在长江经济带中排名第108名，处于劣势区。丽江市农业生产发展水平得分为38.343分，在长江经济带中排名第48名，处于优势区。丽江市工业企业发展水平得分为65.717分，在长江经济带中排名第7名，处于强势区。丽江市基础设施发展水平得分为21.199分，在长江经济带中排名第49名，处于优势区。丽江市社会福利发展水平得分为66.671分，在长江经济带中排名第107名，处于劣势区。丽江市居民生活发展水平得分为23.002分，在长江经济带中排名第103名，处于劣势区。丽江市科教文卫发展水平得分为42.644分，在长江经济带中排名第83名，处于劣势区。丽江市生态环境发展水平得分为36.817分，在长江经济带中排名第6名，处于强势区。

表6－33　　　　　　　　　2014年丽江市综合发展各一级指标的得分、排名及优劣度分析

排名	指标	得分	优劣度
6	生态环境	36.817	强势
7	工业企业	65.717	强势
48	农业生产	38.343	优势
49	基础设施	21.199	优势
83	科教文卫	42.644	劣势
102	综合发展	377.265	劣势
103	居民生活	23.002	劣势
107	社会福利	66.671	劣势
108	人口就业	44.575	劣势
108	区域经济	38.297	劣势

根据表 6－34 对 2014 年普洱市综合发展及各一级指标得分情况、排名情况、优劣度情况进行分析。其中，普洱市综合发展水平得分为 409.703 分，在长江经济带中排名第 8 名，处于强势区。在一级指标中，普洱市人口就业发展水平得分为 50.315 分，在长江经济带中排名第 62 名，处于中势区。普洱市区域经济发展水平得分为 44.402 分，在长江经济带中排名第 43 名，处于优势区。普洱市农业生产发展水平得分为 50.026 分，在长江经济带中排名第 7 名，处于强势区。普洱市工业企业发展水平得分为 64.921 分，在长江经济带中排名第 12 名，处于强势区。普洱市基础设施发展水平得分为 23.969 分，在长江经济带中排名第 9 名，处于强势区。普洱市社会福利发展水平得分为 73.337 分，在长江经济带中排名第 69 名，处于中势区。普洱市居民生活发展水平得分为 23.506 分，在长江经济带中排名第 99 名，处于劣势区。普洱市科教文卫发展水平得分为 45.891 分，在长江经济带中排名第 30 名，处于优势区。普洱市生态环境发展水平得分为 33.336 分，在长江经济带中排名第 17 名，处于强势区。

表 6－34　　　　　　　2014 年普洱市综合发展各一级指标的得分、排名及优劣度分析

排名	指标	得分	优劣度
7	农业生产	50.026	强势
8	综合发展	409.703	强势
9	基础设施	23.969	强势
12	工业企业	64.921	强势
17	生态环境	33.336	强势
30	科教文卫	45.891	优势
43	区域经济	44.402	优势
62	人口就业	50.315	中势
69	社会福利	73.337	中势
99	居民生活	23.506	劣势

根据表 6－35 对 2014 年临沧市综合发展及各一级指标得分情况、排名情况、优劣度情况进行分析。其中，临沧市综合发展水平得分为 417.076 分，在长江经济带中排名第 3 名，处于强势区。在一级指标中，临沧市人口就业发展水平得分为 51.144 分，在长江经济带中排名第 34 名，处于优势区。临沧市区域经济发展水平得分为 42.507 分，在长江经济带中排名第 73 名，处于中势区。临沧市农业生产发展水平得分为 53.630 分，在长江经济带中排名第 1 名，处于强势区。临沧市工业企业发展水平得分为 64.532 分，在长江经济带中排名第 14 名，处于强势区。临沧市基础设施发展水平得分为 23.670 分，在长江经济带中排名第 13 名，处于强势区。临沧市社会福利发展水平得分为 74.572 分，在长江经济带中排名第 55 名，处于中势区。临沧市居民生活发展水平得分为 25.538 分，在长江经济带中排名第 54 名，处于优势区。临沧市科教文卫发展水平得分为 46.317 分，在长江经济带中排名第 25 名，处于强势区。临沧市生态环境发展水平得分为 35.166 分，在长江经济带中排名第 11 名，处于强势区。

表 6－35　　　　　　　2014 年临沧市综合发展各一级指标的得分、排名及优劣度分析

排名	指标	得分	优劣度
1	农业生产	53.630	强势
3	综合发展	417.076	强势
11	生态环境	35.166	强势
13	基础设施	23.670	强势
14	工业企业	64.532	强势
25	科教文卫	46.317	强势
34	人口就业	51.144	优势
54	居民生活	25.538	优势
55	社会福利	74.572	中势
73	区域经济	42.507	中势

二、2015 年长江经济带西部地区城市综合发展水平评估分析

（一）2015 年长江经济带西部地区城市综合发展水平评估指标比较

根据表 6-36 对长江经济带西部地区的城市综合发展水平得分情况展开分析。2015 年西部地区各城市综合发展水平得分区间为 372~433 分。其中得分最高的为重庆市（432.943），最低分为攀枝花市（364.970），在西部地区中有 7 个城市（重庆市、临沧市、普洱市、成都市、保山市、六盘水市、遵义市）的综合发展水平得分超过 400 分，其余城市的得分均低于 400 分。

表 6-36　　　　　　　　　　　**2015 年长江经济带西部地区综合发展得分**

排名	地区	得分
1	重庆市	432.943
2	临沧市	424.581
3	普洱市	416.818
4	成都市	409.651
5	保山市	408.252
6	六盘水市	408.161
7	遵义市	400.165
8	昭通市	399.126
9	曲靖市	397.706
10	安顺市	397.053
11	眉山市	396.877
12	南充市	394.552
13	广安市	393.879
14	资阳市	393.730
15	绵阳市	393.629
16	广元市	393.320
17	玉溪市	391.461
18	贵阳市	391.338
19	遂宁市	390.690
20	德阳市	390.429
21	丽江市	390.238
22	巴中市	390.210
23	宜宾市	388.825
24	昆明市	388.799
25	自贡市	386.004
26	内江市	385.193
27	乐山市	383.912
28	泸州市	383.309
29	雅安市	382.742
30	达州市	382.548
31	攀枝花市	364.970

根据表 6-37 对 2015 年长江经济带西部地区综合发展水平平均得分在长江经济带各城市群中排名情况展开分析。2015 年西部地区综合发展水平平均得分处于长江经济带各板块中的第 2 名，发展优势较为一般。

表 6 – 37　　　　　　　　　2015 年长江经济带西部地区综合发展评分一级指标比较

项目	数据
排名	2
西部地区平均得分	395.197
经济带最高分	467.529
经济带平均分	394.097
与最高分差距	– 72.332
与平均分差距	1.101

（二）2015 年长江经济带西部地区城市综合发展水平的量化评估

根据表 6 – 38 对 2015 年长江经济带西部地区综合发展及各一级指标平均得分情况、排名情况进行分析。其中，西部地区综合发展平均得分在长江经济带各板块中排名第 2 名。在一级指标中，人口就业发展水平平均得分为 49.488 分，在长江经济带各板块中排名第 3 名。区域经济发展水平平均得分为 43.817 分，在长江经济带各板块中排名第 3 名。农业生产发展水平平均得分为 39.811 分，在长江经济带各板块中排名第 1 名。工业企业发展水平平均得分为 62.402 分，在长江经济带各板块中排名第 1 名。基础设施发展水平平均得分为 21.387 分，在长江经济带各板块中排名第 2 名。社会福利发展水平平均得分为 74.810 分，在长江经济带各板块中排名第 3 名。居民生活发展水平平均得分为 26.966 分，在长江经济带各板块中排名第 2 名。科教文卫发展水平平均得分为 44.346 分，在长江经济带各板块中排名第 2 名。生态环境发展水平平均得分为 32.170 分，在长江经济带各板块中排名第 1 名。

表 6 – 38　　　　　　　2015 年长江经济带西部地区综合发展各一级指标的得分、排名分析

排名	指标	得分
1	农业生产	39.811
1	工业企业	62.402
1	生态环境	32.170
2	综合发展	395.197
2	基础设施	21.387
2	居民生活	26.966
2	科教文卫	44.346
3	人口就业	49.488
3	区域经济	43.817
3	社会福利	74.810

（三）2015 年长江经济带西部地区城市综合发展水平评估得分比较

根据图 6 – 3 对 2015 年长江经济带西部地区综合发展水平与长江经济带平均水平展开比较分析。由图 6 – 3 可知，2015 年长江经济带西部地区在区域经济、工业企业、基础设施、社会福利等方面与长江经济带最高分差距较小，发展优势明显。在人口就业、农业生产、居民生活、科教文卫、生态环境等方面与最高分差距较大。

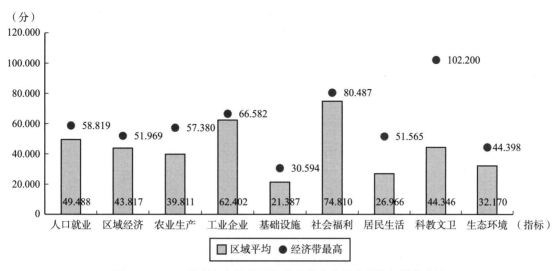

图6-3　2015年长江经济带西部地区综合发展水平指标得分比较

（四）2015年长江经济带西部地区城市综合发展水平评估指标动态变化分析

根据图6-4对2015～2016年长江经济带西部地区各级指标排名变化情况展开分析。由图6-4可知，2015～2016年，长江经济带西部地区各级指标中保持指标的比例较高，总体指标上升下降不明显。

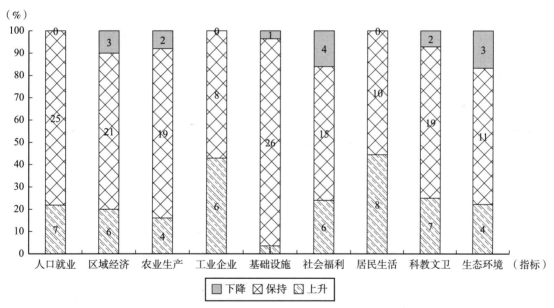

图6-4　2015～2016年长江经济带西部地区综合发展水平动态变化

表6-39进一步对2015～2016年西部地区218个要素指标的变化情况展开统计分析，其中，上升指标有49个，占指标总数的22.477%；保持的指标有154个，占指标总数的70.642%；下降的指标有15个，占指标总数的6.881%。

表6-39　　　　　　　　　　　2015～2016年长江经济带西部地区综合发展水平排名变化态势比较

指标	要素指标数量（个）	上升指标		保持指标		下降指标	
		个数（个）	比重（%）	个数（个）	比重（%）	个数（个）	比重（%）
人口就业	32	7	21.875	25	78.125	0	0.000
区域经济	30	6	20.000	21	70.000	3	10.000

指标	要素指标数量（个）	上升指标		保持指标		下降指标	
		个数（个）	比重（％）	个数（个）	比重（％）	个数（个）	比重（％）
农业生产	25	4	16.000	19	76.000	2	8.000
工业企业	14	6	42.857	8	57.143	0	0.000
基础设施	28	1	3.571	26	92.857	1	3.571
社会福利	25	6	24.000	15	60.000	4	16.000
居民生活	18	8	44.444	10	55.556	0	0.000
科教文卫	28	7	25.000	19	67.857	2	7.143
生态环境	18	4	22.222	11	61.111	3	16.667
合计	218	49	22.477	154	70.642	15	6.881

（五）2015 年长江经济带西部地区各城市综合发展水平各级指标得分、排名及优劣度分析

根据表 6－40 对 2015 年重庆市综合发展及各一级指标得分情况、排名情况、优劣度情况进行分析。其中，重庆市综合发展水平得分为 432.943 分，在长江经济带中排名第 2 名，处于强势区。在一级指标中，重庆市人口就业发展水平得分 56.341 分，在长江经济带中排名第 2 名，处于强势区。重庆市区域经济发展水平得分为 47.294 分，在长江经济带中排名第 13 名，处于强势区。重庆市农业生产发展水平得分为 35.758 分，在长江经济带中排名第 57 名，处于中势区。重庆市工业企业发展水平得分为 58.109 分，在长江经济带中排名第 98 名，处于劣势区。重庆市基础设施发展水平得分为 27.700 分，在长江经济带中排名第 3 名，处于强势区。重庆市社会福利发展水平得分为 75.236 分，在长江经济带中排名第 68 名，处于中势区。重庆市居民生活发展水平得分为 32.582 分，在长江经济带中排名第 8 名，处于强势区。重庆市科教文卫发展水平得分为 55.524 分，在长江经济带中排名第 7 名，处于强势区。重庆市生态环境发展水平得分为 44.398 分，在长江经济带中排名第 1 名，处于强势区。

表 6－40　　　　　　2015 年重庆市综合发展各一级指标的得分、排名及优劣度分析

排名	指标	得分	优劣度
1	生态环境	44.398	强势
2	综合发展	432.943	强势
2	人口就业	56.341	强势
3	基础设施	27.700	强势
7	科教文卫	55.524	强势
8	居民生活	32.582	强势
13	区域经济	47.294	强势
57	农业生产	35.758	中势
68	社会福利	75.236	中势
98	工业企业	58.109	劣势

根据表 6－41 对 2015 年成都市综合发展及各一级指标得分情况、排名情况、优劣度情况进行分析。其中，成都市综合发展水平得分为 409.651 分，在长江经济带中排名第 8 名，处于强势区。在一级指标中，成都市人口就业发展水平得分为 53.527 分，在长江经济带中排名第 7 名，处于强势区。成都市区域经济发展水平得分为 46.660 分，在长江经济带中排名第 17 名，处于强势区。成都市农业生产发展水平得分为 25.883 分，在长江经济带中排名第 100 名，处于劣势区。成都市工业企业发展水平得分为 59.234 分，在长江经济带中排名第 92 名，处于劣势区。成都市基础设施发展水平得分为 22.825 分，在长江经济带中排名第 24 名，处于强势区。成都市社会福利发展水平得分为 73.855 分，在长江经济带中排名第 94 名，处于劣势区。成都市居民生活发展水平得分为 34.169 分，在长江经济带中排名第 5 名，处于强势区。成都市科教文卫发展水平得分为 62.407 分，在长江经济带中排名第 3 名，处于强势区。成都市生态环境发展

水平得分为 31.090 分,在长江经济带中排名第 49 名,处于优势区。

表 6 - 41 　　　　　　　　2015 年成都市综合发展各一级指标的得分、排名及优劣度分析

排名	指标	得分	优劣度
3	科教文卫	62.407	强势
5	居民生活	34.169	强势
7	人口就业	53.527	强势
8	综合发展	409.651	强势
17	区域经济	46.660	强势
24	基础设施	22.825	强势
49	生态环境	31.090	优势
92	工业企业	59.234	劣势
94	社会福利	73.855	劣势
100	农业生产	25.883	劣势

根据表 6 - 42 对 2015 年自贡市综合发展及各一级指标得分情况、排名情况、优劣度情况进行分析。其中,自贡市综合发展水平得分为 386.004 分,在长江经济带中排名第 87 名,处于劣势区。在一级指标中,自贡市人口就业发展水平得分为 47.975 分,在长江经济带中排名第 97 名,处于劣势区。自贡市区域经济发展水平得分为 46.710 分,在长江经济带中排名第 16 名,处于强势区。自贡市农业生产发展水平得分为 35.130 分,在长江经济带中排名第 60 名,处于中势区。自贡市工业企业发展水平得分为 64.610 分,在长江经济带中排名第 11 名,处于强势区。自贡市基础设施发展水平得分为 17.636 分,在长江经济带中排名第 105 名,处于劣势区。自贡市社会福利发展水平得分为 76.133 分,在长江经济带中排名第 49 名,处于优势区。自贡市居民生活发展水平得分为 25.741 分,在长江经济带中排名第 76 名,处于中势区。自贡市科教文卫发展水平得分为 42.745 分,在长江经济带中排名第 84 名,处于劣势区。自贡市生态环境发展水平得分为 29.324 分,在长江经济带中排名第 92 名,处于劣势区。

表 6 - 42 　　　　　　　　2015 年自贡市综合发展各一级指标的得分、排名及优劣度分析

排名	指标	得分	优劣度
11	工业企业	64.610	强势
16	区域经济	46.710	强势
49	社会福利	76.133	优势
60	农业生产	35.130	中势
76	居民生活	25.741	中势
84	科教文卫	42.745	劣势
87	综合发展	386.004	劣势
92	生态环境	29.324	劣势
97	人口就业	47.975	劣势
105	基础设施	17.636	劣势

根据表 6 - 43 对 2015 年攀枝花市综合发展及各一级指标得分情况、排名情况、优劣度情况进行分析。其中,攀枝花市综合发展水平得分为 364.970 分,在长江经济带中排名第 108 名,处于劣势区。在一级指标中,攀枝花市人口就业发展水平得分为 48.917 分,在长江经济带中排名第 82 名,处于劣势区。攀枝花市区域经济发展水平得分为 41.658 分,在长江经济带中排名第 94 名,处于劣势区。攀枝花市农业生产发展水平得分为 24.746 分,在长江经济带中排名第 103 名,处于劣势区。攀枝花市工业企业发展水平得分为 56.147 分,在长江经济带中排名第 105 名,处于劣势区。攀枝花市基础设施发展水平得分为 19.246 分,在长江经济带中排名第 94 名,处于劣势区。攀枝花市社会福利发展水平得分为 77.793 分,在长江经济带中排名第 19 名,处于强势区。攀枝花市居民生活发展水平得分为 25.318 分,在长江经济带中排名第 83

名，处于劣势区。攀枝花市科教文卫发展水平得分为 40.417 分，在长江经济带中排名第 102 名，处于劣势区。攀枝花市生态环境发展水平得分为 30.727 分，在长江经济带中排名第 57 名，处于中势区。

表 6 - 43   2015 年攀枝花市综合发展各一级指标的得分、排名及优劣度分析

排名	指标	得分	优劣度
19	社会福利	77.793	强势
57	生态环境	30.727	中势
82	人口就业	48.917	劣势
83	居民生活	25.318	劣势
94	区域经济	41.658	劣势
94	基础设施	19.246	劣势
102	科教文卫	40.417	劣势
103	农业生产	24.746	劣势
105	工业企业	56.147	劣势
108	综合发展	364.970	劣势

根据表 6 - 44 对 2015 年泸州市综合发展及各一级指标得分情况、排名情况、优劣度情况进行分析。其中，泸州市综合发展水平得分为 383.309 分，在长江经济带中排名第 97 名，处于劣势区。在一级指标中，泸州市人口就业发展水平得分为 48.403 分，在长江经济带中排名第 93 名，处于劣势区。泸州市区域经济发展水平得分为 43.011 分，在长江经济带中排名第 68 名，处于中势区。泸州市农业生产发展水平得分为 36.275 分，在长江经济带中排名第 54 名，处于优势区。泸州市工业企业发展水平得分为 64.253 分，在长江经济带中排名第 15 名，处于强势区。泸州市基础设施发展水平得分为 18.702 分，在长江经济带中排名第 101 名，处于劣势区。泸州市社会福利发展水平得分为 75.620 分，在长江经济带中排名第 54 名，处于优势区。泸州市居民生活发展水平得分为 25.277 分，在长江经济带中排名第 84 名，处于劣势区。泸州市科教文卫发展水平得分为 41.430 分，在长江经济带中排名第 93 名，处于劣势区。泸州市生态环境发展水平得分为 30.339 分，在长江经济带中排名第 65 名，处于中势区。

表 6 - 44   2015 年泸州市综合发展各一级指标的得分、排名及优劣度分析

排名	指标	得分	优劣度
15	工业企业	64.253	强势
54	农业生产	36.275	优势
54	社会福利	75.620	优势
65	生态环境	30.339	中势
68	区域经济	43.011	中势
84	居民生活	25.277	劣势
93	人口就业	48.403	劣势
93	科教文卫	41.430	劣势
97	综合发展	383.309	劣势
101	基础设施	18.702	劣势

根据表 6 - 45 对 2015 年德阳市综合发展及各一级指标得分情况、排名情况、优劣度情况进行分析。其中，德阳市综合发展水平得分为 390.429 分，在长江经济带中排名第 67 名，处于中势区。在一级指标中，德阳市人口就业发展水平得分为 49.368 分，在长江经济带中排名第 72 名，处于中势区。德阳市区域经济发展水平得分为 44.689 分，在长江经济带中排名第 45 名，处于优势区。德阳市农业生产发展水平得分为 37.969 分，在长江经济带中排名第 48 名，处于优势区。德阳市工业企业发展水平得分为 62.444 分，在长江经济带中排名第 45 名，处于优势区。德阳市基础设施发展水平得分为 19.766 分，在长江经济带中排名第 80 名，处于中势区。德阳市社会福利发展水平得分为 75.151 分，在长江经济带中排名第 70 名，处

于中势区。德阳市居民生活发展水平得分为 25.375 分，在长江经济带中排名第 82 名，处于劣势区。德阳市科教文卫发展水平得分为 44.506 分，在长江经济带中排名第 57 名，处于中势区。德阳市生态环境发展水平得分为 31.161 分，在长江经济带中排名第 48 名，处于优势区。

表 6 – 45　　　　　　　　2015 年德阳市综合发展各一级指标的得分、排名及优劣度分析

排名	指标	得分	优劣度
45	区域经济	44.689	优势
45	工业企业	62.444	优势
48	农业生产	37.969	优势
48	生态环境	31.161	优势
57	科教文卫	44.506	中势
67	综合发展	390.429	中势
70	社会福利	75.151	中势
72	人口就业	49.368	中势
80	基础设施	19.766	中势
82	居民生活	25.375	劣势

　　根据表 6 – 46 对 2015 年绵阳市综合发展及各一级指标得分情况、排名情况、优劣度情况进行分析。其中，绵阳市综合发展水平得分为 393.629 分，在长江经济带中排名第 49 名，处于优势区。在一级指标中，绵阳市人口就业发展水平得分为 48.663 分，在长江经济带中排名第 88 名，处于劣势区。绵阳市区域经济发展水平得分为 45.004 分，在长江经济带中排名第 40 名，处于优势区。绵阳市农业生产发展水平得分为 40.192 分，在长江经济带中排名第 36 名，处于优势区。绵阳市工业企业发展水平得分为 63.817 分，在长江经济带中排名第 25 名，处于强势区。绵阳市基础设施发展水平得分为 19.480 分，在长江经济带中排名第 87 名，处于劣势区。绵阳市社会福利发展水平得分为 75.106 分，处于中势区。绵阳市居民生活发展水平得分为 26.421 分，在长江经济带中排名第 63 名，处于中势区。绵阳市科教文卫发展水平得分为 45.254 分，在长江经济带中排名第 41 名，处于优势区。绵阳市生态环境发展水平得分为 29.691 分，在长江经济带中排名第 80 名，处于中势区。

表 6 – 46　　　　　　　　2015 年绵阳市综合发展各一级指标的得分、排名及优劣度分析

排名	指标	得分	优劣度
25	工业企业	63.817	强势
36	农业生产	40.192	优势
40	区域经济	45.004	优势
41	科教文卫	45.254	优势
49	综合发展	393.629	优势
63	居民生活	26.421	中势
71	社会福利	75.106	中势
80	生态环境	29.691	中势
87	基础设施	19.480	劣势
88	人口就业	48.663	劣势

　　根据表 6 – 47 对 2015 年广元市综合发展及各一级指标得分情况、排名情况、优劣度情况进行分析。其中，广元市综合发展水平得分为 393.320 分，在长江经济带中排名第 50 名，处于优势区。在一级指标中，广元市人口就业发展水平得分为 47.093 分，在长江经济带中排名第 105 名，处于劣势区。广元市区域经济发展水平得分为 42.588 分，在长江经济带中排名第 79 名，处于中势区。广元市农业生产发展水平得分为 41.829 分，在长江经济带中排名第 27 名，处于强势区。广元市工业企业发展水平得分为 63.822 分，在长江经济带中排名第 24 名，处于强势区。广元市基础设施发展水平得分为 20.216 分，在长江经济

带中排名第 69 名，处于中势区。广元市社会福利发展水平得分为 74.373 分，在长江经济带中排名第 87 名，处于劣势区。广元市居民生活发展水平得分为 27.828 分，在长江经济带中排名第 37 名，处于优势区。广元市科教文卫发展水平得分为 45.193 分，在长江经济带中排名第 43 名，处于优势区。广元市生态环境发展水平得分为 30.379 分，在长江经济带中排名第 64 名，处于中势区。

表 6－47　　　　　　　2015 年广元市综合发展各一级指标的得分、排名及优劣度分析

排名	指标	得分	优劣度
24	工业企业	63.822	强势
27	农业生产	41.829	强势
37	居民生活	27.828	优势
43	科教文卫	45.193	优势
50	综合发展	393.320	优势
64	生态环境	30.379	中势
69	基础设施	20.216	中势
79	区域经济	42.588	中势
87	社会福利	74.373	劣势
105	人口就业	47.093	劣势

根据表 6－48 对 2015 年遂宁市综合发展及各一级指标得分情况、排名情况、优劣度情况进行分析。其中，遂宁市综合发展水平得分为 390.690 分，在长江经济带中排名第 64 名，处于中势区。在一级指标中，遂宁市人口就业发展水平得分 47.408 分，在长江经济带中排名第 102 名，处于劣势区。遂宁市区域经济发展水平得分为 48.302 分，在长江经济带中排名第 8 名，处于强势区。遂宁市农业生产发展水平得分为 41.628 分，在长江经济带中排名第 28 名，处于优势区。遂宁市工业企业发展水平得分为 64.232 分，在长江经济带中排名第 16 名，处于强势区。遂宁市基础设施发展水平得分为 19.299 分，在长江经济带中排名第 93 名，处于劣势区。遂宁市社会福利发展水平得分为 74.881 分，在长江经济带中排名第 77 名，处于中势区。遂宁市居民生活发展水平得分为 24.749 分，在长江经济带中排名第 98 名，处于劣势区。遂宁市科教文卫发展水平得分为 40.853 分，在长江经济带中排名第 95 名，处于劣势区。遂宁市生态环境发展水平得分为 29.337 分，在长江经济带中排名第 91 名，处于劣势区。

表 6－48　　　　　　　2015 年遂宁市综合发展各一级指标的得分、排名及优劣度分析

排名	指标	得分	优劣度
8	区域经济	48.302	强势
16	工业企业	64.232	强势
28	农业生产	41.628	优势
64	综合发展	390.690	中势
77	社会福利	74.881	中势
91	生态环境	29.337	劣势
93	基础设施	19.299	劣势
95	科教文卫	40.853	劣势
98	居民生活	24.749	劣势
102	人口就业	47.408	劣势

根据表 6－49 对 2015 年内江市综合发展及各一级指标得分情况、排名情况、优劣度情况进行分析。其中，内江市综合发展水平得分为 385.193 分，在长江经济带中排名第 90 名，处于劣势区。在一级指标中，内江市人口就业发展水平得分为 48.229 分，在长江经济带中排名第 95 名，处于劣势区。内江市区域经济发展水平得分为 42.448 分，在长江经济带中排名第 81 名，处于中势区。内江市农业生产发展水平得分为 40.699 分，在长江经济带中排名第 33 名，处于优势区。内江市工业企业发展水平得分为 65.277 分，

在长江经济带中排名第 6 名，处于强势区。内江市基础设施发展水平得分为 19.326 分，在长江经济带中排名第 92 名，处于劣势区。内江市社会福利发展水平得分为 75.313 分，在长江经济带中排名第 65 名，处于中势区。内江市居民生活发展水平得分为 24.901 分，在长江经济带中排名第 94 名，处于劣势区。内江市科教文卫发展水平得分为 39.886 分，在长江经济带中排名第 104 名，处于劣势区。内江市生态环境发展水平得分为 29.114 分，在长江经济带中排名第 96 名，处于劣势区。

表 6 – 49　　　　　　　　　2015 年内江市综合发展各一级指标的得分、排名及优劣度分析

排名	指标	得分	优劣度
6	工业企业	65.277	强势
33	农业生产	40.699	优势
65	社会福利	75.313	中势
81	区域经济	42.448	中势
90	综合发展	385.193	劣势
92	基础设施	19.326	劣势
94	居民生活	24.901	劣势
95	人口就业	48.229	劣势
96	生态环境	29.114	劣势
104	科教文卫	39.886	劣势

　　根据表 6 – 50 对 2015 年乐山市综合发展及各一级指标得分情况、排名情况、优劣度情况进行分析。其中，乐山市综合发展水平得分为 383.912 分，在长江经济带中排名第 95 名，处于劣势区。在一级指标中，乐山市人口就业发展水平得分为 49.447 分，在长江经济带中排名第 69 名，处于中势区。乐山市区域经济发展水平得分为 42.790 分，在长江经济带中排名第 71 名，处于中势区。乐山市农业生产发展水平得分为 34.311 分，在长江经济带中排名第 65 名，处于中势区。乐山市工业企业发展水平得分为 63.447 分，在长江经济带中排名第 28 名，处于优势区。乐山市基础设施发展水平得分为 19.452 分，在长江经济带中排名第 88 名，处于劣势区。乐山市社会福利发展水平得分为 76.047 分，在长江经济带中排名第 52 名，处于优势区。乐山市居民生活发展水平得分为 24.780 分，在长江经济带中排名第 97 名，处于劣势区。乐山市科教文卫发展水平得分为 43.416 分，在长江经济带中排名第 75 名，处于中势区。乐山市生态环境发展水平得分为 30.223 分，在长江经济带中排名第 69 名，处于中势区。

表 6 – 50　　　　　　　　　2015 年乐山市综合发展各一级指标的得分、排名及优劣度分析

排名	指标	得分	优劣度
28	工业企业	63.447	优势
52	社会福利	76.047	优势
65	农业生产	34.311	中势
69	人口就业	49.447	中势
69	生态环境	30.223	中势
71	区域经济	42.790	中势
75	科教文卫	43.416	中势
88	基础设施	19.452	劣势
95	综合发展	383.912	劣势
97	居民生活	24.780	劣势

　　根据表 6 – 51 对 2015 年南充市综合发展及各一级指标得分情况、排名情况、优劣度情况进行分析。其中，南充市综合发展水平得分为 394.552 分，在长江经济带中排名第 42 名，处于优势区。在一级指标中，南充市人口就业发展水平得分为 47.861 分，在长江经济带中排名第 98 名，处于劣势区。南充市区域经济发展水平得分 42.609 分，在长江经济带中排名第 77 名，处于中势区。南充市农业生产发展水平得分

为48.303分，在长江经济带中排名第9名，处于强势区。南充市工业企业发展水平得分为63.015分，在长江经济带中排名第35名，处于优势区。南充市基础设施发展水平得分18.681分，在长江经济带中排名第102名，处于劣势区。南充市社会福利发展水平得分为74.757分，在长江经济带中排名第83名，处于劣势区。南充市居民生活发展水平得分为28.527分，在长江经济带中排名第31名，处于优势区。南充市科教文卫发展水平得分为41.798分，在长江经济带中排名第91名，处于劣势区。南充市生态环境发展水平得分为29.002分，在长江经济带中排名第97名，处于劣势区。

表6－51　　　　　　2015年南充市综合发展各一级指标的得分、排名及优劣度分析

排名	指标	得分	优劣度
9	农业生产	48.303	强势
31	居民生活	28.527	优势
35	工业企业	63.015	优势
42	综合发展	394.552	优势
77	区域经济	42.609	中势
83	社会福利	74.757	劣势
91	科教文卫	41.798	劣势
97	生态环境	29.002	劣势
98	人口就业	47.861	劣势
102	基础设施	18.681	劣势

　　根据表6－52对2015年眉山市综合发展及各一级指标得分情况、排名情况、优劣度情况进行分析。其中，眉山市综合发展水平得分为396.877分，在长江经济带中排名第30名，处于优势区。在一级指标中，眉山市人口就业发展水平得分为48.572分，在长江经济带中排名第89名，处于劣势区。眉山市区域经济发展水平得分为44.141分，在长江经济带中排名第55名，处于中势区。眉山市农业生产发展水平得分为40.026分，在长江经济带中排名第37名，处于优势区。眉山市工业企业发展水平得分为63.878分，在长江经济带中排名第23名，处于强势区。眉山市基础设施发展水平得分为24.252分，在长江经济带中排名第11名，处于强势区。眉山市社会福利发展水平得分为76.161分，在长江经济带中排名第47名，处于优势区。眉山市居民生活发展水平得分为25.656分，在长江经济带中排名第79名，处于中势区。眉山市科教文卫发展水平得分为43.125分，在长江经济带中排名第81名，处于中势区。眉山市生态环境发展水平得分为31.065分，在长江经济带中排名第52名，处于优势区。

表6－52　　　　　　2015年眉山市综合发展各一级指标的得分、排名及优劣度分析

排名	指标	得分	优劣度
11	基础设施	24.252	强势
23	工业企业	63.878	强势
30	综合发展	396.877	优势
37	农业生产	40.026	优势
47	社会福利	76.161	优势
52	生态环境	31.065	优势
55	区域经济	44.141	中势
79	居民生活	25.656	中势
81	科教文卫	43.125	中势
89	人口就业	48.572	劣势

　　根据表6－53对2015年宜宾市综合发展及各一级指标得分情况、排名情况、优劣度情况进行分析。其中，宜宾市综合发展水平得分为388.825分，在长江经济带中排名第75名，处于中势区。在一级指标中，宜宾市人口就业发展水平得分为48.883分，在长江经济带中排名第83名，处于劣势区。宜宾市区域

经济发展水平得分为 44.488 分，在长江经济带中排名第 50 名，处于优势区。宜宾市农业生产发展水平得分为 38.390 分，在长江经济带中排名第 44 名，处于优势区。宜宾市工业企业发展水平得分为 61.057 分，在长江经济带中排名第 67 名，处于中势区。宜宾市基础设施发展水平得分为 19.534 分，在长江经济带中排名第 84 名，处于劣势区。宜宾市社会福利发展水平得分为 75.326 分，在长江经济带中排名第 64 名，处于中势区。宜宾市居民生活发展水平得分为 25.082 分，在长江经济带中排名第 89 名，处于劣势区。宜宾市科教文卫发展水平得分为 40.428 分，在长江经济带中排名第 101 名，处于劣势区。宜宾市生态环境发展水平得分为 35.636 分，在长江经济带中排名第 8 名，处于强势区。

表 6 – 53　　　　　　　　　2015 年宜宾市综合发展各一级指标的得分、排名及优劣度分析

排名	指标	得分	优劣度
8	生态环境	35.636	强势
44	农业生产	38.390	优势
50	区域经济	44.488	优势
64	社会福利	75.326	中势
67	工业企业	61.057	中势
75	综合发展	388.825	中势
83	人口就业	48.883	劣势
84	基础设施	19.534	劣势
89	居民生活	25.082	劣势
101	科教文卫	40.428	劣势

根据表 6 – 54 对 2015 年广安市综合发展及各一级指标得分情况、排名情况、优劣度情况进行分析。其中，广安市综合发展水平得分为 393.879 分，在长江经济带中排名第 47 名，处于优势区。在一级指标中，广安市人口就业发展水平得分为 48.221 分，在长江经济带中排名第 96 名，处于劣势区。广安市区域经济发展水平得分为 41.246 分，在长江经济带中排名第 98 名，处于劣势区。广安市农业生产发展水平得分为 40.945 分，在长江经济带中排名第 32 名，处于优势区。广安市工业企业发展水平得分为 61.015 分，在长江经济带中排名第 68 名，处于中势区。广安市基础设施发展水平得分为 30.543 分，在长江经济带中排名第 2 名，处于强势区。广安市社会福利发展水平得分为 74.873 分，在长江经济带中排名第 78 名，处于中势区。广安市居民生活发展水平得分为 21.658 分，在长江经济带中排名第 108 名，处于劣势区。广安市科教文卫发展水平得分为 43.759 分，在长江经济带中排名第 71 名，处于中势区。广安市生态环境发展水平得分为 31.619 分，在长江经济带中排名第 36 名，处于优势区。

表 6 – 54　　　　　　　　　2015 年广安市综合发展各一级指标的得分、排名及优劣度分析

排名	指标	得分	优劣度
2	基础设施	30.543	强势
32	农业生产	40.945	优势
36	生态环境	31.619	优势
47	综合发展	393.879	优势
68	工业企业	61.015	中势
71	科教文卫	43.759	中势
78	社会福利	74.873	中势
96	人口就业	48.221	劣势
98	区域经济	41.246	劣势
108	居民生活	21.658	劣势

根据表 6 – 55 对 2015 年达州市综合发展及各一级指标得分情况、排名情况、优劣度情况进行分析。其中，达州市综合发展水平得分为 382.548 分，在长江经济带中排名第 100 名，处于劣势区。在一级指标

中，达州市人口就业发展水平得分为 48.985 分，在长江经济带中排名第 80 名，处于中势区。达州市区域经济发展水平得分为 40.745 分，在长江经济带中排名第 100 名，处于劣势区。达州市农业生产发展水平得分为 47.762 分，在长江经济带中排名第 12 名，处于强势区。达州市工业企业发展水平得分为 59.078 分，在长江经济带中排名第 94 名，处于劣势区。达州市基础设施发展水平得分为 13.588 分，在长江经济带中排名第 108 名，处于劣势区。达州市社会福利发展水平得分为 75.507 分，在长江经济带中排名第 56 名，处于中势区。达州市居民生活发展水平得分为 24.572 分，在长江经济带中排名第 101 名，处于劣势区。达州市科教文卫发展水平得分为 43.455 分，在长江经济带中排名第 74 名，处于中势区。达州市生态环境发展水平得分为 28.856 分，在长江经济带中排名第 100 名，处于劣势区。

表 6－55　　　　2015 年达州市综合发展各一级指标的得分、排名及优劣度分析

排名	指标	得分	优劣度
12	农业生产	47.762	强势
56	社会福利	75.507	中势
74	科教文卫	43.455	中势
80	人口就业	48.985	中势
94	工业企业	59.078	劣势
100	综合发展	382.548	劣势
100	区域经济	40.745	劣势
100	生态环境	28.856	劣势
101	居民生活	24.572	劣势
108	基础设施	13.588	劣势

根据表 6－56 对 2015 年雅安市综合发展及各一级指标得分情况、排名情况、优劣度情况进行分析。其中，雅安市综合发展水平得分为 382.742 分，在长江经济带中排名第 99 名，处于劣势区。在一级指标中，雅安市人口就业发展水平得分为 46.879 分，在长江经济带中排名第 106 名，处于劣势区。雅安市区域经济发展水平得分为 42.280 分，在长江经济带中排名第 87 名，处于劣势区。雅安市农业生产发展水平得分为 38.368 分，在长江经济带中排名第 45 名，处于优势区。雅安市工业企业发展水平得分为 60.776 分，在长江经济带中排名第 73 名，处于中势区。雅安市基础设施发展水平得分为 20.786 分，在长江经济带中排名第 54 名，处于优势区。雅安市社会福利发展水平得分为 75.302 分，在长江经济带中排名第 66 名，处于中势区。雅安市居民生活发展水平得分为 26.440 分，在长江经济带中排名第 61 名，处于中势区。雅安市科教文卫发展水平得分为 40.602 分，在长江经济带中排名第 98 名，处于劣势区。雅安市生态环境发展水平得分为 31.309 分，在长江经济带中排名第 43 名，处于优势区。

表 6－56　　　　2015 年雅安市综合发展各一级指标的得分、排名及优劣度分析

排名	指标	得分	优劣度
43	生态环境	31.309	优势
45	农业生产	38.368	优势
54	基础设施	20.786	优势
61	居民生活	26.440	中势
66	社会福利	75.302	中势
73	工业企业	60.776	中势
87	区域经济	42.280	劣势
98	科教文卫	40.602	劣势
99	综合发展	382.742	劣势
106	人口就业	46.879	劣势

根据表 6－57 对 2015 年巴中市综合发展及各一级指标得分情况、排名情况、优劣度情况进行分析。

其中，巴中市综合发展水平得分为390.210分，在长江经济带中排名第70名，处中势区。在一级指标中，巴中市人口就业发展水平得分为49.632分，在长江经济带中排名第68名，处于中势区。巴中市区域经济发展水平得分为42.057分，在长江经济带中排名第92名，处于劣势区。巴中市农业生产发展水平得分为42.156分，在长江经济带中排名第23名，处于强势区。巴中市工业企业发展水平得分为62.625分，在长江经济带中排名第42名，处于优势区。巴中市基础设施发展水平得分为22.560分，在长江经济带中排名第27名，处于强势区。巴中市社会福利发展水平得分为72.735分，在长江经济带中排名第99名，处于劣势区。巴中市居民生活发展水平得分为26.182分，在长江经济带中排名第69名，处于中势区。巴中市科教文卫发展水平得分为42.633分，在长江经济带中排名第86名，处于劣势区。巴中市生态环境发展水平得分为29.631分，在长江经济带中排名第83名，处于劣势区。

表6-57　　　　　2015年巴中市综合发展各一级指标的得分、排名及优劣度分析

排名	指标	得分	优劣度
23	农业生产	42.156	强势
27	基础设施	22.560	强势
42	工业企业	62.625	优势
68	人口就业	49.632	中势
69	居民生活	26.182	中势
70	综合发展	390.210	中势
83	生态环境	29.631	劣势
86	科教文卫	42.633	劣势
92	区域经济	42.057	劣势
99	社会福利	72.735	劣势

根据表6-58对2015年资阳市综合发展及各一级指标得分情况、排名情况、优劣度情况进行分析。其中，资阳市综合发展水平得分为393.730分，在长江经济带中排名第48名，处于优势区。在一级指标中，资阳市人口就业发展水平得分为49.402分，在长江经济带中排名第70名，处于中势区。资阳市区域经济发展水平得分为43.748分，在长江经济带中排名第57名，处于中势区。资阳市农业生产发展水平得分为45.732分，在长江经济带中排名第14名，处于强势区。资阳市工业企业发展水平得分为62.503分，在长江经济带中排名第44名，处于优势区。资阳市基础设施发展水平得分为20.858分，在长江经济带中排名第53名，处于优势区。资阳市社会福利发展水平得分为76.165分，在长江经济带中排名第46名，处于优势区。资阳市居民生活发展水平得分为25.800分，在长江经济带中排名第75名，处于中势区。资阳市科教文卫发展水平得分为41.852分，在长江经济带中排名第90名，处于劣势区。资阳市生态环境发展水平得分为27.669分，在长江经济带中排名第107名，处于劣势区。

表6-58　　　　　2015年资阳市综合发展各一级指标的得分、排名及优劣度分析

排名	指标	得分	优劣度
14	农业生产	45.732	强势
44	工业企业	62.503	优势
46	社会福利	76.165	优势
48	综合发展	393.730	优势
53	基础设施	20.858	优势
57	区域经济	43.748	中势
70	人口就业	49.402	中势
75	居民生活	25.800	中势
90	科教文卫	41.852	劣势
107	生态环境	27.669	劣势

根据表 6－59 对 2015 年贵阳市综合发展及各一级指标得分情况、排名情况、优劣度情况进行分析。其中，贵阳市综合发展水平得分为 391.338 分，在长江经济带中排名第 61 名，处于中势区。在一级指标中，贵阳市人口就业发展水平得分为 50.102 分，在长江经济带中排名第 61 名，处于中势区。贵阳市区域经济发展水平得分为 46.091 分，在长江经济带中排名第 22 名，处于强势区。贵阳市农业生产发展水平得分为 26.350 分，在长江经济带中排名第 97 名，处于劣势区。贵阳市工业企业发展水平得分为 65.692 分，在长江经济带中排名第 4 名，处于强势区。贵阳市基础设施发展水平得分为 19.033 分，在长江经济带中排名第 97 名，处于劣势区。贵阳市社会福利发展水平得分为 73.204 分，在长江经济带中排名第 98 名，处于劣势区。贵阳市居民生活发展水平得分为 29.200 分，在长江经济带中排名第 24 名，处于强势区。贵阳市科教文卫发展水平得分为 50.595 分，在长江经济带中排名第 10 名，处于强势区。贵阳市生态环境发展水平得分为 31.071 分，在长江经济带中排名第 51 名，处于优势区。

表 6－59 　　　　　　　　　2015 年贵阳市综合发展各一级指标的得分、排名及优劣度分析

排名	指标	得分	优劣度
4	工业企业	65.692	强势
10	科教文卫	50.595	强势
22	区域经济	46.091	强势
24	居民生活	29.200	强势
51	生态环境	31.071	优势
61	综合发展	391.338	中势
61	人口就业	50.102	中势
97	农业生产	26.350	劣势
97	基础设施	19.033	劣势
98	社会福利	73.204	劣势

根据表 6－60 对 2015 年六盘水市综合发展及各一级指标得分情况、排名情况、优劣度情况进行分析。其中，六盘水市综合发展水平得分为 408.161 分，在长江经济带中排名第 10 名，处于强势区。在一级指标中，六盘水市人口就业发展水平得分为 52.396 分，在长江经济带中排名第 14 名，处于强势区。六盘水市区域经济发展水平得分为 48.873 分，在长江经济带中排名第 4 名，处于强势区。六盘水市农业生产发展水平得分为 32.949 分，在长江经济带中排名第 68 名，处于中势区。六盘水市工业企业发展水平得分为 62.506 分，在长江经济带中排名第 43 名，处于优势区。六盘水市基础设施发展水平得分为 30.594 分，在长江经济带中排名第 1 名，处于强势区。六盘水市社会福利发展水平得分为 74.836 分，在长江经济带中排名第 81 名，处于中势区。六盘水市居民生活发展水平得分为 31.883 分，在长江经济带中排名第 11 名，处于强势区。六盘水市科教文卫发展水平得分为 40.699 分，在长江经济带中排名第 96 名，处于劣势区。六盘水市生态环境发展水平得分为 33.424 分，在长江经济带中排名第 19 名，处于强势区。

表 6－60 　　　　　　　　　2015 年六盘水市综合发展各一级指标的得分、排名及优劣度分析

排名	指标	得分	优劣度
1	基础设施	30.594	强势
4	区域经济	48.873	强势
10	综合发展	408.161	强势
11	居民生活	31.883	强势
14	人口就业	52.396	强势
19	生态环境	33.424	强势
43	工业企业	62.506	优势
68	农业生产	32.949	中势
81	社会福利	74.836	中势
96	科教文卫	40.699	劣势

根据表 6-61 对 2015 年遵义市综合发展及各一级指标得分情况、排名情况、优劣度情况进行分析。其中，遵义市综合发展水平得分为 400.165 分，在长江经济带中排名第 18 名，处于强势区。在一级指标中，遵义市人口就业发展水平得分为 49.330 分，在长江经济带中排名第 73 名，处于中势区。遵义市区域经济发展水平得分为 49.551 分，在长江经济带中排名第 2 名，处于强势区。遵义市农业生产发展水平得分为 42.691 分，在长江经济带中排名第 22 名，处于强势区。遵义市工业企业发展水平得分为 59.467 分，在长江经济带中排名第 89 名，处于劣势区。遵义市基础设施发展水平得分为 21.878 分，在长江经济带中排名第 33 名，处于优势区。遵义市社会福利发展水平得分为 76.694 分，在长江经济带中排名第 37 名，处于优势区。遵义市居民生活发展水平得分为 29.274 分，在长江经济带中排名第 23 名，处于强势区。遵义市科教文卫发展水平得分为 42.462 分，在长江经济带中排名第 87 名，处于劣势区。遵义市生态环境发展水平得分为 28.818 分，在长江经济带中排名第 101 名，处于劣势区。

表 6-61　　　　　　　2015 年遵义市综合发展各一级指标的得分、排名及优劣度分析

排名	指标	得分	优劣度
2	区域经济	49.551	强势
18	综合发展	400.165	强势
22	农业生产	42.691	强势
23	居民生活	29.274	强势
33	基础设施	21.878	优势
37	社会福利	76.694	优势
73	人口就业	49.330	中势
87	科教文卫	42.462	劣势
89	工业企业	59.467	劣势
101	生态环境	28.818	劣势

根据表 6-62 对 2015 年安顺市综合发展及各一级指标得分情况、排名情况、优劣度情况进行分析。其中，安顺市综合发展水平得分为 397.053 分，在长江经济带中排名第 29 名，处于优势区。在一级指标中，安顺市人口就业发展水平得分为 50.152 分，在长江经济带中排名第 60 名，处于中势区。安顺市区域经济发展水平得分为 45.033 分，在长江经济带中排名第 39 名，处于优势区。安顺市农业生产发展水平得分为 43.580 分，在长江经济带中排名 19 名，处于强势区。安顺市工业企业发展水平得分为 57.948 分，在长江经济带中排名第 99 名，处于劣势区。安顺市基础设施发展水平得分为 20.522 分，在长江经济带中排名第 60 名，处于中势区。安顺市社会福利发展水平得分为 75.392 分，在长江经济带中排名第 61 名，处于中势区。安顺市居民生活发展水平得分为 30.868 分，在长江经济带中排名第 15 名，处于强势区。安顺市科教文卫发展水平得分为 40.307 分，在长江经济带中排名第 103 名，处于劣势区。安顺市生态环境发展水平得分为 33.252 分，在长江经济带中排名第 22 名，处于强势区。

表 6-62　　　　　　　2015 年安顺市综合发展各一级指标的得分、排名及优劣度分析

排名	指标	得分	优劣度
15	居民生活	30.868	强势
19	农业生产	43.580	强势
22	生态环境	33.252	强势
29	综合发展	397.053	优势
39	区域经济	45.033	优势
60	人口就业	50.152	中势
60	基础设施	20.522	中势
61	社会福利	75.392	中势
99	工业企业	57.948	劣势
103	科教文卫	40.307	劣势

根据表 6-63 对 2015 年昆明市综合发展及各一级指标得分情况、排名情况、优劣度情况进行分析。其中，昆明市综合发展水平得分为 388.799 分，在长江经济带中排名第 76 名，处于中势区。在一级指标中，昆明市人口就业发展水平得分为 51.495 分，在长江经济带中排名第 22 名，处于强势区。昆明市区域经济发展水平得分为 43.606 分，在长江经济带中排名第 58 名，处于中势区。昆明市农业生产发展水平得分为 26.676 分，在长江经济带中排名第 94 名，处于劣势区。昆明市工业企业发展水平得分为 64.508 分，在长江经济带中排名第 13 名，处于强势区。昆明市基础设施发展水平得分为 17.608 分，在长江经济带中排名第 106 名，处于劣势区。昆明市社会福利发展水平得分为 75.079 分，在长江经济带中排名第 72 名，处于中势区。昆明市居民生活发展水平得分为 27.513 分，在长江经济带中排名第 42 名，处于优势区。昆明市科教文卫发展水平得分为 48.864 分，在长江经济带中排名第 15 名，处于强势区。昆明市生态环境发展水平得分为 33.449 分，在长江经济带中排名第 18 名，处于强势区。

表 6-63　　　　　　2015 年昆明市综合发展各一级指标的得分、排名及优劣度分析

排名	指标	得分	优劣度
13	工业企业	64.508	强势
15	科教文卫	48.864	强势
18	生态环境	33.449	强势
22	人口就业	51.495	强势
42	居民生活	27.513	优势
58	区域经济	43.606	中势
72	社会福利	75.079	中势
76	综合发展	388.799	中势
94	农业生产	26.676	劣势
106	基础设施	17.608	劣势

根据表 6-64 对 2015 年曲靖市综合发展及各一级指标得分情况、排名情况、优劣度情况进行分析。其中，曲靖市综合发展水平得分为 397.706 分，在长江经济带中排名第 27 名，处于强势区。在一级指标中，曲靖市人口就业发展水平得分为 47.805 分，在长江经济带中排名第 99 名，处于劣势区。曲靖市区域经济发展水平得分为 40.194 分，在长江经济带中排名第 104 名，处于劣势区。曲靖市农业生产发展水平得分为 47.117 分，在长江经济带中排名第 13 名，处于强势区。曲靖市工业企业发展水平得分为 60.594 分，在长江经济带中排名第 74 名，处于中势区。曲靖市基础设施发展水平得分为 24.294 分，在长江经济带中排名第 10 名，处于强势区。曲靖市社会福利发展水平得分为 75.368 分，在长江经济带中排名第 63 名，处于中势区。曲靖市居民生活发展水平得分为 27.213 分，在长江经济带中排名第 47 名，处于优势区。曲靖市科教文卫发展水平得分为 43.886 分，在长江经济带中排名第 68 名，处于中势区。曲靖市生态环境发展水平得分为 31.235 分，在长江经济带中排名第 47 名，处于优势区。

表 6-64　　　　　　2015 年曲靖市综合发展各一级指标的得分、排名及优劣度分析

排名	指标	得分	优劣度
10	基础设施	24.294	强势
13	农业生产	47.117	强势
27	综合发展	397.706	强势
47	居民生活	27.213	优势
47	生态环境	31.235	优势
63	社会福利	75.368	中势
68	科教文卫	43.886	中势
74	工业企业	60.594	中势
99	人口就业	47.805	劣势
104	区域经济	40.194	劣势

　　根据表 6-65 对 2015 年玉溪市综合发展及各一级指标得分情况、排名情况、优劣度情况进行分析。其中,玉溪市综合发展水平得分为 391.461 分,在长江经济带中排名 60 名,处于中势区。在一级指标中,玉溪市人口就业发展水平得分为 50.089 分,在长江经济带中排名第 62 名,处于中势。玉溪市区域经济发展水平得分为 40.244 分,在长江经济带中排名第 103 名,处于劣势区。玉溪市农业生产发展水平得分为 32.636 分,在长江经济带中排名第 69 名,处于中势。玉溪市工业企业发展水平得分为 64.503 分,在长江经济带中排名第 14 名,处于强势区。玉溪市基础设施发展水平得分为 23.544 分,在长江经济带中排名第 15 名,处于强势区。玉溪市社会福利发展水平得分为 75.074 分,在长江经济带中排名第 73 名,处于中势区。玉溪市居民生活发展水平得分为 25.103 分,在长江经济带中排名第 88 名,处于劣势区。玉溪市科教文卫发展水平得分为 45.405 分,在长江经济带中排名第 38 名,处于优势区。玉溪市生态环境发展水平得分为 34.862 分,在长江经济带中排名第 9 名,处于强势区。

表 6-65　　　　　　　　　2015 年玉溪市综合发展各一级指标的得分、排名及优劣度分析

排名	指标	得分	优劣度
9	生态环境	34.862	强势
14	工业企业	64.503	强势
15	基础设施	23.544	强势
38	科教文卫	45.405	优势
60	综合发展	391.461	中势
62	人口就业	50.089	中势
69	农业生产	32.636	中势
73	社会福利	75.074	中势
88	居民生活	25.103	劣势
103	区域经济	40.244	劣势

　　根据表 6-66 对 2015 年保山市综合发展及各一级指标得分情况、排名情况、优劣度情况进行分析。其中,保山市综合发展水平得分为 408.252 分,在长江经济带中排名第 9 名,处于强势区。在一级指标中,保山市人口就业发展水平得分为 49.324 分,在长江经济带中排名第 74 名,处于中势区。保山市区域经济发展水平得分为 44.654 分,在长江经济带中排名第 47 名,处于优势区。保山市农业生产发展水平得分为 51.885 分,在长江经济带中排名第 3 名,处于强势区。保山市工业企业发展水平得分为 63.908 分,在长江经济带中排名第 21 名,处于强势区。保山市基础设施发展水平得分为 22.345 分,在长江经济带中排名第 28 名,处于优势区。保山市社会福利发展水平得分为 69.651 分,在长江经济带中排名第 106 名,处于劣势区。保山市居民生活发展水平得分为 24.897 分,在长江经济带中排名第 95 名,处于劣势区。保山市科教文卫发展水平得分为 45.669 分,在长江经济带中排名第 32 名,处于优势区。保山市生态环境发展水平得分为 35.919 分,在长江经济带中排名第 7 名,处于强势区。

表 6-66　　　　　　　　　2015 年保山市综合发展各一级指标的得分、排名及优劣度分析

排名	指标	得分	优劣度
3	农业生产	51.885	强势
7	生态环境	35.919	强势
9	综合发展	408.252	强势
21	工业企业	63.908	强势
28	基础设施	22.345	优势
32	科教文卫	45.669	优势
47	区域经济	44.654	优势
74	人口就业	49.324	中势
95	居民生活	24.897	劣势
106	社会福利	69.651	劣势

根据表6－67对2015年昭通市综合发展及各一级指标得分情况、排名情况、优劣度情况进行分析。其中，昭通市综合发展水平得分为399.126分，在长江经济带中排名第21名，处于强势区。在一级指标中，昭通市人口就业发展水平得分为50.639分，在长江经济带中排名第48名，处于优势区。昭通市区域经济发展水平得分为40.035分，在长江经济带中排名第107名，处于劣势区。昭通市农业生产发展水平得分为44.390分，在长江经济带中排名第17名，处于强势区。昭通市工业企业发展水平得分为62.922分，在长江经济带中排名第37名，处于优势区。昭通市基础设施发展水平得分为19.739分，在长江经济带中排名第81名，处于中势区。昭通市社会福利发展水平得分为74.693分，在长江经济带中排名第84名，处于劣势区。昭通市居民生活发展水平得分为27.671分，在长江经济带中排名第39名，处于优势区。昭通市科教文卫发展水平得分为45.659分，在长江经济带中排名第33名，处于优势区。昭通市生态环境发展水平得分为33.378分，在长江经济带中排名第21名，处于强势区。

表6－67　　　　　　　　　2015年昭通市综合发展各一级指标的得分、排名及优劣度分析

排名	指标	得分	优劣度
17	农业生产	44.390	强势
21	综合发展	399.126	强势
21	生态环境	33.378	强势
33	科教文卫	45.659	优势
37	工业企业	62.922	优势
39	居民生活	27.671	优势
48	人口就业	50.639	优势
81	基础设施	19.739	中势
84	社会福利	74.693	劣势
107	区域经济	40.035	劣势

根据表6－68对2015年丽江市综合发展及各一级指标得分情况、排名情况、优劣度情况进行分析。其中，丽江市综合发展水平得分为390.238分，在长江经济带中排名第69名，处于中势区。在一级指标中，丽江市人口就业发展水平得分为47.377分，在长江经济带中排名第103名，处于劣势区。丽江市区域经济发展水平得分为40.089分，在长江经济带中排名第106名，处于劣势区。丽江市农业生产发展水平得分为38.845分，在长江经济带中排名第42名，处于优势区。丽江市工业企业发展水平得分为65.157分，在长江经济带中排名第8名，处于强势区。丽江市基础设施发展水平得分为22.084分，在长江经济带中排名第31名，处于优势区。丽江市社会福利发展水平得分为68.795分，在长江经济带中排名第107名，处于劣势区。丽江市居民生活发展水平得分为28.137分，在长江经济带中排名第33名，处于优势区。丽江市科教文卫发展水平得分为39.317分，在长江经济带中排名第105名，处于劣势区。丽江市生态环境发展水平得分为40.437分，在长江经济带中排名第2名，处于强势区。

表6－68　　　　　　　　　2015年丽江市综合发展各一级指标的得分、排名及优劣度分析

排名	指标	得分	优劣度
2	生态环境	40.437	强势
8	工业企业	65.157	强势
31	基础设施	22.084	优势
33	居民生活	28.137	优势
42	农业生产	38.845	优势
69	综合发展	390.238	中势
103	人口就业	47.377	劣势
105	科教文卫	39.317	劣势
106	区域经济	40.089	劣势
107	社会福利	68.795	劣势

根据表6－69对2015年普洱市综合发展及各一级指标得分情况、排名情况、优劣度情况进行分析。其中，普洱市综合发展水平得分为416.818分，在长江经济带中排名第6名，处于强势区。在一级指标中，普洱市人口就业发展水平得分为50.390分，在长江经济带中排名第54名，处于优势区。普洱市区域经济发展水平得分为45.213分，在长江经济带中排名第36名，处于优势区。普洱市农业生产发展水平得分为53.532分，在长江经济带中排名第2名，处于强势区。普洱市工业企业发展水平得分为64.589分，在长江经济带中排名第12名，处于强势区。普洱市基础设施发展水平得分为23.594分，在长江经济带中排名第14名，处于强势区。普洱市社会福利发展水平得分为73.732分，在长江经济带中排名第95名，处于劣势区。普洱市居民生活发展水平得分为25.844分，在长江经济带中排名第74名，处于中势区。普洱市科教文卫发展水平得分为46.237分，在长江经济带中排名第27名，处于强势区。普洱市生态环境发展水平得分为33.687分，在长江经济带中排名第17名，处于强势区。

表6－69　　　　　　　**2015年普洱市综合发展各一级指标的得分、排名及优劣度分析**

排名	指标	得分	优劣度
2	农业生产	53.532	强势
6	综合发展	416.818	强势
12	工业企业	64.589	强势
14	基础设施	23.594	强势
17	生态环境	33.687	强势
27	科教文卫	46.237	强势
36	区域经济	45.213	优势
54	人口就业	50.390	优势
74	居民生活	25.844	中势
95	社会福利	73.732	劣势

根据表6－70对2015年临沧市综合发展及各一级指标得分情况、排名情况、优劣度情况进行分析。其中，临沧市综合发展水平得分为424.581分，在长江经济带中排名第3名，处于强势区。在一级指标中，临沧市人口就业发展水平得分为51.207分，在长江经济带中排名第32名，处于优势区。临沧市区域经济发展水平得分为42.289分，在长江经济带中排名第86名，处于劣势区。临沧市农业生产发展水平得分为57.380分，在长江经济带中排名第1名，处于强势区。临沧市工业企业发展水平得分为63.326分，在长江经济带中排名第29名，处于优势区。临沧市基础设施发展水平得分为23.323分，在长江经济带中排名第20名，处于强势区。临沧市社会福利发展水平得分为76.252分，在长江经济带中排名第45名，处于优势区。临沧市居民生活发展水平得分为27.289分，在长江经济带中排名第45名，处于优势区。临沧市科教文卫发展水平得分为46.343分，在长江经济带中排名第22名，处于强势区。临沧市生态环境发展水平得分为37.172分，在长江经济带中排名第6名，处于强势区。

表6－70　　　　　　　**2015年临沧市综合发展各一级指标的得分、排名及优劣度分析**

排名	指标	得分	优劣度
1	农业生产	57.380	强势
3	综合发展	424.581	强势
6	生态环境	37.172	强势
20	基础设施	23.323	强势
22	科教文卫	46.343	强势
29	工业企业	63.326	优势
32	人口就业	51.207	优势
45	社会福利	76.252	优势
45	居民生活	27.289	优势
86	区域经济	42.289	劣势

三、2016 年长江经济带西部地区城市综合发展水平评估分析

（一）2016 年长江经济带西部地区城市综合发展水平评估指标比较

根据表 6 - 71 对长江经济带西部地区的城市综合发展水平得分情况展开分析。2016 年西部地区各城市综合发展水平得分区间为 371 ~ 452 分。其中得分最高的为重庆市（451.922），最低分为资阳市（371.737），在西部地区中有 4 个城市（重庆市、临沧市、成都市、普洱市）的综合发展水平得分超过 420 分，其余城市的得分均低于 420 分。

表 6 - 71　　　　　　　　　　　　　2016 年长江经济带西部地区综合发展得分

排名	地区	得分
1	重庆市	451.922
2	临沧市	429.026
3	成都市	428.886
4	普洱市	424.575
5	玉溪市	418.980
6	保山市	411.284
7	遵义市	407.324
8	六盘水市	406.485
9	南充市	402.698
10	曲靖市	400.573
11	昭通市	400.126
12	眉山市	399.744
13	广安市	399.200
14	绵阳市	398.960
15	昆明市	398.408
16	广元市	396.173
17	贵阳市	395.637
18	丽江市	395.224
19	内江市	392.565
20	遂宁市	392.188
21	安顺市	391.937
22	德阳市	391.686
23	巴中市	390.608
24	达州市	389.932
25	宜宾市	389.690
26	泸州市	389.381
27	雅安市	386.960
28	自贡市	386.136
29	乐山市	386.112
30	攀枝花市	372.874
31	资阳市	371.737

根据表 6 - 72 对 2016 年长江经济带西部地区综合发展水平平均得分在长江经济带各城市群中的排名情况展开分析。2016 年西部地区综合发展水平平均得分处于长江经济带各板块中的第 1 名，具备较强的发

展优势。

表 6 - 72　　　　　　**2016 年长江经济带西部地区综合发展评分一级指标比较**

项目	数据
排名	1
西部地区平均得分	399.904
经济带最高分	467.080
经济带平均分	396.204
与最高分差距	-67.18
与平均分差距	3.700

（二）2016 年长江经济带西部地区城市综合发展水平的量化评估

根据表 6 - 73 对 2016 年长江经济带西部地区综合发展及各一级指标平均得分情况、排名情况进行分析。其中，西部地区综合发展平均得分为 399.904 分，在长江经济带各板块中排名第 1 名。在一级指标中，人口就业发展水平平均得分为 49.756 分，在长江经济带各板块中排名第 3 名。区域经济发展水平平均得分为 43.898 分，在长江经济带各板块中排名第 2 名。农业生产发展水平平均得分为 40.193 分，在长江经济带各板块中排名第 1 名。工业企业发展水平平均得分为 63.510 分，在长江经济带各板块中排名第 1 名。基础设施发展水平平均得分为 21.824 分，在长江经济带各板块中排名第 2 名。社会福利发展水平平均得分为 75.933 分，在长江经济带各板块中排名第 2 名。居民生活发展水平平均得分为 27.432 分，在长江经济带各板块中排名第 2 名。科教文卫发展水平平均得分为 44.968 分，在长江经济带各板块中排名第 2 名。生态环境发展水平平均得分为 32.391 分，在长江经济带各板块中排名第 1 名。

表 6 - 73　　　　　**2016 年长江经济带西部地区综合发展各一级指标的得分、排名分析**

排名	指标	得分
1	综合发展	399.904
1	农业生产	40.193
1	工业企业	63.510
1	生态环境	32.391
2	区域经济	43.898
2	基础设施	21.824
2	社会福利	75.933
2	居民生活	27.432
2	科教文卫	44.968
3	人口就业	49.756

（三）2016 年长江经济带西部地区城市综合发展水平评估得分比较

根据图 6 - 5 对 2016 年长江经济带西部地区综合发展水平与长江经济带平均水平展开比较分析。由图 6 - 5 可知，2016 年长江经济带西部地区在区域经济、工业企业、基础设施、社会福利等方面与长江经济带最高分差距较小，发展优势明显。在人口就业、农业生产、居民生活、科教文卫、生态环境等方面与最高分差距较大。

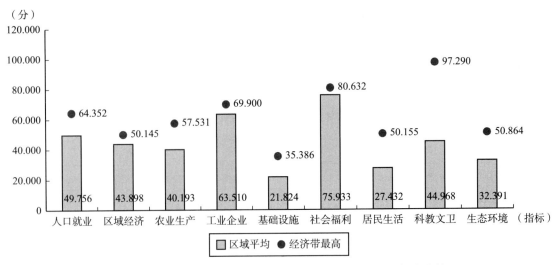

图 6 – 5　2016 年长江经济带西部地区综合发展水平指标得分比较

（四）2016 年长江经济带西部地区城市综合发展水平评估指标动态变化分析

根据图 6 – 6 对 2016～2017 年长江经济带西部地区各级指标排名变化情况展开分析。由图 6 – 6 可知，2016～2017 年，长江经济带西部地区各级指标中保持指标的比例较高，总体指标上升下降不明显。

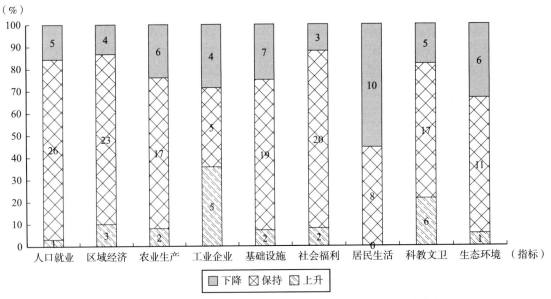

图 6 – 6　2016～2017 年长江经济带西部地区综合发展水平动态变化

表 6 – 74 进一步对 2016～2017 年西部地区 218 个要素指标的变化情况展开统计分析，其中，上升指标有 22 个，占指标总数的 10.092%；保持的指标有 146 个，占指标总数的 66.972%；下降的指标有 50 个，占指标总数的 22.936%。

表 6 – 74　　　　2016～2017 年长江经济带西部地区综合发展水平排名变化态势比较

指标	要素指标数量（个）	上升指标		保持指标		下降指标	
		个数（个）	比重（%）	个数（个）	比重（%）	个数（个）	比重（%）
人口就业	32	1	3.125	26	81.250	5	15.625
区域经济	30	3	10.000	23	76.667	4	13.333

续表

指标	要素指标数量（个）	上升指标		保持指标		下降指标	
		个数（个）	比重（%）	个数（个）	比重（%）	个数（个）	比重（%）
农业生产	25	2	8.000	17	68.000	6	24.000
工业企业	14	5	35.714	5	35.714	4	28.571
基础设施	28	2	7.143	19	67.857	7	25.000
社会福利	26	2	8.000	20	80.000	3	12.000
居民生活	18	0	0.000	8	44.444	10	55.556
科教文卫	28	6	21.429	17	60.714	5	17.857
生态环境	18	1	5.556	11	61.111	6	33.333
合计	218	22	10.092	146	66.972	50	22.936

（五）2016 年长江经济带西部地区各城市综合发展水平各级指标得分、排名及优劣度分析

根据表 6-75 对 2016 年重庆市综合发展及各一级指标得分情况、排名情况、优劣度情况进行分析。其中，重庆市综合发展水平得分为 451.922 分，在长江经济带中排名第 2 名，处于强势区。在一级指标中，重庆市人口就业发展水平得分为 58.012 分，在长江经济带中排名第 2 名，处于强势区。重庆市区域经济发展水平得分为 48.544 分，在长江经济带中排名第 2 名，处于强势区。重庆市农业生产发展水平得分为 43.198 分，在长江经济带中排名第 21 名，处于强势区。重庆市工业企业发展水平得分为 62.913 分，在长江经济带中排名第 52 名，处于优势区。重庆市基础设施发展水平得分为 28.694 分，在长江经济带中排名第 4 名，处于强势区。重庆市社会福利发展水平得分为 75.556 分，在长江经济带中排名第 74 名，处于中势区。重庆市居民生活发展水平得分为 32.457 分，在长江经济带中排名第 4 名，处于强势区。重庆市科教文卫发展水平得分为 59.979 分，在长江经济带中排名第 4 名，处于强势区。重庆市生态环境发展水平得分为 42.570 分，在长江经济带中排名第 2 名，处于强势区。

表 6-75　　　　　　**2016 年重庆市综合发展各一级指标的得分、排名及优劣度分析**

排名	指标	得分	优劣度
2	综合发展	451.922	强势
2	人口就业	58.012	强势
2	区域经济	48.544	强势
2	生态环境	42.570	强势
4	基础设施	28.694	强势
4	居民生活	32.457	强势
4	科教文卫	59.979	强势
21	农业生产	43.198	强势
52	工业企业	62.913	优势
74	社会福利	75.556	中势

根据表 6-76 对 2016 年成都市综合发展及各一级指标得分情况、排名情况、优劣度情况进行分析。其中，成都市综合发展水平得分为 428.886 分，在长江经济带中排名第 4 名，处于强势区。在一级指标中，成都市人口就业发展水平得分为 56.076 分，在长江经济带中排名第 3 名，处于强势区。成都市区域经济发展水平得分为 48.046 分，在长江经济带中排名第 3 名，处于强势区。成都市农业生产发展水平得分为 27.973 分，在长江经济带中排名第 89 名，处于劣势区。成都市工业企业发展水平得分为 69.900 分，在长江经济带中排名第 1 名，处于强势区。成都市基础设施发展水平得分为 27.155 分，在长江经济带中排名第 6 名，处于强势区。成都市社会福利发展水平得分为 76.372 分，在长江经济带中排名第 62 名，处于中势区。成都市居民生活发展水平得分为 29.702 分，在长江经济带中排名第 14 名，处于强势区。成都市科教文卫发展水平得分为 60.734 分，在长江经济带中排名第 3 名，处于强势区。成都市生态环境发展

水平得分为 32.927 分，在长江经济带中排名第 18 名，处于强势区。

表 6－76   2016 年成都市综合发展各一级指标的得分、排名及优劣度分析

排名	指标	得分	优劣度
1	工业企业	69.900	强势
3	人口就业	56.076	强势
3	区域经济	48.046	强势
3	科教文卫	60.734	强势
4	综合发展	428.886	强势
6	基础设施	27.155	强势
14	居民生活	29.702	强势
18	生态环境	32.927	强势
62	社会福利	76.372	中势
89	农业生产	27.973	劣势

根据表 6－77 对 2016 年自贡市综合发展及各一级指标得分情况、排名情况、优劣度情况进行分析。其中，自贡市综合发展水平得分为 386.136 分，在长江经济带中排名第 93 名，处于劣势区。在一级指标中，自贡市人口就业发展水平得分为 48.193 分，在长江经济带中排名第 97 名，处于劣势区。自贡市区域经济发展水平得分为 45.983 分，在长江经济带中排名第 23 名，处于强势区。自贡市农业生产发展水平得分为 35.259 分，在长江经济带中排名第 64 名，处于中势区。自贡市工业企业发展水平得分为 64.298 分，在长江经济带中排名第 35 名，处于优势区。自贡市基础设施发展水平得分为 18.042 分，在长江经济带中排名 106 名，处于劣势区。自贡市社会福利发展水平得分为 77.670 分，在长江经济带中排名第 26 名，处于强势区。自贡市居民生活发展水平得分为 25.111 分，在长江经济带中排名第 79 名，处于中势区。自贡市科教文卫发展水平得分为 42.810 分，在长江经济带中排名第 88 名，处于劣势区。自贡市生态环境发展水平得分为 28.771 分，在长江经济带中排名第 103 名，处于劣势区。

表 6－77   2016 年自贡市综合发展各一级指标的得分、排名及优劣度分析

排名	指标	得分	优劣度
23	区域经济	45.983	强势
26	社会福利	77.670	强势
35	工业企业	64.298	优势
64	农业生产	35.259	中势
79	居民生活	25.111	中势
88	科教文卫	42.810	劣势
93	综合发展	386.136	劣势
97	人口就业	48.193	劣势
103	生态环境	28.771	劣势
106	基础设施	18.042	劣势

根据表 6－78 对 2016 年攀枝花市综合发展及各一级指标得分情况、排名情况、优劣度情况进行分析。其中，攀枝花市综合发展水平得分为 372.874 分，在长江经济带中排名第 107 名，处于劣势区。在一级指标中，攀枝花市人口就业发展水平得分为 48.070 分，在长江经济带中排名第 99 名，处于劣势区。攀枝花市区域经济发展水平得分为 44.519 分，在长江经济带中排名第 52 名，处于优势区。攀枝花市农业生产发展水平得分为 25.196 分，在长江经济带中排名第 104 名，处于劣势区。攀枝花市工业企业发展水平得分为 60.404 分，在长江经济带中排名第 86 名，处于劣势区。攀枝花市基础设施发展水平得分为 19.309 分，在长江经济带中排名第 95 名，处于劣势区。攀枝花市社会福利发展水平得分为 76.691 分，在长江经济带中排名第 49 名，处于优势区。攀枝花市居民生活发展水平得分为 25.781 分，在长江经济带中排名第 62

名，处于中势区。攀枝花市科教文卫发展水平得分为 40.973 分，在长江经济带中排名第 97 名，处于劣势区。攀枝花市生态环境发展水平得分为 31.931 分，在长江经济带中排名第 27 名，处于强势区。

表 6 – 78　　　　　2016 年攀枝花市综合发展各一级指标的得分、排名及优劣度分析

排名	指标	得分	优劣度
27	生态环境	31.931	强势
49	社会福利	76.691	优势
52	区域经济	44.519	优势
62	居民生活	25.781	中势
86	工业企业	60.404	劣势
95	基础设施	19.309	劣势
97	科教文卫	40.973	劣势
99	人口就业	48.070	劣势
104	农业生产	25.196	劣势
107	综合发展	372.874	劣势

根据表 6 – 79 对 2016 年泸州市综合发展及各一级指标得分情况、排名情况、优劣度情况进行分析。其中，泸州市综合发展水平得分为 389.381 分，在长江经济带中排名第 78 名，处于中势区。在一级指标中，泸州市人口就业发展水平得分为 49.597 分，在长江经济带中排名第 75 名，处于中势区。泸州市区域经济发展水平得分为 43.288 分，在长江经济带中排名第 63 名，处于中势区。泸州市农业生产发展水平得分为 37.505 分，在长江经济带中排名第 53 名，处于优势区。泸州市工业企业发展水平得分为 64.367 分，在长江经济带中排名第 34 名，处于优势区。泸州市基础设施发展水平得分为 19.149 分，在长江经济带中排名第 100 名，处于劣势区。泸州市社会福利发展水平得分为 76.879 分，在长江经济带中排名第 45 名，处于优势区。泸州市居民生活发展水平得分为 25.705 分，在长江经济带中排名 66 名，处于中势区。泸州市科教文卫发展水平得分为 41.373 分，在长江经济带中排名第 96 名，处于劣势区。泸州市生态环境发展水平得分为 31.517 分，在长江经济带中排名第 34 名，处于优势区。

表 6 – 79　　　　　2016 年泸州市综合发展各一级指标的得分、排名及优劣度分析

排名	指标	得分	优劣度
34	工业企业	64.367	优势
34	生态环境	31.517	优势
45	社会福利	76.879	优势
53	农业生产	37.505	优势
63	区域经济	43.288	中势
66	居民生活	25.705	中势
75	人口就业	49.597	中势
78	综合发展	389.381	中势
96	科教文卫	41.373	劣势
100	基础设施	19.149	劣势

根据表 6 – 80 对 2016 年德阳市综合发展及各一级指标得分情况、排名情况、优劣度情况进行分析。其中，德阳市综合发展水平得分为 391.686 分，在长江经济带中排名第 67 名，处于中势区。在一级指标中，德阳市人口就业发展水平得分为 49.540 分，在长江经济带中排名第 76 名，处于中势区。德阳市区域经济发展水平得分为 45.269 分，在长江经济带中排名第 39 名，处于优势区。德阳市农业生产发展水平得分为 38.000 分，在长江经济带中排名第 51 名，处于优势区。德阳市工业企业发展水平得分为 62.773 分，在长江经济带中排名第 55 名，处于中势区。德阳市基础设施发展水平得分为 20.129 分，在长江经济带中排名第 72 名，处于中势区。德阳市社会福利发展水平得分为 76.119 分，在长江经济带中排名第 67 名，处

于中势区。德阳市居民生活发展水平得分为 26.936 分，在长江经济带中排名第 47 名，处于优势区。德阳市科教文卫发展水平得分为 44.776 分，在长江经济带中排名第 56 名，处于中势区。德阳市生态环境发展水平得分为 28.145 分，在长江经济带中排名第 108 名，处于劣势区。

表 6-80　　　　　　　　2016 年德阳市综合发展各一级指标的得分、排名及优劣度分析

排名	指标	得分	优劣度
39	区域经济	45.269	优势
47	居民生活	26.936	优势
51	农业生产	38.000	优势
55	工业企业	62.773	中势
56	科教文卫	44.776	中势
67	综合发展	391.686	中势
67	社会福利	76.119	中势
72	基础设施	20.129	中势
76	人口就业	49.540	中势
108	生态环境	28.145	劣势

根据表 6-81 对 2016 年绵阳市综合发展及各一级指标得分情况、排名情况、优劣度情况进行分析。其中，绵阳市综合发展水平得分为 398.960 分，在长江经济带中排名第 39 名，处于优势区。在一级指标中，绵阳市人口就业发展水平得分为 49.601 分，在长江经济带中排名第 74 名，处于中势区。绵阳市区域经济发展水平得分为 46.244 分，在长江经济带中排名第 20 名，处于强势区。绵阳市农业生产发展水平得分为 41.125 分，在长江经济带中排名第 35 名，处于优势区。绵阳市工业企业发展水平得分为 65.307 分，在长江经济带中排名第 19 名，处于强势区。绵阳市基础设施发展水平得分为 20.015 分，在长江经济带中排名第 76 名，处于中势区。绵阳市社会福利发展水平得分为 76.850 分，在长江经济带中排名第 47 名，处于优势区。绵阳市居民生活发展水平得分为 25.488 分，在长江经济带中排名第 70 名，处于中势区。绵阳市科教文卫发展水平得分为 44.926 分，在长江经济带中排名第 55 名，处于中势区。绵阳市生态环境发展水平得分为 29.404 分，在长江经济带中排名第 88 名，处于劣势区。

表 6-81　　　　　　　　2016 年绵阳市综合发展各一级指标的得分、排名及优劣度分析

排名	指标	得分	优劣度
19	工业企业	65.307	强势
20	区域经济	46.244	强势
35	农业生产	41.125	优势
39	综合发展	398.960	优势
47	社会福利	76.850	优势
55	科教文卫	44.926	中势
70	居民生活	25.488	中势
74	人口就业	49.601	中势
76	基础设施	20.015	中势
88	生态环境	29.404	劣势

根据表 6-82 对 2016 年广元市综合发展及各一级指标得分情况、排名情况、优劣度情况进行分析。其中，广元市综合发展水平得分为 396.173 分，在长江经济带中排名第 45 名，处于优势区。在一级指标中，广元市人口就业发展水平得分为 47.659 分，在长江经济带中排名 103 名，处于劣势区。广元市区域经济发展水平得分为 43.807 分，在长江经济带中排名第 54 名，处于优势区。广元市农业生产发展水平得分为 41.896 分，在长江经济带中排名第 30 名，处于优势区。广元市工业企业发展水平得分为 64.513 分，在长江经济带中排名第 32 名，处于优势区。广元市基础设施发展水平得分为 20.336 分，在长江经济带中

排名第66名，处于中势区。广元市社会福利发展水平得分为75.158分，在长江经济带中排名第80名，处于中势区。广元市居民生活发展水平得分为27.574分，在长江经济带中排名第40名，处于优势区。广元市科教文卫发展水平得分为45.166分，在长江经济带中排名第50名，处于优势区。广元市生态环境发展水平得分为30.065分，在长江经济带中排名第66名，处于中势区。

表6-82　　　　　　　　　**2016年广元市综合发展各一级指标的得分、排名及优劣度分析**

排名	指标	得分	优劣度
30	农业生产	41.896	优势
32	工业企业	64.513	优势
40	居民生活	27.574	优势
45	综合发展	396.173	优势
50	科教文卫	45.166	优势
54	区域经济	43.807	优势
66	基础设施	20.336	中势
66	生态环境	30.065	中势
80	社会福利	75.158	中势
103	人口就业	47.659	劣势

根据表6-83对2016年遂宁市综合发展及各一级指标得分情况、排名情况、优劣度情况进行分析。其中，遂宁市综合发展水平得分为392.188分，在长江经济带中排名第62名，处于中势区。在一级指标中，遂宁市人口就业发展水平得分为48.088分，在长江经济带中排名第98名，处于劣势区。遂宁市区域经济发展水平得分为45.702分，在长江经济带中排名第32名，处于优势区。遂宁市农业生产发展水平得分为40.062分，在长江经济带中排名第40名，处于优势区。遂宁市工业企业发展水平得分为65.183分，在长江经济带中排名第23名，处于强势区。遂宁市基础设施发展水平得分为19.236分，在长江经济带中排名第97名，处于劣势区。遂宁市社会福利发展水平得分为76.626分，在长江经济带中排名第52名，处于优势区。遂宁市居民生活发展水平得分为25.762分，在长江经济带中排名第64名，处于中势区。遂宁市科教文卫发展水平得分为41.519分，在长江经济带中排名第95名，处于劣势区。遂宁市生态环境发展水平得分为30.011分，在长江经济带中排名第70名，处于中势区。

表6-83　　　　　　　　　**2016年遂宁市综合发展各一级指标的得分、排名及优劣度分析**

排名	指标	得分	优劣度
23	工业企业	65.183	强势
32	区域经济	45.702	优势
40	农业生产	40.062	优势
52	社会福利	76.626	优势
62	综合发展	392.188	中势
64	居民生活	25.762	中势
70	生态环境	30.011	中势
95	科教文卫	41.519	劣势
97	基础设施	19.236	劣势
98	人口就业	48.088	劣势

根据表6-84对2016年内江市综合发展及各一级指标得分情况、排名情况、优劣度情况进行分析。其中，内江市综合发展水平得分为392.565分，在长江经济带中排名第60名，处于中势区。在一级指标中，内江市人口就业发展水平得分为48.669分，在长江经济带中排名第94名，处于劣势区。内江市区域经济发展水平得分为43.300分，在长江经济带中排名第61名，处于中势区。内江市农业生产发展水平得分为41.127分，在长江经济带中排名第34名，处于优势区。内江市工业企业发展水平得分为64.744分，

在长江经济带中排名第 29 名，处于优势区。内江市基础设施发展水平得分为 19.109 分，在长江经济带中排名第 101 名，处于劣势区。内江市社会福利发展水平得分为 77.491 分，在长江经济带中排名第 28 名，处于优势区。内江市居民生活发展水平得分为 29.045 分，在长江经济带中排名第 25 名，处于强势区。内江市科教文卫发展水平得分为 39.819 分，在长江经济带中排名第 106 名，处于劣势区。内江市生态环境发展水平得分为 29.261 分，在长江经济带中排名第 91 名，处于劣势区。

表 6-84   2016 年内江市综合发展各一级指标的得分、排名及优劣度分析

排名	指标	得分	优劣度
25	居民生活	29.045	强势
28	社会福利	77.491	优势
29	工业企业	64.744	优势
34	农业生产	41.127	优势
60	综合发展	392.565	中势
61	区域经济	43.300	中势
91	生态环境	29.261	劣势
94	人口就业	48.669	劣势
101	基础设施	19.109	劣势
106	科教文卫	39.819	劣势

根据表 6-85 对 2016 年乐山市综合发展及各一级指标得分情况、排名情况、优劣度情况进行分析。其中，乐山市综合发展水平得分为 386.112 分，在长江经济带中排名第 94 名，处于劣势区。在一级指标中，乐山市人口就业发展水平得分为 48.968 分，在长江经济带中排名第 87 名，处于劣势区。乐山市区域经济发展水平得分为 42.646 分，在长江经济带中排名第 76 名，处于中势区。乐山市农业生产发展水平得分为 34.810 分，在长江经济带中排名第 66 名，处于中势区。乐山市工业企业发展水平得分为 63.739 分，在长江经济带中排名第 41 名，处于优势区。乐山市基础设施发展水平得分为 19.559 分，在长江经济带中排名第 87 名，处于劣势区。乐山市社会福利发展水平得分为 77.463 分，在长江经济带中排名第 30 名，处于优势区。乐山市居民生活发展水平得分为 24.142 分，在长江经济带中排名第 98 名，处于劣势区。乐山市科教文卫发展水平得分为 44.161 分，在长江经济带中排名第 69 名，处于中势区。乐山市生态环境发展水平得分为 30.624 分，在长江经济带中排名第 50 名，处于优势区。

表 6-85   2016 年乐山市综合发展各一级指标的得分、排名及优劣度分析

排名	指标	得分	优劣度
30	社会福利	77.463	优势
41	工业企业	63.739	优势
50	生态环境	30.624	优势
66	农业生产	34.810	中势
69	科教文卫	44.161	中势
76	区域经济	42.646	中势
87	人口就业	48.968	劣势
87	基础设施	19.559	劣势
94	综合发展	386.112	劣势
98	居民生活	24.142	劣势

根据表 6-86 对 2016 年南充市综合发展及各一级指标得分情况、排名情况、优劣度情况进行分析。其中，南充市综合发展水平得分为 402.698 分，在长江经济带中排名第 21 名，处于强势区。在一级指标中，南充市人口就业发展水平得分为 48.419 分，在长江经济带中排名第 96 名，处于劣势区。南充市区域经济发展水平得分 42.926 分，在长江经济带中排名第 70 名，处于中势区。南充市农业生产发展水平得分

为48.920分，在长江经济带中排名第9名，处于强势区。南充市工业企业发展水平得分为63.711分，在长江经济带中排名第42名，处于优势区。南充市基础设施发展水平得分为19.194分，在长江经济带中排名第99名，处于劣势区。南充市社会福利发展水平得分为76.249分，在长江经济带中排名第65名，处于中势区。南充市居民生活发展水平得分为25.513分，在长江经济带中排名第68名，处于中势区。南充市科教文卫发展水平得分为46.438分，在长江经济带中排名第32名，处于优势区。南充市生态环境发展水平得分为31.328分，在长江经济带中排名第39名，处于优势区。

表6-86　　　　　　　2016年南充市综合发展各一级指标的得分、排名及优劣度分析

排名	指标	得分	优劣度
9	农业生产	48.920	强势
21	综合发展	402.698	强势
32	科教文卫	46.438	优势
39	生态环境	31.328	优势
42	工业企业	63.711	优势
65	社会福利	76.249	中势
68	居民生活	25.513	中势
70	区域经济	42.926	中势
96	人口就业	48.419	劣势
99	基础设施	19.194	劣势

根据表6-87对2016年眉山市综合发展及各一级指标得分情况、排名情况、优劣度情况进行分析。其中，眉山市综合发展水平得分为399.744分，在长江经济带中排名第31名，处于优势区。在一级指标中，眉山市人口就业发展水平得分为48.987分，在长江经济带中排名第86名，处于劣势区。眉山市区域经济发展水平得分为42.486分，在长江经济带中排名第82名，处于劣势区。眉山市农业生产发展水平得分为40.616分，在长江经济带中排名第37名，处于优势区。眉山市工业企业发展水平得分为67.968分，在长江经济带中排名第2名，处于强势区。眉山市基础设施发展水平得分为21.620分，在长江经济带中排名第41名，处于优势区。眉山市社会福利发展水平得分为77.566分，在长江经济带中排名第27名，处于强势区。眉山市居民生活发展水平得分为24.289分，在长江经济带中排名第95名，处于劣势区。眉山市科教文卫发展水平得分为44.268分，在长江经济带中排名第65名，处于中势区。眉山市生态环境发展水平得分为31.945分，在长江经济带中排名第26名，处于强势区。

表6-87　　　　　　　2016年眉山市综合发展各一级指标的得分、排名及优劣度分析

排名	指标	得分	优劣度
2	工业企业	67.968	强势
26	生态环境	31.945	强势
27	社会福利	77.566	强势
31	综合发展	399.744	优势
37	农业生产	40.616	优势
41	基础设施	21.620	优势
65	科教文卫	44.268	中势
82	区域经济	42.486	劣势
86	人口就业	48.987	劣势
95	居民生活	24.289	劣势

根据表6-88对2016年宜宾市综合发展及各一级指标得分情况、排名情况、优劣度情况进行分析。其中，宜宾市综合发展水平得分为389.690分，在长江经济带中排名第74名，处于中势区。在一级指标中，宜宾市人口就业发展水平得分为49.297分，在长江经济带中排名第83名，处于劣势区。宜宾市区域

经济发展水平得分为 46.011 分，在长江经济带中排名第 21 名，处于强势区。宜宾市农业生产发展水平得分为 39.245 分，在长江经济带中排名第 43 名，处于优势区。宜宾市工业企业发展水平得分为 60.550 分，在长江经济带中排名第 84 名，处于劣势区。宜宾市基础设施发展水平得分为 19.530 分，在长江经济带中排名第 89 名，处于劣势区。宜宾市社会福利发展水平得分为 77.235 分，在长江经济带中排名第 35 名，处于优势区。宜宾市居民生活发展水平得分为 25.946 分，在长江经济带中排名第 60 名，处于中势区。宜宾市科教文卫发展水平得分为 40.863 分，在长江经济带中排名第 99 名，处于劣势区。宜宾市生态环境发展水平得分为 31.014 分，在长江经济带中排名第 41 名，处于优势区。

表 6 - 88　　　　　　　　　　2016 年宜宾市综合发展各一级指标的得分、排名及优劣度分析

排名	指标	得分	优劣度
21	区域经济	46.011	强势
35	社会福利	77.235	优势
41	生态环境	31.014	优势
43	农业生产	39.245	优势
60	居民生活	25.946	中势
74	综合发展	389.690	中势
83	人口就业	49.297	劣势
84	工业企业	60.550	劣势
89	基础设施	19.530	劣势
99	科教文卫	40.863	劣势

根据表 6 - 89 对 2016 年广安市综合发展及各一级指标得分情况、排名情况、优劣度情况进行分析。其中，广安市综合发展水平得分为 399.200 分，在长江经济带中排名第 38 名，处于优势区。在一级指标中，广安市人口就业发展水平得分为 49.502 分，在长江经济带中排名第 78 名，处于中势区。广安市区域经济发展水平得分为 42.129 分，在长江经济带中排名第 91 名，处于劣势区。广安市农业生产发展水平得分为 41.196 分，在长江经济带中排名第 32 名，处于优势区。广安市工业企业发展水平得分为 60.019 分，在长江经济带中排名第 87 名，处于劣势区。广安市基础设施发展水平得分为 29.727 分，在长江经济带中排名第 2 名，处于强势区。广安市社会福利发展水平得分为 76.994 分，在长江经济带中排名第 42 名，处于优势区。广安市居民生活发展水平得分为 27.354 分，在长江经济带中排名第 42 名，处于优势区。广安市科教文卫发展水平得分为 43.380 分，在长江经济带中排名第 79 名，处于中势区。广安市生态环境发展水平得分为 28.898 分，在长江经济带中排名第 98 名，处于劣势区。

表 6 - 89　　　　　　　　　　2016 年广安市综合发展各一级指标的得分、排名及优劣度分析

排名	指标	得分	优劣度
2	基础设施	29.727	强势
32	农业生产	41.196	优势
38	综合发展	399.200	优势
42	社会福利	76.994	优势
42	居民生活	27.354	优势
78	人口就业	49.502	中势
79	科教文卫	43.380	中势
87	工业企业	60.019	劣势
91	区域经济	42.129	劣势
98	生态环境	28.898	劣势

根据表 6 - 90 对 2016 年达州市综合发展及各一级指标得分情况、排名情况、优劣度情况进行分析。其中，达州市综合发展水平得分为 389.932 分，在长江经济带中排名第 72 名，处于中势区。在一级指标

中，达州市人口就业发展水平得分为 49.801 分，在长江经济带中排名第 70 名，处于中势区。达州市区域经济发展水平得分为 41.547 分，在长江经济带中排名第 98 名，处于劣势区。达州市农业生产发展水平得分为 48.231 分，在长江经济带中排名第 11 名，处于强势区。达州市工业企业发展水平得分为 59.618 分，在长江经济带中排名第 91 名，处于劣势区。达州市基础设施发展水平得分为 17.517 分，在长江经济带中排名第 108 名，处于劣势区。达州市社会福利发展水平得分为 77.136 分，在长江经济带中排名第 38 名，处于优势区。达州市居民生活发展水平得分为 24.549 分，在长江经济带中排名第 90 名，处于劣势区。达州市科教文卫发展水平得分为 43.367 分，在长江经济带中排名第 80 名，处于中势区。达州市生态环境发展水平得分为 28.165 分，在长江经济带中排名第 107 名，处于劣势区。

表 6-90　　　　　　　　　　2016 年达州市综合发展各一级指标的得分、排名及优劣度分析

排名	指标	得分	优劣度
11	农业生产	48.231	强势
38	社会福利	77.136	优势
70	人口就业	49.801	中势
72	综合发展	389.932	中势
80	科教文卫	43.367	中势
90	居民生活	24.549	劣势
91	工业企业	59.618	劣势
98	区域经济	41.547	劣势
107	生态环境	28.165	劣势
108	基础设施	17.517	劣势

根据表 6-91 对 2016 年雅安市综合发展及各一级指标得分情况、排名情况、优劣度情况进行分析。其中，雅安市综合发展水平得分为 386.960 分，在长江经济带中排名第 89 名，处于劣势区。在一级指标中，雅安市人口就业发展水平得分为 48.062 分，在长江经济带中排名第 100 名，处于劣势区。雅安市区域经济发展水平得分为 42.525 分，在长江经济带中排名第 81 名，处于中势区。雅安市农业生产发展水平得分为 38.078 分，在长江经济带中排名第 50 名，处于优势区。雅安市工业企业发展水平得分为 61.648 分，在长江经济带中排名第 75 名，处于中势区。雅安市基础设施发展水平得分为 20.638 分，在长江经济带中排名第 62 名，处于中势区。雅安市社会福利发展水平得分为 75.147 分，在长江经济带中排名第 81 名，处于中势区。雅安市居民生活发展水平得分为 30.021 分，在长江经济带中排名第 10 名，处于强势区。雅安市科教文卫发展水平得分为 40.389 分，在长江经济带中排名第 102 名，处于劣势区。雅安市生态环境发展水平得分为 30.452 分，在长江经济带中排名第 56 名，处于中势区。

表 6-91　　　　　　　　　　2016 年雅安市综合发展各一级指标的得分、排名及优劣度分析

排名	指标	得分	优劣度
10	居民生活	30.021	强势
50	农业生产	38.078	优势
56	生态环境	30.452	中势
62	基础设施	20.638	中势
75	工业企业	61.648	中势
81	区域经济	42.525	中势
81	社会福利	75.147	中势
89	综合发展	386.960	劣势
100	人口就业	48.062	劣势
102	科教文卫	40.389	劣势

根据表 6-92 对 2016 年巴中市综合发展及各一级指标得分情况、排名情况、优劣度情况进行分析。

其中，巴中市综合发展水平得分为 390.608 分，在长江经济带中排名第 71 名，处中势区。在一级指标中，巴中市人口就业发展水平得分为 48.841 分，在长江经济带中排名第 92 名，处于劣势区。巴中市区域经济发展水平得分为 41.833 分，在长江经济带中排名第 94 名，处于劣势区。巴中市农业生产发展水平得分为 42.262 分，在长江经济带中排名第 25 名，处于强势区。巴中市工业企业发展水平得分为 60.594 分，在长江经济带中排名第 82 名，处于劣势区。巴中市基础设施发展水平得分为 21.564 分，在长江经济带中排名第 42 名，处于优势区。巴中市社会福利发展水平得分为 73.099 分，在长江经济带中排名第 97 名，处于劣势区。巴中市居民生活发展水平得分为 28.941 分，在长江经济带中排名第 27 名，处于强势区。巴中市科教文卫发展水平得分为 43.195 分，在长江经济带中排名第 84 名，处于劣势区。巴中市生态环境发展水平得分为 30.280 分，在长江经济带中排名第 60 名，处于中势区。

表 6－92　　　　　　　　2016 年巴中市综合发展各一级指标的得分、排名及优劣度分析

排名	指标	得分	优劣度
25	农业生产	42.262	强势
27	居民生活	28.941	强势
42	基础设施	21.564	优势
60	生态环境	30.280	中势
71	综合发展	390.608	中势
82	工业企业	60.594	劣势
84	科教文卫	43.195	劣势
92	人口就业	48.841	劣势
94	区域经济	41.833	劣势
97	社会福利	73.099	劣势

根据表 6－93 对 2016 年资阳市综合发展及各一级指标得分情况、排名情况、优劣度情况进行分析。其中，资阳市综合发展水平得分为 371.737 分，在长江经济带中排名第 108 名，处于劣势区。在一级指标中，资阳市人口就业发展水平得分为 43.315 分，在长江经济带中排名第 106 名，处于劣势区。资阳市区域经济发展水平得分为 39.667 分，在长江经济带中排名第 108 名，处于劣势区。资阳市农业生产发展水平得分为 42.006 分，在长江经济带中排名第 28 名，处于优势区。资阳市工业企业发展水平得分为 57.669 分，在长江经济带中排名第 104 名，处于劣势区。资阳市基础设施发展水平得分为 20.150 分，在长江经济带中排名第 71 名，处于中势区。资阳市社会福利发展水平得分为 78.051 分，在长江经济带中排名第 20 名，处于强势区。资阳市居民生活发展水平得分为 24.125 分，在长江经济带中排名第 99 名，处于劣势区。资阳市科教文卫发展水平得分为 38.518 分，在长江经济带中排名第 107 名，处于劣势区。资阳市生态环境发展水平得分为 28.235 分，在长江经济带中排名第 106 名，处于劣势区。

表 6－93　　　　　　　　2016 年资阳市综合发展各一级指标的得分、排名及优劣度分析

排名	指标	得分	优劣度
20	社会福利	78.051	强势
28	农业生产	42.006	优势
71	基础设施	20.150	中势
99	居民生活	24.125	劣势
104	工业企业	57.669	劣势
106	人口就业	43.315	劣势
106	生态环境	28.235	劣势
107	科教文卫	38.518	劣势
108	综合发展	371.737	劣势
108	区域经济	39.667	劣势

根据表 6 - 94 对 2016 年贵阳市综合发展及各一级指标得分情况、排名情况、优劣度情况进行分析。其中，贵阳市综合发展水平得分为 395.637 分，在长江经济带中排名第 50 名，处于优势区。在一级指标中，贵阳市人口就业发展水平得分为 50.249 分，在长江经济带中排名第 61 名，处于中势区。贵阳市区域经济发展水平得分为 43.498 分，在长江经济带中排名第 59 名，处于中势区。贵阳市农业生产发展水平得分为 26.560 分，在长江经济带中排名第 99 名，处于劣势区。贵阳市工业企业发展水平得分为 66.079 分，在长江经济带中排名第 11 名，处于强势区。贵阳市基础设施发展水平得分为 21.497 分，在长江经济带中排名第 45 名，处于优势区。贵阳市社会福利发展水平得分为 76.994 分，在长江经济带中排名第 43 名，处于优势区。贵阳市居民生活发展水平得分为 30.595 分，在长江经济带中排名第 8 名，处于强势区。贵阳市科教文卫发展水平得分为 49.552 分，在长江经济带中排名第 13 名，处于强势区。贵阳市生态环境发展水平得分为 30.614 分，在长江经济带中排名第 51 名，处于优势区。

表 6 - 94　　　　　　　　2016 年贵阳市综合发展各一级指标的得分、排名及优劣度分析

排名	指标	得分	优劣度
8	居民生活	30.595	强势
11	工业企业	66.079	强势
13	科教文卫	49.552	强势
43	社会福利	76.994	优势
45	基础设施	21.497	优势
50	综合发展	395.637	优势
51	生态环境	30.614	优势
59	区域经济	43.498	中势
61	人口就业	50.249	中势
99	农业生产	26.560	劣势

根据表 6 - 95 对 2016 年六盘水市综合发展及各一级指标得分情况、排名情况、优劣度情况进行分析。其中，六盘水市综合发展水平得分为 406.485 分，在长江经济带中排名第 13 名，处于强势区。在一级指标中，六盘水市人口就业发展水平得分为 50.049 分，在长江经济带中排名第 65 名，处于中势区。六盘水市区域经济发展水平得分为 46.841 分，在长江经济带中排名第 11 名，处于强势区。六盘水市农业生产发展水平得分为 33.871 分，在长江经济带中排名第 68 名，处于中势区。六盘水市工业企业发展水平得分为 64.936 分，在长江经济带中排名第 26 名，处于强势区。六盘水市基础设施发展水平得分为 35.386 分，在长江经济带中排名第 1 名，处于强势区。六盘水市社会福利发展水平得分为 75.503 分，在长江经济带中排名第 76 名，处于中势区。六盘水市居民生活发展水平得分为 26.383 分，在长江经济带中排名第 53 名，处于优势区。六盘水市科教文卫发展水平得分为 41.693 分，在长江经济带中排名第 94 名，处于劣势区。六盘水市生态环境发展水平得分为 31.822 分，在长江经济带中排名第 30 名，处于优势区。

表 6 - 95　　　　　　　　2016 年六盘水市综合发展各一级指标的得分、排名及优劣度分析

排名	指标	得分	优劣度
1	基础设施	35.386	强势
11	区域经济	46.841	强势
13	综合发展	406.485	强势
26	工业企业	64.936	强势
30	生态环境	31.822	优势
53	居民生活	26.383	优势
65	人口就业	50.049	中势
68	农业生产	33.871	中势
76	社会福利	75.503	中势
94	科教文卫	41.693	劣势

根据表6－96对2016年遵义市综合发展及各一级指标得分情况、排名情况、优劣度情况进行分析。其中，遵义市综合发展水平得分为407.324分，在长江经济带中排名第11名，处于强势区。在一级指标中，遵义市人口就业发展水平得分为50.580分，在长江经济带中排名第53名，处于优势区。遵义市区域经济发展水平得分为45.721分，在长江经济带中排名第31名，处于优势区。遵义市农业生产发展水平得分为42.305分，在长江经济带中排名第24名，处于强势区。遵义市工业企业发展水平得分为59.468分，在长江经济带中排名第94名，处于劣势区。遵义市基础设施发展水平得分为24.181分，在长江经济带中排名第11名，处于强势区。遵义市社会福利发展水平得分为78.243分，在长江经济带中排名第16名，处于强势区。遵义市居民生活发展水平得分为29.514分，在长江经济带中排名第19名，处于强势区。遵义市科教文卫发展水平得分为47.240分，在长江经济带中排名第22名，处于强势区。遵义市生态环境发展水平得分为30.073分，在长江经济带中排名第65名，处于中势区。

表6－96　　　　　　　　　2016年遵义市综合发展各一级指标的得分、排名及优劣度分析

排名	指标	得分	优劣度
11	综合发展	407.324	强势
11	基础设施	24.181	强势
16	社会福利	78.243	强势
19	居民生活	29.514	强势
22	科教文卫	47.240	强势
24	农业生产	42.305	强势
31	区域经济	45.721	优势
53	人口就业	50.580	优势
65	生态环境	30.073	中势
94	工业企业	59.468	劣势

根据表6－97对2016年安顺市综合发展及各一级指标得分情况、排名情况、优劣度情况进行分析。其中，安顺市综合发展水平得分为391.937分，在长江经济带中排名第65名，处于中势区。在一级指标中，安顺市人口就业发展水平得分为50.121分，在长江经济带中排名第63名，处于中势区。安顺市区域经济发展水平得分为42.642分，在长江经济带中排名第79名，处于中势区。安顺市农业生产发展水平得分为43.963分，在长江经济带中排名第18名，处于强势区。安顺市工业企业发展水平得分为59.367分，在长江经济带中排名第95名，处于劣势区。安顺市基础设施发展水平得分为19.091分，在长江经济带中排名第103名，处于劣势区。安顺市社会福利发展水平得分为75.625分，在长江经济带中排名第73名，处于中势区。安顺市居民生活发展水平得分为29.603分，在长江经济带中排名第17名，处于强势区。安顺市科教文卫发展水平得分为40.002分，在长江经济带中排名第105名，处于劣势区。安顺市生态环境发展水平得分为31.524分，在长江经济带中排名第33名，处于优势区。

表6－97　　　　　　　　　2016年安顺市综合发展各一级指标的得分、排名及优劣度分析

排名	指标	得分	优劣度
17	居民生活	29.603	强势
18	农业生产	43.963	强势
33	生态环境	31.524	优势
63	人口就业	50.121	中势
65	综合发展	391.937	中势
73	社会福利	75.625	中势
79	区域经济	42.642	中势
95	工业企业	59.367	劣势
103	基础设施	19.091	劣势
105	科教文卫	40.002	劣势

根据表 6 - 98 对 2016 年昆明市综合发展及各一级指标得分情况、排名情况、优劣度情况进行分析。其中，昆明市综合发展水平得分为 398.408 分，在长江经济带中排名第 41 名，处于优势区。在一级指标中，昆明市人口就业发展水平得分为 51.753 分，在长江经济带中排名第 27 名，处于强势区。昆明市区域经济发展水平得分为 44.768 分，在长江经济带中排名第 45 名，处于优势区。昆明市农业生产发展水平得分为 27.966 分，在长江经济带中排名第 90 名，处于劣势区。昆明市工业企业发展水平得分为 65.561 分，在长江经济带中排名第 17 名，处于强势区。昆明市基础设施发展水平得分为 21.677 分，在长江经济带中排名第 40 名，处于优势区。昆明市社会福利发展水平得分为 74.548 分，在长江经济带中排名第 88 名，处于劣势区。昆明市居民生活发展水平得分为 28.020 分，在长江经济带中排名第 35 名，处于优势区。昆明市科教文卫发展水平得分为 49.978 分，在长江经济带中排名第 12 名，处于强势区。昆明市生态环境发展水平得分为 34.137 分，在长江经济带中排名第 13 名，处于强势区。

表 6 - 98　　　　　　　2016 年昆明市综合发展各一级指标的得分、排名及优劣度分析

排名	指标	得分	优劣度
12	科教文卫	49.978	强势
13	生态环境	34.137	强势
17	工业企业	65.561	强势
27	人口就业	51.753	强势
35	居民生活	28.020	优势
40	基础设施	21.677	优势
41	综合发展	398.408	优势
45	区域经济	44.768	优势
88	社会福利	74.548	劣势
90	农业生产	27.966	劣势

根据表 6 - 99 对 2016 年曲靖市综合发展及各一级指标得分情况、排名情况、优劣度情况进行分析。其中，曲靖市综合发展水平得分为 400.573 分，在长江经济带中排名第 28 名，处于优势区。在一级指标中，曲靖市人口就业发展水平得分为 52.397 分，在长江经济带中排名第 19 名，处于强势区。曲靖市区域经济发展水平得分为 41.076 分，在长江经济带中排名第 102 名，处于劣势区。曲靖市农业生产发展水平得分为 46.559 分，在长江经济带中排名第 13 名，处于强势区。曲靖市工业企业发展水平得分为 63.668 分，在长江经济带中排名第 43 名，处于优势区。曲靖市基础设施发展水平得分为 20.623 分，在长江经济带中排名第 63 名，处于中势区。曲靖市社会福利发展水平得分为 76.518 分，在长江经济带中排名第 58 名，处于中势区。曲靖市居民生活发展水平得分为 27.015 分，在长江经济带中排名第 46 名，处于优势区。曲靖市科教文卫发展水平得分为 42.776 分，在长江经济带中排名第 89 名，处于劣势区。曲靖市生态环境发展水平得分为 29.941 分，在长江经济带中排名第 73 名，处于中势区。

表 6 - 99　　　　　　　2016 年曲靖市综合发展各一级指标的得分、排名及优劣度分析

排名	指标	得分	优劣度
13	农业生产	46.559	强势
19	人口就业	52.397	强势
28	综合发展	400.573	优势
43	工业企业	63.668	优势
46	居民生活	27.015	优势
58	社会福利	76.518	中势
63	基础设施	20.623	中势
73	生态环境	29.941	中势
89	科教文卫	42.776	劣势
102	区域经济	41.076	劣势

根据表6－100对2016年玉溪市综合发展及各一级指标得分情况、排名情况、优劣度情况进行分析。其中，玉溪市综合发展水平得分为418.980分，在长江经济带中排名6名，处于强势区。在一级指标中，玉溪市人口就业发展水平得分为49.777分，在长江经济带中排名第71名，处于中势区。玉溪市区域经济发展水平得分为41.332分，在长江经济带中排名第100名，处于劣势区。玉溪市农业生产发展水平得分为34.142分，在长江经济带中排名第67名，处于中势区。玉溪市工业企业发展水平得分为66.673分，在长江经济带中排名第7名，处于强势区。玉溪市基础设施发展水平得分为24.122分，在长江经济带中排名第12名，处于强势区。玉溪市社会福利发展水平得分为77.019分，在长江经济带中排名第40名，处于优势区。玉溪市居民生活发展水平得分为29.788分，在长江经济带中排名第13名，处于强势区。玉溪市科教文卫发展水平得分为45.263分，在长江经济带中排名第49名，处于优势区。玉溪市生态环境发展水平得分为50.864分，在长江经济带中排名第1名，处于强势区。

表6－100　　　　　　　　　2016年玉溪市综合发展各一级指标的得分、排名及优劣度分析

排名	指标	得分	优劣度
1	生态环境	50.864	强势
6	综合发展	418.980	强势
7	工业企业	66.673	强势
12	基础设施	24.122	强势
13	居民生活	29.788	强势
40	社会福利	77.019	优势
49	科教文卫	45.263	优势
67	农业生产	34.142	中势
71	人口就业	49.777	中势
100	区域经济	41.332	劣势

根据表6－101对2016年保山市综合发展及各一级指标得分情况、排名情况、优劣度情况进行分析。其中，保山市综合发展水平得分为411.284分，在长江经济带中排名第9名，处于强势区。在一级指标中，保山市人口就业发展水平得分为48.961分，在长江经济带中排名第89名，处于劣势区。保山市区域经济发展水平得分为45.813分，在长江经济带中排名第29名，处于优势区。保山市农业生产发展水平得分为50.532分，在长江经济带中排名第5名，处于强势区。保山市工业企业发展水平得分为65.159分，在长江经济带中排名第24名，处于强势区。保山市基础设施发展水平得分为22.009分，在长江经济带中排名第34名，处于优势区。保山市社会福利发展水平得分为70.629分，在长江经济带中排名第105名，处于劣势区。保山市居民生活发展水平得分为24.541分，在长江经济带中排名第91名，处于劣势区。保山市科教文卫发展水平得分为45.855分，在长江经济带中排名第40名，处于优势区。保山市生态环境发展水平得分为37.785分，在长江经济带中排名第7名，处于强势区。

表6－101　　　　　　　　　2016年保山市综合发展各一级指标的得分、排名及优劣度分析

排名	指标	得分	优劣度
5	农业生产	50.532	强势
7	生态环境	37.785	强势
9	综合发展	411.284	强势
24	工业企业	65.159	强势
29	区域经济	45.813	优势
34	基础设施	22.009	优势
40	科教文卫	45.855	优势
89	人口就业	48.961	劣势
91	居民生活	24.541	劣势
105	社会福利	70.629	劣势

根据表 6-102 对 2016 年昭通市综合发展及各一级指标得分情况、排名情况、优劣度情况进行分析。其中，昭通市综合发展水平得分为 400.126 分，在长江经济带中排名第 29 名，处于优势区。在一级指标中，昭通市人口就业发展水平得分为 50.881 分，在长江经济带中排名第 45 名，处于优势区。昭通市区域经济发展水平得分为 42.170 分，在长江经济带中排名第 89 名，处于劣势区。昭通市农业生产发展水平得分为 44.348 分，在长江经济带中排名第 16 名，处于强势区。昭通市工业企业发展水平得分为 62.329 分，在长江经济带中排名第 60 名，处于中势区。昭通市基础设施发展水平得分为 19.824 分，在长江经济带中排名第 81 名，处于中势区。昭通市社会福利发展水平得分为 74.971 分，在长江经济带中排名第 84 名，处于劣势区。昭通市居民生活发展水平得分为 29.119 分，在长江经济带中排名第 23 名，处于强势区。昭通市科教文卫发展水平得分为 46.837 分，在长江经济带中排名第 25 名，处于强势区。昭通市生态环境发展水平得分为 29.648 分，在长江经济带中排名第 80 名，处于中势区。

表 6-102　　　　2016 年昭通市综合发展各一级指标的得分、排名及优劣度分析

排名	指标	得分	优劣度
16	农业生产	44.348	强势
23	居民生活	29.119	强势
25	科教文卫	46.837	强势
29	综合发展	400.126	优势
45	人口就业	50.881	优势
60	工业企业	62.329	中势
80	生态环境	29.648	中势
81	基础设施	19.824	中势
84	社会福利	74.971	劣势
89	区域经济	42.170	劣势

根据表 6-103 对 2016 年丽江市综合发展及各一级指标得分情况、排名情况、优劣度情况进行分析。其中，丽江市综合发展水平得分为 395.224 分，在长江经济带中排名第 54 名，处于优势区。在一级指标中，丽江市人口就业发展水平得分为 46.940 分，在长江经济带中排名第 104 名，处于劣势区。丽江市区域经济发展水平得分为 40.377 分，在长江经济带中排名第 106 名，处于劣势区。丽江市农业生产发展水平得分为 38.906 分，在长江经济带中排名第 46 名，处于优势区。丽江市工业企业发展水平得分为 65.595 分，在长江经济带中排名第 16 名，处于强势区。丽江市基础设施发展水平得分为 21.047 分，在长江经济带中排名第 51 名，处于优势区。丽江市社会福利发展水平得分为 69.313 分，在长江经济带中排名第 107 名，处于劣势区。丽江市居民生活发展水平得分为 29.507 分，在长江经济带中排名第 20 名，处于强势区。丽江市科教文卫发展水平得分为 44.427 分，在长江经济带中排名第 62 名，处于中势区。丽江市生态环境发展水平得分为 39.112 分，在长江经济带中排名第 4 名，处于强势区。

表 6-103　　　　2016 年丽江市综合发展各一级指标的得分、排名及优劣度分析

排名	指标	得分	优劣度
4	生态环境	39.112	强势
16	工业企业	65.595	强势
20	居民生活	29.507	强势
46	农业生产	38.906	优势
51	基础设施	21.047	优势
54	综合发展	395.224	优势
62	科教文卫	44.427	中势
104	人口就业	46.940	劣势
106	区域经济	40.377	劣势
107	社会福利	69.313	劣势

根据表6－104对2016年普洱市综合发展及各一级指标得分情况、排名情况、优劣度情况进行分析。其中，普洱市综合发展水平得分为424.575分，在长江经济带中排名第5名，处于强势区。在一级指标中，普洱市人口就业发展水平得分为50.862分，在长江经济带中排名第46名，处于优势区。普洱市区域经济发展水平得分为46.369分，在长江经济带中排名第17名，处于强势区。普洱市农业生产发展水平得分为52.581分，在长江经济带中排名第2名，处于强势区。普洱市工业企业发展水平得分为65.192分，在长江经济带中排名第22名，处于强势区。普洱市基础设施发展水平得分为23.490分，在长江经济带中排名第17名，处于强势区。普洱市社会福利发展水平得分为73.741分，在长江经济带中排名第95名，处于劣势区。普洱市居民生活发展水平得分为29.874分，在长江经济带中排名第12名，处于强势区。普洱市科教文卫发展水平得分为47.291分，在长江经济带中排名第20名，处于强势区。普洱市生态环境发展水平得分为35.174分，在长江经济带中排名第10名，处于强势区。

表6－104　　　　　　　2016年普洱市综合发展各一级指标的得分、排名及优劣度分析

排名	指标	得分	优劣度
2	农业生产	52.581	强势
5	综合发展	424.575	强势
10	生态环境	35.174	强势
12	居民生活	29.874	强势
17	区域经济	46.369	强势
17	基础设施	23.490	强势
20	科教文卫	47.291	强势
22	工业企业	65.192	强势
46	人口就业	50.862	优势
95	社会福利	73.741	劣势

根据表6－105对2016年临沧市综合发展及各一级指标得分情况、排名情况、优劣度情况进行分析。其中，临沧市综合发展水平得分为429.026分，在长江经济带中排名第3名，处于强势区。在一级指标中，临沧市人口就业发展水平得分为51.180分，在长江经济带中排名第35名，处于优势区。临沧市区域经济发展水平得分为43.747分，在长江经济带中排名第56名，处于中势区。临沧市农业生产发展水平得分为57.531分，在长江经济带中排名第1名，处于强势区。临沧市工业企业发展水平得分为64.875分，在长江经济带中排名第27名，处于强势区。临沧市基础设施发展水平得分为22.922分，在长江经济带中排名第23名，处于强势区。临沧市社会福利发展水平得分为76.472分，在长江经济带中排名第59名，处于中势区。临沧市居民生活发展水平得分为27.979分，在长江经济带中排名第36名，处于优势区。临沧市科教文卫发展水平得分为46.444分，在长江经济带中排名第30名，处于优势区。临沧市生态环境发展水平得分为37.877分，在长江经济带中排名第6名，处于强势区。

表6－105　　　　　　　2016年临沧市综合发展各一级指标的得分、排名及优劣度分析

排名	指标	得分	优劣度
1	农业生产	57.531	强势
3	综合发展	429.026	强势
6	生态环境	37.877	强势
23	基础设施	22.922	强势
27	工业企业	64.875	强势
30	科教文卫	46.444	优势
35	人口就业	51.180	优势
36	居民生活	27.979	优势
56	区域经济	43.747	中势
59	社会福利	76.472	中势

四、2017 年长江经济带西部地区城市综合发展水平评估分析

（一）2017 年长江经济带西部地区城市综合发展水平评估指标比较

根据表 6－106 对长江经济带西部地区的城市综合发展水平得分情况展开分析。2017 年西部地区各城市综合发展水平得分区间为 372～432 分。其中得分最高的为临沧市（430.365），最低分为玉溪市（364.960），在西部地区中有 5 个城市（临沧市、重庆市、普洱市、成都市、保山市）的综合发展水平得分超过 400 分，其余城市的得分均低于 400 分。

表 6－106　　　　　　　　　　2017 年长江经济带西部地区综合发展得分

排名	地区	得分
1	临沧市	430.365
2	重庆市	414.912
3	普洱市	413.328
4	成都市	402.295
5	保山市	401.797
6	昭通市	397.397
7	遂宁市	396.509
8	巴中市	393.665
9	丽江市	393.452
10	德阳市	391.153
11	遵义市	390.570
12	广安市	390.477
13	广元市	390.208
14	曲靖市	389.132
15	绵阳市	388.440
16	达州市	387.399
17	南充市	387.098
18	眉山市	386.488
19	昆明市	385.738
20	六盘水市	383.263
21	资阳市	382.413
22	内江市	382.366
23	贵阳市	381.760
24	雅安市	381.428
25	自贡市	381.321
26	乐山市	381.146
27	宜宾市	381.087
28	泸州市	380.992
29	攀枝花市	376.455
30	安顺市	375.870
31	玉溪市	364.960

根据表 6－107 对 2017 年长江经济带西部地区综合发展水平平均得分在长江经济带各城市群中排名情况展开分析。2017 年西部地区综合发展水平平均得分处于长江经济带各板块中的第 1 名，具备较强的发展优势。

表 6 - 107　　　　　　　　2017 年长江经济带西部地区综合发展评分一级指标比较

项目	数据
排名	1
西部地区平均得分	389.790
经济带最高分	430.365
经济带平均分	386.962
与最高分差距	-40.575
与平均分差距	2.828

（二）2017 年长江经济带西部地区城市综合发展水平的量化评估

根据表 6 - 108 对 2017 年长江经济带西部地区综合发展及各一级指标平均得分情况、排名情况进行分析。其中，西部地区综合发展平均得分在长江经济带各板块中排名第 1 名。在一级指标中，人口就业发展水平平均得分为 50.732 分，在长江经济带各板块中排名第 3 名。区域经济发展水平平均得分为 44.006 分，在长江经济带各板块中排名第 2 名。农业生产发展水平平均得分为 33.497 分，在长江经济带各板块中排名第 1 名。工业企业发展水平平均得分为 63.126 分，在长江经济带各板块中排名第 1 名。基础设施发展水平平均得分为 20.521 分，在长江经济带各板块中排名第 3 名。社会福利发展水平平均得分为 72.796 分，在长江经济带各板块中排名第 2 名。居民生活发展水平平均得分为 27.966 分，在长江经济带各板块中排名第 2 名。科教文卫发展水平平均得分为 43.975 分，在长江经济带各板块中排名第 2 名。生态环境发展水平平均得分为 33.170 分，在长江经济带各板块中排名第 1 名。

表 6 - 108　　　　　　2017 年长江经济带西部地区综合发展各一级指标的得分、排名分析

排名	指标	得分
1	综合发展	389.790
1	农业生产	33.497
1	工业企业	63.126
1	生态环境	33.170
2	区域经济	44.006
2	社会福利	72.796
2	居民生活	27.966
2	科教文卫	43.975
3	人口就业	50.732
3	基础设施	20.521

（三）2017 年长江经济带西部地区城市综合发展水平评估得分比较

根据图 6 - 7 对 2017 年长江经济带西部地区综合发展水平与长江经济带平均水平展开比较分析。由图 6 - 7 可知，2017 年长江经济带西部地区在区域经济、工业企业、基础设施、社会福利、科教文卫等方面与长江经济带最高分差距较小，发展优势明显。在人口就业、农业生产、居民生活、生态环境等方面与最高分差距较大。

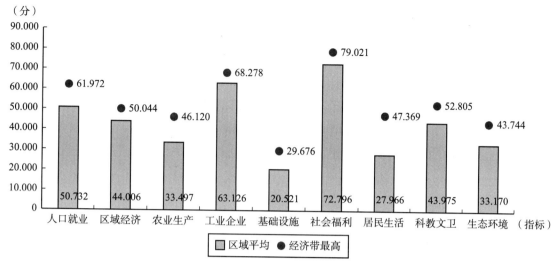

图 6 - 7　2017 年长江经济带西部地区综合发展水平指标得分比较

（四）2017 年长江经济带西部地区城市综合发展水平评估指标动态变化分析

根据图 6 - 8 对 2017～2018 年长江经济带西部地区各级指标排名变化情况展开分析。从图 6 - 8 中可知，2017～2018 年，长江经济带西部地区各级指标中保持指标的比例较高，总体指标上升下降不明显。

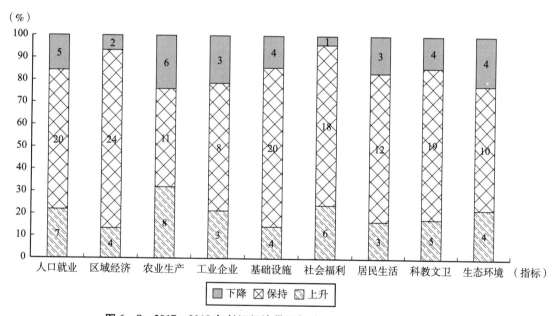

图 6 - 8　2017～2018 年长江经济带西部地区综合发展水平动态变化

表 6 - 109 进一步对 2017～2018 年西部地区 218 个要素指标的变化情况展开统计分析，其中，上升指标有 44 个，占指标总数的 20.183%；保持的指标有 142 个，占指标总数的 65.138%；下降的指标有 32 个，占指标总数的 14.679%。

表 6 - 109　　　　　　　2017～2018 年长江经济带西部地区综合发展水平排名变化态势比较

指标	要素指标数量（个）	上升指标		保持指标		下降指标	
		个数（个）	比重（%）	个数（个）	比重（%）	个数（个）	比重（%）
人口就业	32	7	21.875	20	62.500	5	15.625
区域经济	30	4	13.333	24	80.000	2	6.667

指标	要素指标数量（个）	上升指标		保持指标		下降指标	
		个数（个）	比重（%）	个数（个）	比重（%）	个数（个）	比重（%）
农业生产	25	8	32.000	11	44.000	6	24.000
工业企业	14	3	21.429	8	57.143	3	21.429
基础设施	28	4	14.286	20	71.429	4	14.286
社会福利	25	6	24.000	18	72.000	1	4.000
居民生活	18	3	16.667	12	66.667	3	16.667
科教文卫	28	5	17.857	19	67.857	4	14.286
生态环境	18	4	22.222	10	55.556	4	22.222
合计	218	44	20.183	142	65.138	32	14.679

（五）2017年长江经济带西部地区各城市综合发展水平各级指标得分、排名及优劣度分析

根据表6－110对2017年重庆市综合发展及各一级指标得分情况、排名情况、优劣度情况进行分析。其中，重庆市综合发展水平得分为414.912分，在长江经济带中排名第3名，处于强势区。在一级指标中，重庆市人口就业发展水平得分为58.677分，在长江经济带中排名第2名，处于强势区。重庆市区域经济发展水平得分为46.213分，在长江经济带中排名第16名，处于强势区。重庆市农业生产发展水平得分为34.190分，在长江经济带中排名第31名，处于优势区。重庆市工业企业发展水平得分为56.281分，在长江经济带中排名第102名，处于劣势区。重庆市基础设施发展水平得分为27.595分，在长江经济带中排名第2名，处于强势区。重庆市社会福利发展水平得分为75.040分，在长江经济带中排名第39名，处于优势区。重庆市居民生活发展水平得分为28.657分，在长江经济带中排名第35名，处于优势区。重庆市科教文卫发展水平得分为47.116分，在长江经济带中排名第17名，处于强势区。重庆市生态环境发展水平得分为41.143分，在长江经济带中排名第4名，处于强势区。

表6－110　　　　　　　　2017年重庆市综合发展各一级指标的得分、排名及优劣度分析

排名	指标	得分	优劣度
2	人口就业	58.677	强势
2	基础设施	27.595	强势
3	综合发展	414.912	强势
4	生态环境	41.143	强势
16	区域经济	46.213	强势
17	科教文卫	47.116	强势
31	农业生产	34.190	优势
35	居民生活	28.657	优势
39	社会福利	75.040	优势
102	工业企业	56.281	劣势

根据表6－111对2017年成都市综合发展及各一级指标得分情况、排名情况、优劣度情况进行分析。其中，成都市综合发展水平得分为402.295分，在长江经济带中排名第9名，处于强势区。在一级指标中，成都市人口就业发展水平得分为55.730分，在长江经济带中排名第3名，处于强势区。成都市区域经济发展水平得分为45.944分，在长江经济带中排名第22名，处于强势区。成都市农业生产发展水平得分为22.790分，在长江经济带中排名第95名，处于劣势区。成都市工业企业发展水平得分为64.958分，在长江经济带中排名第20名，处于强势区。成都市基础设施发展水平得分为26.839分，在长江经济带中排名第3名，处于强势区。成都市社会福利发展水平得分为73.834分，在长江经济带中排名第54名，处于优势区。成都市居民生活发展水平得分为31.150分，在长江经济带中排名第16名，处于强势区。成都市科教文卫发展水平得分为49.112分，在长江经济带中排名第9名，处于强势区。成都市生态环境发展

水平得分为 31. 937 分，在长江经济带中排名第 59 名，处于中势区。

表 6 – 111　　　　　　　　　2017 年成都市综合发展各一级指标的得分、排名及优劣度分析

排名	指标	得分	优劣度
3	人口就业	55. 730	强势
3	基础设施	26. 839	强势
9	综合发展	402. 295	强势
9	科教文卫	49. 112	强势
16	居民生活	31. 150	强势
20	工业企业	64. 958	强势
22	区域经济	45. 944	强势
54	社会福利	73. 834	优势
59	生态环境	31. 937	中势
95	农业生产	22. 790	劣势

　　根据表 6－112 对 2017 年自贡市综合发展及各一级指标得分情况、排名情况、优劣度情况进行分析。其中，自贡市综合发展水平得分为 381. 321 分，在长江经济带中排名第 76 名，处于中势区。在一级指标中，自贡市人口就业发展水平得分为 49. 842 分，在长江经济带中排名第 85 名，处于劣势区。自贡市区域经济发展水平得分为 45. 722 分，在长江经济带中排名第 23 名，处于强势区。自贡市农业生产发展水平得分为 30. 373 分，在长江经济带中排名第 52 名，处于优势区。自贡市工业企业发展水平得分为 64. 541 分，在长江经济带中排名第 25 名，处于强势区。自贡市基础设施发展水平得分为 17. 671 分，在长江经济带中排名第 107 名，处于劣势区。自贡市社会福利发展水平得分为 76. 198 分，在长江经济带中排名第 20 名，处于强势区。自贡市居民生活发展水平得分为 27. 686 分，在长江经济带中排名第 51 名，处于优势区。自贡市科教文卫发展水平得分为 42. 226 分，在长江经济带中排名第 84 名，处于劣势区。自贡市生态环境发展水平得分为 27. 062 分，在长江经济带中排名第 107 名，处于劣势区。

表 6 – 112　　　　　　　　　2017 年自贡市综合发展各一级指标的得分、排名及优劣度分析

排名	指标	得分	优劣度
20	社会福利	76. 198	强势
23	区域经济	45. 722	强势
25	工业企业	64. 541	强势
51	居民生活	27. 686	优势
52	农业生产	30. 373	优势
76	综合发展	381. 321	中势
84	科教文卫	42. 226	劣势
85	人口就业	49. 842	劣势
107	基础设施	17. 671	劣势
107	生态环境	27. 062	劣势

　　根据表 6－113 对 2017 年攀枝花市综合发展及各一级指标得分情况、排名情况、优劣度情况进行分析。其中，攀枝花市综合发展水平得分为 376. 455 分，在长江经济带中排名第 92 名，处于劣势区。在一级指标中，攀枝花市人口就业发展水平得分为 48. 412 分，在长江经济带中排名第 102 名，处于劣势区。攀枝花市区域经济发展水平得分为 45. 583 分，在长江经济带中排名第 29 名，处于优势区。攀枝花市农业生产发展水平得分为 22. 676 分，在长江经济带中排名第 96 名，处于劣势区。攀枝花市工业企业发展水平得分为 66. 113 分，在长江经济带中排名第 7 名，处于强势区。攀枝花市基础设施发展水平得分为 19. 319 分，在长江经济带中排名第 84 名，处于劣势区。攀枝花市社会福利发展水平得分为 75. 392 分，在长江经济带中排名第 33 名，处于优势区。攀枝花市居民生活发展水平得分为 26. 425 分，在长江经济带中排名第

75 名，处于中势区。攀枝花市科教文卫发展水平得分为 39.367 分，在长江经济带中排名第 105 名，处于劣势区。攀枝花市生态环境发展水平得分为 33.167 分，在长江经济带中排名第 38 名，处于优势区。

表 6－113　　　　　　　　2017 年攀枝花市综合发展各一级指标的得分、排名及优劣度分析

排名	指标	得分	优劣度
7	工业企业	66.113	强势
29	区域经济	45.583	优势
33	社会福利	75.392	优势
38	生态环境	33.167	优势
75	居民生活	26.425	中势
84	基础设施	19.319	劣势
92	综合发展	376.455	劣势
96	农业生产	22.676	劣势
102	人口就业	48.412	劣势
105	科教文卫	39.367	劣势

根据表 6－114 对 2017 年泸州市综合发展及各一级指标得分情况、排名情况、优劣度情况进行分析。其中，泸州市综合发展水平得分为 380.992 分，在长江经济带中排名第 80 名，处于中势区。在一级指标中，泸州市人口就业发展水平得分为 49.773 分，在长江经济带中排名第 87 名，处于劣势区。泸州市区域经济发展水平得分为 41.918 分，在长江经济带中排名第 89 名，处于劣势区。泸州市农业生产发展水平得分为 30.594 分，在长江经济带中排名第 51 名，处于优势区。泸州市工业企业发展水平得分为 64.184 分，在长江经济带中排名第 32 名，处于优势区。泸州市基础设施发展水平得分为 18.899 分，在长江经济带中排名第 95 名，处于劣势区。泸州市社会福利发展水平得分为 75.309 分，在长江经济带中排名第 35 名，处于优势区。泸州市居民生活发展水平得分为 26.955 分，在长江经济带中排名第 63 名，处于中势区。泸州市科教文卫发展水平得分为 41.282 分，在长江经济带中排名第 94 名，处于劣势区。泸州市生态环境发展水平得分为 32.079 分，在长江经济带中排名第 56 名，处于中势区。

表 6－114　　　　　　　　2017 年泸州市综合发展各一级指标的得分、排名及优劣度分析

排名	指标	得分	优劣度
32	工业企业	64.184	优势
35	社会福利	75.309	优势
51	农业生产	30.594	优势
56	生态环境	32.079	中势
63	居民生活	26.955	中势
80	综合发展	380.992	中势
87	人口就业	49.773	劣势
89	区域经济	41.918	劣势
94	科教文卫	41.282	劣势
95	基础设施	18.899	劣势

根据表 6－115 对 2017 年德阳市综合发展及各一级指标得分情况、排名情况、优劣度情况进行分析。其中，德阳市综合发展水平得分为 391.153 分，在长江经济带中排名第 33 名，处于优势区。在一级指标中，德阳市人口就业发展水平得分为 50.115 分，在长江经济带中排名第 80 名，处于中势区。德阳市区域经济发展水平得分为 45.947 分，在长江经济带中排名第 21 名，处于强势区。德阳市农业生产发展水平得分为 32.726 分，在长江经济带中排名第 40 名，处于优势区。德阳市工业企业发展水平得分为 61.314 分，在长江经济带中排名第 72 名，处于中势区。德阳市基础设施发展水平得分为 19.966 分，在长江经济带中排名第 69 名，处于中势区。德阳市社会福利发展水平得分为 74.388 分，在长江经济带中排名第 47 名，处

于优势区。德阳市居民生活发展水平得分为28.244分，在长江经济带中排名第41名，处于优势。德阳市科教文卫发展水平得分为44.802分，在长江经济带中排名第33名，处于优势区。德阳市生态环境发展水平得分为33.652分，在长江经济带中排名第31名，处于优势区。

表 6 – 115　　　　　　2017 年德阳市综合发展各一级指标的得分、排名及优劣度分析

排名	指标	得分	优劣度
21	区域经济	45.947	强势
31	生态环境	33.652	优势
33	综合发展	391.153	优势
33	科教文卫	44.802	优势
40	农业生产	32.726	优势
41	居民生活	28.244	优势
47	社会福利	74.388	优势
69	基础设施	19.966	中势
72	工业企业	61.314	中势
80	人口就业	50.115	中势

根据表6 – 116对2017年绵阳市综合发展及各一级指标得分情况、排名情况、优劣度情况进行分析。其中，绵阳市综合发展水平得分为388.440分，在长江经济带中排名第44名，处于优势区。在一级指标中，绵阳市人口就业发展水平得分为49.673分，在长江经济带中排名第88名，处于劣势区。绵阳市区域经济发展水平得分为46.012分，在长江经济带中排名第19名，处于强势。绵阳市农业生产发展水平得分为30.994分，在长江经济带中排名第48名，处于优势区。绵阳市工业企业发展水平得分为65.073分，在长江经济带中排名第18名，处于强势区。绵阳市基础设施发展水平得分为19.487分，在长江经济带中排名第77名，处于中势区。绵阳市社会福利发展水平得分为75.983分，在长江经济带中排名第23名，处于强势区。绵阳市居民生活发展水平得分为27.097分，在长江经济带中排名第61名，处于中势区。绵阳市科教文卫发展水平得分为42.856分，在长江经济带中排名第74名，处于中势区。绵阳市生态环境发展水平得分为31.264分，在长江经济带中排名第73名，处于中势区。

表 6 – 116　　　　　　2017 年绵阳市综合发展各一级指标的得分、排名及优劣度分析

排名	指标	得分	优劣度
18	工业企业	65.073	强势
19	区域经济	46.012	强势
23	社会福利	75.983	强势
44	综合发展	388.440	优势
48	农业生产	30.994	优势
61	居民生活	27.097	中势
73	生态环境	31.264	中势
74	科教文卫	42.856	中势
77	基础设施	19.487	中势
88	人口就业	49.673	劣势

根据表6 – 117对2017年广元市综合发展及各一级指标得分情况、排名情况、优劣度情况进行分析。其中，广元市综合发展水平得分为390.208分，在长江经济带中排名第36名，处于优势区。在一级指标中，广元市人口就业发展水平得分为48.315分，在长江经济带中排名第103名，处于劣势区。广元市区域经济发展水平得分为43.094分，在长江经济带中排名第70名，处于中势区。广元市农业生产发展水平得分为35.172分，在长江经济带中排名第25名，处于强势区。广元市工业企业发展水平得分为63.713分，在长江经济带中排名第39名，处于优势区。广元市基础设施发展水平得分为20.094分，在长江经济

带中排名第65名,处于中势区。广元市社会福利发展水平得分为72.569分,在长江经济带中排名第71名,处于中势区。广元市居民生活发展水平得分为27.789分,在长江经济带中排名第50名,处于优势区。广元市科教文卫发展水平得分为46.100分,在长江经济带中排名第22名,处于强势区。广元市生态环境发展水平得分为33.361分,在长江经济带中排名第36名,处于优势区。

表 6 – 117   2017 年广元市综合发展各一级指标的得分、排名及优劣度分析

排名	指标	得分	优劣度
22	科教文卫	46.100	强势
25	农业生产	35.172	强势
36	综合发展	390.208	优势
36	生态环境	33.361	优势
39	工业企业	63.713	优势
50	居民生活	27.789	优势
65	基础设施	20.094	中势
70	区域经济	43.094	中势
71	社会福利	72.569	中势
103	人口就业	48.315	劣势

根据表 6 – 118 对 2017 年遂宁市综合发展及各一级指标得分情况、排名情况、优劣度情况进行分析。其中,遂宁市综合发展水平得分为396.509分,在长江经济带中排名第19名,处于强势区。在一级指标中,遂宁市人口就业发展水平得分为49.202分,在长江经济带中排名第92名,处于劣势区。遂宁市区域经济发展水平得分为46.315分,在长江经济带中排名第11名,处于强势区。遂宁市农业生产发展水平得分为38.809分,在长江经济带中排名第11名,处于强势区。遂宁市工业企业发展水平得分为67.170分,在长江经济带中排名第2名,处于强势区。遂宁市基础设施发展水平得分为18.766分,在长江经济带中排名第97名,处于劣势区。遂宁市社会福利发展水平得分为74.066分,在长江经济带中排名第50名,处于优势区。遂宁市居民生活发展水平得分为26.552分,在长江经济带中排名第73名,处于中势区。遂宁市科教文卫发展水平得分为41.175分,在长江经济带中排名第97名,处于劣势区。遂宁市生态环境发展水平得分为34.454分,在长江经济带中排名第23名,处于强势区。

表 6 – 118   2017 年遂宁市综合发展各一级指标的得分、排名及优劣度分析

排名	指标	得分	优劣度
2	工业企业	67.170	强势
11	区域经济	46.315	强势
11	农业生产	38.809	强势
19	综合发展	396.509	强势
23	生态环境	34.454	强势
50	社会福利	74.066	优势
73	居民生活	26.552	中势
92	人口就业	49.202	劣势
97	基础设施	18.766	劣势
97	科教文卫	41.175	劣势

根据表 6 – 119 对 2017 年内江市综合发展及各一级指标得分情况、排名情况、优劣度情况进行分析。其中,内江市综合发展水平得分为382.366分,在长江经济带中排名第68名,处于中势区。在一级指标中,内江市人口就业发展水平得分为48.915分,在长江经济带中排名第96名,处于劣势区。内江市区域经济发展水平得分为42.431分,在长江经济带中排名第83名,处于劣势区。内江市农业生产发展水平得分为39.554分,在长江经济带中排名第9名,处于强势区。内江市工业企业发展水平得分为64.043分,

在长江经济带中排名第 34 名，处于优势区。内江市基础设施发展水平得分为 18.425 分，在长江经济带中排名第 104 名，处于劣势区。内江市社会福利发展水平得分为 74.546 分，在长江经济带中排名第 46 名，处于优势区。内江市居民生活发展水平得分为 24.045 分，在长江经济带中排名第 104 名，处于劣势区。内江市科教文卫发展水平得分为 39.554 分，在长江经济带中排名第 103 名，处于劣势区。内江市生态环境发展水平得分为 30.854 分，在长江经济带中排名第 82 名，处于劣势区。

表 6 - 119　　　　　　　2017 年内江市综合发展各一级指标的得分、排名及优劣度分析

排名	指标	得分	优劣度
9	农业生产	39.554	强势
34	工业企业	64.043	优势
46	社会福利	74.546	优势
68	综合发展	382.366	中势
82	生态环境	30.854	劣势
83	区域经济	42.431	劣势
96	人口就业	48.915	劣势
103	科教文卫	39.554	劣势
104	基础设施	18.425	劣势
104	居民生活	24.045	劣势

根据表 6 - 120 对 2017 年乐山市综合发展及各一级指标得分情况、排名情况、优劣度情况进行分析。其中，乐山市综合发展水平得分为 381.146 分，在长江经济带中排名第 78 名，处于中势区。在一级指标中，乐山市人口就业发展水平得分为 49.448 分，在长江经济带中排名第 90 名，处于劣势区。乐山市区域经济发展水平得分为 42.902 分，在长江经济带中排名第 71 名，处于中势区。乐山市农业生产发展水平得分为 29.490 分，在长江经济带中排名第 53 名，处于优势区。乐山市工业企业发展水平得分为 62.836 分，在长江经济带中排名第 54 名，处于优势区。乐山市基础设施发展水平得分为 19.284 分，在长江经济带中排名第 85 名，处于劣势区。乐山市社会福利发展水平得分为 75.366 分，在长江经济带中排名第 34 名，处于优势区。乐山市居民生活发展水平得分为 26.564 分，在长江经济带中排名第 72 名，处于中势区。乐山市科教文卫发展水平得分为 43.191 分，在长江经济带中排名第 67 名，处于中势区。乐山市生态环境发展水平得分为 32.066 分，在长江经济带中排名第 57 名，处于中势区。

表 6 - 120　　　　　　　2017 年乐山市综合发展各一级指标的得分、排名及优劣度分析

排名	指标	得分	优劣度
34	社会福利	75.366	优势
53	农业生产	29.490	优势
54	工业企业	62.836	优势
57	生态环境	32.066	中势
67	科教文卫	43.191	中势
71	区域经济	42.902	中势
72	居民生活	26.564	中势
78	综合发展	381.146	中势
85	基础设施	19.284	劣势
90	人口就业	49.448	劣势

根据表 6 - 121 对 2017 年南充市综合发展及各一级指标得分情况、排名情况、优劣度情况进行分析。其中，南充市综合发展水平得分为 387.098 分，在长江经济带中排名第 48 名，处于优势区。在一级指标中，南充市人口就业发展水平得分为 48.678 分，在长江经济带中排名第 100 名，处于劣势区。南充市区域经济发展水平得分为 41.391 分，在长江经济带中排名第 97 名，处于劣势区。南充市农业生产发展水平

得分为 39. 438 分，在长江经济带中排名第 10 名，处于强势区。南充市工业企业发展水平得分为 63. 267 分，在长江经济带中排名第 49 名，处于优势区。南充市基础设施发展水平得分为 19. 227 分，在长江经济带中排名第 87 名，处于劣势区。南充市社会福利发展水平得分为 72. 935 分，在长江经济带中排名第 65 名，处于中势区。南充市居民生活发展水平得分为 27. 597 分，在长江经济带中排名第 52 名，处于优势区。南充市科教文卫发展水平得分为 42. 965 分，在长江经济带中排名第 71 名，处于中势区。南充市生态环境发展水平得分为 31. 599 分，在长江经济带中排名第 62 名，处于中势区。

表 6 - 121　　　　　2017 年南充市综合发展各一级指标的得分、排名及优劣度分析

排名	指标	得分	优劣度
10	农业生产	39. 438	强势
48	综合发展	387. 098	优势
49	工业企业	63. 267	优势
52	居民生活	27. 597	优势
62	生态环境	31. 599	中势
65	社会福利	72. 935	中势
71	科教文卫	42. 965	中势
87	基础设施	19. 227	劣势
97	区域经济	41. 391	劣势
100	人口就业	48. 678	劣势

根据表 6 - 122 对 2017 年眉山市综合发展及各一级指标得分情况、排名情况、优劣度情况进行分析。其中，眉山市综合发展水平得分为 386. 488 分，在长江经济带中排名第 51 名，处于优势区。在一级指标中，眉山市人口就业发展水平得分为 50. 834 分，在长江经济带中排名第 68 名，处于中势区。眉山市区域经济发展水平得分为 42. 215 分，在长江经济带中排名第 85 名，处于劣势区。眉山市农业生产发展水平得分为 32. 845 分，在长江经济带中排名第 36 名，处于优势区。眉山市工业企业发展水平得分为 63. 824 分，在长江经济带中排名第 38 名，处于优势区。眉山市基础设施发展水平得分为 19. 371 分，在长江经济带中排名第 82 名，处于劣势区。眉山市社会福利发展水平得分为 75. 442 分，在长江经济带中排名第 32 名，处于优势区。眉山市居民生活发展水平得分为 27. 216 分，在长江经济带中排名第 59 名，处于中势区。眉山市科教文卫发展水平得分为 42. 873 分，在长江经济带中排名第 72 名，处于中势区。眉山市生态环境发展水平得分为 31. 868 分，在长江经济带中排名第 60 名，处于中势区。

表 6 - 122　　　　　2017 年眉山市综合发展各一级指标的得分、排名及优劣度分析

排名	指标	得分	优劣度
32	社会福利	75. 442	优势
36	农业生产	32. 845	优势
38	工业企业	63. 824	优势
51	综合发展	386. 488	优势
59	居民生活	27. 216	中势
60	生态环境	31. 868	中势
68	人口就业	50. 834	中势
72	科教文卫	42. 873	中势
82	基础设施	19. 371	劣势
85	区域经济	42. 215	劣势

根据表 6 - 123 对 2017 年宜宾市综合发展及各一级指标得分情况、排名情况、优劣度情况进行分析。其中，宜宾市综合发展水平得分为 381. 087 分，在长江经济带中排名第 79 名，处于中势区。在一级指标中，宜宾市人口就业发展水平得分为 50. 233 分，在长江经济带中排名第 77 名，处于中势区。宜宾市区域

经济发展水平得分为45.616分,在长江经济带中排名第28名,处于优势区。宜宾市农业生产发展水平得分为31.393分,在长江经济带中排名第46名,处于优势区。宜宾市工业企业发展水平得分为61.215分,在长江经济带中排名第74名,处于中势区。宜宾市基础设施发展水平得分为18.628分,在长江经济带中排名第101名,处于劣势区。宜宾市社会福利发展水平得分为74.961分,在长江经济带中排名第40名,处于优势区。宜宾市居民生活发展水平得分为26.810分,在长江经济带中排名第66名,处于中势区。宜宾市科教文卫发展水平得分为39.466分,在长江经济带中排名第104名,处于劣势区。宜宾市生态环境发展水平得分为32.765分,在长江经济带中排名第43名,处于优势区。

表 6 – 123　　　　　2017 年宜宾市综合发展各一级指标的得分、排名及优劣度分析

排名	指标	得分	优劣度
28	区域经济	45.616	优势
40	社会福利	74.961	优势
43	生态环境	32.765	优势
46	农业生产	31.393	优势
66	居民生活	26.810	中势
74	工业企业	61.215	中势
77	人口就业	50.233	中势
79	综合发展	381.087	中势
101	基础设施	18.628	劣势
104	科教文卫	39.466	劣势

根据表 6 – 124 对 2017 年广安市综合发展及各一级指标得分情况、排名情况、优劣度情况进行分析。其中,广安市综合发展水平得分为390.477分,在长江经济带中排名第35名,处于优势区。在一级指标中,广安市人口就业发展水平得分为51.741分,在长江经济带中排名第40名,处于优势区。广安市区域经济发展水平得分为42.875分,在长江经济带中排名第73名,处于中势区。广安市农业生产发展水平得分为36.797分,在长江经济带中排名第18名,处于强势区。广安市工业企业发展水平得分为63.483分,在长江经济带中排名第42名,处于优势区。广安市基础设施发展水平得分为20.346分,在长江经济带中排名第58名,处于中势区。广安市社会福利发展水平得分为72.780分,在长江经济带中排名第69名,处于中势区。广安市居民生活发展水平得分为29.597分,在长江经济带中排名第24名,处于强势区。广安市科教文卫发展水平得分为42.416分,在长江经济带中排名第82名,处于劣势区。广安市生态环境发展水平得分为30.441分,在长江经济带中排名第90名,处于劣势区。

表 6 – 124　　　　　2017 年广安市综合发展各一级指标的得分、排名及优劣度分析

排名	指标	得分	优劣度
18	农业生产	36.797	强势
24	居民生活	29.597	强势
35	综合发展	390.477	优势
40	人口就业	51.741	优势
42	工业企业	63.483	优势
58	基础设施	20.346	中势
69	社会福利	72.780	中势
73	区域经济	42.875	中势
82	科教文卫	42.416	劣势
90	生态环境	30.441	劣势

根据表 6 – 125 对 2017 年达州市综合发展及各一级指标得分情况、排名情况、优劣度情况进行分析。其中,达州市综合发展水平得分为387.399分,在长江经济带中排名第47名,处于优势区。在一级指标

中，达州市人口就业发展水平得分为48.813分，在长江经济带中排名第99名，处于劣势区。达州市区域经济发展水平得分为40.804分，在长江经济带中排名第104名，处于劣势区。达州市农业生产发展水平得分为43.850分，在长江经济带中排名第5名，处于强势区。达州市工业企业发展水平得分为61.018分，在长江经济带中排名第79名，处于中势区。达州市基础设施发展水平得分为17.460分，在长江经济带中排名第108名，处于劣势区。达州市社会福利发展水平得分为73.370分，在长江经济带中排名第61名，处于中势区。达州市居民生活发展水平得分为24.512分，在长江经济带中排名第103名，处于劣势区。达州市科教文卫发展水平得分为44.020分，在长江经济带中排名第48名，处于优势区。达州市生态环境发展水平得分为33.553分，在长江经济带中排名第34名，处于优势区。

表 6－125　　　　　　**2017 年达州市综合发展各一级指标的得分、排名及优劣度分析**

排名	指标	得分	优劣度
5	农业生产	43.850	强势
34	生态环境	33.553	优势
47	综合发展	387.399	优势
48	科教文卫	44.020	优势
61	社会福利	73.370	中势
79	工业企业	61.018	中势
99	人口就业	48.813	劣势
103	居民生活	24.512	劣势
104	区域经济	40.804	劣势
108	基础设施	17.460	劣势

根据表 6－126 对 2017 年雅安市综合发展及各一级指标得分情况、排名情况、优劣度情况进行分析。其中，雅安市综合发展水平得分为381.428分，在长江经济带中排名第75名，处于中势区。在一级指标中，雅安市人口就业发展水平得分为53.038分，在长江经济带中排名第22名，处于强势区。雅安市区域经济发展水平得分为42.620分，在长江经济带中排名第80名，处于中势区。雅安市农业生产发展水平得分为36.284分，在长江经济带中排名第19名，处于强势区。雅安市工业企业发展水平得分为58.335分，在长江经济带中排名第97名，处于劣势区。雅安市基础设施发展水平得分为20.393分，在长江经济带中排名第55名，处于中势区。雅安市社会福利发展水平得分为71.120分，在长江经济带中排名第82名，处于劣势区。雅安市居民生活发展水平得分为26.106分，在长江经济带中排名第79名，处于中势区。雅安市科教文卫发展水平得分为40.416分，在长江经济带中排名第99名，处于劣势区。雅安市生态环境发展水平得分为33.117分，在长江经济带中排名第39名，处于优势区。

表 6－126　　　　　　**2017 年雅安市综合发展各一级指标的得分、排名及优劣度分析**

排名	指标	得分	优劣度
19	农业生产	36.284	强势
22	人口就业	53.038	强势
39	生态环境	33.117	优势
55	基础设施	20.393	中势
75	综合发展	381.428	中势
79	居民生活	26.106	中势
80	区域经济	42.620	中势
82	社会福利	71.120	劣势
97	工业企业	58.335	劣势
99	科教文卫	40.416	劣势

根据表 6－127 对 2017 年巴中市综合发展及各一级指标得分情况、排名情况、优劣度情况进行分析。

其中，巴中市综合发展水平得分为 393.665 分，在长江经济带中排名第 25 名，处于强势区。在一级指标中，巴中市人口就业发展水平得分为 51.206 分，在长江经济带中排名第 55 名，处于中势区。巴中市区域经济发展水平得分为 42.023 分，在长江经济带中排名第 88 名，处于劣势区。巴中市农业生产发展水平得分为 44.193 分，在长江经济带中排名第 4 名，处于强势区。巴中市工业企业发展水平得分为 59.940 分，在长江经济带中排名第 84 名，处于劣势区。巴中市基础设施发展水平得分为 20.299 分，在长江经济带中排名第 59 名，处于中势区。巴中市社会福利发展水平得分为 68.140 分，在长江经济带中排名第 96 名，处于劣势区。巴中市居民生活发展水平得分为 27.377 分，在长江经济带中排名第 57 名，处于中势区。巴中市科教文卫发展水平得分为 44.331 分，在长江经济带中排名第 42 名，处于优势区。巴中市生态环境发展水平得分为 36.156 分，在长江经济带中排名第 13 名，处于强势区。

表 6-127　　　　　　　　　2017 年巴中市综合发展各一级指标的得分、排名及优劣度分析

排名	指标	得分	优劣度
4	农业生产	44.193	强势
13	生态环境	36.156	强势
25	综合发展	393.665	强势
42	科教文卫	44.331	优势
55	人口就业	51.206	中势
57	居民生活	27.377	中势
59	基础设施	20.299	中势
84	工业企业	59.940	劣势
88	区域经济	42.023	劣势
96	社会福利	68.140	劣势

根据表 6-128 对 2017 年资阳市综合发展及各一级指标得分情况、排名情况、优劣度情况进行分析。其中，资阳市综合发展水平得分为 382.413 分，在长江经济带中排名第 67 名，处于中势区。在一级指标中，资阳市人口就业发展水平得分为 48.164 分，在长江经济带中排名第 104 名，处于劣势区。资阳市区域经济发展水平得分为 44.251 分，在长江经济带中排名第 51 名，处于优势区。资阳市农业生产发展水平得分为 36.232 分，在长江经济带中排名第 20 名，处于强势区。资阳市工业企业发展水平得分为 64.379 分，在长江经济带中排名第 29 名，处于优势区。资阳市基础设施发展水平得分为 19.094 分，在长江经济带中排名第 92 名，处于劣势区。资阳市社会福利发展水平得分为 75.908 分，在长江经济带中排名第 25 名，处于强势区。资阳市居民生活发展水平得分为 25.500 分，在长江经济带中排名第 89 名，处于劣势区。资阳市科教文卫发展水平得分为 39.556 分，在长江经济带中排名第 102 名，处于劣势区。资阳市生态环境发展水平得分为 29.328 分，在长江经济带中排名第 104 名，处于劣势区。

表 6-128　　　　　　　　　2017 年资阳市综合发展各一级指标的得分、排名及优劣度分析

排名	指标	得分	优劣度
20	农业生产	36.232	强势
25	社会福利	75.908	强势
29	工业企业	64.379	优势
51	区域经济	44.251	优势
67	综合发展	382.413	中势
89	居民生活	25.500	劣势
92	基础设施	19.094	劣势
102	科教文卫	39.556	劣势
104	人口就业	48.164	劣势
104	生态环境	29.328	劣势

根据表6－129对2017年贵阳市综合发展及各一级指标得分情况、排名情况、优劣度情况进行分析。其中，贵阳市综合发展水平得分为381.760分，在长江经济带中排名第72名，处于中势区。在一级指标中，贵阳市人口就业发展水平得分为50.539分，在长江经济带中排名第74名，处于中势区。贵阳市区域经济发展水平得分为43.445分，在长江经济带中排名第66名，处于中势区。贵阳市农业生产发展水平得分为22.835分，在长江经济带中排名第93名，处于劣势区。贵阳市工业企业发展水平得分为65.574分，在长江经济带中排名第12名，处于强势区。贵阳市基础设施发展水平得分为22.357分，在长江经济带中排名第27名，处于强势区。贵阳市社会福利发展水平得分为72.348分，在长江经济带中排名第74名，处于中势区。贵阳市居民生活发展水平得分为26.442分，在长江经济带中排名第74名，处于中势区。贵阳市科教文卫发展水平得分为44.667分，在长江经济带中排名第36名，处于优势区。贵阳市生态环境发展水平得分为33.553分，在长江经济带中排名第33名，处于优势区。

表6－129　　　　2017年贵阳市综合发展各一级指标的得分、排名及优劣度分析

排名	指标	得分	优劣度
12	工业企业	65.574	强势
27	基础设施	22.357	强势
33	生态环境	33.553	优势
36	科教文卫	44.667	优势
66	区域经济	43.445	中势
72	综合发展	381.760	中势
74	人口就业	50.539	中势
74	社会福利	72.348	中势
74	居民生活	26.442	中势
93	农业生产	22.835	劣势

根据表6－130对2017年六盘水市综合发展及各一级指标得分情况、排名情况、优劣度情况进行分析。其中，六盘水市综合发展水平得分为383.263分，在长江经济带中排名第63名，处于中势区。在一级指标中，六盘水市人口就业发展水平得分为51.711分，在长江经济带中排名第42名，处于优势区。六盘水市区域经济发展水平得分为45.687分，在长江经济带中排名第24名，处于强势区。六盘水市农业生产发展水平得分为23.839分，在长江经济带中排名第88名，处于劣势区。六盘水市工业企业发展水平得分为62.258分，在长江经济带中排名第61名，处于中势区。六盘水市基础设施发展水平得分为22.353分，在长江经济带中排名第28名，处于优势区。六盘水市社会福利发展水平得分为70.710分，在长江经济带中排名第87名，处于劣势区。六盘水市居民生活发展水平得分为27.533分，在长江经济带中排名第53名，处于优势区。六盘水市科教文卫发展水平得分为42.994分，在长江经济带中排名第70名，处于中势区。六盘水市生态环境发展水平得分为36.177分，在长江经济带中排名第12名，处于强势区。

表6－130　　　　2017年六盘水市综合发展各一级指标的得分、排名及优劣度分析

排名	指标	得分	优劣度
12	生态环境	36.177	强势
24	区域经济	45.687	强势
28	基础设施	22.353	优势
42	人口就业	51.711	优势
53	居民生活	27.533	优势
61	工业企业	62.258	中势
63	综合发展	383.263	中势
70	科教文卫	42.994	中势
87	社会福利	70.710	劣势
88	农业生产	23.839	劣势

根据表6-131对2017年遵义市综合发展及各一级指标得分情况、排名情况、优劣度情况进行分析。其中，遵义市综合发展水平得分为390.570分，在长江经济带中排名第34名，处于优势区。在一级指标中，遵义市人口就业发展水平得分为51.190分，在长江经济带中排名第57名，处于中势区。遵义市区域经济发展水平得分为43.469分，在长江经济带中排名第65名，处于中势区。遵义市农业生产发展水平得分为34.561分，在长江经济带中排名第29名，处于优势区。遵义市工业企业发展水平得分为64.613分，在长江经济带中排名第23名，处于强势区。遵义市基础设施发展水平得分为19.140分，在长江经济带中排名第90名，处于劣势区。遵义市社会福利发展水平得分为73.830分，在长江经济带中排名第55名，处于中势区。遵义市居民生活发展水平得分为28.804分，在长江经济带中排名第32名，处于优势区。遵义市科教文卫发展水平得分为44.956分，在长江经济带中排名第32名，处于优势区。遵义市生态环境发展水平得分为30.006分，在长江经济带中排名第96名，处于劣势区。

表6-131　　　　　2017年遵义市综合发展各一级指标的得分、排名及优劣度分析

排名	指标	得分	优劣度
23	工业企业	64.613	强势
29	农业生产	34.561	优势
32	居民生活	28.804	优势
32	科教文卫	44.956	优势
34	综合发展	390.570	优势
55	社会福利	73.830	中势
57	人口就业	51.190	中势
65	区域经济	43.469	中势
90	基础设施	19.140	劣势
96	生态环境	30.006	劣势

根据表6-132对2017年安顺市综合发展及各一级指标得分情况、排名情况、优劣度情况进行分析。其中，安顺市综合发展水平得分为375.870分，在长江经济带中排名第94名，处于劣势区。在一级指标中，安顺市人口就业发展水平得分为50.380分，在长江经济带中排名第76名，处于中势区。安顺市区域经济发展水平得分为40.563分，在长江经济带中排名第105名，处于劣势区。安顺市农业生产发展水平得分为37.965分，在长江经济带中排名第14名，处于强势区。安顺市工业企业发展水平得分为57.364分，在长江经济带中排名第100名，处于劣势区。安顺市基础设施发展水平得分为18.767分，在长江经济带中排名第96名，处于劣势区。安顺市社会福利发展水平得分为72.711分，在长江经济带中排名第70名，处于中势区。安顺市居民生活发展水平得分为26.387分，在长江经济带中排名第77名，处于中势区。安顺市科教文卫发展水平得分为40.207分，在长江经济带中排名第101名，处于劣势区。安顺市生态环境发展水平得分为31.526分，在长江经济带中排名第64名，处于中势区。

表6-132　　　　　2017年安顺市综合发展各一级指标的得分、排名及优劣度分析

排名	指标	得分	优劣度
14	农业生产	37.965	强势
64	生态环境	31.526	中势
70	社会福利	72.711	中势
76	人口就业	50.380	中势
77	居民生活	26.387	中势
94	综合发展	375.870	劣势
96	基础设施	18.767	劣势
100	工业企业	57.364	劣势
101	科教文卫	40.207	劣势
105	区域经济	40.563	劣势

根据表 6－133 对 2017 年昆明市综合发展及各一级指标得分情况、排名情况、优劣度情况进行分析。其中，昆明市综合发展水平得分为 385.738 分，在长江经济带中排名第 55 名，处于中势区。在一级指标中，昆明市人口就业发展水平得分为 51.861 分，在长江经济带中排名第 37 名，处于优势区。昆明市区域经济发展水平得分为 45.238 分，在长江经济带中排名第 39 名，处于优势区。昆明市农业生产发展水平得分为 22.380 分，在长江经济带中排名第 100 名，处于劣势区。昆明市工业企业发展水平得分为 66.852 分，在长江经济带中排名第 3 名，处于强势区。昆明市基础设施发展水平得分为 20.466 分，在长江经济带中排名第 52 名，处于优势区。昆明市社会福利发展水平得分为 73.686 分，在长江经济带中排名第 57 名，处于中势区。昆明市居民生活发展水平得分为 26.589 分，在长江经济带中排名第 70 名，处于中势区。昆明市科教文卫发展水平得分为 45.123 分，在长江经济带中排名第 29 名，处于优势区。昆明市生态环境发展水平得分为 33.544 分，在长江经济带中排名第 35 名，处于优势区。

表 6－133　　　　　2017 年昆明市综合发展各一级指标的得分、排名及优劣度分析

排名	指标	得分	优劣度
3	工业企业	66.852	强势
29	科教文卫	45.123	优势
35	生态环境	33.544	优势
37	人口就业	51.861	优势
39	区域经济	45.238	优势
52	基础设施	20.466	优势
55	综合发展	385.738	中势
57	社会福利	73.686	中势
70	居民生活	26.589	中势
100	农业生产	22.380	劣势

根据表 6－134 对 2017 年曲靖市综合发展及各一级指标得分情况、排名情况、优劣度情况进行分析。其中，曲靖市综合发展水平得分为 389.132 分，在长江经济带中排名第 40 名，处于优势区。在一级指标中，曲靖市人口就业发展水平得分为 50.498 分，在长江经济带中排名第 75 名，处于中势区。曲靖市区域经济发展水平得分为 46.083 分，在长江经济带中排名第 18 名，处于强势区。曲靖市农业生产发展水平得分为 33.801 分，在长江经济带中排名第 33 名，处于优势区。曲靖市工业企业发展水平得分为 65.712 分，在长江经济带中排名第 10 名，处于强势区。曲靖市基础设施发展水平得分为 19.188 分，在长江经济带中排名第 88 名，处于劣势区。曲靖市社会福利发展水平得分为 75.819 分，在长江经济带中排名第 26 名，处于强势区。曲靖市居民生活发展水平得分为 26.649 分，在长江经济带中排名第 69 名，处于中势区。曲靖市科教文卫发展水平得分为 41.628 分，在长江经济带中排名第 90 名，处于劣势区。曲靖市生态环境发展水平得分为 29.754 分，在长江经济带中排名第 100 名，处于劣势区。

表 6－134　　　　　2017 年曲靖市综合发展各一级指标的得分、排名及优劣度分析

排名	指标	得分	优劣度
10	工业企业	65.712	强势
18	区域经济	46.083	强势
26	社会福利	75.819	强势
33	农业生产	33.801	优势
40	综合发展	389.132	优势
69	居民生活	26.649	中势
75	人口就业	50.498	中势
88	基础设施	19.188	劣势
90	科教文卫	41.628	劣势
100	生态环境	29.754	劣势

　　根据表6－135对2017年玉溪市综合发展及各一级指标得分情况、排名情况、优劣度情况进行分析。其中，玉溪市综合发展水平得分为364.960分，在长江经济带中排名第108名，处于劣势区。在一级指标中，玉溪市人口就业发展水平得分为49.173分，在长江经济带中排名第93名，处于劣势区。玉溪市区域经济发展水平得分为41.207分，在长江经济带中排名第99名，处于劣势区。玉溪市农业生产发展水平得分为26.662分，在长江经济带中排名第68名，处于中势区。玉溪市工业企业发展水平得分为56.758分，在长江经济带中排名第101名，处于劣势区。玉溪市基础设施发展水平得分为24.138分，在长江经济带中排名第13名，处于强势区。玉溪市社会福利发展水平得分为75.985分，在长江经济带中排名第22名，处于强势区。玉溪市居民生活发展水平得分为28.553分，在长江经济带中排名第36名，处于优势区。玉溪市科教文卫发展水平得分为44.584分，在长江经济带中排名第38名，处于优势区。玉溪市生态环境发展水平得分为17.899分，在长江经济带中排名第108名，处于劣势区。

表6－135　　　　　　　　2017年玉溪市综合发展各一级指标的得分、排名及优劣度分析

排名	指标	得分	优劣度
13	基础设施	24.138	强势
22	社会福利	75.985	强势
36	居民生活	28.553	优势
38	科教文卫	44.584	优势
68	农业生产	26.662	中势
93	人口就业	49.173	劣势
99	区域经济	41.207	劣势
101	工业企业	56.758	劣势
108	综合发展	364.960	劣势
108	生态环境	17.899	劣势

　　根据表6－136对2017年保山市综合发展及各一级指标得分情况、排名情况、优劣度情况进行分析。其中，保山市综合发展水平得分为401.797分，在长江经济带中排名第10名，处于强势区。在一级指标中，保山市人口就业发展水平得分为49.926分，在长江经济带中排名第83名，处于劣势区。保山市区域经济发展水平得分为45.665分，在长江经济带中排名第26名，处于强势区。保山市农业生产发展水平得分为46.120分，在长江经济带中排名第1名，处于强势区。保山市工业企业发展水平得分为64.493分，在长江经济带中排名第26名，处于强势区。保山市基础设施发展水平得分为20.947分，在长江经济带中排名第42名，处于优势区。保山市社会福利发展水平得分为63.485分，在长江经济带中排名第105名，处于劣势区。保山市居民生活发展水平得分为28.239分，在长江经济带中排名第42名，处于优势区。保山市科教文卫发展水平得分为45.908分，在长江经济带中排名第23名，处于强势区。保山市生态环境发展水平得分为37.015分，在长江经济带中排名第10名，处于强势区。

表6－136　　　　　　　　2017年保山市综合发展各一级指标的得分、排名及优劣度分析

排名	指标	得分	优劣度
1	农业生产	46.120	强势
10	综合发展	401.797	强势
10	生态环境	37.015	强势
23	科教文卫	45.908	强势
26	区域经济	45.665	强势
26	工业企业	64.493	强势
42	基础设施	20.947	优势
42	居民生活	28.239	优势
83	人口就业	49.926	劣势
105	社会福利	63.485	劣势

根据表 6—137 对 2017 年昭通市综合发展及各一级指标得分情况、排名情况、优劣度情况进行分析。其中，昭通市综合发展水平得分为 397.397 分，在长江经济带中排名第 17 名，处于强势区。在一级指标中，昭通市人口就业发展水平得分为 50.604 分，在长江经济带中排名第 73 名，处于中势区。昭通市区域经济发展水平得分为 42.151 分，在长江经济带中排名第 86 名，处于劣势区。昭通市农业生产发展水平得分为 35.198 分，在长江经济带中排名第 24 名，处于强势区。昭通市工业企业发展水平得分为 62.568 分，在长江经济带中排名第 57 名，处于中势区。昭通市基础设施发展水平得分为 19.082 分，在长江经济带中排名第 93 名，处于劣势区。昭通市社会福利发展水平得分为 73.198 分，在长江经济带中排名第 62 名，处于中势区。昭通市居民生活发展水平得分为 30.511 分，在长江经济带中排名第 20 名，处于强势区。昭通市科教文卫发展水平得分为 49.997 分，在长江经济带中排名第 5 名，处于强势区。昭通市生态环境发展水平得分为 34.088 分，在长江经济带中排名第 27 名，处于强势区。

表 6—137　　　　　　　　　2017 年昭通市综合发展各一级指标的得分、排名及优劣度分析

排名	指标	得分	优劣度
5	科教文卫	49.997	强势
17	综合发展	397.397	强势
20	居民生活	30.511	强势
24	农业生产	35.198	强势
27	生态环境	34.088	强势
57	工业企业	62.568	中势
62	社会福利	73.198	中势
73	人口就业	50.604	中势
86	区域经济	42.151	劣势
93	基础设施	19.082	劣势

根据表 6—138 对 2017 年丽江市综合发展及各一级指标得分情况、排名情况、优劣度情况进行分析。其中，丽江市综合发展水平得分为 393.452 分，在长江经济带中排名第 27 名，处于强势区。在一级指标中，丽江市人口就业发展水平得分为 49.526 分，在长江经济带中排名第 89 名，处于劣势区。丽江市区域经济发展水平得分为 41.514 分，在长江经济带中排名第 95 名，处于劣势区。丽江市农业生产发展水平得分为 26.659 分，在长江经济带中排名第 69 名，处于中势区。丽江市工业企业发展水平得分为 64.578 分，在长江经济带中排名第 24 名，处于强势区。丽江市基础设施发展水平得分为 23.429 分，在长江经济带中排名第 18 名，处于强势区。丽江市社会福利发展水平得分为 63.028 分，在长江经济带中排名第 106 名，处于劣势区。丽江市居民生活发展水平得分为 31.734 分，在长江经济带中排名第 14 名，处于强势区。丽江市科教文卫发展水平得分为 49.959 分，在长江经济带中排名第 6 名，处于强势区。丽江市生态环境发展水平得分为 43.025 分，在长江经济带中排名第 2 名，处于强势区。

表 6—138　　　　　　　　　2017 年丽江市综合发展各一级指标的得分、排名及优劣度分析

排名	指标	得分	优劣度
2	生态环境	43.025	强势
6	科教文卫	49.959	强势
14	居民生活	31.734	强势
18	基础设施	23.429	强势
24	工业企业	64.578	强势
27	综合发展	393.452	强势
69	农业生产	26.659	中势
89	人口就业	49.526	劣势
95	区域经济	41.514	劣势
106	社会福利	63.028	劣势

　　根据表 6－139 对 2017 年普洱市综合发展及各一级指标得分情况、排名情况、优劣度情况进行分析。其中，普洱市综合发展水平得分为 413.328 分，在长江经济带中排名第 4 名，处于强势区。在一级指标中，普洱市人口就业发展水平得分为 53.214 分，在长江经济带中排名第 18 名，处于强势区。普洱市区域经济发展水平得分为 48.095 分，在长江经济带中排名第 3 名，处于强势区。普洱市农业生产发展水平得分为 34.255 分，在长江经济带中排名第 30 名，处于优势区。普洱市工业企业发展水平得分为 66.244 分，在长江经济带中排名第 5 名，处于强势区。普洱市基础设施发展水平得分为 23.031 分，在长江经济带中排名第 20 名，处于强势区。普洱市社会福利发展水平得分为 67.519 分，在长江经济带中排名第 98 名，处于劣势区。普洱市居民生活发展水平得分为 33.849 分，在长江经济带中排名第 7 名，处于强势区。普洱市科教文卫发展水平得分为 49.047 分，在长江经济带中排名第 10 名，处于强势区。普洱市生态环境发展水平得分为 38.074 分，在长江经济带中排名第 7 名，处于强势区。

表 6－139　　　　　　　　2017 年普洱市综合发展各一级指标的得分、排名及优劣度分析

排名	指标	得分	优劣度
3	区域经济	48.095	强势
4	综合发展	413.328	强势
5	工业企业	66.244	强势
7	居民生活	33.849	强势
7	生态环境	38.074	强势
10	科教文卫	49.047	强势
18	人口就业	53.214	强势
20	基础设施	23.031	强势
30	农业生产	34.255	优势
98	社会福利	67.519	劣势

　　根据表 6－140 对 2017 年临沧市综合发展及各一级指标得分情况、排名情况、优劣度情况进行分析。其中，临沧市综合发展水平得分为 430.365 分，在长江经济带中排名第 1 名，处于强势区。在一级指标中，临沧市人口就业发展水平得分为 53.270 分，在长江经济带中排名第 17 名，处于强势区。临沧市区域经济发展水平得分为 47.190 分，在长江经济带中排名第 5 名，处于强势区。临沧市农业生产发展水平得分为 45.739 分，在长江经济带中排名第 3 名，处于强势区。临沧市工业企业发展水平得分为 64.198 分，在长江经济带中排名第 31 名，处于优势区。临沧市基础设施发展水平得分为 22.102 分，在长江经济带中排名第 30 名，处于优势区。临沧市社会福利发展水平得分为 67.024 分，在长江经济带中排名第 100 名，处于劣势区。临沧市居民生活发展水平得分为 35.769 分，在长江经济带中排名第 4 名，处于强势区。临沧市科教文卫发展水平得分为 51.330 分，在长江经济带中排名第 2 名，处于强势区。临沧市生态环境发展水平得分为 43.744 分，在长江经济带中排名第 1 名，处于强势区。

表 6－140　　　　　　　　2017 年临沧市综合发展各一级指标的得分、排名及优劣度分析

排名	指标	得分	优劣度
1	综合发展	430.365	强势
1	生态环境	43.744	强势
2	科教文卫	51.330	强势
3	农业生产	45.739	强势
4	居民生活	35.769	强势
5	区域经济	47.190	强势
17	人口就业	53.270	强势
30	基础设施	22.102	优势
31	工业企业	64.198	优势
100	社会福利	67.024	劣势

五、2018 年长江经济带西部地区城市综合发展水平评估分析

（一）2018 年长江经济带西部地区城市综合发展水平评估指标比较

根据表 6－141 对长江经济带西部地区的城市综合发展水平得分情况展开分析。2018 年西部地区各城市综合发展水平得分区间为 378～431 分。其中得分最高的为重庆市（430.649），最低分为攀枝花市（378.063），在西部地区中有 11 个城市（重庆市、临沧市、普洱市、曲靖市、德阳市、保山市、成都市、资阳市、昭通市、丽江市、南充市）的综合发展水平得分超过 400 分，其余城市的得分均低于 400 分。

表 6－141	2018 年长江经济带西部地区综合发展得分	
排名	地区	得分
1	重庆市	430.649
2	临沧市	429.391
3	普洱市	428.034
4	曲靖市	418.720
5	德阳市	408.998
6	保山市	408.662
7	成都市	408.396
8	资阳市	405.703
9	昭通市	403.135
10	丽江市	402.863
11	南充市	401.273
12	玉溪市	399.041
13	眉山市	397.893
14	广元市	396.046
15	六盘水市	395.407
16	绵阳市	395.374
17	广安市	393.769
18	安顺市	393.567
19	贵阳市	392.614
20	宜宾市	392.597
21	遂宁市	390.393
22	自贡市	390.114
23	泸州市	389.769
24	达州市	389.347
25	内江市	388.442
26	乐山市	388.323
27	昆明市	387.305
28	雅安市	383.224
29	巴中市	382.884
30	遵义市	380.180
31	攀枝花市	378.063

根据表 6－142 对 2018 年长江经济带西部地区综合发展水平得分在长江经济带各城市群中的排名情况展开分析。2018 年西部地区综合发展水平平均得分处于长江经济带各板块中的第 1 名，具备较强的发展优势。

表 6 - 142　　　　　　　**2018 年长江经济带西部地区综合发展评分一级指标比较**

项目	数据
排名	1
西部地区平均得分	398.393
经济带最高分	430.649
经济带平均分	395.721
与最高分差距	-32.256
与平均分差距	2.671

（二）2018 年长江经济带西部地区城市综合发展水平的量化评估

根据表 6 - 143 对 2018 年长江经济带西部地区综合发展及各一级指标平均得分情况、排名情况进行分析。其中，西部地区综合发展平均得分在长江经济带各板块中排名第 1 名。在一级指标中，人口就业发展水平平均得分为 49.668 分，在长江经济带各板块中排名第 3 名。区域经济发展水平平均得分为 46.059 分，在长江经济带各板块中排名第 3 名。农业生产发展水平平均得分为 39.269 分，在长江经济带各板块中排名第 1 名。工业企业发展水平平均得分为 62.881 分，在长江经济带各板块中排名第 1 名。基础设施发展水平平均得分为 21.017 分，在长江经济带各板块中排名第 3 名。社会福利发展水平平均得分为 76.949 分，在长江经济带各板块中排名第 3 名。居民生活发展水平平均得分为 27.215 分，在长江经济带各板块中排名第 2 名。科教文卫发展水平平均得分为 44.193 分，在长江经济带各板块中排名第 2 名。生态环境发展水平平均得分为 31.143 分，在长江经济带各板块中排名第 2 名。

表 6 - 143　　　　　　**2018 年长江经济带西部地区综合发展各一级指标的得分、排名分析**

排名	指标	得分
1	综合发展	398.393
1	农业生产	39.269
1	工业企业	62.881
2	社会福利	76.949
2	科教文卫	44.193
2	生态环境	31.143
3	人口就业	49.668
3	区域经济	46.059
3	基础设施	21.017
3	居民生活	27.215

（三）2018 年长江经济带西部地区城市综合发展水平评估得分比较

根据图 6 - 9 对 2018 年长江经济带西部地区综合发展水平与长江经济带平均水平展开比较分析。2018 年长江经济带西部地区在区域经济、工业企业、基础设施、社会福利等方面与长江经济带最高分差距较小，发展优势明显。在人口就业、农业生产、居民生活、科教文卫、生态环境等方面与最高分差距较大。

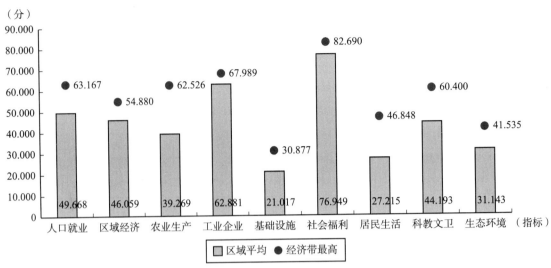

图 6 – 9　2018 年长江经济带西部地区综合发展水平指标得分比较

（四）2018 年长江经济带西部地区城市综合发展水平评估指标动态变化分析

根据图 6 – 10 对 2014～2018 年长江经济带西部地区各级指标排名变化情况展开分析。由图 6 – 10 可知，2014～2018 年，长江经济带西部地区各级指标中保持指标的比例较高，总体指标上升下降不明显。

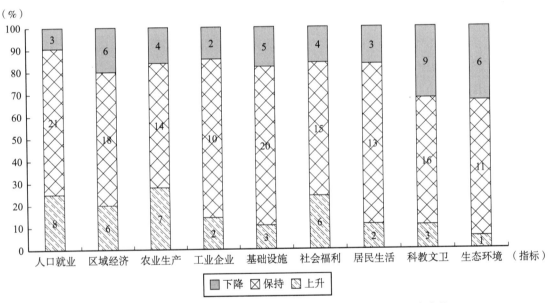

图 6 – 10　2014～2018 年长江经济带西部地区综合发展水平动态变化

表 6 – 144 进一步对 2014～2018 年西部地区 218 个要素指标的变化情况展开统计分析，其中，上升指标有 38 个，占指标总数的 17.431%；保持的指标有 138 个，占指标总数的 63.303%；下降的指标有 42 个，占指标总数的 19.266%。

表 6 – 144　　　　　　　　2014～2018 年长江经济带西部地区综合发展水平排名变化态势比较

指标	要素指标数量（个）	上升指标		保持指标		下降指标	
		个数（个）	比重（%）	个数（个）	比重（%）	个数（个）	比重（%）
人口就业	32	8	25.000	21	65.625	3	9.375
区域经济	30	6	20.000	18	60.000	6	20.000

续表

指标	要素指标数量（个）	上升指标		保持指标		下降指标	
		个数（个）	比重（%）	个数（个）	比重（%）	个数（个）	比重（%）
农业生产	25	7	28.000	14	56.000	4	16.000
工业企业	14	2	14.286	10	71.429	2	14.286
基础设施	28	3	10.714	20	71.429	5	17.857
社会福利	25	6	24.000	15	60.000	4	16.000
居民生活	18	2	11.111	13	72.222	3	16.667
科教文卫	28	3	10.714	16	57.143	9	32.143
生态环境	18	1	5.556	11	61.111	6	33.333
合计	218	38	17.431	138	63.303	42	19.266

（五）2018年长江经济带西部地区各城市综合发展水平各级指标得分、排名及优劣度分析

根据表6-145对2018年重庆市综合发展及各一级指标得分情况、排名情况、优劣度情况进行分析。其中，重庆市综合发展水平得分为430.649分，在长江经济带中排名第1名，处于强势区。在一级指标中，重庆市人口就业发展水平得分为59.037分，在长江经济带中排名第2名，处于强势区。重庆市区域经济发展水平得分为48.368分，在长江经济带中排名第25名，处于强势区。重庆市农业生产发展水平得分为33.986分，在长江经济带中排名第57名，处于中势区。重庆市工业企业发展水平得分为58.698分，在长江经济带中排名第88名，处于劣势区。重庆市基础设施发展水平得分为25.451分，在长江经济带中排名第10名，处于强势区。重庆市社会福利发展水平得分为75.236分，在长江经济带中排名第68名，处于中势区。重庆市居民生活发展水平得分为35.534分，在长江经济带中排名第7名，处于强势区。重庆市科教文卫发展水平得分为53.906分，在长江经济带中排名第2名，处于强势区。重庆市生态环境发展水平得分为41.535分，在长江经济带中排名第1名，处于强势区。

表6-145　　　　　　　**2018年重庆市综合发展各一级指标的得分、排名及优劣度分析**

排名	指标	得分	优劣度
1	综合发展	430.649	强势
1	生态环境	41.535	强势
2	人口就业	59.037	强势
2	科教文卫	53.906	强势
7	居民生活	35.534	强势
10	基础设施	25.451	强势
25	区域经济	48.368	强势
57	农业生产	33.986	中势
68	社会福利	75.236	中势
88	工业企业	58.698	劣势

根据表6-146对2018年成都市综合发展及各一级指标得分情况、排名情况、优劣度情况进行分析。其中，成都市综合发展水平得分为408.396分，在长江经济带中排名第12名，处于强势区。在一级指标中，成都市人口就业发展水平得分为56.698分，在长江经济带中排名第3名，处于强势区。成都市区域经济发展水平得分为47.588分，在长江经济带中排名第35名，处于优势区。成都市农业生产发展水平得分为25.817分，在长江经济带中排名第94名，处于劣势区。成都市工业企业发展水平得分为60.281分，在长江经济带中排名第80名，处于中势区。成都市基础设施发展水平得分为26.759分，在长江经济带中排名第3名，处于强势区。成都市社会福利发展水平得分为73.855分，在长江经济带中排名第94名，处于劣势区。成都市居民生活发展水平得分为33.939分，在长江经济带中排名第9名，处于强势区。成都市科教文卫发展水平得分为52.330分，在长江经济带中排名第4名，处于强势区。成都市生态环境发展

水平得分为 31.316 分，在长江经济带中排名第 33 名，处于优势区。

表 6 - 146　　　　　　2018 年成都市综合发展各一级指标的得分、排名及优劣度分析

排名	指标	得分	优劣度
3	人口就业	56.698	强势
3	基础设施	26.759	强势
4	科教文卫	52.330	强势
9	居民生活	33.939	强势
12	综合发展	408.396	强势
33	生态环境	31.316	优势
35	区域经济	47.588	优势
80	工业企业	60.281	中势
94	农业生产	25.817	劣势
94	社会福利	73.855	劣势

根据表 6 - 147 对 2018 年自贡市综合发展及各一级指标得分情况、排名情况、优劣度情况进行分析。其中，自贡市综合发展水平得分为 390.114 分，在长江经济带中排名第 75 名，处于中势区。在一级指标中，自贡市人口就业发展水平得分为 49.088 分，在长江经济带中排名第 85 名，处于劣势区。自贡市区域经济发展水平得分为 44.443 分，在长江经济带中排名第 80 名，处于中势区。自贡市农业生产发展水平得分为 34.150 分，在长江经济带中排名第 56 名，处于中势区。自贡市工业企业发展水平得分为 64.407 分，在长江经济带中排名第 23 名，处于强势区。自贡市基础设施发展水平得分为 18.583 分，在长江经济带中排名第 105 名，处于劣势区。自贡市社会福利发展水平得分为 76.133 分，在长江经济带中排名第 49 名，处于优势区。自贡市居民生活发展水平得分为 25.850 分，在长江经济带中排名第 79 名，处于中势区。自贡市科教文卫发展水平得分为 43.814 分，在长江经济带中排名第 59 名，处于中势区。自贡市生态环境发展水平得分为 30.895 分，在长江经济带中排名第 46 名，处于优势区。

表 6 - 147　　　　　　2018 年自贡市综合发展各一级指标的得分、排名及优劣度分析

排名	指标	得分	优劣度
23	工业企业	64.407	强势
46	生态环境	30.895	优势
49	社会福利	76.133	优势
56	农业生产	34.150	中势
59	科教文卫	43.814	中势
75	综合发展	390.114	中势
79	居民生活	25.850	中势
80	区域经济	44.443	中势
85	人口就业	49.088	劣势
105	基础设施	18.583	劣势

根据表 6 - 148 对 2018 年攀枝花市综合发展及各一级指标得分情况、排名情况、优劣度情况进行分析。其中，攀枝花市综合发展水平得分为 378.063 分，在长江经济带中排名第 104 名，处于劣势区。在一级指标中，攀枝花市人口就业发展水平得分为 49.194 分，在长江经济带中排名第 83 名，处于劣势区。攀枝花市区域经济发展水平得分为 44.670 分，在长江经济带中排名第 78 名，处于中势区。攀枝花市农业生产发展水平得分为 24.737 分，在长江经济带中排名第 100 名，处于劣势区。攀枝花市工业企业发展水平得分为 64.120 分，在长江经济带中排名第 30 名，处于优势区。攀枝花市基础设施发展水平得分为 19.603 分，在长江经济带中排名第 96 名，处于劣势区。攀枝花市社会福利发展水平得分为 77.793 分，在长江经济带中排名第 19 名，处于强势区。攀枝花市居民生活发展水平得分为 28.333 分，在长江经济带中排名第

41 名，处于优势区。攀枝花市科教文卫发展水平得分为 42.077 分，在长江经济带中排名第 94 名，处于劣势区。攀枝花市生态环境发展水平得分为 27.871 分，在长江经济带中排名第 107 名，处于劣势区。

表 6－148　　　　　　　　2018 年攀枝花市综合发展各一级指标的得分、排名及优劣度分析

排名	指标	得分	优劣度
19	社会福利	77.793	强势
30	工业企业	64.120	优势
41	居民生活	28.333	优势
78	区域经济	44.670	中势
83	人口就业	49.194	劣势
94	科教文卫	42.077	劣势
96	基础设施	19.603	劣势
100	农业生产	24.737	劣势
104	综合发展	378.063	劣势
107	生态环境	27.871	劣势

根据表 6－149 对 2018 年泸州市综合发展及各一级指标得分情况、排名情况、优劣度情况进行分析。其中，泸州市综合发展水平得分为 389.769 分，在长江经济带中排名第 78 名，处于中势区。在一级指标中，泸州市人口就业发展水平得分为 49.981 分，在长江经济带中排名第 73 名，处于中势区。泸州市区域经济发展水平得分为 43.372 分，在长江经济带中排名第 93 名，处于劣势区。泸州市农业生产发展水平得分为 36.011 分，在长江经济带中排名第 47 名，处于优势区。泸州市工业企业发展水平得分为 64.512 分，在长江经济带中排名第 21 名，处于强势区。泸州市基础设施发展水平得分为 19.814 分，在长江经济带中排名第 92 名，处于劣势区。泸州市社会福利发展水平得分为 75.620 分，在长江经济带中排名第 54 名，处于优势区。泸州市居民生活发展水平得分为 26.185 分，在长江经济带中排名第 75 名，处于中势区。泸州市科教文卫发展水平得分为 41.594 分，在长江经济带中排名第 97 名，处于劣势区。泸州市生态环境发展水平得分为 30.933 分，在长江经济带中排名第 43 名，处于优势区。

表 6－149　　　　　　　　2018 年泸州市综合发展各一级指标的得分、排名及优劣度分析

排名	指标	得分	优劣度
21	工业企业	64.512	强势
43	生态环境	30.933	优势
47	农业生产	36.011	优势
54	社会福利	75.620	优势
73	人口就业	49.981	中势
75	居民生活	26.185	中势
78	综合发展	389.769	中势
92	基础设施	19.814	劣势
93	区域经济	43.372	劣势
97	科教文卫	41.594	劣势

根据表 6－150 对 2018 年德阳市综合发展及各一级指标得分情况、排名情况、优劣度情况进行分析。其中，德阳市综合发展水平得分为 408.998 分，在长江经济带中排名第 10 名，处于强势区。在一级指标中，德阳市人口就业发展水平得分为 46.236 分，在长江经济带中排名第 102 名，处于劣势区。德阳市区域经济发展水平得分为 54.880 分，在长江经济带中排名第 1 名，处于强势区。德阳市农业生产发展水平得分为 43.461 分，在长江经济带中排名第 11 名，处于强势区。德阳市工业企业发展水平得分为 63.154 分，在长江经济带中排名第 44 名，处于优势区。德阳市基础设施发展水平得分为 21.072 分，在长江经济带中排名第 57 名，处于中势区。德阳市社会福利发展水平得分为 75.151 分，在长江经济带中排名第 70

名，处于中势区。德阳市居民生活发展水平得分为 26.964 分，在长江经济带中排名第 65 名，处于中势区。德阳市科教文卫发展水平得分为 44.142 分，在长江经济带中排名第 52 名，处于优势区。德阳市生态环境发展水平得分为 31.044 分，在长江经济带中排名第 40 名，处于优势区。

表 6－150　　　　　　　　　　2018 年德阳市综合发展各一级指标的得分、排名及优劣度分析

排名	指标	得分	优劣度
1	区域经济	54.880	强势
10	综合发展	408.998	强势
11	农业生产	43.461	强势
40	生态环境	31.044	优势
44	工业企业	63.154	优势
52	科教文卫	44.142	优势
57	基础设施	21.072	中势
65	居民生活	26.964	中势
70	社会福利	75.151	中势
102	人口就业	46.236	劣势

　　根据表 6－151 对 2018 年绵阳市综合发展及各一级指标得分情况、排名情况、优劣度情况进行分析。其中，绵阳市综合发展水平得分为 395.374 分，在长江经济带中排名第 50 名，处于优势区。在一级指标中，绵阳市人口就业发展水平得分为 48.887 分，在长江经济带中排名第 90 名，处于劣势区。绵阳市区域经济发展水平得分为 46.846 分，在长江经济带中排名第 45 名，处于优势区。绵阳市农业生产发展水平得分为 38.354 分，在长江经济带中排名第 33 名，处于优势区。绵阳市工业企业发展水平得分为 63.236 分，在长江经济带中排名第 42 名，处于优势区。绵阳市基础设施发展水平得分为 20.271 分，在长江经济带中排名第 79 名，处于中势区。绵阳市社会福利发展水平得分为 75.106 分，在长江经济带中排名第 71 名，处于中势区。绵阳市居民生活发展水平得分为 25.780 分，在长江经济带中排名第 81 名，处于中势区。绵阳市科教文卫发展水平得分为 45.029 分，在长江经济带中排名第 35 名，处于优势区。绵阳市生态环境发展水平得分为 28.901 分，在长江经济带中排名第 100 名，处于劣势区。

表 6－151　　　　　　　　　　2018 年绵阳市综合发展各一级指标的得分、排名及优劣度分析

排名	指标	得分	优劣度
33	农业生产	38.354	优势
35	科教文卫	45.029	优势
42	工业企业	63.236	优势
45	区域经济	46.846	优势
50	综合发展	395.374	优势
71	社会福利	75.106	中势
79	基础设施	20.271	中势
81	居民生活	25.780	中势
90	人口就业	48.887	劣势
100	生态环境	28.901	劣势

　　根据表 6－152 对 2018 年广元市综合发展及各一级指标得分情况、排名情况、优劣度情况进行分析。其中，广元市综合发展水平得分为 396.046 分，在长江经济带中排名第 47 名，处于优势区。在一级指标中，广元市人口就业发展水平得分为 47.974 分，在长江经济带中排名第 97 名，处于劣势区。广元市区域经济发展水平得分为 45.151 分，在长江经济带中排名第 71 名，处于中势区。广元市农业生产发展水平得分为 40.204 分，在长江经济带中排名第 24 名，处于强势区。广元市工业企业发展水平得分为 63.543 分，在长江经济带中排名第 36 名，处于优势区。广元市基础设施发展水平得分为 20.257 分，在长江经济带中

排名第 82 名，处于劣势区。广元市社会福利发展水平得分为 74.373 分，在长江经济带中排名第 87 名，处于劣势区。广元市居民生活发展水平得分为 25.720 分，在长江经济带中排名第 83 名，处于劣势区。广元市科教文卫发展水平得分为 45.740 分，在长江经济带中排名第 27 名，处于强势区。广元市生态环境发展水平得分为 30.502 分，在长江经济带中排名第 54 名，处于优势区。

表 6 – 152　　　　　　　　　　2018 年广元市综合发展各一级指标的得分、排名及优劣度分析

排名	指标	得分	优劣度
24	农业生产	40.204	强势
27	科教文卫	45.740	强势
36	工业企业	63.543	优势
47	综合发展	396.046	优势
54	生态环境	30.502	优势
71	区域经济	45.151	中势
82	基础设施	20.257	劣势
83	居民生活	25.720	劣势
87	社会福利	74.373	劣势
97	人口就业	47.974	劣势

根据表 6 – 153 对 2018 年遂宁市综合发展及各一级指标得分情况、排名情况、优劣度情况进行分析。其中，遂宁市综合发展水平得分为 390.393 分，在长江经济带中排名第 74 名，处于中势区。在一级指标中，遂宁市人口就业发展水平得分为 48.915 分，在长江经济带中排名第 88 名，处于劣势区。遂宁市区域经济发展水平得分为 46.219 分，在长江经济带中排名第 57 名，处于中势区。遂宁市农业生产发展水平得分为 38.149 分，在长江经济带中排名第 34 名，处于优势区。遂宁市工业企业发展水平得分为 63.667 分，在长江经济带中排名第 35 名，处于优势区。遂宁市基础设施发展水平得分为 18.830 分，在长江经济带中排名第 103 名，处于劣势区。遂宁市社会福利发展水平得分为 74.881 分，在长江经济带中排名第 77 名，处于中势区。遂宁市居民生活发展水平得分为 26.443 分，在长江经济带中排名第 70 名，处于中势区。遂宁市科教文卫发展水平得分为 40.767 分，在长江经济带中排名第 103 名，处于劣势区。遂宁市生态环境发展水平得分为 29.472 分，在长江经济带中排名第 81 名，处于中势区。

表 6 – 153　　　　　　　　　　2018 年遂宁市综合发展各一级指标的得分、排名及优劣度分析

排名	指标	得分	优劣度
34	农业生产	38.149	优势
35	工业企业	63.667	优势
57	区域经济	46.219	中势
70	居民生活	26.443	中势
74	综合发展	390.393	中势
77	社会福利	74.881	中势
81	生态环境	29.472	中势
88	人口就业	48.915	劣势
103	基础设施	18.830	劣势
103	科教文卫	40.767	劣势

根据表 6 – 154 对 2018 年内江市综合发展及各一级指标得分情况、排名情况、优劣度情况进行分析。其中，内江市综合发展水平得分为 388.442 分，在长江经济带中排名第 82 名，处于劣势区。在一级指标中，内江市人口就业发展水平得分为 47.809 分，在长江经济带中排名第 98 名，处于劣势区。内江市区域经济发展水平得分为 42.689 分，在长江经济带中排名第 101 名，处于劣势区。内江市农业生产发展水平得分为 40.283 分，在长江经济带中排名第 22 名，处于强势区。内江市工业企业发展水平得分为 65.594

分，在长江经济带中排名第 12 名，处于强势区。内江市基础设施发展水平得分为 18.938 分，在长江经济带中排名第 102 名，处于劣势区。内江市社会福利发展水平得分为 75.313 分，在长江经济带中排名第 65 名，处于中势区。内江市居民生活发展水平得分为 24.215 分，在长江经济带中排名第 101 名，处于劣势区。内江市科教文卫发展水平得分为 41.261 分，在长江经济带中排名第 98 名，处于劣势区。内江市生态环境发展水平得分为 29.438 分，在长江经济带中排名第 84 名，处于劣势区。

表 6－154　　　　　2018 年内江市综合发展各一级指标的得分、排名及优劣度分析

排名	指标	得分	优劣度
12	工业企业	65.594	强势
22	农业生产	40.283	强势
65	社会福利	75.313	中势
82	综合发展	388.442	劣势
84	生态环境	29.438	劣势
98	人口就业	47.809	劣势
98	科教文卫	41.261	劣势
101	区域经济	42.689	劣势
101	居民生活	24.215	劣势
102	基础设施	18.938	劣势

根据表 6－155 对 2018 年乐山市综合发展及各一级指标得分情况、排名情况、优劣度情况进行分析。其中，乐山市综合发展水平得分为 388.323 分，在长江经济带中排名第 83 名，处于劣势区。在一级指标中，乐山市人口就业发展水平得分为 50.138 分，在长江经济带中排名第 69 名，处于中势区。乐山市区域经济发展水平得分为 44.065 分，在长江经济带中排名第 85 名，处于劣势区。乐山市农业生产发展水平得分为 33.800 分，在长江经济带中排名第 60 名，处于中势区。乐山市工业企业发展水平得分为 63.188 分，在长江经济带中排名第 43 名，处于优势区。乐山市基础设施发展水平得分为 19.984 分，在长江经济带中排名第 89 名，处于劣势区。乐山市社会福利发展水平得分为 76.047 分，在长江经济带中排名第 52 名，处于优势区。乐山市居民生活发展水平得分为 25.110 分，在长江经济带中排名第 91 名，处于劣势区。乐山市科教文卫发展水平得分为 43.136 分，在长江经济带中排名第 75 名，处于中势区。乐山市生态环境发展水平得分为 30.924 分，在长江经济带中排名第 44 名，处于优势区。

表 6－155　　　　　2018 年乐山市综合发展各一级指标的得分、排名及优劣度分析

排名	指标	得分	优劣度
43	工业企业	63.188	优势
44	生态环境	30.924	优势
52	社会福利	76.047	优势
60	农业生产	33.800	中势
69	人口就业	50.138	中势
75	科教文卫	43.136	中势
83	综合发展	388.323	劣势
85	区域经济	44.065	劣势
89	基础设施	19.984	劣势
91	居民生活	25.110	劣势

根据表 6－156 对 2018 年南充市综合发展及各一级指标得分情况、排名情况、优劣度情况进行分析。其中，南充市综合发展水平得分为 401.273 分，在长江经济带中排名第 27 名，处于强势区。在一级指标中，南充市人口就业发展水平得分为 48.330 分，在长江经济带中排名第 93 名，处于劣势区。南充市区域经济发展水平得分为 47.474 分，在长江经济带中排名第 36 名，处于优势区。南充市农业生产发展水平得

分为46.266分，在长江经济带中排名第7名，处于强势区。南充市工业企业发展水平得分为62.691分，在长江经济带中排名第50名，处于优势区。南充市基础设施发展水平得分为19.406分，在长江经济带中排名第97名，处于劣势区。南充市社会福利发展水平得分为74.757分，在长江经济带中排名第83名，处于劣势区。南充市居民生活发展水平得分为26.305分，在长江经济带中排名第71名，处于中势区。南充市科教文卫发展水平得分为44.414分，在长江经济带中排名第45名，处于优势区。南充市生态环境发展水平得分为28.678分，在长江经济带中排名第102名，处于劣势区。

表 6 - 156   2018 年南充市综合发展各一级指标的得分、排名及优劣度分析

排名	指标	得分	优劣度
7	农业生产	46.266	强势
27	综合发展	401.273	强势
36	区域经济	47.474	优势
45	科教文卫	44.414	优势
50	工业企业	62.691	优势
71	居民生活	26.305	中势
83	社会福利	74.757	劣势
93	人口就业	48.330	劣势
97	基础设施	19.406	劣势
102	生态环境	28.678	劣势

根据表6 - 157对2018年眉山市综合发展及各一级指标得分情况、排名情况、优劣度情况进行分析。其中，眉山市综合发展水平得分为397.893分，在长江经济带中排名第36名，处于优势区。在一级指标中，眉山市人口就业发展水平得分为50.688分，在长江经济带中排名第57名，处于中势区。眉山市区域经济发展水平得分为46.513分，在长江经济带中排名第50名，处于优势区。眉山市农业生产发展水平得分为39.000分，在长江经济带中排名第27名，处于强势区。眉山市工业企业发展水平得分为65.007分，在长江经济带中排名第17名，处于强势区。眉山市基础设施发展水平得分为19.825分，在长江经济带中排名第91名，处于劣势区。眉山市社会福利发展水平得分为76.161分，在长江经济带中排名第47名，处于优势区。眉山市居民生活发展水平得分为24.826分，在长江经济带中排名第93名，处于劣势区。眉山市科教文卫发展水平得分为42.517分，在长江经济带中排名第88名，处于劣势区。眉山市生态环境发展水平得分为31.057分，在长江经济带中排名第38名，处于优势区。

表 6 - 157   2018 年眉山市综合发展各一级指标的得分、排名及优劣度分析

排名	指标	得分	优劣度
17	工业企业	65.007	强势
27	农业生产	39.000	强势
36	综合发展	397.893	优势
38	生态环境	31.057	优势
47	社会福利	76.161	优势
50	区域经济	46.513	优势
57	人口就业	50.688	中势
88	科教文卫	42.517	劣势
91	基础设施	19.825	劣势
93	居民生活	24.826	劣势

根据表6 - 158对2018年宜宾市综合发展及各一级指标得分情况、排名情况、优劣度情况进行分析。其中，宜宾市综合发展水平得分为392.597分，在长江经济带中排名第70名，处于中势区。在一级指标中，宜宾市人口就业发展水平得分为50.041分，在长江经济带中排名第72名，处于中势区。宜宾市区域

经济发展水平得分为46.766分，在长江经济带中排名第46名，处于优势区。宜宾市农业生产发展水平得分为37.552分，在长江经济带中排名第40名，处于优势区。宜宾市工业企业发展水平得分为60.502分，在长江经济带中排名第77名，处于中势区。宜宾市基础设施发展水平得分为20.431分，在长江经济带中排名第78名，处于中势区。宜宾市社会福利发展水平得分为75.326分，在长江经济带中排名第64名，处于中势区。宜宾市居民生活发展水平得分为26.255分，在长江经济带中排名第73名，处于中势区。宜宾市科教文卫发展水平得分为40.092分，在长江经济带中排名第105名，处于劣势区。宜宾市生态环境发展水平得分为32.572分，在长江经济带中排名第23名，处于强势区。

表 6 – 158   2018 年宜宾市综合发展各一级指标的得分、排名及优劣度分析

排名	指标	得分	优劣度
23	生态环境	32.572	强势
40	农业生产	37.552	优势
46	区域经济	46.766	优势
64	社会福利	75.326	中势
70	综合发展	392.597	中势
72	人口就业	50.041	中势
73	居民生活	26.255	中势
77	工业企业	60.502	中势
78	基础设施	20.431	中势
105	科教文卫	40.092	劣势

根据表 6 – 159 对 2018 年广安市综合发展及各一级指标得分情况、排名情况、优劣度情况进行分析。其中，广安市综合发展水平得分为393.769分，在长江经济带中排名第61名，处于中势区。在一级指标中，广安市人口就业发展水平得分为50.272分，在长江经济带中排名第66名，处于中势区。广安市区域经济发展水平得分为44.011分，在长江经济带中排名第86名，处于劣势区。广安市农业生产发展水平得分为38.452分，在长江经济带中排名第32名，处于优势区。广安市工业企业发展水平得分为61.451分，在长江经济带中排名第65名，处于中势区。广安市基础设施发展水平得分为22.332分，在长江经济带中排名第36名，处于优势区。广安市社会福利发展水平得分为74.873分，在长江经济带中排名第78名，处于中势区。广安市居民生活发展水平得分为28.426分，在长江经济带中排名第39名，处于优势区。广安市科教文卫发展水平得分为42.710分，在长江经济带中排名第85名，处于劣势区。广安市生态环境发展水平得分为28.086分，在长江经济带中排名第105名，处于劣势区。

表 6 – 159   2018 年广安市综合发展各一级指标的得分、排名及优劣度分析

排名	指标	得分	优劣度
32	农业生产	38.452	优势
36	基础设施	22.332	优势
39	居民生活	28.426	优势
61	综合发展	393.769	中势
65	工业企业	61.451	中势
66	人口就业	50.272	中势
78	社会福利	74.873	中势
85	科教文卫	42.710	劣势
86	区域经济	44.011	劣势
105	生态环境	28.086	劣势

根据表 6 – 160 对 2018 年达州市综合发展及各一级指标得分情况、排名情况、优劣度情况进行分析。其中，达州市综合发展水平得分为389.347分，在长江经济带中排名第81名，处于中势区。在一级指标

中，达州市人口就业发展水平得分为 48.712 分，在长江经济带中排名第 91 名，处于劣势区。达州市区域经济发展水平得分为 42.921 分，在长江经济带中排名第 98 名，处于劣势区。达州市农业生产发展水平分为 45.505 分，在长江经济带中排名第 9 名，处于强势区。达州市工业企业发展水平得分为 58.604 分，在长江经济带中排名第 90 名，处于劣势区。达州市基础设施发展水平得分为 18.252 分，在长江经济带中排名第 106 名，处于劣势区。达州市社会福利发展水平得分为 75.507 分，在长江经济带中排名第 56 名，处于中势区。达州市居民生活发展水平得分为 24.965 分，在长江经济带中排名第 92 名，处于劣势区。达州市科教文卫发展水平得分为 43.303 分，在长江经济带中排名第 69 名，处于中势区。达州市生态环境发展水平得分为 28.625 分，在长江经济带中排名第 103 名，处于劣势区。

表 6 – 160　　　　　　　　　　2018 年达州市综合发展各一级指标的得分、排名及优劣度分析

排名	指标	得分	优劣度
9	农业生产	45.505	强势
56	社会福利	75.507	中势
69	科教文卫	43.303	中势
81	综合发展	389.347	中势
90	工业企业	58.604	劣势
91	人口就业	48.712	劣势
92	居民生活	24.965	劣势
98	区域经济	42.921	劣势
103	生态环境	28.625	劣势
106	基础设施	18.252	劣势

根据表 6 – 161 对 2018 年雅安市综合发展及各一级指标得分情况、排名情况、优劣度情况进行分析。其中，雅安市综合发展水平得分为 383.224 分，在长江经济带中排名第 98 名，处于劣势区。在一级指标中，雅安市人口就业发展水平得分为 48.290 分，在长江经济带中排名第 94 名，处于劣势区。雅安市区域经济发展水平得分为 42.880 分，在长江经济带中排名第 100 名，处于劣势区。雅安市农业生产发展水平得分为 36.814 分，在长江经济带中排名第 42 名，处于优势区。雅安市工业企业发展水平得分为 61.098 分，在长江经济带中排名第 68 名，处于中势区。雅安市基础设施发展水平得分为 21.040 分，在长江经济带中排名第 60 名，处于中势区。雅安市社会福利发展水平得分为 75.302 分，在长江经济带中排名第 66 名，处于中势区。雅安市居民生活发展水平得分为 24.461 分，在长江经济带中排名第 97 名，处于劣势区。雅安市科教文卫发展水平得分为 41.074 分，在长江经济带中排名第 100 名，处于劣势区。雅安市生态环境发展水平得分为 31.282 分，在长江经济带中排名第 34 名，处于优势区。

表 6 – 161　　　　　　　　　　2018 年雅安市综合发展各一级指标的得分、排名及优劣度分析

排名	指标	得分	优劣度
34	生态环境	31.282	优势
42	农业生产	36.814	优势
60	基础设施	21.040	中势
66	社会福利	75.302	中势
68	工业企业	61.098	中势
94	人口就业	48.290	劣势
97	居民生活	24.461	劣势
98	综合发展	383.224	劣势
100	区域经济	42.880	劣势
100	科教文卫	41.074	劣势

根据表 6 – 162 对 2018 年巴中市综合发展及各一级指标得分情况、排名情况、优劣度情况进行分析。

其中，巴中市综合发展水平得分为 382.884 分，在长江经济带中排名第 99 名，处于劣势区。在一级指标中，巴中市人口就业发展水平得分为 48.520 分，在长江经济带中排名第 92 名，处于劣势区。巴中市区域经济发展水平得分为 43.043 分，在长江经济带中排名第 96 名，处于劣势区。巴中市农业生产发展水平得分为 40.848 分，在长江经济带中排名第 20 名，处于强势区。巴中市工业企业发展水平得分为 59.157 分，在长江经济带中排名第 85 名，处于劣势区。巴中市基础设施发展水平得分为 19.784 分，在长江经济带中排名第 94 名，处于劣势区。巴中市社会福利发展水平得分为 72.735 分，在长江经济带中排名第 99 名，处于劣势区。巴中市居民生活发展水平得分为 24.549 分，在长江经济带中排名第 96 名，处于劣势区。巴中市科教文卫发展水平得分为 43.112 分，在长江经济带中排名第 76 名，处于中势区。巴中市生态环境发展水平得分为 28.577 分，在长江经济带中排名第 104 名，处于劣势区。

表 6－162　　2018 年巴中市综合发展各一级指标的得分、排名及优劣度分析

排名	指标	得分	优劣度
20	农业生产	40.848	强势
76	科教文卫	43.112	中势
85	工业企业	59.157	劣势
92	人口就业	48.520	劣势
94	基础设施	19.784	劣势
96	区域经济	43.043	劣势
96	居民生活	24.549	劣势
99	综合发展	382.884	劣势
99	社会福利	72.735	劣势
104	生态环境	28.577	劣势

根据表 6－163 对 2018 年资阳市综合发展及各一级指标得分情况、排名情况、优劣度情况进行分析。其中，资阳市综合发展水平得分为 405.703 分，在长江经济带中排名第 14 名，处于强势区。在一级指标中，资阳市人口就业发展水平得分为 45.492 分，在长江经济带中排名第 105 名，处于劣势区。资阳市区域经济发展水平得分为 52.246 分，在长江经济带中排名第 5 名，处于强势区。资阳市农业生产发展水平得分为 47.905 分，在长江经济带中排名第 5 名，处于强势区。资阳市工业企业发展水平得分为 65.173 分，在长江经济带中排名第 14 名，处于强势区。资阳市基础设施发展水平得分为 20.919 分，在长江经济带中排名第 66 名，处于中势区。资阳市社会福利发展水平得分为 76.165 分，在长江经济带中排名第 46 名，处于优势区。资阳市居民生活发展水平得分为 24.743 分，在长江经济带中排名第 94 名，处于劣势区。资阳市科教文卫发展水平得分为 41.619 分，在长江经济带中排名第 96 名，处于劣势区。资阳市生态环境发展水平得分为 28.929 分，在长江经济带中排名第 98 名，处于劣势区。

表 6－163　　2018 年资阳市综合发展各一级指标的得分、排名及优劣度分析

排名	指标	得分	优劣度
5	区域经济	52.246	强势
5	农业生产	47.905	强势
14	综合发展	405.703	强势
14	工业企业	65.173	强势
46	社会福利	76.165	优势
66	基础设施	20.919	中势
94	居民生活	24.743	劣势
96	科教文卫	41.619	劣势
98	生态环境	28.929	劣势
105	人口就业	45.492	劣势

根据表 6-164 对 2018 年贵阳市综合发展及各一级指标得分情况、排名情况、优劣度情况进行分析。其中，贵阳市综合发展水平得分为 392.614 分，在长江经济带中排名第 69 名，处于中势区。在一级指标中，贵阳市人口就业发展水平得分为 51.026 分，在长江经济带中排名第 50 名，处于优势区。贵阳市区域经济发展水平得分为 46.378 分，在长江经济带中排名第 52 名，处于优势区。贵阳市农业生产发展水平得分为 28.045 分，在长江经济带中排名第 82 名，处于劣势区。贵阳市工业企业发展水平得分为 65.394 分，在长江经济带中排名第 13 名，处于强势区。贵阳市基础设施发展水平得分为 21.002 分，在长江经济带中排名第 62 名，处于中势区。贵阳市社会福利发展水平得分为 73.204 分，在长江经济带中排名第 98 名，处于劣势区。贵阳市居民生活发展水平得分为 28.261 分，在长江经济带中排名第 42 名，处于优势区。贵阳市科教文卫发展水平得分为 45.970 分，在长江经济带中排名第 22 名，处于强势区。贵阳市生态环境发展水平得分为 32.253 分，在长江经济带中排名第 25 名，处于强势区。

表 6-164　　　　　　　　2018 年贵阳市综合发展各一级指标的得分、排名及优劣度分析

排名	指标	得分	优劣度
13	工业企业	65.394	强势
22	科教文卫	45.970	强势
25	生态环境	32.253	强势
42	居民生活	28.261	优势
50	人口就业	51.026	优势
52	区域经济	46.378	优势
62	基础设施	21.002	中势
69	综合发展	392.614	中势
82	农业生产	28.045	劣势
98	社会福利	73.204	劣势

根据表 6-165 对 2018 年六盘水市综合发展及各一级指标得分情况、排名情况、优劣度情况进行分析。其中，六盘水市综合发展水平得分为 395.407 分，在长江经济带中排名第 49 名，处于优势区。在一级指标中，六盘水市人口就业发展水平得分为 50.751 分，在长江经济带中排名第 55 名，处于中势区。六盘水市区域经济发展水平得分为 50.335 分，在长江经济带中排名第 10 名，处于强势区。六盘水市农业生产发展水平得分为 33.384 分，在长江经济带中排名第 61 名，处于中势区。六盘水市工业企业发展水平得分为 62.704 分，在长江经济带中排名第 49 名，处于优势区。六盘水市基础设施发展水平得分为 20.435 分，在长江经济带中排名第 77 名，处于中势区。六盘水市社会福利发展水平得分为 74.836 分，在长江经济带中排名第 81 名，处于中势区。六盘水市居民生活发展水平得分为 26.012 分，在长江经济带中排名第 77 名，处于中势区。六盘水市科教文卫发展水平得分为 43.460 分，在长江经济带中排名第 66 名，处于中势区。六盘水市生态环境发展水平得分为 32.820 分，在长江经济带中排名第 19 名，处于强势区。

表 6-165　　　　　　　　2018 年六盘水市综合发展各一级指标的得分、排名及优劣度分析

排名	指标	得分	优劣度
10	区域经济	50.335	强势
19	生态环境	32.820	强势
49	综合发展	395.407	优势
49	工业企业	62.704	优势
55	人口就业	50.751	中势
61	农业生产	33.384	中势
66	科教文卫	43.460	中势
77	基础设施	20.435	中势
77	居民生活	26.012	中势
81	社会福利	74.836	中势

根据表6－166对2018年遵义市综合发展及各一级指标得分情况、排名情况、优劣度情况进行分析。其中，遵义市综合发展水平得分为380.180分，在长江经济带中排名第103名，处于劣势区。在一级指标中，遵义市人口就业发展水平得分为44.223分，在长江经济带中排名第108名，处于劣势区。遵义市区域经济发展水平得分为44.960分，在长江经济带中排名第76名，处于中势区。遵义市农业生产发展水平得分为32.177分，在长江经济带中排名第68名，处于中势区。遵义市工业企业发展水平得分为60.648分，在长江经济带中排名第76名，处于中势区。遵义市基础设施发展水平得分为20.462分，在长江经济带中排名第75名，处于中势区。遵义市社会福利发展水平得分为76.694分，在长江经济带中排名第37名，处于优势区。遵义市居民生活发展水平得分为27.732分，在长江经济带中排名第49名，处于优势区。遵义市科教文卫发展水平得分为42.688分，在长江经济带中排名第86名，处于劣势区。遵义市生态环境发展水平得分为29.343分，在长江经济带中排名第87名，处于劣势区。

表6－166　　　　2018年遵义市综合发展各一级指标的得分、排名及优劣度分析

排名	指标	得分	优劣度
37	社会福利	76.694	优势
49	居民生活	27.732	优势
68	农业生产	32.177	中势
75	基础设施	20.462	中势
76	区域经济	44.960	中势
76	工业企业	60.648	中势
86	科教文卫	42.688	劣势
87	生态环境	29.343	劣势
103	综合发展	380.180	劣势
108	人口就业	44.223	劣势

根据表6－167对2018年安顺市综合发展及各一级指标得分情况、排名情况、优劣度情况进行分析。其中，安顺市综合发展水平得分为393.567分，在长江经济带中排名第63名，处于中势区。在一级指标中，安顺市人口就业发展水平得分为50.540分，在长江经济带中排名第59名，处于中势区。安顺市区域经济发展水平得分为42.404分，在长江经济带中排名第103名，处于劣势区。安顺市农业生产发展水平得分为44.434分，在长江经济带中排名第10名，处于强势区。安顺市工业企业发展水平得分为61.788分，在长江经济带中排名第61名，处于中势区。安顺市基础设施发展水平得分为19.181分，在长江经济带中排名第100名，处于劣势区。安顺市社会福利发展水平得分为75.392分，在长江经济带中排名第61名，处于中势区。安顺市居民生活发展水平得分为26.995分，在长江经济带中排名第63名，处于中势区。安顺市科教文卫发展水平得分为40.763分，在长江经济带中排名第104名，处于劣势区。安顺市生态环境发展水平得分为30.667分，在长江经济带中排名第50名，处于优势区。

表6－167　　　　2018年安顺市综合发展各一级指标的得分、排名及优劣度分析

排名	指标	得分	优劣度
10	农业生产	44.434	强势
50	生态环境	30.667	优势
59	人口就业	50.540	中势
61	工业企业	61.788	中势
61	社会福利	75.392	中势
63	综合发展	393.567	中势
63	居民生活	26.995	中势
100	基础设施	19.181	劣势
103	区域经济	42.404	劣势
104	科教文卫	40.763	劣势

根据表 6-168 对 2018 年昆明市综合发展及各一级指标得分情况、排名情况、优劣度情况进行分析。其中，昆明市综合发展水平得分为 387.305 分，在长江经济带中排名第 87 名，处于劣势区。在一级指标中，昆明市人口就业发展水平得分为 52.260 分，在长江经济带中排名第 25 名，处于强势区。昆明市区域经济发展水平得分为 44.984 分，在长江经济带中排名第 74 名，处于中势区。昆明市农业生产发展水平得分为 25.160 分，在长江经济带中排名第 98 名，处于劣势区。昆明市工业企业发展水平得分为 66.311 分，在长江经济带中排名第 4 名，处于强势区。昆明市基础设施发展水平得分为 19.118 分，在长江经济带中排名第 101 名，处于劣势区。昆明市社会福利发展水平得分为 75.079 分，在长江经济带中排名第 72 名，处于中势区。昆明市居民生活发展水平得分为 27.266 分，在长江经济带中排名第 55 名，处于中势区。昆明市科教文卫发展水平得分为 46.681 分，在长江经济带中排名第 16 名，处于强势区。昆明市生态环境发展水平得分为 30.902 分，在长江经济带中排名第 45 名，处于优势区。

表 6-168　　　　　**2018 年昆明市综合发展各一级指标的得分、排名及优劣度分析**

排名	指标	得分	优劣度
4	工业企业	66.311	强势
16	科教文卫	46.681	强势
25	人口就业	52.260	强势
45	生态环境	30.902	优势
55	居民生活	27.266	中势
72	社会福利	75.079	中势
74	区域经济	44.984	中势
87	综合发展	387.305	劣势
98	农业生产	25.160	劣势
101	基础设施	19.118	劣势

根据表 6-169 对 2018 年曲靖市综合发展及各一级指标得分情况、排名情况、优劣度情况进行分析。其中，曲靖市综合发展水平得分为 418.720 分，在长江经济带中排名第 5 名，处于强势区。在一级指标中，曲靖市人口就业发展水平得分为 50.405 分，在长江经济带中排名第 65 名，处于中势区。曲靖市区域经济发展水平得分为 42.500 分，在长江经济带中排名第 102 名，处于劣势区。曲靖市农业生产发展水平得分为 62.526 分，在长江经济带中排名第 1 名，处于强势区。曲靖市工业企业发展水平得分为 62.206 分，在长江经济带中排名第 56 名，处于中势区。曲靖市基础设施发展水平得分为 20.862 分，在长江经济带中排名第 68 名，处于中势区。曲靖市社会福利发展水平得分为 75.368 分，在长江经济带中排名第 63 名，处于中势区。曲靖市居民生活发展水平得分为 27.893 分，在长江经济带中排名第 47 名，处于优势区。曲靖市科教文卫发展水平得分为 42.344 分，在长江经济带中排名第 91 名，处于劣势区。曲靖市生态环境发展水平得分为 30.652 分，在长江经济带中排名第 51 名，处于优势区。

表 6-169　　　　　**2018 年曲靖市综合发展各一级指标的得分、排名及优劣度分析**

排名	指标	得分	优劣度
1	农业生产	62.526	强势
5	综合发展	418.720	强势
47	居民生活	27.893	优势
51	生态环境	30.652	优势
56	工业企业	62.206	中势
63	社会福利	75.368	中势
65	人口就业	50.405	中势
68	基础设施	20.862	中势
91	科教文卫	42.344	劣势
102	区域经济	42.500	劣势

根据表 6 - 170 对 2018 年玉溪市综合发展及各一级指标得分情况、排名情况、优劣度情况进行分析。其中，玉溪市综合发展水平得分为 399.041 分，在长江经济带中排名第 33 名，处于优势区。在一级指标中，玉溪市人口就业发展水平得分为 49.843 分，在长江经济带中排名第 77 名，处于中势区。玉溪市区域经济发展水平得分为 43.420 分，在长江经济带中排名第 92 名，处于劣势区。玉溪市农业生产发展水平得分为 33.351 分，在长江经济带中排名第 62 名，处于中势区。玉溪市工业企业发展水平得分为 63.409 分，在长江经济带中排名第 39 名，处于优势区。玉溪市基础设施发展水平得分为 25.498 分，在长江经济带中排名第 9 名，处于强势区。玉溪市社会福利发展水平得分为 75.074 分，在长江经济带中排名第 73 名，处于中势区。玉溪市居民生活发展水平得分为 27.253 分，在长江经济带中排名第 56 名，处于中势区。玉溪市科教文卫发展水平得分为 44.505 分，在长江经济带中排名第 43 名，处于优势区。玉溪市生态环境发展水平得分为 32.797 分，在长江经济带中排名第 20 名，处于强势区。

表 6 - 170　　　　　2018 年玉溪市综合发展各一级指标的得分、排名及优劣度分析

排名	指标	得分	优劣度
9	基础设施	25.498	强势
20	生态环境	32.797	强势
33	综合发展	399.041	优势
39	工业企业	63.409	优势
43	科教文卫	44.505	优势
56	居民生活	27.253	中势
62	农业生产	33.351	中势
73	社会福利	75.074	中势
77	人口就业	49.843	中势
92	区域经济	43.420	劣势

根据表 6 - 171 对 2018 年保山市综合发展及各一级指标得分情况、排名情况、优劣度情况进行分析。其中，保山市综合发展水平得分为 408.662 分，在长江经济带中排名第 11 名，处于强势区。在一级指标中，保山市人口就业发展水平得分为 49.130 分，在长江经济带中排名第 84 名，处于劣势区。保山市区域经济发展水平得分为 47.065 分，在长江经济带中排名第 41 名，处于优势区。保山市农业生产发展水平得分为 48.955 分，在长江经济带中排名第 4 名，处于强势区。保山市工业企业发展水平得分为 63.076 分，在长江经济带中排名第 45 名，处于优势区。保山市基础设施发展水平得分为 22.015 分，在长江经济带中排名第 43 名，处于优势区。保山市社会福利发展水平得分为 69.651 分，在长江经济带中排名第 106 名，处于劣势区。保山市居民生活发展水平得分为 26.967 分，在长江经济带中排名第 64 名，处于中势区。保山市科教文卫发展水平得分为 45.800 分，在长江经济带中排名第 26 名，处于强势区。保山市生态环境发展水平得分为 33.061 分，在长江经济带中排名第 17 名，处于强势区。

表 6 - 171　　　　　2018 年保山市综合发展各一级指标的得分、排名及优劣度分析

排名	指标	得分	优劣度
4	农业生产	48.955	强势
11	综合发展	408.662	强势
17	生态环境	33.061	强势
26	科教文卫	45.800	强势
41	区域经济	47.065	优势
43	基础设施	22.015	优势
45	工业企业	63.076	优势
64	居民生活	26.967	中势
84	人口就业	49.130	劣势
106	社会福利	69.651	劣势

根据表 6 - 172 对 2018 年昭通市综合发展及各一级指标得分情况、排名情况、优劣度情况进行分析。其中，昭通市综合发展水平得分为 403.135 分，在长江经济带中排名第 20 名，处于强势区。在一级指标中，昭通市人口就业发展水平得分为 49.487 分，在长江经济带中排名第 79 名，处于中势区。昭通市区域经济发展水平得分为 44.785 分，在长江经济带中排名第 77 名，处于中势区。昭通市农业生产发展水平得分为 42.767 分，在长江经济带中排名第 14 名，处于强势区。昭通市工业企业发展水平得分为 63.733 分，在长江经济带中排名第 34 名，处于优势区。昭通市基础设施发展水平得分为 20.029 分，在长江经济带中排名第 88 名，处于劣势区。昭通市社会福利发展水平得分为 74.693 分，在长江经济带中排名第 84 名，处于劣势区。昭通市居民生活发展水平得分为 30.401 分，在长江经济带中排名第 20 名，处于强势区。昭通市科教文卫发展水平得分为 44.969 分，在长江经济带中排名第 36 名，处于优势区。昭通市生态环境发展水平得分为 29.720 分，在长江经济带中排名第 71 名，处于中势区。

表 6 - 172　　　　　　　　　2018 年昭通市综合发展各一级指标的得分、排名及优劣度分析

排名	指标	得分	优劣度
14	农业生产	42.767	强势
20	综合发展	403.135	强势
20	居民生活	30.401	强势
34	工业企业	63.733	优势
36	科教文卫	44.969	优势
71	生态环境	29.720	中势
77	区域经济	44.785	中势
79	人口就业	49.487	中势
84	社会福利	74.693	劣势
88	基础设施	20.029	劣势

根据表 6 - 173 对 2018 年丽江市综合发展及各一级指标得分情况、排名情况、优劣度情况进行分析。其中，丽江市综合发展水平得分为 402.863 分，在长江经济带中排名第 21 名，处于强势区。在一级指标中，丽江市人口就业发展水平得分为 45.422 分，在长江经济带中排名第 106 名，处于劣势区。丽江市区域经济发展水平得分为 43.977 分，在长江经济带中排名第 87 名，处于劣势区。丽江市农业生产发展水平得分为 38.557 分，在长江经济带中排名第 30 名，处于优势区。丽江市工业企业发展水平得分为 64.127 分，在长江经济带中排名第 29 名，处于优势区。丽江市基础设施发展水平得分为 23.899 分，在长江经济带中排名第 20 名，处于强势区。丽江市社会福利发展水平得分为 68.795 分，在长江经济带中排名第 107 名，处于劣势区。丽江市居民生活发展水平得分为 30.247 分，在长江经济带中排名第 22 名，处于强势区。丽江市科教文卫发展水平得分为 46.943 分，在长江经济带中排名第 14 名，处于强势区。丽江市生态环境发展水平得分为 37.749 分，在长江经济带中排名第 4 名，处于强势区。

表 6 - 173　　　　　　　　　2018 年丽江市综合发展各一级指标的得分、排名及优劣度分析

排名	指标	得分	优劣度
4	生态环境	37.749	强势
14	科教文卫	46.943	强势
20	基础设施	23.899	强势
21	综合发展	402.863	强势
22	居民生活	30.247	强势
29	工业企业	64.127	优势
30	农业生产	38.557	优势
87	区域经济	43.977	劣势
106	人口就业	45.422	劣势
107	社会福利	68.795	劣势

根据表 6－174 对 2018 年普洱市综合发展及各一级指标得分情况、排名情况、优劣度情况进行分析。其中，普洱市综合发展水平得分为 428.034 分，在长江经济带中排名第 4 名，处于强势区。在一级指标中，普洱市人口就业发展水平得分为 51.225 分，在长江经济带中排名第 41 名，处于优势区。普洱市区域经济发展水平得分为 50.246 分，在长江经济带中排名第 11 名，处于强势区。普洱市农业生产发展水平得分为 50.697 分，在长江经济带中排名第 3 名，处于强势区。普洱市工业企业发展水平得分为 65.918 分，在长江经济带中排名第 7 名，处于强势区。普洱市基础设施发展水平得分为 24.290 分，在长江经济带中排名第 17 名，处于强势区。普洱市社会福利发展水平得分为 73.732 分，在长江经济带中排名第 95 名，处于劣势区。普洱市居民生活发展水平得分为 28.489 分，在长江经济带中排名第 36 名，处于优势区。普洱市科教文卫发展水平得分为 46.417 分，在长江经济带中排名第 19 名，处于强势区。普洱市生态环境发展水平得分为 33.693 分，在长江经济带中排名第 11 名，处于强势区。

表 6－174　　　　　　　　2018 年普洱市综合发展各一级指标的得分、排名及优劣度分析

排名	指标	得分	优劣度
3	农业生产	50.697	强势
4	综合发展	428.034	强势
7	工业企业	65.918	强势
11	区域经济	50.246	强势
11	生态环境	33.693	强势
17	基础设施	24.290	强势
19	科教文卫	46.417	强势
36	居民生活	28.489	优势
41	人口就业	51.225	优势
95	社会福利	73.732	劣势

根据表 6－175 对 2018 年临沧市综合发展及各一级指标得分情况、排名情况、优劣度情况进行分析。其中，临沧市综合发展水平得分为 429.391 分，在长江经济带中排名第 2 名，处于强势区。在一级指标中，临沧市人口就业发展水平得分为 51.079 分，在长江经济带中排名第 46 名，处于优势区。临沧市区域经济发展水平得分为 52.628 分，在长江经济带中排名第 2 名，处于强势区。临沧市农业生产发展水平得分为 55.986 分，在长江经济带中排名第 2 名，处于强势区。临沧市工业企业发展水平得分为 61.903 分，在长江经济带中排名第 59 名，处于中势区。临沧市基础设施发展水平得分为 23.188 分，在长江经济带中排名第 25 名，处于强势区。临沧市社会福利发展水平得分为 76.252 分，在长江经济带中排名第 45 名，处于优势区。临沧市居民生活发展水平得分为 27.547 分，在长江经济带中排名第 51 名，处于优势区。临沧市科教文卫发展水平得分为 46.806 分，在长江经济带中排名第 15 名，处于强势区。临沧市生态环境发展水平得分为 31.136 分，在长江经济带中排名第 36 名，处于优势区。

表 6－175　　　　　　　　2018 年临沧市综合发展各一级指标的得分、排名及优劣度分析

排名	指标	得分	优劣度
2	综合发展	429.391	强势
2	区域经济	52.628	强势
2	农业生产	55.986	强势
15	科教文卫	46.806	强势
25	基础设施	23.188	强势
36	生态环境	31.136	优势
45	社会福利	76.252	优势
46	人口就业	51.079	优势
51	居民生活	27.547	优势
59	工业企业	61.903	中势

第七章　提升长江经济带城市综合发展水平的对策建议

一、人口就业

（一）合理控制人口数量，优化人口供求关系

第一，有效控制长江经济带城市人口规模，保障人口供求关系与城市发展均衡匹配。首先，要强调区域人口规模的差别化调控，合理引导人口流动。在市场经济发展的背景下，长江经济带各区域之间在各种资源与发展规模上存在明显的差异化现象。所以对于不同城市要采取差异化的人口流动政策，转移人口高密度城市过剩人口，支持周边中小城市发展，人口低密度城市实施积极的人口政策，如放开人口落户限制等，吸引人口流入，助力城市进一步发展。其次，要完善城市群功能系统，实施城市群协调发展战略。强调以人为核心的战略安排，优化长江经济带各板块城市间人力资源与产业结构配置，促进人口与产业城市间有序转移和结构优化，推动形成城市间相互依存、各司其职的合理的空间网络结构布局。同时，实施产业转移与人口跨区域流动相关措施，提高资源配置效率，完善城市基础设施建设，提高城市产业效率与综合承受能力。缩小城市间的福利差异，提升公共服务水平，增强城市对社会资本和优质人力资源的吸引力。此外，要因情施策，调整产业结构，有效发挥结构——规模协同效应。在产业结构大调整、国家促发展的大时代背景下，各城市和地区要根据自身实际情况推行不同措施，实施不同的发展战略，做到一城一策，使城市向最优规模发展。

第二，长江经济带东部地区要加大人力资本投入，升级产业结构，发挥大城市辐射带动作用。其一，要制定科学合理的人力资本投资政策，优化产业—人力资源配置情况。加大人力资本投资规模，保障人才战略储备；提高劳动力素质，促进人口顺产业梯度转移；强化市场资源配置作用；营造有利于吸引人才积聚的良好环境，通过各种措施对人力资源和企业进行有效激励，如人才落户政策、就业补贴等，发挥人力资本流量和存量对于产业结构调整升级的促进作用，形成产业—人力资源互动系统。其二，加快产业结构转型升级，促进产业结构与就业结构协调发展，大力发展第三产业，将第一、第二产业向中西部地区转移，提高城市劳动力吸收能力，以产业结构演进升级拉动就业增长，使现存人口压力转变为发展动力。其三，提升社会福利水平，构建城市化、社会福利、人口迁移的交互系统，提升居民生活环境、全方位提高社会保障水平和公平度，提高流入人口户籍迁入、永久迁移的意愿，并且积极构建紧凑型的东部地区城市群空间布局，有效减轻中心城市的人口压力，为中心城市进一步发展留出空间，同时带动周边城市规模发展。其四，发挥区域中心城市辐射带动作用，提高规模经济效应，优化东部地区城市群内部分工与协作，建设统一开放的一体化市场体系，强化交通网络建设，充分发挥集聚效应和扩散效应。其五，强调绿色发展，平衡产业转型升级与生态环境优化，高度重视绿色供给动力的发展，全面提高区域人口素质、绿色技术、清洁能源、绿色产业以及环境相关规制的要素供给。

第三，长江经济带中部地区要发挥优势条件，承接东部转移产业，提高资源利用效率。其一，以市场机制为主导，政策引导为有机补充，二者有机结合，弥补市场机制失灵，促进产业区域间平稳有序转移，打造健康可持续发展的区域产业结构布局。其二，从战略性资源平台、科学管理理念、政府认知、区位优势等多方面着手优化中部地区承接转移产业环境，提高中部地区产业吸引力，打造有持续性的产业结构布局。其三，发挥现有人口资源优势，进一步创造和充分发掘二次人口红利，制定科学合理的人力资源质量提升计划，加强劳动力技能培育，提升劳动力技术含量，提高核心竞争力，实施高端技术人才引进措施，保障中部地区产业结构升级和进一步发展的人力支撑。其四，实施中部地区绿色崛起战略，在保障城镇化

进程的同时同步推进生态文明建设，协调城镇化与城市环境保护间的关系，促进环境—经济双赢目标的实现。构建以绿色技术和信息化为依托的绿色经济体系，对传统工业进行改造，通过"互联网＋行动"计划等举措，培育绿色产业体系，发展可循环经济。建设区域安全、循环、便捷、绿色、创新、和谐的生态城市群。

第四，长江经济带西部地区要加强政策扶持，培育区域经济发展引擎。一是要提高政府部门办事效率，切实落实优惠政策。努力改善投资、融资环境，加强地区对资金、人才和技术的吸引力。积极搭建与东中部地区的企业合作平台，严格规范企业经营制度、加强制度建设将优惠措施纳入法制化轨道，降低产业向西部地区转移的成本，通过促进企业跨地区协作、兼并、技术转移和生产环节的分工等形式逐步实现产业转移。二是优先支持部分城市发展，建设具有较强辐射力的经济增长极，对环境条件好、拥有资源禀赋、交通便捷的城市进行优先建设，使其快速成为产业高度集中、经济实力强悍、人口承载能力强、具有带动能力的经济增长极，更好地发挥其辐射带动作用。三是进一步加快城镇化进程，引导城市人口和产业集聚，更好地发挥人口集聚对于城市经济发展的积极效应。四是提升市场化程度，保证西部地区产业持续发展、结构快速升级，加大体制改革力度、创新市场机制、提高市场化水平、完善市场运行机制，建设"市场主导、政府保障"的产业发展模式。五是加快实施创新驱动发展战略，提高区域创新能力，促进整个区域的产业建设、发展和结构升级，形成大中小城市互助互补发展格局。

（二）优化城市人口结构，人力资本与经济发展互促发展

第一，要优化长江经济带城市人口结构，发挥城市群间协同互促作用。首先，要建立有益于长远发展的人口战略，结合我国总体情况和长江经济带的战略地位，明确城市群建设的近期、中期和远期目标，制订既适合国家引导方向、迎合发展契机又符合自身现实情况和特点的人口战略方案。引入科学合理的利益调节机制，把人口规模控制作为重点、结构调整为转型契机、从根本上提高劳动力素质，逐步缓解大城市人口压力，提高人口规模扩大对中小城市发展的推动作用。其次，要充分发挥产业结构调整与人口结构优化的互促作用，加快调整产业结构，倒逼人口结构优化调整；推动退休劳动力再就业，减轻人口老龄化给城市发展带来的压力；优化人口结构，为产业结构调整和产业升级、转型提供智力支持。再次，全面扩大教育领域的投资力度，建立完善可行的人才管理方案，建立完善民众终身学习系统，提升人口综合素质，重视农村义务教育、巩固基础教育，促进人力资源层次和综合质量提升。最后，还要强化市场思维，创新高校教育体制，深化校企合作，提高人口结构与市场需求吻合度，保障人口结构与市场需求相适应，培育尖端人才，实施"杰出人才"计划，提升高端人才质量，创造产业升级和跨越性发展的动力保障。

第二，长江经济带东部地区要有效协调人口结构、产业发展、供求协同三者关系，促进人口老龄化正面效应的发挥。其一，东部地区要提高金融业的配置效率，引导居民消费和投资，将人口老龄化导致的居民预防性存款储蓄增加转变为资本技术密集型产业发展的支持动力，提升第二、第三产业发展速度，实现产业内部结构的优化升级。其二，长江经济带东部地区要持续深化户籍制度改革，推动人口城镇化进程加速，进一步发挥城市群规模集聚效应，调整东部地区产业结构布局，推动区域产业结构优化和升级。其三，东部地区要加快实施推进创新发展战略，以创新推动人口老龄化相关产业结构升级，完善相关制度，加大创新投入，优化创新环境，推动老年产业的发展和升级，挖掘老龄化人口对地区产业结构调整和经济发展的正向带动作用。其四，要加快培育"适销对路"的人力资本，促进人口结构优化与产业结构调整相适应，根据产业结构升级和经济发展对劳动力需求的变化，及时适度调整人力资本培育的规划，确保地区产业发展的人力资本支撑。其五，提高人力资本供给与产业结构调整目标的适配度，根据自身人力资本状况以及人才层次结构的发展趋势，合理设定产业结构调整的阶段目标与总体目标，保障地区绿色发展、可持续发展。

第三，长江经济带中部地区要大力推动人口就近城镇化，引导人才合理流动，扩大城市群范围、优化空间布局。首先，建立城市群发展协调机制，落实城市群发展战略规划，根据长江经济带中部地区各类城市群的城镇化发展特点，判断其城镇化发展阶段，明确其阶段问题和发展目标，制定科学、合理、可行的城市群发展总体规划，确定切实可行的目标实现路径；建立地区城市群之间与城市群内部的分工、协作、互助机制，优化地区能源、人力、资本、技术、信息等要素资源合理配置，促进城市群一体化发展和升级，建设城市群间、城市群内部良性互动、联系紧密、优惠互补、资源共享的运行机制。其次，政府要明

确各城市的职能定位，对城市规模尤其是中小城市的规模结构进行适时的调整和适当干预，确定合理的人口结构方案，对中小城镇进行有效整合，逐步有序地扩大城市规模，完善城市群的城市规模等级结构，提高中部地区城市群体系发展水平，扩大城市群规模，发挥区域集聚扩散效应。再次，中部地区要明确本区域内各城市群的发展战略与功能定位，同时确定城市群内部各城市的定位，为资源调配、要素配置提供依据，在确保核心城市和其他大中城市健康发展、稳步升级的同时，使各类资源要素朝着中小城镇转移集聚，推进城市群区域经济一体化建设进程，优化地区整体布局，构建城市群科学发展模式，保证城市群可持续发展潜力。最后，引导人才流动方向，提高技术创新能力，发挥人力资本经济增长促进效应，坚持"人才战略"，促进人才层次升级，推动人力资源向人力资本转变，以技术和人才助推中部地区经济发展，促进城市群整体升级。

第四，长江经济带西部地区要着重开展人才培育和高层次人才引进工作，提升区域劳动力资源质量。一是要提高教育水平，提升人口素质，扩大高质量劳动力比例，改善人口功能结构，促进经济结构、就业结构、产业结构优化；培养与地区产业结构发展要求相适应的各类人才，提高产业劳动力层次和人才类型结构配置，推动地区产业结构向最佳状态发展。二是要加快城镇化发展进程，以需求拉动人才培养，根据城镇化建设的人才需求，有重点地开发、培养、引进相关人才，提高人口资源的配置效率，促进人才队伍与城市发展相互协调，共同发展。三是要实施人才开放柔性管理政策措施，开放用人环境，强化服务意识，改善工作环境，提高西部地区对人才的吸引力。四是西部地区要以实际需求为导向，采用按需引进、以用为主、关注实效的人才引进原则，扩大高层次人才引进范围，有针对性、有重点地引进所需人才。五是要注重本土高素质创新型人才培养，增强地区人才自主培育能力，改革完善人才开发培养机制体制，大力发展各层次教育事业，完善人才教育和培训体系，提高本土人才产出率和留存率，以满足西部地区长远发展的人才需求。

（三）提升劳务市场规范，合理调整就业结构

第一，长江经济带要提升劳务市场规范，从多方位着手优化就业结构，提高各区域就业质量。其一，要调整优化产业就业结构，缩小产业结构与就业结构之间的偏差。继续坚持就地非农化与异地非农化双管齐下、方针并举；提高城市第二、第三产业的就业比重；加强服务业与其他产业联合互动，促进城乡劳动力就业。其二，要确保城乡就业结构调整优化与产业结构调整升级同步进行，动态互促，确保西部地区产业结构水平与就业结构水平在统一开放的劳动力市场中维持动态均衡。其三，要调整和优化所有制就业结构，保证各种所有制成分下就业结构动态平衡，要在坚持公有制为主体的、多种所有制经济成分共同发展的基本经济体制下，推动各种所有制成分间的就业达到动态均衡状态，进一步改善长江经济带就业结构，打破城市群发展的瓶颈，获得区域进一步发展的动力。其四，要优化技术性就业结构，推动人才培养，在专业结构方面培育"适销对路""供求相符"的人才产品，在层次结构上重点培育当前地区经济发展、产业升级所急需的职业技术人才，稳步提升高等教育规模，优化劳动力层次结构。其五，加快制度建设和改革，推动城乡劳动力市场一体化。彻底改革户籍管理制度，实行统一登记的管理制度，建立城乡居民全面覆盖的社会保障制度，提高城乡居民受教育的公平程度，建立科学统一的就业制度，保证劳动力市场平稳运行，构建开放高效、城乡统一的劳动力市场。

第二，长江经济带东部地区要促进产业—就业结构协调、扩大开放，引导区域产业结构优化升级。首先，东部地区应该通过政策引导和市场调节来提高生产服务业产业—结构协调性，进而使其充分发挥促进区域产业结构优化升级和吸纳就业的作用，坚持走可持续发展的新型工业化道路，推动区域产业全面升级。政府部门要制定相关政策，提高劳动力市场化程度，政策规定和市场调节同步发力，完善市场经济机制，提升劳动力市场化程度，提高人才资源的配置效率，扩大人口就业范围，促进地区就业结构升级。其次，东部地区要进一步提高贸易开放程度，优化资源配置，促进社会生产率持续增长，对区域资源进行进一步整合和优化，引导劳动力在不同的所有制部门之间的流动，建立统一、完善、高效的劳动力市场体系，减少劳动力迁移壁垒，降低劳动力迁移成本，推动劳动力要素的合理化配置。最后，东部地区要加大地区科技和教育投入，提升劳动力综合素质，实施创新驱动发展战略，制定切实可行的措施方案，加强职业教育投入，提高劳动力综合素质，促进人力资源结构层次的升级，保障劳动力技能等能够满足跨产业转移的要求，有效缓解产业—就业结构性的供需矛盾，优化劳动力资源在部门间的配置，以保障经济

发展过程中产业间的协调性，引导社会各方资源向科技创新领域倾斜，为创新发展提供资金、人才、设施等支持。

第三，长江经济带中部地区要加大人力资本投资，优化劳动力供给结构，促进高质量就业。其一，政府要充分发挥人力资本投资的主体功能，为高质量就业提供有力支撑，加大教育经费支出在财政支出中所占的比重，加强教育经费使用的监管力度；健全公共就业服务体系，提供便捷高效的公共就业服务；加大对科技创新的支持力度，促进经济可持续发展，实现高质量就业。其二，企业方面提高企业培训经费的投入比例，完善员工培训制度，增加员工培训形式，提高在职员工的培训质量与效率。其三，在法律方面提高劳动者的法律观念建设，根据现实情况和发展需要对规章制度、政策措施、法律条款进行修改、补充和完善，提高劳动者就业权益法律保护，为劳动者高质量就业提供法律保障和法治环境，促进劳资关系改善、优化就业环境、提高就业质量。

第四，长江经济带西部地区要促进就业结构与产业结构平衡发展，推动劳动力产业间流转。一是要打破城乡之间劳动力自由流动的壁垒，保障劳动力在不同产业间的有序流转，西部地区各城市要建立健全以提高劳动力全要素生产率为目的的劳动力技能培训政策，采取优势产业空间集聚和产业结构转型升级策略，打破城乡二元经济结构壁垒。二是西部地区各城市群和城市要采用差异性的区域经济发展战略，具体情况具体分析，对就业、产业实施双向调整，因地制宜地采取产业和就业双向调整的区域经济发展战略来解决不同区域产业结构与就业结构协调度问题。三是要加快构建区域一体化的要素市场，推进区域公共服务均等化，打破人才跨区域流动的壁垒，借助人力资本红利的释放来推动区域经济稳定和可持续发展、助力区域产业结构高质量转型和升级。四是要强化西部地区产业基础设施数字化建设，推动西部地区教育联盟式发展。西部地区要高度重视本地区内生产力要素的数字化升级，以保障区域内产业价值链和供应链的持续优化和升级；要树立产业结构和就业结构协同升级的人才支撑理念，通过改善就业环境、优化人才引进政策等促进劳动力的跨区域自由流动；构建区域人才教育培训联盟，提升高层次、高质量人才在地区间、产业间的流转效率，促进新业态、新知识、新技术辐射力和影响力的发挥，促进人力资源配置优化，助推地区产业结构高级化发展。

（四）完善就业保障制度，增强措施机动灵活性

第一，长江经济带要分阶段构建完善的就业保障体系。首先，在突出就业导向阶段，要提高各方制度建设意识。加大舆论宣传力度，提高用人单位和劳动者思想意识水平，推动失业保险向就业保险转变；完善再就业培训体系，提高失业人员技能和素质，实现再就业；建立失业保险金动态发放制度标准，推进其发挥对再就业的激励作用；优化失业保险基金的支出结构，为建设就业保障型社会保障制度提供资金支撑；加强制度规范、提高制度的约束力和权威性，提升规范力度，推动失业保险朝着就业保险转变。在完善就业制度阶段，长江经济带要优化资源配置，有序建立就业预备、预告制度。保障就业保险制度运行平稳高效，完善就业保障制度运营系统、强化运营重点；加强硬件资源的投入力度，实施就业预备和就业预告，建设高效的就业预备网络机构；建立内、外部就业信息网，提高就业信息的及时性和对称性，减少摩擦性失业；加强政府部门与用人企业和单位的沟通交流、提升就业预告的实施效果；提高制度资源配备效率，形成就业预备、预告制度与就业保险的配合运行，提高就业保障能力。在整体协调运转阶段，对相关政策和制度进行修改。提高就业保障信息管理系统标准化程度；健全、完善统一的就业服务体系，提高再就业工作的效果；加强对就业保障体系的监督力度，保障体系的正常、平稳、持续运行；加强就业保障法制建设，依靠法律权威提高就业保障实现效果。通过立法手段强化就业保障、促进就业水平提高。

第二，长江经济带东部地区坚持人民主体地位，完善东部地区就业保障体系。其一，要坚持以人民为中心的理念，保障人民群众享受到应该享受的收益、真正建立起能够切实保障人民就业权利的就业保障体系。其二，要统筹兼顾政府职能与市场机制，保障社会成员的就业权益。既要发挥市场机制创造新就业岗位和就业机会的作用，还要发挥政府保证失业人员就业权利，实现政府职能和市场机制在就业保障工作中的有机统一、协同互助。其三，要建设新型就业保障体系，构建科学合理的评价体系。构建以人民为中心的社会就业保障体系，坚持人民在就业中的主体地位，对现有社会就业保障体系进行完善和优化。其四，提高经济发展成果区域共享，确保劳动力生产耗费得到应有补偿。补充和完善职工薪资报酬标准、工作时间延长补偿、最低工资标准等与劳动力耗费补偿有关的政策和制度，并加大相关政策措施的执行监督力

度，保障政策、规定的落实，保护劳动者的合法权益，使区域经济发展成果能够更多更好地反馈给居民。

第三，长江经济带中部地区要树立均衡发展理念，促进就业服务与失业保险均衡发展。一是政府部门要正视失业保险制度与就业服务发展不协调的事实，树立就业服务与失业保险制度均衡发展理念，发挥政府的主导作用，加快就业服务的发展。二是要提高就业服务与失业保险的覆盖率，扩大覆盖范围，将城乡所有劳动者都纳入就业服务制度保障之中。三是要完善就业服务与失业保险管理体制机制，建立健全就业服务与失业保险的行政管理体制机制、监管机制，提高制度效率和效果。四是要优化失业保险制度的激励机制，发挥其促进就业和预防失业的功能，实现失业保险金支出与就业服务项目供给的有机互联；适当缩短失业保险金给付期限等。五是要完善就业服务与失业保险制度法律建设，保障制度的良好运行，政府要颁布就业保障方面的实体法与程序法，并对现行的就业保障法律法规进行补充和完善。

第四，长江经济带西部地区要建立健全新业态灵活就业人员社会保障制度。首先，要提升社会保障的要统筹范围，确保灵活就业人员受到合法保护。构建针对未参保灵活就业人员社保的"三方机制"，将灵活就业而未参加社会保险的就业人员纳入社会保险制度之中；秉承着先统筹吸纳、后优化完善的原则，推行重大职业伤害保险制度；积极推进新业态灵活就业者社会保障政策试点工作。其次，利用先进科技，推进"互联网＋"人社一体化平台服务功能的提升。充分利用"互联网＋"和大数据、云计算等技术进行平台建设；创新监管方式，提高监管效率，保障平台运行效果；增加新业态灵活就业人员的维权方式，拓宽维权渠道。再次，完善与灵活就业群体有关的社会保障制度以及相关劳动法律法规，保障其与时俱进。在法律层面上扩大社会保险的覆盖范围，增强对就业人员合法权益的保护；推行去劳动关系化的社保关系，打破现行社会保障体系将劳动关系作为社保关系的门槛标准；探索新业态灵活就业者劳动关系灵活认定方法，填补相关法律层面的空白。最后，还要加强利益相关主体的责任意识，树立责任观念。平台要加强自身作为利益相关者主体的责任意识，发挥其管控职业风险的能力，履行其维护灵活就业者合法社会保障权益的责任。

二、区域经济

（一）提高经济竞争力，促进长江经济带经济发展

第一，优化长江经济带城市经济发展结构，提高长江经济带经济支撑力和带动力。其一，完善城市群交通系统，发展综合立体交通模式，大力推动构建共建、共享、水陆联动、协同发展的区域经济发展模式。其二，加强区域协调与发展，形成协调梯度、反梯度和本地化发展模式，高梯度地区应布局新兴产业和高新技术产业，低梯度地区应发展传统产业，优化产业布局，形成经济联动发展新格局。其三，重视生态环境工程对长江经济带外向型经济发展的影响，整合生态资源优势，把长江经济带建成我国的"绿色生态走廊"。

第二，长江经济带东部地区要充分发挥经济龙头作用，扩大辐射能力，带动长江经济带经济实现全面发展。其一，积极推进东部地区协调发展，充分利用其自身的区位优势、资源优势，整合周边经济发展的各要素，推动区域经济可持续增长，把东部区域打造成为长江经济带协调发展的驱动力。其二，大力打造发展轴，利用上海发展极与长江经济带相接和珠三角港澳经济区接壤的优势，实现产业的纵向横向布局，加强与两个经济区的有效联合，促进产业升级转型。其三，应该强化基础设施体系建设，重视区域之间的差异性，尤其是对发展较为缓慢的乡村地区，要加大其基础建设的投入力度，加大资源开发与利用的有效性。其四，推动物流系统的完善发展，促进区域经济结构的调整，优化产业结构，实现区域经济发展的服务化，提升区域经济发展的竞争力，促使东部区域经济发展迈向一个更加稳健、高效的新平台。

第三，长江经济带中部地区要依托地理区位优势，打造现代产业集群。其一，积极推进交通运输体系一体化的发展，建立综合交通运输体系优化的协调发展机制，形成多层次多通道的交通体系。突出长江水道的主轴功能，推动沿江城市的多式交通联运快速，加强与西部成渝城市群的经济合作，促进全经济带的联动发展，共同推进长江经济带的一体化建设。其二，完善城市群之间的协同创新体系。长江中游城市群的各级政府部门要加强整体的统筹规划，加快出台落实协同创新的制度和政策，促进城市群创新一体化融合发展。其三，优化产业布局，做好东部地区产业转移承接准备。通过吸收东部的溢出效应，实现区域内

部差异缩小。建立分工明确、层次合理的产业体系，不断进行融合发展。通过产业融合提升产业间耦合程度，加快产业间联动及融合速率，推动产业结构合理化水平持续增长。

第四，长江经济带西部地区要突破城市化发展桎梏，提高经济发展质量。其一，建立统一的区域协调管理体制和合作机制，突破产业转移的制度性障碍，实现区域之间的合作，通过产业转移，大力发展具有优势的电子信息与装备、汽车制造等产业，部分地区可以依托环境优势发展大数据产业，实现产业的快速发展。将交通基础设施建设和产业转移结合起来，引导产业由东向西梯度转移，推动产业集聚的发展。其二，立足于战略性新兴产业，构建差异化的产业布局。基于地区资源禀赋差异，做好相应的政策引导，促进相关地区战略性新兴产业布局向分工合理化、科学化方向发展，保证其发展的可持续性。各城市群之间要促进创新资源的自由流动和创新成果共享，在优势产业领域联合组建一批产业联盟，推进产业链和产业集群发展，打造一条集约发展、规模化发展的先进制造业带，提高区域产业的综合竞争力。其三，牢牢抓住绿色经济、生态经济、休闲经济以及数字经济等发展机遇，利用好"军民融合"等政策优势，持续推进产业结构的改进和新型城镇化的发展，重塑西部地区经济发展的内在驱动机制，实现高质量发展。其四，提升西部地区人力资本积累能力，加强区域科技创新基础能力，打造和完善科技创新开放合作平台。扩大地方财政教育投入力度，提高教育经费占地方政府财政支出的比重，提高教育经费的人均占有水平。

（二）完善金融投资体系，助力实体经济发展

第一，利用产学研深度交融，提高长江经济带城市金融制度完善程度。其一，统筹规划长江经济带区域性金融中心建设，构建具有较强融资和国际/区域结算能力的区域金融体系，构建区域金融合作框架，建立健全协同合作机制，深化金融区域合作。其二，建立多元化的投融资机制，统筹整合区域信贷资源。推动政府规划层面将整个区域的交通、土地开发、产业园区、大型住宅区、基础设施、公共服务等多项城市发展项目统筹考虑，根据项目特性灵活组合，优化项目运作模式及融资结构，提供全方位金融服务并发挥开发性金融综合协调作用。其三，搭建学术研究平台，定期研讨长江经济带建设问题。以此为智库和决策顾问平台，探索区域管理机制，加强协同与体系构建。

第二，长江经济带东部地区要助推科技金融，创新模式，打造产品，建设开放型金融圈。其一，构建科技金融市场，充分发挥科技金融的引领作用。其二，以集团金融服务模式、产业转移金融服务模式、新业态金融服务模式为突破口，创新金融服务模式，开发满足产业转移、产业升级需求的专业化金融产品。其三，探索跨区域业务互通、费用减免，降低居民金融交易成本，研发居民养老、交通、医疗等民生金融产品，打造同城金融服务圈。其四，积极开展国际合作，促进外资银行加大对长江经济带重大投资项目的信贷支持力度，利用国际资本进一步丰富东部地区金融体系的完整度。

第三，长江经济带中部地区要发挥商业银行优势，保障物流，加强保险、资本和信贷市场发展。其一，加快武汉市等区域金融中心建设，助推区域经济一体化发展。发挥中部地区商业银行优势，与开发性金融互补合作。其二，要大力发展区域性商业银行，用以改善区域金融资源利用效率低、区域金融发展不平衡的现状。应充分发挥区域性商业银行与区域经济发展有天然联系的优势，提升自身的核心竞争力，吸引优质企业入股，更好地为长江经济带中部地区区域经济发展服务。其三，重点在核心城市，如武汉市，构建物流金融市场。充分发挥武汉航运中心的作用，打造统一的物流金融市场。其四，金融机构应加大对中部地区旅游业和农业等优势产业的支撑力度，以保证中部地区经济可持续发展。各级部门应提升地区金融服务水平以及发挥各自的优势拓展业务。在农业和旅游业产业化进程中，金融机构还应对特色旅游业和农业重点企业建立新型的信贷合作关系，加大对其的信贷支持。其五，应尽早实施混业经营的模式，积极协调直接融资与间接融资的关系，改变过去以银行业为主导、保险业和证券业为辅助的金融环境。与此同时，要进一步加强保险业、银行业与证券业之间的综合业务合作。其六，要提高金融体系效率，加快资本市场的发展。

第四，长江经济带西部地区要加强基建，深化金融生态建设和跨区域合作与创新。其一，金融投资要加强基础设施建设。商业银行还可以向企业提供工程造价咨询等"融智"服务。其二，重点发展绿色金融。引导资金从高污染、高能耗、高排放的产业流向绿色产业、循环经济产业、低碳经济产业等，有利于生态保护及环境污染治理，促进长江经济带传统产业改造升级，发展和培育新的绿色经济增长点。其三，推动重庆市区域性金融中心的建设。在宏观层面，建立健全成渝、黔中、滇中三大城市群区域金融监管机

构常态合作机制，共建征信体系、支付结算体系，不断深化区域内金融生态环境建设。其四，引导西部区域内的金融机构加强跨区域合作，鼓励探索跨行政区域的业务发展模式，推进业务协同联动发展，异地业务协同营销、协同风控，实现金融服务一体化，满足长江经济带西部地区经济一体化金融需求。其五，扩大债券融资，创新方式种类。首先是扩大市政债券规模，为基础设施、生态保护等公益性项目建设筹资；其次是发挥企业债券融资方式，同时扩充融资方式的具体种类；最后是金融机构积极配合地方债券发行工作。其六，积极拓展股权、保险股权债权、投资基金等其他融资工具。一是稳步推进投融资公司到资本市场上市融资，推动公司整体上市或核心资产上市；二是发展股权投资基金；三是扩大保险、养老资金的股权债权计划。盘活政府性资产存量：一是资产证券化；二是推广 TOT（移交—经营—移交）模式。

三、农业生产

（一）调整农业结构，实现高质量发展

第一，优化长江经济带城市农业资源配置，缓解产业失调现状。其一，农业发展结合市场的供需需求，提高竞争优势，因地制宜发展。长江经济带东部地区重点发展水稻、小麦粮食作物的种植，同时发展食品加工与贸易出口等产业；长江经济带中部地区应重点发展油料作物种植并发展渔业等优势产业带；长江经济带西部地区应大力推进林、农、牧、渔混合特色农业，同时开展农业与旅游业的融合发展。其二，打破区位壁垒，加强区际之间的产业互动，激发农业市场的活力，形成开放，相互联系的农业发展模式。其三，农业科技创新是推动传统农业向现代农业转型的第一动力，通过发展新的生产要素来提高农业生产效率并优化农业部门的结构。其四，引进专业人才，吸取国外经验，实现农业绿色开放发展。

第二，长江经济带东部地区升级农业结构，实现产业结构创新发展。其一，利用东部地区临近港澳台、面向亚太的区位优势；农业、工业齐头并进的产业优势，持续推进农业技术创新与现代化发展，促进内外资企业齐头并进，协同发展。其二，依托东部地区资金、技术、人才、政策等要素集聚优势，发展高效精品农业和都市农业。在资金层面，政府加大投资与干预力度；在技术层面，引进西方农业培育、经营技术，加快生物研发与创新，引领中西部地区农业向机械化、集约化发展；在人才层面，通过人才引进培养具备生态理念的新型农民，让生态环境为农业的发展保驾护航；在政策层面，改变资源投入方向和投入水平，加大长江经济带农业现代化发展的投入。其三，东部地区在绿色农业发展过程中具有引领作用，要打破长江经济带目前同质化的发展瓶颈，实施差异化发展战略。其四，东部地区应努力发展绿色安全生态型农业，实现环境—资源—食品—健康的协调发展。

第三，长江经济带中部地区打造农业核心区，增强产业竞争力。其一，加快实现农业现代化。应该充分利用自然资源优势，推动农业机械化、数字化发展，发挥其独特的农业生产基础优势，建立现代化的全国大农业基地。依托相关大型技术或项目合作，建设合作示范区、农业科技园外园等，实现相关农业产业的技术升级。农业结构的调整对于发挥地理优势、提高竞争力具有重要的作用。其二，实行新的农业管理政策，推动农业供给侧结构性改革。完善土地流转制度，加强农业基础设施和农业机械投入，提高农业生产装备水平，提高农业的生产率；延长农业产业链，推进农业产业化，提高农产品附加值。其三，因地制宜，提高农业资源配置效率。首先，对于农业、林业、牧业、渔业具有竞争力优势的区域应继续发挥其优势促进其发展并逐步形成优势产业链；其次，重视发展各省竞争能力处于劣势的农业产业，加大改善生产条件和发展环境的投入力度，培育其竞争力优势，提高区域农业总体竞争力，发挥资源优势，保障资源环境的可持续利用。

第四，长江经济带西部地区发展特色农业，优化区域产业布局。其一，创建绿色品牌，将生态保护与有机农业相结合。西部地区因其独特的地理环境，多山、草、林地，因此可以发展相关的特色农业。在保护林地草地的前提下进行合理开发，结合退耕还林和林业基地建设，重点发展有机牧业，创建绿色品牌，把生态保护和有机农业发展结合起来。其二，积极创新农业发展新业态，建立农业协同发展激励机制。加强农业科技创新，推动农业向高质量方向发展。长江经济带各个区域在实施农业创新时应遵循政府主导，积极服从政策的领导，吸取多方的经验，形成新的发展思路，加强产学研合作。在绿色生态旅游方面，通过建立较为完善的跨省域优化合作机制，形成优势互补的绿色生态旅游格局。采取多种方法方式共同发展

地区经济，从而更好地促进长江经济带产业绿色发展。其三，增进区域合作，优化区域布局。对于西部地区来说，依据自身自然条件，发展农业、牧业，并且增加特色村庄、乡村休闲娱乐旅游活动，培育特色农业产业带；长江经济带内中西部地区是中国重要的粮食主产区，粮食生产功能是该区域的主体功能之一，应优化生产布局、稳定播种面积、提高投入效率，为保障区域和国家粮食安全作出应有贡献。积极发展现代农业，建成中国现代农业先行区。

（二）探索农业发展新路子，构建农业发展新体系

第一，长江经济带整体优化布局，促进协同发展。其一，创新思维，从不同空间层面研究长江经济带地区的农业发展，要注意研究方法的集成化和创新化。要充分发展生态农业和农村旅游，要大力发展特色农业，长江经济带中部地区应积极发展湿地农业，但同时应注意避开易受洪涝灾害区。要合理布局粮食生产地域，保证本地区粮食供应。长江经济带东部地区要利用自身发达的交通信息流和市场化农业，提升粮食品质。利用本地区优势教育、培训资源和技术提高劳动力技能和素质，发展都市型农业、外向型农业，加强辐射带动作用，做好长江经济带整体的规划与引导工作。其二，要积极引导单季水稻向双季水稻转变，充分利用本经济带优势，增强高标准农田建设，完善绿色环保生产架构，提升农业设施质量和水平，推广优质品牌。增产保质，严守耕地红线，实施最严格的耕地保护制度。提高农业用水保护和利用效率。要通过多种形式、路径和渠道培养新式农民，引导部分农业人口向非农方向转变。要完善农村基本公共设施服务体系。持续加大对农业的投入，引进与推广可以用于实际应用的新技术，积极探索新思路。其三，坚决落实"共抓大保护，不搞大开发"理念，严格遵守资源利用上线、生态保护红线和环境质量底线，根据长江经济带分区特征，进行生态系统保护和修复。

第二，长江经济带东部地区应利用网络合作提升农业产业化水平。其一，东部地区应发展外向型农业，促进全要素单位在长江经济带内的流动和转移，提高资源利用效率。应充分发挥长江经济带高度发达的信息网、交通网和关系网，向欠发达地区传输优秀的农业生产和管理经验以及先进技术，而欠发达地区向发达地区传输优质的原始农产品、资源要素，提供高性价比的劳动力。要大力发展精准农业、智慧农业、数字农业等现代农业技术。各地区应因地制宜，发展适合本地区种植的作物，寻求适合本地实际情况的农业模式。合理的农业布局，可以有效降低农业发展的资源环境成本。其二，要依法依规处罚或取缔该区域内的严重污染企业，对部分企业根据实际情况实施关、停、并、转、迁，同时要控制农业化学品的投入和使用。还要对广大农村地区的脏、乱、差区域进行清理。在重点区域封山育林，植树造林，建设长江防护林，必须强化监督和管理。其三，要增强大企业的示范带动作用，促进农业产业化。积极推进农产品加工产业集群发展，推进土地流动与转让，按照"民办、民管、民受益"三原则，逐步解决诸多影响农业企业经营的问题。

第三，长江经济带中部地区应强化投入，丰富农业产业结构。其一，该地区农业的综合发展应着眼全局，提前做好多套完善的洪涝灾害和病虫害预案，推进农业基础水利设施建设，科学规划农业用地分布和走向。要重视湘江、赣江、沅江、赣江等长江支流的水土保持工作和湖泊湿地等的规模保护工作。同时，要加强对废水、废气、固体废弃物污染的治理，清运生活垃圾，治理农作物面源污染。其二，要总结前人经验，转换适宜技术，加速新的农技、新品种农资的研发和使用，同时应健全农技推广体系，农业专家落实到各区县、乡镇，提高农民的科学种植水平。其三，要提高优质商品粮的生产，扩大本地区有优势的经济作物的种植，加强渔业发展，利用本地区丰富的湿地资源退田还湖，发展湿地经济，因地制宜并促进生态农业、观光农业、精准农业的发展。要建设现代农产品流通网络，促进农业产业化经营，大力发展休闲农业。通过制度探索与创新重新组合农业发展要素，打破城镇和农村之间的藩篱，促进城镇和乡村的交流和融合。

第四，长江经济带西部地区应促进土地制度改革，鼓励绿色发展。其一，应因地制宜，促进该区域土地流转，加快农业升级。应鼓励山地精品农业、高原特色农业等新业态在该地区的落实和推广，依托民族文化特点与农事活动景观，将村庄文化游览和农耕体验相结合，注重农业产业融合，进而打造农业发展全产业链。其二，政府等相关管理部门颁布出台一系列指导意见和体系标准。拟定农区绿色成长优惠政策，鼓励建立农业成长生态补偿机制。同时应大胆借鉴国外先进经验，普及高新技术，以市场为导向，推广多种生态农业。利用水热资源充沛的优势，发展适宜生长的作物，合理有效的利用广大的非耕地资源。其

三，要严守耕地红线，实施最严格的耕地保护制度。对该地区 25% 以上坡地、重要水源地等开展退耕还林、还草等工作。依法依规惩处耕地侵占、损毁现象和行为。其四，要加快长江经济带西部地区农村的电网改造工程建设，缩小城乡供电差距；对农村饮用水安全工程进行监督，切实保障农业用水和农户饮用水的供应与安全。应加快农村环境治理工程，道路改造工程和深山公路修建工程。树立完善配套的奖励激励机制，从而在制度上予以支持，激发广大农业活动从事者的积极性。

（三）促进农业转型发展，提高农业全要素生产率

第一，整合资源要素，促进长江经济带城市农业生产力全要素提高。其一，扩大资金覆盖面，保障农业科技化完成度。对于落后地区，政府应从各个渠道筹集资金，加大财政对农业科技的投入，加大农业的科技资金投入，为地区引入先进的科学生产工具和科学技术。同时，应采取各种待遇政策吸引人才，为农民提供各种技术支持和服务，帮助农民提高农业生产效率，实现农民增收。在此基础上，培育知识型农民和技术型农民。其二，组织开展经营管理方面的讲座，助力农民提高市场意识、竞争意识和风险意识。促进农民和农科院以及农业高等院校的合作，鼓励农民学习和参加相关培训，学习经营管理技能和理念、财务分析与管理、市场竞争与风险预测等知识，培养出具有一定风险防范能力的经营型农民。其三，引导有条件的区域发展集约化农业，提高农业的规模效率。结合当地各方面资源，引导农民种植适宜的农产品；逐步将优势农产品集中到某个区域，形成农产品优势区域，从而使优势农产品生产规模化。

第二，长江经济带东部地区应提高农业产出质量，实现创新性发展。其一，推动东部地区发达城市农业国际化，实现农业双循环。上海、江苏和浙江等省市集聚了许多内外资企业，应重点培养适宜的农产品企业，实现粮食、食品加工生产及食品贸易产业协同发展，拓宽产业发展渠道。其二，加强顶层设计，实现农业协同发展。加大政策贯彻实施力度，做好政策对接以此加强区域之间的合作性。其三，优化要素资源配置，解决区际发展不平衡或分工协作问题，促进共同繁荣和协调发展。

第三，长江经济带中部地区应进一步推进农业现代化，提高竞争力。其一，着力建立一批不同层次、不同形式的依靠科技推进农业现代化建设的示范区和实验区。提高农民自觉接受和运用科技的积极性，大力加强科技综合试验示范基地建设，并逐步形成科技推广的产业化、市场化经营。其二，推广农业技术，提高农业综合效益。中部地区地势平坦，适宜应用现代化农业装备，应加快农机装备和农机作业智能化改造，特别是推动植保无人机、无人驾驶农机、农业机器人等新装备在规模种养领域的应用。其三，加快实施数字乡村战略，推动农业数字化转型。农业作为中部地区支柱产业之一，应当加快农业农村生产经营、管理服务数字化改造，大力提升数字化生产力，推动农业高质量发展。

第四，长江经济带西部地区应合理开发农业资源，实现农业绿色全要素增长。其一，利用当地资源优势，发展特色农业经济。依托区域具有的独特自然资源，充分发挥湖泊、河流、丘陵、高原、山地等特色农业资源优势，大力发展以河湖绿色养殖业、草食畜牧业等为代表的特色生态农业，促进休闲农业、乡村旅游的发展，形成特色农业产业带，提高农业要素产出率。其二，充分发挥政府的带动作用和调节作用。政府要充分发挥政府的服务性和职能性，应用开拓思维与创新手段，为农业生产和发展营造一个良好健康的氛围，为农业高效发展提供一个强有力的支持。其三，加快土地流转，进行土地的规模集约经营。通过土地集约管理，提高全要素生产率，实现农业产出持续健康增长。

四、工业企业

（一）因地制宜，科学规划各区域工业发展

第一，发挥长江经济带城市工业创新驱动的引领作用，实施长江经济带城市工业创新驱动的引领作用，其一，应当以工业为主体、以市场为导向，结合长江经济带东部、中部、西部地区的不同特色特点，将科技深度融入传统工业产业之中。长江经济带城市工业发展应着重发挥上海、武汉、重庆、成都等中心城市的领先作用，打造工业技术创新、产业技术创新平台，推动研发工业创新、科技创新地区内部协调发展与不同发展地区间的帮助扶持。其二，推动长江经济带城市工业绿色转型政策实施，提升长江经济带城市工业绿色创新发展效率。重视工业发展的绿色研发以及工业技术创新，长江经济带工业绿色转型要依靠

科技含量较高的工业企业，加快淘汰落后低端无效的传统工业，将严重过剩产能的行业转型。其三，优化长江经济带城市投资环境，吸引各类资本投资与劳动力。不断优化区域投资营商环境，带动中心城市的周边城市工业产业发展，实现周边城市工业产业集聚，吸引外商投资以及劳动力到周边城市工业产业中。其四，调整长江经济带城市工业产业结构，通过工业产业结构高级化和合理化，提升长江经济带城市的工业效率。当地政府应该全面了解当地工业发展的实际情况，在此基础上制定因地制宜的工业结构调整策略，优化长江经济带城市工业空间格局。

第二，充分考虑长江经济带东部地区工业发展的现状，创新驱动工业产业升级。其一，提高长江经济带东部地区城市的工业发展效率，加快上海、南京、连云港等城市与其他东部地区城市的融合发展，依靠创新驱动政策促进工业产业升级。各级政府大力实施工业产业经济转型升级，使工业产业结构合理化，推动东部地区工业发展。根据当地工业用地情况加强对工业用地的监督管理，实施因地制宜的工业用地供应政策。其二，推动长江经济带东部地区城市的工业园区可持续循环化和生态绿化，推进工业生态绿色发展。改变单纯依靠资源消耗和污染环境的工业产业，坚持改革创新以及可持续发展。政府必须建立严格的生态环境保护制度，例如加大对于水污染、空气污染的处罚程度，只有环境规章制度完善且惩罚制度合理，才能有效地控制环境污染以及工业能源的消耗。其三，发挥长江经济带东部地区地理位置优势，切实发挥经济投资发展领先作用。长江经济带东部地区由于地理位置优势，借助上海市的发展，有利于投资贸易便利化。各级政府要营造公平公正有利的投资环境，提高政府的服务水平，加强对投资市场的建设和监督管理，放宽进入市场的条件，将审批复杂过程简化。其四，推动长江经济带东部地区工业产业结构升级，优化东部地区的工业发展空间格局，通过工业产业有序转移，实现长江经济带东部地区经济高质量发展。

第三，长江经济带中部地区工业产业技术创新有较大的潜力，应增强工业技术创新和产业技术创新能力。其一，注重科技创新能力的提高，加强对工业基础设施的建设和提高当地的科研能力来促进工业创新发展，带动长江经济带中部地区经济发展。政府与当地的工业产业企业要加强沟通联系，政府制定相应的创新型工业产业优惠政策，鼓励当地工业产业进行创新升级。其二，践行生态文明理念，降低工业污染排放对环境的破坏，推进长江经济带中部地区工业绿色发展。提高工业企业的生态环保意识，坚持走可持续发展的道路。其三，鼓励海外和东部地区的资本投资投向长江经济带中部地区的工业产业中。对自身的发展要有明确精准的定位，从实际情况出发，制定差异化的投资政策，才能有效地促进外商投资。注重人力资本的积累，合理地进行工业投资才能使得地区工业经济协调发展。其四，承接长江经济带东部地区的工业产业，集聚中部地区的工业产业，提高工业产业的效率。

第四，补齐长江经济带西部地区工业短板，吸引东部地区的成熟产业向西部地区转移。其一，加快利用技术创新改造传统产业的步伐，通过技术创新对传统工业产业进行改造，实现工业产业的转型升级，制定优惠政策吸引东部地区成熟的产业向西部转移。以市场需求为导向，提升工业产业的盈利能力，以追求高标准高质量的产品为目标，加强市场营销工作，提高销售额和资产收益。其二，长江经济带西部地区各级政府在工业发展过程中要充分意识到生态环境保护的重要性，工业绿色效率的提高会促进工业经济的发展。要合理地制定适合当地工业绿色发展的环境保护政策。加强对工业产业的生态环境保护意识，预防环境污染，加大对于清洁技术的研发投入。其三，长江经济带西部地区经济发展落后，投资环境恶劣，要不断加强基础设施建设吸引外商投资，鼓励工业企业与高校展开研究合作，保证工业技术创新。

（二）因地制宜，发挥各区域优势加强企业发展建设

第一，推进市场化改革和增强地方信任氛围来加强地区内企业间联系，促进地方知识溢出，推动经济发展。其一，长江经济带各城市要抓住市场化改革的机遇，提高市场化改革的效率。提高当地政府的政务效能，激活市场活力，构建更完善合理的市场制度，创造一个良好的市场环境。其二，积极推进国有资本入股企业，创新能力强、发展潜力大以及成长性高的企业要进行优先入股，以国有资本为纽带，畅通企业融资渠道，培育更多具有顶尖科技实力的优秀企业。其三，重视企业人才培养，提升企业管理素质。制定具备竞争力的地方人才政策，吸引高素质专业人才加入长江经济带各城市企业中，建立合理有效的员工培训计划，提高企业员工的技术水平。政府采取相应的措施调动国有企业管理创新的积极性，推进企业进行有效的管理创新。其四，承担社会责任对企业品牌价值有十分显著的作用，要积极承担社会责任，提升企

业品牌的社会价值。企业应该承担科学发展和缴税的责任，积极履行纳税义务。借助社交媒体传递社会责任活动的信息，使得政府和民众了解企业对社会的贡献。

第二，尊重市场发展的客观规律，进一步发挥市场在要素配置机制中的作用，以市场为核心推动资源配置，推动各种生产要素向长江经济带东部地区集中。其一，加强内部的市场化改革以及经济开放，提高长江经济带东部地区各城市之间的市场整合。促进长江经济带东部地区市场一体化，加强城市之间的经济活动协调，减少生产要素流动障碍。其二，深化企业混合所有制改革模式，优化长江经济带东部地区不同资本形态的资本配置结构，促使长江东部地区经济高质量发展。广泛推行混合所有制改革，实施法人治理结构的优化。市场化水平对于企业的发展具有重要意义，各级政府要优化营商环境，为混合所有制企业高质量发展提供良好的市场环境。其三，出台人才激励和福利保障措施，吸引科技人才聚集，根据自身发展引进所需的专业人才，充分发挥人才集聚的红利。进行人才库信息的共享，在更大范围内人才资源再配置，充分发挥科技人才的作用。其四，妥善处理履行社会责任与企业财务竞争力之间的关系，转变履职理念，自觉履行社会责任。企业履行社会责任不能只依靠企业的自律意识，政府也应当积极地引导企业去履行社会责任，政府可以在企业进行社会公益时给予适当的补贴，政府补贴要落到实处，促进企业积极履行社会责任，不断完善企业社会责任的法律法规。

第三，结合社会经济发展实际情况，提升长江经济带中部地区的金融制度，增强技术成果市场化的建设，促进当地企业的建设发展。其一，制定相应的优惠政策鼓励民间资本设立更多的中小金融机构，有效发挥中小金融机构服务中小企业的正向作用。加强长江经济带中部地区的技术成果市场化建设，进一步完善科技金融相关服务体系，促进先进的科学技术的推广和运用。其二，有序推进长江经济带中部地区企业混合所有制改革，优先改革经济发展相对较差地区、竞争程度相对较强行业中的企业，提高投资效率、优化资源配置。其三，发展高新技术企业和科技企业，为人才的集聚以及培养提供平台，充分发挥专业人才的作用。政府必须鼓励企业向高新技术企业升级转型，对新成立的高新技术企业给予政策补助，在生产要素的配置上给予优先的权利。对于引进高端人才的企业和个人发放奖励，增强高新技术企业和科技企业的人才聚集。

第四，制定优惠政策吸引外来资本流入长江经济带西部地区，促进西部地区的企业发展。其一，积极培育具有辐射带动能力的核心城市，通过核心城市引领周边城市的发展，带动整个长江经济带西部地区的发展。提供优惠的引资政策，吸引外来资本流向西部地区，解决长江经济带西部地区因为经济发展薄弱而导致外来资本吸引力不足的问题。其二，提升企业创新能力，以创新驱动发展，加快长江经济带西部地区企业发展。增强企业的创新发展能力，减少无效和低端供给，扩大有效和中高端供给。其三，营造合理优良的城市适宜性，充分留住本地专业人才。鼓励当地高校与企业合作培养复合型、实用性的技术人才。

五、基础设施

（一）重点施策，推进区域城市面积合理优化

第一，深化土地供给侧结构性改革，推进长江经济带国土空间规划。其一，充分考虑东部、中部、西部地区的各城市的地理位置、资源优劣和经济发展水平，在各城市建设用地配给和产业布局上因地制宜地实施相关政策。其二，降低能源消耗和污染物排放对土地资源的破坏压力，提高土地的资源利用效率，共同贯彻落实长江经济带对于土地保护的一系列法律法规，从整体上推进长江经济带土地的综合整治工作。强调农用地的生态系统服务恢复和提升，对于闲置建设用地，需要不断地加强整合土地资源，加快修复长江流域的生态环境，制订自然生态环境修复保护方案，完善生态保护地制度与体系，建立长期的生态环境监测机制。其三，制定并实施差别化的耕地生态保护方案，明确耕地保护责任。落实中央关于土地调控的政策，维护土地利用总体规划，坚决查处各类违规占用耕地的行为，必须坚守住耕地红线，耕地红线作为耕地的最低限度，要坚守底线、严格管控。

第二，保护好长江经济带东部地区的生态环境，坚持可持续发展战略，合理利用土地资源。其一，在生态环境保护过程中要坚持自主创新战略，兼顾经济增长、科技进步与环境改善的关系，不断优化资源配置，加强协调发展，促进长江经济带东部地区的生态环境保护绩效水平不断提高。充分利用东部地区的资

金、技术、人才以及政策条件，提高当地的经济发展质量。提高公众在生态环境保护方面的意识，减少环境污染以及资源浪费，促进人与自然的和谐共处，构建绿色发展社会。其二，做好城市规划，保障城市面积合理的扩张，避免城市面积过度扩张和过度城市化所导致的城市病。控制各城市辖区的人口规模，调整人口分布结构，不断完善轨道交通体系，提升公共交通工具的利用率，缓解城市交通拥堵的问题。其三，提高长江经济带东部地区的耕地数量保护效果，在土地利用上避免占用质量较好的土地，同时预防自然灾害损毁，提升耕地质量。提高耕地利用的规模水平，提高耕地规模效率和耕地利用综合效率。加强农业基础设施建设，例如强化农田水利工程，大力改造中低产出农田，推进高标准农田建设，提升耕地的粮食产出，保障区域内的粮食安全。建立健全耕地保护补偿制度，加大耕地补偿力度，激励耕地利用主体的耕地保护行为，促进区域耕地资源高效、集约利用。

第三，提升长江经济带中部地区土地市场化水平，对于市场化水平较低的城市加大土地制度改革力度。其一，坚持以市场化为导向的城市土地供应制度改革，合理控制城市的工业用地和住宅用地规模，推进城中村的改造，利用城中村的区位优势创造经济价值。当地政府必须转变以地谋发展的思想，严格管控城市建设用地供给规模，遏制扭曲土地价格招商引资，加快实现工业用地供应体系和流转体系的市场化改革。其二，坚持以人为本的城镇化核心理念，提高长江经济带中部地区城镇化的内涵和质量。城镇化水平较高的城市要在巩固自身优势的基础上，转变传统粗放型的城镇化模式，科学划定区域边界。城镇化水平相对滞后的城市要注重强化城镇发展的基础，加快建立城镇公共服务体系和社会保障体系，加强对社会保障的监督管理，完善居民生产生活和生态保护等配套设施。当地政府必须贯彻正确的发展观，稳步推进长江经济带中部地区城镇化。

第四，加大对长江经济带西部地区的土地投入，促进土地集约利用、提升生态效率。其一，政府要在资金、技术方面加大土地投入，不断提高农业部门的技术创新能力。科学编制土地利用规划方案，优化土地集约利用流程。根据不同城市的具体的地形地貌特征、气候、植被等自然条件，制定科学的土地利用规划方案，合理利用土地资源。加强对于土地利用的生态风险管理，在土地利用过程中要重视生态风险管理的作用。其二，优先保护生态系统的土地资源，禁止对优质耕地的侵占和开发，健全法制法规的建设，对于破坏生态系统、浪费土地资源行为进行明确的规定和处罚，禁止开发优质耕地资源。

（二）实施差异化策略，提高各区域板块城市建设水平

第一，促进长江经济带智慧城市建设，发掘广泛的城市智慧场景，推动城市形成更理想的智慧化城市。其一，加强智慧化基础设施建设，增加网络设施和网络服务供给，强化数据驱动经济发展的作用，实现长江经济带城市智慧生产、智慧生活、智慧治理。智慧城市的建设需要公众的参与，为城市的智慧化提供建议和进行监督。其二，制定城乡一体化发展的总体规划，政府引导长江经济带各城市实现城乡经济社会发展。根据不同地区城市的具体情况实施符合实际情况的城乡一体化发展模式。城乡一体化发展需要依赖政府制度、行政以及法律手段，保证城乡渠道畅通，保护城乡生态环境，防止城市污染物向农村转移，建设城乡一体化生态文明体系，保证城市可持续发展。逐步完善基础设施和农村的社会保障体系，努力提高人们的生活质量。其三，重视城市特色，通过对城市及其周边城市的合理规划塑造城市空间特色，利用整体空间结构、功能管控、配套支持手段，使基础设施建设与城市特色相融合，注重一些老建筑的整体性保护和利用，将具有民族特色的文化符号与现代城市建设协调。

第二，建立绿色生态城市理念，实现长江经济带东部地区人工环境和自然环境和谐发展。其一，考虑长江经济带东部地区的地理空间环境、技术与经济环境、社会环境等各种客观情况的差异性，基于不同城市的生态本底、规模和性质等不同特征因地制宜发展。树立绿色生态城市的理念，完善和扩充环境保护制度细节，依靠制度去约束城市公众和企业遵守环保规制，减少城市污染物的产生排放，重视绿色生态城市的建设与发展。其二，加快建设新型基础设施建设进度，推动智慧城市建设迭代升级，重构智能治理体系。拓展交通和通信等基础设施的建设，高质量的基础设施有利于提升生产效率和增加服务供给。推动智能交通系统全城覆盖，加速智慧水务的发展升级，加快城市智能配电建设，健全天然气管网，全面强化基础设施的供给质量，满足城市的需求。进一步加强青年人才储备，设立面向大数据等专业的青年人才扶持专项计划；针对新型基础设施建设项目引进领军人才、培养科技人才。

第三，通过改善收入分配，提升居民就业质量、帮助居民拓宽就业渠道等方面提高长江经济带中部地

区居民的幸福感。其一，推进户籍制度改革，消除劳动力市场中的性别歧视和户籍歧视，完善公共教育政策，保障个体教育机会平等。为农村居民摆脱不利环境和寻找工作机会创造有利条件，改善女性劳动者和农村劳动者的弱势地位，减少性别和户籍导致的机会不平等，注重对贫困家庭子女的教育投入。其二，有序发展轨道交通，强化公路的基础作用，全面提升交通一体化发展水平，打造宜居城市生活环境。建立以城际轻轨和高速铁路为代表的清洁、高效的客运运输体系。完善公路网络建设，加强优化旅客运输结构，引导交通基础设施多样化发展。加快智能交通基础设施建设，建设城市智能交通平台，满足城市居民的交通需求。完善城乡路网的建设，缩小城乡之间的交通基础设施差距，提高农村道路建设等级，全面实现交通基础设施现代化。其三，统筹城乡住房保障，构建完善的住房保障体系，实现住房保障机会均等。完善住房保障供给体系，出台相关公共租赁住房制度，建立住房保障信息库，不断完善保障性住房分配管理制度，保障不同人群的居住权利，合理规划各类保障性住房建设，加强相关的配套设施建设。

第四，贯彻生态优先的基本准则，在长江经济带西部地区开展新城或新城区建设时尽可能地将城市建成环境融入生态自然空间中，避免城市过度开发破坏自然生态。其一，在城市规划中必须明确城市的发展方向，完善基础设施，满足城市发展的需求。在城市建设中根据当地的地形条件适当修建小河道、水塘等，形成多样的基底环境，以当地植物为主体进行园林绿化，将当地的自然环境融入城市建筑空间中。其二，推进长江经济带西部地区公路交通现代化。将交通建设放在优先地位，构建功能配套、安全高效的现代化基础设施体系，覆盖城乡、连通中东部地区的交通运输网络。提高政府的公信力和执行力，保障城市居民的合法权益不受侵害，将人民群众的根本利益放在首位。其三，发展城市循环经济，实现环境与经济发展协调。树立循环经济发展理念，充分发展城市循环经济，实现经济社会的可持续发展。借鉴发达国家的经验，完善循环经济发展评价指标体系，构建政府、企业、社会多方参与的循环经济发展格局，建立和完善适合当下发展阶段特点的循环经济发展政策。

（三）因地制宜，建设与区域发展规划相促进的城市物流体系

第一，广泛建设智慧物流供应链，改变传统的物流供应链体系，提高物流供应的效率，降低物流供应的成本。其一，必须建立明确的企业商品信息化标准体系，扩大智慧物流供应链建设的规模，提高智慧物流的运用效率。建设智慧物流的监管和保障体系，智慧物流的发展需要政府的财政支撑，为智慧物流建设提供资金和政策上的支持。其二，整体规划城乡物流体系，优化城乡物流政策。城市物流是我国物流行业建设的重点，国家政策也倾向于推动城市物流发展。政府应当将乡村物流纳入长江经济带区域物流产业的规划中，设计合理的发展策略，科学布局区域内的物流体系。对城乡物流产业进行统一管理，农产品和工业品统一由城乡物流管理，加强乡村和城市在物流方面的联系，打破城乡的限制。不断推广新型的物流运输方式，加快发展无车承运和第三方物流，满足乡村地区的物流配送需求。推动城乡物流一体化发展，解决城乡物流最后一公里的问题，健全乡村物流网络体系。其三，整合城市地下物流与轨道交通体系，开展地下道路规划建设与物流配送节点连接，提升物流效率。长江经济带大部分城市可以在政府的相关政策引导下，开展城市地下物流试点工程，在研究实践的基础上完善法律法规，地下物流系统的建设是智慧化城市发展的必然选择。

第二，智慧科技驱动长江经济带东部地区物流产业升级。其一，政府建设智慧物流基础设施，对智能物流网进行软件硬件升级。扶持物流龙头企业，形成智慧物流产业集聚，建设智慧物流产业园，实现物流企业从仓储、运输到作业流程的智能化，市场主导智慧物流信息平台建设，全社会共同建设智慧物流的监督保障体系，构建智慧物流诚信信息系统，维护智慧物流的公平环境。其二，立足长江经济带，明确自身定位与发展方向，提高国际物流网行业的竞争力。充分发挥长江经济带东部地区的区位优势，协同其他城市构建长江航运一体化服务中心。构建统一的跨境电商信息平台，实现国际物流互联互通，改造升级内部信息化建设，加快信息共享服务平台和智慧物流建设，提高物流效率和服务水平。加强国际物流领域专门人才的培养，加强高等教育机构和企业加强合作，推动国际物流的学科建设，完善国际物流体系以及国际物流专业人才培养体系。

第三，关注长江经济带中部地区小规模企业的物流技术创新能力。其一，积极营造有利于物流技术创新的政策环境，政府通过创建有利于物流业技术创新的体制机制推动物流业进行技术创新。加大对物流技术创新的研发，加快物流核心技术和装备研发的产业化。小规模物流企业先试先行创新物流业运营模式，

依靠技术创新优化企业物流业务流程，应用互联网技术提升线下运输与仓储配送资源整合能力，开展线上线下一体化的仓储供需平台建设，借助大数据、云计算、物联网等分析工具对货运需求与闲置的物流运输路线进行精准匹配，动态规划行驶路线和仓储计划。其二，构建协同共享的物流信息平台，实时监督管理物流信息平台的法律环境。加强物流信息系统的建设，不断完善平台功能体系，提高平台的执行能力，加快物流标准制定，增进物流企业的互动与协作，提高数据信息和基础设施共享效率。充分发挥政府的引导作用，制定相应的法律法规规范物流信息平台运行。其三，培养创新型物流管理人才，增强企业的竞争力，促进物流管理创新与发展。合理利用长江经济带中部地区的高校资源，培养更多高素质人才，促进物流业的发展。

第四，将物流业规划纳入城市整体发展规划中，促进城市经济社会发展，实现长江经济带西部地区物流业高质量发展。其一，明确城市物流业规划的属性为城市专项规划，并将其纳入城市整体发展规划中，加强城市对物流业高质量发展的系统谋划。物流规划要着重以物流基础设施和物流基础网络为内容，在城市现有的基础设施上合理布局不同的物流线路，构建综合的物流网络。其二，通过财政政策和货币政策的扶持，给予长江经济带西部地区的物流企业人才和技术等方面的支持。切实减轻物流企业的税收负担，统筹完善有关税收支持政策。各级政府加大对物流基础设施投资的扶持力度，加大对物流业的土地政策支持力度，提高物流企业研发经费的投入额度，加大物流技术项目开发研究资金投入力度，加大对物流技术创新人才的引进，提高物流专业技术人员的整体创新能力。其三，加快城乡物流服务网点的建设，优化配置城乡物流服务资源，实现城市和乡村物流的协同发展。当地政府要依据城市的发展实际情况，科学合理地进行区域规划，提高物流硬件设备的改造升级。完善乡村物流技术装备，丰富乡村物流服务功能，缩小城乡物流服务差距，推动城市物流与乡村物流协同发展。

六、社会福利

（一）推动城镇福利建设，实现福利事业全面发展

第一，推进长江经济带城镇福利社会化建设。在投资主体方面，坚持投资主体多元化，采取国家、集体、个人、组织、非正式部门多渠道投资。在福利供给方面，要实行"社会福利社会办"，政府、企业、自助组织、社区、家庭等政府和非政府部门共同供给、多层次供给。在服务方式方面，政府发挥责任、主导、培养作用，为基本保障福利供给负责，其他非政府部门供给主体发挥主动性、创造性、精确性，满足不同层次的社会福利供给。在人才建设方面，建立并完善人才培养机制，建立人才储备库。

第二，推进长江经济带城镇发展型福利建设。发展型福利建设要将福利视为经济的一部分，不仅作为"补救"和"兜底"，还要作为"投资"去利用，以促进经济发展。在执行中要强调福利服务在"社会参与和机会平等"上的作用，解决福利领取者的需求，减少福利依赖和"食利"阶层的产生。同时，要践行福利多元主义，建设社会福利体系，稳中有进地推进福利建设事业。福利建设的碎片化、个体化常常会导致不同利益群体的矛盾，降低运转效率。因此，必须进行体系化建设，将不同的决策主体纳入一个体系中，按照统一的标准评估、监督、开放信息，实施执政精简、群众监督、积极反馈、共同建设，建立健全可持续、长进步、共发展的社会福利发展体系、建设体系。

第三，根据长江经济带不同地区的资源禀赋，明确发展方向，促进总体效益最大化。对于长江经济带东部地区的城镇，需特别关注生态文明建设，采用混合模式的治理，协同政府、市场和社会，解决环境问题。协同上游、中游、下游，政府、市场、社会的共同治理，建立可持续的治理体系。要避免碎片化治理，加强顶层设计，科学先行，培养专业团队，推动长江治理。对于长江经济带中部地区的城镇，重点发展养老体系，以家庭养老为核心，倡导积极福利，强化法律规范，同时激发个人责任。养老体系建设以家庭养老和居家养老为核心，规范子女和父母的家庭位置，倡导角色不缺位的原则。对于长江经济带西部地区的城镇，要统筹人才和教育建设，促进人才流动和培养。提高实际收入水平，拓宽非法定福利的覆盖面，包括安全与健康福利、设施性福利、文娱性福利等，采用非经济手段，提高人才的留存意愿和工作意愿。

（二）贯彻实施乡村振兴战略，加强农村基础设施建设

第一，深入推进乡村振兴，全面建设可持续发展的特色农村和美好农村。乡村振兴战略是我国重要的

发展方向，包括重塑城乡关系、巩固农村基本经营制度、深化农业供给侧结构性改革、实现人与自然和谐共生、传承提升农耕文明、创新乡村治理体系、打好脱贫攻坚战等多个方面。在社会层面，必须深化户籍制度改革，实现城乡居民享受相同水平的福利服务，鼓励自由劳动力流动，赋予农民更多权利。在经济层面，政府应关注中小城市的发展，提高城镇化率，使城市对农村的反哺作用更加稳定。城乡要素也需要实现一体化，建立合理的要素流动机制，包括放松土地资源限制，实施"农村三变"政策，将资源变成资产，资产变成股权。同时，促进城乡产业融合，增加农村市场化程度，发展特色农产品加工业、休闲农业和乡村旅游等新兴产业。

第二，不仅要关注经济发展，还要注重主观福祉评价，包括相对和绝对收入水平、健康状况、教育水平、社会关系和个性特征等。我们需要认识到经济发展对福祉增长的局限性，随着经济水平提高，增长对福祉的影响会减弱。因此，我们必须全面优化乡村建设，包括生态、文化、社会、教育、医疗、保障和制度等各个方面。在福利建设方面，必须坚持多元化，积极尝试新型社区建设，如"智慧社区"，发挥社会力量的作用。政府起到政策导向作用，而社区负责政策的实施，促进政府和社区的合作，推动多元乡村福利建设。

第三，加强和深化乡村基础保障和基础建设。不同地区需要根据自身情况采取不同的措施。构建农村老龄人口社会福利多元治理体系，包括政府主导、市场调节和社会参与的多元治理方式。政府要改革农村老年人口社会福利管理体制，建立农村老年人口社会福利需求表达机制，完善责任监督机制。在社会福利供给方面，政府应该起到主导作用，建立相关政策和法规，引导市场提供多层次、多样化、精准化的服务。社会力量可以补充政府和市场的不足，共同推动乡村福利治理。加强公共服务供给，包括提高服务的质量和数量。要注重提高服务的效率，提高公平性和居民满意度。要改革公共治理的价值取向，从政府和公民两个维度出发，明确责任和问责。要突破传统的政府中心模式，明确各个供给主体的职责边界，提高效率。以农民需求为导向，设计科学的反馈信息渠道和评估系统。

七、居民生活

（一）完善区域社会保障制度，提高居民生活水平

第一，完善长江经济带地区社会保障制度，提高居民收入水平。首先，依托精准扶贫政策，缩小农村与城镇之间教育、医疗、基础设施建设等方面的差距，同时建立健全基本养老制度，将长江经济带地区作为试点进一步推进养老金全国统筹。其次，补充社会保障人群分类标准，将个人的贡献度和救助需求度以及社会需求度均纳入分类评价体系。最后，一方面，根据各地财政增长情况和物价上涨指数定期更新最低工资标准和物价补贴，鼓励企事业单位适时调整员工薪酬；另一方面，加大政府部门职能，推进第三产业发展，创造更多的就业岗位，实现居民收入稳定增长。

第二，制定与长江经济带东部地区经济发展水平相适应的社会保障制度，缩小居民之间存在的贫富差距。首先，将上海作为养老金入市之后的参考，探寻更为合理的金融工具投资组合，为应对老龄化浪潮对社会保障基金带来的冲击提供可行之策。其次，注重对本地人口和外来流动人口在教育福利和社会福利的均衡分配，尽可能提供公平平等的福利待遇。最后，一方面，需要重视房价上涨所导致的东部地区居民收入差距加大，另一方面，利用东部地区优越的互联网发展条件促进农村电商产业发展，实现城镇化进程，改善居民收入差距。

第三，实现差异化发展，推进长江经济带中部地区经济进步，充分发挥经济对社会保障水平的推动作用。首先，各地政府因地制宜，制定具有当地特色的区域发展战略，使中部地区城市产业发展方向从同质化转变为互补化，更有效地带动经济发展。其次，对现有的政府政绩考核机制进行改革，加大对精神性公共服务的供给，提高中部地区居民的生活幸福指数。

第四，为长江经济带西部地区城市制定切实可行的经济发展规划，提升经济发展速度，同时加大对边远山区的建设力度，提高居民收入水平。首先，一方面，做好承接长江经济带东部地区产业转移的准备，根据自身的比较优势主动选择相适应的产业；另一方面，将处于产业链底层的产业向接壤的东南亚地区转移，进一步降低生产成本。其次，一方面，改善边远山区的交通情况，提升与周边地区的生产要素交流能

力，另一方面，依托互联网浪潮发展农村电商，升级农产品宣传和销售模式。

（二）加强区域污染防控治理，全面优化生活环境

第一，提升长江经济带环境污染防控治理能力，同时对基础设施进行改造升级。首先，根据各地区的发展阶段制定可持续的环境资源开发策略，明确政府扶持的产业和需要关注的重污染产业，整改、关停不符合国家标准的重污染企业，绝不能以牺牲生态环境为代价换取经济增长。此外还需上下游城市协同开展污水治理工作，提高污染治理效率。其次，有计划地更新水电设施、交通出行、移动通信等城市基础设施，同时增加可供休闲娱乐的公共场所建设，充实居民的精神文明世界，提升生活水平。

第二，强化长江经济带东部地区基础设施建设，提高人均基础设施占有率；严格把控外商引进标准，促进长江经济带东部地区产业结构升级。首先，明确各城市的发展定位，制定相对超前的基础设施建设方案，为今后城市不断扩容、外来人口持续流入做好充足的准备。其次，制定合理的外商准入门槛，大力引进绿色产业和高新技术产业，严格审查高耗能的污染企业在污染排放方面的处理能力，优化城市产业结构。

第三，强化长江经济带中部地区生态环境治理能力，并加强与周边发达地区的合作互动。首先，重视污水治理和垃圾处理环节，一方面，加强政府监管，明确污水和垃圾处理部门的权责，对达不到处理标准的污水厂和垃圾厂进行改扩建，维持一个良好的居民生活环境；另一方面，重视垃圾分类这一生活垃圾处理流程，提高垃圾的资源价值和经济价值，降低人类生产生活给环境造成的压力。其次，加强长江经济带中部地区与高人居环境城市的互动，充分学习发达城市优秀的城市规划理念，提升自身人居环境质量，减少人口外流的趋势。

第四，提高长江经济带西部地区自然保护区内居民的生活质量，增强绿色产业发展动力。首先，由于长江经济带西部地区自然保护区较多，且保护区较其他居民生活环境有着特殊性，因此提升保护区内居民生活环境质量不容忽视。应当对当地居民进行教育培训，为其提供更为多样化的经营方式，降低对资源的依赖性，从而减少居民对自然保护区内资源的索取程度。其次，一方面，加大农业生产中的绿色要素使用率，提高在农业生产过程中所产生的污染源的治理能力，用有机肥取代无机肥；另一方面，通过发展科技提高农业生产率，提高农作物产量。避免过度开垦湖泊山林作为耕地，严格执行退耕还林、退田还湖的环境保护政策，恢复原有生态环境。

八、科教文卫

（一）加大科技教育投入，充分发挥区域协调带动作用

第一，深入贯彻落实国家区域发展战略，充分发掘长江经济带东部地区先发优势，缩小长江经济带整体科技教育发展差距。首先，在整个长江经济带统筹建立科技专项资金库，弥补欠发达地区的财政劣势，有助于其进行科技资源和人才资源的引进。其次，东部地区利用其丰富的教育资源，培育符合中西部地区发展方向和发展特色的高层次人才，为中西部地区科技教育的可持续发展输送力量。最后，继续贯彻落实实现阶段下中部崛起和西部大开发等区域发展战略，进一步提升长江经济带整体科技教育发展水平。

第二，以上海和江苏为引擎，带动长江经济带东部地区科技教育水平保质保量提升。首先，利用上海和江苏的科技影响力提升东部地区的科技活力，提升科技成果和人才在东部地区的流动效率。其次，积极推进产学研合作，加强三者之间的沟通交流，建设高质量的科技教育基地，促进科研成果的研发转化。

第三，依托中部崛起战略，建立长江经济带中部地区人才培养和引进制度，实现科技教育水平进步。首先，把握政策红利，加大知识产权保护，营造良好的科技发展环境；提升高层次人才待遇和加大项目开发力度，从而提升人才吸引力。其次，向社会公众进行科技教育科普，提升大众对科技创新的兴趣，同时注重基础教育与高等教育，为培养科技人才奠定基础。

第四，完善长江经济带西部地区科技资源配置，提升科技资源配置效率，挖掘新层次的科技产业。首先，以市场需求为导向，将有限的资金投入到特色优势产业，使科技成果投入产出比达到最大化。其次，根据西部地区的区位和地理优势，将军民融合产业作为新一轮的产业发展方向，丰富和提升科技教育结构。

(二) 充分发挥地区优势，建设特色文化旅游产业

第一，依托国家政策推动旅游产业升级，利用长江经济带所蕴含的历史文化丰富文化旅游内涵。首先，借助共建"一带一路"、文化强国以及长江经济带建设的契机，新的旅游景点开发与旅游配套服务产业两手抓，提升旅游产业的硬实力与软实力。其次，将长江经济带区域内极具特色的历史文化融入文化旅游建设中，打造富有特异性的文化旅游体验，增强产业竞争力。

第二，利用长江经济带东部地区的经济和交通优势，分别提升旅游竞争力和资源聚集度。首先，根据东部地区先发经济优势，结合本地特色文化，为前来开展商务活动、会展谈判等商业人士打造一系列高端旅游产品。其次，通过充分运用交通运输网，将东部地区分散的旅游资源整合汇集，形成规模化，增强对游客的吸引力。

第三，将水文化融入长江经济带中部地区旅游开发建设中，并优先打造一批具有代表性的旅游景区。首先，将具有水文化特色的地区统一规划，建设旅游项目互补的旅游片区，同时运用实景技术以及举办文化旅游节等方式促进游客旅游参与度。其次，将武汉、长江三峡等具有一定旅游知名度的地区作为长江经济带中部地区旅游宣传名片，加大宣传力度，从而辐射至周边地区，提升各地区旅游知名度。

第四，探寻长江经济带西部地区旅游宣传点并加强交通运输网建设，提升交通可进入性。首先，挖掘川南和川北地区特色文化资源，作为旅游建设宣传点，补齐长江经济带西部地区文化旅游短板。其次，发展空运、陆运和水运交通运输网，推动不同种类交通工具灵活转换，降低游客出行成本，提升游客旅行意愿度。

(三) 全面统筹各项医疗卫生资源，提高总体建设质量

第一，统筹规划长江经济带医疗卫生资源，提升医疗技术水平和优化卫生服务质量。首先，按需分配医疗资源，避免利用率不足或过度利用的现象发生，同时还需通过举办交流研讨会促进各地之间医疗科研成果的互通。其次，加强医疗卫生领域人才队伍的培养和建设，利用合理的薪酬制度体系激发医务工作者的积极性和保障服务质量，并加大对药品以及医疗器械研发的财政补助，提高科研成果产出。

第二，发挥长江经济带东部地区的医学人才和医疗资源优势，将二者进行合理高效的再分配。首先，将医学人才和医疗资源配置至不同等级的医疗机构，令患者可以视病情程度前往专业程度较高的医院或是基层社区医院以及医疗卫生院就医，解决大医院医疗资源拥挤和基层医疗机构医疗资源闲置的问题。其次，在发达的长三角地区还可进行民营医院试点，一方面为患者提供更多元化的选择，另一方面利用民营医院的服务质量倒逼公立医院开展工作机制改革，提升医学人才与医疗资源的利用率。

第三，利用信息化手段解决长江经济带中部地区医疗卫生公共事务问题。首先，利用大数据平台将中部地区医疗保障体系参照国家医保体系进行管理，为患者提供便利。其次，及时收集群众意见，提高政府治理效率。最后，调整医疗卫生事业定位，使低收入人群享受基本医疗保障，全方位提升长江经济带中部地区医疗卫生水平。

第四，提升长江经济带西部地区的经济发展水平，加大医疗卫生方面的资金投入。首先，通过积极承接东部地区产业结构转移促进本地产业多元化发展，其次，借助东部地区的资金和技术支持将本地传统产业向高级化发展。再次，还需重视对农村地区和基层卫生组织的资源投入。最后，将工作重心向农村和基层转移，加大对欠发达地区的财力性转移支付力度和专项转移支付力度，均衡农村与城市之间的卫生医疗保障差距。

九、生态环境

(一) 坚持生态优先，绿色发展

第一，长江经济带要实现健康发展、科学发展、持续发展，就必须坚持生态优先、绿色发展的原则，把生态文明摆在首要建设地位，把资源环境生态相关工作放在优先地位。长江经济带要根据自身在资源、环境、生态等方面存在的问题，在借鉴其他地区绿色开发、绿色发展的经验的基础上，探索适合自己的绿

色生态之路，将长江经济带建设成为环境友好、资源节约、生态良好的生态文明建设示范带。其一，做好资源开发利用"加减法"，建设资源节约型示范带。政府及有关部门要做好资源开发利用"加减法"，促进长江经济带形成集约、循环、节约、低碳的资源利用模式，应对长江经济带经济发展和建设过程中资源浪费和紧缺的问题。其二，加大环境污染防治力度，建设环境友好型示范带。政府及有关部门必须针对水资源、大气、土壤和垃圾污染防治制定最为严格的差异化措施，保障治理效果。其三，促进长江经济带生态恢复，将其建设成为生态良好型示范。有关部门要根据生态组成部分的特点，有针对地制定和完善相关措施，加快生态恢复。总之，长江经济带要坚持生态保护优先、促进生态恢复、建筑生态安全屏障，为区域可持续发展提供生态安全屏障。

第二，长江经济带东部地区要加强地区生态系统功能修复，培育产业绿色发展新动能。其一，推进东部区域生态系统功能修复，加强环境污染治理力度，促进污染排放减少，降低地区环境压力；保护生物生境，延伸绿色生态空间，保护生态系统多样性；明确地区战略定位，明确地区发展目标，对区域资源进行合理配置，确保岸线绿色发展进程平稳有序推进；其二，培育区域产业绿色发展的新动能，促进区域产业结构绿色升级。推动工业绿色发展，优化工业生产布局，降低工业发展对环境造成的负面影响，以"生态优先，绿色发展"战略定位为导向，区域资源环境承载能力和土地开发适宜性为依据，确定地区开发强度与区域工业发展方向，构建突出地方特色、发挥区域优势、地区功能整体互补的工业发展新格局。其三，提高对环保服务业的支持力度，提升绿色环保服务，提高产业的环境效益；发展高效生态农业，提高农业绿色效益，增强区域环境兼容能力，优化农业产业空间布局，推动农业向绿色、低碳、高效模式发展。

第三，长江经济带中部地区要充分发挥区域间与城市间的协同效应，提高地区城市群生态效率。其一，要建立长江经济带中部地区统一环境规制，协同推进区域环境技术创新。制定统一的区域生态环境准入标准与污染排放标准；加强城市间联防联治、联合执法体系建设；加强区域内节能降耗新工艺、新技术的研发与成果转化和应用，推动地区产业绿色发展。其二，要健全长江经济带中部地区城市群一体化的生态补偿机制，打造生态环境治理运行区域一体化平台，建立高效、统一的排污权与碳排放权交易市场，充分发挥市场的作用来实现环境资源的有效配置，提高区域生态治理效率。其三，优化城市空间布局，促进城市绿色中心建设。进一步合理规划城市空间、科学制定城市土地利用规划，推动单个城市和城市群层面的功能区布局结构优化，着力打造多中心城市。其四，建立绿色政绩观，适当扩大环保指标在考核体系中所占的比重，提高地区政府对生态环境治理与保护的重视程度。其五，长江经济带中部地区各城市群要增强关联度，根据其阶段发展水平与比较优势，强化区域间的产业分工与协作，促进区域产业结构转型和升级，联手打造区域优势产业集群。

第四，长江经济带西部地区要大力推进区域生态文明建设，创新农村低碳经济发展路径。其一，长江经济带西部地区要系统地推进生态文明建设，促进农村经济发展向绿色、低碳转型。在充分吸收传统农业生产模式精华的基础上，发展低碳经济，积极吸收能够促进生态文明建设进一步优化、推动低碳农业经济实践进程向更高层次发展的科学技术、管理方法以及实践层面的经验和教训。其二，要促进科技创新，构建农村绿色生产生活方式。既要推动农村农业基础设施条件的不断优化和改善，促进农村经济的增产模式与农业生产方式由传统粗放型向集约型转变，还要积极支持和促进科研工作的开展，利用先进的科学技术、提高农业生产的效率和质量，从而促进农村生产生活方式的绿色转型升级，促进农村低碳经济发展与生态文明建设双重目标的实现。其三，要多方位同步推进区域低碳农业发展，采取多方位联合施策、多管齐下推动地区农业低碳经济高效率、高质量发展。推广普及现代化、新型化生产模式；全方位实现农村资源的循环利用、可持续发展和清洁能源广泛应用，促进农业生产形成低排放、低污染、低消耗模式；全方位缓解生态环境与农业生产之间的矛盾。

（二）构建生态环境网络化治理机制，促进生态环境恢复与发展

第一，长江经济带要集中多方力量，共同构建生态环境治理网络。其一，要矫正政府行为偏差，合理分配多层治理责权利。科学合理划分各层级政府事权，赋予其余事权相匹配的合理财权；完善长江经济带多层治理财政转移和补偿机制；建立科学的政策引导机制，对政府"错位""缺位""虚位"问题进行矫正。其二，要强化区际伙伴合作治理，健全完善区际多元补偿机制。搭建民主协商平台，拓宽民主协商渠道；建立科学的区际生态价值评估机制，对生态价值进行量化；完善补偿资金运营机制；建设区际生态补

偿信息共享机制。其三，要探索多元主体合作治理组织运行机制，深化生态环境治理多元主体合作伙伴关系。深化地方政府与企业合作伙伴关系，协调政府与排污企业、与参与环境治理的地方企业、与其他企业之间的关系，要深化地方政府与社会组织间的合作伙伴关系；建立健全社会组织的环保信息和政策知情机制、环保监督和诉讼机制、环保规划与政策制定利益表达机制，推动环境保护、生态治理的全社会共同行动。

第二，长江经济带东部地区加快推进生态环境治理一体化体制机制建设，推进区域环境协同治理。其一，加快推进东部地区生态环境立法协作。营造统一的法治环境，为长江东部地区生态环境协同治理提供基础和保障；构建跨区域立法协作机构，实施区域内多省份联合立法；制定具备针对性和实操性的区域环境共同章程。其二，建立健全东部地区长效化的生态补偿机制，通过试点试验积累宝贵经验和教训，对试行机制进行优化和修正，逐步推进生态补偿机制全面健全和实施。其三，建立健全区域政策协同机制，坚持区域协调发展原则，突破地区行政壁垒，从区域整体格局与发展目标出发，推动地区政府生态环境领域联防联控工作的展开。其四，建立健全区域环保信息共享机制，打造稳定安全的环保信息共享环境和畅通的信息共享通道，确保信息服务的质量和效率。其五，强化生态环境风险防范区域一体化基础功能建设，建设环境突发事件应急管理平台，加快推进区域协同机制建设进程。其六，加强生态环境科学技术能力建设，建立并完善生态环境科技服务体系，建设环保领域专业化人才队伍，构建生态环境科技服务信息化平台，全面提升东部地区环境治理系统建设与治理能力。

第三，长江经济带中部地区要健全内生发展机制，解决地区绿色发展困境。结合长江经济带中部地区城市群绿色发展的演进规律与现实困境，要从绿色生态政治、污染联控、绿色产业、绿色开发区、绿色城市等全方面着手，推进长江经济带中部地区绿色发展绩效提升。其一，积极健全落实绿色生态政治。加快构建长江经济带中部地区城市群特色绿色发展评价指标体系；健全并落实责任追究制度，加强领导干部职权约束。其二，要构建跨区域环境污染问题联防联控体制机制。构建预警监测响应机制，应对环境突发事件；设立长江经济带中部地区城市群生态环境治理保护基金。其三，促进绿色产业发展，以创新驱动地区产业绿色化。加快推进产业准入负面清单制度的健全与落实；大力推进地区绿色农业、绿色服务业和绿色工业发展。其四，要促进开发区绿色转型发展。积极推进生态工业示范园区建设；加快工业园区循环改造工作进程，推动产业结构与经济发展方式从根源上转变，提高区域经济发展的质量效益，提升长江经济带中部地区城市群绿色、低碳、循环发展潜力。其五，还要大力推进绿色城市工程建设。大力推进城市建设绿色化，扩大城市生态空间；加强地区资源利用管控，加大科技投入，促进节能减排新技术、新工艺的研发与应用，提高区域资源利用效率。

第四，实施多层面推荐战略，全面建设长江经济带西部地区生态屏障。其一，要着力夯实长江经济带西部地区生态底线。把治理水土流失作为生态保护与治理的工作重点，加强森林生态系统、湿地生态系统保护，大力推进长江流域生态公益林和防护林建设工程进度。其二，要建设长江经济带西部地区绿色增长极网络。坚持生态优先、绿色发展的战略定位，推进黔中绿色城市群、滇中绿色城市群以及成渝地区双城绿色经济圈高水平建设，推动城市群生态文明范式下区域发展模式转型。其三，要构建系统性的跨省域的生态环境联防联治工作机制。在各地区环境污染防治能力提高的基础上，推进跨界污染共同治理能力的进一步提升，建设跨行政区域的环境监测与治理工作机制，共同应对跨界环境污染治理问题。其四，要明确长江经济带西部地区的战略地位，完善跨区域跨流域的合作机制，突破行政区划限制，树立整体思想，长江经济带全流域共同推进西部地区生态屏障建设。其五，要建立健全跨区域、跨流域横向生态补偿机制，协商制定长江经济带西部地区生态屏障建设责任、成本分担以及利益成果共享机制，采取多样化的生态补偿方式增强长江经济带中部、东部地区对长江经济带西部地区的横向生态补偿。

参 考 文 献

［1］ Abraham, Katharine G., and Lawrence F. Katz. Cyclical Unemployment: Sectoral Shifts or Aggregate Disturbances ［J］. Journal of Political Economy, 1986, 94 (3): 507 – 523.

［2］ Adam Grydehøj. Island City Formation and Urban Island Studies ［J］. Area, 2015, 47 (4): 429 – 435.

［3］ Aghion Philippe, Akcigit Ufuk, Bergeaud Antonin, et al. Innovation and Top Income Inequality ［J］. The Review of Economic Studies, 2019, 86 (1): 1 – 45.

［4］ Autor, D. H., D. Dorn, and G. H. Hanson. The China Syndrome: Local Labor Market Effects of Import Competition in the United States ［J］. American Economic Review, 2013, 103 (6): 2121 – 2168.

［5］ Gómez R, De Cos P H. The Importance of Being Mature: the Effect of Demographic Maturation on Global per Capita GDP ［J］. Journal of Population Economics, 2008, 21 (3): 589 – 608.

［6］ Shao, S., Luan, R., Yang, Z., et al. Does Directed Technological Change Get Greener: Empirical Evidence from Shanghai's Industrial Green Development Transformation ［J］. Ecological Indicators, 2016, 69 (1): 758 – 770.

［7］ Tinatin Akhvlediani, Andrzej Cie s'lik. Human Capital, Technological Progress and Technology Diffusion across Europe: Education Matters ［J］. Journal of European Economics, 2020 (3): 138 – 156.

［8］ 曹芳芳, 程杰, 武拉平, 等. 劳动力流动推进了中国产业升级吗?: 来自地级市的经验证据 ［J］. 产业经济研究, 2020 (1): 57 – 127.

［9］ 曾晨, 刘艳芳, 周鹏, 等. 城市蔓延综合指数的评价与分析: 以武汉市为例 ［J］. 地域研究与开发, 2015, 34 (2): 62 – 90.

［10］ 曾鹏, 李方犁, 吴功亮. 技术进步、人力资本与经济增长关系的实证检验 ［J］. 统计与决策, 2017 (21): 112 – 116.

［11］ 曾鹏, 钟学思, 李洪涛, 等. 珠江—西江经济带城市发展研究 (2010 – 2015) ［M］. 北京: 经济科学出版社, 2017: 卷一至卷十.

［12］ 陈磊, 胡立君, 何芳. 长江经济带发展战略对产业集聚的影响 ［J］. 中南财经政法大学学报, 2021 (1): 77 – 89.

［13］ 陈水生. 政府职能现代化的整体性建构: 一个三维分析框架 ［J］. 探索, 2021 (2): 37 – 49.

［14］ 成金华, 孙琼, 郭明晶, 等. 中国生态效率的区域差异及动态演化研究 ［J］. 中国人口·资源与环境, 2014, 24 (1): 47 – 54.

［15］ 崔丹, 李国平, 吴殿廷, 等. 中国创新型人才集聚的时空格局演变与影响机理 ［J］. 经济地理, 2020, 40 (9): 1 – 14.

［16］ 崔继昌, 郭贯成. 新型城镇化对工业用地效率影响的空间计量分析: 基于江苏省企业调查数据 ［J］. 长江流域资源与环境, 2021, 30 (3): 565 – 574.

［17］ 戴艳娟, 泉弘志. 基于全劳动生产率的中国各产业生产率的测算 ［J］. 财经研究, 2014, 40 (12): 89 – 101.

［18］ 戴一鑫, 李杏. 政策偏向、产业集聚与区域均衡增长 ［J］. 山西财经大学学报, 2021, 43 (4): 17 – 31.

［19］ 单吉堃, 吴一琦. 生态城市建设的国际经验与借鉴 ［J］. 学习与探索, 2019 (7): 121 – 125.

［20］ 杜海龙, 李迅, 李冰. 绿色生态城市理论探索与系统模型构建 ［J］. 城市发展研究, 2020, 27

（10）：1 - 140.

[21] 杜江. 中国农业增长的环境绩效研究 [J]. 数量经济技术经济研究, 2014, 31 (11): 53 - 69.

[22] 杜俊义. 基于城市流强度模型的珠江—西江经济带城市发展研究 [J]. 广西社会科学, 2016 (12): 94 - 98.

[23] 段学军, 邹辉, 王晓龙. 长江经济带岸线资源保护与科学利用 [J]. 中国科学院院刊, 2020, 35 (8): 970 - 976.

[24] 樊福卓. 地区专业化的度量 [J]. 经济研究, 2007 (9): 71 - 83.

[25] 方创琳, 张舰. 中国城市群形成发育的政策保障机制与对策建议 [J]. 中国人口·资源与环境, 2011, 21 (10): 107 - 113.

[26] 方大春. 长江经济带工业经济效率测度及其影响因素研究 [J]. 理论月刊, 2020 (11): 89 - 96.

[27] 方敏, 杨胜刚, 周建军, 雷雨亮. 高质量发展背景下长江经济带产业集聚创新发展路径研究 [J]. 中国软科学, 2019 (5): 137 - 150.

[28] 高红贵, 赵路. 长江经济带产业绿色发展水平测度及空间差异分析 [J]. 科技进步与对策, 2019, 36 (12): 46 - 53.

[29] 高詹. 城市物流效率及其空间溢出效应: 以河南省为例 [J]. 城市问题, 2014 (7): 62 - 68.

[30] 龚唯平, 赵今朝. 协调指数: 产业结构优化效果的测度 [J]. 暨南学报 (哲学社会科学版), 2010, 32 (2): 50 - 162.

[31] 郭湖斌, 邓智团. 长江经济带区域物流与区域经济耦合协调发展研究 [J]. 当代经济管理, 2019, 41 (5): 41 - 48.

[32] 郭华, 蔡建明, 杨振山. 城市食物生态足迹的测算模型及实证分析 [J]. 自然资源学报, 2013, 28 (3): 417 - 425.

[33] 郭婧煜, 樊帆. 长江经济带农业科技创新效率及影响因素研究 [J]. 科学管理研究, 2020, 38 (3): 126 - 131.

[34] 国务院发展研究中心和世界银行联合课题组. 中国: 推进高效、包容、可持续的城镇化 [J]. 管理世界, 2014 (4): 5 - 41.

[35] 韩正清. 中国城乡金融二元结构强度分析 [J]. 农村经济, 2009 (5): 62 - 65.

[36] 何剑, 王欣爱. 区域协同视角下长江经济带产业绿色发展研究 [J]. 科技进步与对策, 2017, 34 (11): 41 - 46.

[37] 何亮, 李伟峰, 田淑芳, 郑华. 长江经济带快速城镇化对耕地保护的影响 [J]. 生态学报, 2018, 38 (21): 7782 - 7789.

[38] 黄国勤, 周泉, 陈阜, 等. 长江中游地区水稻生产可持续发展战略研究 [J]. 农业现代化研究, 2018, 39 (1): 28 - 36.

[39] 黄磊, 吴传清. 长江经济带生态环境绩效评估及其提升方略 [J]. 改革, 2018 (7): 116 - 126.

[40] 黄顺春, 邓文德. 高质量发展评价指标体系研究述评 [J]. 统计与决策, 2020, 36 (13): 26 - 29.

[41] 蒋正云, 胡艳. 中部地区新型城镇化与农业现代化耦合协调机制及优化路径 [J]. 自然资源学报, 2021, 36 (3): 702 - 721.

[42] 孔微巍, 廉永生, 刘聪. 人力资本投资、有效劳动力供给与高质量就业 [J]. 经济问题, 2019 (5): 9 - 18.

[43] 李爱民. 中国半城镇化研究 [J]. 人口研究, 2013, 37 (4): 80 - 91.

[44] 李江苏, 骆华松, 王焱. 主体功能区适度人口容量测算初探 [J]. 西北人口, 2008 (3): 1 - 5.

[45] 李洁. 长江经济带土地综合承载力时空分异评价与障碍因子诊断 [J]. 华东经济管理, 2019, 33 (8): 67 - 75.

[46] 李琳, 彭璨. 长江中游城市群协同创新空间关联网络结构时空演变研究 [J]. 人文地理, 2020, 35 (5): 94 - 102.

[47] 李梦欣，任保平. 新时代中国高质量发展的综合评价及其路径选择 [J]. 财经科学，2019 (5)：26-40.

[48] 李艳丽，刘瑞. 社会事业和社会产业协调发展的评价方法及协调度测算 [J]. 社会科学研究，2009 (1)：47-52.

[49] 李育全. 产业融合视角下物流业支持商贸流通业高质量发展研究：基于长江经济带的经验证据 [J]. 商业经济研究，2020 (24)：179-182.

[50] 李裕瑞，杨乾龙，曹智. 长江经济带农业发展的现状特征与模式转型 [J]. 地理科学进展，2015，34 (11)：1458-1469.

[51] 刘日星，蒋文莉. 工资、就业结构偏离与就业动态关系差异研究 [J]. 统计与决策，2016 (24)：135-139.

[52] 刘晓丽，方创琳. 城市群资源环境承载力研究进展及展望 [J]. 地理科学进展，2008 (5)：35-42.

[53] 刘志彪. 理解高质量发展：基本特征、支撑要素与当前重点问题 [J]. 学术月刊，2018，50 (7).

[54] 卢丽文，宋德勇，李小帆. 长江经济带城市发展绿色效率研究 [J]. 中国人口·资源与环境，2016，26 (6)：35-42.

[55] 陆万军，张彬斌. 户籍门槛、发展型政府与人口城镇化政策：基于大中城市面板数据的经验研究 [J]. 南方经济，2016 (2)：28-42.

[56] 罗党，刘思峰. 灰色关联决策方法研究 [J]. 中国管理科学，2005 (1)：102-107.

[57] 罗良文，赵凡. 工业布局优化与长江经济带高质量发展：基于区域间产业转移视角 [J]. 改革，2019 (2)：27-36.

[58] 罗能生，王玉泽，彭郁，李建明. 长江中游城市群生态效率的空间关系及其协同提升机制研究 [J]. 长江流域资源与环境，2018，27 (7)：1444-1453.

[59] 罗桑，张永伟. "新基建"背景下城市智能基础设施的建设思路 [J]. 城市发展研究，2020，27 (11)：51-56.

[60] 罗志高，杨继瑞. 长江经济带生态环境网络化治理框架构建 [J]. 改革，2019 (1)：87-96.

[61] 孟静. 中心城市现代化的动力机制与路径探索 [J]. 现代经济探讨，2020 (12)：100-104.

[62] 聂磊. 城市生态绿化的发展策略研究 [J]. 城市问题，2002 (3)：28-30.

[63] 潘申彪，蒋贤品. FDI、工业产出的所有制结构变化与长江三角洲地区工业发展：基于FEDER非均衡框架的分析 [J]. 国际贸易问题，2012 (5)：147-156.

[64] 裴潇，蒋安璇，叶云，汪发元. 民间投资、环境规制与绿色技术创新：长江经济带11省份空间杜宾模型分析 [J]. 科技进步与对策，2019，36 (8)：44-51.

[65] 彭甲超，许荣荣，付丽娜，等. 长江经济带工业企业绿色创新效率的演变规律 [J]. 中国环境科学，2019，39 (11)：4886-4900.

[66] 彭向刚，向俊杰. 中国三种生态文明建设模式的反思与超越 [J]. 中国人口·资源与环境，2015，25 (3)：12-18.

[67] 皮亚彬，薄文广，何力武. 城市区位、城市规模与中国城市化路径 [J]. 经济与管理研究，2014 (3)：59-65.

[68] 平怡. 农业生产风险对区域经济的影响分析 [J]. 中国农业资源与区划，2019，40 (4)：103-111.

[69] 钱忠好，牟燕. 中国土地市场化水平地区差异分析 [J]. 江苏社会科学，2012 (4)：45-53.

[70] 邱德荣，陈建军. 城市内部因素对中国城市人口规模扩张的影响 [J]. 重庆大学学报（社会科学版），2016，22 (1)：40-49.

[71] 沈体雁，张晓欢，赵作权，赵璐. 我国就业密度分布的空间特征 [J]. 地理与地理信息科学，2013，29 (1)：64-68.

[72] 盛晓菲，史书华. 交通基础设施、经济高质量发展与雾霾污染 [J]. 经济问题，2021 (1)：32-

38.

[73] 石忆邵, 吴婕. 上海城乡经济多样化测度方法及其演变特征 [J]. 经济地理, 2015, 35 (2): 7 – 13.

[74] 谭启英. 长江下游城市群农业产业结构的影响因素研究 [J]. 中国农业资源与区划, 2017, 38 (7): 178 – 182.

[75] 童丽珍. 劳动产出弹性数学模型的测算及应用 [J]. 统计与决策, 1998 (7): 12 – 13.

[76] 汪小英, 李小漫, 沈镭, 王宜龙. 长江经济带城乡一体化对能源效率的空间效应分析 [J]. 地球信息科学学报, 2020, 22 (11): 2188 – 2198.

[77] 王海军, 夏畅, 张安琪, 等. 基于空间句法的扩张强度指数及其在城镇扩展分析中的应用 [J]. 地理学报, 2016, 71 (8): 1302 – 1314.

[78] 王海芹, 高世楫. 我国绿色发展萌芽、起步与政策演进: 若干阶段性特征观察 [J]. 改革, 2016 (3): 6 – 26.

[79] 王建国. "从自然中的城市" 到 "城市中的自然": 因地制宜、顺势而为的城市设计 [J]. 城市规划, 2021, 45 (2): 36 – 43.

[80] 王庆丰, 党耀国. 基于 Moore 值的中国就业结构滞后时间测算 [J]. 管理评论, 2010, 22 (7): 3 – 7.

[81] 王业强, 郭叶波, 赵勇, 等. 科技创新驱动区域协调发展: 理论基础与中国实践 [J]. 中国软科学, 2017 (11): 86 – 100.

[82] 王自力, 谢卓廷. 政府主导型区域经济一体化对周边城市发展的影响差异分析: 基于工业水平视角的 PSM – DID 实证研究 [J]. 经济地理, 2020, 40 (6): 69 – 86.

[83] 吴传清, 黄磊. 演进轨迹、绩效评估与长江中游城市群的绿色发展 [J]. 改革, 2017 (3): 65 – 77.

[84] 吴大鹏. 基于动态偏离—份额分析法的成渝经济区南部城市群产业结构分析 [J]. 经济体制改革, 2012 (6): 173 – 176.

[85] 向俊波, 陈雯. 长江中游地区农业发展的问题与对策. 农业现代化研究, 2001, 22 (4): 225 – 228.

[86] 肖金成, 刘通. 长江经济带: 实现生态优先绿色发展的战略对策 [J]. 西部论坛, 2017 (1): 39 – 42.

[87] 肖琴, 周振亚, 罗其友. 新时期长江经济带农业高质量发展: 问题与对策 [J]. 中国农业资源与区划, 2019, 40 (12): 72 – 80.

[88] 谢海燕. 绿色发展下循环经济的现状及方向 [J]. 宏观经济管理, 2020 (1): 14 – 21.

[89] 许金菁. 基于区位商指数模型的服务业集聚度测算 [J]. 统计与决策, 2016 (11): 63 – 65.

[90] 杨琛. 中国工业生态效率时空差异及收敛性分析 [J]. 宏观经济研究, 2020 (7): 106 – 137.

[91] 杨森平, 唐芬芬, 吴栩. 我国城乡收入差距与城镇化率的倒 U 关系研究 [J]. 管理评论, 2015, 27 (11): 3 – 10.

[92] 杨莎莎, 晁操. 十大城市群人口—经济空间集聚均衡特征的比较 [J]. 统计与决策, 2017 (7): 116 – 120.

[93] 杨喜, 卢新海, 陈讲飞. 长江经济带城市土地资源尾效测度及其时空格局演变 [J]. 中国土地科学, 2020, 34 (3): 66 – 74.

[94] 杨艳昭, 封志明, 赵延德, 游珍. 中国城市土地扩张与人口增长协调性研究 [J]. 地理研究, 2013, 32 (9): 1668 – 1678.

[95] 叶琪. 论农村劳动力转移与产业结构调整互动 [J]. 财经科学, 2006 (3): 80 – 85.

[96] 叶文忠, 刘俞希. 长江经济带农业生产效率及其影响因素研究 [J]. 华东经济管理, 2018, 32 (3): 83 – 88.

[97] 张惠丽, 王成军. 城市文化产业发展水平综合评价实证分析 [J]. 科技管理研究, 2013, 33 (19): 221 – 224.

［98］张慧，王洋．中国耕地压力的空间分异及社会经济因素影响：基于342个地级行政区的面板数据［J］．地理研究，2017，36（4）：731 - 742.

［99］张静，夏海勇．生态文明指标体系的构建与评价方法［J］．统计与决策，2009（21）：60 - 63.

［100］张军扩，侯永志，刘培林，等．高质量发展的目标要求和战略路径［J］．管理世界，2019，35（7）：1 - 7.

［101］张如波，任胜钢，蔡立燕．长江三角洲城市群工业生态效率评价［J］．商业研究，2017（6）：163 - 169.

［102］张涛．高质量发展的理论阐释及测度方法研究［J］．数量经济技术经济研究，2020，37（5）：23 - 43.

［103］张喜玲．"城市病"的形成机理研究：基于城市人口承载力视角［J］．区域经济评论，2015（5）：135 - 140

［104］张义祥，陈雅琪，石杨杨．长江经济带农业现代化对农业生产效率的影响研究［J］．统计与管理，2020，35（12）：100 - 105.

［105］赵楠，申俊利，贾丽静．北京市基础设施承载力指数与承载状态实证研究［J］．城市发展研究，2009，16（4）：68 - 75.

［106］赵鹏军，吕迪，胡昊宇，等．适应人口发展的现代化综合交通运输体系研究［J］．地理学报，2020，75（12）：2699 - 2715.

［107］中国社会科学院工业经济研究所课题组，李平．"十二五"时期工业结构调整和优化升级研究［J］．中国工业经济，2010（1）：5 - 23.

［108］中国社会科学院工业经济研究所课题组，史丹．"十四五"时期中国工业发展战略研究［J］．中国工业经济，2020（2）：5 - 27.

［109］钟学思，李洪涛．基于系统动力学的中西部地区城市群人口就近城镇化研究［J］．广西大学学报（哲学社会科学版），2020，42（3）：117 - 124.

［110］周晓艳，华敏，秦雅雯，马秀馨．长江中游城市群空间联系研究［J］．长江流域资源与环境，2016，25（10）：1492 - 1500.

［111］诸大建，邱寿丰．作为我国循环经济测度的生态效率指标及其实证研究［J］．长江流域资源与环境，2008（1）：1 - 5.

后　记

　　《长江经济带城市发展研究（2014－2018）》经过我们研究团队一年多时间的通力合作最终完成了。呈现给读者的这本著作是课题组多年来对长江经济带城市研究的全面整合和更进一步的深入探讨。既从理论上探讨了城市综合发展水平的内涵和内在机制，也对长江经济带城市综合发展现状进行了全面评估。其中既包括课题组的独特思考和创新，也传承了前人在长江经济带各方面研究所奠定的基础。由于长江经济带发展规划从真正实施至今已有五年多，而规划实施之后经济带各城市发展得如何？规划实施效果是否明显？城市各方面发展成效还有很多内容值得挖掘，研究永无止境，课题组也将持续关注长江经济带城市综合发展水平，追踪长江经济带发展规划实施成效。

　　回首本书的创作过程，我的内心五味杂陈，心中充满了感谢。我要对广西民族大学的卞成林书记表示最衷心的感谢，不是卞成林书记给我创造良好的科研环境和条件，本书难以付梓；感谢广西民族大学陈铭彬副书记、社科处刘金林处长、民族学与社会学学院郝国强院长、研究生院的胡良人书记、黄焕汉副院长及研究生院的其他各位同志，是他们在工作上点点滴滴的支持和帮助，使我在繁忙的工作中能够静下心来深入思考，最终完成本书的撰写，对他们的付出，我心怀感激；我还要感谢经济科学出版社的李晓杰师妹对本书出版所付出的辛勤劳动，感谢在本书的校对和出版过程中所有付出心血的朋友们。

　　由于我们的学识所限，本书难免存在疏漏与不足，真诚的希望读者能够提出批评指正，以使我们能够完善自身研究的缺陷与不足，在学术道路上能有进一步提升。

2023 年 12 月